Deontologia do Jornalismo

Deontologia do Jornalismo

A AUTORREGULAÇÃO FRUSTRADA DOS JORNALISTAS PORTUGUESES
(1974-2007)

Carlos Camponez
2011

DEONTOLOGIA DO JORNALISMO

AUTOR
Carlos Camponez

EDITOR
EDIÇÕES ALMEDINA, S.A.
Rua Fernandes Tomás nºs 76, 78, 80
3000-167 Coimbra
Tel.: 239 851 904 · Fax: 239 851 901
www.almedina.net · editora@almedina.net

REVISÃO LINGUÍSTICA
Ana Teresa Peixinho
Elsa Aires

DESIGN DE CAPA
FBA.

PRÉ-IMPRESSÃO
G.C. – GRÁFICA DE COIMBRA, LDA.
Palheira Assafarge, 3001-453 Coimbra
producao@graficadecoimbra.pt

IMPRESSÃO E ACABAMENTO
PENTAEDRO, LDA.
Novembro, 2011

DEPÓSITO LEGAL
336539/11

Apesar do cuidado e rigor colocados na elaboração da presente obra, devem os diplomas legais dela constantes ser sempre objecto de confirmação com as publicações oficiais.

Toda a reprodução desta obra, por fotocópia ou outro qualquer processo, sem prévia autorização escrita do Editor, é ilícita e passível de procedimento judicial contra o infractor.

BIBLIOTECA NACIONAL DE PORTUGAL – CATALOGAÇÃO NA PUBLICAÇÃO

CAMPONEZ, Carlos, 1964-
Deontologia do jornalismo : a autoregulação frustrada dos jornalistas portugueses, 1974-2007
ISBN 978-972-40-4684-6

CDU 070

A meu pai

AGRADECIMENTOS

Tenho para mim que, no quadro de um trabalho de investigação, os agradecimentos são sempre um espaço de injustiça, esquecendo ou não dando o devido destaque a todos quantos para ele contribuíram. Um trabalho de doutoramento como aquele que agora trazemos parcialmente a público está bem longe de ser apenas o resultado da investigação do seu proponente. Por isso, vale a pena correr o risco dos condicionalismos da memória, para sublinhar, em primeiro lugar os contributos inestimáveis do Prof. Doutor João Pissarra Esteves, da Universidade Nova de Lisboa, e da Profª Doutora Maria João Silveirinha, da Universidade de Coimbra, cujo trabalho de orientação e de co-orientação, respetivamente, serão certamente para mim uma referência e um exemplo nada fácil de seguir na vida académica.

Este trabalho não seria igualmente possível sem a disponibilidade do Sindicato de Jornalistas, na pessoa do seu presidente, Alfredo Maia, em permitir a consulta dos arquivos do Conselho Deontológico, num espírito de abertura que esperamos ter correspondido com o nosso empenho e esforço. A concretização deste trabalho seria certamente bem mais difícil se não fosse a boa vontade demonstrada igualmente pelo seu corpo de funcionários, nomeadamente, a Maria João e a Isilda Neves, que não só me orientaram na busca da documentação necessária, como também foram chamando a atenção para certos factos indispensáveis para perceber o funcionamento do Sindicato dos Jornalistas e do seu Conselho Deontológico. A este respeito não quero deixar de salientar o apoio dado pelo Dr. Serra Pereira, advogado do Sindicato dos Jornalistas, certamente um dos mais profundos conhecedores da história e da autorregulação dos jornalistas portugueses.

Gostaria também de sublinhar a disponibilidade e o empenho de ex-presidentes do Conselho Deontológico do Sindicato dos Jornalistas, nomeadamente, Maria Antónia Palla, Ribeiro Cardoso, Daniel Reis e Óscar Mascarenhas cujas entrevistas foram decisivas para compreender trinta e cinco anos de autorregulação dos jornalistas portugueses. O mesmo é extensível ao Prof. Doutor Arons de Carvalho, uma das pessoas marcantes da minha vida académica e, sem a menor dúvida, dos *media* em Portugal, nos últimos anos.

A presente tese de doutoramento representou também um esforço importante para o corpo docente da atual Secção de Comunicação do Departamento de Filosofia, Comunicação e Informação da Faculdade de Letras da Universidade de Coimbra. A todos eles muito obrigado.

Uma última palavra de profundo reconhecimento para todos aqueles que torceram e "sofreram" por esta tese: a Ana Teresa, o João Filipe, o João Fonseca, a Elsa, a Sara e o Miguel.

Coimbra, 28 de junho de 2011.

INTRODUÇÃO

A deontologia jornalística constitui o tema central desta investigação, mas seria, a nosso ver, demasiado restritivo pensar a emergência dos códigos deontológicos como uma especificidade do jornalismo, esquecendo um processo mais vasto e mais rico que se verifica nos diversos domínios socioprofissionais. De facto, o nosso questionamento resulta também de um sentimento inicial de estranheza perante um processo de *deontologização* que parece abranger novos domínios e áreas socioprofissionais que, no passado, dispensavam a necessidade de apelar aos valores particulares de uma profissão. Com efeito, as profissões liberais, como a medicina e a advocacia, deixaram de ser as únicas a estarem abrangidas por valores expressos em códigos deontológicos. Elas têm sido inspiradoras de outras profissões, mesmo aquelas com menor autonomia funcional, como acontece em vários domínios da administração pública, as polícias, o jornalismo, o marketing e as relações públicas, entre outras. Regra geral, falamos dos casos em que, pela sua dependência funcional e orgânica, bem como pela ausência de saberes académicos especializados, não deveriam sentir a necessidade de uma autonomia profissional e de valores particulares, orientadores da sua atividade.

A abordagem que desenvolveremos neste livro entende a deontologia numa articulação de complementaridade e de tensão com outros campos de valores como a ética, a moral e o direito. No entanto, essa discussão só em parte aparece neste livro. Com efeito, a presente edição resulta da adaptação de uma investigação realizada no âmbito de um doutoramento em ética e deontologia da comunicação a objetivos pedagógicos, de divulgação junto dos profissionais de jornalismo, de decisores nas áreas dos *media*, bem como do grande público. Por isso, optou-se por retirar as reflexões efetuadas acerca dos pressupostos filosóficos relacionados com a ética, a moral, o direito, a liberdade de expressão e a liberdade de imprensa. O leitor que pretenda profundar essas matérias conta já com uma vasta bibliografia disponível no mercado, pelo que procurámos centrar-nos nos aspetos considerados mais inovadores da presente investigação.

Porém, não podemos deixar de dedicar algumas páginas para explanar sucintamente algumas linhas orientadoras do nosso pensamento sobre essas matérias, que ajudarão o leitor a elucidar o enquadramento teórico da nossa abordagem e, eventualmente, darão pistas de aprofundamento destas discussões. Por isso, optámos por manter todas as referências bibliográficas presentes na nossa investigação original, mesmo aquelas que, pelos cortes introduzidos no presente livro, não serão diretamente citadas.

Valerá a pena recordar uma questão levantada por Ferdinand Terrou e Lucien Solal, em 1951, a saber: «Poderíamos assegurar que, se a imprensa tivesse surgido com a dimensão atual antes da redação das antigas constituições e com a quantidade de meios que hoje se lhe exige, aqueles que escreveram essas constituições teriam proclamado o princípio da liberdade com a mesma generosidade com que o fizeram? Não se inclinariam antes a submetê-la a um regime semelhante ao da radiodifusão?». Na verdade, nunca o saberemos. No entanto, a pergunta reflete o sentir de uma mudança estrutural no campo dos *media*, com repercussões na liberdade de expressão e na liberdade de imprensa e ganhou ainda mais pertinência após a criação das grandes corporações de *media* globais e a emergência das indústrias de conteúdos, no final do séc. XX.

Historicamente, a liberdade de expressão, a liberdade de imprimir e de publicar surgiram inextricavelmente ligadas e foram pensadas como um domínio da liberdade individual. O respeito dessa liberdade foi entendido como uma garantia do progresso económico e social, tendo-se transformado numa das razões principais de luta contra os aparelhos censórios dominados pelos poderes político, religioso e das maiorias. Todavia, esta história ficou igualmente marcada por uma linha de fratura que se foi abrindo entre a liberdade de expressão, a liberdade de imprensa e a liberdade de empresa. Por um lado, a industrialização da imprensa e dos *media*, a sua organização numa lógica comercial, os processos de concentração, a profissionalização dos jornalistas e, por outro lado, o fim do modelo da esfera pública burguesa e a emergência de uma opinião pública preponderantemente mediada, representativa e mediatizada obrigam-nos hoje a encarar a hipótese de uma distinção funcional da liberdade de expressão e da liberdade de imprensa. Esta última passou a ser cada vez mais entendida como um domínio especializado e privilegiado, atribuído aos *media* informativos e aos seus profissionais. A liberdade de imprensa, entendida como uma liberdade que vai para além de uma liberdade individual, justifica o aparecimento de um corpo profissional especialmente dedicado à recolha, seleção, tratamento e divulgação de factos e opiniões considerados socialmente relevantes. Não é por acaso que, historicamente, a afirmação dos valores do jornalismo é concomitante ao processo de construção da sua autonomia profissional. De uma forma geral, falamos de princípios que sublinham a relevância pública da informação, submetendo-a a critérios como a independência, a objetividade, o rigor, a honestidade, entre outros. À sua maneira, estes valores são uma interpretação coletiva do papel social atribuído aos jornalistas e que se pretende que façam parte das práticas e dos princípios comummente partilhados por uma profissão.

Nestes termos, parece-nos que as atuais condições de realização da liberdade de imprensa não podem continuar a ser pensadas nos mesmos modos em que o eram na Era pré-industrial, como o reflexo direto de uma opinião pública constituída por sujeitos autónomos, ligando intimamente liberdade de expressão e liberdade de imprensa. Esta perceção da história afasta-nos de uma conceção que vê o jornalismo apenas como a expressão da racionalidade e da subjetividade de cada um dos sujeitos, e aproxima-nos dos pressupostos de uma profissão cujos fundamentos assentam na ideia de uma responsabilidade social, que resulta da necessidade de se assegurar funções sociais de mediação de informações e opiniões consideradas socialmente relevantes.

Para além disso, enquanto expressão pública do pensamento, a liberdade de expressão esteve sempre condicionada pelos direitos individuais dos outros. No entanto, a liberdade de imprensa – na aceção mais contemporânea de liberdade dos *media* e de exercício da profissão de uma classe profissional – encontrou a sua razão de ser nos princípios de realização dos pressupostos sociais e políticos dos Estados democráticos.

Concordaremos, por isso, com as teses dos que defendem que os novos contextos de exercício da liberdade de expressão exigem que a liberdade de imprensa, para conseguir manter-se fiel às exigências do Iluminismo, não pode ser compreendida como uma liberdade individual, mas antes como uma função social. A não compreensão deste aspeto faz com que, como refere Benoît Grevisse, por vezes, os jornalistas, tirando partido da situação particularmente privilegiada de acesso ao espaço público mediatizado, recorram a uma retórica sobre a profissão que parece confiscar a liberdade de expressão coletiva, reduzindo-a praticamente à sua dimensão corporativa.

Esta discussão parece-nos particularmente importante para situarmos a deontologia no quadro axiológico contemporâneo, nomeadamente no contexto das grandes problemáticas sobre os valores das sociedades ditas pós-moralistas, onde o saber técnico e científico faz cada vez mais apelo ao papel de especialistas e à sua responsabilidade na prossecução dos objetivos de progresso social.

Como então pensar a deontologia no quadro axiológico contemporâneo? Em sentido aristotélico, diríamos que quando falamos de deontologia apelamos mais ao *éthos* do que ao *êthos*; mais a um sentido comunitariamente partilhado dos valores – ainda que por um grupo socioprofissional restrito – do que a uma perspetiva estritamente reflexiva, quer no plano filosófico, quer no plano dos princípios individuais de cada sujeito. Apesar do objeto da nossa análise nos levar a dar particular atenção aos valores instituídos, quer ao nível social quer ao nível socioprofissional, nada seria mais errado do que pensar que subvalorizamos a dimensão reflexiva da sociedade e a ética dos sujeitos. Do ponto de vista formal, diremos que a norma é anterior aos sujeitos, embora a sua aplicação dependa, em certa medida, da ponderação que cada um dos indivíduos faz ou pode fazer, de acordo com as circunstâncias, da sua ação. É nesse sentido que Marc-François Bernier afirma que a ética do jornalista se exerce mediante o domínio da regra dominante, funcionando como um elemento crítico de harmonização dos princípios da profissão com as condições da ação de cada um dos sujeitos profissionais.

A atenção que demos à deontologia enquanto moral socioprofissional é, portanto, por um lado, metodológica, visando situar os valores profissionais no espaço axiológico contemporâneo, e, por outro lado, compreensiva, tendo por objeto perceber os processos de geração de valores e de autorregulação das profissões. Mas esse aspeto em nada pretende desvalorizar as outras dimensões, nomeadamente éticas e jurídicas. Muito pelo contrário, consideramos que esses dois campos desempenham um papel decisivo para uma compreensão global da autonomia e da autorregulação profissional. A questão assim colocada implica uma análise que vai para além da compreensão da especificidade normativa da ética, da moral, da deontologia e do direito e que seja capaz de percebê-los como um espaço mais vasto de comunicação e geração de valores, cuja legitimidade resulta, em grande medida, da permeabilidade existente entre cada um destes domínios normativos.

O problema não é, portanto, o de uma sobre ou subvalorização de um domínio face ao outro, mas o de se saber como é que cada um destes campos normativos se constitui ou não, de modo a possibilitar o fluir das problemáticas de uns nos outros. Por isso, se a expressão de que a ética recomenda, a moral comanda e a lei obriga – como afirma Comte-Sponville – permite distinguir estes campos, ela pouco ou nada nos diz das relações e tensões existentes entre eles e, muito menos, dos seus processos de legitimação.

Como já dissemos, ao adotarem princípios coletivos que vinculem profissionalmente cada um dos seus membros, as profissões pretendem consensualizar uma certa interpretação sobre valores, que responda às expectativas acerca da sua função social. Deste modo, a deontologia apresenta-se como uma forma de combater uma certa *indeterminação ética*, insustentável no caso de os princípios e as práticas do exercício de uma profissão estarem entregues ao livre arbítrio de cada um dos seus sujeitos.

INTRODUÇÃO

Este aspeto parece-nos tanto mais relevante quanto esta necessidade se verifica nas mesmas sociedades contemporâneas, denominadas de pós-moralistas e pós-convencionais, marcadas, na expressão de Giddens, por uma «exaustiva reflexividade», suscetível de colocar o mundo dos valores sobre constante pressão. A discussão acerca da *ética sem moral*, da *moral mínima*, ou da *moral inevitável*, que hoje encontramos em diversa bibliografia, é a expressão de uma dificuldade maior de consensualização dos valores em sociedades que, por um lado, atribuem um papel crucial à autonomia dos indivíduos e, por outro lado, se confrontam com novas exigências no mundo da vida, resultantes das transformações do capitalismo e do progresso científico e tecnológico. Estes aspetos têm incidências naturais em novas formas de perceber as responsabilidades sociais em domínios como o do trabalho, que não se compatibilizam apenas com uma abordagem essencialmente reflexiva de cada um dos sujeitos, conforme pretende, por exemplo, uma visão normativa libertária do jornalismo. Uma conceção estritamente individualista dos valores morais do jornalismo equivaleria, nas sociedades contemporâneas, a abandonar os sujeitos, por um lado, e as expectativas sociais, por outro, ao livre arbítrio dos jornalistas. Mas significaria também deixar os profissionais entregues aos próprios condicionalismos do mercado dos *media*, cuja estrutura e organização está longe de responder ao ideal burguês de realização do livre mercado das ideias. Numa linha de pensamento mais libertária, onde a liberdade de expressão, a liberdade de imprensa e a liberdade de empresa surgem muito próximas e a referência a grandes princípios de deontologia profissional é, já por si, pressentida como uma ameaça aos direitos individuais, os jornalistas são chamados a aderirem, em última instância e na ausência de outras formas de organização profissional, aos valores e princípios editoriais defendidos pelas empresas onde trabalham. Dir-se-á que, nestes casos, a adesão aos princípios editoriais resulta da liberdade de escolha individual dos jornalistas. Certamente que, em muitos casos, sim. Mas a possibilidade de trabalhar para um *medium* ou de ser detentor da sua propriedade não resulta nem de um direito formalmente garantido nem de uma liberdade disponível a todos os jornalistas. Assim, temos de admitir que nem sempre existe uma coincidência entre os valores editoriais de um determinado *medium* e os valores éticos dos profissionais que nele trabalham. Nesse contexto, muitos jornalistas ver-se-ão na contingência de escolher entre o desemprego e os valores editoriais de quem lhes paga no momento. Por isso, não podemos também ignorar a hipótese mais cínica de, num modelo em que os valores do jornalismo se resumiriam aos princípios individuais de cada profissional, as escolhas éticas dos jornalistas terem de se ajustar ou estarem condicionadas às disponibilidades do mercado de trabalho no momento. Remeter, pois, os valores do jornalismo para a "ética" que lhes paga, seria o pior que poderíamos esperar, quer dos jornalistas quer da própria ética.

Visando ultrapassar esta dimensão estritamente subjetivista, John Merrill defende que os jornalistas se deveriam responsabilizar por assumir uma ética «deontélica» e «apolonisíaca» capaz de conjugar, por um lado, princípios e fins, convicções e responsabilidade, e, por outro, liberdade, racionalidade e compromisso. Em si, a abordagem de Merrill visa claramente compatibilizar o que de melhor encontra em diferentes correntes éticas. No entanto, não podemos deixar de considerar duvidoso que as exigências públicas do jornalismo possam estar dependentes, para empregar termos sugeridos por Habermas, de uma incerteza ética ou de uma incerteza subjetiva de cada um dos sujeitos profissionais acerca dos princípios que devem ou não presidir à assunção das suas responsabilidades sociais e, muito menos ainda, que dependa da vontade de cada um deles agir em consonância com tais princípios.

Owen M. Fiss viu bem o problema que se coloca hoje às teorias libertárias do jornalismo, ao considerar que elas têm dificuldade em explicar por que razão os interesses dos indivíduos que se expressam devem prevalecer sobre os interesses dos indivíduos sobre os quais se discute e por que razão o direito à liberdade de expressão se deve alargar a instituições e organizações de *media* que não representam diretamente um interesse individual de expressão e visam essencialmente a realização de objetivos económicos.

As teorias normativas do jornalismo, ou movimentos como o jornalismo público – também conhecido por jornalismo cívico ou jornalismo de incidência comunitária – não deixam de ser a manifestação deste debate no campo jornalístico. Mas não é demais sublinhar que essas discussões são elas próprias o reflexo de cisões filosóficas e políticas mais profundas, com origens e consequências bem mais vastas e complexas e que se foram reatualizando através, por exemplo, do debate sobre a liberdade dos antigos e a liberdade dos modernos, a liberdade positiva e a liberdade negativa ou sobre comunitários e liberais. Nestes termos, uma teoria normativa do jornalismo é mais do que uma questão profissional: é ética e é política.

A abordagem que acabámos de fazer tem, pois, subjacente a hipótese que não podemos analisar isoladamente estes campos axiológicos. Na realidade, falamos de campos valorativos da *praxis* dos indivíduos e da sociedade, sujeitos a movimentos tectónicos que ora se complementam, ora se opõem, ora se contradizem e, não raramente, nos transmitem sinais equívocos.

É nesse sentido que devemos analisar os processos de *deontologização* das profissões a que temos vindo a assistir nas últimas décadas nas nossas sociedades. Se, por um lado, a adoção de códigos deontológicos é a expressão de novas formas de regulação que fazem apelo a um reinvestimento dos valores éticos e morais em novos domínios da vida, por outro lado, este acentuar das responsabilidades profissionais não deixa de se verificar num contexto da tão falada crise de valores que caracteriza as denominadas sociedades pós-convencionais e pós-moralistas. Para autores como Lipovetsky, um dos sinais dessa crise reflete-se, contraditoriamente, na revivescência das éticas da responsabilidade que assumem um papel importante na reorganização dos valores das sociedades pós-morais:

> «A ética da responsabilidade vem em resposta à ruína das crenças nas leis mecanicistas ou dialéticas do processo de desenvolvimento histórico, ela ilustra o regresso do "agente humano" na perspetiva da mudança coletiva, na nova importância atribuída à iniciativa e ao envolvimento pessoal, na tomada de consciência do caráter indeterminado, especulativo, aberto do futuro. Se a mudança histórica já não pode ser entendida como o desenrolar automático das leis "objetivas", se o regresso do saber e das técnicas não nos protege do inferno, se nem a regulação por parte do Estado, nem a que é feita pelo mercado são satisfatórias, as questões dos objetivos e da responsabilidade humana, das escolhas individuais e coletivas ganham novo relevo: o ressurgimento ético é o eco da crise da nossa representação do futuro e do esvaziamento da fé nas promessas da racionalidade técnica e positivista»[1].

À sua maneira, e tendo em conta as suas especificidades, a deontologia e a autorregulação do jornalismo não devem ser vistas fora deste quadro. Quer uma quer outra resultam do próprio processo de profissionalização a que o jornalismo esteve sujeito, no quadro das transformações estruturais que a imprensa sofreu no decorrer do séc. XIX e a que já aqui fizemos referência.

Em face disto, a nossa investigação propõe-se refletir sobre a autonomia do jornalismo e dos seus profissionais bem como sobre a criação dos valores, códigos de conduta e formas de autorregulação nas democracias liberais do Ocidente, dando particular atenção ao caso português e europeu. Esta análise deverá servir-nos de base para a rediscussão da própria autonomia do jornalismo no quadro do sistema de regulação dos Estados, das mudanças tecnológicas dos *media*, da emergência da denominada indústria de conteúdos e das transformações operadas pelo *novo capitalismo*.

Questionaremos, em particular, os limites de uma abordagem libertária do jornalismo, que faz apelo a um plano ético do sujeito profissional, bem como a possibilidade de a deontologia e a autorregulação constituírem, por si, uma resposta aos desafios contemporâneos do jornalismo. Esta questão diz certamente respeito aos jornalistas, mas deve envolver também a sociedade civil, uma vez

---

[1] Gilles LIPOVETSKY, *O Crepúsculo do Dever – A ética indolor dos novos tempos democráticos*, Lisboa, Publicações Dom Quixote, 1994, p. 238.

que ela tem implicações nos pressupostos normativos de realização das democracias liberais.

À sua maneira, a deontologia e a autorregulação do jornalismo são a expressão de uma vontade de consensualizar valores e práticas que resultam de uma moral partilhada socioprofissionalmente, mas cuja importância – pese embora o seu caráter corporativo – não deve ser negligenciada. Esta análise, de que trataremos no capítulo I, deverá dar-nos elementos importantes para compreender a função dos códigos deontológicos, a sua importância na estruturação do próprio campo socioprofissional dos jornalistas, as formas de autorregulação dominantes, bem como os principais valores em torno dos quais o jornalismo tem procurado consensualizar as suas práticas.

Os contributos da sociologia serão igualmente evocados para discutirmos o próprio conceito de profissão e a legitimidade da autonomia dos jornalistas, bem como o papel das profissões nas sociedades onde o saber especializado e científico assume cada vez maior relevância.

A autorregulação do jornalismo deve ser confrontada com as próprias formas de organização das instituições e de regulação económica e social. Esta questão será tratada no capítulo II, onde procuraremos compreender a autorregulação no contexto de outras formas de regulação social alternativas ao Estado e ao mercado. Adquirirá aqui particular atenção o debate em torno da auto e da corregulação. O estudo sobre a experiência acumulada pelos conselhos de imprensa revela-se, neste âmbito, incontornável, pelo que se impõe uma análise das suas potencialidades e dos seus limites. Porém, esta abordagem pretende ir mais além, procurando relançar o debate acerca da deontologia profissional e sugerir soluções para ultrapassar os seus eventuais impasses.

A defesa de um modelo partilhado de autorregulação deve ser pensada também no quadro de uma mudança de alguns pressupostos normativos do jornalismo. Entre a ideia de uma liberdade de imprensa concebida como a liberdade individual do exercício do jornalismo – mais próxima das doutrinas libertárias – e a ideia de uma liberdade atribuída, por delegação, a um corpo profissional e aos *media* para o exercício de uma função social – mais consentânea com as doutrinas da responsabilidade social – é necessário perceber que existem também condicionalismos económicos e empresariais inerentes ao exercício da profissão. Só desse modo levaremos até às últimas consequências a análise da questão da liberdade e da autonomia dos sujeitos e das profissões. Assim, no capítulo III, procuraremos repensar os pressupostos da autorregulação, à luz do novo quadro empresarial das indústrias de conteúdos e do novo capitalismo, tal como no-lo apresentam autores como Richard Sennett e Jeremy Rifkin. Pensamos que esta reflexão poderá levar-nos a pensar melhor os desafios que se colocam à liberdade de imprensa, no contexto da emergência da indústria de conteúdos, resultantes da inovação tecnológica e da concentração das indústrias dos *media* em grandes conglomerados multimédia globais.

O presente trabalho culminará com uma investigação sobre o caso da autorregulação do jornalismo em Portugal. Nos capítulos IV e V, procuraremos ver o caso português a partir de duas perspetivas. Começaremos por compreender os aspetos mais institucionais da organização dos jornalistas portugueses capazes de influenciarem a sua autonomia e autorregulação, incidindo quer nos aspetos associativos quer no contexto político e legislativo, antes e depois do 25 de Abril. Seguidamente, apreciaremos a atividade do Conselho Deontológico do Sindicato dos Jornalistas, procurando perceber as suas formas de funcionamento, o tipo e o tratamento das queixas provenientes dos jornalistas e do público em geral. A escolha da atividade do Conselho Deontológico prende-se com o facto de estarmos perante o órgão que, do ponto de vista de uma definição restrita, melhor responde ao conceito de autorregulação. O estudo incidirá sobre as decisões e deliberações daquele órgão, desde Abril de 1974, até ao mandato que terminou em 2007.

É costume dizer-se que os jornalistas são mais lestos a defender a sua autorregulação do que a exercê-la, de facto. Com a presente investigação pretendemos contribuir para a compreensão desse fenómeno. Para isso, recorreremos à análise crítica realizada ao longo da nossa investigação, tentando daí extrair conclusões e alguns ensinamentos sobre a autorregulação dos jornalistas em Portugal, bem como formular algumas propostas para desafios importantes que a este nível se colocam.

I
Deontologia

No presente capítulo analisaremos a deontologia enquanto conceito central da autorregulação profissional. Procuraremos indagar as origens da palavra, para compreender a sua evolução, desde o contexto filosófico em que nasceu até às condições da sua vulgarização no âmbito socioprofissional, em particular, nas profissões liberais. Este último aspeto obriga-nos a encetar uma outra tarefa: a de entender o jornalismo como profissão. Conforme sustentaremos, o jornalismo assenta numa definição estruturalmente ambígua, quer na perspetiva de uma tradição funcionalista de profissão, quer quanto às suas origens e evolução histórica, quer ainda no que se refere a fatores de caráter cultural, económico, político e pragmático inerentes ao seu exercício nas sociedades democráticas contemporâneas. Esses aspetos justificam a razão pela qual os valores e a deontologia profissional assumiram grande relevância na história do jornalismo. Mas essa relevância apenas aprofunda o caráter ambíguo da profissão, tendo em conta a própria natureza da deontologia profissional. Para compreender melhor esses aspetos, trataremos de analisar as funções da deontologia, bem como o seu estatuto enquanto valor, norma e instrumento retórico e estratégico ao serviço dos objetivos de reconhecimento socioprofissional.

1. Acerca do conceito de deontologia

A palavra deontologia foi criada pelo filósofo utilitarista Jeremy Bentham que, em 1816, no seu livro *Chrestomathia*, a utilizou para distinguir dois ramos da ética: uma ética exegética, expositiva e enunciativa; outra mais sensorial que se refere às ações da vontade suscetíveis de serem objeto de aprovação ou reprovação[2]. Estamos perante duas formas discursivas: a primeira destinada à formação das faculdades intelectuais; a segunda orientada para a determinação da vontade do sujeito. A esta última, Bentham chama-lhe deontologia, uma expressão considerada mais apelativa que o seu sinónimo *dicastic ethics* que, por sua vez, poderia ainda ser subdividida em Moral e Política. Mas é num texto publicado postumamente que Bentham explicita a razão de ser da palavra.

> «Deontologia deriva de duas palavras gregas τὸ δέον [to déon] (o que é conveniente) e λογία [logia] (conhecimento); quer isto dizer, o conhecimento do que é justo ou conveniente. Este termo é aqui aplicado à moral, isto é, a esta parte do domínio das ações que não cai sob o império da legislação pública. Como arte, é fazer o que é conveniente; como ciência, é conhecer o que convém fazer em cada ocasião»[3].

O conceito de deontologia, tal como o empregava Bentham, está, pois, longe do significado que habitualmente encontramos hoje na linguagem comum, associado a um conjunto de normas e regras de caráter prescritivo de uma profissão. Com efeito, para Bentham, a deontologia obedece mais a um conjunto de princípios de uma (nova) ética orientada pelos valores do bem-estar, definido, numa perspetiva utilitarista, no sentido de que «uma ação é boa ou má, digna ou indigna, merece a aprovação ou a crítica, na proporção da sua tendência em aumentar ou diminuir a soma da felicidade pública»[4].

Contestando os «dogmas despóticos do ascetismo»[5] que veem na abnegação dos interesses pessoais a suma expressão do ato moral, Bentham considera que é próprio da natureza humana pensar no seu interesse. Por isso, defende a integração da noção de interesse no conceito de dever, conside-

---

[2] Jeremy BENTHAM, *Chrestomathia: Being a collection for papers explanatory of the design of an institution*, Londres, 1816, pp. 213-214 e 345-346, *in* URL: http://openlibrary.org/b/OL20465623M/Chrestomathia_Being_a_Collection_of_Papers_Expl anatory_of_the_Design_of_an_Institution, (10/09/2009); Jeremy BENTHAM, *Essai Sur la Nomenclature et la Classification des Principales Branches de l'Art-et- Science*, Paris, Bossange Frères, Libraires, 1823, p. 163 e ss, *in* URL: http://openlibrary.org/b/OL20461282M/Essai_sur_la_nomenclature_et_la_classification_des_principales_branches_d'art-et-science_, (10/09/2009).
[3] Jeremy BENTHAM, *Déontologie, ou Science de la Morale*, p. 21, *in* URL: http://classiques.uqac.ca/classiques/bentham_jeremy/deontologie_tome_1/bentham_deontologie_t1.pdf (17/07/2007)
[4] *Op. cit.*, p. 22.
[5] *Op. cit.*, p. 20.

rando mesmo que existe um primado do primeiro relativamente ao segundo. Deste modo, o dever apresenta-se como uma ação moral corretamente orientada para a busca do interesse individual, do bem-estar e do prazer. Este objetivo em nada colide com o interesse público, uma vez que, quanto maior for a satisfação pessoal dos indivíduos, maior é também a felicidade da sociedade no seu todo. Assim, progressivamente, é possível atingir a felicidade suprema da humanidade e – o fim último da moral – a felicidade universal[6]. O papel do moralista, segundo Bentham, seria então o de demonstrar que um ato imoral resulta de um cálculo errado do interesse pessoal, dos prazeres e do sofrimento[7].

Como vemos, o conceito de deontologia aparece em Bentham como uma teoria ética. Mas o uso da palavra seguirá, pelo menos, três trajetórias distintas, todas elas com um sentido diferente do pretendido pelo seu criador.

Em primeiro lugar, no plano filosófico, as éticas deontológicas têm hoje por referência as ações que se impõem de forma obrigatória, por dever ou por puro respeito à lei, independentemente das suas consequências ou de qualquer cálculo relativamente ao bem-estar ou à felicidade do sujeito moral. Nesse sentido se diz que Kant foi o primeiro a defender, de forma explícita, uma ética deontológica[8], por oposição direta às éticas teleológicas e consequencialistas[9]. Por isso, não deixa de haver aqui alguma ironia do destino ao vermos o conceito de deontologia aplicado, no domínio filosófico, a um contexto radicalmente diferente do pretendido pelo seu criador e caracterizando as filosofias inspiradas por Kant, cujo pensamento ético está bastante longe quer das correntes teleológicas quer das utilitaristas. A este propósito, González Bedoya sublinha que, em grego, o conceito de *deon, deontos* se opõe ao de *ananké* (necessidade física) e ao de *jré* (utili-

---

[6] *Op. cit.*, p. 16.
[7] *Ibid.*
[8] André BERTEN, «Déontologisme», *in* », *in* Monique CANTO-SPERBER (sob a direção de), *Dictionnaire d'Éthique et de Philosophie Morale*, Paris, Presses Universitaires de France, 1996, p. 378.
[9] Com frequência, as éticas teleológicas incluem as éticas consequencialistas. Porém, a abordagem de umas e de outras é distinta. Enquanto as éticas teleológicas se preocupam em definir o bem de forma apriorística, as éticas consequencialistas procuram avaliar as consequências da ação. Recuperando a terminologia weberiana, Berten sustenta que as éticas teleológicas se fundam numa racionalidade em valor (ética da convicção), enquanto as éticas consequencialistas obedecem a uma racionalidade em finalidade (ética da responsabilidade). Numa perspetiva consequencialista, a moralidade visa maximizar o bem e minimizar o mal. Por isso, o utilitarismo é considerado a filosofia ética mais próxima do consequencialismo [*Op. cit.*, p. 379.].

dade), pelo que Bentham teria feito melhor se, em vez de recorrer ao conceito de deontologia, tivesse utilizado o conceito de *jrelogia* para caracterizar a ética utilitarista[10].

Em segundo lugar, o conceito de deontologia surge também associado ao exercício de profissões liberais tradicionais, como o conjunto de deveres profissionais, no sentido de uma deontologia jornalística ou deontologia médica. Neste contexto, a deontologia pode ainda ser ligada tanto a princípios éticos e reflexivos como estritamente normativos, mas, em ambos os casos, aplicados a um domínio profissional. Nesta aceção, a deontologia tem um sentido muito próximo de uma ética aplicada ou de uma *ethica specialis*[11]. Deste modo, expressões como deontologia médica, ética médica ou moral médica surgem como praticamente equivalentes[12].

Está ainda por fazer a história da evolução do sentido da palavra deontologia, do plano filosófico para o socioprofissional. No entanto, o médico francês, Max Simon, surge frequentemente citado como um dos primeiros a desenvolver o conceito de Bentham, aplicando-o a um contexto profissional particular[13]. Não obstante o seu pensamento estar mais próximo do romantismo social cristão do que do utilitarismo francês, Simon, num texto de 1845[14], associou o termo deontologia à medicina[15]. Contudo, o aspeto mais importante da abordagem de Simon parece residir no deslocamento do conceito de deontologia de uma ética do dever para uma «ética normativa e tradicional em que se aplicam os deveres e obrigações comuns, gene-

---

[10] Jesús González BEDOYA, *Manual de Deontología Informativa – Periodismo, medios audiovisuales, publicidade*, Madrid, Editorial Alhambra, 1987, p. 8.

[11] A reabilitação da filosofia prática, bem como o redespertar do interesse sobre a ética aplicada, podem ser entendidos num duplo sentido, segundo Guy Durand: em primeiro lugar, como uma «ética a aplicar», prescritiva, e casuística; em segundo lugar, como uma *ethica specialis*, ou ainda, uma ética setorial [Guy DURAND, *Introduction Générale à la Bioéthique – Histoire, concepts et outils*, Montréal, Fides/Cerf, 1999, pp. 94-95].

[12] *Op. cit.*, p. 99.

[13] Robert NIYE, «Médecins, éthique médicale et État en France 1789-1947», *Le Mouvement Social*, 2006/1, nº 214, p. 27.

[14] Max SIMON, *Déontologie Médicale ou les Devoirs et les Droits dans l'État Actuel de la Civilisation*, Paris, Ballière, 1845.

[15] O primeiro código deontológico médico foi elaborado pela *American Medical Association*, em 1847. De acordo com a tradição anglo-saxónica, ele surge sob o nome de código de ética: AMERICAN MEDICAL ASSOCIATION, *Code of Medical Ethics of the American Medical Association – Originally adopted at the adjourned meeting of the national medical convention of Philadelphia, May 1847*, Chicago, American Medical Association, data ilegível, *in* URL: http://www.ama-assn.org/ama/upload/mm/369/1847code.pdf, (07/05/2007).

ralizados e consensualizados em todos os âmbitos», a partir dos quais se procede à reflexão e se procuram solucionar os problemas morais surgidos nas atividades profissionais[16].

Esta abordagem da moral profissional está bem patente na medicina. A deontologia médica começou por surgir bastante ligada à própria personalidade do médico, encarado como um *gentleman*[17], entrando em linha de conta com os seus hábitos pessoais e valores, como a honestidade, a discrição e a modéstia[18]. O Código de Ética Médica da *American Medical Association*, publicado em 1847, é bastante explícito sobre esta dimensão moral, ao afirmar na sua introdução que «a ética médica, enquanto ramo da ética geral, deve assentar nas bases da religião e da moral»[19]. O documento refere ainda que, uma vez que a ética médica não inclui apenas a noção de deveres, mas também a de direitos, ela pode ser utilizada como equivalente a deontologia médica (*medical deontology*)[20]. Porém, o termo «*medical deontology*» nunca conseguiu impor-se no meio socioprofissional de expressão anglo-saxónica. Daí o facto de, em inglês, ser frequente encontrarmos expressões como *code of ethics*, *code of conduct* e *code of pratices*.

Em terceiro lugar, a noção de deontologia aparece com mais frequência associada a um domínio mais restrito de aplicação, assumindo um significado mais próximo do adjetivo "deontológico". Neste contexto, a deontologia surge como um conjunto de normas, prescrições e regulamentos das profissões, sintetizadas nos respetivos códigos deontológicos. A deontologia assume aqui uma perspetiva estritamente normativa e regulamentar. No dizer de Guy Durand, estamos perante o sentido mais «fraco» e «minimalista» da palavra, por oposição a uma abordagem mais crítica, mais reflexiva, mais interrogativa e mais legitimadora, presente tanto nos planos de uma ética deontológica como ainda de uma ética aplicada, vistas anteriormente. Trata-se de uma abordagem desenquadrada do seu uso quer filosófico quer, inclusivamente, corporativo[21].

---

[16] E. PRATS, M. R. BUXARRAIS e A. TEY, *Ética de la Información*, op. cit., p. 97.
[17] Guy DURAND, Andrée DUPLANTIE, Yvon LAROCHE e Danielle LAUDY, *Histoire de l'Éthique Médicale et Infirmière*, Montréal, Presses Universitaires de Montréal/Inf., 2000, p. 241.
[18] R. NIYE, «Médecins, éthique médicale et État en France 1789-1947», *Le Mouvement Social, op. cit.*, p. 28.
[19] AMERICAN MEDICAL ASSOCIATION, *Code of Medical Ethics of the American Medical Association, op. cit.*, p. 83.
[20] *Ibid.*
[21] G. DURAND, *Introduction Générale à la Bioéthique, op. cit.*, p. 101.

2. Inspiração moral da deontologia

Para Cornu, pensar a deontologia como um conjunto de deveres associados à regulação de uma prática representa, também, pensá-la como um território restrito da moral[22]. Na realidade, a diferença entre a moral e a deontologia parece fazer-se não tanto pela referência à natureza dos seus conteúdos, mas pelo âmbito da sua aplicação, formando a deontologia como que um «um subconjunto das regras morais»[23]. Nesta aceção, a deontologia aplica-se a contextos sociais mais restritos, no sentido dos deveres próprios de determinados grupos sociais, elaborados, no entanto, a partir de uma sistematização dos conteúdos das normas da moral social[24]. Esta noção de moral restrita está presente também na proximidade que Paul Valadier estabelece entre deontologia e papéis sociais.

> «Esperamos que um polícia investigue um crime ou um acidente e que encontre os culpados de forma expedita, embora respeitando as regras do seu trabalho; esperamos que o patrão de uma empresa seja suficientemente inventivo para a viabilizar, para a tornar competitiva, e, deste modo, assegurar ao seu pessoal trabalho e condições de vida dignas; esperamos que o jornalista informe corretamente e com imparcialidade de acordo com a deontologia da sua profissão. Os papéis definiram, então, o que deve fazer o indivíduo que os assume»[25].

Ainda que admitindo que o sentido do dever pode implicar, por parte do sujeito da ação, algo mais do que o simples respeito por um código ou por uma deontologia definidora de comportamentos, do ponto de vista exterior, as suas ações não deixam de ser lidas e interpretadas no quadro das «expectativas legítimas»[26]. Estas expectativas representam uma «moralização objetiva, já que ela não depende, em primeiro lugar, do sujeito da ação (das suas virtudes de homem ou de jornalista), mas do fundamento da expectativa do outro»[27].

É neste sentido que Emmanuel Putman refere o facto de a deontologia mais não ser do que um pleonasmo de moral, na medida em que se refere ao

---

[22] Daniel CORNU, *Éthique de l'Information*, Paris, Presses Universitaires de France, 1997, p. 5.
[23] Claire BÉLISLE, «L'éthique et le multimédia», *in* Patrick BRUNET (sob a direção de), *L'Éthique dans la Société de l'Information*, Paris, L'Harmattan/Presses Universitaires de Laval, 2001, p. 123.
[24] Eloy Luis ANDRÉ, *Deontología Social*, Madrid, (edição de autor), 1931, p. 6.
[25] Paul VALADIER, *Inevitável Moral*, Lisboa, Instituto Piaget, 1991, p. 109.
[26] *Op. cit.*, p. 111.
[27] *Op. cit.*, p. 112.

conjunto de deveres impostos ao indivíduo no quadro do exercício da sua profissão[28]. Do mesmo modo, Philippe Stoffel-Munck salienta que moral e deontologia mantêm uma relação muito próxima, ao ponto de a deontologia poder ser considerada uma expressão da moral, enquanto conjunto de regras de consciência aplicáveis no âmbito de algumas profissões[29]. No entanto, como sublinha Hugo Aznar, falamos de uma consciência moral coletiva, partilhada no âmbito de uma profissão[30]. Eliot Freidson salienta que os códigos profissionais têm uma função de estabelecer níveis éticos de exigência, capazes de assegurar a confiança do público nos profissionais. E ainda que os seus princípios gerais não sejam muito diferentes dos da vida quotidiana, dos Dez Mandamentos, ou dos códigos civil e criminal, eles têm a função de transpor esses princípios para as circunstâncias concretas que rodeiam a aplicação de saberes especializados e de práticas específicas[31]. Claude-Jean Bertrand faz uma abordagem muito próxima da de Freidson ao identificar, na generalidade dos códigos deontológicos do jornalismo, pelo menos sete princípios que poderiam ser relacionados com o decálogo de Moisés[32]. Falamos, pois, de uma «moral no quotidiano»[33], ajustada ao desempenho de determinadas funções sociais, de acordo com os objetivos legítimos de uma profissão e os meios aceitáveis para os atingir segundo os valores morais dominantes e vigentes numa sociedade[34].

Segundo Marie-Claude Vetraino-Soulard, trata-se de normas que começam por tomar forma num «"código" não escrito», transmitido pela tradi-

---

[28] Emmanuel PUTMAN, «Éthique des affaires et déontologie des professions d'affaires: réflexions sur la morale des marchands», *in* Jean-Louis BERGEL (org.), *Droit et Déontologies Professionnelles*, Aix-en-Provence, Librairie de l'Université, 1997, pp. 93-94.
[29] Philippe STOFFEL-MUNK, «Déontologie et morale», *in* J.-L. BERGEL (org.), *Droit et Déontologies Professionnelles*, op. cit., p. 63,
[30] Hugo AZNAR, *Comunicação Responsável – A auto regulação dos media*, Porto, Porto Editora, 2005, p. 48.
[31] Eliot FREIDSON, «El alma del profesionalismo», *in* Mariano Sánchez MARTÍNEZ, Juan Sáez CARRERAS e Lennart SVENSSON (coord.), *Sociología de las Profesiones – Pasado, presente y futuro*, Murcia, Diego Marín, 2003, pp. 82-83.
[32] «2. Não venerar ídolos, não cometer perjúrio nem blasfémia/ 5. Respeitar os idosos, as tradições/ 6. Renegar a violência/ 7. Rejeitar a pornografia/ 8. Rejeitar a corrupção/ 9. Não mentir/ 10. Prestar solidariedade aos outros jornalistas». Ou na linha do jornal francês *La Croix*, de inspiração cristã: «liberdade, dignidade, justiça, paz, amor (ama o teu próximo como a ti mesmo)» [Claude-Jean BERTRAND, *A Deontologia dos Media*, Coimbra, MinervaCoimbra, 2002, p. 39.].
[33] D. CORNU, *Journalisme et Vérité*, op. cit., p. 48.
[34] M.-F. BERNIER, «L'éthique et la déontologie comme éléments de la légitimité du journalisme», *in* P. BRUNET (sob a direção de), *L'Éthique dans la Société de l'Information*, op. cit., p. 38.

ção, até que as organizações de profissionais decidem dar-lhe forma de letra em documentos específicos[35]. No entanto, como referem Henri Pigeat e Jean Huteau, embora a deontologia deva ser criada pelos próprios profissionais, casos há, nomeadamente no jornalismo, em que os poderes políticos, ideológicos e religiosos intervêm na sua elaboração[36].

A deontologia distingue-se, portanto, da moral pela sua particularidade. Como moral profissional, faz parte de um subsistema de valores, visando a normativização do campo do agir socioprofissional. Neste quadro, poderíamos sustentar que ela é uma *moral specialis*, operando, deste modo, um desdobramento no seio do próprio campo moral, a exemplo do que vimos anteriormente, a propósito das noções de ética aplicada ou da *ethica specialis*.

2.1. Deontologia: *moral* e *ethica specialis*

Marc-François Bernier considera que «tratando-se de uma codificação de comportamentos baseados numa hierarquia de valores, a deontologia pode, como a moral, tender para o imobilismo ou a rigidez, se não for posta em causa»[37]. Por isso, Bernier defende que a deontologia deve fundar-se na ética. Para o autor, a ética é ela própria geradora da deontologia, uma vez que a reflexão ética e o seu papel de avaliação e vigilância crítica sobre a validade das normas profissionais faz com que se renovem e emirjam novas regras e valores deontológicos. A hierarquização dos valores conduz às normas que, por sua vez, determinam os códigos deontológicos. Segundo ainda Bernier, o papel da ética situa-se quer a montante quer a jusante da deontologia. Por um lado, ela constitui a base reflexiva sobre os valores que darão origem à deontologia. Mas, por outro, a ética é também a reserva crítica que permitirá fazer evoluir a deontologia: é ela que permitirá reavaliar e ultrapassar as dificuldades resultantes das particularidades colocadas pelas situações concretas e a que a deontologia nem sempre está em condições de responder cabalmente[38]. Para que este exercício seja possível, é necessário, segundo ainda Bernier, «dominar a regra dominante», constituída pelas

---

[35] Marie-Claude VETRAINO-SOULARD, «Les enjeux culturels et éthiques d'internet», *in* P. BRUNET, (sob a direção de), *L'Éthique dans la Société de l'Information, op. cit.*, p. 104.

[36] Henri PIGEAT e Jean HUTEAU, *Déontologie des Médias – Institutions, pratiques et nouvelles approches dans le monde*, Paris, Economica/UNESCO, 2000, p. 25.

[37] M.-F. BERNIER, «L'éthique et la déontologie comme éléments de la légitimité du journalisme», *in* P. BRUNET (sob a direção de), *L'Éthique dans la Société de l'Information, op. cit.*, p. 38.

[38] Marc-François BERNIER, *Éthique et Déontologie du Journalisme*, Sainte-Foy, Presses Universitaires de Laval, 1994, p. 92.

regras deontológicas explícitas, sem as quais não é possível o exercício crítico da profissão, nem sequer a avaliação correta das situações quando o jornalismo é levado a entrar em áreas deontologicamente escorregadias e a transgressão das normas se justifica. O domínio da regra dominante permite-nos ter consciência das transgressões cometidas; efetuar «derrapagens controladas» quando necessário; e restabelecer, a todo o momento, a trajetória de acordo com as normas em vigor. Como sublinha Bernier, a possibilidade de transgressão abre a porta à noção de desobediência civil[39].

Esta abordagem recorda-nos que os valores expressos pela deontologia são sempre apreendidos por sujeitos. Porém, do nosso ponto de vista, ela corre o risco de confundir dois planos éticos que, não obstante a sua íntima ligação, devem ser distinguidos. Por um lado, está em causa aquilo que é a interpretação e a apropriação que os sujeitos fazem, individualmente, das normas deontológicas a partir dos seus posicionamentos éticos. É mediante essa apropriação e as atitudes assumidas que os comportamentos são suscetíveis, ou não, de serem responsabilizados individualmente. Por outro lado, existe também a discussão ética efetuada num plano que é já a expressão de um debate mais ou menos alargado, ao nível dos grupos organizados e da sociedade. Certamente que estes debates terão, em última instância, como seus promotores, indivíduos. Mas, do nosso ponto de vista, devemos distinguir entre o discurso subjetivo de pessoas que fazem livre uso da sua razão, do discurso de pessoas que fazem uso da sua razão no quadro de uma discussão institucionalizada e em representação de setores da sociedade organizada. Como refere Chris Frost, as pessoas têm, geralmente, uma boa opinião acerca das motivações do seu comportamento e da maior parte das circunstâncias que envolvem determinado problema. Por isso, elas podem agir ao mesmo tempo como persecutoras e juízes para determinar se este ou aquele ato vem quebrar o seu código pessoal. Contudo, os códigos que são regulados externamente, ou seja, os códigos públicos, são mais complexos: nestes casos, já não se trata de agir como juízes ou júris em causa própria, uma vez que um código público pressupõe a tentativa de trabalhar num regulamento universal que é aplicado a todos[40]. A deontologia apresenta-se como algo mais do que uma regra moral, sujeita à vontade de adesão por

---

[39] *Op. cit.*, p. 95.
[40] Chris FROST, *Media Ethics and Self-Regulation*, Edimburgo, Pearson Education Limited, 2000, p. 96. Para Habermas, as normas decorrentes das regras profissionais, ainda que não aspirem ao mesmo tipo de universalização pretendido pela moral, também «podem submeter-se a um teste de universalização» [Jürgen HABERMAS, *De l'Éthique de la Discussion*, s.l., Flammarion, 1991, p. 35.].

parte dos indivíduos a princípios fundamentais, e é menos do que uma norma do direito, porque não tem força de lei[41]. Assim, a deontologia constitui-se como uma limitação imposta à liberdade de decisão dos sujeitos sobre o que eles podem ou devem fazer com os conteúdos informativos[42].

Com efeito, se qualquer deontologia é objeto de apropriação por parte de sujeitos ela integra também um quadro de sentido mais vasto. Na linha de pensamento de Durkheim, a deontologia é a expressão de uma reflexividade que é mais do que a soma de cada uma das individualidades que participa na definição das normas morais de uma profissão. É neste contexto que, a nosso ver, a deontologia pode ser entendida enquanto normatividade, mas também enquanto expressão de uma reflexividade, operada num quadro de organizações e representações coletivas.

Ao darmos importância à dimensão reflexiva da deontologia, enquanto expressão de uma ética e de uma vontade normativa de um grupo socioprofissional, não pretendemos excluir a dimensão ética dos sujeitos. Porém, não podemos deixar de notar que essa dimensão individual diz mais respeito ao domínio de uma responsabilidade pessoal do que de uma responsabilidade coletiva. Mas, enquanto normas de conduta de uma profissão, a deontologia é a expressão de um grupo organizado e pode mesmo impor-se pela sua coercitividade, quer ela tenha o caráter de sanção ou, simplesmente, o de reprovação moral. Nesse sentido, ela é também a síntese desse debate coletivo, ao nível profissional, que se concretiza em normas profissionais de conduta. Em suma, a deontologia é a apropriação socioprofissional dos princípios da moral social aplicável às condições de exercício de uma profissão. Não sendo o resultado de uma discussão separada do contexto social que a rodeia, ela resulta diretamente dos contributos normativos de uma dada profissão, no quadro dos valores vigentes na sociedade onde se insere[43].

---

[41] A relação entre o Direito e a deontologia será um tema aprofundado no próximo capítulo, consagrado à regulação e à autorregulação.
[42] Antonio Petit CARO, «Los limites éticos de la información», in Juan Carlos Suárez VILLEGAS (org.), *Medios de Comunicación Y Autocontrol – Entre la ética y el derecho*, Editoral Mad, Alcalá de Guadaira, 1999, p. 36.
[43] Quando falamos de deontologia, acabamos por nos centrar nos aspetos relacionados com a profissão. Esta abordagem não nos deve fazer esquecer que existe uma dimensão mais alargada das questões deontológicas, que não se restringe à apropriação socioprofissional da moral social, ou à discussão das práticas profissionais mediante os valores consagrados na deontologia. A esta dimensão, há ainda a juntar a necessidade de um alargamento da discussão da deontologia num contexto socialmente mais alargado, através de iniciativas de "autorregulação partilhada" ou, se quisermos, de corregulação. Aprofundaremos este aspeto no capítulo seguinte.

Para quem, como nós, pretende compreender até que ponto o jornalismo e os jornalistas estão em condições de responder, através dos mecanismos da autorregulação, aos desafios que se colocam à informação nas sociedades contemporâneas, este esclarecimento parece-nos decisivo.

3. O jornalismo enquanto conceito ambíguo de profissão

Definimos a deontologia como *moral specialis*, aplicada a um contexto profissional. No jornalismo, os valores da deontologia assumem um papel de charneira no seu reconhecimento público enquanto profissão. Embora se possa alegar que o mesmo se passa com as outras profissões, procuraremos demonstrar de seguida que, devido às características próprias do jornalismo, esse aspeto é absolutamente fulcral. Com efeito, na ausência de outros elementos decisivos de afirmação da profissão, os valores constituíram-se num dos elementos privilegiados de reconhecimento de uma profissão que não conseguiu impor-se por outros critérios mais objectivos. Este aspeto revela o caráter estruturalmente ambíguo do jornalismo enquanto profissão. Quatro aspetos são, a nosso ver, demonstrativos dessa ambiguidade: 1) a dificuldade que uma certa sociologia das profissões teve em reconhecer o caráter profissional do jornalismo, à luz de uma definição restrita de profissão; 2) as condições históricas de constituição de uma autonomia "inacabada" do jornalismo; 3) os fatores políticos, culturais, económicos e pragmáticos relacionados com a organização e exercício da profissão; 4) a natureza ambígua da própria deontologia e da sua centralidade no jornalismo.

3.1 A profissão do jornalismo à luz da sociologia

À luz de uma definição restrita de profissão, em voga no Direito e numa certa Sociologia das Profissões[44], o jornalismo dificilmente pode ser considerado como uma profissão. De acordo com este modelo, inspirado nas denominadas atividades liberais, as profissões definem-se pela presença de longos e complexos processos de formação; conhecimentos especializados e domínio técnico da sua aplicabilidade prática; elevada autonomia e res-

---

[44] Hélène RETHIMIOTAKI, *De la Déontologie Médicale à la Bioéthique – Étude de sociologie juridique*, Lille, Atelier National de Reproduction de Thèses, s.d. (tese de doutoramento defendida em 12 de julho de 2000), pp. 38-39; Augusto Santos SILVA, *Dinâmicas Sociais do Nosso Tempo – Uma perspetiva sociológica para estudantes de gestão*, Porto, Universidade do Porto, 2002, p. 94; Vital MOREIRA, *Auto-Regulação Profissional e Administração Pública*, Coimbra, Almedina, 1997, p. 59; e João FREIRE, *Sociologia do Trabalho – Uma introdução*, Porto, Edições Afrontamento, 2006, pp. 320-321.

ponsabilização profissional; regras de deontologia profissional; normas restritivas e formas colegiais de controlo do acesso e do exercício da profissão; noção de serviço prestado à coletividade; reconhecimento oficial, público da profissão; existência de uma cultura profissional[45]. Estes critérios retomam, *grosso modo*, as características definidas por Abraham Flexner, em 1915[46]. Mas, com base em alguns destes pressupostos, dizia-se já no *Dictionnaire des Professions*, em 1880, sobre o jornalismo:

> «O que constitui uma profissão é que nos preparemos e que, concluída essa preparação, a abracemos, segundo a expressão comum, com a intenção e a quase certeza, salvo situação inesperada, de a exercer durante o resto da vida... É-se engenheiro mesmo sem trabalho; é-se médico, advogado mesmo se não se tiver clientes. Mas só se é jornalista quando se escreve num jornal; é-se e deixa-se de o ser de um dia para o outro. Não existe aprendizagem, nem diploma, nem certificado (...). O jornalismo não é uma profissão no sentido habitual da palavra»[47].

A nosso ver, esta perspetiva não deixa de secundarizar a centralidade da dimensão ética e moral que os paradigmas fundadores da sociologia de Durkheim e Weber atribuíam às profissões.

Durkheim, se defende a recriação das corporações, abolidas com a Revolução Francesa, é porque vê nelas o elemento essencial para introduzir na atividade económica a componente moral de que, em seu entender, ela está particularmente destituída, uma vez que, nas sociedades pré-industriais, a economia assumia um papel secundário relativamente às funções militares, administrativas e religiosas[48]. Para além disso, a moral profissional é, para Durkheim, uma forma de combater os problemas sociais resultantes das

---

[45] Harold L. WILENSKY, «The professionalization of everyone?», in *The American Journal of Sociology*, vol. LXX, nº 2, setembro, 1964, pp. 138 ss; João FREIRE, *Sociologia do Trabalho*, op. cit. pp. 320-321; e Nelson TRAQUINA, *A Tribo Jornalística – Uma comunidade transnacional*, Lisboa, Editorial Notícias, 2004, em particular pp. 37 a 48.

[46] Claude DUPAR e Pierre TRIPIER, *Sociologie des Professions*, Paris, Armand Colin, 1998, p. 9; Denis RUELLAN, *Le Professionalisme du Flou – Identité et savoir faire des journalistes français*, Grenoble, Presses Universitaires de Grenoble, 1993, p. 35.

[47] *Apud*, Remy RIEFFEL, *Sociologia dos Media*, Porto, Porto Editora, 2003, p. 147.

[48] Émile DURKHEIM, *Lições de Sociologia*, São Paulo, Martins Fontes, 2002, p. 15. O facto de a atividade económica ser em grande parte destituída de valores morais explica-se também, na perspetiva de Durkheim, por as teorias clássicas sempre terem defendido que a economia carecia de qualquer regulação [*op. cit.*, pp. 39 a 41.].

transformações do modelo de sociedade mecânica em orgânica, patentes no caso do suicídio anómico. Finalmente, as corporações nas sociedades industriais complexas, enquanto grupos secundários, estão suficientemente próximas dos indivíduos para, a partir da sua esfera de ação socioprofissional, desempenharem um papel na integração dos sujeitos na vida social do Estado e da Nação. Em suma, o profissionalismo assume, em Durkheim, a forma de uma comunidade moral, cuja especificidade assenta no exercício de uma profissão[49].

Em Weber, a dimensão ética das profissões é também muito forte. Em primeiro lugar, porque o sociólogo alemão encontra na religião o fundamento mais antigo das profissões, em particular na ideia da existência de um carisma e de uma qualificação específica, presentes no caráter vocacional dos mágicos, dos profetas e dos sacerdotes[50]. Em segundo lugar, porque, para Weber, a dimensão vocacional da profissão e a devoção ao trabalho profissional serão aspetos que se instituirão como elementos característicos da cultura capitalista, a partir da Reforma e, em particular, através do protestantismo ascético, que vê na atividade profissional a própria realização do sujeito e a expressão de uma ação moral mais elevada[51]. Deste modo, como notam Dubar e Tripier, os grupos profissionais não são, em Weber, apenas entidades económicas, mas são igualmente grupos com caráter estatutário[52]. Para Júlia Evets, esta dimensão do pensamento de Weber está muito presente nos estudos desenvolvidos na Grã-Bretanha e, muito em particular, nos Estados Unidos, nomeadamente pelo funcionalismo e a Escola de Chicago. Para a autora, os primeiros estudos conceberam a profissão como «um sistema de valores normativos com significados e funções para a estabilidade e sociabilidade dos sistemas sociais»[53]. Nesta linha de pensamento, encontramos autores como Durkheim, Weber, Tawney, Carr-Saunders, Wilson, e Parsons, entre outros. Mas durante as décadas de 50 e

---

[49] Émile DURKHEIM, « Préface de la seconde édition – Quelques remarques sur les groupements professionnels», in Émile DURKHEIM, *De la Division du Travail Social*, URL: http://classiques.uqac.ca/classiques/Durkheim_emile/division_du_travail/division_travail_1.doc (....) pp. 12 a 37; e É. DURKHEIM, *Lições de Sociologia, op. cit.*, pp. 1 a 57.

[50] Max WEBER, *Économie et Société – L'organisation et les puissances de la société dans leur rapport avec l'économie*, vol. II, Paris, Pocket, 1995, pp. 145-147.

[51] Max WEBER, *A Ética Protestante e o Espírito do Capitalismo*, Lisboa, Presença, s.d., pp. 52 a 60.

[52] C. DUPAR e P. TRIPIER, *Sociologie des Professions, op. cit.*, p. 113.

[53] Julia EVETTS, «Sociología de los grupos profesionales: historia, conceptos y teorías», in M. S. MARTÍNEZ, J. S. CARRERAS e L. SVENSSON, *Sociología de las Profesiones, op. cit.*, p. 30-31.

60 do séc. XX, o centro das investigações organiza-se em torno do conceito de profissão como um tipo particular de ocupação ou como uma instituição de caráter particular[54]. Quer nos Estados Unidos quer na Grã-Bretanha – que, ao contrário de uma França, não aboliram as suas antigas corporações tendo mesmo, em alguns casos, visto reforçados os seus poderes – o estudo das profissões ficou muito marcado por uma tentativa de caracterização essencialista[55] e normativa[56], com uma forte influência da teoria funcionalista. Esta abordagem privilegiou a análise das formas mais institucionalizadas de representatividade profissional, como os médicos e os advogados, de acordo com um modelo corporativo de organização bastante comum na Grã-Bretanha e nos Estados Unidos[57]. Este centramento nos denominados perfis profissionais permitiu desenvolver uma tipologia que distinguia profissões, ocupações, quase-profissões, semi-profissões e profissões marginais[58].

Neste quadro, também não faltaram estudos sobre a profissionalização do jornalismo. À luz destas abordagens, o jornalismo tem alguma dificuldade em se afirmar como profissão. McLeod e Hawley, nos EUA, consideraram que o jornalismo é uma profissão em vias de constituição[59]. Recuperando o modelo das cinco fases de desenvolvimento de uma profissão de Harold L. Wilensky[60], Johnstone, Slawski e Bowman afirmam que o jornalismo nos EUA, «no sentido formal abstrato», não pode ser considerado como uma profissão, embora esteja claramente orientado nesse sentido[61].

---

[54] *Op. cit.*, p. 32
[55] Na expressão de C. DUPAR e P. TRIPIER, *Sociologie des Professions, op. cit..*, p. 74
[56] Na expressão de J. EVETTS, «Sociología de los grupos profesionales: historia, conceptos y teorías», *in* M. S. MARTÍNEZ, J. S. CARRERAS e L. SVENSSON, *Sociología de las Profesiones, op. cit.*, p. 30.
[57] C. Dupar e p. Tripier distinguem três modelos de organização corporativa: o modelo «"católico" dos corpos do Estado», o modelo colegial da ética puritana e o modelo liberal de Marx e Adam Smith [C. DUPAR e P. TRIPIER, *Sociologie des Professions, op. cit.*, Caps. I a III.].
[58] D. RUELLAN, *Le Professionalisme du Flou, op. cit.*, p. 35.
[59] *Op. cit.*, p. 37.
[60] Segundo Wilensky, a transformação de uma ocupação em profissão passa por cinco fases: definição de uma área de trabalho como uma ocupação em tempo integral; criação de escolas de formação; constituição de associações profissionais; pressão política por parte dos profissionais para conquistarem o reconhecimento legal e o controlo do trabalho; criação formal de normas e de um código ético [H. L. WILENSKY, «The professionalization of everyone?», *The American Journal of Sociology, op. cit.*, pp. 142-146.].
[61] John W. C. JOHNSTONE, Edward J. SLAWSKI e William W. BOWMAN, *The News People – A sociological portrait of american journalists and their work*, Urbana, Chicago e Londres, University of Illinois Press, 1976, pp. 102 e 111.

Por seu lado, Jeremy Tunstall, na Grã-Bretanha, concluiu que o jornalismo deveria ser considerado uma semi-profissão[62]. Ainda nesta linha de pensamento, David H. Wever e G. Cleveland Wilhoit, num estudo realizado nos EUA, na década de 80, concluíram que «os jornalistas pertencem a uma profissão, mas não estão numa profissão»[63]. Também John C. Merrill considera que, tendo em conta as «definições correntes» da sociologia das profissões, o jornalismo não é, «obviamente», uma profissão, embora tenha algumas características[64]. Por seu lado, Edmund B. Lambeth refere que, para o jornalismo poder ser considerado uma profissão, precisa de mecanismos necessários capazes de impor normas, garantir uma educação formal, definir um corpo específico de conhecimentos e assegurar a autonomia dos seus profissionais[65]. No entanto, sem poder contornar a importância que o jornalismo desempenha nas sociedades democráticas, Lambeth considera que retirá-lo da lista das profissões seria uma loucura. Entre as insuficiências resultantes de uma indefinição e a importância do seu papel social, Lambeth é levado a considerar que o jornalismo é um «ofício com responsabilidades profissionais»[66].

3.1.1 Crítica ao conceito restrito de profissão

A especificidade de profissões como o jornalismo dá razão aos que criticam a abordagem funcionalista das profissões por passar à margem de fenómenos diversificados de organização e de controlo, fora dos modelos tradicionais das profissões liberais. Warren Breed mostra como o jornalismo desenvolve os seus mecanismos de controlo, mesmo fora do âmbito dos processos organizativos tradicionalmente consagrados[67]. Do mesmo modo, John Solosky demonstra como o profissionalismo – pensado como tipo-ideal a partir da Medicina e do Direito – e a organização comercial burocrá-

---

[62] Jeremy TUNSTALL, *Journalists at Work – Specialists correspondents: their news organizations, news sources, and competitor-colleagues*, Londres, Constable, 1971, p. 69.
[63] David H. WEAVER e G. Cleveland WILHOIT, *The American Journalist*, apud, Barbie ZELIZER, *Taking Journalism Seriously – News and Academy*, Thousand Oaks, Londres, Nova Deli, Sage Publications, 2004, p. 33.
[64] John C. MERRILL, *The Imperative of Freedom – A philosophy of journalistic autonomy*, Nova Iorque, Hastings House, 1974, p. 135.
[65] Edmund B. LAMBETH, *Comitted Journalism – An ethic for the profession*, Bloomington, Indianapolis, Indiana University Press, 1992, p. 106.
[66] *Op. cit.*, pp. 106-107.
[67] Warren BREED, «Controlo social na redacção. Uma análise funcional», *in* Nelson TRAQUINA (org.), *Jornalismo: Questões, Teorias e "Estórias"*, Lisboa, Vega, 1993, pp. 152 a 162.

tica «não podem ser concebidos como sendo pólos opostos num *continuum* de liberdade e controlo»[68]. Por isso, é inadequado pensar profissões novas e dependentes, como a engenharia, a contabilidade e o jornalismo, que operam dentro de organizações comerciais de âmbito lucrativo, à luz do modelo «das profissões mais antigas e livres», como a medicina e o direito[69]. De resto, poder-se-ia argumentar, esta é uma situação que, hoje em dia, afeta cada vez mais os médicos e os advogados, entre outras profissões tradicionalmente consideradas liberais[70]. Por isso, Solsky salienta que tanto o profissionalismo como as organizações comerciais burocráticas são duas formas distintas, mas complementares, de organização laboral e não apenas dois pólos a partir dos quais podemos determinar os graus de autonomia ou de dependência profissional[71]. Na mesma linha de pensamento, também Barbie Zelizer destaca o papel das redes informais no interior do jornalismo, que privilegiam as interações horizontais em detrimento das verticais, assim como a autoridade colegial em detrimento da autoridade hierárquica[72]. Em alternativa à abordagem dos denominados *«aparatos de profissionalismo»*[73], demasiado restritiva para a compreensão do jornalismo como profissão, Zelizer propõe que se vejam os jornalistas como uma comunidade interpretativa com capacidade de, com recurso a outros dispositivos que não as formas tradicionais de organização das profissões liberais, determinar quais as práticas e os profissionais adequados[74].

Esta abordagem parece dar razão às críticas efetuadas por Julia Evetts quando afirma, a propósito do estudo sobre os perfis profissionais:

> «O enfoque nos perfis [profissionais] é geralmente considerado na atualidade uma diversão para perder tempo que não contribuiu em nada para melhorar a nossa compreensão nem acerca do poder de ocupações concretas (como historicamente o foram o Direito e a Medicina) nem acerca do desejo de todos os grupos ocupacionais serem considerados profissionais. Não parece que se

---

[68] John SOLOSKY, «O jornalismo e o profissionalismo»: alguns constrangimentos no trabalho jornalístico», *in* N. TRAQUINA (org.), *Jornalismo: Questões, Teorias e "Estórias", op. cit.*, p. 95
[69] *Op. cit.*, p. 93.
[70] J. FREIRE, *Sociologia do Trabalho, op. cit.*, p. 321.
[71] *Op. cit.*, p. 95.
[72] Barbie ZELIZER, «Os jornalistas enquanto comunidade interpretativa», *Revista de Comunicação e Linguagens* («Jornalismo 2000»), nº 27, Lisboa, fevereiro, 2000, p. 31.
[73] *Op. cit.*, p. 36 (itálico no original).
[74] *Op. cit.*, p. 54.

possa continuar a estabelecer uma linha contínua de separação entre profissões e ocupações, mas antes, em seu lugar, deve-se considerar ambas como formas sociais similares que compartilham muitas características comuns»[75].

Face à discussão realizada até ao momento, talvez tenhamos de admitir que, entre ocupação e profissão, o jornalismo transformou o que parecia ser uma dificuldade de definição numa característica estruturante. Como refere Ruellan, ao privilegiar o caráter aberto da profissão, os jornalistas «conservaram e tornaram possível» dois aspetos essenciais da representação da sua identidade profissional: uma profissão de «criadores, não obstante a sua condição de assalariados; uma atividade necessariamente livre, realizada em nome do interesse coletivo»[76]. Este facto permitir-nos-á compreender melhor o papel central que as questões éticas e deontológicas assumem no jornalismo, tarefa que nos propomos realizar mais adiante.

3.1.2 Jornalismo na perspetiva da teoria dos campos

Existem diferenças assinaláveis que opõem a perspetiva anglo-americana da Sociologia das Profissões relativamente aos estudos dos grupos profissionais, em França[77]. Mas isso não obsta a que, também aqui, se reconheça a especificidade do jornalismo enquanto profissão. A teoria dos campos sociais[78] de Pierre Bourdieu, por exemplo, sublinha a falta de autonomia do jornalismo. Embora o conceba dentro do campo intelectual, Bourdieu considera também que, dentro desse campo, o jornalismo é o que está mais dependente das forças externas, em particular dos constrangimentos eco-

---

[75] J. EVETTS, «Sociología de los grupos profesionales: historia, conceptos y teorías», *in* M. S. MARTÍNEZ, J. S. CARRERAS e L. SVENSSON, *Sociología de las Profesiones, op. cit.*, p. 33.
[76] Denis RUELLAN, *Les "Pro" du Journalisme – De l'état au statut, la construction d'un espace professionnel*, Rennes, Presses Universitaires de Rennes, 1997, p. 98.
[77] Sobre esta problemática veja-se, por exemplo, Claude DUPAR e Pierre TRIPIER, *Sociologie des Professions, op. cit.*, pp. 7-8.
[78] Érik Neveu defende o estudo do jornalismo a partir do conceito de campo, em Pierre Bourdieu, salientando que ele «convida a pensar o espaço do jornalismo como um universo estruturado por oposições simultaneamente objetivas e subjetivas, a entender cada título e cada jornalista na teia de estratégias, das solidariedades e das lutas que o ligam a outros membros do campo. Convida, por outro lado, à análise do campo jornalístico na sua relação com outros espaços sociais. Qual é a sua autonomia ou, pelo contrário, qual a sua dependência em relação aos campos económico ou, político e intelectual? Motivo de um interesse crescente, que vai além dos limites da França e das lógicas de escola (...), a problemática do campo aplicada ao jornalismo ajuda a ultrapassar muitas das oposições convencionais e falsas alternativas» [Érik NEVEU, *Sociologia do Jornalismo*, Porto, Porto Editora, 2005, p. 45.].

nómicos[79]. Patrick Champagne, partindo de uma releitura da teoria dos campos de Bourdieu, conclui que o jornalismo só de forma negativa pode ser definido como um campo. A sua especificidade resultaria, assim, não tanto da sua autonomia própria, mas do facto de ele se situar na interseção entre vários outros campos[80], nomeadamente o político, o económico e o profissional (definido também como intelectual ou ainda deontológico)[81].

Os estudos sobre o jornalismo levam-nos a concluir que estamos perante uma profissão que assenta numa ambiguidade estrutural e que, a nosso ver, Denis Ruellan identificou bem ao definir a atividade jornalística como um *Professionalisme du Flou*. Debruçar-nos-emos, de seguida, sobre aspetos relacionados com a profissão jornalística que explicam essa ambiguidade. Esses aspetos ajudam-nos a explicar a razão pela qual os valores profissionais acabam por assumir tanta relevância no jornalismo. Porém, a importância dada à deontologia não soluciona o problema da natureza intrinsecamente ambígua da profissão, como procuraremos demonstrar no final do presente capítulo. Em alguns casos, poder-se-á até dizer que não só não resolve como sublinha esse caráter ambíguo.

Uma breve passagem pela história do jornalismo moderno, no Ocidente, dá bem conta de como este caráter ambíguo – que nunca foi verdadeiramente resolvido – esteve presente no processo de constituição e reconhecimento social desta profissão.

3.2. A formação do jornalismo moderno

As raízes das dificuldades de definição do jornalismo como profissão mergulham, a nosso ver, nas transformações operadas na sua história moderna. Segundo Jean Chalaby, o jornalismo, tal como hoje o conhecemos, tem as suas origens próximas no séc. XIX[82] e é histórica e culturalmente o produto de uma invenção anglo-americana[83]. Fundamentalmente, esse novo jorna-

---

[79] Pierre BOURDIEU, *Sur la Télévision – Suivi de l'emprise du journalisme*, Paris, Liber-Raisons d'Agir, 1996, p. 61.
[80] Patrick CHAMPAGNE, «L'étude des médias et l'apport de la notion de champ», in AAVV, *Pour Une Analyse Critique des Médias – Le débat public en danger*, Broissieux, Éditions Croquant, 2007, p. 49.
[81] *Op. cit.*, p. 51.
[82] Jean CHALABY, «O jornalismo como invenção anglo-americana – Comparação entre o desenvolvimento do jornalismo francês e anglo-americano (1830-1920)», *Media & Jornalismo*, nº 3, 2003, pp. 29-50.
[83] A tipificação do jornalismo moderno como uma invenção anglo-americana obedece à tentativa de definição de um ideal-tipo. No entanto, esta abordagem é contestada por vários estudos que evidenciam diferenças assinaláveis relativamente ao suposto modelo normativo anglo-americano,

lismo distinguia-se dos congéneres europeus pela relativa abundância, exatidão, atualidade, factualidade e credibilidade da informação, bem como pela maior presença das notícias internacionais, alimentadas por uma vasta rede de correspondentes. Segundo Chalaby, fatores relacionados com as práticas discursivas, as origens culturais da imprensa, o contexto político, os fatores linguísticos e as razões económicas explicam que o jornalismo contemporâneo emergisse na Grã-Bretanha e nos Estados Unidos e não em França ou noutros países europeus que importaram tardiamente as novas formas de organização e produção noticiosa.

Estas novas formas de organização e produção de conteúdos são essenciais para a própria profissionalização do jornalismo. À medida que os interesses económicos começam a assumir uma maior importância e a imprensa passa a exigir investimentos cada vez mais avultados, o jornalismo tende a deixar de ser um mero mediador e um prolongamento das discussões públicas, marcadas por diversas correntes de opinião política e literária, levadas a cabo por pessoas que fazem uso público da razão, para se transformar numa atividade cada vez mais profissionalizada, sujeita aos imperativos próprios da racionalidade económica[84]. As exigências do jornalismo industrial obrigam a uma separação das funções de administração e de redação. Por consequência, o jornalismo literário e político, muito ligado à figura do jornalista – simultaneamente editor e proprietário do jornal –, dá lugar a uma

---

de exercício da profissão, nomeadamente tendo em conta os diferentes contextos políticos e culturais de cada país [Peter ESAIASSON e Tom MORING, «Codes of professionalism: Journalists versus politicians in Finland and Sweden», *European Journal of Communication*, vol. 9, Londres, Thounsand Oaks, e Nova Deli, Sage, 1994, pp. 271-289; e Svennik HOYER e Epp LAUK, «The paradoxes of the journalistic profession – An historical perspective», *in* URL: http://www.nordicom.gu.se/common/publ_pdf/32_003-018.pdf (07/09/2007).]. Não obstante a separação entre literatura e jornalismo, operada pela tradição jornalística anglo-americana, Jeremy Tunstall identifica como uma das especificidades da imprensa britânica a sua «forte tradição literária» [J. TUNSTALL, *Journalists at Work*, op. cit., p. 56.]. Por seu lado, embora sem verdadeiramente rejeitar o argumento de Chalaby, Érik Neveu salienta que a referência à tradição anglo-americana «constitui, na verdade, um "modelo" mais elaborado» do que inúmeras descrições fazem crer. Para o autor, ao representar «um jornalismo à americana despojado de toda a subjetividade» estamos a escrever a história segundo a versão de um modelo vencedor. No entanto, esse modelo mascara uma longa tradição do jornalismo político ligado à construção das máquinas partidárias, nos Estados Unidos, tal como o passado, relativamente recente, de uma imprensa politizada ligada ao mundo operário, na Grã-Bretanha [É. NEVEU, *Sociologia do Jornalismo*, op. cit., p. 23.]. Sobre a questão da imprensa operária na Grã-Bretanha, veja-se James CURRAN e Jean SEATON, *Imprensa, Rádio e Televisão – Poder sem responsabilidade*, Lisboa, Piaget, 2001.

[84] J. HABERMAS, *L'Espace Public*, op. cit, pp. 189-195.

redação onde os «editores nomeiam os redatores e esperam que eles trabalhem no interesse de uma empresa privada lucrativa e que se conformem com este imperativo»[85].

O processo de profissionalização do jornalismo é assim marcado pela demarcação do campo do trabalho permanente dos redatores face ao campo literário e político dos seus colunistas que, cada vez mais, passam a ocupar um lugar de segunda linha no processo produtivo dos jornais. Esta autonomização é um elemento decisivo do processo de profissionalização do jornalismo, no que diz respeito ao desenvolvimento de hierarquias e estruturas de poder – tanto nas redações como na profissão em geral –, de procedimentos e técnicas inerentes à profissão e de áreas de especialização da informação.

Para este processo contribuíram, de forma decisiva, o desenvolvimento tecnológico e a emergência do mercado da publicidade, que permitiu retirar as empresas jornalísticas da dependência dos financiamentos do mundo político e dos seus mentores. As novas técnicas de produção de papel, com custos mais baixos, a aplicação das máquinas aos sistemas de impressão, a descoberta da rotativa por Hoe, em 1846, nos EUA, e o telégrafo são fatores que vêm possibilitar as transformações da estrutura organizativa do jornalismo no séc. XIX[86]. Gabriel G. Lopez salienta as repercussões que estas transformações tiveram na adoção de novas técnicas retóricas como é o caso da pirâmide invertida[87]. Geralmente atribuída a Melville E. Stone, o primeiro diretor da *Associated Press*[88], a pirâmide invertida responde às perguntas retóricas (quem?, o quê?, quando?, onde?, como? e porquê?) que, segundo vários autores, terão sido estabelecidas por Marco Fábio Quintiliano, no séc. I, em Roma[89]. Estas questões de orientação da redação impuseram-se como linguagem própria do discurso jornalístico, por vezes, devido à inércia das redações que assinavam os serviços das agências noticiosas e transpunham os seus textos para as páginas do jornal. Para as agências noticiosas, o *lead* e a pirâmide invertida correspondiam à melhor forma

---

[85] *Op. cit.*, p. 194.
[86] Francis BALLE, *Médias et Sociétés – De Gutenberg à l'internet*, s.l., Montchrestien, s.d., p. 71; e Raymond WILLIAMS, *História de la Comunicación – De la imprenta a nuestros dias*, vol. 2. Barcelona, Bosh, 1992, p. 44.
[87] Citando J. F. SANCHEZ [*Apud*, Gabriel Galdón LÓPEZ, *Desinformação e os Limites da Informação*, Lisboa, Folhas & Letras, 2000, pp. 21-22.].
[88] Petra Mª SECANELLA, *El Lid, Fórmula Inicial de la Noticia*, Barcelona, Editoral ATE, 1980, p. 49.
[89] Esteves REI, *Curso de Redacção II – O Texto*, Porto, Porto Editora, 2000, p. 12.

de relatarem acontecimentos destinados a clientes diversificados, constituídos por jornais com linhas editoriais diferentes e, por vezes mesmo, opostas. Para além disso, trata-se de uma forma de transmitir o maior número de informação em poucas palavras. Ajustava-se às contingências da transmissão de informação através das onerosas e ainda precárias linhas telegráficas, assegurando o envio dos dados mais essenciais caso a ligação caísse, como era frequente. Para as redações, a adoção desta técnica discursiva permitia ainda um ajuste mais fácil do texto ao espaço disponível do jornal, uma titulação rápida e assegurava ao leitor um acesso rápido ao essencial do conteúdo noticioso. Finalmente, a progressiva extensão e massificação dos públicos dos próprios jornais fazem com que as redações adotem também o *lead* e a pirâmide invertida como técnicas de escrita jornalística predominantes nos seus relatos informativos[90].

Do mesmo modo, também a reportagem e a entrevista se impuseram como géneros discursivos próprios do jornalismo, vincando ainda mais a função específica do redator e do repórter, relativamente ao colunista político e literário. Bernard Voyenne sublinha como a reportagem teve um papel importante para o reconhecimento da figura do repórter, considerado, até então, como «a mais sombria categoria das pessoas da imprensa»[91]. O domínio da técnica da pirâmide invertida, da reportagem e da entrevista são fatores que contribuem para a construção da ideia do jornalista como um perito[92].

Delporte salienta o facto de a consciência profissional do jornalista ser forjada na convivência de um grupo de redatores permanentes, num espaço de trabalho comum, reconfigurando as salas de redação, até aí mais parecidas com salões, em lugares mais condicentes com um local de trabalho e de comunicação[93]. Mas outros aspetos sociológicos são igualmente de salientar: o aumento do número de jornais e de jornalistas; o acesso crescente das

---

[90] G. G. LÓPEZ, *Desinformação e os Limites da Informação*, op. cit., pp. 21-22.
[91] *Apud*, Thomas FERENCZI, *L'Invention du Journalisme en France – Naissance de la presse moderne à la fin du XIXe siècle*, Paris, Editions Payot & Rivages, 1996, p. 48.
[92] Nelson TRAQUINA, *O Que é Jornalismo*, s.l., Quimera, 2002, pp. 42 a 45. A este propósito veja-se ainda J. CHALABY, «O jornalismo como invenção anglo-americana», *Media & Jornalismo*, op. cit.; Christian DELPORTE, *Les Journalistes en France (1880-1950) – Naissance et construction d'une profession*, Paris, Seuil, 1999, pp. 61 a 74; T. FERENCZI, *L'Invention du Journalisme en France*, op. cit., Cap. 2; Michael SCHUDSON, «A política da forma narrativa: a emergência das convenções noticiosas na imprensa e na televisão», in N. TRAQUINA (org.), *Jornalismo: Questões, Teorias, "Estórias"*, op. cit., pp. 278 a 293.
[93] C. DELPORTE, *Les Journalistes en France (1880-1950)*, op. cit., p. 107.

classes médias à profissão, que deixa de ser um reduto da aristocracia política e literária; a crescente separação entre a figura do jornalista e do editor do jornal – este último cada vez mais remetido a um papel de gestor –; a emergência do papel do chefe de redação e do secretário de redação; o aparecimento de inúmeras associações profissionais ao nível setorial, nacional e internacional[94].

A autonomização do jornalismo como um campo socioprofissional distinto vai-se aprofundando no séc. XX. Regra geral, esse processo é inerente ao desenvolvimento dos *media*, à sua crescente comercialização, ao aumento do número de jornalistas que tiram da profissão a sua principal fonte de rendimentos e à crescente divisão do trabalho resultante da especialização nas redações e, a partir do séc. XX, do aparecimento de novos *media*[95]. Mas, na realidade, ele não chega a completar-se e a definição de jornalismo enquanto profissão continua a estar envolta numa grande ambiguidade. Max Weber diria a propósito dos jornalistas:

> «O jornalista partilha com todos os demagogos e também, aliás, com o advogado (...) (e com o artista) a sina de não ter uma classificação fixa. Pertence a uma espécie de casta de párias, que, na "sociedade", é sempre cotada socialmente em função dos seus representantes que estejam a um nível ético mais baixo»[96].

Weaver e Wilhoit, no estudo realizado sobre os jornalistas norte-americanos, nos anos 80, concluem que «as formas institucionais de profissionalismo serão sempre evitadas pelo jornalista»[97]. Num outro estudo, realizado uma década mais tarde, os mesmos autores puderam confirmar que a cultura institucional do jornalismo, nos EUA, que nunca foi muito forte,

---

[94] Em 1894, associações de jornalistas de 15 países diferentes fazem-se representar no Congresso de Antuérpia e, em 1896, cria-se a União Internacional das Associações de Imprensa, conhecida pela sigla de UIAP. Ainda que o seu poder de impor as suas deliberações seja considerado uma das dificuldades maiores da UIAP e que terá contribuído para o seu declínio e para a criação da Federação Internacional de Jornalistas, em 1926, a organização dos jornalistas numa estrutura internacional tem o mérito de permitir o confronto de experiências entre porfissionais e acompanhar o debate em torno do reconhecimento da profissão em outros países. C. DELPORTE, *Les Journalistes en France (1880- 1950), op. cit.*, pp. 96 a 99.
[95] N. TRAQUINA, *O Que é Jornalismo, op. cit.*, pp. 45-46.
[96] Max WEBER, *A Política Como Profissão, op. cit.*, p. 47.
[97] D. H. WEAVER e G. C. WILHOIT, *The American Journalist, apud,* B. ZELIZER, *Taking Journalism Seriously, op. cit.*, p. 33.

decresceu desde 1971[98], só recuperando ligeiramente no último estudo de 2002. A força das associações representativas dos jornalistas continua a ser bastante disseminada, sobretudo se as compararmos com o que se passa com as associações dos médicos ou dos advogados[99].

Para Martínez Albertos, o jornalismo tende mesmo a desprofissionalizar-se, e a diluir-se em outras atividades comunicativas a tal ponto que, como hoje o conhecemos, deixará de existir no ano 2020[100]. A diversificação dos modos de exercer o jornalismo, as transformações rápidas impostas pelas novas tecnologias, a crescente disparidade de trajetórias profissionais, as diferentes conceções acerca do exercício da profissão, o desaparecimento progressivo de um modelo comum de referência sobre o exercício do jornalismo e a pulverização de ofícios no seio da profissão[101] são alguns fatores que persistem na indefinição do jornalismo como profissão.

Esta indefinição passou, inclusivamente, para os textos legais que definem o exercício do jornalismo como profissão. Vários países definiram jornalistas como profissionais que, como ocupação principal, permanente ou remunerada, exercem funções de pesquisa, recolha, seleção e tratamento de factos, notícias ou opiniões, através de texto, imagem, destinados à divulgação informativa pela imprensa, por agência, pela rádio, pela televisão ou por outra forma de difusão eletrónica, devendo essa atividade representar a principal fonte de rendimentos[102]. Identificar uma profissão pelo exercício

[98] David H. WEAVER e G. Cleveland WILHOIT, *The American Journalist in the 1990s – U.S. news people at the end of an era*, Mahwah, Nova Jérsia, Lawrence Erlbaum Associates, 1996, p. 170.
[99] David H. WEAVER, Randal A. BEAM, Bonnie J. BROWNLEE, Paul S. VOAKES e Cleveland WILHOIT, *The American Journalist in the 21st Century – U.S. News people at the daw of new millennium*, Nova Jérsia e Londres, Lawrence Erlbaum Associates, 2007, p. 134.
[100] Martínez ALBERTOS, *El Ocaso del Periodismo*, Barcelona, CIMS, 1977, p. 56. Opinião diferente é a de Mário Mesquita para quem, apesar dos efeitos desestruturadores sobre a profissão provocados pela Internet, «não é razoável prever, a médio prazo, o desaparecimento da profissão do jornalista (...)» [Mário MESQUITA, *O Quarto Equívoco – O poder dos* media *na sociedade contemporânea*, Coimbra, MinervaCoimbra, 2003, pp. 203-204.]. Porém, esses efeitos desestruturadores não deixam de estar presentes em alguns setores da profissão, nomeadamente aqueles em que mais se fazem sentir os efeitos da precarização do emprego [Alain ACCARDO (*et al.*), *Journalistes Précaires*, Bordéus, Editions Le Mascaret, Bordéus, 1998; Eguzki URTEAGA, *Les Journalistes Locaux – Fragilisation d'une profession*, Paris, Budapeste, Turim, L'Harmattan, 2004.].
[101] R. RIEFFEL, *Sociologia dos* Media, *op. cit.*, pp. 144-145; Rémy RIEFFEL, *Que Sont les Médias?*, s.l., Gallimard, 2005, pp. 52 a 59.
[102] Texto construído a partir do confronto de vários documentos legais e de representações profissionais em Portugal, Espanha, França, Bélgica, Luxemburgo, Itália e da leitura de Guy BOHÈRE, *Profession: Journaliste – Étude sur la condition du journaliste en tant que travailleur*, Genebra, Bureau International du Travail, 1984, pp. 7 a 9.

permanente de uma ocupação, pela origem dominante dos rendimentos ou pelo local de trabalho é uma tautologia que demonstra bem a dificuldade de definição do jornalismo enquanto profissão.

3.3 Razões da ambiguidade estrutural da profissão jornalística

A razão principal que explica esta indefinição reside no facto de o jornalismo moderno, nas democracias liberais do Ocidente, ter sido moldado na confluência dos campos político, intelectual e económico. Para além disso, razões de ordem estratégica e pragmática explicam a permanência desta ambiguidade na profissão: ela tem servido os interesses do próprio jornalismo, permitindo-lhe responder às exigências de uma profissão em constante mutação.

3.3.1 Razões políticas

São razões políticas que impedem o fechamento do jornalismo enquanto profissão, uma vez que ele é visto como uma das expressões privilegiadas de intervenção pública e de circulação de informações e opiniões, duas características fundamentais das democracias liberais do Ocidente. Como afirma Francis Balle, é pelo facto de as sociedades liberais não reconhecerem aos jornalistas o exclusivo da liberdade de expressão que eles estão impedidos de se profissionalizarem[103]. A este propósito, o Relatório da UNESCO, de 1980, também conhecido por Relatório MacBride, por referência ao nome do presidente da *Comissão Internacional de Estudos dos Problemas da Comunicação*, refere que o direito de recolher ou de difundir informação não pode ser apanágio de nenhum indivíduo ou grupo em particular, uma vez que a informação e, mais ainda, a comunicação são formas de troca social incompatíveis com uma excessiva profissionalização. E acrescenta:

> «O problema das relações entre o profissionalismo da comunicação e a democratização das trocas parece residir, sobretudo, na procura de um justo equilíbrio entre profissionalização e democratização. A democratização da comunicação, na ótica das trocas constantes e com a participação de numerosos atores, não significa que seja necessário travar o desenvolvimento da comunicação mediatizada nem renunciar ao encorajamento do profissionalismo neste domínio. Por outras palavras, o papel do profissional na promoção da comuni-

---

[103] Francis BALLE, *Et si la Presse N'Existait Pas...*, s.l., Jean-Claude Lattès, 1987, p. 101.

cação entre os povos e entre as nações não deverá limitar o processo de democratização das comunicações ou a participação crescente do público»[104].

Nesta perspetiva, a liberdade de expressão e a escolha dos meios disponíveis para o seu exercício não deveriam estar sujeitas a nenhum requisito prévio, uma vez que se trata de direitos que pertencem a todos, individual e coletivamente[105]. Por essa razão, afirma Michel Mathien, a profissão de jornalista ficará «irremediavelmente *aberta*». Daniel Cornu identifica bem esta problemática ao afirmar que a liberdade e o direito à informação exercidos pelos jornalistas, enquanto corpo profissional, é uma liberdade que lhes é delegada pelo público enquanto primeiro titular da liberdade de expressão[106].

Entre outros riscos, a profissionalização do jornalismo pode conduzir a uma excessiva homogeneização de conteúdos e ao estreitamento de perspetivas[107] o que, em si, não deixa de poder ser um paradoxo para uma profissão cujas raízes mergulham nos princípios da liberdade de expressão, da pluralidade e diversidade de pontos de vista. Esta dimensão política está bem patente na história da liberdade de expressão e, sublinhe-se, não se limita ao papel de vigilância do Estado, uma função que, só posteriormente, será associada à imprensa através da noção de «quarto poder». Pelo contrário, na linha do pensamento de Roger Williams, John Milton e John Locke, essa dimensão política começa por se expressar sob a forma de uma defesa da tolerância – a começar pela tolerância religiosa –, e na necessidade de uma *publicização* das ideias. A tolerância surge como impulso inicial que funda o debate crítico, aberto e racional como o principal motor da busca da verdade e rompe com a tradição medieval de uma verdade centralizada e heterónoma imposta pelo poder político-teológico[108]. Mais tarde, com o

---

[104] Sean MACBRIDE (*et al.*), *Multiples Voix Un Seul Monde – Communication et société aujourd'hui et demain*, Paris e Dacar, Unesco, Les Nouvelles Editions Africaines et Documentation Française, 1980, pp. 286-287.
[105] Esta era uma das razões evocadas pelo Sindicato dos Jornalistas para rejeitar a proposta de Estatuto dos Jornalistas elaborado pelo Governo de José Sócrates, em 2007.
[106] D. CORNU, *Journalisme et Vérité, op. cit.*, pp. 228-229.
[107] Aubenas e Benasayag denunciam o facto da estandardização das práticas e valores jornalísticos estarem a contribuir para a criação de um «mundo único» [Florence AUBENAS e Miguel BENASAYAG, *A Fabricação da Informação – Os jornalistas e a ideologia da comunicação*, Porto, Campo das Letras, 2002.]. A este propósito veja-se também J. C. MERRILL, *The Imperative of Freedom, op. cit.*, pp. 128 a 137.
[108] Jónatas E. MACHADO, *Liberdade de Expressão – Dimensões constitucionais da esfera pública no sistema social*, Coimbra, Coimbra Editora, 2002, Cap. I; Manuel Vázquez MONTALBÁN, *Historia y Comunicación – Edición revisada y ampliada*, Barcelona, Crítica, 1997, Cap. V.

desenvolvimento da imprensa e o início dos processos de massificação social, no séc. XIX, os jornais adquiriram um papel importante na mediatização do debate público e, hoje, são considerados um mecanismo incontornável na criação de verdades[109]. Desde cedo se percebeu que o papel de mediatização dos jornais está longe de os transformar num mero fórum. Os jornais não são o público, nem são do público. Eles podem ser também, e por vezes são mesmo, veículos em luta «*por* uma opinião do público»[110]. E ainda que, como afirma Schudson, o poder dos *media* não esteja apenas (e nem sequer de forma primordial) em declarar as coisas como sendo verdadeiras, ele reside, pelo menos, na capacidade de impor a forma como o mundo é incorporado em convenções narrativas inquestionáveis e despercebidas, que se impõem de forma subliminar a qualquer tipo de discussão[111]. E esse poder já não é tão pequeno quanto isso.

3.3.2. O fator cultural

Porém, se o jornalismo não é uma profissão fechada, também não o exerce quem quer[112]. A história do jornalismo foi também marcada por tentativas, ainda que inacabadas, de organizar a profissão sob formas mais ou menos institucionalizadas: o reconhecimento legal da profissão e a atribuição de uma carteira profissional obedeceram a essa estratégia. Em grande medida, esse reconhecimento foi impulsionado pela proximidade do jornalismo com o meio intelectual e político e explica que os jornalistas se vissem como uma profissão à imagem dos professores, dos médicos ou dos advogados. E muito embora os jornalistas nem sempre se vejam necessariamente como intelectuais[113], eles mantêm um papel privilegiado e incontornável enquanto criadores de sentido ou provedores de uma «terceira cultura»[114].

---

[109] Félix ORTEGA e Mª Luísa HUMANES, *Algo Más Que Periodistas – Sociología de una profesión*, Barcelona, Editorial Ariel, 2000. p. 210.

[110] Maria João SILVEIRINHA, *Identidades, Media e Política – O espaço comunicacional nas democracias liberais*, Lisboa, Livros Horizonte, 2004, p. 104.

[111] M. SCHUDSON, «A política da forma narrativa: a emergência das convenções noticiosas na imprensa e na televisão», *in* N. TRAQUINA, *O Que é Jornalismo: Questões, Teorias, "Estórias"*, op. cit., p. 279.

[112] G. BOHÈRE, *Profession: Journaliste, op. cit*, p. 9.

[113] Conforme revela um estudo citado por F. ORTEGA e M. L. HUMANES, *Algo Más Que Periodistas, op. cit.*, p. 210.

[114] O termo de terceira cultura é apresentado por Ortega e Humanes como aquilo que os *media* tendem a considerar como culturalmente correto. Citando Vargas Llosa, a terceira cultura consistiria «em todo esse polimórfico material que provê o público (...) dos conhecimentos e também das experiências, mitos, emoções e sonhos que satisfazem as suas necessidades práticas e espiri-

A abordagem que o Bureau Internacional do Trabalho faz no seu relatório de 1928, sobre as *Condições de Trabalho e de Vida dos Jornalistas* é a este propósito eloquente:

> «O jornalista não é apenas uma pessoa que ganha a vida; geralmente, é também uma pessoa que tem opiniões ou convicções que utiliza no seu trabalho. Enquanto noutras profissões, as opiniões políticas, as convicções religiosas podem ser completamente separadas da prática profissional, podendo nós ser considerados conservadores ou progressistas sem que daí resulte alguma consequência para a forma como fabricamos um relógio, curamos doentes ou construímos uma ponte, as opiniões e as convicções de um jornalista são, na maior parte dos casos, um dos elementos constitutivos da sua atividade.
>
> (...) O apego que qualquer pessoa tem pelas suas convicções e o respeito que cada um deve às ideias dos outros conferem ao jornalista uma nobreza indiscutível, ao mesmo tempo que o expõem perante riscos reais. Com efeito, mais do que as crises económicas, as crises que estalam no domínio das ideias atingem cruelmente o jornalista no seu ganha-pão»[115].

Esta proximidade com o mundo cultural e intelectual foi, de resto, fundamental para que os jornalistas construíssem a profissionalização do jornalismo em torno de valores preponderantemente vocacionais e, vê-lo-emos a seguir, morais. Esse argumento explica a razão pela qual, pelo menos numa fase inicial, a necessidade de uma formação profissional fosse, durante muito tempo, considerada secundária: tal como não fazia sentido criar uma escola de poetas, de apostolado[116], de oradores ou parlamentares[117], também não se justificaria uma aprendizagem específica, de carácter curricular, para o jornalismo. Este estaria, assim, mais associado a qualidades pessoais como a intuição, o tato, o golpe de vista[118], resultantes de um dom inato, quase uma fatalidade[119]. Esta visão aparece, muitas vezes, como um atributo ideológico do jornalismo na Europa continental. Mas Barbie

---

tuais básicas para funcionar numa sociedade moderna» [*Apud*, F. ORTEGA e M. L. HUMANES, *Algo Más Que Periodistas, op. cit.*, p. 210-211.].
[115] *Apud*, Clement JONES, *Déontologie de l'Information, Codes et Conseils de Presse*, Paris, UNESCO, 1980, pp. 12-13.
[116] C. DELPORTE, *Les Journalistes en France (1880-1950), op. cit.*, pp. 176 e 277.
[117] T. FERENCZI, *L'Invention du Journalisme en France, op. cit.*, p. 250
[118] C. DELPORTE, *Les Journalistes en France (1880-1950), op. cit.*, p. 179.
[119] T. FERENCZI, *L'Invention du Journalisme en France, op. cit.*, p. 257.

Zelizer nota como ela perdura na conceção que alguns jornalistas norte-americanos têm do jornalismo, ao considerarem que o seu exercício exige um «sexto sentido» e um «faro para as notícias»[120].

No caso português, as raízes intelectuais e literárias do jornalismo estão bem patentes nas próprias associações de jornalistas que, desde 1880 até ao primeiro quartel do séc. XX, pareciam mais preocupadas em reunir os homens de letras com colaboração nos jornais do que propriamente jornalistas[121]. Rosa Sobreira sustenta que, até 1933 – altura em que o Instituto Nacional do Trabalho e Previdência adotou a denominação de «profissão de jornalista» em substituição de «profissional de imprensa» – «a designação de jornalista poderá ter estado mais associada aos "homens de letras", críticos e redatores que se dedicavam também ao jornalismo», enquanto o conceito de profissional de imprensa «estaria mais associado aos repórteres, informadores, desenhadores e revisores»[122]. Nos anos 60, na continuidade de uma tradição portuguesa de um jornalismo ideológico e literário, havia ainda quem valorizasse os escritores que colaboravam nos jornais, elogiando-os como jornalistas, mestres da «má-língua, mas da má-língua *justa, incisiva e causticante*», em detrimento do repórter, pertencente à «classe vaga e incompetente de indivíduos» de «cultura abaixo do mediano», a quem falta a educação necessária para o transformar num «crítico incisivo dos acontecimentos»[123].

Ao invocarmos esta proximidade com o campo cultural, pretendemos evidenciar o facto de – na ausência de outras especificidades – o exercício do jornalismo, visto como uma vocação intelectual, implicar uma maior colagem a princípios abstratos, como é o caso dos valores éticos do sujeito e da dimensão moral da profissão, de modo a legitimar os privilégios dos jornalistas na seleção, tratamento e difusão da informação.

---

[120] B. ZELIZER, *Taking Journalism Seriously*, op. cit., p. 30.
[121] Rosa Maria SOBREIRA, *Os Jornalistas Portugueses (1933-1974) – Uma profissão em construção*, Lisboa, Livros Horizonte, 2003, Cap. III.
[122] *Op. cit.*, p. 98. A própria denominação dessas associações remete-nos para esse passado comum entre o mundo das letras e do jornalismo, como é o caso da Associação de Jornalistas e Escritores Portugueses (1880), em Lisboa, da Associação de Jornalistas e Homens de Letras (1882), no Porto, e da Associação dos Jornalistas e Escritores Portugueses (1907) [Isabel Nobre VARGUES, «A afirmação da profissão de jornalista em Portugal: Um poder entre poderes», *Revista de História das Ideias*, vol. 24, 2003, p. 168.].
[123] Fernando CORREIA e Carla BAPTISTA, *Jornalistas – Do ofício à profissão*, Lisboa, Editorial Caminho, 2007, pp. 94-95.

As origens dessa dimensão política e intelectual do jornalismo estão consagradas nos códigos deontológicos e nas leis do Estado, nomeadamente no que se refere ao reconhecimento da cláusula de consciência[124] e dos direitos de autor dos jornalistas, sobre os conteúdos produzidos nos *media*.

3.3.3. O fator económico

O terceiro fator que contribui para a ambiguidade estrutural do jornalismo tem a ver com a condição de trabalho assalariado dos seus profissionais. Esta questão será objeto de um tratamento aprofundado no Cap. IV. Por agora, limitar-nos-emos a enunciar aqui o problema, enquanto consciência dos próprios jornalistas acerca dos condicionalismos que o exercício da sua profissão no seio de estruturas empresariais, de forma assalariada, tem sobre a sua autonomia. Fundamentalmente, o que está em causa nesta discussão são os múltiplos constrangimentos que resultam do exercício da profissão no contexto de organizações empresariais, responsáveis pela redução da autonomia dos jornalistas enquanto profissionais. O reconhecimento desse facto tem levado os jornalistas a recusarem regimes sancionatórios pelo não cumprimento da deontologia, argumentando que essas violações são, muitas vezes, consequência dos próprios condicionalismos e das pressões exercidas pelas empresas. Diana Andringa, então presidente do Sindicato dos Jornalistas, dizia a este propósito no III Congresso dos Jornalistas Portugueses, em 1998:

> «Aplicar sanções aos jornalistas, sem aplicá-las aos patrões, é reforçar a tendência já latente para ver os jornalistas como culpados, em vez daqueles que os incitam a proceder ao arrepio das regras éticas. Nós jornalistas, de tanto convivermos com o poder, temos, por vezes, uma errada perceção sobre o nosso estatuto: mas não somos profissionais liberais; somos trabalhadores por conta de outrem, muitas vezes em situações precárias e sempre sujeitos a uma imensa competição, numa profissão a que se chega quando alguém nos contrata para exercê-la»[125].

---

[124] Segundo Hugo Aznar, a cláusula de consciência surgiu como uma prerrogativa dos jornalistas da secção política e num contexto histórico marcado pelo início da Revolução Russa, o avanço das ideias republicanas no Sul da Europa, e o surgimento dos regimes fascistas. Nesta altura, o posicionamento político dos jornais era assumido de forma clara, acabando por envolver ideologicamente quantos neles trabalhavam [H. AZNAR, *Comunicação Responsável, op. cit.*, pp. 170 e ss.].

[125] Diana ANDRINGA, «Intervenção em nome do Sindicato dos Jornalistas», in AAVV, *3º Congresso dos Jornalistas Portugueses – Conclusões, teses, documentos*, Lisboa, Comissão Executiva do III Congresso dos Jornalistas Portugueses, s.d., p. 35.

Certamente que a consciência revelada pelos jornalistas sobre esta questão pode servir de argumento para desculpar a inoperância em aspetos ou momentos fulcrais da sua autorregulação. Isso já seria, por si mesmo, bastante sintomático. No entanto, esta constatação não é apenas autodefensiva. Refletindo sobre as insuficiências de um modelo de autorregulação profissional do jornalismo, James Curran refere-se a esta questão ao considerar que a autonomia dos jornalistas tem sido posta em causa, ou, pelo menos, vergada pelo poder de intervenção das administrações e da propriedade das empresas de comunicação[126].

3.3.4. O fator pragmático

Finalmente, a permanência da ambiguidade estrutural do jornalismo como profissão pode ser explicada por fatores de ordem pragmática e estratégica. Em causa está o facto de, como afirma Ruellan, a permeabilidade inerente à profissão servir os objetivos de renovação permanente do jornalismo, ao mesmo tempo que torna os seus profissionais mais dificilmente controláveis do exterior[127]. De acordo com esta abordagem, a estratégia de não fechamento da profissão permitiu afirmar o jornalismo como atividade que se distingue precisamente pelas transformações a que está constantemente sujeita, resistindo, assim, aos efeitos desagregadores resultantes de novas formas de exercício da profissão, de novos saberes e de novos ofícios[128].

Deste modo, o jornalismo parece ter transformado numa especificidade da sua identidade as próprias indefinições que, do ponto de vista dos critérios da Sociologia das Profissões, o impedem de aceder ao estatuto profissional reconhecido, entre outros, aos médicos e aos advogados. Com efeito, o que a profissão ganha em termos de permeabilidade e maior capacidade de resposta às mudanças, perde em termos da consolidação e homogeneização da cultura, das práticas e dos saberes profissionais.

---

[126] James CURRAN, «Mass media and Democracy: A reappraisal», *in* James CURRAN e Michael GUREVITCH (orgs.), *Mass Media and Society*, Londres, Edward Arnold, 1991, p. 99. No mesmo sentido, veja-se ainda o texto do então provedor dos leitores do *Diário de Notícias* «Sobre a (in)disciplina jornalística», *in* Mário MESQUITA, *Jornalismo em Análise – A coluna do provedor dos leitores*, Coimbra, Minerva, 1998, pp. 30 a 33.

[127] D. RUELLAN, *Le Professionalisme du Flou, op. cit.*, p. 224.

[128] A crescente versatilidade dos meios técnicos e o caráter marcadamente comercial da informação colocam os jornalistas perante novas solicitações, obrigando a esbater as fronteiras entre o profissional da informação e do entretenimento. O aparecimento de todo um conjunto de novas formas de exercício da informação relacionadas com o multimédia, o surgimento do denominado jornalismo gráfico, etc., são outros exemplos que impõem a necessidade de a profissão se repensar constantemente.

3.4. A centralidade das questões éticas e deontológicas no jornalismo

Lennart Svensson considera que as profissões «são atores destacados no momento de categorizar, classificar e etiquetar o mundo que nos rodeia assim como avaliar quase tudo em termos de bom e mau. Têm o privilégio de definir os fenómenos e os problemas tanto para os indivíduos como para as organizações e as sociedades»[129]. O jornalismo tem, neste domínio, um papel particular e goza inclusivamente de privilégios políticos, económicos e culturais para o desempenho das suas funções. Tem a capacidade de ser uma forma preliminar de opinião pública e desempenha um papel importante no sistema de distribuição da informação e dos recursos simbólicos na sociedade[130].

A questão que se coloca é, portanto, a de perceber de onde vem a legitimidade dos jornalistas. Como vimos, a definição do jornalismo a partir do enquadramento da sociologia das profissões tem contribuído para descurar alguns aspetos decisivos para a compreensão dos jornalistas como coletividade. Uma dessas componentes normalmente negligenciadas tem sido, no entender de Thorbjörn Broddason, o «lado sagrado» do jornalismo profissional[131]. Essa dimensão sagrada é uma herança do poder clerical de um passado que resistiu ao processo de secularização das sociedades modernas, no Ocidente, e permanece hoje em profissões como a medicina e o jornalismo. Ela pode encontrar-se em qualidades profissionais como o sacrifício pessoal, a disponibilidade permanente, o altruísmo e a prestação de um serviço de interesse público. De resto, no caso do jornalismo, é com base nesta dimensão de interesse público que os estados reconhecem privilégios em matérias como o acesso às fontes de informação e, em muitas situações, preveem a concessão de apoios financeiros à indústria dos *media*.

No *Relatório da Comissão Sobre a Liberdade de Imprensa*, publicado em 1947, nos EUA, coordenado por Robert M. Hutchins, afirma-se, a propósito, «que nenhum serviço público é mais importante que o serviço das comunicações»[132]. De resto, é a partir deste pressuposto que o documento define

---

[129] Lennart SVENSSON, «Presentation», *in* M. S. MARTÍNEZ, Juan S. CARRERAS e L. SVENSSON, *Sociología de las Profesiones, op. cit.*, p. 15.
[130] B. ZELIZER, *Taking Journalism Seriously, op. cit.*, p. 30.
[131] Thorbjörn BRODDASON, «The sacred side of professional journalism», *European Journal of Communication*, vol. 9, Londres, Thousand Oaks, Nova Deli, 1994, pp. 227-248.
[132] THE COMMISSSION ON FREEDOM OF THE PRESS, *A Free and Responsible Press – A general report on mass communication: Newspapers, radio, motion pictures, magazines and books*, Chicago, The University of Chicago Press, 1947, p. 77.

os principais marcos da responsabilidade social dos *media*, nomeadamente: apresentar um inventário verdadeiro, completo, inteligente e analítico dos acontecimentos diários, num contexto de sentido; constituir um fórum de troca de opiniões e de críticas; projetar e trocar opiniões de diferentes grupos sociais; apresentar e clarificar metas e valores da sociedade; permitir que cada membro da sociedade tenha acesso à informação, bem como às diferentes sensibilidades e correntes de pensamento. Mas estas afirmações mergulham as suas raízes na dimensão política dos *media* nas sociedades democráticas, enquanto instrumentos de circulação e acesso da informação e do conhecimento. É essa dimensão política que está na base do reconhecimento público do papel dos jornalistas. Mas é ela também que impede o fechamento da profissão, muito embora o jornalismo esteja longe de esgotar todo o campo do exercício da liberdade de expressão nas sociedades democráticas.

No mesmo sentido, em 1980, o relatório MacBride considerou que «procurar ativamente os factos de interesse geral e revelá-los ao público constitui um dos critérios que permitem apreciar as qualidades profissionais do jornalista»[133], adiantando nas suas conclusões que, «como outras profissões, os jornalistas e os órgãos de informação servem o público diretamente», sendo este facto que os torna «responsáveis pelos seus atos»[134].

Segundo Morris Janowitz, este sentido de serviço explica o paralelismo existente entre o jornalismo e a vida militar. No seu entender, ambas as profissões são marcadas por um forte idealismo que mobiliza as pessoas a aderirem à profissão e que resiste, mesmo depois de submergido pelos factos mais prosaicos da rotina quotidiana, sob a forma de um forte sentimentalismo[135]. O valor do serviço público nos jornalistas é sublinhado também pelo estudo de Johnstone, Slawski e Bowman como uma das características do sentido profissional dos jornalistas norte-americanos, a par do seu sentido de autonomia, liberdade, em detrimento, por exemplo, das questões relacionadas com a compensação económica[136]. Por seu lado, para Lambeth, «a função do serviço do jornalismo numa sociedade democrática é tão importante e a sua componente ética tão imperativa» que estes dois aspetos são por si suficientes para o seu reconhecimento enquanto profissão[137].

---

[133] S. MACBRIDE (*et al.*), *Multiples Voix Un Seul Monde*, *op. cit.*, p. 292.
[134] *Op. cit.*, p. 326.
[135] *Apud*, J. TUNSTALL, *Journalists at Work*, *op. cit.*, p. 72.
[136] J. JOHNSTONE, E. SLAWSKI e W. BOWMAN, *The News People*, *op. cit.*, p. 111.
[137] E. LAMBETH, *Comitted Journalism*, *op. cit.*, p. 106.

Essa dimensão de serviço público está presente na própria noção de jornalismo como cão-de-guarda, providenciando informações para os cidadãos, de maneira que possam inteligentemente participar de um governo democrático, constituindo, nas palavras de Peter Braestrup, uma autêntica «teologia pública» dos jornalistas norte-americanos[138].

Como fazem notar também Félix Ortega e M. Luísa Humanes, enquanto expressão de uma comunidade geradora de verdades, o jornalismo acaba por assumir, inevitavelmente, uma dimensão moral[139]. Referindo-se aos jornalistas, Niceto Blázquez chega mesmo a considerar que «o informador é, antes de mais, uma maneira de ser» e que ele se conhece «sobretudo pelas suas motivações éticas quando realiza o seu trabalho»[140]. Josep María Casasús i Guri sublinha que, face à pulverização crescente de profissões que hoje se abrigam sob o conceito vasto de comunicação social, o jornalismo tenderá a distinguir-se pela missão principal de «tratar da dimensão ética do fenómeno comunicativo»[141].

A importância atribuída à dimensão ética dos jornalistas parece ser um aspeto que faz parte da consciência dos próprios profissionais. No estudo realizado sobre um universo representativo dos jornalistas norte-americanos, Renita Coleman e Lee Wilkins concluem que os jornalistas norte-americanos são dotados de um forte pensamento ético. Embora a educação moral dos jornalistas seja desenvolvida no trabalho em equipa, os autores consideram que ela tende a ser mais elevada nos jornalistas do que nas pessoas em geral e é igual ou mesmo superior à de muitas outras profissões intelectuais. A consciência dos aspetos morais da profissão só é ultrapassada em profissões com maiores exigências de formação académica, facto que, segundo Coleman e Wilkins, põe em evidência a importância da formação profissional. Para os investigadores, a dimensão ética dos jornalistas mostra como o jornalismo é mais do que o domínio de técnicas editoriais, independentemente desse aspeto nem sempre ser reconhecido pelo público em geral. A dimensão ética dos jornalistas é particularmente notada nos profissionais das áreas de investigação e reportagem, mas os autores não

---

[138] *Apud*, H. Eugene GOODWIN, *Procura-se Ética no Jornalismo*, Rio de Janeiro, Editorial Nórdica, 1993, p. 306.
[139] F. ORTEGA e M. L. HUMANES, *Algo Más Que Periodistas, op. cit.*, p. 213.
[140] Niceto BLÁSQUEZ, *La Nueva Ética en los Medios de Comunicación – Problemas y dilemas de los informadores*, Madrid, Biblioteca de Autores Cristianos, 2002, p. 8.
[141] *Apud*, Luis Fernando Ramos FERNÁNDEZ, *A Ética de los Periodistas – La elaboración del código deontológico influencias y desarrollo histórico*, Pontevedra, Diputation de Pontevedra, 1996, pp. 44-45.

estão em condições de afirmar se essas áreas desenvolvem uma maior consciência ética dos profissionais ou se, simplesmente, elas atraem os jornalistas com uma consciência ética superior.

A importância da dimensão moral do jornalismo é corroborada também pela História, onde o próprio processo de profissionalização andou sempre a par de exigências de moralização. Para Gilles Feyel, os pressupostos morais do jornalismo francês começaram a desenhar-se desde os primeiros editoriais de Théophraste Renaudot. Para o autor, durante a Revolução Francesa, o discurso sobre a ética estaria já de tal forma divulgado que será legítimo perguntarmo-nos «se ele não é a verdadeira pedra angular sobre a qual repousa todo o edifício do jornalismo». Para Feyel, a enunciação desse discurso ético «legitima o trabalho e a função social dos jornalistas» e, independentemente da forma como é vivido, permite-lhes «retirar dignidade e estima social»[142]. A ancoragem nos valores parece ser o que resta de uma legitimidade que não se pode socorrer de outros dispositivos capazes de sustentarem cientificamente as suas prerrogativas de intervenção social, a exemplo do que poderemos encontrar nos médicos e nos advogados, entre outros.

Como afirma ainda Feyel, «é já notório na longa história do "jornalismo" que as questões de ética são constantemente evocadas, e isso desde a sua origem. Por uma razão profunda "essencial": a ética, pelo menos em França, é o único fundamento "legitimador" da função do *gazetier* ou do jornalista»[143].

Este será talvez o sentido mais forte da observação de Weber quando se refere aos jornalistas nos seguintes termos:

> «O que é espantoso não é que haja muitos jornalistas humanamente transviados ou rebaixados, mas sim que precisamente esse grupo social, apesar de tudo, inclua pessoas de valor e perfeitamente íntegras em tão grande número, que os leigos nem imaginam facilmente[144]».

---

[142] Gilles FEYEL, «Aux origines de l'éthique des journalistes: Théophraste Renaudot et ses premiers discours éditoriaux (1631-1633)», *Le Temps des Médias*, nº 1, Paris, outono, 2003, pp. 75-76.

[143] *Apud*, Magali PRODHOME, *La Place du Discours sur l'Éthique dans la Construction de l'Espace et de l'Identité Professionnels des Journalistes*, Clermont-Ferrand, Presses Universitaires de la Faculté de Droit de Clermont-Ferrand, 2005, *op. cit.*, p. 62. Michel Mathien refere-se também à ética como o elemento motor do reconhecimento do estatuto dos jornalistas em França, nos anos 30 do século passado. A organização dos jornalistas numa estrutura como o Sindicato Nacional dos Jornalistas franceses parecia responder ao desiderato de uma autorregulação capaz de assegurar a independência de espírito e preservar a consciência moral dos profissionais rejeitando aqueles que eram considerados «indignos» da profissão [Michel MATHIEN, *Les Journalistes*, Paris, Presses Universitaires de France, 1995, p. 72.].

[144] Max WEBER, *A Política Como Profissão, op. cit.*, p. 52.

Na ausência de um saber especializado, inerente ao conhecimento da arte, compreende-se assim que os princípios mais abstratos do valor da informação, da liberdade e do serviço público assumam um papel de relevo, enquanto força legitimante, e estejam no centro das atenções do discurso oficial das associações representativas dos profissionais. Naturalmente, como acontece na generalidade das profissões, as intenções morais fazem parte das preocupações das primeiras associações de jornalistas. Assim, um dos objetivos da criação da União Internacional das Associações de Imprensa, em 1896, visava a «definição dos usos e costumes do jornalismo» e contribuir para a «elevação gradual do nível moral e intelectual dos seus aderentes»[145]. Do mesmo modo, na prossecução desse objetivo, a Federação Internacional de Jornalistas[146], fundada em 1926, criou, em 1931, um Tribunal Internacional de Honra, em Haia, e, em 1939, adotou um código profissional de honra[147]. Anteriormente, o Sindicato Nacional dos Jornalistas franceses havia já aprovado, em 1918, um código deontológico, considerado o mais antigo ainda em vigor. No caso português, mesmo sem a adoção formal de um código, os estatutos do Sindicato Nacional dos Jornalistas incluem aspetos relacionados com a moral dos associados e o respeito dos princípios deontológicos da profissão[148].

Os objetivos da presente investigação levam-nos a colocar o acento tónico nas questões deontológicas. Porém, a importância da deontologia deve ser devidamente contextualizada. Quando sustentamos que a profissionalização do jornalismo andou sempre a par de exigências de moralização, não nos podemos esquecer que o reconhecimento do estatuto profissional dos jornalistas não se fica apenas por questões morais. As condições materiais fazem parte das suas preocupações centrais. Clement Jones refere isso mesmo ao sublinhar que foram as grandes transformações da imprensa e das comunicações no final do séc. XIX que estiveram na origem quer das necessidades sentidas de regular as condições de trabalho e de emprego dos trabalhadores da imprensa, quer das reflexões filosóficas destinadas a reintroduzir uma certa ordem no caos em que a imprensa industrial havia nascido.

---

[145] T. FERENCZI, *L'Invention du Journalisme en France, op. cit.*, p. 249
[146] A Federação Internacional de Jornalistas, fundada em 1926, foi dissolvida depois da segunda Guerra Mundial, sendo refundada em 1952.
[147] C. JONES, *Déontologie de l'Information, Codes et Conseils de Presse, op. cit.*, p. 13.
[148] Helena Ângelo VERÍSSIMO, *Os Jornalistas nos Anos 30/40 – Elite do Estado Novo*, Coimbra, MinervaCoimbra, 2003, pp. 45-51. Aprofundaremos esta questão no Cap. V.

«Se as empresas prosperavam, ao ponto de permitirem a edificação de fortunas familiares consideráveis entre os proprietários de jornais, os trabalhadores da indústria tinham algumas razões para se queixarem dos seus salários e das suas condições de trabalho. É a favor deste descontentamento e, pelo menos na origem, em grande parte ao abrigo de medidas de autodefesa criadas pelos próprios trabalhadores, que germinou a primeira ideia de deontologia da informação»[149].

Esta dimensão do problema ajuda-nos a compreender a razão pela qual, como vimos atrás, a definição do jornalismo enquanto profissão se faz pela distinção entre o denominado amadorismo, que era, por si, uma ameaça à melhoria das condições materiais do trabalho, e o exercício da atividade a tempo inteiro. Dir-se-ia que esta fronteira se constituiu como o "mínimo diferenciador" para, por um lado, evitar a total diluição da profissão no vasto conceito da comunicação e, por outro lado, reivindicar um estatuto particular que dá ao jornalismo um lugar privilegiado de intervenção no domínio público, no qual não tem nem os instrumentos nem lhe é reconhecida a legitimidade para declará-lo como exclusivamente seu.

Neste quadro, a reivindicação e a defesa de valores próprios de uma profissão desempenham também um papel estratégico e instrumental. Os códigos deontológicos permitem, assim, por um lado, reivindicar a melhoria de condições de trabalho e, por outro, fechar a porta à concorrência dos amadores. Estes são tratados como intrusos na profissão e sobre eles recai o ónus da responsabilidade pelas principais derrapagens deontológicas, razão pela qual são frequentemente considerados uma verdadeira ameaça à moralização profissional[150]. Honra e defesa da profissão parecem, assim, dois conceitos que concorrem para um mesmo objetivo.

4. Breve história dos códigos deontológicos

A redação dos primeiros códigos deontológicos do jornalismo não representa o momento da irrupção dos valores neste campo profissional. Pelo contrário, eles representam a passagem à forma de letra dos códigos não escritos de que nos falava atrás Vetraino-Soulard, que se foram formando na

---

[149] C. JONES, *Déontologie de l'Information, Codes et Conseils de Presse, op. cit.*, p. 11.
[150] No relatório de 1928, sobre as *Condições de Trabalho e de Vida dos Jornalistas*, o Bureau International du Travail defende ser necessário pôr fim ao amadorismo e aos colaboradores ocasionais que fazem do jornalismo um complemento dos seus rendimentos, sem respeito pelas responsabilidades morais e profissionais da profissão [*Op. cit.*, p. 12.].

profissão como resultado de um processo histórico de sedimentação de experiências, de reflexões e de debates. No início do séc. XX, esse debate permitia já gerar um consenso em torno de princípios fundamentais, capazes de agregar um número suficiente de profissionais de forma a impor-se como moral profissional.

A história do jornalismo mostra como as preocupações com a verdade a objetividade, a verificação das fontes ou a parcialidade estão presentes nos editoriais de Renaudot, publicados entre 1631 e 1633[151]; nas regras redigidas por Diderot, em 1765, para os jornalistas literários[152]; ou, ainda, na declaração de princípios do fugaz jornal de Benjamin Harris, também considerado o primeiro jornal americano, o *Publick Occurences Both Foreign and Domestick*, publicado em 1690, em Boston[153]. Para Hugo Aznar, estes exemplos, que remontam aos sécs. XVII e XVIII, tiveram continuidade em inúmeras publicações no século seguinte. Nelson Traquina recorda-nos as iniciativas de Horace Greely, diretor do *New York Tribune*, que, na década de 1840, publicou as normas destinadas a reger os contributos provenientes dos seus leitores, e de George G. Childs, que fez uma lista de 24 regras de conduta para os jornalistas do *Philadelphia Public Ledger*, após a sua aquisição, em 1864[154]. Estas declarações surgiam, normalmente, nos primeiros números da publicação como uma espécie de compromisso do jornal com o público. Elas vinculavam a figura do «editor-jornalista», reflexo, aliás, de uma estrutura empresarial que caracterizou grande parte da imprensa, antes da sua fase de industrialização e que Francis Balle classificou bem com a expressão *one-man-newspaper*[155]. Mas como refere Hugo Aznar, não obstante o esbatimento da figura do editor-jornalista, ditado pelas exigências organizativas da imprensa industrial, estas declarações de princípios constituíram o antecedente dos atuais códigos deontológicos.

Os códigos deontológicos são o resultado do intenso debate que se inicia nos finais do séc. XIX, em torno da industrialização da imprensa, do con-

---

[151] Gilles FEYEL, «Aux origines de l'éthique des journalistes», *Le Temps des Médias, op. cit.*, pp. 177-189.
[152] *Apud,* Jacques LEPRETTE e Henri PIGEAT, *Éthique et Qualité de l'Information*, Paris, Presses Universitaires de France, 2004, p. 17.
[153] Esses compromissos passam pela recolha e difusão de notícias com veracidade e exatidão, proteção das fontes, correção dos erros publicados e o combate à difusão de falsos rumores [H. AZNAR, *Comunicação Responsável, op. cit.*, pp. 30-31.].
[154] N. TRAQUINA, *Jornalismo, op. cit.*, p. 71.
[155] F. BALLE, *Médias et Sociétés, op. cit.*, p. 74. Balle refere que este tipo de imprensa de grupúsculos dominou, em Paris, entre 1789 a 1848, altura em que um em cada dois políticos era detentor do seu próprio jornal.

sequente poder dos *media* na vida pública e da profissionalização do jornalismo. Os valores evocados são geralmente princípios como a dignidade, a honra, a verdade e a honestidade que, de resto, denunciam a proximidade entre jornalistas, homens de letras e intelectuais[156]. Tal como descreve Delporte, as imagens míticas construídas em torno do jornalismo, desde Renaudot até ao primeiro quarto do século passado, correspondem em grande medida ao ideal das Luzes e dizem respeito tanto a jornalistas quanto aos homens de letras[157]. No entanto, a história da imprensa, no final do séc. XX, tenderá a diferenciar as responsabilidades resultantes da liberdade do intelectual – que busca a "verdade" no livre uso da sua razão e nas opiniões que publica na imprensa –, das responsabilidades inerentes às funções do jornalista. Neste contexto, os valores do jornalismo tenderão a evoluir da ideia de um aperfeiçoamento moral dos sujeitos para um conceito cada vez mais operativo, visando dar resposta a problemas quotidianos das redações, onde se cruzam os interesses distintos dos proprietários, dos publicitários, dos leitores, das fontes, e dos próprios jornalistas. Como afirma Delporte, a moral jornalística torna-se mais humana e deixa de se expressar apenas por alguns arautos do jornalismo, incidindo sobretudo no exercício honesto da profissão[158].

Os códigos deontológicos do jornalismo são, fundamentalmente, um produto do séc. XX. Claude-Jean Bertrand refere que a primeira iniciativa de formulação de um código deontológico pertenceu aos jornalistas da região polaca da Galiza, então sob dominação do Império Austro-Húngaro, que, em 1896, adotaram uma lista de deveres e instituíram um tribunal de honra[159]. O Clube de Publicistas (*Publicistsklubben*) da Suécia – fundado em 1874 – aparece também entre as organizações pioneiras a redigir um código deontológico, facto que terá acontecido em 1900[160]. Porém, a sua adoção efetiva só viria a concretizar-se em 1923[161]. Walter Williams é frequentemente citado entre os pioneiros redatores de códigos deontológicos, com o seu «*Journalist's Creed*», que datará de 1905. Mas se, no caso do código sueco,

---

[156] M. PRODHOME, *La Place du Discours sur l'Éthique dans la Construction de l'Espace et de l'Identité Professionnels des Journalistes, op. cit.*, p. 62.
[157] C. DELPORTE, *Les Journalistes en France (1880-1950), op. cit.*, pp. 126-127.
[158] *Op. cit.*, pp. 271-272.
[159] C.-J. BERTRAND, *A Deontologia dos Media, op. cit.*, p. 55.
[160] C. FROST, *Media Ethics and Self-Regulation, op. cit.*, p. 97.
[161] Henri PIGEAT e Jean HUTEAU, *Déontologie des Médias, op. cit.*, p. 479; H. AZNAR, *Comunicação Responsável, op. cit.*, p. 32.

ele não foi objeto de uma ampla aceitação, o de Walter Williams tem o ónus de ter sido redigido no âmbito da criação da Escola de Jornalismo da Universidade do Missouri, onde ainda permanece gravado numa placa. A sua redação realizou-se fora do quadro profissional, pese embora o impacte que o *Journalist's Creed* terá tido na elaboração dos códigos que se lhe sucederam, nos Estados Unidos[162]. De acordo com Hugo Aznar, o primeiro código deontológico dos jornalistas, com caráter efetivo, data de 1910 e foi adotado pela Associação de Editores do Kansas, com o nome de «*Practice of the Kansas Code of Ethics for Newspaper*». Seguiu-se-lhe, em 1913, o «Credo da Imprensa Industrial», de caráter inter-profissional, da Federação de Associações do Grémio da Imprensa, destinado a melhorar os padrões éticos da imprensa americana, a partir dos contributos de proprietários, anunciantes e diretores de jornais[163]. Em 1918, em França, o Sindicato Nacional dos Jornalistas, numa das suas primeiras iniciativas, adota a «Carta dos Deveres Profissionais dos Jornalistas Franceses»[164]. Nos anos 20, dá-se um significativo incremento dos códigos deontológicos do jornalismo e na constituição de Conselhos de Imprensa ao nível nacional, na sequência das recomendações efetuadas na Primeira e, sobretudo, na Segunda Conferência Internacional da Imprensa, realizadas respetivamente, em 1915 e 1921[165]. Datam deste período os códigos da Suécia (1923), da Finlândia (1924)[166] e, na década seguinte, os códigos norueguês[167] e britânico[168], adotados em 1936. Nos Estados Unidos, encontramos neste período a «Declaração de Princípios e Código de Prática do Missouri» (1921); os «Cânones do Jornalismo»

---

[162] Leonardo FERREIRA e Miguel SARMIENTO, «Prensa en Estados Unidos, un siglo de ética perdida?, *Chasqui*, n° 85, março, 2004, p. 55; Manuel Ocampo PONCE, «Los códigos deontológicos. História, necesidad, realizaciones y limites», *in* José Ángel AGEJAS e Francisco José Serrano OCEJA (org.s) *Ética de la Comunicación y de la Información*, Barcelona, Ariel, 2002, p. 264.

[163] H. AZNAR, *Comunicação Responsável, op. cit.*, p. 32.

[164] É considerado o código deontológico do jornalismo em vigor há mais tempo [D. CORNU, *L'Éthique de l'Information, op. cit.*, p. 14.].

[165] Arons de CARVALHO, «Deontologia dos Jornalistas – Algumas notas para a sua história», *in* AAVV, *2° Congresso dos Jornalistas Portugueses – Conclusões, teses, documentos* («Deontologia»), Lisboa, Secretariado da Comissão Executiva do II Congresso dos Jornalistas Portugueses, s.d., p. 386.

[166] H. PIGEAT e J. HUTEAU, *Déontologie des Médias, op. cit.*, p. 479; H. AZNAR, *Comunicação Responsável, op. cit.*, p. 32. Em relação ao caso finlandês, D. Cornu salienta que o código foi elaborado em 1924, embora só fosse adotado em 1927 [D. CORNU, *L'Éthique de l'Information, op. cit.*, p. 13.].

[167] D. CORNU, *L'Éthique de l'Information, op. cit.*, p. 13; H. PIGEAT e J. HUTEAU, *Déontologie des Médias, op. cit.*, p. 466; H. AZNAR, *Comunicação Responsável, op. cit.*, p. 32.

[168] H. PIGEAT e J. HUTEAU, *Déontologie des Médias, op. cit.*, p. 466; e *MediaWise*, *in* URL: http://www.presswise.org.uk/display_page.php?id=279 (24/07/2007).

da Sociedade Americana de Jornais, (1922)[169] – adotado também pela *Sigma Delta Chi*, atual Sociedade dos Jornalistas Profissionais, em 1926 e até 1973[170] –; e o «Código de Ética do Jornalismo de Oregon» (também em 1922). Também neste período surge o primeiro código deontológico pensado para os *media* eletrónicos, aprovado em 1928 pela Associação Nacional de Radiodifusores dos EUA.

Neste primeiro período, os códigos deontológicos aparecem ainda num contexto caracterizado pela necessidade de moralizar o jornalismo e de «criar uma identidade profissional baseada no respeito de certas normas deontológicas básicas»[171], considerado um passo decisivo para o processo de reconhecimento do jornalismo como profissão. Com efeito, segundo um estudo realizado pelo *Bureau Internacional do Trabalho*, aprovam-se neste período os primeiros contratos coletivos, nomeadamente em países como Itália (1911), Áustria (1918), Austrália (1924) Alemanha (1926), Polónia (1928) e Grã-Bretanha, este último privilegiando acordos ao nível setorial e regional. Espanha, Roménia, Estónia, Lituânia, Suécia, Suíça, Hungria e Checoslováquia viram também assinados os contratos coletivos durante este período, sendo que, em muitos destes países, eles tiveram consagração em leis específicas de iniciativa do Estado[172]. Em Portugal, o primeiro Contrato Coletivo de Trabalho data de 1951[173].

No entanto, apesar de estarmos já perante as linhas estruturantes do que serão no futuro, os códigos deontológicos representam ainda, nesta fase, um fenómeno isolado e minoritário, quer tendo em conta o seu ainda escasso número, como ainda o seu desconhecimento, tanto por parte do público como, inclusivamente, por parte dos próprios jornalistas[174].

A generalização dos códigos deontológicos virá a realizar-se na segunda metade do séc. XX, após a Segunda Guerra Mundial. O reconhecimento do

---

[169] «Canons of journalism», que, em 1975, receberam o nome de «Statement of Principles» [*American Society of Newspaper Editors*, in URL: http://www.asne.org/index.cfm?ID=888 (23/07/2007).].

[170] Altura em que a *Sigma Delta Chi* adotou o seu próprio código [*MediaWise*, in URL: http://www.presswise.org.uk/display_page.php?id=283b (24/07/2007).].

[171] H. AZNAR, *Comunicação Responsável*, op. cit., p. 33.

[172] *Apud*, D. RUELLAN, *Les "Pro" du Journalisme*, op. cit., pp. 40-41. A propósito deste estudo, realizado por solicitação da Associação Internacional de Jornalistas e da Federação Internacional dos Jornalistas, refere Clement Jones: «O relatório do B.I.T. marca o ponto de partida histórico da investigação internacional sobre o estado atual da deontologia da informação» [C. JONES, *Déontologie de l'Information, Codes et Conseils de Presse*, op. cit., pp. 12-13.].

[173] R. M. SOBREIRA, *Os Jornalistas Portugueses (1933-1974)*, op. cit., p. 75.

[174] H. AZNAR, *Comunicação Responsável*, op. cit., p. 33.

papel dos meios de comunicação nas sociedades democráticas, a integração do direito à informação como um dos direitos fundamentais da Declaração Universal dos Direitos Humanos e a descolonização[175] foram alguns dos acontecimentos que explicam o interesse registado pela adoção de novos códigos de deontologia, na fase inicial deste segundo período. No entanto, no estudo publicado pela UNESCO, em 1980, Clement Jones salienta que, de duzentos países analisados, dotados de grandes redes de informação, menos de cinquenta possuem um código deontológico destinado aos profissionais da informação, capaz de exercer sobre eles uma verdadeira influência e garantir a livre circulação de notícias e comentários[176].

Vinte anos mais tarde, esta situação evoluiu substancialmente, conforme atesta o estudo de Pigeat e Huteau, publicado pela UNESCO, em 2000, onde se afirma que se tornou difícil encontrar um país onde o jornalismo não seja objeto de um ou mais códigos deontológicos[177]. Um conjunto de factos históricos explica esta mudança, em particular na última década do séc. XX: a Queda do Muro de Berlim e a dissolução da União Soviética, a democratização em África, na Ásia, na Europa Central e Oriental[178], bem como na América Latina. Para além disso, os anos 90 ficam marcados pelos processos de concentração dos *media* e a criação ou o reforço das grandes corporações transnacionais multimédia. As novas tecnologias, em particular a digitalização, colocaram novos desafios à informação e trouxeram problemas novos ao jornalismo. A privatização do setor audiovisual, nomeadamente na Europa, o aumento da concorrência e o peso do mercado na determinação dos conteúdos mediáticos, deram uma nova acuidade às questões relacionadas com a credibilidade e a responsabilidade dos *media* e dos jornalistas. Segundo Aznar, só na Europa e durante a década de 90, 21 países europeus aprovaram ou modificaram códigos deontológicos do jornalismo[179]. Mas o que, para o autor, é mais significativo neste processo não é apenas a generalização dos códigos deontológicos, mas a consciência acerca da sua importância por parte dos jornalistas e dos públicos em geral, facto que não será alheio ao relevo que as questões da comunicação e da ética da informação passaram a ter no debate público das socieda-

---

[175] Muitas vezes por mimetismo, seguindo o exemplo das organizações profissionais dos ex-países colonizadores.
[176] C. JONES, *Déontologie de l'Information, Codes et Conseils de Presse, op. cit.*, p. 16.
[177] H. PIGEAT e J. HUTEAU, *Déontologie des Médias, op. cit.*, p. 18.
[178] *Ibid.*
[179] H. AZNAR, *Comunicação Responsável, op. cit.*, p. 37.

des contemporâneas[180]. Com efeito, neste período assistimos à vulgarização de espaços nos *media* dedicados à analise do jornalismo, de iniciativas visando aumentar a crítica interna das redações, como é o caso do provedor dos leitores, o aparecimento de novos conselhos de imprensa, para além do desenvolvimento de uma consciência crítica com origem na sociedade organizada (movimentos de defesa do consumidor, dos direitos da criança, direitos da mulher, das minorias étnicas, etc.) e em centros de investigação.

4.1. Os códigos internacionais
A consciência profissional e moral dos jornalistas desde cedo ultrapassou as fronteiras nacionais. Em 1894, em Antuérpia, inaugurou-se um ciclo anual de conferências internacionais de jornalistas onde as questões relacionadas com a ética seriam um tema recorrente[181]. No entanto, a primeira tentativa internacional de passar à forma de código o debate deontológico teve lugar durante a Conferência Pan-Americana da Imprensa realizada em 1926, mas que só viria a ser adotado efetivamente pela Associação Inter-Americana da Imprensa, na Conferência de 1950, reunida em Nova Iorque. A União Internacional das Associações de Imprensa adotou também um conjunto de regras deontológicas em 1936 e, três anos mais tarde, seguiu-se-lhe o código de honra da primeira Federação Internacional de Jornalistas, que viria a extinguir-se após a segunda Guerra Mundial. A segunda Federação Internacional dos Jornalistas, fundada em 1952, aprova a «Declaração dos Deveres dos Jornalistas», também conhecida por «Declaração de Bordéus», a cidade francesa que acolheu a II Conferência da FIJ, em 1954. A Organização Internacional dos Jornalistas, fundada quatro anos antes, com uma forte representação dos países do Leste Europeu e dos regimes comunistas, em todo o mundo, adotou, no seu início, duas resoluções sobre deontologia jornalística defendendo, na última delas, em 1960, que se deveria optar por um código internacional, nomeadamente ao nível da UNESCO, tendo para o efeito apresentado uma proposta em novembro de 1973[182]. Em 1971, os sindicatos e federações de jornalistas dos seis países da então Comunidade Económica Europeia, reunidos em Munique, aprovam a «Declaração dos Direitos e dos Deveres dos Jornalistas», também conhecida por «Carta» ou «Declaração de Munique»[183], e, em 1979, a Federação Latino-Americana

---

[180] *Op. cit.*, p. 38.
[181] C. DELPORTE, *Les Journalistes en France (1880-1950)*, *op. cit.*, p. 97.
[182] C. JONES, *Déontologie de l'Information, Codes et Conseils de Presse*, *op. cit.*, p. 13.
[183] D. CORNU, *L'Éthique de l'Information*, *op. cit.*, p. 15.

dos Jornalistas redige o «Código Ético dos Jornalistas Latino-Americanos»[184].

Também a ONU pensou levar a cabo um código internacional para os jornalistas. Um primeiro projeto do «Código de Honra Internacional dos Trabalhadores da Imprensa e da Informação», chegou a ser submetido ao secretário-geral para consultas junto de mais de meio milhar de associações representativas dos jornalistas, em todo o mundo. Os contributos entretanto recolhidos foram integrados num novo texto que, posteriormente, foi redistribuído às associações representativas dos jornalistas. As Nações Unidas disponibilizaram-se para a realização de uma conferência internacional caso fosse manifestado o interesse concluir a discussão do documento[185]. No entanto, o projeto acabaria por cair no esquecimento e nunca chegou a ser adotado, principalmente «porque as organizações profissionais recusaram, com razão, que as instâncias governamentais se intrometessem nos seus assuntos»[186].

A ideia de um código internacional para os jornalistas adotado no âmbito das Nações Unidas viria a ser concretizada pela UNESCO, em 1983, em Paris, com a redação dos «Princípios Internacionais de Ética Profissional no Jornalismo», aprovados na quarta reunião consultiva das organizações internacionais e regionais de jornalistas. Este documento é considerado o mais ambicoso sobre a ética do jornalismo, por ser também o único com um alcance verdadeiramente mundial. Na expressão de Cornu, os princípios incluídos no documento visam funcionar como fundamento e fonte de inspiração dos códigos deontológicos nacionais e regionais, possuindo, por isso, um caráter mais normativo do que prescritivo[187]. O mesmo se poderia dizer da Resolução 1003, adotada pela Assembleia-Geral do Conselho da Europa, em 1 de julho de 1993[188], sobre os princípios éticos do jornalismo. De facto, na linha do que vimos com a iniciativa da UNESCO, o documento assemelha-se mais a uma recomendação do que a um «Código Europeu de Deontologia do Jornalismo», não obstante o seu título.

---

[184] H. AZNAR, *Comunicação Responsável*, op. cit., p. 35.
[185] C. JONES, *Déontologie de l'Information, Codes et Conseils de Presse*, op. cit., p. 15.
[186] C.-J. BERTRAND, *Deontologia dos Jornalistas*, op. cit., p. 54.
[187] Sobre esta questão, ver D. CORNU, *Journalisme et Vérité*, op. cit., pp. 61 a 64.
[188] Ernesto VILLANUEVA, *Deontología Informativa – Códigos deontológicos de la prensa escrita en el mundo*, Bogotá e Santa Fé, Pontifícia Universidade Javeriana e Universidade IberoAmericana, 1999, p. 35.

4.2. Contextos da revalorização da deontologia do jornalismo no final do séc. XX

A pertinência do tema da deontologia dos *media* e do jornalismo adquire particular importância a partir das décadas de 70 e 80. Este processo, não é demais sublinhá-lo, coincide com um fenómeno mais vasto de «deontologização», resultante das próprias transformações de exercício das profissões nas sociedades contemporâneas[189].

No que ao jornalismo diz respeito, a convergência de mudanças políticas, económicas e tecnológicas trouxe novos desafios e novos problemas, explicando a renovação do interesse pelas questões da deontologia do jornalismo, verificada no final do séc. XX[190].

O fim da Guerra Fria permitiu, ao nível político, a democratização em vários países de África, Ásia, América Latina e da Europa Central e Oriental[191]. Do ponto de vista económico, os novos tempos pareciam consagrar o neoliberalismo dos governos de Ronald Reagan, nos EUA, e de Margaret Thatcher, na Grã-Bretanha, como poderiam demonstrar, por um lado, as teses do fim da História ou, por outro lado, a crítica ideológica do que Ignacio Ramonet denominou por pensamento único[192].

A importância que adquiriu a liberdade de expressão e de comunicação, no contexto da democratização de muitos destes países, criou novas possibilidades de intervenção dos *media* na vida pública. Em consequência, as

---

[189] De acordo com a expressão de Gilbert VINCENT, «Le Déontologique dans l'espace axiologique contemporain», in G. VINCENT (org.), *Responsabilités Professionnelles et Déontologiques, op. cit.*, p. 32. Este processo de deontologização representa a busca de *supplément d'âme* mesmo em profissões enquadradas legalmente como nos casos da função pública e das polícias – [P. STOFFEL-MUNCK, «Déontologie et morale», in J.-L. BERGEL (org.), *Droit et Déontologies Professionnelles, op. cit.*, p. 69.]. Do mesmo modo, para Hélène Rethimiotaki, este fenómeno marca uma diversificação e o alargamento do campo da deontologia. Os códigos deontológicos já não são apanágio de domínios profissionais específicos, tendo-se alargado a novas atividades (o marketing, a publicidade, o *franchising*, os seguros, as sondagens...) e a novas profissões (polícias, os solicitadores, etc.) [H. RETHIMIOTAKI, *De la Déontologie Médicale à la Bioéthique, op. cit.*, pp. 38 a 43.].

[190] Veja-se a este propósito Denis MCQUAIL, «Accountability of media to society – Principles and means», *European Jornal of Communication*, vol. 12 (4), Londres, Thousand Oaks, Nova Deli, 1997, pp. 511 a 513.

[191] H. PIGEAT e J. HUTEAU, *Déontologie des Médias, op. cit.*, p. 18.

[192] Para Ignacio Ramonet, «pensamento único» é «a tradução em termos ideológicos, com pretensões de universalidade, dos interesses de um conjunto de forças económicas, em particular, as do capital internacional» [Ignacio RAMONET, «La Pensée unique – Éditorial», *Le Monde Diplomatique*, janeiro, 1995, primeira página.]. Sobre esta questão, aconselhamos também Pierre BOURDIEU, «L'essence du néolibéralisme», *Le Monde Diplomatique*, março, 1998, p. 3.

organizações de jornalistas adotaram códigos deontológicos ou adaptaram os existentes às responsabilidades que decorrem do exercício da profissão num quadro da liberdade de imprensa e de liberdade de expressão.

Para além disso, as últimas décadas do séc. XX ficaram marcadas pela progressiva privatização dos setores das telecomunicações e do audiovisual, na Europa, enquanto nos Estados Unidos se assistia a uma maior desregulamentação e liberalização do mercado das telecomunicações e da radiodifusão[193]. Este facto, aliado à convergência tecnológica do audiovisual, das telecomunicações e da informática, proporcionada pela digitalização, permite pensar novas estratégias de concentração e de internacionalização por parte das empresas de *media*. Nos anos 90, assistimos à criação e ao reforço da dimensão das grandes corporações transnacionais multimédia, como é o caso da AOL-Time Warner, Disney, News Corporation, Viacom, Bertelsmann, ou Vivendi Universal. O papel atribuído à concorrência e ao peso do mercado na determinação dos conteúdos mediáticos deu uma nova acuidade às questões relacionadas com a credibilidade e a responsabilidade dos *media* e dos jornalistas. A sensação de que problemáticas fundamentais da democracia como a liberdade de expressão e o pluralismo parecem estar cada vez mais amarradas aos objetivos decorrentes da liberdade de empresa e às lógicas económicas levanta, entre outras, a questão de se saber se a informação deve ser considerada apenas como um *produto* como os outros e, portanto, regida pelas leis do mercado, ou se se trata de um *bem* sociocultural, submetido a exigências e valores particulares, objeto de tratamento e de atenção especial.

O contexto de crescente concorrência dos *media* aumenta, naturalmente, as pressões sobre e entre os jornalistas, que exercem as responsabilidades inerentes à liberdade de imprensa e cumprem os ideais de serviço público em meios que não são os seus. A subjugação do interesse público às lógicas da audiência levanta problemas sobre a distinção entre informação, comunicação e entretenimento; entre o interesse público e o interesse do

---

[193] Ana Isabel SEGOVIA, «Aviso para navegantes – Concentración y privatización de las comunicaciones en EEUU», *in* Fernando Queirós FERNANDÉZ e Francisco Sierra CABALLERO (orgs.), *Comunicación, Globalización y Democracia – Crítica de la economía política de la comunicación y la cultura*, Sevilla, Comunicación Social Ediciones y Publicaciones, 2001, pp. 98 a 133; AAVV, *Rapport Mondial sur La Communication et l'Information (1999-200)*, Paris, Editions UNESCO, 1999, nomeadamente Cees J. HAMELINK, «Le développement humain» pp. 25-49, e Bertram KONERT, «L'Europe Occidentale et l'Amérique du Nord», pp. 294-314. Nesta altura, em Portugal, o processo de privatização passava ainda pela imprensa e só na década de 90 chegaria ao audiovisual e às telecomunicações.

público; entre os ideais defendidos pela profissão e os objetivos económicos das empresas.

Esta tensão pode ser mesmo percebida como uma ameaça pelos profissionais. A concentração dos *media* e o desenvolvimento das novas tecnologias surgem frequentemente associados a formas de precarização do emprego e de condicionamento do exercício da profissão, levando os jornalistas a reforçar os mecanismos de autoproteção[194].

Da parte do público, surgem também novos desafios. Os jornalistas, enquanto promotores privilegiados do debate público, têm visto o seu papel cada vez mais escrutinado e, por vezes, são eles próprios o centro do debate, em resultado de inúmeros problemas surgidos com a cobertura mediática dos acontecimentos. O sensacionalismo, a manipulação, o desrespeito pela vida privada, são apenas alguns dos temas que, em última instância, levantam o problema da legitimidade daqueles que reivindicam o papel de vigilantes da vida pública.

Este questionamento tem sido estimulado também por uma reflexão que, nos últimos 50 anos, se desenvolveu nas universidades e nas escolas de jornalismo. As ciências políticas, a sociologia, a história, a filosofia, a antropologia, a linguística e as próprias ciências da comunicação são apenas algumas áreas científicas que têm contribuído para pôr em evidência a importância da comunicação, dos *media* e do jornalismo nas sociedades ditas da informação, pondo em marcha uma reflexão profícua que não deixa – não pode deixar – os jornalistas indiferentes.

O aparecimento de um público mais exigente e crítico relativamente aos próprios *media*[195] repercute-se também na denominada crise de credibilidade do jornalismo. Referindo-se ao audiovisual, Dominique Wolton sali-

---

[194] No caso português, 350 jornalistas foram levados a rescindir os contratos de trabalho durante processos de reestruturação realizados entre 2000 e 2005, nas suas empresas. As redações mais atingidas foram aquelas onde se deram alterações tecnológicas mais profundas, segundo as conclusões do projeto de investigação europeu "A Digitalização no Sector da Comunicação: Um Desafio Europeu", apresentadas, no dia 20 de setembro de 2007, em Barcelona [*Apud*, SINDICATO DOS JORNALISTAS, «Reestruturação tecnológica aumenta despedimentos», 21 de setembro, 2007, *in* URL: http://www.jornalistas.online.pt/noticia.asp?id=6069&idCanal=548 (07/07/2009).].

[195] As críticas contra os tablóides estiveram na origem da criação, em 1991, na Grã-Bretanha, do *Press Complaints Commission*, destinado a tratar as queixas contra os jornais, em substituição do *Press Council* fundado em 1953. Segundo Cornu, os dois primeiros anos de exercício daquele organismo ficaram marcados por um reduzido número de queixas contra os tablóides. A maioria das queixas efetuadas contra o *Sun*, por exemplo, não eram provenientes do público tradicional do jornal, mas de leitores da denominada imprensa burguesa [D. CORNU, *Journalisme et Vérité*, *op. cit.*, p. 58.].

enta que o público adquiriu uma cultura crítica à medida que aumentaram os seus conhecimentos, pelo que os jornalistas devem repensar as suas formas de tratamento da informação[196]. Vários estudos, tanto nos Estados Unidos como na Europa, não obstante algumas variações entre os *media*, indiciam uma crise de credibilidade do jornalismo[197]. Este facto, como vimos, absolutamente central para a legitimidade do jornalismo, suscita normalmente uma reação no sentido de reforçar a componente ética e moral da profissão, a exemplo do que aconteceu no final do séc. XIX e no período entre as duas guerras mundiais[198].

Por seu lado, o aumento da formação escolar dos jornalistas [199] tem contribuído para dar uma nova acuidade às questões da deontologia do jornalismo e levado os profissionais a aperceberem-se da necessidade e das vantagens em adotarem formas de autorregulação.

[196] Dominique WOLTON, *Pensar a Comunicação*, Algés, Difel, 1999, p. 243.
[197] Segundo Venício de Lima, referindo-se aos últimos seis anos de estudos realizados pelo *The Pew Research Center for the People and the Press*, dos Estados Unidos, metade ou mais do público americano acredita que os *media* são tendenciosos e, em alguns casos, consideram-nos mesmos prejudiciais à democracia [Venício A. de LIMA, *Falta de Transparência Compromete a Credibilidade de Imprensa*, in URL: http://www.direitoacomunicacao.org.br/novo/content.php?option=com_content&task=view&id=1013 (08/10/2007). Regra geral, estes dados tendem a ser mais favoráveis para os *media* e para os jornalistas nos países menos desenvolvidos conforme revela o estudo mandado realizar pela BBC, a Reuters e a organização não governamental Media Center, com o título «Media more trusted than governments – Poll», *in* URL: http://www.globescan.com/news_archives/Trust_in_Media.pdf (08/10/2007). Estes dados representam uma degradação dos índices de credibilidade em países como os Estados Unidos, Grã-Bretanha, Alemanha, se os compararmos com estudos realizados em 1994 pelo The Times/Mirror Center e citados em C. FROST, *Media Ethics and Self-Regulation*, op. cit., p. 25. Segundo Huteau e Pigeat, em 1998, 42% dos leitores franceses consideravam que os jornais do seu país eram pouco fiáveis e 43% dos telespectadores pensam o mesmo da televisão. De acordo com os mesmos dados, o público considerava que os jornalistas estão sob pressão do poder (59% das respostas) e do dinheiro (60%) [H. PIGEAT, e J. HUTEAU, *Déontologie des Médias*, op. cit., p. 20.].
[198] D. RUELLAN, *Les "Pro" du Journalisme*, op. cit., pp. 35 a 39; C. DELPORT, *Les Journalistes en France*, op. cit., Cap. VI. Um dos sinais dessa crise refletiu-se no aparecimento do conceito de objetividade no jornalismo, que surge como uma resposta à experiência da propaganda durante a Iª Guerra Mundial e ao desenvolvimento das relações públicas [Michael SCHUDSON, *apud*, Nelson TRAQUINA, *A Tribo Jornalística*, op. cit., p. 71.].
[199] Veja-se a este propósito os dados de Claude-Jean BERTRAND, «Les M*A*R*S* en Europe ou les moyens d'assurer la responsabilité sociale», *Communication et Langages*, nº 97, 3º trimestre, 1993, pp. 24-25. Sobre o caso dos jornalistas norte-americanos, o estudo referente a 2002, realizado por Weaver (*et al.*) revela que o crescimento da formação escolar representa o domínio das características individuais dos jornalistas norte-americanos que mais mutações registaram, nos últimos 30 anos [D. H. WEAVER, R. A. BEAM, B. J. BROWNLEE, P. S. VOAKES e C. WILHOIT, *The American Journalist in the 21st Century*, op. cit., p, p. 241.].

Verificámos que, no início do séc. XX, o processo de adoção de códigos deontológicos respondeu a uma necessidade interna de credibilização, ligada à constituição e à afirmação de uma identidade profissional dos jornalistas. Já no final do séc. XX, a criação dos novos códigos ou a revisão dos já existentes[200] parece resultar dos condicionalismos externos a que a profissão precisa de dar resposta. Neste quadro, a deontologia surge como uma forma de cartografar um terreno sinuoso e movediço, onde se jogam os interesses divergentes do público, dos clientes, das empresas e dos profissionais, para além de procurar responder às novas condições políticas, económicas, sociais, culturais e tecnológicas do exercício da profissão.

5. Funções da deontologia

As questões acima referenciadas ajudam a compreender o interesse pela deontologia profissional, muito embora algumas delas não sejam exclusivas do jornalismo. Este facto explicará o processo mais vasto de «deontologização», encetado por outras profissões e atividades profissionais, no final do séc. XX. Como já fizemos notar, a deontologia tem também uma dimensão estratégica e instrumental, fazendo com que muitas profissões adotem valores profissionais numa tentativa de deles retirarem vantagens, quer interna quer externamente[201].

5.1. Funções externas da deontologia

No que ao jornalismo diz respeito, a existência de códigos deontológicos pressupõe, do ponto de vista externo, um reconhecimento social[202]. Os códigos apresentam-se como um compromisso social e refletem a interpretação que uma determinada profissão faz acerca do contributo que pode dar à sociedade onde se integra. Neste sentido, ele espelha uma vontade de ajuste entre moral social e moral profissional. É mediante esse compromisso que o jornalismo se presta também a ser escrutinado pelo público e pelas instituições sociais e constrói a sua própria credibilização.

Ainda que a crítica externa ao jornalismo não se possa circunscrever apenas às normas deontológicas, os códigos não deixam de representar a defi-

---

[200] Tiina LAITILA, «Journalistic codes of ethics in europe», *European Journal of Communication*, vol. 10 (4), Londres, Thousand Oaks e Nova Deli, 1995, p. 232.
[201] P. STOFFEL-MUNCK, «Déontologie et morale», *in* J.-L. BERGEL (org.), *Droit et Déontologies Professionnelles, op. cit.*, p. 69. G. VINCENT, «Structures et fonctions d'un code déontologique», *in* G. VINCENT (org.), *Responsabilités Professionnelles et* Déontologiques, *op. cit.*, pp. 47 a 81.
[202] H. AZNAR, *Comunicação Responsável, op. cit.*, p. 48.

nição de um conjunto de regras que permite escrutinar e tornar mais transparentes os procedimentos profissionais admissíveis. Esse escrutino público está longe de ser puramente abstrato. Quer o cidadão comum quer as instituições – nomeadamente as da Justiça – não deixam de recorrer aos códigos deontológicos como auxiliares dos seus juízos sobre as práticas dos *media* e dos jornalistas. Esta é considerada uma das virtualidades mais importantes dos códigos deontológicos, uma vez que é aí que as profissões assumem o seu compromisso cívico para com a sociedade, adotando disposições de abertura, suscetíveis de se constituírem como um ponto de partida para discussão de problemas comuns.

A deontologia desempenha também uma função de credibilização que passa pela tentativa de «institucionalizar a integridade»[203] e «criar uma consciência moral coletiva na profissão»[204], importante para facilitar um clima de confiança naqueles que contactam com os jornalistas ou por eles são solicitados a colaborar na realização dos seus trabalhos. A este propósito, é sintomática a expressão do código deontológico do Sindicato Nacional dos Jornalistas franceses: «um jornalista digno desse nome». Esta fórmula sintetiza bem o caráter moral do sujeito profissional, aparecendo transposta em outros códigos que lhe sucederam[205].

A deontologia regula também as relações de todos quantos contactam com os jornalistas, de uma forma direta. Aqui assumem particular importância as relações entre os jornalistas e as fontes de informação, as instituições sociais, o Estado e as próprias empresas empregadoras.

Finalmente, Huteau e Pigeat salientam que, à margem de qualquer iniciativa de autorregulação, os códigos deontológicos podem ser também instrumentos utilizados pelo Estado ou por outras forças reguladoras para tutelar o jornalismo e os *media*, em particular em regimes totalitários[206]. Esta componente não é geralmente tida em conta, uma vez que se trata, de facto, de uma perversão das intenções tradicionalmente atribuídas aos códigos deontológicos, enquanto instrumentos privilegiados de autorregulação. Porém, numa altura em que tanto se fala da tentação dos Estados em regularem, através da lei, problemas do domínio da ética e da moral, esta

---

[203] H. PIGEAT e J. HUTEAU, *op. cit.*, p. 27.
[204] H. AZNAR, *Comunicação Responsável, op. cit.*, p. 48.
[205] Nomeadamente, no código da Federação Internacional de Jornalistas e na «Declaração de Munique».
[206] H. PIGEAT e J. HUTEAU, *Déontologie des Médias, op. cit.*, p. 28.

perspetiva readquire toda a pertinência[207] e não deixa de levantar novas questões. Poderemos, por exemplo, perguntar-nos se a intervenção estatal terá o mesmo significado em regimes democráticos e em regimes autoritários; não tendo o mesmo significado, qual o limite aceitável para que um governo possa intervir nestas matérias; e, consequentemente, até que ponto uma comunicação pública poderá deixar que as questões éticas e morais do jornalismo sejam definidas exclusivamente por um corpo profissional[208].

5.2. Funções internas da deontologia

Se a deontologia se constitui como uma pauta de referência face ao exterior, ela desempenha também uma função interna de defesa da própria profissão. Enquanto expressão da vontade de autorregulação, os códigos deontológicos têm um papel importante de autodefesa dos profissionais face às tentativas de interferência exterior. Tiina Laitila refere mesmo que, face ao clima de pressões sobre os jornalistas, essa é uma das funções mais comuns dos códigos deontológicos dos jornalistas europeus, a par da definição do seu compromisso com o público[209]. Trata-se de uma autodefesa, em primeiro lugar, em relação às tentativas de regulação exterior, por via da lei e com intervenção do Estado, impondo medidas consideradas, normalmente, mais penalizadoras para os profissionais[210]; autodefesa também relativamente às pressões das próprias empresas de comunicação social, procurando preservar alguma autonomia quanto aos critérios de seleção e tratamento da informação; finalmente, autodefesa relativamente ao público, na medida em que as normas deontológicas não deixam de ser também uma forma de delimitação do espaço sobre o que é exigível ao jornalista e, consequentemente, do que lhe é imputável em termos de responsabilidades públicas[211]. Como afirmá-

---

[207] Retomaremos esta problemática a propósito da autorregulação dos jornalistas, em Portugal, no Cap. V.
[208] Esta é uma questão que aprofundaremos no próximo capítulo.
[209] T. LAITILA, «Journalistic codes of ethics in Europe», *European Journal of Communication, op. cit.*, pp. 227 e 231-232.
[210] V. MOREIRA, *Auto-Regulação Profissional e Administração Pública, op. cit.*, p. 92. No caso Britânico, tanto a criação, em 1991, do *Press Complaints Commission* como a adoção do «*Code of Pratice*», aprovado na sessão inaugural daquele órgão, surgem como medidas autorreguladoras destinadas a antecipar as ameaças de uma intervenção do Estado com o objetivo de conter os excessos da imprensa, nomeadamente dos tablóides [D. CORNU, *Journalisme et Vérité, op. cit.*, pp. 57-58.].

mos, ainda que a deontologia não esgote o campo do debate público sobre o jornalismo, a norma deontológica não deixa de representar a delimitação do território do que é ou não exigível ao jornalista.

Por outro lado, a «institucionalização da integridade» de que nos falavam Huteau e Pigeat, não deixa de, no interior da profissão, funcionar como um elemento agregador, de construção da unidade profissional e de homogeneização de comportamentos e de culturas. Nesse sentido, o código deontológico é também o reflexo de uma cultura de comportamentos associada a uma profissão. A existência de um código de conduta preconiza uma unidade de comportamentos e implica um pensamento moral sobre procedimentos considerados desviantes. Em alguns casos, os códigos deontológicos incentivam a solidariedade e dissuadem mesmo atitudes concorrenciais entre profissionais[212].

Existe também uma dimensão fortemente pedagógica nos códigos. É a partir deles que se exerce a crítica aos *media*, venha ela do interior ou do exterior da profissão. Nesse sentido, os códigos servem de pauta para a reflexão que os próprios profissionais fazem sobre o exercício da sua profissão. Hugo Aznar faz notar, a este propósito, que os códigos deontológicos facilitam a aprendizagem ética da profissão, mediante a incorporação de conteúdos, podendo constituir-se num «acervo ou património moral da profissão»[213]. Este papel é tanto mais importante quanto os estudos sobre o

---

[211] Esta dimensão é considerada particularmente importante em profissões como a medicina, confrontada com o fenómeno da crescente mercadorização das áreas da vida e da saúde e com a intervenção das seguradoras e dos sistemas de segurança social, interessados em imputar a outros os custos de que, em última instância, seriam os últimos responsáveis [G. VINCENT, «Structures et fonctions d'un code déontologique», *in* G. VINCENT (org.), *Responsabilités Professionnelles et Déontologiques, op. cit.*, p. 58.].

[212] A este respeito, o código do Sindicato Nacional dos Jornalistas franceses considera a concorrência direta entre profissionais em luta pelo mesmo lugar como uma infração deontológica. No caso do Código Deontológico de 1976, a alínea u) refere ser um dever dos jornalistas «recusar-se a aceitar condições de trabalho que resultem em concorrência desleal». Ainda que este aspeto tenha sido retirado do código aprovado em 1993, o ponto 25 do anteprojeto de discussão referia o dever de «ser solidário com jornalistas vítimas de limitações à liberdade de expressão». Do estudo realizado por Porfírio Barroso Asenjo sobre cinquenta códigos deontológicos de todo o mundo, 20 % deles incluem questões de solidariedade profissional [*Apud*, A. CARVALHO, «Deontologia dos jornalistas», *in* AAVV, *2º Congresso dos Jornalistas Portugueses, op. cit.*, p. 392.]. Na Europa, 18 dos 31 Códigos analisados por Tiina Laitila, representando 29 países europeus, incluem também a defesa da solidariedade dentro da profissão [T. LAITILA, «Journalistic codes of ethics in Europe», *European Journal of Communication, op. cit.*, p. 236.].

[213] H. AZNAR, *Comunicação Responsável, op. cit.*, p. 49.

jornalismo salientam a importância que nesta profissão têm a aprendizagem no interior das redações e o convívio *inter-pares*.

6. Valores deontológicos

De forma geral, poder-se-á dizer que os códigos são o fruto dos contextos em que nasceram: como mecanismos de moralização das práticas profissionais, as normas de conduta e os valores em que se inspiram os códigos deontológicos assentam numa geometria variável que reflete os contextos políticos, económicos, sociais e culturais em que emergem[214] (países ricos, países pobres, países com diferentes tradições de liberdade de imprensa, regimes autoritários, etc.). Para além disso, eles procuram responder às especificidades dos contextos socioprofissionais que lhes dão origem: a título de exemplo, consoante o seu âmbito (internacional, nacional, local), o tipo de informação (geral ou especializado), o tipo de *media* (imprensa, rádio, televisão, multimédia), as motivações que estão na sua origem (autorregulação, autorregulação imposta ou heterorregulação), o alcance pretendido (empresa, local, nacional, internacional), as conceções de jornalismo subjacentes (serviço público, comercial, cívico), ou os objetivos a que se propõe (definir regras gerais, especificar regras de conduta, credibilizar a profissão, defendê-la).

Feita esta ressalva, parece-nos ser possível sistematizar os principais valores dos códigos deontológicos do jornalismo. Tendo em conta os estudos já realizados nesta área, procurámos recuperar algumas das suas conclusões que, no entanto, foram complementadas por uma pesquisa nossa destinada a esclarecer aspetos que nos pareceram insuficientes ou nos suscitaram dúvidas. A partir da análise realizada, procurámos efetuar uma sistematização dos valores jornalísticos, hierarquizando-os de forma a distinguir: os valores referentes aos princípios fundadores da legitimidade da profissão; os valores gerais ligados à moral profissional no jornalismo; e, finalmente, as normas de conduta referentes às principais áreas do campo moral do exercício da profissão.

6.1. Princípios fundadores

Regra geral, os códigos que tratam o tema dos fundamentos da deontologia do jornalismo evocam duas ideias mestras: o serviço público e os direitos relacionados com o direito fundamental da liberdade de expressão, consig-

---

[214] H. PIGEAT e J. HUTEAU, *Déontologie des Médias*, op. cit., pp. 20 a 23; e C.-J. BERTRAND, *A Deontologia dos Media*, op. cit., p. 61.

nado nomeadamente no artigo 19 da Declaração Universal dos Direitos Humanos. Esta é a conclusão de Bernard Grevisse para quem o fundamento da autorregulação dos jornalistas, tal como aparece nos códigos deontológicos, se sustenta nas noções de responsabilidade dos seus profissionais perante o público, nos valores democráticos herdados das revoluções britânica, americana e francesa e dos direitos resultantes da liberdade de expressão, como a liberdade de imprensa e de opinião e o direito à informação, consagrados constitucionalmente[215]. Grevisse considera que esta colagem permite a construção de uma retórica através da qual os jornalistas confiscam a liberdade de expressão coletiva em proveito da imprensa, reduzindo-a, por vezes, à sua expressão corporativa ou pessoal[216], o que lhes permite posicionarem-se como defensores e intermediários privilegiados desses direitos. O caráter fundador destes princípios é, em muitos casos, sublinhado pelo facto de eles virem inscritos nos preâmbulos dos códigos deontológicos[217]. Normalmente, é também neste quadro que se faz referência aos próprios contextos nacionais da liberdade de expressão e de imprensa, salientando, nomeadamente, os fundamentos da liberdade de expressão e de imprensa incluídos nas leis e nas constituições dos respetivos países. Este aspeto demonstra bem como a autorregulação jornalística se inspira em diferentes tradições culturais e filosóficas. Por exemplo, no estudo sobre 32 códigos deontológicos de jornalistas europeus e de países islâmicos do Norte de África, do Médio e Extremo Oriente, Kai Hafez salienta que as referências à liberdade de imprensa ou à liberdade de expressão apenas nos indicam se existe uma cultura normativa nos países analisados, independentemente de ela ser, efetivamente, uma realidade ou não. Mesmo assim o estudo distingue claramente entre os códigos que têm a liberdade

---

[215] Benoît GREVISSE, «Chartes et codes de déontologie journalistique – une approche internationale comparée», in Claude-Jean BERTRAND, *L'Arsenal de la Démocratie – Médias, déontologie et M*A*R*S*, Paris, Economica, 1999, p. 55.

[216] *Op. cit.* p. 56.

[217] Veja-se, a título de exemplo, o caso dos códigos das associações signatárias da Declaração de Munique; da Federación Latino-Americana de Periodistas; do American Society of Newspaper Editors, o da Society of Professional Journalists, Associated Press Managing Editors, nos EUA; da Fédération Professionnelle des Journalistes du Québec, no Canadá; da Federación de Asociaciones de la Prensa de España. O mesmo acontece com os códigos dos jornalistas na Alemanha, Austrália, Bélgica, Bulgária, Croácia, Dinamarca, Islândia, Itália, Japão, Suécia, Suíça, Turquia, Nova Zelândia, México. Códigos consultados a partir de URL: http://www.presswise.org.uk/display_page.php?id=40; http://www.igutenberg.org/etica.html; e de J. G. BEDOYA, *Manual de Deontología Informativa*, *op. cit.*, pp. 145 e ss.

como um valor central que só pode ser objeto de restrição quando colide com outros direitos fundamentais, os que incorporam o valor da liberdade limitando-a a aspetos relacionados com questões nacionais, políticas, religiosas e culturais e, por último, os que não lhe fazem qualquer referência[218].

6.2. Valores morais do jornalismo

Regra geral, é a partir destes princípios fundamentais que os códigos deontológicos definem os valores morais da atividade jornalística. Fizemos um cruzamento de vários estudos realizados acerca dos conteúdos dos códigos deontológicos. Da sua análise, pudemos identificar como principais valores morais da profissão a verdade, a integridade, a competência, a lealdade[219], o respeito, a compaixão[220], a responsabilidade, a independência, a equidade e a honestidade[221]. Alguns destes valores são coincidentes com os que estão presentes nos códigos deontológicos da generalidade das profissões. De acordo com a análise de Jean-Louis Bergel, constituem o núcleo de valores da deontologia profissional a honra, a dignidade, a lealdade, a confraternidade e o desinteresse pessoal[222]. Não obstante esta caracterização geral, é de notar, no entanto, que estamos a falar de valores que se declinam de forma diferente consoante as profissões, os contextos sociais e a natureza dos próprios códigos deontológicos, tornando difícil poder falar-se de uma deontologia inter-profissional.

---

[218] Para o primeiro caso, o Código da Federação Internacional de Jornalistas e da Aliança dos Jornalistas Independentes, da Indonésia, bem como os códigos da Argélia, da Finlândia, da Itália, Marrocos, Noruega, Alemanha, Espanha, Tunísia e Reino Unido; para o segundo caso, os códigos do Conselho Árabe dos Ministros da Informação, Egito, Líbano, Cazaquistão, Quirguistão, Malásia, Paquistão, Arábia Saudita, Turquia; e, no terceiro caso, os códigos da ASEAN, Federação Árabe de Jornalistas, Carta dos *Media* Árabes, Bangladesh, França, Código de Ética Profissional dos Jornalistas de Televisão e Rádio da República da Quirguízia e os Princípios Internacionais da Ética Profissional no Jornalismo, da UNESCO [Kai HAFEZ, «Journalism ethics revisited: a comparison of ethics codes in Europe, North Africa, the Middle East, and Muslim Asia», *Political Communication*, vol. 19, 2 de abril, 2002, p. 233.].

[219] De acordo com o estudo de C. JONES, *Déontologie de l'Information, Codes et Conseils de Presse, op. cit.*, p. 69; Porfírio Barroso Asenjo, apud, A. de CARVALHO, «A deontologia dos jornalistas», in AAVV, *2º Congresso dos Jornalistas Portugueses, op. cit.*, p. 392.

[220] B. GREVISSE, «Chartes et codes de déontologie journalistique», in C.-J. BERTRAND, *L'Arsenal de la Démocratie, op. cit.*, pp. 65-66.

[221] T. LAITILA, «Journalistic codes of ethics in Europe», *European Journal of Communication, op. cit.*, p. 543.

[222] Jean-Louis BERGEL, «Du concept de déontologie à sa consécration juridique», in J.-L. BERGEL (org.), *Droit et Déontologies Professionnelles, op. cit.*, p. 24.

6.3. Normas reguladoras do campo moral do jornalismo

Apesar de termos diferenciado os princípios fundadores da moral jornalística, dos valores gerais e das regras de conduta, convém salientar que nos códigos deontológicos esta distinção raramente aparece com clareza. Por seu lado, enquanto alguns códigos insistem no seu caráter normativo, outros há que fazem uma abordagem essencialmente prescritiva. De acordo com o nosso estudo, os valores e as normas de conduta insistem fundamentalmente na definição de deveres dos jornalistas referentes a cinco áreas principais, constituintes do campo moral do jornalismo.

Deveres para com a informação: imparcialidade, objetividade e exatidão, dúvida metódica, identificação da fonte de informação, distanciação relativamente às fontes, confirmação da informação, igualdade de tratamento, distinção entre notícias e comentários, recusa do sensacionalismo, separação clara entre a publicidade e o conteúdo editorial, identificação das fotomontagens e reconstituições de acontecimentos (no caso do audiovisual), retificação da informação, titulação e legendagem de acordo com o conteúdo das notícias. Enfim, não deformar ou forçar o conteúdo, não suprimir o essencial da informação, não inventar, não noticiar rumores, escrever claro.

Deveres para com as fontes de informação: respeito pelos compromissos assumidos (protocolos de citação e proteção das fontes), respeito pelas regras de embargo noticioso.

Deveres para com os outros da profissão: respeitar as regras do bom gosto e da decência, presumir a inocência, respeitar a privacidade e a dor, preservar o nome de familiares de condenados ou suspeitos de crime, proteger o nome de testemunhas de crimes, não caluniar, não difamar, não identificar menores condenados, não identificar vítimas de violação, não recolher imagens ou declarações sem ter em conta as condições de serenidade, liberdade e responsabilidade das pessoas envolvidas, não publicar imagens que ponham em causa a dignidade das pessoas, não discriminar ninguém em função do sexo, da raça, da etnia ou do grupo social, respeitar as instituições, a empresa e o Estado.

Deveres para com a própria profissão: recusar pressões, defender a liberdade de expressão e a liberdade de imprensa, ser solidário e colaborar com os colegas de profissão, assumir a responsabilidade dos seus trabalhos, identificar-se quando em funções profissionais, procurar a verdade independentemente das consequências para o jornalista, não confundir investigação jornalística com investigação policial, não utilizar meios tecnicamente ilícitos para obtenção da informação, não plagiar, não aceitar oferendas, prémios ou prebendas, não roubar a informação, não tirar partido da profissão para fins pessoais, não enganar colegas, não disputar o lugar, não exercer atividades incompatíveis com a profissão, não noticiar atos em que se encontre envolvido, defender os direitos dos jornalistas.

Deveres para com o próprio sujeito profissional: recusar efetuar trabalhos que violem a sua consciência, defender a cláusula de consciência.

Apesar da categorização que acabámos de propor, não podemos esquecer que estamos a falar de deveres correlacionados. Assim, muitos dos deveres relativos à dignidade profissional, nomeadamente em matéria de independência, oferendas e prémios, visando preservar a credibilidade do jornalista, procuram também preservar o valor da verdade. Por sua vez, a verdade adquire sentido no contexto de um contrato ideal de serviço público prestado pelos profissionais nas sociedades em que se integram. De resto, é igualmente em função desse ideal que as normas dos códigos deontológicos, enquanto expressão de regras morais dominantes num contexto profissional, devem ser percebidas. Por isso, apesar do seu caráter normativo e prescritivo, os códigos devem ser também entendidos como textos abertos, apelando sempre a um processo deliberativo dos próprios profissionais, das instituições sociais e do público em geral. Como afirma o código ético da *Associated Press Managing Editors*, nenhuma declaração de princípios está em condições de prescrever as decisões a tomar em todas as circunstâncias, apelando às regras do «bom senso» e do «são julgamento» como forma de ultrapassar as insuficiências e ajustá-las às diferentes realidades e condições de aplicação.

7. A ambiguidade da natureza moral dos compromissos deontológicos

Abordar os valores e as funções dos códigos deontológicos é importante para compreender o seu alcance, mas não esgota o debate em torno dos *media* e do jornalismo, tanto mais que as lógicas de definição de regras de conduta assentes apenas numa base de credibilização e autodefesa profissionais podem redundar na instrumentalização da deontologia, transformando-a numa mera imagem de marca ou num mecanismo de proteção corporativa, em contradição com os seus próprios propósitos. Na realidade, os códigos deontológicos, enquanto moral profissional, assentam numa ambiguidade que é importante não deixar passar em claro e que se reflete a vários níveis.

7.1. Autonomia do sujeito/heteronomia da norma

Gilbert Vincent faz notar a ambiguidade existente nos códigos deontológicos entre moralização e normalização. Trata-se de dois conceitos que apontam em direções distintas: a autonomia e o controlo ou, se quisermos por outras palavras, o agir e o *fazer fazer*[223]. O problema que aqui se levanta é, pois, o de se saber até que ponto o recurso das profissões à codificação deontológica responde à busca de suplemento de virtude – tanto no sentido de estender a moral a novos domínios da vida como no de um reinvestimento no domínio dos valores, em reação à crise moral das sociedades contemporâneas – ou se, pelo contrário, resulta de um crescendo de normativização, visando novas formas de controlo social[224]. Na expressão de Stoffel-Munck, trata-se de se saber até que ponto a deontologia se destina a assegurar o aperfeiçoamento moral de cada um dos seus membros ou se contenta em garantir que esses profissionais sejam, pelo menos, seres sociais respeitadores das conveniências e dos usos, de acordo com uma certa conformidade[225].

Esta crítica parece-nos tanto mais pertinente quanto os estudos sobre o mundo do trabalho têm vindo a sublinhar o recurso a formas eufemísticas, quer no plano discursivo quer no plano da organização empresarial, de representação da autoridade e de subordinação. Expressões como autonomia, gestão participada, polivalência e flexibilidade fazem apelo ao *ethos* performativo do sujeito profissional[226], procurando iludir novas formas de organização das relações de poder no mundo do trabalho.

---

[223] De acordo com a expressão de Luc BOLTANSKY e Ève CHIAPELLO, *Le Nouvel Esprit du Capitalisme*, Paris, Gallimard, 1999, p. 557.
[224] G. VINCENT, «Le Déontologique dans l'espace axiologique contemporain», *in* G. VINCENT (org.), *Responsabilités Professionnelles et Déontologiques, op. cit.*, p. 32.
[225] P. STOFFEL-MUNCK, «Déontologie et morale», *in* J.-L. BERGEL (org.), *Droit et Déontologies Professionnelles, op. cit.*, pp. 81-82.
[226] Veja-se a este propósito L. BOLTANSKY e È. CHIAPELLO, *Le Nouvel Esprit du Capitalisme, op. cit.*, Cap. VII; Gilles LIPOVETSKY, *Le Bonheur Paradoxal – Essai sur la societé d'hiperconsommation*, s.l., Gallimard, 2006, pp. 239-248; Benoît HEILBRUNN (sob a direção de), *La Performance, Une Nouvelle Idéologie?*, Paris, La Découverte, 2004; Jacques LE GOFF, «Nouveaux modes de subordination dans le travail», *Esprit*, nº 313, março-abril, 2005, pp. 143-157.

Para Vincent, a deontologia acaba por restringir o próprio estatuto de autonomia do sujeito profissional, obrigando-o a aceitar julgamentos de segunda ordem. O apelo ético ao exercício da autonomia do sujeito da ação é balançado com a aceitação de uma normatividade imposta exteriormente. Do mesmo modo que faz apelo à capacidade de deliberação dos sujeitos em função do seu conhecimento, das suas competências e da sua experiência acumulada, o código não deixa de ser uma imposição de um consenso e, como tal, o resultado de uma relação de forças simbólica e económica no seio de uma determinada profissão. A deontologia profissional é ela própria reveladora de uma exterioridade: uma heteronorma[227]. Assim, a abertura ética que faz apelo à autonomia do sujeito não pode ser compreendida fora do quadro da própria restrição resultante da imposição de normas determinadas exteriormente pelas organizações profissionais, mas, por vezes, por parte das empresas e do Estado, como condição obrigatória para o exercício da profissão, cujo desrespeito pode estar sujeito a sanções. A autonomia dos princípios pode promover, no plano deontológico, a limitação, a recusa ou, pelo menos, a suspensão da ação crítica acerca das regras. Na realidade, a autonomia da profissão, relativamente ao Estado ou às instituições públicas, continua a ser ainda, no plano do sujeito profissional, uma heteronomia, na medida em que o acesso à carteira profissional, indispensável para o exercício da profissão, está condicionado à assinatura de um documento de compromisso, por parte do jornalista, em aderir às normas expressas no código deontológico[228]. Neste sentido, a deontologia transforma-se numa moral imposta a quem pretende aceder à profissão. Na expressão de Gilbert Vincent, o seu objetivo é o de instituir e normalizar hábitos profissionais, ameaçados pelas transformações técnicas, económicas e administrativas, dando-lhes uma aparência de virtude[229].

---

[227] Conforme a expressão de Vital Moreira: «A autorregulação só é *auto*, na medida em que é estabelecida por uma instituição associativa ou representativa dos próprios agentes regulados, sendo de eficácia restringida aos membros da categoria "profissional" em causa. Mas para cada um deles, individualmente considerado, as normas e medidas de regulação são *heteronormas*, a que eles não podem furtar-se (salvo abandonando a associação, nos casos de autorregulação puramente privada) [v. MOREIRA, *Auto-Regulação Profissional e Administração Pública, op. cit*, p. 56.].

[228] Em Portugal, no processo para acesso e renovação do título profissional, o jornalista tem de assinar um formulário da Comissão da Carteira Profissional de Jornalista, onde se pode ler: «Declaro, por minha honra, que respeitarei integralmente e em todas as circunstâncias, no desempenho da actividade jornalística, os deveres éticos e deontológicos da profissão».

[229] G. VINCENT, «Structures et fonctions d'un code déontologique», *in* G. VINCENT (org.), *Responsabilités Professionnelles et Déontologiques, op. cit.*, p. 74

Mutatis mutandis, a deontologia, enquanto expressão de uma heteronomia, assume para com o sujeito profissional uma relação comparável à que Kant estabelece entre a ética e o direito. A adesão aos seus princípios pode resultar tanto de uma adesão livre e convicta, como de uma perspetiva estritamente estratégica: garantir a aceitabilidade no seio de uma profissão, enriquecer, conseguir reconhecimento social, etc.

A intencionalidade estratégica dos conteúdos deontológicos não se coloca apenas no plano individual, mas também coletivo. É nesse sentido que Libois fala, a propósito do jornalismo, de uma ética estratégica. Trata-se do discurso produzido deliberadamente por certos atores públicos – no caso do jornalismo, os jornalistas – com destino a outros atores da vida social – editores, público, o poder político... – com a intenção de justificar um estatuto socioprofissional e obter ou reforçar o reconhecimento social. Este discurso estratégico teria a função de chamar a atenção para temas relacionados com a ética normativa – onde se inclui a deontologia. Mas, para Libois, ele pretende também evitar as verdadeiras questões de fundo, relacionadas com a ética descritiva, por onde passa o debate acerca dos valores de facto subjacentes à prática profissional, trazido à luz, nomeadamente, pela sociologia e a história[230].

Daí que, para obviar estas intenções estritamente estratégicas, haja quem defenda que os códigos deontológicos, para serem efetivos, precisam de ser dotados de dentes, ou seja de uma força sancionatória[231], capaz, dentro de um quadro institucional – derive ele de mecanismos de autorregulação ou da própria lei[232] – de impor e vigiar o seu cumprimento. Mas este raciocínio apenas ilude a questão essencial. Bastaria recordar Kant para percebermos que, se a sanção garante a eficácia da lei impondo a conformação dos comportamentos de acordo com uma certa legalidade, pouco ou nada nos diz sobre o fundamento moral da adesão do sujeito aos seus princípios.

7.2. Responsabilização/desresponsabilização

Se, como vimos atrás, no plano dos princípios, os códigos parecem fazer apelo a uma autonomia ética do sujeito e à sua responsabilização, eles constituem-se também como o espaço de delimitação dessa mesma responsa-

---

[230] B. LIBOIS, *Éthique de l'Information*, op. cit., p. 5.
[231] H. E. GOODWIN, *Procura-se Ética no Jornalismo*, op. cit., pp. 30 e ss.
[232] Para Claude-Jean Bertrand, a lei é um dos mecanismos para dotar a deontologia de uma força efetiva. No entanto, considera que os governos têm abusado da lei e dos tribunais com o objetivo de controlar os *media* [C.-J. BERTRAND, *L'Arsenal de la Démocratie*, op. cit., p. 77.].

bilidade, exonerando o profissional das obrigações não prescritas, ainda que eticamente admissíveis. Essa delimitação é importante, entre outras coisas, para que se defina a diferença entre o fracasso e o erro profissional. Embora a delimitação da responsabilidade não inocente, por si, determinado profissional, ela acaba por criar as condições da sua desresponsabilização ou, pelo menos, evita a generalização da imputabilidade legal[233]. No domínio da medicina, por exemplo, este facto é tanto mais importante quanto se assiste a um fenómeno crescente de criminalização e culpabilização profissional, relacionadas com o aumento das exigências e das expectativas sociais acerca das possibilidades técnicas e científicas na área dos tratamentos médicos. A este facto não é também alheia a crescente intervenção de outros setores socioprofissionais, nomeadamente a advocacia e os seguros, em resultado do aumento dos interesses económicos decorrentes da mercantilização e da jurisdicialização das questões relacionadas com o corpo, a vida e as novas formas de entender a dignidade da pessoa. No âmbito da medicina, este aspeto não deixará de contribuir para a redução da componente humana da profissão, em detrimento da valorização da sua eficácia. A especialização do saber e o desenvolvimento tecnológico, ao mesmo tempo que promovem a fragmentação do campo socioprofissional, valorizam a dimensão técnica e do saber, confinando cada vez mais a dimensão prática e humana do sujeito profissional aos pressupostos da eficácia.

7.3. Moralização corporativa/normalização corporativa

Como afirma Stoffel-Munck, quanto mais os códigos estiverem determinados pelas lógicas normativas da eficácia, mais eles tenderão a promover uma normalização posta ao serviço de uma coesão corporativa, em detrimento da sua função moral, um facto que tende a ocorrer nos fenómenos de deontologização profissional mais recentes. Esta normalização pode, assim, ser entendida num duplo aspeto. Em primeiro lugar, como princípio geral capaz de garantir as condições de coesão no seio de uma profissão. Este aspeto deve ser enfatizado na medida em que, ao colocar debaixo dos mesmos valores um conjunto de práticas profissionais, os códigos deontológicos apresentam-se como um fator de coesão, iludindo a diferenciação interna das próprias profissões, em resultado dos diferentes estatutos socioprofissio-

---

[233] G. VINCENT, «Structures et fonctions d'un code déontologique», in G. VINCENT (org.), *Responsabilités Professionnelles et Déontologiques, op. cit.*, p. 55.

nais e das diferentes formas de exercer a profissão. Deste modo, a deontologia permite resistir ao fenómeno de fragmentação socioprofissional, em consequência do desenvolvimento de novos saberes, novas técnicas e novas especializações. Em segundo lugar, os códigos deontológicos, enquanto fator de normalização, podem ser entendidos como uma maneira de institucionalizar hábitos profissionais de caráter técnico-deontológico capazes de se instituírem como um *modus operandi*[234], no sentido de regulamento técnico.

Em síntese, a deontologia não deixa de obedecer a estratégias de afirmação e de reforço do estatuto socioprofissional no campo social, enfatizando a especificidade profissional e mascarando os elementos estritamente corporativos, através do caráter moral e moralizante das práticas profissionais[235].

7.4. Moral profissional/moral instrumental

Uma das críticas a que a deontologia aparece mais exposta tem a ver com uma certa instrumentalização do conceito de moral. Essa instrumentalização está implícita, por exemplo, tanto na crítica da sociologia acerca do caráter ideológico dos valores profissionais, como nas abordagens do direito e da filosofia que apresentam a deontologia como uma regra difusa ou uma moral fraca. Essas abordagens não deixam de ter algum sentido, sobretudo se tivermos em conta as dificuldades de a deontologia se constituir como um espaço autónomo, capaz de resistir à multiplicidade de outros sistemas normativos concorrentes que procuram subordinar o mundo socioprofissional à lógica da eficácia e da operatividade. Para François Braize, moral, direito e deontologia são «três sistemas que têm por vocação modelar o comportamento dos indivíduos com o objetivo de garantir formas de existência e perpetuação de um grupo, segundo regras e princípios constitutivos previamente fixados»[236]. Mas a estes sistemas de modelação de comportamentos temos de juntar também outras formas de normatividade resultantes da eficácia – como as lógicas económicas, administrativas, de gestão, do marketing, etc. –, às quais o direito, a moral e a

---

[234] G. VINCENT, «Le déontologique dans l'espace axiologique contemporain», *in* G. VINCENT (org.), *Responsabilités Professionnelles et Déontologiques, op. cit.*, p. 34.
[235] P. STOFFEL-MUNCK, «Déontologie et morale», *in* J.-L. BERGEL (org.), *Droit et Déontologies Professionnelles, op. cit.*, pp. 54-55.
[236] François BRAIZE, «La déontologie: la morale et le droit», *in* Jean MEYRAT (org.), *Une Déontologie Pourquoi? – Actes de la journée d'études du 6 novembre 1992*, s.l., ADBS, 1994, p. 21.

deontologia estão muito longe de se apresentarem imunes. Como afirma Mário Mesquita, nos Estados Unidos, na União Europeia e em Portugal, as tendências dominantes na política, na economia e na sociedade determinaram «o reforço dos critérios do mercado, enfraquecendo as mediações da deontologia»[237], bem como os critérios de legitimação tendo por base a autorregulação socioprofissional.

Mas não está apenas aqui em causa a capacidade de a deontologia fazer frente a outros sistemas normativos (técnico, administrativo, económico...). De uma forma mais radical, temos assistido à capacidade de discursos, regidos pelo princípio da eficácia e da performatividade, se apropriarem da própria deontologia, colocando-a ao serviço da rentabilidade económica, da produtividade e do marketing.

Expressões como «a ética paga», «a ética vende», «a ética compensa», ou as abordagens que tendem a apresentar a ética e a deontologia como fazendo parte de sistemas de «controlo de qualidade», são exemplo claro desta perspetiva. Ao nível profissional, a ética paga, segundo Stoffel-Munck, porque ela permite comportamentos dentro de um grupo, tornando os seus membros menos agressivos, mais respeitosos, reforçando os elos sociais dentro de uma profissão e assegurando a sua perenidade. A ética paga também porque pretende transmitir exteriormente uma mensagem de confiança, nomeadamente para os poderes públicos e para os potenciais clientes, apresentando-se como um «produto de valor acrescentado»[238].

Hugo Aznar, ao referir-se aos provedores do leitor, na imprensa, sublinha o seu contributo como um fator de credibilidade, promovendo a fidelidade dos consumidores. Para além disso, nas palavras de Aznar, o provedor do leitor desempenha um serviço de atendimento de reclamações, desonerando os jornalistas dessas tarefas e evitando perdas de tempo da redação que, assim, se pode concentrar na sua tarefa principal de recolha e tratamento da informação. O provedor evita ainda que muitas das reclamações dirigidas às redações acabem nos tribunais, diminuindo os custos em termos de tempo, imagem e dinheiro[239].

Victoria Camps refere existir algum consenso quanto ao facto de a adesão aos princípios éticos e à autorregulação ser rentável para as empresas,

---

[237] M. MESQUITA, *O Quarto Equívoco, op. cit.*, p. 254.
[238] P. STOFFEL-MUNCK, «Déontologie et morale», *in* J.-L. BERGEL (org.), *Droit et Déontologies Professionnelles, op. cit.*, p. 85.
[239] H. AZNAR, *Comunicação Responsável, op. cit.*, pp. 207 a 209

não só do ponto de vista económico, como também na perspetiva de aumentar a credibilidade dos *media* e de quantos neles trabalham[240].

De forma mais radical, Claude-Jean Bertrand vai ao ponto de defender que não se deveria falar em deontologia, mas antes em controlo de qualidade. E explica: «Quanto ao "controlo de qualidade", em matéria de *media*, tem a vantagem de interessar todos os grupos implicados na comunicação social. Não tem esse odor a moralismo irritante para alguns. Por outro lado, um *medium*, enquanto sociedade comercial, não pode ter um sentido moral»[241]. A forma mais radical de entender a deontologia como um instrumento de apoio à produção tem a ver com a discussão em torno da importância da profissão de *deontólogo*, nas empresas. Louis-Marie Launay fala-nos do deontólogo como «um apóstolo, um pregador, um catalizador, um ponto de contacto» útil, se não mesmo necessário, numa época em que assistimos à explosão dos negócios. E acrescenta:

> «Ele permite focalizar as questões como o fez, há cerca de 15 anos, o diretor de qualidade, na época em que os japoneses nos davam lições a este respeito. Ele permite desenvolver uma "regra de conduta", fazê-la partilhar e, sobretudo, deve garantir que o *management* e os indivíduos se apropriem dela»[242].

O tema das «compensações» que podem derivar da vida moral está longe de ser uma novidade. Mas a consideração dos valores morais como fator de rentabilidade não deixa de evidenciar bem a capacidade de as lógicas sistémicas recuperarem os discursos, mesmo aqueles que, aparentemente, lhes são mais avessos[243]. Compreende-se, pois, o olhar de desconfiança do pensamento filosófico para a aceção corrente que o termo deontologia assumiu no contexto socioprofissional. De facto, ao fazer-se a apologia do caráter operativo da deontologia no mundo socioprofissional, corremos o risco de estar a retirá-la, efetivamente, do campo dos valores éticos e morais, para a situar no campo da produtividade, da eficácia e da performatividade. Este é o grande risco de se pensar a deontologia como uma forma de controlo de

---

[240] Victoria CAMPS, «El lugar de la ética en los medios de comunicación», *in* E. B. PERALES, *Éticas de la Información y Deontologías del Periodismo, op. cit.*, pp. 53-64.
[241] C-J. BERTRAND, *L'Arsenal de la Démocratie, op. cit.*, p. 8.
[242] Louis-Marie LAUNAY, «Un déontologue ou pas ?», *Entreprise Éthique* («Déontologue: un nouveau métier), nº 12, abril, 2000, p. 20.
[243] A *eticização* dos negócios começa a ser um tema recorrente nas discussões e na bibliografia especializada.

qualidade: a deontologia, como sinónimo de controlo de qualidade, deixa de ser uma *praxis*, para se transformar estritamente numa *poietica*, no sentido aristotélico do termo; deixa de ser um valor, para ser uma técnica; deixa de ser, finalmente, o espaço de autonomia das profissões para se transformar no seu aguilhão.

Conclusão
Analisámos a deontologia como moral profissional, tendo por enfoque particular o jornalismo. O estudo que efectuámos levou-nos a pensar a deontologia como um sistema de valores mais próximos da moral do que da ética e, inclusivamente, do direito. Mais próximo da moral porque a deontologia refere-se a um sistema de valores que, não pondo em causa a subjetividade dos seus profissionais, afirma-se pelo seu caráter fundamentalmente coletivo, socioprofissional. Mais distante da ética porque, não dispensando a reflexividade do sujeito profissional, ela está para além dele, por vezes impondo-se como uma exterioridade. Mais distante também do direito porque visa antecipar-se-lhe e, de preferência, tornar desnecessária a sua intervenção.

Esta será, em certo sentido, a expressão mais elevada da pretensão ética de uma autorregulação: a de tornar a regulação externa desnecessária, colocando os valores que regem uma profissão no âmago da moral e dos costumes de cada um dos seus profissionais.

A deontologia é uma *moral specialis*, na medida em que procura traduzir para o âmbito específico da profissão os valores vigentes, de modo a dar uma justa resposta às expectativas e aos papéis sociais. Nesse sentido, as profissões, ao dotarem-se de valores próprios, representam um investimento de valor no domínio das práticas profissionais, justificando o papel que Durkheim atribuía às corporações e, de algum modo, consentâneo com as ligações que Weber vislumbrava entre o profissional e o caráter sagrado dos mágicos, dos profetas e dos sacerdotes, nas sociedades antigas.

Porém, a deontologia resulta também de uma *ética incerta*, ambígua, algures entre autonomia e heteronomia, entre moral e uma retórica instrumental, entre responsabilização e desresponsabilização profissional, por vezes, procurando conciliar objetivos contraditórios, entre princípios, fins e meios, como uma ética com custos que se pagam a si próprios.

Esta dupla dimensão da deontologia é talvez o seu pé de Aquiles. Porém, ela pode ser também vista como um processo importante de discussão e de consensualização de valores. Certamente que falamos de valores condicionados pelos interesses corporativos. Contudo, essa dimensão não deixa de ser indispensável para os processos deliberativos socialmente mais vastos. Este aspeto não deixa de ser tanto mais importante quanto o desenvolvimento da economia, das ciências e das tecnologias impôs a necessidade de se recorrer cada vez mais à intervenção dos peritos, cujo contributo as democracias contemporâneas não poderão deixar de ter em conta.

Como afirma a este propósito Jürgen Habermas, ainda que, ao contrário dos princípios morais, as normas decorrentes das regras profissionais não aspirem a universalizar-se, nem por isso elas deixam de se poder submeter ao «teste de universalização»[244]. A nossa pesquisa demonstrou, de alguma forma, que esse teste foi fazendo o seu caminho, à medida que o jornalismo foi constituindo a sua própria autonomia profissional. Com efeito, vários fatores demonstram que o jornalismo conseguiu consensualizar e universalizar social e profissionalmente um conjunto de valores: a progressiva generalização de normas de conduta profissional; a criação de princípios internacionais de boas práticas do jornalismo; a constituição de núcleos de deveres – nomeadamente relativos à informação, às fontes, ao tratamento do público, às práticas entre profissionais, à defesa da profissão –; a multiplicação de fóruns de discussão e novos instrumentos de verificação e crítica das práticas jornalísticas.

À ambiguidade da deontologia teremos ainda de juntar o que denominámos também por ambiguidade estrutural do jornalismo enquanto profissão. Essa ambiguidade tem a ver, em primeiro lugar, com a ligação do jornalismo às questões relacionadas com a liberdade de expressão e a liberdade de publicar. Este facto determinou que os homens dos jornais fossem, acima de tudo, cidadãos letrados envolvidos na vida pública e só com a industrialização da imprensa eles se transformassem em profissionais do jornalismo, encarregados de prover os leitores com a informação tida por pertinente para o seu quotidiano e o exercício da sua cidadania. Apesar disso, o jornalismo nunca foi capaz de se impor como uma profissão autónoma, detentora de um conhecimento e de uma arte próprios, a exemplo de outras profissões liberais como os médicos e os advogados.

Esta ambiguidade pode ser explicada não apenas como um problema, mas também como característica que está na raiz da definição desta profissão. D. Ruellan fala-nos de uma opacidade que tem permitido manter o jor-

---

[244] Jürgen HABERMAS, *De l'Éthique de la Discussion*, s.l., Flammarion, 1991, p. 35.

nalismo como uma profissão aberta e capaz de responder às mudanças sistemáticas de que tem sido alvo nas últimas décadas, em grande medida ditadas pela inovação tecnológica e pelas novas condições de realização do mercado dos *media*. Mas o que para alguns autores é considerado um fator de adaptabilidade do jornalismo, para outros pode ser o sintoma de um fim que se aproxima, vaticinando que os jornalistas correm o risco de se transformar em meros provedores de conteúdos.

A identificação desta ambiguidade permitiu-nos sublinhar o papel estratégico que as questões éticas e deontológicas têm para o jornalismo. Esse papel é tanto mais importante quanto estamos a falar de uma profissão sujeita a inúmeras pressões externas que põem em causa a sua autonomia e cujos procedimentos de atuação parecem resultar mais de rituais do que de um saber prático, sustentado quer teórica quer cientificamente.

A centralidade que certos valores assumem para o jornalismo, como os relacionados com o direito do público à informação, a defesa dos valores democráticos, as exigências de independência, rigor, respeito pelos direitos individuais, etc., são exemplos concretos do fluir da moral social na própria moral socioprofissional dos jornalistas. Porém, eles devem ser vistos igualmente como a possibilidade de os valores socioprofissionais influenciarem a vida social. Este talvez seja o sentido mais forte da expressão de Peter Braestrup quando referia que a ideia do jornalismo norte-americano entendido como um cão de guarda da sociedade contra o Estado se constituiu numa verdadeira «teologia pública».

Estes são exemplos concretos do fluir da moral social na própria moral socioprofissional dos jornalistas e vice-versa. Porém, na ausência de um saber próprio, o jornalismo corre o risco de sobrevalorizar a sua dimensão moral e a sua autonomia estatutária ao ponto de se fechar sobre si mesmo. Reside aqui um dos maiores riscos de subversão da autorregulação: o de transformar os ideais públicos em interesses meramente corporativos. Este aspeto torna a autonomia estatutária do jornalismo num dos seus maiores equívocos e é, talvez, o aspeto mais problemático de uma regulação do jornalismo assente exclusivamente na ideia da autossuficiência dos seus profissionais. Perceberemos, nos capítulos seguintes, a razão pela qual o Estado tem procurado manter-se afastado deste domínio. Mas considerar a regulação externa, nomeadamente do direito, como absolutamente desnecessária ou, até, ilegítima, é não apenas um equívoco como também um perigo. A este propósito escreve João Pissarra Esteves, sobre a deontologia dos jornalistas:

«O seu discurso de superfície assume a intencionalidade ética de projetar os *media* como instrumentos fundamentais da democracia – com base na sua função informativa e num conjunto de valores de referência (neutralidade, verdade, objetividade, distanciamento, etc.). Mas a grande ilusão desta ideologia está na crença de que os jornalistas, só por si e sem qualquer mudança estrutural profunda, podem condicionar decisivamente o funcionamento democrático dos *media*»[245].

---

[245] João Pissarra ESTEVES, *A Ética da Comunicação e dos* Media *Modernos – Legitimidade e poder nas sociedades complexas*, Lisboa, Gulbenkian/JNICT, 1998, p. 22.

II
Deontologia, Regulação e Autorregulação

As relações entre o direito e a deontologia desenvolvem-se no vasto campo coberto pelos fenómenos políticos e sociais de regulação e autorregulação. Por isso, uma compreensão mais profunda destes dois tipos normativos implica que os compreendamos no contexto atual dos processos regulatórios do próprio Estado nas sociedades complexas contemporâneas. Esse contexto é ele próprio reflexo das transformações verificadas, nas últimas décadas, do próprio Estado Social e do papel crescente dos grupos sociais organizados nas sociedades contemporâneas funcionalmente diferenciadas. Uma melhor compreensão desse fenómeno permitir-nos-á entender o desenvolvimento de diferentes formas de regulação partilhada entre o Estado e a sociedade civil, que o conceito de «nova governação»[246] pretende exprimir. Contudo, estas transformações não podem ser vistas como mudanças de caráter meramente administrativo. Elas podem ser, e a nosso ver são, o reflexo de transformações mais profundas que passam pelo

---

[246] O conceito de "nova governação" é apresentado por Carlos Jalali como uma alternativa ao conceito de *governance*. Em traduções de documentos europeus, *governance* surge traduzido por governança – uma expressão utilizada por Eça de Queirós em sentido depreciativo –, governância, que não consta no dicionário, ou, simplesmente, governação, com um significado menos abrangente. Por isso, há quem prefira distinguir a «boa governança» da «má governança» [Carlos JALALI, «Nova governação nova cidadania? Os cidadãos e a política em Portugal», *Revista de Estudos Politécnicos*, vol. II, nº 4, 2005, p. 34, disponível *in* URL: http://www.scielo.oces.mctes.pt/pdf/tek/n4/v2n4a03.pdf (03/07/09); Miguel Lebre de FREITAS, «Governança, crescimento e os países do alargamento» *in* URL: http://www.ieei.pt/files/Governanca_Crescimento_Alargamento_Miguel_Lebre_Freitas.pdf (03/07/2009).].

reequacionar do papel do Estado e dos cidadãos na condução das questões públicas. Do nosso ponto de vista, a autorregulação do jornalismo não pode ser entendida fora deste quadro, essencial para podermos compreender os seus problemas e limites, bem como perspetivar os novos desafios que se lhe colocam num futuro próximo.

1. Norma deontológica e norma jurídica

François Braise distingue entre códigos deontológicos «duros» e «moles»[247]. Os primeiros dizem respeito aos códigos deontológicos objeto de aprovação por parte de uma autoridade pública ou cuja existência é reconhecida legalmente. Nestes casos, estamos perante o reconhecimento da existência de uma complementaridade não problemática entre as normas deontológicas e as normas do direito. Regra geral, falamos de códigos associados – mas não de uma forma necessária – a modelos de organização corporativa mais institucionalizados, do tipo das ordens profissionais.

Caso bem diferente é o que sucede com os denominados códigos deontológicos «moles». Estes resultam de um poder contratual assumido entre os próprios interessados, que podem estar ou não associados a normas sancionatórias. Ao contrário dos outros códigos, estes últimos enquadram-se em processos de autorregulação privada e constituem-se como uma lei fraca (*soft law*[248]). A sua força é pouco mais do que persuasória, por contraposição ao caráter mais fortemente normativo dos códigos deontológicos das ordens corporativas, integrados dentro de uma moldura legal e associados a dispositivos sancionatórios pretensamente mais rigorosos. De forma geral, a distinção de códigos deontológicos duros e moles acaba por nos remeter também para a história das atividades profissionais, estando os primeiros associados a profissões mais antigas, enquanto os últimos têm a ver com processos de revalorização e busca de reconhecimento socioprofissional mais recentes.

Poderíamos representar estes processos de sedimentação através de uma imagem em que a deontologia apareceria associada à figura de um cursor, situado algures entre as normas morais e as normas jurídicas. Deste modo, poderíamos falar de uma deontologia mole quanto mais o cursor se aproximasse dos valores morais; pelo contrário, falaríamos de "dispositivos

---

[247] F. BRAIZE, «La déontologie: la morale et le droit», in J. MEYRAT (org.), *Une Déontologie Pourquoi?*, op. cit., p. 27.
[248] V. MOREIRA, *Auto-Regulação Profissional e Administração Pública*, op. cit., p, 70.

deontológicos duros" quanto mais a sua força se aproximasse das normas jurídicas, em função, também, do reconhecimento social e político de uma dada atividade profissional.

Este modelo linear de representar a deontologia face ao direito tem o inconveniente de não dar devida conta do facto de a moral, a deontologia e o direito serem sistemas normativos imbricados entre si. Para os que veem a moral e o direito como campos claramente distintos, a deontologia será sempre uma «lei fraca». Em primeiro lugar, porque, nos sistemas de autorregulação privada e independente do Estado, a deontologia tem uma força apenas persuasória. É nesse contexto que Eugene Goodwin nos fala de uma deontologia «sem dentes»[249], cuja força sancionatória é de cariz eminentemente moral. Em segundo lugar, mesmo no quadro dos sistemas de autorregulação reconhecidos publicamente e dotados de poderes sancionatórios, a deontologia pode continuar a ser vista como uma norma tutelada superiormente pela lei, nomeadamente quando as deliberações de organismos autorregulados, em matérias de caráter deontológico, são suscetíveis de recurso para decisão superior dos tribunais. Nestes casos, os tribunais apresentam-se como instância de controlo das decisões das entidades autorreguladoras[250], fazendo prevalecer as leis gerais sobre os regulamentos disciplinares.

Porém, se a sobreposição do direito relativamente à deontologia mostra que estamos perante dois sistemas diferentes, tanto do ponto de vista hierárquico como normativo, esse facto não nos deve fazer esquecer que, entre ambos, existe também um campo de interações mais complexo. Essa visão é-nos dada pela perspetiva sistémica, capaz de mostrar que a deontologia, mesmo fora do quadro dos constrangimentos jurídicos das ordens corporativas, associados às profissões mais antigas, não pode ser reduzida apenas a uma coleção de preceitos, sem qualquer tipo de força. Por isso, Braize coloca a hipótese de, em alternativa à figura do cursor, a deontologia poder ser representada, no campo profissional, como um *medium* entre a moral e o direito, mais consentânea com as interações que as práticas quotidianas põem em marcha no mundo dos valores e que a análise sistémica pretende refletir[251].

---

[249] H. E. GOODWIN, *Procura-se Ética no Jornalismo*, op. cit., pp. 30 e ss.
[250] J.-L. BERGEL, «Du concept de déontologie à sa consécration juridique», *in* J.-L. BERGEL (org.), *Droit et Déontologies Professionnelles*, op. cit., p. 7.
[251] F. BRAIZE, «La déontologie: la morale et le droit», *in* J. MEYRAT (org.), *Une Déontologie Pourquoi?*, op. cit., p. 32.

A visão da deontologia como *medium* entre a moral e o direito está também presente no pensamento de Jean-Louis Bergel. O autor salienta que, quanto mais as profissões se organizam, maior é a possibilidade de elas obterem um reconhecimento público, através de um estatuto próprio, ao mesmo tempo que os seus valores morais e códigos de conduta tendem a transformar-se em regras do direito. Para Bergel, este processo é a expressão de uma das formas de «irrupção dos valores no direito» e constitui um exemplo das possibilidades de existência de um «"encavalgamento" entre direito e moral»[252]. Esta progressiva sedimentação e integração dos valores profissionais na ordem jurídica – através do seu reconhecimento público enquanto agências capazes de se (auto)regularem – é vista como uma das formas de ultrapassar uma certa ineficácia associada aos códigos deontológicos quando entendidos como puras regras morais, através de exigências de obrigatoriedade, de controlo e de sanção mais próximas da lei[253]. Mas as relações entre o direito e a deontologia não se fazem necessariamente no sentido de uma sedimentação dos valores profissionais em leis. Quando, no capítulo anterior, fizemos referência ao processo de deontologização profissional, verificámos que esse fenómeno também afetava – no entender de alguns autores, de forma aparentemente contraditória – profissões já previamente enquadradas e reconhecidas legalmente e que buscam na adoção dos códigos deontológicos esse *supplément d'âme*[254] que, aparentemente, não encontram na lei.

A jurisprudência está cheia de casos em que se pode comprovar a existência da irrupção dos valores profissionais no direito. Como já vimos, a integração da deontologia nas regras jurídicas pode fazer-se pela transposição dos princípios deontológicos das profissões para a lei dos Estados[255]. Essa integração pode acontecer também por via da própria jurisprudência

---

[252] J.-L. BERGEL, «Du concept de déontologie à sa consécration juridique», *in* J.-L. BERGEL (org.), *Droit et Déontologies Professionnelles, op. cit.*, p. 10.

[253] *Ibid.*

[254] P. STOFFEL-MUNCK, «Déontologie et morale», *in* J.-L. BERGEL (org.), *Droit et Déontologies Professionnelles, op. cit.*, p. 69.

[255] No caso português, verifica-se que uma grande parte dos conteúdos deontológicos das profissões aparece integrada nos estatutos profissionais, com caráter legal. Veja-se, nomeadamente, o caso dos advogados (Lei nº 15/2005, de 26 de janeiro), dos arquitetos (Decreto-Lei nº 176/98, de 3 de julho), dos economistas (Decreto-Lei nº 174/98, de 27 de junho), dos engenheiros (Decreto-Lei nº 119/92, de 30 de junho), dos revisores oficiais de contas (Diário da República, 3ª série, nº 297, de 26 de dezembro de 2001), dos veterinários (Decreto-Lei 368/91 de 4 de outubro), dos jornalistas (Lei nº 64/2007, de 6 de novembro), e os princípios gerais de deontologia dos biólogos (Decreto-Lei nº 183/98 de 4 de julho). Situação diferente é a que se passa com os médicos, cuja autonomia fica, assim, bem mais vincada face à norma jurídica.

que, graças à neutralidade da regra jurídica, tem a capacidade de integrar no sistema jurídico os valores sociais ou éticos, sob a forma de «normas qualitativas e conceitos flexíveis, submetidos à apreciação dos seus destinatários, sob o controlo do intérprete e do juiz»[256]. Neste sentido, compreende-se que, por vezes, os juízes façam apelo aos organismos deontológicos, de modo a julgarem o cumprimento dos deveres associados a uma determinada prática profissional. Nestes casos, o recurso à deontologia, enquanto moral profissional, interessa ao direito, na medida em que ela «*anuncia* ou deixa esperar uma conduta exterior»[257]. Para além disso, na ausência de um quadro legislativo definido, os códigos deontológicos podem ser interpretados como práticas e procedimentos convencionais capazes de obrigar os profissionais civilmente[258].

A perspetiva sistémica de uma articulação entre o direito e a deontologia não nos deve, contudo, levar a pensar que estamos a tratar de sistemas normativos que se encaixam perfeitamente, expurgados de qualquer tipo de conflito. Contrariamente à opinião de alguns autores, segundo os quais a deontologia não pode nunca ir contra a regra do direito[259], casos há em que os códigos oferecem, em matérias específicas, uma resistência à ordem jurídica, indo ao ponto de se oporem à sua execução. O caso do segredo profissional é um exemplo disso mesmo. No caso da advocacia, em Portugal, o sigilo profissional só pode ser quebrado perante um pedido expresso de dispensa do próprio profissional à ordem, fora da competência do tribunal. Se os organismos competentes da Ordem dos Advogados recusarem essa possibilidade, o advogado fica impedido de violar esse segredo. Porém, se o permitirem, o advogado autorizado a revelar o facto ou os factos sujeitos a segredo profissional pode ainda optar por mantê-lo, «em respeito e obediência ao princípio da independência e da reserva»[260].

---

[256] J.-L. BERGEL, «Du concept de déontologie à sa consécration juridique», *in* J.-L. BERGEL (org.), *Droit et Déontologies Professionnelles*, op. cit., p. 16.
[257] Remetemos para o conceito de Gustav Radbruch, a propósito da relação de interioridade//exterioridade existente entre a ética e o direito [G. RADBRUCH, *Filosofia do Direito*, op. cit., pp. 99--100.].
[258] J.-L. BERGEL, « Du concept de déontologie à sa consécration juridique», *in* J.-L. BERGEL (org.), *Droit et Déontologies Professionnelles*, op. cit., p. 22.
[259] F. BRAIZE, «La déontologie: la morale et le droit», *in* J. MEYRAT (org.), *Une Déontologie Pourquoi?*, op. cit., p. 33.
[260] *Regulamento de Dispensa de Segredo Profissional* (Regulamento nº 94/2006 OA (2ª Série), de 25 de maio de 2006 / Ordem dos Advogados), *in* URL: http://www.oa.pt/Conteudos/Artigos/detalhe_artigo.aspx?idc=50874&idsc=50883&ida=51103 (17/06/2007)

No caso do jornalismo, o código deontológico refere que «o jornalista não deve revelar, *mesmo em juízo*, as suas fontes confidenciais de informação, nem desrespeitar os compromissos assumidos (...)»[261]. Em ambos os casos, vemos que a deontologia se apresenta como uma resistência à norma jurídica, quer no plano das normas morais da profissão quer, em última instância, no plano da ética individual do sujeito profissional. Ou seja, neste caso, a deontologia transformou o direito ao sigilo profissional – protegido constitucionalmente – num dever[262], apelando aos sujeitos profissionais para que valorizem essa dimensão normativa, independentemente das consequências que essa atitude possa ter perante a lei[263]. Como refere a este propósito Daniel Cornu, se a deontologia tem em conta a existência de normas jurídicas, ela não se limita ao respeito das leis. Por um lado, a deontologia antecipa o direito pela aplicação de forma voluntária de princípios de regulação, ou melhor, de autorregulação. Mas, por outro, a deontologia extravasa o domínio do direito e, nesse sentido, completa-o, através de uma perceção mais positiva dos deveres, que não obedecem apenas a uma lógica de respeito dos interditos e dos riscos. Como vimos, nalguns casos existe mesmo uma divergência com as regras do direito em nome de princípios éticos superiores, convidando o jornalista a assumir as consequências decorrentes desse facto. Existem, portanto, entre direito e deontologia muitos

---

[261] «Código Deontológico do Jornalista», in *Comunicação Social*, Porto, Porto Editora, 2004, p. 95 (sublinhado nosso).
[262] Alberto Arons de CARVALHO, António Monteiro CARDOSO, João Pedro FIGUEIREDO, *Direito da Comunicação Social*, Lisboa, Notícias Editorial, 2003, p. 115. No mesmo sentido vai Soledade DUARTE, «A deontologia como dimensão ética do agir», *in* URL: http://portal.oa.pt:6001/upl/%7B06f70812-f322-4f04-9f5e-aae38b381c56%7D.pdf (17/07/2007); e Maria CARLOS, «Segredo profissional do advogado – Prémio Bastonário Doutor Adelino da Palma Carlos», *in* URL: http://portal.oa.pt:6001/upl/{30b97f3e-94fe-491c-a6df-4624251f8f79}.pdf (17/07/2007).
[263] No jornalismo, esta situação ficou bem patente no conhecido caso Manso Preto, em que o jornalista foi julgado por se recusar a revelar uma fonte de informação. O exemplo mais recente deste conflito entre norma jurídica e dever deontológico foi também evidenciado na decisão do Ministério da Saúde, de novembro de 2007, de fazer uma queixa ao Ministério Público face à recusa da Ordem dos Médicos em alterar o ponto 47º do Código Deontológico, que considera a prática de aborto como uma «falha grave», contrariando a lei e a opinião da maioria dos portugueses expressa em referendo. No novo Código Deontológico, adotado em 27 de setembro de 2008, desaparece a referência direta a práticas abortivas e adota-se uma formulação mais vaga. Refere-se no art. 55º que o médico «deve guardar respeito pela vida humana desde o momento do seu início», acrescentando-se de seguida (art. 56º) que isso não é impeditivo que se adotem terapêuticas destinadas a preservar a vida da grávida.

pontos de convergência, mas não uma coincidência: «Fazer "bom jornalismo", no sentido ético, não se fica pelo simples respeito das leis»[264].

2. Deontologia: auto e heterorregulação

A compreensão mais completa desta problemática implica superar os limites da análise do binómio deontologia *vs.* lei. Isso passa por levarmos mais longe a análise sistémica preconizada atrás, perspetivando a deontologia e a norma jurídica no contexto mais vasto dos processos de regulação do Estado, nas sociedades liberais contemporâneas.

Para Guy Giroux, a autorregulação e heterorregulação definem, respetivamente, os campos da ética, da moral e da deontologia, por um lado, e da lei, por outro. Esta abordagem enfatiza a distinção entre as iniciativas de regulação elaboradas de baixo para cima – ou seja, que têm origem na sociedade civil e mais próximas de uma vontade ética e moral – e as ações regulativas exercidas de cima para baixo, que se impõem pela força da lei ou pela ameaça de intervenção do Estado[265]. Porém, a distinção rígida entre as normas que têm origem na sociedade civil e as que são emanadas pelo poder político pode levar-nos a pensar a produção legislativa fora do campo da interação social, nomeadamente do campo da moral. Para além disso, as sociedades contemporâneas desenvolveram parcerias de regulação entre o Estado e a sociedade civil, procurando concertar diferentes interesses e onde nem sempre é fácil determinar com rigor o que é a vontade do Estado ou a vontade dos cidadãos auto-organizados. Estas formas alternativas de concertação de interesses deram lugar a novas e engenhosas parcerias, onde a autorregulação corporativa e a heterorregulação do Estado são apenas alguns marcos de um sistema regulatório mais vasto. Neste contexto, não podemos conceber a autorregulação como a simples proclamação, por parte dos profissionais, de regras de deontologia. A autorregulação é entendida, nas sociedades modernas, como uma forma de permitir a aplicação das normas em contextos evolutivos e cada vez mais complexos, resultantes da recomposição das formas e dos objetivos de intervenção jurídica do direito, desenvolvidos pelo Estado Social[266].

---

[264] D. CORNU, *L'Éthique de L'Information*, *op. cit.*, p. 55.
[265] Guy GIROUX, «La demande sociale de l'éthique: autorégulation ou hétérorégulation», *in* Guy GIROUX (org.), *La Pratique de l'Éthique*, s.l., Éditions Bellarmin, 1997, p. 30.
[266] Boris LIBOIS, «Autorégulation ou démocratisation?», *Recherches en Communication* («L'Autorégulation des journalistes»), nº 9, Louvaina, 1998, p. 28.

A este respeito, Victoria Camps reconhece a existência de duas dimensões na autorregulação: uma filosófica e outra jurídica. Do ponto de vista filosófico, a autorregulação coloca-se no plano ético e evoca a questão da autonomia do sujeito, entendida esta, no sentido kantiano do termo, como a capacidade de o indivíduo se autorreger de acordo com normas ditadas pela sua consciência. A autonomia representa, assim, a condição da possibilidade do comportamento responsável e amadurecido[267]. No plano do direito, a autorregulação é objeto do tratamento político e jurídico, estabelecendo as condições e os objetivos do seu exercício. Por isso, conclui Camps, a autorregulação é «a melhor maneira de combinar a necessidade de normas com o exercício da liberdade»[268].

Neste quadro de pensamento, a deontologia não pode ser confundida com autorregulação, não obstante ser considerada «uma das suas expressões mais nobres»[269] e, por vezes, a primeira atividade autorreguladora[270]. A deontologia adquire sentido quando um grupo social organizado demonstra algum interesse em submeter a sua atividade profissional a regras de controlo ético, de responsabilização e de qualidade. No dizer de José Juan Videla Rodríguez, a deontologia, sem autorregulação, de pouco mais serve do que de argumento simbólico e retórico para distinguir aqueles que a aplicam na sua prática profissional e os que lhe são indiferentes[271]. Trata-se, na realidade, do que Maffesoli denomina por uma «esteticização da ética»[272].

---

[267] V. CAMPS, «Instituiciones, agencias y mecanismos de supervisión mediática», in Jesús CONILL SANCHO e Vicente GONZÁLEZ (coords.), *Ética de los Medios – Una apuesta por la ciudadanía audiovisual*, Barcelona, Editorial Gedisa, 2004, p. 234. Para Victoria Camps, a «(...) autorregulação e autonomia são um mesmo conceito. A autonomia consiste, literalmente, na capacidade do indivíduo em eleger as suas próprias normas. Ser autónomo não equivale, simplesmente, a ser independente ou anárquico, mas em ser consciente de que existe ou deve haver regras de conduta que o sujeito autónomo aceita e reconhece livremente» [*Op. cit.*, p. 235.].

[268] *Ibid.*

[269] Na expressão de V. MOREIRA, *Auto-Regulação Profissional e Administração Pública*, *op. cit.*, p. 70.

[270] V. CAMPS, «Instituiciones, agencias y mecanismos de supervisión mediática», in J. CONILL SANCHO, e V. GONZÁLEZ (coords.), *Ética de los Medios*, *op. cit.*, p. 239.

[271] José Juan Videla RODRÍGUEZ, *La Ética como Fundamento de la Actividade Periodística*, Madrid, Fragua, 2004, p. 185.

[272] Afirma a este propósito Maffesoli: «(...) chamo ética a uma moral "sem obrigação nem sanção"; sem qualquer outra obrigação que não seja a de agregar, de ser membro de um corpo coletivo, sem outro tipo de sanção que não seja de ser excluído, de deixar de existir interesse (*inter-esse*) que me liga ao grupo. Eis a ética da estética: o facto de sentir algo em conjunto torna-se fator de socialização» [Michel MAFFESOLI, *Aux Creux des Apparences – Pour une éthique de l'esthétique*, s.l., Plon, 1990, pp. 31-32.].

DEONTOLOGIA, REGULAÇÃO E AUTORREGULAÇÃO

Nesta linha de raciocínio, Hugo Aznar refere que a eficácia da deontologia, enquanto expressão da dimensão moral de uma atividade profissional, não vai para além daquela que deriva da persuasão e do compromisso que pode suscitar nas consciências dos indivíduos. A autorregulação, pelo contrário, assume-se pelo seu caráter institucional e coletivo, a partir do qual garante a publicidade, a continuidade e a coerência das suas normas e julgamentos. É esse caráter institucional e coletivo que permite distinguir também a autorregulação do autocontrolo. Este último diz mais respeito a situações pontuais nas quais é exercido um autodomínio da conduta individual[273]. É também nesta linha de pensamento que, sublinhando a vertente jurídica da questão, Vital Moreira afirma que «não existe autorregulação individual; a autocontenção ou autodisciplina de cada agente económico ou empresa, por motivos morais ou egoístas, não é regulação; a autorregulação envolve uma organização coletiva que estabelece e impõe aos seus membros certas regras e certa disciplina»[274]. Deste modo, a autorregulação é, no plano jurídico, uma «*regulação não estadual*»[275]. No entanto, deve ser

---

[273] H. AZNAR, *Comunicação Responsável*, op. cit., p. 15.
[274] V. MOREIRA, *Auto-Regulação Profissional e Administração Pública*, op. cit., p. 53. Esta afirmação não é, porém, pacífica e distingue-se de posições como as de Victoria Camps, que acabámos de ver. Vários autores incluem também no campo da autorregulação outras formas regulatórias adotadas individualmente pelas empresas e cujas semelhanças com os códigos de deontologia profissional não deixam de ser assinaláveis. No caso do jornalismo, se isso pode ser visto, por um lado, como uma tentativa de reforçar os princípios da deontologia profissional – incluindo-os nos contratos de trabalho e normas internas –, também pode ser interpretado, por outro lado, como uma forma de controlo das empresas sobre a autonomia dos jornalistas. Por isso, afirma McGonagle, a natureza destas formas de "autorregulação" interiorizadas pelas empresas está em parte marcada pelo ferrete da suspeita das normas negociadas e aprovadas de forma pouco ou nada participada e consensualizada [Tarlach MCGONAGLE, «La possible mise en pratique d'une idée immatérielle», *IRIS Spécial* («La Corégulation des Médias en Europe»), Estrasburgo, 2003, op. cit., p. 21.]. Acerca da «autorregulação» e do «autocontrolo» veja-se: CONFÉRENCE D'EXPERTS SUR LA POLITIQUE EUROPÉENNE RELATIVE AUX MÉDIAS, *Rapport Pour L'AG 3 de la Conférence d'Experts sur la Politique Européenne Relative aux Médias (du 9 au 11 mai 2007, à Leipzig)*, «Plus de confiance dans les contenus – Le potentiel de la corégulation et de l'autorégulation dans les médias numériques», Institut für Technikfolgen-Abschätzung, março, 2007, URL: www.leipzig-eu2007.de/fr/scripte/pull_download.asp?ID=32 (21/01/2008); e as abordagens de H. RETHIMIOTAKI, *De la Déontologie Médicale à la Bioéthique*, op. cit., pp. 38 a 43; Joäl MORET-BAILLY, «Les sources des déontologies en droit positif», in J.-L. BERGEL (org.), *Droit et Déontologies Professionnelles*, op. cit., pp. 25 a 44; e Hugo AZNAR, *Comunicação Responsável*, op. cit., nomeadamente Caps. III, IV e V.
[275] V. MOREIRA, *Auto-Regulação Profissional e Administração Pública*, op. cit., p. 54 (sublinhado do autor).

considerada uma «*forma de regulação*» e não a ausência desta: «a autorregulação é uma espécie do género regulação»[276], sublinha Vital Moreira.

Por seu lado, Boris Libois afirma que a autorregulação – enquanto componente do sistema jurídico, seja ela de índole profissional, organizacional ou setorial – é uma vertente do direito reflexivo[277], sendo a outra vertente composta pela regulação exercida pela «polícia administrativa» que, em matéria de comunicação mediática, se materializa, nomeadamente, em ins-

---

[276] *Op. cit.*, p. 53 (sublinhado do autor).

[277] A noção de direito reflexivo é um conceito que resulta da incorporação dos pressupostos da teoria autopoiética dos sistemas biológicos, elaborada pelos cientistas chilenos Humberto Maturana e Francisco Varela, na teoria social de Niklas Luhmann e, desta, para o direito, através dos trabalhos de Gunther Teubner. Para Maturama e Varela, a autopoiésis expressa a capacidade de os sistemas biológicos operarem internamente, de modo a se auto-organizarem e se autoproduzirem de forma autónoma, autorreferencial, a partir dos elementos que formam esse mesmo sistema biológico. Niklas Luhmann recuperou o conceito de autopoiésis para pensar a sociedade como um vasto sistema comunicativo autocentrado. Luhmann concebe a sociedade como um sistema autopoiético de comunicação funcionalmente diferenciado, composto por subsistemas (ou sistemas autopoiéticos de segundo grau) entre os quais se encontra o direito. Gunter Teubner retomou o conceito de autopoiésis retirando-lhe alguns aspetos teóricos considerados demasiado rígidos [Gunther TEUBNER, *O Direito como Sistema Autopoiético*, Lisboa, Fundação Calouste Gulbenkian, 1993, p. 153.]. A partir do conceito de reflexividade, Teubner pensa o direito como um sistema autorreferencial, capaz de se autoproduzir a partir de «elementos típico-normativos e teorias doutrinais», mas que se mantém recetivo a interferências externas, provenientes da envolvente social: «tornando-se "reflexivo", no sentido de que orienta as respetivas normas e processos em função dessa situação social, o direito aumenta a sua eficácia regulatória; todavia, e mau grado toda a "reflexividade" possível, o direito mantém-se um sistema autopoiético operando num universo de sistemas autopoiéticos fechados, sendo por isso impossível pensar em romper com esta clausura» [*Op. cit.*, pp. 195-196.]. Esse fechamento não significa, pois, a exclusão completa da influência exterior. Porém, a influência externa só acontece quando ela é percebida como uma externalidade pertinente, tematizável pelo próprio sistema comunicativo, passando, desse modo, a fazer parte do próprio processo de autoprodução do sistema. Assim, as normas extra-jurídicas (sociais, éticas, técnicas, etc.) só adquirem validade para o direito a partir do momento em que são percebidas como pertinentes ao subsistema jurídico. O mesmo acontece relativamente à influência do direito face aos outros subsistemas sociais. Deste modo, por exemplo, a crise do moderno direito regulatório pode ser vista como a expressão da resistência dos diferentes subsistemas autopoiéticos a formas de regulação direta externa [*op. cit.*, pp. 153 e 154.]. Com o conceito de reflexividade, Teubner procura também ultrapassar os impasses entre as teorias analítico-formalistas, que veem o direito como uma teoria pura, centrada na sua exclusiva positividade, e as teorias sociológicas que tendem a reduzi-lo às relações de força registadas no interior de uma sociedade [A este propósito ver ainda José Engrácia ANTUNES, «Prefácio», *in* G. TEUBNER, *O Direito como Sistema Autopoiético, op. cit.*, pp. I a XXXII; e Marcelo Pereira de MELLO, «A perspetiva sistémica na sociologia do direito», *Tempo Social*, São Paulo, vol, 18, nº 1, junho, 2006, pp. 351-373, *in* URL: http://www.scielo.br/pdf/ts/v18n1/30021.pdf (10/09/2009).

tâncias autónomas de regulação. Segundo ainda Libois, ambas as vertentes se inscrevem numa política geral de proteção do público, correspondendo a autorregulação a uma visão interna das profissões e dos grupos de interesse organizados sobre o direito reflexivo, pelo que ela deve ser entendida de forma «indissociável das formas de direito desenvolvidas pelo Estado Social»[278].

3. Autorregulação no contexto regulatório do Estado e da UE

As iniciativas de elaboração dos códigos e das normas de conduta profissional participam, pois, no contexto legal e jurídico de uma determinada sociedade. No caso do jornalismo, os valores profissionais integram-se num contexto normativo onde intervêm, nomeadamente, o Direito Internacional, o Direito Constitucional, o Direito Interno dos Estados e, dentro deste último, o Direito Administrativo, o Direito Penal e o Direito Civil[279].

Para além disso, as profissões estão enquadradas pelo próprio direito e integradas num contexto regulatório mais vasto, muito embora a presença do direito nas profissões não se verifique de forma nem constante nem uniforme. François Braize distingue três formas diferentes de impregnação das profissões pelo direito: quando a elas se aplicam as normas jurídicas gerais (direito geral, direito do comércio, direito do trabalho); quando estão sujeitas a regras particulares, derrogatórias ou específicas em relação às normas jurídicas gerais em vigor (função pública, profissões objeto de uma regulamentação própria, títulos profissionais protegidos, etc.); e quando as profissões se organizaram num regime de autonomia, assente num sistema jurídico reconhecido publicamente, como no caso das ordens profissionais[280].

Longe de poder ser vista apenas como o resquício de formas arcaicas corporativistas, a autorregulação profissional é, nas palavras de Vital Moreira, «a resposta comum a problemas comuns dos Estados administrativos e reguladores dos nossos dias»[281]. A autorregulação integra-se no quadro da decisão do Estado em desestatizar ou privatizar a regulação. Mas estes fenómenos não significam que estejamos perante uma desregulação pública.

---

[278] B. LIBOIS, «Autorégulation ou démocratisation?», *Recherches en Communication, op. cit.*, pp. 26 e 26.
[279] A. A. CARVALHO, A. M. CARDOSO, J. P. FIGUEIREDO, *Direito da Comunicação Social, op. cit*, Cap. II; e CORNU, Daniel, *Éthique de l'Information, op. cit.*, pp. 53-54.
[280] F. BRAIZE, «La déontologie: la morale et le droit», *in* J. MEYRAT (org.), *Une Déontologie Pourquoi?, op. cit.*, p. 21.
[281] V. MOREIRA, *Auto-Regulação Profissional e Administração Pública, op. cit*, p. 389.

Essa só se verifica «quando o Estado se desonera de tarefas de regulação sem sequer guardar uma função de supervisão da regulação levada a cabo por uma organização profissional»[282].

Para Vital Moreira, o Estado encontrou nestas formas de regulação a resposta para os desafios resultantes da intervenção crescente na economia, para resolver os problemas económicos da crise do modelo liberal, que se vinham manifestando desde o final do séc. XIX.

> «O paradigma clássico (...) assentava na regulação automática da economia mediante a concorrência no mercado. Nem o Estado deveria intervir nem ele deveria consentir formas de regulação por intermédio de grupos organizados. A proibição de associações profissionais era uma garantia desse modelo. O conceito de autorregulação coletiva da economia era uma dupla heresia: porque era regulação e porque implicava a associação, um corpo intermédio entre o Estado e a economia. O conceito de autorregulação coletiva da economia ia precisar de duas modificações essenciais: a admissão da regulação económica e a admissão da organização profissional»[283]

A I Guerra Mundial e a crise económica de 1929 consagraram definitivamente o modelo de intervenção do Estado, dando início a um «capitalismo organizado», em alternativa ao colapso do modelo liberal da economia capaz de se autorregular por si[284]. Porém, ao lado da administração económica do Estado, perfila-se «*uma administração "corporativa" da economia e das profissões*[285]». Este fenómeno explicará o incremento, nos anos vinte e trinta do século passado, do papel das associações profissionais em matérias de regulação e disciplina profissional, reforçando uma tradição que, em alguns casos, vinha já do séc. XIX[286].

Curiosamente, este fenómeno só em parte foi estancado com as orientações privatizadoras e liberalizadoras a que assistimos a partir dos anos oitenta, nomeadamente nos Estados Unidos e na Europa. A "desregulação" a que se assistiu a partir desta altura é marcada pelo aligeiramento ou mesmo a eliminação do controlo público sobre determinadas empresas e setores da economia. Mas ela não implicou uma diminuição da regulação

---

[282] *Op. cit.*, p. 77.
[283] *Op. cit.*, p. 182.
[284] *Op. cit.*, pp. 21 a 28.
[285] *Op. cit.*, p. 28 (sublinhado do autor).
[286] *Ibid.*

em si: simplesmente, mudou de áreas e assumiu outras formas[287]. Para além disso, a desregulação afetou sobretudo a área económica, sem, de forma geral, atingir a regulação social – onde se inseria a regulação socioprofissional. De resto, a saída do Estado de vários setores da vida económica acabou por implicar novas formas de regulação, em outros domínios, como a defesa dos consumidores e a proteção do ambiente. Este processo foi ainda acompanhado por transformações no próprio modelo ideológico de organização da administração pública, orientada por objetivos de gestão e de mercado.

No seu conjunto, as transformações que se verificaram no campo administrativo parecem ser, também, a resposta dos centros de decisão a fenómenos como a globalização, as exigências de participação dos grupos sociais organizados e à complexificação económica, ética e técnica[288], em que os governos deixaram de ter capacidade de se apresentarem como únicos decisores possíveis e, até, legítimos.

3.1. Nova governação e «capitalismo auto-organizado»

As transformações a que acabámos de nos referir podem ser entendidas através da noção geral, já aqui evocada, de nova governação (*governance*). De acordo com Hans Kleinsteuber, o conceito de nova governação desenvolve-se, nos anos 80, para descrever boas práticas empresariais, no sentido de incentivar um melhor relacionamento com o público e promover formas de decisão mais transparentes. O termo foi posteriormente introduzido na análise das relações internacionais, passando a referir-se a modalidades mais complexas de tomada de decisão capazes de, na ausência de um governo global, envolver governos nacionais, organizações globais (Nações Unidas), organizações não-governamentais e outras expressões da sociedade civil que, desde 1990, estão cada vez mais presentes em encontros de natureza global, em áreas como o ambiente, direitos das mulheres, saúde, etc.[289]. Apesar dos diferentes sentidos que o conceito acabou por adquirir, Kleinsteuber sublinha o facto de governança ser, de forma geral, um termo «sociopolítico» destinado a descrever diferentes formas de interação e de governo entre o Estado e a sociedade civil.

---

[287] *Op. cit.*, p. 43.
[288] José Esteve Pardo distingue estes três domínios por eles terem dado origem a formas específicas de autorregulação [José Esteve PARDO, *Autorregulación – Génesis y efectos*, Navarra, Editorial Aranzadi, 2002 p. 30].
[289] Hans KLEINSTEUBER, «The Internet between regulation and governance», *Media Freedom Internet Cookbook*, Viena, OSCE, 2004, p. 68, *in* URL: http://www.osce.org/publications/rfm/2004/12/12239_89_en.pdf (10/08/2009).

Para Leo Kisseler e Francisco Heidemann, a noção de «governança pública» (*public governance*) surge como um conceito chave para refletir «uma nova geração de reformas administrativas e de Estado, que têm como objeto a ação conjunta levada a efeito de forma eficaz, transparente e compartilhada, pelo Estado, pelas empresas e pela sociedade civil», visando soluções inovadoras para os problemas sociais[290].

Referindo-se ao caso alemão, Kisseler e Heidemann consideram que esta noção de nova governação começou por se apresentar como uma resposta à administração pública gerencial (*new public management*), que corresponde ao modelo ideológico do Estado em que as administrações se tornaram mais empresariais, menos onerosas e, em geral, mais eficientes. Porém, na prática, este modelo ficou marcado por medidas de redução de postos de trabalho na administração pública, em detrimento de efetivas melhorias no que diz respeito ao serviço prestado aos cidadãos[291]. A procura de novas formas de governação surge, neste contexto, como uma resposta às insuficiências da administração pública gerencial. Todavia, ela acabou por representar algo mais do que uma correção destinada a minorar os problemas suscitados pela reforma administrativa do Estado. Com efeito, a nova governação passou a denominar o conjunto de medidas visando ajustar a administração pública aos desafios da governabilidade das sociedades complexas e da economia globalizada, superar a crise orçamental das organizações públicas, dar conta dos novos valores emergentes nas sociedades modernas e responder às novas expectativas dos cidadãos por um Estado eficiente, a partir das novas possibilidades de participação e envolvimento dos cidadãos[292]. Neste sentido, estamos perante um conceito destinado a descrever também todo o espectro regulatório resultante de formas de cooperação entre a sociedade civil organizada e o Estado.

---

[290] A partir de uma citação de Löffer, *apud*, Leo KISSELER e Francisco HEIDEMANN, «Governança pública: novo modelo regulatório para as relações entre Estado, mercado e sociedade?», *Revista da Administração Pública*, 40 (3) Rio de Janeiro, maio/junho 2006, p. 481-482. O Livro Branco sobre a Governança Europeia tem uma definição bem mais "conservadora": « "Governança" designa o conjunto de regras, processos e práticas que dizem respeito à qualidade do exercício do poder a nível europeu, essencialmente no que se refere à responsabilidade, transparência, coerência, eficiência e eficácia» [COMISSÃO DAS COMUNIDADES EUROPEIAS, *Governança Europeia – Um livro branco* [COM (2001) 428 final], Bruxelas, Comissão Europeia, 2001, p. 8, *in* URL: http://eur-lex.europa.eu/LexUriServ/site/pt/com/2001/com2001_0428pt01.pdf (28-01-2008).].

[291] Leo KISSELER e Francisco HEIDEMANN, «Governança pública: novo modelo regulatório para as relações entre Estado, mercado e sociedade?», *Revista da Administração Pública, op. cit.*, pp. 478-480.

[292] *Op. cit.* p. 481.

Para Kisseler e Heidemann, estamos perante a tentativa de caracterização de novas formas de governação que resultam das transformações de um Estado prestador de serviços e produtor do bem público, para um Estado que serve de garantia à produção desse bem público; de um Estado ativo, provedor único de bem público, para um Estado que aciona e coordena outros atores e os convida a (co)produzir com ele; de um Estado dirigente para um Estado cooperante. Enfim, trata-se de um compromisso entre, por um lado, o Estado entendido como o único protetor do bem comum e, por outro, o modelo radical do mercado.

Neste contexto, compete ao Estado assegurar os serviços considerados de alta relevância estratégica e alta especificidade de recursos, enquanto as áreas de pouca relevância estratégica e pouca especificidade de recursos são atribuídas às empresas privadas. As discussões em torno do novo modelo de governação abrangeriam, deste modo, sobretudo as áreas consideradas de alta relevância estratégica e baixa especificidade (ciência, educação) ou de baixa relevância estratégica e elevada especificidade de recursos[293], em que o Estado pode surgir como coprodutor do bem público, em parceria com outros setores da sociedade, ainda que permaneça como o seu responsável e garante último[294].

O processo descrito por Kisseler e Heidemann pode ser compreendido no quadro das transformações mais vastas do Estado na sua atual fase de modernização reflexiva, de acordo com o pensamento de Ulrich Beck[295].

---

[293] Do nosso ponto de vista, as noções de «relevância estratégica» e «especificidade de recursos» não devem ser entendidas de forma estática. Daí que, o que pode ser considerado de alta relevância estratégica num determinado período histórico possa deixar de o ser mais tarde, o mesmo acontecendo com a noção de especificidade de recursos. Assim entendidos, estes conceitos ajudam-nos a compreender também a noção de modernidade reflexiva que veremos já a seguir.

[294] L. KISSELER e F. HEIDEMANN, «Governança pública: novo modelo regulatório para as relações entre Estado, mercado e sociedade?», *Revista da Administração Pública*, op. cit., p. 484.

[295] Para Ulrich Beck, a modernização reflexiva caracteriza as transformações das sociedades modernas, ao ponto de pôr em causa os seus próprios fundamentos. Trata-se de uma «*modernização da modernização*» ou uma «*radicalização da modernidade*». Apesar de este processo evocar o próprio processo de transformação das sociedades capitalistas prevista pelo marxismo, U. Beck salienta que elas têm um caráter bem diferenciado: não são o resultado da crise capitalista, mas da sua vitória; a dissolução dos contornos da sociedade industrial não se faz pela luta de classes mas pelo próprio processo de «*modernização avançada*»; a constelação que está a emergir destas transformações nada tem a ver com as utopias da sociedade capitalista; nem resulta de processos revolucionários, mas antes de um processo que se insinua através do próprio dinamismo industrial, dando origem «a uma nova sociedade, que escapa aos debates políticos e às decisões parlamentares e governamentais» [Ulrich BECK, «A reinvenção da política – Rumo a uma teoria da modernização reflexiva»,

No modelo de modernização reflexiva de Beck, o Estado tende a deixar entregue os aspetos relacionados com a negociação dos interesses sociais aos fenómenos de auto-organização dos cidadãos. Em contrapartida, ele concentra-se nas áreas essenciais de «controlo do contexto» em que decorrem essas relações da sociedade auto-organizada, reservando para si o papel de garante das questões consideradas não negociáveis, tais como os direitos fundamentais dos cidadãos. Segundo ainda Beck, estas transformações não dizem apenas respeito à redefinição das áreas governamentais de responsabilidade, mas podem significar algo mais profundo relacionado com a transformação da natureza das funções do Estado e de algumas das suas instituições, resultantes da «desocupação política», em áreas consideradas até aqui da sua "eterna" jurisdição[296]. O «capitalismo organizado», do início do séc. XX, de que nos falava atrás Vital Moreira, parece dar agora lugar a um «capitalismo auto-organizado», onde as profissões altamente qualificadas se apresentam como as guardiãs de «uma certa forma de subpolítica normalizada»[297]. Mas a sua natureza é substancialmente diferente do modelo capitalista de autorregulação pelo mercado, anterior às crises económicas do final do séc. XIX e à Grande Depressão, no século passado. Como afirma Beck:

> «Nem o *laisser-faire* de um Estado vigilante, nem o autoritarismo da planificação generalizada de um Estado intervencionista são apropriadas para as necessidades operacionais de uma sociedade moderna altamente diferenciada... O objetivo é a construção de realidades nas quais as construções de realidades de outros sistemas tenham alguma liberdade de ação».[298]

Deste modo, retomando Kisseler e Heidemann, podemos estar perante algo de novo: um terceiro setor que se acrescenta aos setores público e privado da economia. Enquanto o setor público obedece a uma lógica hierárquica e o setor privado, do mercado, à lógica da concorrência, a nova governação assenta num modelo de comunicação e de confiança[299]. Segundo ainda os autores, o conceito de «governança pública», de acordo com a sua

---

in Ulrich BECK, Anthony GIDDENS, Scott LASCH, *Modernização Reflexiva – Política, tradição e estética no mundo moderno*, Oeiras, Celta, 2000, pp. 2 a 4.].
[296] *Op. cit.*, p. 40.
[297] *Op. cit.*, p. 47.
[298] *Op. cit.*, p. 41.
[299] L. KISSELER e F. HEIDEMANN, «Governança pública: novo modelo regulatório para as relações entre Estado, mercado e sociedade?», *Revista da Administração Pública, op. cit.*, p. 486.

terminologia, assenta em formas de aliança e de construção de redes sociais que podem ser entendidas como um *novo modelo político*, situado entre os extremos da regulação político-administrativa autónoma e a autorregulação pura do mercado[300]. Porém, os princípios gerais que orientam este modelo continuam a responder aos objetivos de uma *economização* ou *mercadorização* do setor público[301].

Não obstante esse facto, Keisseler e Heidemann consideram que esta nova governação pública poderia representar o terceiro pilar da democracia comunitária, ao lado da democracia representativa e da democracia direta, sendo o seu fundamento a cooperação por intermédio de alianças e redes políticas[302], apelando a um reinvestimento na cidadania[303]. No entanto, devido aos problemas resultantes da capacidade de gestão e de financiamento, deve questionar-se se a possibilidade de essa nova governação pública ser suficiente para fundar uma nova forma de exercício de «"poder do povo" pela cooperação». Essa forma de exercício de poder deveria corresponder à de uma *polis* na qual os cidadãos, em conjunto, se preocupariam com a *res publica* e velariam pelo bom nome das suas organizações, «no sentido de entidades que cuidam do que é público e do que o público significa»[304].

Como refere Jalali, estamos já a falar de uma «terceira vaga da democracia», em que o debate deixa de ser sobre os *«méritos da democracia liberal»* para se centrar na questão da *«qualidade da democracia»*, que envolve não só as estruturas sociais, mas também a participação dos cidadãos no exercício dos seus direitos[305].

---

[300] *Op. cit.* p. 492.
[301] *Op. cit.* p. 486.
[302] *Op. cit.* p. 497.
[303] Para Carlos Jalali, «a nova governação implica portanto o crescente envolvimento de mais agentes no processo de governação, desde entidades estatais ou para-estatais ao terceiro setor e organizações não-governamentais, num processo cada vez mais aberto e participativo» [C. JALALI, «Nova Governação nova cidadania? Os cidadãos e a política em Portugal», *Revista de Estudos Politécnicos, op. cit.*, p. 35.].
[304] L. KISSELER E F. HEIDEMANN, «Governança pública: novo modelo regulatório para as relações entre Estado, mercado e sociedade?», *Revista da Administração Pública, op. cit.*, p. 498.
[305] C. JALALI, «Nova Governação nova cidadania? Os cidadãos e a política em Portugal», *Revista de Estudos Politécnicos, op. cit.*, p. 36 (sublinhado do autor). Segundo o autor, este alto nível de exigência democrática contrasta com a situação portuguesa onde se registam índices reduzidos em termos de participação associada e de automobilização política. Este padrão de comportamento encaixa com os estados de desafeição e de descontentamento que levam muitos cidadãos a optarem não só pela «saída» em termos da sua participação política, como e pela «"negligência"», assumindo atitudes de passividade e inação [*Ibid.*].

3.2. Nova governação no contexto Europeu

Na União Europeia, o Tratado de Maastricht, no plano social, seguido, de uma forma mais geral, pelo *Livro Branco Sobre a Governança Europeia*, de 2001, e, finalmente, pelo acordo interinstitucional «Melhor Legislar», de dezembro de 2003, procuraram dar um novo enquadramento aos mecanismos de auto e de corregulação. O princípio seguido foi o de reconhecer formalmente esses modos de organização como instrumentos reguladores e como uma forma de fazer participar os parceiros sociais na construção do mercado único europeu[306]. No entanto, o âmbito de intervenção de tais mecanismos não é estritamente económico. Na realidade, estamos perante formas de organização social aplicáveis, ao nível político e social, a um modelo de construção da União Europeia, que se pretende mais participado.

Mesmo considerando que a regulamentação é um dos principais instrumentos de aplicação das políticas públicas, o relatório final do Grupo Mandelkern[307], de 2001, refere que esse não é nem o único, nem, necessariamente, o melhor instrumento de resolução de problemas[308]. Por seu lado, o Relatório de Informação do Conselho Económico e Social referia, em 2005, que os mecanismos de auto e corregulação têm já provas dadas em domínios como a definição de normas técnicas e regras profissionais, bem como nas áreas do diálogo social, serviços, consumo e ambiente[309]. Sessenta por cento das associações profissionais que integraram um estudo realizado no âmbito deste relatório disseram estar envolvidas em iniciativas de auto ou de corregulação, enquanto mais de metade de quarenta por cento de associações restantes afirmaram a sua intenção de se envolverem em projetos e ações deste tipo[310].

---

[306] COMITÉ ÉCONOMIQUE ET SOCIAL, *Les Cahiers du Comité Économique et Social Européen* («L'état actuel de la corégulation et l'autorégulation dans le marché unique»), Bruxelas, março, 2005, p. 7, disponível em URL: http://www.eesc.europa.eu/smo/publications/2018_Cahier_FR_OMU_def.pdf (28/01/2008).

[307] O Grupo Mandelkern foi instituído, a 7 de novembro de 2000, pelos ministros dos países da União Europeia encarregados das pastas da administração pública, em aplicação de uma das resoluções do Conselho Europeu de Lisboa. A melhoria da qualidade regulamentar na União Europeia foi considerada como uma das condições para a realização dos objetivos de criação da economia do conhecimento mais competitiva e dinâmica do mundo [*Groupe Consultatif de Haut Niveau Sur la Qualité de la Réglementation, Présidé par Monsieur Mandelkern – Rapport final*, 13 novembro, 2001, in URL: http://reglus.free.fr/mandelkern(f).pdf (29/12/2007).

[308] *Op. cit.*, p. 15.

[309] Bruno VEVER, «Préface», *in* COMITÉ ÉCONOMIQUE ET SOCIAL, *Les Cahiers du Comité Économique et Social Européen, op. cit.*, p. 5.

[310] *Ibid.*

Refira-se, finalmente, que o modelo político de organização da União Europeia é, ele próprio, exemplo da complexificação dos sistemas sociais e políticos, de que falámos atrás, e da necessidade de recorrer a diferentes formas de cooperação entre o Estado e os grupos socialmente organizados, para responder aos desafios colocados pela articulação entre os diversos centros de decisão, quer ao nível vertical (local, regional, autonómico, federal, nacional, europeu, internacional), quer horizontal, da sociedade organizada.

3.3. Variações da escala regulatória

Até aqui procurámos compreender a regulação e a autorregulação como uma escala regulatória no contexto político e administrativo das democracias liberais e das denominadas sociedades complexas contemporâneas. Isto não nos dispensa, no entanto, de tentar perceber em detalhe algumas dessas variantes. A este propósito, Carmen Palzer distingue regulação, autorregulamentação, corregulação, autorregulação e autocontrolo[311]. A regulação diz respeito ao sistema regulamentar clássico, em que o Estado surge como o principal responsável pela fixação da legislação e dos regulamentos, com vista a alcançar os objetivos pretendidos pelas políticas públicas, cabendo-lhe ainda vigiar pelo seu respeito, através da aplicação e imposição de sanções. Acerca dos sistemas regulados de acordo com estes princípios diz-se também que são objeto de uma heterorregulação, por oposição à autorregulação.

A autorregulação, pelo contrário, define os sistemas de regulação voluntária da iniciativa de grupos privados que estabelecem as regras que deverão reger o seu próprio comportamento e, ao mesmo tempo, se responsabilizam pelos mecanismos visando a sua aplicação, respeito e sancionamento. No termos da definição de Pierre van Ommeslache, dois elementos intervêm na definição da autorregulação: «a ideia de *"regulação"*, isto é, a *definição de uma norma* e *a elaboração desta norma por parte dos seus próprios destinatários* que, por consequência, aderem a ela antecipadamente»[312]. Entre essas

---

[311] As definições que se seguem procuram fazer a síntese dos textos de Carmen PALMER, «Conditions de mise en oeuvre de cadres corégulateurs en Europe» e «L'opposition entre autosurveillance, autorégulation et corégulation», *IRIS Spécial* («La Corégulation de Médias en Europe»), Estrasburgo, Observatoire Européen de L'Audiovisuel, 2003, respetivamente pp. 3-4 e pp. 31 a 33; e AAVV, *Rapport Pour L'AG 3 de la Conférence d'Experts sur la Politique Européenne Relative aux Médias (du 9 au 11 mai 2007, à Leipzig)*, op. cit. pp. 29 e ss.

[312] Pierre VAN OMMESLACHE, «L'autorégulation», in AAVV, *L'Autorégulation*, Bruxelas, Bruylant, 1995, pp. 238-239.

regras, encontramos as normas técnicas e de qualidade, os códigos deontológicos e de conduta. Segundo Palzer, tratando-se de um mecanismo autorregulador, de natureza privada, sem intervenção do Estado, as sanções são as que derivam do próprio direito civil, referente aos estatutos das associações. Neste sentido, as sanções mais graves não podem ir além da aplicação de penalizações financeiras ou da exclusão da associação. No entanto, a eficácia dos modelos de autorregulação repousa também na eficácia das suas sanções. No entender de McGonagle, isso «pressupõe necessariamente a existência de um modelo de autorregulação bem organizado, coerente e funcionando corretamente»[313].

A autorregulação distingue-se da autorregulamentação[314] ou do autocontrolo. Estes dois últimos conceitos referem-se aos sistemas que se limitam a verificar a boa aplicação de regras dadas à partida e elaboradas pelo Estado. Por vezes, alguns sistemas de autorregulação dizem-se também de autocontrolo. Porém, Palzer defende que os termos devem ser distinguidos, uma vez que a autorregulação resulta de um modelo posto em prática por privados, enquanto o autocontrolo diz respeito a um modelo regulamentar determinado pelo Estado e imposto a privados para sua autoaplicação.

Por seu lado, a corregulação representa formas de cooperação entre, por um lado, elementos de autorregulação e autocontrolo e, por outro lado, a regulação tradicional realizada pelos poderes públicos, que se juntam num sistema regulatório autónomo. De acordo ainda com a definição de Palzer, o tipo de combinação existente entre poderes públicos e privados dá origem a vários modelos de corregulação: desde sistemas que são determinados pelo Estado, integrando domínios de incumbência dos poderes públicos – por exemplo a proteção de menores –, até à transposição para a legislação dos regulamentos assumidos pelas entidades privadas, reforçando, deste modo, o seu caráter legal e obrigatório. Segundo refere Tarlach McGonagle, nestes casos, o essencial é saber se a participação do Estado é direta, quase-direta ou indireta[315].

---

[313] T. MCGONAGLE, « La possible mise en pratique d'une idée immatérielle», *IRIS Spécial, op. cit.*, p. 20.
[314] O termo autorregulamentação surge em Vital Moreira associado aos instrumentos de autorregulação. A autorregulamentação caracterizaria, assim, a faculdade normativa das entidades detentoras do poder de autorregulação. Os outros instrumentos de autorregulação são a autoexecução e a autodisciplina [V. MOREIRA, *Auto-Regulação Profissional e Administração Pública, op. cit*, pp. 69-81.].
[315] T. MCGONAGLE, «La possible mise en pratique d'une idée immatérielle», *IRIS Spécial, op. cit.*, p. 15. V. Moreira distingue, a este propósito, três graus de regulação: fraca, média e forte. Para mais detalhes, ver V. MOREIRA, *Auto-Regulação Profissional e Administração Pública, op. cit*, p. 40.

Para além disso, é necessário ter em conta que a corregulação nem sempre exprime o mesmo tipo de políticas por parte dos governos. Se ela pode ser entendida como uma abordagem súbtil da regulação característica do liberalismo económico, adotado por inúmeros governos europeus, a corregulação pode também ser interpretada como uma primeira etapa com vista a uma desregulação mais radical, ou ainda como uma estratégia dissimulada de o Estado continuar a exercer, por outros meios, o controlo de determinados setores. Não é, pois, possível compreender o sentido da corregulação fora do quadro geral da situação política e cultural de determinado Estado[316]. Em qualquer caso, o conceito de corregulação permanece ao abrigo do direito geral, dando origem a uma «autorregulação regulada»[317].

Vital Moreira estabelece a autorregulação numa escala regulatória que vai desde a autodisciplina individual até à pura regulação, da esfera exclusiva do Estado. Como já vimos, para Vital Moreira, a autodisciplina, que diz respeito, por exemplo, às normas formuladas, aplicadas e feitas respeitar pelas empresas, não se integra no conceito de autorregulação. Do mesmo modo, a regulação pura diz respeito aos sistemas em que o Estado monopoliza o estabelecimento, aplicação e execução das normas e que, por esse motivo, também sai fora do domínio da autorregulação[318]. Entre estes dois pólos, situam-se as diferentes modalidades: desde a autorregulação pura, onde a formulação e implementação das normas reguladoras estão nas mãos das profissões, sem qualquer interferência ou enquadramento legal; à autorregulação cooptada, em parceria com o Estado e outros organismos implicados (consumidores, por exemplo); à autorregulação negociada, que resulta de um processo de concertação e negociação com o Governo, ficando a sua aplicação dependente dos organismos profissionais; e, finalmente, à autorregulação imposta ou delegada, em que uma profissão é obri-

---

[316] T. MCGONAGLE, «La possible mise en pratique d'une idée immatérielle», *IRIS Spécial, op. cit.*, p. 20.

[317] Alexander SCHEUER e Peter STROTHMANN, «La surveillance des médias à l'aube du XXI siècle: Quelles doivent être les obligations d'une régulation en matière de radiodiffusion, de télécommunications e de concentrations?», *IRIS PLUS*, Estrasburgo, Observatoire Européen de L'Audiovisuel, 2002, p. 2, *in* URL: http://www.obs.coe.int/oea publ/iris/iris_plus/iplus8_2001.pdf.fr (12/12/2007).

[318] Para Vital Moreira, entram no domínio da regulação pura o Governo (Ministérios e departamentos governamentais das áreas económicas); os organismos reguladores relativamente dependentes, do tipo dos nossos institutos públicos; e os organismos reguladores independentes, do género Entidade Reguladora da Comunicação Social [V. MOREIRA, *Auto-Regulação Profissional e Administração Pública*, *op. cit*, p. 49.].

gada pelo Estado a estabelecer, aplicar e executar as normas pelas quais se deverá reger[319].

As instâncias de autorregulação são, assim, dotadas de autonomias diferentes. Essa autonomia depende de vários fatores, tais como: se a iniciativa de autorregulação parte do Estado ou dos interessados; se a instância autorreguladora é reconhecida e regulada pelo Estado ou se resulta da pura autonomia dos interessados; se o organismo de autorregulação pode ou não modificar a forma de organização e funcionamento; se se governa livremente ou se o Estado intervém na designação dos titulares; se as suas linhas de orientação e de ação são definidas livremente ou se estão dependentes das orientações ou instruções do governo; se as suas decisões são vinculativas ou carecem de autorização ou confirmação estadual; se as suas atividades dependem de receitas próprias ou do Estado; se tem ou não competências sancionatórias; se as suas decisões são ou não objeto de recurso perante o governo[320].

3.4. Objetivos e limites da autorregulação

Ao permitir formas alternativas à regulação pura, o Estado procura evitar uma sobrecarga nos domínios político, administrativo e financeiro, bem como aumentar a eficácia da regulação, tendo por base a aceitabilidade e a adesão dos próprios regulados. Para além disso, a autorregulação responde de forma mais flexível e adequada às mudanças de circunstâncias e permite o distanciamento e preservação da legitimidade do Estado, apostando na autodisciplina como forma de reduzir a conflitualidade social e travar a tendência da excessiva jurisdicionalização da vida pública. Finalmente, a autorregulação é entendida como a melhor forma de responder às necessidades reguladoras inerentes à crescente diferenciação e complexidade das esferas reguladas e, em certas situações, é mesmo a única forma de conseguir regular algumas áreas onde a cooperação dos regulados é essencial, tendo em conta o conhecimento que detêm desse domínio de atividade[321].

Do ponto de vista das organizações profissionais, a autorregulação permite-lhes evitar níveis mais intensos de regulação e eventualmente mais lesivos da liberdade e autonomia, aumentar o *status* e o poder de influência na sociedade, cativar associados e os meios financeiros da associação profissional, fomentar a responsabilidade social da profissão, credibilizar os pro-

---

[319] *Op. cit.*, p. 79.
[320] *Op. cit.*, pp. 55-56.
[321] *Op. cit.*, p. 92.

fissionais perante o público e, consequentemente, promover a atividade económica e profissional[322].

Em contrapartida, ela comporta os riscos de perverter os objetivos preconizados pelas políticas públicas de interesse geral, transformando-se em sistema de defesa dos privilégios profissionais e corporativos.

Outro aspeto objeto de crítica tem a ver com os perigos inerentes ao facto de a autorregulação poder ser uma fonte de desresponsabilização profissional, nomeadamente quando nos deparamos com mecanismos sancionatórios frágeis e pouco independentes.

De forma geral, o interesse dos consumidores pode sair prejudicado sempre que a autorregulação tende a desenvolver-se como um sistema demasiado fechado, limitando a concorrência e aumentando as barreiras de acesso à profissão. Para além disso, Vital Moreira salienta que os organismos profissionais têm alguma dificuldade em imporem aos seus membros restrições dispendiosas em favor do interesse geral ou dos consumidores, apresentando, como exemplo, matérias relacionadas com a segurança automóvel, limitações à publicidade, informação dos consumidores e proteção do ambiente[323].

Ao nível da sociedade em geral, a autorregulação pode também levantar problemas de desigualdade, ao fomentar privilégios das classes sociais com mais facilidade de se organizarem em sistemas autorregulados (profissões liberais, empresários, etc.) relativamente a outras mais desprotegidas. Mesmo no interior das profissões, a autorregulação comporta riscos de promover «oligarquias» em prejuízo da generalidade dos seus membros[324].

Por estas razões, existe um consenso de que os mecanismos de auto e de corregulação são por si insuficientes para garantirem a proteção dos cidadãos em matéria de direitos fundamentais. A este aspeto acresce o facto de, na perspetiva de McGonagle, se seguirmos a conceção do direito internacional – segundo a qual a missão de proteção dos direitos humanos incumbe exclusivamente aos governos –, então, o Estado não pode demitir-se das suas obrigações em matérias como os direitos fundamentais, mesmo quando sistemas de autorregulação instalados e reconhecidos publicamente exercem as suas competências de forma eficaz[325].

---

[322] *Op. cit.*, pp. 92-93.
[323] *Op. cit.*, p. 94.
[324] *Op. cit.* pp. 94-95.
[325] T. MCGONAGLE, «La possible mise en pratique d'une idée immatérielle», *IRIS Spécial, op. cit.*, p. 19.

No que ao jornalismo diz respeito, não é demais sublinhar este aspeto, na medida em que o seu estatuto e legitimidade resultam do reconhecimento da liberdade de expressão e da liberdade de imprensa como elementos constituintes dos direitos humanos e das liberdades fundamentais. No entanto, enquanto garante dos direitos fundamentais, o Estado liberal tem optado, em matéria de liberdade de expressão e de imprensa, pelo exercício de uma intervenção contida, receando que a sua presença neste campo possa ser considerada limitadora do próprio princípio que é suposto defender.

4. Autorregulação no contexto dos media

Se os documentos normativos do jornalismo são loquazes no que se refere aos apelos à ética e à responsabilidade individual do jornalista, o mesmo já não acontece com os mecanismos de autorregulação. Esta situação pode ser explicada pelo facto de a autorregulação ser entendida como o conjunto dos mecanismos institucionalizados, destinados a vigiar e a fazer cumprir os princípios e os valores normativos da profissão. O tema da autorregulação surge nos textos normativos do jornalismo de forma sobretudo implícita. O seu aprofundamento está, regra geral, reservado às análises e aos estudos de cada um dos mecanismos autorreguladores. Assim, por exemplo, pode considerar-se que o tema da autorregulação dos jornalistas em «As contribuições sobre os dez pontos da declaração de Chapultepec», da Sociedade Interamericana de Imprensa, surge de forma subjacente ao documento na referência à liberdade de expressão como um princípio inalienável que não pode estar sujeito à exclusiva regulação dos poderes políticos ou da legislação positiva. O documento salienta ainda que, muitas vezes, a regulação da imprensa e dos *media* serviu como argumento para restringir e limitar a liberdade de expressão[326]. Idêntica abordagem é a que encontramos no ponto 9 da «Declaração de Princípios de Conduta dos Jornalistas», da Federação Internacional de Jornalistas, onde se afirma que, «reconhecendo a lei de cada país, o jornalista, em matéria profissional, só aceitará a jurisdição dos seus pares, excluindo qualquer intrusão governamental ou outra»[327]. Do mesmo modo, a «Declaração de Princípios do Jornalismo Centro-Americano[328]», do Centro Latino-Americano de Jornalismo (CELAP) refere, no

---

[326] E. VILLANUEVA, *Deontología Informativa*, op. cit., pp. 57 e 58.
[327] D. CORNU, *Journalisme et Vérité*, op. cit. p. 485.
[328] Aprovado em 12 de junho de 1993, em Nova Orleães, no âmbito do Programa Latino-Americano de Jornalismo.

seu ponto primeiro, que «a autonomia dos jornalistas é o requisito indispensável para exercer o jornalismo conforme os princípios fundamentais da profissão»[329].

É mais comum ver-se, nos documentos normativos do jornalismo, a referência a alguns mecanismos específicos de autorregulação. Entre eles, destaca-se o direito de participação dos jornalistas nas decisões editoriais das empresas de comunicação. A UNESCO, nos «Princípios Internacionais de Ética Profissional no Jornalismo», reconhece, como um direito decorrente das responsabilidades inerentes aos profissionais da informação, a participação dos jornalistas na tomada de decisões nos meios de comunicação onde trabalham. Este princípio surge na legislação de vários Estados e tem consagração na Constituição Portuguesa e no Estatuto do Jornalista[330], a propósito dos Conselhos de Redação.

A referência mais explícita à autorregulação como um dever dos jornalistas, expresso ao nível dos documentos normativos do jornalismo, encontramo-la na Resolução 1003, aprovada pela Assembleia-Geral do Conselho da Europa, em julho de 1993. A Resolução refere explicitamente que os meios de comunicação, no respeito pelos princípios deontológicos de rigor que «garantam a liberdade de expressão e o direito dos cidadãos a receber informações verídicas e opiniões honestas», devem criar organismos ou mecanismos de autocontrolo[331], destinados a garantir a vigilância e o cumprimento dos princípios deontológicos[332]. Quer pela sua composição alargada quer pelo âmbito das suas funções e práticas, a Resolução 1003 parece referir-se claramente ao modelo mais recente dos conselhos de imprensa. Porém, como já fizemos notar, a Resolução 1003, enquanto documento da Assembleia Parlamentar do Conselho da Europa, é válida sobretudo pelas recomendações que faz, não podendo ser considerada um mecanismo de autorregulação profissional. De resto, esse aspeto foi sublinhado pelo próprio comité de ministros do Conselho da Europa, que se recusou a ver nele mais do que recomendações e manifestou o receio de que a orientação do

---

[329] E. VILLANUEVA, *Deontología Informativa*, op. cit., p. 46.
[330] *Constituição da República Portuguesa*, alínea b), nº 2, do art. 38º e nº 2 do art. 13º da Lei nº 64/2007, de 6 de novembro, que aprovou o Estatuto do Jornalista.
[331] A Resolução 1003 refere-se ao autocontrolo e não à autorregulação. Assumimos a expressão de autocontrolo como sinónimo de autorregulação. Mas devido às razões que já foram expostas neste capítulo, preferiremos o conceito de autorregulação ao de autocontrolo.
[332] *Résolution 1003 (1993) Relative à l'Éthique du journalisme*, in URL: http://assembly.coe.int/Documents/AdoptedText/TA93/FRES1003.HTM (28/01/2008).

documento fosse encarada por alguns Estados como um convite para tomarem medidas atentatórias da liberdade dos *media*, a pretexto de promoverem um clima de maior responsabilidade do jornalismo[333].

A concluir esta abordagem de enquadramento, não podemos deixar de nos questionar se a insistência dos textos normativos do jornalismo nos valores em detrimento dos mecanismos de autorregulação não é já o sintoma da dificuldade da visão liberal em tratar as questões da liberdade de expressão e da liberdade de imprensa fora do estrito domínio da ética e da responsabilidade individual e, consequentemente, uma das chaves para explicar a tão discutida falta de eficácia da deontologia do jornalismo. A juntar a este aspeto, temos ainda de considerar a grande dispersão de culturas e de mecanismos de autorregulação sobre os *media* e o jornalismo.

4.1. Diversidade de culturas políticas e de tradições de autorregulação no jornalismo

As formas de regulação e autorregulação não podem ser separadas dos contextos históricos e das tradições e culturas jurídicas e sociopolíticas de cada Estado[334]. Vários estudos procuraram analisar as incidências dessas tradições e culturas sociopolíticas nos modelos de organização dos *media*, o que não deixa de ter repercussões diretas nas formas de organização e autorregulação das empresas e dos jornalistas.

Fernand Terrou e Lucien Solal, num estudo de 1951, publicado pela Unesco, sobre a legislação em vigor em vários países do mundo nos setores da imprensa, da rádio e do filme – a TV estava ainda fora deste estudo – distinguiram os sistemas de informação livres dos subordinados às autoridades políticas. No primeiro caso, identificaram duas correntes fundamentais: os regimes em que a liberdade de imprensa e de informação decorre dos direitos fundamentais, «sagrados», ligados às liberdades individuais (Estados Unidos, Suíça, Luxemburgo, Holanda, países escandinavos, Grã-Bretanha e outros países da Commonwealth e da América Latina); e os regimes que entendem a liberdade de imprensa e de informação como uma liberdade coletiva (França, Itália, Síria, Índia), apelando a uma maior intervenção do Estado, nomeadamente em matérias como a regulação do mer-

---

[333] Daniel CORNU, «Les échecs des tentatives de régulation internationale», *Recherches en Communication* («L'autorégulation des journalistes»), nº 9, Lovaina, 1998, p. 44.
[334] Jacques LEPRETTE e Henri PIGEAT (sob a direção de), *Liberté de la Presse. Le Paradoxe Français*, Paris, Presses Universitaires de France, 2003, p. 11.

DEONTOLOGIA, REGULAÇÃO E AUTORREGULAÇÃO

cado. No segundo caso – os sistemas de informação submetidos às autoridades políticas –, os autores encontraram dois modelos básicos: o sistema espanhol e o sistema soviético[335].

Esta divisão corresponde, *grosso modo*, às conclusões dos autores de *Four Theories of the Press*. No estudo publicado em 1956, F. Siebert, J. Peterson e W. Schramm identificaram quatro grandes teorias normativas do jornalismo, como reflexo do próprio sistema social e político em que estavam inseridos. Duas dessas teorias, a teoria liberal e a teoria da responsabilidade social[336], abarcam a realidade das sociedades liberais democráticas[337]. De forma sucinta, a teoria liberal, inspirada no pensamento de Milton e Locke, recusa qualquer modelo de censura ou exame prévio e defende o princípio da liberdade de informar e ser informado, num regime de mercado, de livre circulação de ideias e propriedade dos *media*. O modelo da responsabilidade social, regendo-se pelos mesmos valores de pluralismo e diversidade da informação da teoria liberal, não partilha, porém, do otimismo acerca da capacidade do mercado em realizar esse desiderato, pelo que defende uma maior responsabilização dos *media*, dos jornalistas e do Estado. Este aparece como responsável último do serviço público de comunicação social, na qualidade de legislador, de financiador ou ainda de proprietário dos *media*.

---

[335] Ferdinand TERROU e Lucien SOLAL, *Legislation for Press, Film and Radio – Comparative study of main types of regulations governing the information* media, Paris, Unesco, 1951, Cap. I. Para os autores, a diferença entre o sistema espanhol e soviético é de regime político, uma vez que, do ponto de vista dos *media*, ambos se caracterizam pela subordinação do exercício da liberdade de expressão e de informação aos poderes político, social e ideológico dominantes, personificados nas autoridades dos estados [*Op. cit.*, pp. 48-49.].

[336] Segundo refere Francis Balle, a formulação da doutrina da responsabilidade social, em 1956, pertence a Frederick Siebert, Theodore Peterson e Wilbur Schramm, tomando como «ponto de partida e última justificação» para uma nova filosofia sobre o jornalismo e os *media* os princípios defendidos no relatório Hutchins, cerca de 9 anos antes [Francis BALLE, *Médias et Sociétés, op. cit.*, p. 249.].

[337] As outras duas, a teoria autoritária e a teoria soviética dos meios de comunicação social, referem-se a regimes de imprensa tutelados pelo Estado e submetidos à ordem social vigente. O modelo autoritário marcou a história inicial da imprensa e vigorou nas sociedades pré-democráticas. Tem ainda expressão em regimes totalitários e ditatoriais ou em períodos de exceção, resultantes de ocupações militares e em momentos de imposição da Lei Marcial. A teoria soviética dos meios de comunicação social submete o jornalismo ao objetivo ideológico último de construção da sociedade sem classes. A ideia do jornalismo como quarto poder ou contra poder é rejeitada, a favor de uma conceção onde os meios de comunicação social estão submetidos, em última análise, ao controlo do Estado e a autorregulação exerce-se nos estritos limites do cumprimento dos objetivos sociais da classe operária [Denis MCQUAIL, *Introducción a la Teoría de la Comunicación de Masas*, Barcelona, Buenos Aires, México, Paidos, 1991, Cap. V.].

Às *Four Theories of the Press*, Denis McQuail acrescentou mais duas: a teoria dos *media* para o desenvolvimento, e a teoria democrático-participativa dos meios de comunicação social. Destas duas só a última se aplica às democracias liberais do ocidente[338]. A teoria democrático-participativa dos meios de comunicação social diz respeito a experiências realizadas, em particular, nos países do Norte da Europa, e apresenta-se como uma resposta crítica que convive quer com as conceções mais liberais quer com os sistemas que admitem a função reguladora do Estado. Trata-se de projetos e de experiências que são uma mescla de contributos liberais, utópicos, socialistas, igualitaristas, ecológicos e comunitários[339] e parecem ser uma reação ao esgotamento do modelo comunicacional centralizado da sociedade de massas, conside-

---

[338] A teoria do jornalismo para o desenvolvimento foi, durante muito tempo, entendida como uma forma encapotada do modelo autoritário. No entanto, na última década, ela tem sido objeto de recuperação por aqueles que nas democracias liberais mais a criticavam. A teoria dos *media* para o desenvolvimento tem como uma das principais fontes de inspiração o Relatório McBride. Vê os *media* como um instrumento importante para o desenvolvimento e debruça-se sobre um conjunto de temas que lhe são peculiares: a dependência tecnológica e informativa dos países em vias de desenvolvimento relativamente aos países mais ricos; os problemas resultantes da ausência de um sistema de comunicação de massas ao nível nacional; e a definição do desenvolvimento e da construção nacional como os objetivos prioritários a que jornalistas e meios de comunicação social se devem submeter [Denis MCQUAIL, *Introducción a la Teoría de la Comunicación de Masas, op. cit.*, pp. 160 a 162.]. Antes mesmo deste relatório, Wilbur Schramm considerava que os veículos de massa, preocupados com as questões de desenvolvimento, deveriam informar, mobilizar e ensinar, o que denota uma conceção que atribui ao sistema mediático um papel de observador, de dirigente e de mestre. Cada uma destas missões é objeto de detalhe por Schramm [Wilbur SCHRAMM, *Comunicação de Massas e Desenvolvimento – O papel da Informação em países em crescimento*, Rio de Janeiro, Edições Bloch, 1970.]. Não cabe aqui fazer esse desenvolvimento, mas, *grosso modo*, elas seriam capazes de merecer as mais sérias reservas aos jornalistas habituados a pautar a sua conduta por princípios de independência, objetividade e livre circulação da informação. Foram muitas as críticas formuladas acerca das diferentes formas de subserviência deste modelo aos regimes políticos. Porém, em 1999, o Banco Mundial e a Associação Mundial de Jornais realizaram em Zurique uma conferência com o título *Uma nova abordagem do desenvolvimento: o papel da imprensa*, que culminou com a publicação do Relatório *The Right To Tell*, em 2002. Basicamente, a teoria dos *media* para o desenvolvimento é reescrita de acordo com uma abordagem mais liberal, invertendo alguns dos pressupostos anteriores. Deixando de ver os *media* como um *instrumento* ao serviço do desenvolvimento, a abordagem do Banco Mundial e da Associação Mundial de Jornais considera que a democracia e a imprensa livre e independente são *condições* para criarem o círculo virtuoso que conduz ao desenvolvimento [AAVV, *A New Approach to Development: The Role of the Press – A WAN/World Bank Conference held on 13 June 1999 in Zürich, Switzerland*, in URL: http://www.wan-press.org/IMG/pdf/doc-518.pdf, (18-10-2004); WORLD BANK INSTITUTE, *The Right To Tell – The Role of Mass Media Communication in a Economic Development*, Washington, The World Bank, novembro, 2002.].

[339] D. MCQUAIL, *Introducción a la Teoría de la Comunicación de Masas, op. cit.*, pp. 164-165.

rado demasiado profissionalizado, demasiado próximo do *establishment* e demasiado dependente das pressões políticas e económicas. Este modelo de comunicação encerra também uma crítica implícita ao monolitismo em que os partidos políticos transformaram a democracia parlamentar, cada vez mais desfasada das suas bases sociais. Dos princípios gerais definidos por McQuail para caracterizar o modelo democrático-participativo, destacaríamos os seguintes: a comunicação é demasiado importante para ser deixada nas mãos dos seus profissionais; o jornalismo deve privilegiar os seus públicos, em detrimento dos seus clientes e das próprias organizações de *media* que os detêm; passa por formas de comunicação próximas, à pequena escala, diversificadas, interativas e participativas, de forma a assegurar às populações não só o direito à informação mas também o direito de comunicarem; o mercado da informação e da comunicação e o serviço público do Estado não esgotam, por si, as necessidades sociais relativas aos meios de comunicação de massa[340]. Algumas formas de expressão deste jornalismo podem ser encontradas nos *media* que insistem na vertente cívica e participativa, como são o caso do jornalismo cívico e alguns modelos de imprensa regional e local[341]. Mas, sobretudo, esta forma de jornalismo implica a existência ou, pelo menos, a crença numa sociedade civil organizada e participativa.

Daniel Hallin e Paolo Mancini estudaram as relações entre os sistemas políticos e os modelos mediáticos existentes na Europa Ocidental e na América do Norte e procuraram estabelecer modelos empíricos a partir de dois grupos de variáveis que põem em relação, por um lado, a história, a cultura e a estrutura política dos países e, por outro lado, os respetivos sistemas mediáticos[342].

---

[340] *Ibid.*
[341] Abordámos esta problemática em Carlos CAMPONEZ, *Jornalismo de Proximidade*, Coimbra, MinervaCoimbra, 2002, Cap. VI.
[342] No que se refere aos aspetos políticos, Daniel Hallin e Paolo Mancini entram em linha de conta com aspetos relacionados com o papel do Estado (democracias liberais *vs.* Estado providência); os sistemas de representatividade política (modelo maioritário ou "Westminster" *vs.* modelo consensual de democracia); o papel político dos grupos de interesse (pluralismo individualizado *vs.* corporativismo); o grau de desenvolvimento da autoridade racional-legal por oposição ao poder clientelar); e o grau de polarização do pluralismo político (espectro partidário alargado *vs.* domínio de poucas forças políticas). Para a tipificação dos sistemas mediáticos, os autores definem como variáveis o desenvolvimento do mercado dos *mass media*; o grau de paralelismo *media*-partidos (em que medida os *media* refletem o espectro político-partidário); o profissionalismo dos jornalistas; os tipos e níveis de intervenção do Estado nos *media* (*regulação, financiamento e propriedade*) [Daniel HALLIN e Paolo MANCINI, *Comparing Media Systems – Three models of media and politics*, Nova Iorque, Cambridge University Press, 2004, Cap. II e III.].

Do cruzamento destes dois grupos de variáveis, os autores definem três grandes modelos de organização dos *media*. O modelo liberal, que integra o Canadá, os Estados Unidos, a Grã-Bretanha e a Irlanda, caracteriza-se por um reduzido papel do Estado, em especial nos EUA, onde existe uma limitação constitucional ao poder de intervenção dos governos em matérias relacionadas com a liberdade de expressão. Para além disso, este modelo é fortemente marcado pelos valores do profissionalismo dos jornalistas – não obstante, como já vimos, o seu fraco índice de institucionalização –, e pelo facto de a regulação dos *media* estar entregue ao funcionamento das regras do mercado.

Por sua vez, o modelo corporativo, do Norte e Centro da Europa (Alemanha, Áustria, Bélgica, Dinamarca, Finlândia, Holanda, Suécia, Suíça e Noruega) rege-se pelos princípios do Estado-Providência, que reserva aos governos, enquanto garantes últimos do seu bom funcionamento, um forte poder de intervenção no setor dos *media*. Paralelamente, este aspeto é ainda acompanhado por uma forte tradição de autorregulação e de autonomia profissional dos jornalistas, em consonância, de resto, com uma sociedade civil bastante ativa e organizada. Porém, essa tarefa realiza-se no quadro de uma autorregulação delegada e vigiada pelo Estado.

Finalmente, o modelo mediterrânico (Espanha, França, Grécia, Itália e Portugal) caracteriza países com uma menor tradição dos ideais liberais e forte intervenção do Estado no setor da comunicação social, através de políticas de financiamento dos *media*, da detenção da propriedade dos meios de comunicação social públicos e uma forte presença regulamentadora ao nível legal. Os níveis de profissionalização e autonomia dos jornalistas são considerados mais baixos do que os registados nos modelos anteriores, à exceção do caso italiano onde a profissão se organizou em torno de uma ordem profissional. À exceção ainda do caso italiano, a autorregulação tem um caráter fundamentalmente supletivo, tendo em conta o peso da legislação no setor.

No que diz respeito ao modelo mediterrânico, o estudo de Hallin e Mancini confirma alguns aspetos da investigação efetuada por Valérie Magnan, que analisou o caso concreto das incidências políticas da transição da ditadura para a democracia operada em Portugal, Espanha e Grécia, entre 1974 e 1975, no desenvolvimento do serviço público de televisão. Magnan refere que as novas democracias emergentes – quer elas se tivessem imposto de forma revolucionária ou consensual – desenvolveram involuntária e indiretamente, ao nível das políticas públicas de televisão, formas subtis de uma *mediacracia*, que nem por isso deixam de ser tão perigosas quanto as existentes durante as ditaduras[343]. Não obstante as democracias terem permitido o aparecimento de um debate entre as diferentes forças partidárias em confronto[344], os responsáveis políticos no poder mantiveram velhos hábitos, não permitindo a institucionalização de um verdadeiro serviço público e contribuindo, ao contrário, para a sua descredibilização aos olhos dos telespetadores[345]. As ligações entre o Estado e a televisão, incompatíveis com a noção de neutralidade e independência inerentes à própria noção de serviço público audiovisual, contribuíram rapidamente para uma amálgama entre «uma televisão que servia o governo e a que deveria servir o interesse geral»[346]. Mas, contraditoriamente, a forte presença do Estado no audiovisual nem sequer se expressa por uma real capacidade de regulação do setor, como ficou provado nos processos de privatização, incapazes de preservar o setor público de televisão das más experiências entretanto acumuladas na Europa[347].

Finalmente, referindo-se aos modelos de regulação da liberdade de imprensa e dos *media* nas democracias liberais, J. Leprette e H. Pigeat distinguem três sistemas fundamentais: os sistemas em que liberdade de expressão e de imprensa são considerados princípios inalienáveis, que não devem estar sujeitos aos constrangimentos da lei (Grã-Bretanha, Estados Unidos); os sistemas de autorregulação do jornalismo apoiados por garantias legais (países nórdicos, tendo a Suécia como principal exemplo); e os sistemas regulados pela lei (Alemanha, Itália, Espanha, França e Japão), o que, no entanto, não significa a inexistência de mecanismos de autorregulação[348].

Não obstante algumas divergências geográficas, os estudos a que acabámos de aludir reconhecem a existência de um paralelismo entre os regimes políticos e os sistemas de *media*, com implicações nos modelos de autorregulação do jornalismo. Porém, esta abordagem parece sublinhar uma realidade mais próxima da liberdade de imprensa aplicada ao caso dos *media* impressos do que ao setor dos audiovisuais. As características próprias da

---

[343] Valérie MAGNAN, *Transitions Démocratiques et Télévision de Service Publique – Espagne, Grèce, Portugal 1974-1992*, Paris, Montréal, Budapest, Turin, L'Harmattan, 2000, p. 284.
[344] *Op. cit.*, p. 287.
[345] *Op. cit.*, p. 284.
[346] *Op. cit.*, p. 285.
[347] *Ibid.* Este facto é igualmente salientando por D. HALIN e P. MANCINI, *Comparing Media Systems*, *op. cit.* pp. 124 a 127.
[348] J. LEPRETTE e H. PIGEAT (sob a direção de), *Liberté de la Presse. Le Paradoxe Français*, *op. cit*, Cap. I.

rádio e da televisão exigiram do Estado um papel regulador mais forte, quer através de uma intervenção direta (legislação e controlo da propriedade), quer delegando competências em entidades públicas independentes.

4.2. Diversidade de modelos de regulação dos media
Com efeito, à diversificação dos sistemas políticos e das tradições reguladoras há ainda a acrescentar outro aspeto que vem complexificar o debate em torno da auto e da heterorregulação do jornalismo: as políticas de regulação variam também consoante os *media* que, regra geral, tendem a pensar a área do audiovisual como um espaço legítimo de intervenção do Estado, enquanto na imprensa a sua intervenção é, tradicionalmente, menos tolerada, em particular, no que diz respeito à questão dos conteúdos[349].

Marc Raboy e Thomas Gobeil distinguem, a este propósito, três modelos reguladores dos *media*: o modelo da imprensa, o modelo da radiodifusão e o modelo das telecomunicações[350]. No que se refere à imprensa, o Estado tende a privilegiar a liberdade de iniciativa e exerce uma regulação mínima, *ex post*.

Situação diferente é a que diz respeito ao audiovisual, onde se assiste a uma regulação estadual quer ao nível do acesso às infraestruturas quer ao nível dos próprios conteúdos. Esta situação é compreendida como uma resposta aos condicionalismos técnicos, económicos e sociais resultantes das especificidades do próprio audiovisual.

Quanto às telecomunicações, o seu regime de regulação baseia-se no princípio da neutralidade dos conteúdos, uma vez que estes são entendidos como resultantes de comunicações privadas. Com a convergência tecnológica, este cenário alterou-se substancialmente. O multimédia é hoje uma das áreas que vem colocar novos desafios ao modelo tradicional de regulação do Estado.

Voltaremos a este tema quando analisarmos o papel regulador do Estado como garante da liberdade de expressão e das condições normativas da criação de um espaço público mediatizado, a propósito do serviço público de comunicação. Por agora, gostaríamos de chamar a atenção para dois aspetos

---

[349] Mike FEINTUCK e Mike VARNEY, *Media Regulation – Public interest and the law*, Edimburgo, Edinburgh University Press, 2006, p. 250.
[350] Marc RABOY e Thomas GOBEIL, «La réglementation des médias traditionnels sur Internet: la loi canadienne sur droit d'auteur», *in* Serge PROULX, Françoise MASSIT-FOLLÉA e Bernard CONEIN, *Internet: Une Utopie Limitée – Nouvelles régulations, nouvelles solidarités*, Laval, Presses Universitaires de Laval, 2005, pp. 307 e 308.

relevantes. Em primeiro lugar, sublinhar o facto de o papel regulador do Estado no audiovisual não se confinar à informação e ao jornalismo. Nele se incluem aspetos relacionados com as condições mínimas de um serviço público de comunicação, que se prendem com as formas de funcionamento do mercado e com os conteúdos da programação e entretenimento. Em segundo lugar, gostaríamos também de salientar que a própria noção de serviço público não deixa de ter incidências normativas de carácter ético e deontológico no jornalismo[351]. Este facto levanta a questão da pertinência de existirem, em matéria de deontologia profissional do jornalismo, dois regimes regulatórios distintos, um para os jornalistas de imprensa, geralmente deixado a cargo da autorregulação das empresas e dos seus profissionais, e outro para os audiovisuais, sendo que, neste último caso, existe ainda, a diferenciação entre as obrigações inerentes às empresas responsáveis pela prestação do serviço público e às empresas privadas.

Esta diferenciação de regimes regulatórios consoante os *media* não deixa de ser problemática do ponto de vista da autorregulação, ficando-se com a ideia de que, em matéria de informação, a deontologia do jornalismo pode ser pensada de acordo com as circunstâncias. Se partirmos do pressuposto que um dos fundamentos da legitimidade do jornalismo é a sua relação com o serviço público, como vimos no capítulo anterior, não se percebe muito bem como sustentar níveis de exigência e de controlo mais apertados para uns *media* relativamente a outros. Para além do mais, esta separação deixa pressupor a existência de uma hierarquização e de níveis de responsabilidade entre a informação dos diferentes *media*, ficando uns entregues à autorregulação profissional e empresarial e os outros a medidas reguladoras mais restritivas.

Se, no que se refere ao audiovisual, estas restrições poderiam ser entendidas no quadro das exigências assumidas pelo serviço público monopolizado pelo Estado, como aconteceu na Europa, elas deixaram de ser com-

---

[351] Essa componente está patente em alguns documentos normativos do Parlamento Europeu e do Conselho da Europa apelando para os «deveres de responsabilidade ética [do serviço público] para com os telespectadores», respondendo, ao nível informativo, às exigências de difusão de «informações e comentários imparciais e independentes». Para além disso, é impossível não ver essas exigências éticas e deontológicas em alguns dos valores que informam os contratos de concessão de serviço público, em Portugal, nomeadamente no que se refere ao princípio da independência, pluralismo, qualidade, diversidade e proteção das minorias [A. A. DE CARVALHO, A. M. CARDOSO e J. P. FIGUEIREDO, *Direito da Comunicação Social*, op. cit., pp. 167-191.]. No caso da nova Lei da Televisão (Lei nº 27/2007 de 30 de julho) referem-se critérios de liberdade, pluralismo, independência, rigor e isenção da informação. O conceito de «objetividade», da anterior Lei da Televisão (Lei nº 31-A/98, de 14 de julho) desaparece da nova legislação.

preensíveis a partir do momento em que se abriu a rádio e a televisão à iniciativa privada. F. Terrou e L. Solal questionavam, em 1951, se a diferença de tratamento existente entre a imprensa e a rádio e a televisão não teria mais a ver com um mero respeito pela tradição e pelas condições históricas em que surgiram as primeiras leis sobre a liberdade de expressão e liberdade de imprensa, do que com um verdadeiro pensamento contemporâneo sobre essa problemática tal qual ela se coloca hoje às sociedades.

> «Poderíamos assegurar que se a imprensa tivesse surgido com a dimensão atual antes da redação das antigas constituições, com a quantidade de meios que hoje se lhe exige, aqueles que escreveram essas constituições teriam proclamado o princípio da liberdade com a mesma generosidade com que o fizeram? Não se inclinariam antes a submetê-la a um regime semelhante ao da radiodifusão?[352]».

Acerca do caso belga, Michel Hanotiau classifica de «bizarria regulamentar» as iniciativas que levaram o governo a exigir, em 1988, que as televisões por assinatura e as cadeias de televisão estrangeiras fossem autorizadas a emitir no país mediante o compromisso de respeito de «um espírito de rigorosa imparcialidade» e de «objetividade», não se percebendo como é que o executivo seria capaz de controlar os conteúdos de tantas estações de televisão[353], nem a razão pela qual esse princípio não deveria ser aplicado também à imprensa. Opinião diferente é a de Chris Frost para quem é admissível a discussão em torno da diferenciação entre as exigências de imparcialidade na televisão e na imprensa. No entanto, referindo-se ao caso britânico, considera ser já mais difícil perceber porque é que deve haver tanta regulação sobre temas como o equilíbrio da informação e o respeito pela privacidade na televisão, o mesmo não sucedendo com a imprensa. Esta situação leva Frost a colocar uma outra questão ainda mais radical: a de se saber até que ponto o facto de os inquéritos de opinião revelarem que o público britânico confia mais nos audiovisuais do que na imprensa não se dever à maior regulamentação legislativa dos primeiros relativamente aos segundos[354]. A dúvida encerra uma clara suspeita sobre a viabilidade da autorregulação dos jornalistas e dos *media*.

---

[352] F. TERROU e L. SOLAL, *Legislation for Press, Film and Radio, op. cit.*, p. 44.
[353] Michel HANOTIAU, «L'audiovisuel est-il plus dangereux que l'écrit?», *in* François JONGEN (dir.), *Médias et Service Public*, Bruxelas, Bruylant, 1992, pp. 26 e 27.
[354] C. FROST, *Media Ethics and Self-Regulation, op. cit.*, p. 107.

Esta disparidade de regimes de regulação e autorregulação foi já assinalada por autores como Aznar, Bertrand, Pigeat e Huteau, no que se refere à própria natureza e diversidade de códigos deontológicos[355]. Certamente que esta diversidade deve ser também entendida como a expressão da capacidade da deontologia em se moldar aos diferentes contextos profissionais. No entanto, a disparidade de códigos não pode deixar de ser sentida como uma ameaça à unidade dos jornalistas, sobretudo se a profissão não conseguir estabilizar os seus conteúdos em torno de alguns valores centrais. Do mesmo modo, a criação de regimes regulatórios diferenciados, entre a imprensa e a rádio e a televisão, pode também ser percebida como o reconhecimento dos limites da autonomia profissional dos jornalistas e da sua capacidade de autorregulação. A este facto soma-se ainda outro: o da extrema diversificação dos instrumentos de regulação que existem no jornalismo.

4.3. Diversidade de mecanismos de autorregulação dos media e do jornalismo

Um aspeto que pode contribuir para alguma fragilização da autorregulação dos jornalistas tem a ver com uma certa pulverização de instrumentos de atuação. C.-J. Bertrand identificou mais de três dezenas, embora, em rigor, nem todos correspondam a formas típicas de autorregulação, mas, antes, ao que denominou por Meios para Assegurar a Responsabilidade Social (MARS) dos *media*[356]. Neles participam formas de responsabilização exteriores aos *media*, que escapam à noção de autorregulação, como é o caso das iniciativas levadas a cabo pela sociedade civil, através de associações de

---

[355] Assim, poderemos encontrar variações dos conteúdos consoante as latitudes geográficas e as tradições culturais e políticas acerca da liberdade de expressão e da liberdade de informação; os diferentes tipos de *media* (imprensa, rádio, televisão, internet); o regime e propriedade (privado, público, cooperativo); o contrato social assumido com os leitores (servir de elo de ligação, vender, serviço público…); o tipo de conteúdos (especializados, generalistas, de opinião); o público a que se destina (crianças, adultos, indiferenciado); a vocação geográfica (local, regional, nacional, internacional); a categoria de profissionais a que se destina (proprietários, editores, jornalistas em geral); o alcance pretendido (autocontrolo ao nível da empresa, pretensões universalistas); os fins pretendidos (definir um ideal, recordar princípios fundamentais, definir e/ou catalogar regras da prática quotidiana) [C.-J. BERTRAND, *A Deontologia dos Media, op. cit.*, pp. 51 a 57; H. PIGEAT e J. HUTEAU, *Déontologie des Médias, op. cit.*, p. 23 e ss.].

[356] Como explica C.-J. Bertrand, este conceito é uma tradução do conceito de *media accountability systems*. O autor traduz *accountability* por imputabilidade, mas considera que o termo não é suficientemente claro, preferindo deste modo o conceito de responsabilidade [C.-J. BERTRAND, *L'Arsenal de la Démocratie, op. cit.*, p. VI, nota de rodapé.].

cidadãos e de consumidores, ou da pesquisa independente, realizada por institutos e centros de investigação. Se a pluralidade destes mecanismos diz bem do sentimento dos *media* e do jornalismo, por um lado, e da sociedade civil, por outro, sobre a necessidade de empreenderem formas de autorresponsabilização, eles são também a expressão da sua ineficácia face a um setor onde se cruzam interesses plurais e, muitas vezes, divergentes.

O conceito de MARS tem a vantagem de pensar o conjunto dos mecanismos de responsabilização dos *media* como um sistema. Essa abordagem permite determinar os níveis de implicação dos diferentes agentes na regulação do jornalismo, ter a compreensão mais alargada do sistema dos mecanismos de regulação, perceber as críticas que cada um destes mecanismos revela isoladamente e alargar o debate para além dos limites estritamente corporativos das empresas proprietárias dos *media*, bem como da autorregulação profissional dos jornalistas. A partir da análise que Bertrand e Aznar fazem destes mecanismos, poderíamos agrupá-los em quatro grandes grupos, consoante se trate de iniciativas do Estado (entidades reguladoras), das empresas de *media* (estatutos editoriais, estatutos de redação, códigos de empresa, livros de estilo), dos jornalistas (códigos deontológicos, estatutos profissionais, cláusula de consciência, associações profissionais, jornalismo crítico, centros de formação), do público (correio dos leitores, organizações não-governamentais ligadas aos *media*, pesquisa científica) e de formas partilhadas de diálogo entre estas três partes (provedores dos leitores, alguns modelos de conselhos de imprensa)[357].

Do ponto de vista da autorregulação do jornalismo, esta pluralidade de mecanismos tem o inconveniente de representar, de facto, uma disparidade de vozes e de perspetivas, por vezes tão desarticuladas entre si e com motivações tão diversas, que não permitem organizar-se como um diálogo social efetivo. Este facto nem sequer desmerece as iniciativas em causa, sendo, no seu conjunto, a expressão do próprio caráter autorreflexivo do espaço público e da sua capacidade de reconhecer os sintomas de uma crise[358]. Mas para que se possa ir mais longe nesse processo, parece-nos ser necessário fazer algo mais para que essa polifonia não se torne inconsequente e caótica.

---

[357] A descrição dos mecanismos de autorregulação é apenas exemplificativa e não exaustiva. Para aprofundamento da questão, recomenda-se a bibliografia citada de Bertrand e Aznar.
[358] João Pissarra ESTEVES, *Espaço Público e Democracia – Comunicação, processos de sentido e identidades sociais*, Lisboa, Edições Colibri, 2003, p. 60.

5. Os limites da autorregulação dos jornalistas

Será que as críticas à diversidade e à pluralidade de modelos reguladores dos *media* poderão encontrar resposta na adoção de um modelo de autorregulação exclusivamente centrado no jornalismo e nos seus profissionais?

Duas razões nos levam a ter as mais sérias reticências quanto a uma resposta positiva a esta questão: a primeira é relativa à própria essência da autorregulação; a segunda prende-se com as especificidades da autorregulação do jornalismo.

Sobre a autorregulação em geral, põe-se uma questão de legitimidade. Para José Esteve Pardo, apostar tudo na autorregulação faz parte de um mundo utópico que suporia a capacidade de as organizações empresariais e corporativas conseguirem pensar nos cidadãos mais do que nos seus próprios interesses e de conter, por si só, os seus próprios excessos. Para além disso, a autorregulação corre o risco de ser a expressão de uma forma unilateral de regulação, baseada mais na interpretação corporativista dos valores sociais do que num diálogo com a sociedade. Por isso, afirma Esteve Pardo:

> «Em concreto e exemplificando, parece inadmissível que os *standard* de proteção dos direitos dos espectadores se determinem unilateralmente pelas empresas de comunicação que são as que podem atentar contra eles; que as garantias de segurança dos edifícios sejam fixadas pelos construtores mediante a sua autorregulação e que através dela se resolvam as reclamações dos compradores e dos inquilinos; que mediante a autorregulação das organizações médicas se definam os critérios para a manipulação de embriões ou a condição em que se pode exigir a responsabilidade médica; que seja da exclusiva incumbência das indústrias poluidoras a fixação dos limites de emissão»[359].

Esta constatação não é uma declaração de inutilidade da autorregulação. É, simplesmente, a afirmação da necessidade do cruzamento da ética profissional, de caráter corporativo, com o diálogo social mais alargado. Esta afirmação parte do pressuposto que os novos desafios colocados pelas sociedades complexas aos sistemas regulatórios não implicam apenas reformas ao nível do Estado, mas também novas formas de diálogo ao nível da sociedade civil, entre si. Esta foi a saída que a medicina encontrou, na segunda metade do século passado, ao tentar mudar o seu paradigma ético

---

[359] J. E. PARDO, *Autorregulación, op. cit.*, p. 40.

baseado nas questões da deontologia médica, alargando-o a uma maior participação social através da bioética. Alterações profundas com implicações no exercício da medicina impulsionaram esta mudança. Entre elas, destacamos aspectos como a crescente influência da tecnologia na profissão; a especialização dos saberes, com consequências ao nível da fragmentação do próprio corpo médico; a alteração das relações médico/doente; a maior consciência dos direitos individuais por parte dos utentes dos serviços de saúde; a crescente "intromissão" de elementos exteriores à profissão nas decisões médicas; as tendências de funcionalização do médico – cada vez mais considerado como um técnico do que um profissional detentor de uma arte –; o alargamento do conceito de responsabilidade, por via da utilização das técnicas e do saber científico; o pluralismo e a multiplicidade de referências ético-morais dos intervenientes no campo da medicina; e o exercício profissional cada vez mais enquadrado pelas lógicas empresariais e de gestão[360]. Face a estes desafios, a ideia de uma autorregulação, unicamente centrada na evocação dos princípios deontológicos, não parecia em condições de dar respostas satisfatórias[361]. Separando as especificidades resultantes da medicina, parece-nos que os novos desafios colocados aos profissionais de saúde podem servir de referência também a jornalistas, pelo que deveríamos admitir que muitas questões a que acabámos de aludir podem ajudar a explicar algumas insuficiências da autorregulação do jornalismo e a buscar soluções alternativas.

A segunda razão da nossa desconfiança no modelo de autorregulação do jornalismo prende-se com a natureza da própria profissão. A este propósito, já vimos, no capítulo anterior, como James Curran questiona autonomia da profissão face aos poderes ligados à administração e propriedade dos *media*. Curran sublinha ainda como, de forma implícita, os profissionais acabam

---

[360] Levantamento efetuado a partir de G. VINCENT (org.), *Responsabilités Professionnelles et Déontologiques, op. cit.*, Caps. I a III; G. DURAND, *Introduction Générale à la Bioéthique, op. cit.*, pp. 114 a 120.
[361] Guy Durand identifica várias dificuldades do discurso deontológico face aos desafios enunciados: o seu caráter excessivamente corporativista; a tendência de desvalorização dos direitos dos queixosos, a coberto de um regime sancionatório particular, fora das instâncias dos tribunais; a inadequação da reflexão deontológica em face das alterações do contexto do exercício da profissão (trabalho em equipa, investigação em laboratório, maior consciência do cidadão sobre os seus direitos); a incapacidade de responder à crescente atenção pública acerca das questões médicas; a impotência face à intromissão dos poderes do Estado e das empresas privadas na investigação científica médica, cada vez mais dependente de lógicas financeiras; a incapacidade de resposta às rápidas mutações da prática médica; a abordagem paternalista dos utentes; o centramento na resolução de casos, em prejuízo de uma abordagem mais sistémica.

por reconhecer o seu estatuto de subalternidade face às fontes de informação no processo de mediação com o público. Para além disso, o próprio estatuto profissional dos jornalistas é ambíguo, na medida em que não estabelece exigências específicas de acesso à profissão, de habilitações ou formas de autocontrolo como normalmente acontece com as outras profissões. Idêntica ambiguidade encontramos na própria noção de profissionalismo jornalístico, sujeita a diferentes interpretações consoante os diversos *media*, tipos de propriedade e tradições culturais, como, aliás, acabámos de ver. Finalmente, a deontologia profissional dos jornalistas é ela própria ambígua, carecendo, muitas vezes, de estruturas adequadas destinadas a dar-lhe sustentação. Para Curran, este conjunto de fatores não permite que possamos confiar nos pressupostos ideológicos do profissionalismo no jornalismo, para resolver ou sequer para esclarecer o debate sobre o papel dos *media* nas democracias contemporâneas[362].

A este propósito, ocorre-nos perguntar, como Clement Jones, a propósito da realidade nos EUA e na Austrália, se a proliferação de códigos e mecanismos de autorregulação não é a expressão da incapacidade de os jornalistas se controlarem de forma autónoma:

> «Se [os códigos] fossem respeitados que necessidade haveria de, hoje ou no futuro, os sobrecarregar com uma pesada regulamentação, justificações e controlos?»[363]

Como já tivemos oportunidade de constatar noutro lugar[364], um dos aspetos que não deixa de impressionar o observador externo tem a ver com a natureza recorrente das críticas efetuadas ao jornalismo e aos *media*.

Em 1991, a associação francesa *Médias 92* fazia um levantamento crítico dos erros mais comuns, cometidos durante a cobertura jornalística da Guerra do Golfo, dos quais destacamos: não identificação das fontes de informação; manipulação dos *media* pelas autoridades oficiais políticas e militares; monopólio da informação bruta por um único *medium* (no caso, a CNN); subordinação da informação e da programação aos imperativos do

---

[362] J. CURRAN, «Mass media and Democracy: A reappraisal», *in* J. CURRAN e M. GUREVITCH (orgs.), *Mass Media and Society*, op. cit., p. 99-100.
[363] C. JONES, *Déontologie de l'Information, Codes et Conseils de Presse*, op. cit., p. 46.
[364] Carlos CAMPONEZ, «A crise do jornalismo face aos novos desafios da comunicação», *Actas dos Ateliers do Vº Congresso Português de Sociologia*, Associação Portuguesa de Sociologia, *in* URL: http://www.aps.pt/cms/docs_prv/docs/DPR46151be427116_1.pdf.

direto; seleção das informações com base no critério da audiência em detrimento do critério da importância; tratamento hiperbólico da informação, tendo por base uma cobertura jornalística em contínuo; cortes arbitrários de entrevistas e utilização de pequenas frases fora do seu contexto; cronologia defeituosa e ausência de datação dos acontecimentos ou dos documentos apresentados; confusão entre as opiniões pessoais dos jornalistas e os seus comentários sobre a atualidade; vedetismo dos jornalistas, por vezes ultrapassando o exercício normal da profissão; corrida à *cacha* jornalística, à dramatização, à emoção, em resultado da forte concorrência entre os *media*, as televisões, as redações e os próprios jornalistas[365]. Se retirássemos as questões referentes às especificidades do conflito em causa, não seria muito difícil encontrar muitas destas questões plasmadas na crítica da cobertura dos *media*, acerca da anterior polémica em torno da cobertura jornalística dos acontecimentos em Timisoara, na Roménia (1989), ou, mais tarde, no conflito da Jugoslávia (1992), da Somália (1992), da invasão do Iraque (1993). O mesmo se poderia dizer dos casos Dutroux, na Bélgica, e D'Outreau, em França, ou do tratamento de acontecimentos envolvendo figuras mediáticas como Diana Spencer, O. J. Simpson, Bill Clinton/ Monica Lewinsky[366].

Em geografias que nos são mais próximas, poderíamos referir também casos como Timor-Leste, ponte de Entre-os-Rios, Casa Pia, a morte de Fehér, o arrastão na praia de Carcavelos ou os casos Joana e Madeleine McCann, para citar apenas alguns exemplos. Durante o período pós-referendo em Timor-Leste, muitas destas questões puderam ser disfarçadas pelos fortes constrangimentos que pesaram sobre a cobertura jornalística, associada à ideia de uma causa nacional que justificou ou, pelo menos, desculpabilizou os meios utilizados e os erros cometidos[367]. Contudo, no caso

---

[365] MÉDIAS 92 e Bertrand COUSIN, *Propositions Sur la Déontologie de L'Information – Presse écrite, radios et télévisions*, 5 de fevereiro, 1991, apud, J. LEPRETTE e H. PIGEAT (sob a direção de), *Éthique et Qualité de L'Information, op. cit.*, p. 28.

[366] Sobre estes e outros acontecimentos existe uma vasta bibliografia crítica. A nossa apreciação tem por base alguns destes casos citados ou outros estudados em: Rony BRAUMAN e René BACKMANN, *Les Médias et l'Humanitaire – Éthique de l'Information ou charité-spectacle*, Paris, CFPJ, s.d.; James FALLOWS, *Detonando a Notícia – Como a mídia corrói a democracia americana*, Rio de Janeiro, Civilização Brasileira, 1997; Gerard SELYS (dir.), *Médiasmensonges*, Bruxelas, EPO, 1991; Benoît GREVISSE (ed.), *L'Affaire Dutroux et les Médias – Une "révolution blanche" des journalistes*, Louvaina, Bruylant-Academia, 1999; Antoine PERRUD, *La Barbarie Journalistique*, s.l., Flammarion, 2007; Daniel SCHNEIDERMANN, *Le Cauchemar Médiatique*, s.l., Denoël, 2004; Manuel PINTO e Helena SOUSA (orgs), *Casos em que o Jornalismo foi Notícia*, Porto, Campo das Letras, 2007.

[367] *Jornalismo e Jornalistas*, nº 1, janeiro – março, 2000.

da queda da ponte Hintz Ribeiro, em Entre-os-Rios, os excessos foram por demais evidentes. Entrevistas a crianças, interpelação de populares em visível estado de comoção, cobertura extensiva e em direto da tragédia, a folclorização mediática do evento e a degenerescência informativa sob o efeito da concorrência das estações televisivas em busca das audiências, são algumas das referências que podemos encontrar na crítica do Conselho Deontológico do Sindicato dos Jornalistas à cobertura do acontecimento[368]. A exaustiva cobertura televisiva transformou o jornalista numa espécie de animador com a função de não deixar espaços em branco durante as emissões desse «*Show* da Morte»[369], tentando trazer as famílias das vítimas para o palco das emoções para lhes perguntar: «Como se sente?». A cobertura jornalística do caso Casa Pia, da morte de Fehér ou, mais recentemente, dos casos Joana e Madeleine McCann, tem servido apenas para reatualizar este debate, não obstante os pareceres das entidades reguladoras, dos códigos deontológicos, e dos instrumentos de autorregulação da profissão[370].

As críticas, como parecem demonstrar os casos de reincidência, estão longe de fazer escola, dando razão a Jean-Claude Guillebaud quando, em 1991, a propósito das críticas acerca da cobertura jornalística da Guerra do Golfo, afirmava:

> «De crise em crise, o julgamento dos *media* prossegue. Mas não necessariamente avança. Conduzido muitas vezes pelos próprios *media*, hesita entre o exorcismo coletivo, a autoflagelação e a explicação monocausal, mais ou menos sentenciosa»[371].

---

[368] *Jornalismo e Jornalistas*, nº 5, abril-junho, 2001, pp. 6 a 8. O destaque deste número foi dedicado ao tema «Entre-os-Rios e o Jornalismo», com base no debate realizado na imprensa acerca da cobertura jornalística efetuada aos acontecimentos.
[369] José Pacheco PEREIRA, «O "Show" da morte», *Jornalismo e Jornalistas*, nº 5, abril-junho, 2001, p. 8.
[370] Os casos mediáticos servem-nos aqui de referência, apenas porque são casos que mais facilmente podemos trazer à memória, mas eles estão igualmente presentes nos acontecimentos de cobertura jornalística quotidiana que afeta, muitas vezes, o cidadão comum, sem tantos recursos de defesa quanto é suposto terem as figuras consideradas mais "mediáticas". A análise atenta dos comentários dos provedores dos leitores, que em Portugal já produziu uma bibliografia assinalável, comprova o caráter recorrente de alguns tipos de derrapagens deontológicas.
[371] Jean-Claude GUILLEBAUD, «Crise des médias ou de la démocratie ?», *La Revue Nouvelle*, nº 6, junho, 1992, p. 36.

A recorrência das questões deontológicas do jornalismo arrisca-se a cair num cinismo tanto mais evidente quanto mais ele procura iludir as fragilidades dos próprios códigos. A este respeito diz-nos Mário Mesquita:

> «A deontologia constitui um instrumento de aperfeiçoamento dos jornalistas, individualmente considerados, ou um fator de identidade da profissão no seu conjunto. Mas não possui virtualidades suficientes para explicar as transformações políticas, económicas, sociais, tecnológicas e retóricas da comunicação social, nem as frequentes "derrapagens" mediáticas. A imagem das empresas e dos jornalistas pode reforçar-se ou melhorar com a revalorização da "ética profissional". Chega sempre o momento das homenagens que "o vício presta à virtude". Mas a deontologia-todo-poderosa, salvadora dos cidadãos, essa, só existe na imaginação generosa dos ingénuos ou na estratégia cínica de alguns "comunicadores"»[372].

As críticas efetuadas à autorregulação dos *media* não são substancialmente diferentes daquelas que identificámos a propósito da autorregulação, em geral: a falta de eficácia, em parte resultante da ausência de efetivos mecanismos sancionatórios, a sujeição às pressões de lóbis e de interesses corporativistas, em detrimento do público, a falta de independência, a falta de credibilidade, enfim o risco de valorização dos mecanismos de mercado e desresponsabilização do Estado de tarefas de regulação em esferas fundamentais da sociedade [373].

Se quiséssemos empregar uma maior economia de palavras, poderíamos resumir estes aspetos a um problema fundamental: ausência de responsabilidade externa. Referindo-se ao caso concreto do audiovisual, T. McGonagle defende a este respeito:

> «Ainda que o substrato deontológico do jornalismo esteja bem adaptado à autorregulação, é necessário que não se exagere o seu alcance. O principal inconveniente da conceção mais absoluta da autorregulação, isto é, uma regulação limitada às normas e aos mecanismos de controlo interno, é a sua ausência

---

[372] Mário MESQUITA, «A turbodeontologia», *Público*, 16 de março, 2001. Este texto pode ser encontrado na revista *Jornalismo e Jornalistas*, n.º 5, *op. cit.*, p. 13.
[373] Tentámos efetuar um apanhado das questões mais relevantes de: C.-J. BERTRAND, *A Deontologia dos Media*, *op. cit.*, pp. 115 a 125; H. AZNAR, *Comunicação Responsável*, *op. cit.*, nomeadamente pp. 18-27; Yves BOISVERT (*et al.*), *Les Jeux de Transfert de Régulation – L'Éthique des Affaires et la déréglementation*, s.l., Presses de l'Université Laval, 2003, pp. 225 a 227 e 231.

de responsabilidade externa. Qualquer que seja o grau ideológico do código deontológico de uma determinada entidade de radiodifusão ou qualquer que seja o grau de sofisticação da sua aplicação, estes dois aspetos continuam a ser, essencialmente, preocupações internas, definidas pela sua subjetividade»[374].

As palavras de McGonagle levantam o problema da legitimidade e também da eficácia dos instrumentos de autorregulação. Quando os profissionais desempenham, simultaneamente, o papel de fiscalizados e fiscalizadores, existe sempre o perigo de se aplicar o princípio segundo o qual «os lobos não se comem uns aos outros», correndo-se o risco, tanto no jornalismo como em outras profissões, de se confundir a solidariedade com a cumplicidade[375].

Como defende Estrela Serrano, um sistema assente num modelo de regulação mínima do Estado só é possível se os profissionais e as empresas se dotarem de mecanismos capazes de «assegurarem o pleno respeito das regras deontológicas e profissionais» e porem cobro às derrapagens individuais e a um certo laxismo do sistema mediático, «que não parece preocupado com as suas derivas senão perante a ameaça de medidas legais»[376]. Mas a esse respeito Yves Boisvert (*et al.*) não parece nada optimista. Analisando o caso da autorregulação da violência nos *media* audiovisuais no Canadá, os autores concluem que as medidas tomadas resultam mais de estratégias defensivas do que de uma atitude genuinamente ética, visando, prioritariamente, prevenir a intervenção do Estado, melhorar a imagem externa, aumentar as receitas publicitárias e as cotas de audiência mais do que refletir sobre os interesses dos cidadãos. Neste contexto, a pertinência do papel regulador do Estado parece justificar-se pelo simples facto de, sem ele, a questão da autorregulação correr o risco de nem sequer se colocar como uma necessidade.

As fragilidades da deontologia e da autorregulação profissional no jornalismo podem, de facto, fazer-nos cair «na tentação de uma perfeição totalitária», resultante da aspiração de criar um sistema sem falhas[377]. Mas o

---

[374] T. MCGONAGLE, «La possible mise en pratique d'une idée immatérielle», *IRIS Spécial, op. cit.*, p. 20.
[375] C.-J. BERTRAND, *Deontologia dos Media, op. cit.*, p. 121.
[376] Estrela SERRANO, «Pensar a regulação dos *media* numa sociedade em mudança», *Comunicação e Sociedade* («A regulação dos *media* em Portugal»), vol. 11, Braga, 2007, p. 133.
[377] M.-F. BERNIER, «L'éthique et la déontologie comme éléments de la légitimité du journalisme», in P. BRUNET (sob a direção de), *L'Éthique dans la Société de l'Information, L'Éthique dans la Société de l'Information, op. cit.*, p. 68.

efeito contrário não pode ser negligenciado. A recorrência excessiva de derrapagens no campo da deontologia jornalística pode ser o sintoma de que algo vai mal na autorregulação.

A abordagem da autorregulação que fizemos até aqui está muito centrada na questão de saber *quem* regula o quê. Mas para M.-F. Bernier a questão essencial passa mais por determinar *como* proceder[378].

Decidimos debruçarmo-nos sobre aquela que é considerada, por vezes abusivamente, uma das formas mais completas de autorregulação: os conselhos de imprensa. O nosso objetivo é pensar os conselhos de imprensa à luz de algumas questões suscitadas pela discussão efetuada até aqui sobre a autorregulação e, a partir daí, determinar os seus limites e as suas potencialidades.

6. Os conselhos de Imprensa

Os conselhos de imprensa são geralmente considerados como uma das formas mais completas[379] e estimulantes[380] de autorregulação. Eles são a tentativa mais acabada de o jornalismo responder à questão, já aqui levantada, de se saber até que ponto as empresas, os jornalistas e os organismos corporativos têm a legitimidade de definir os *standards* de qualidade do serviço prestado ao seu público, de uma forma mais ou menos unilateral, sem os discutir com as partes diretamente interessadas. Apesar dos seus limites, que analisaremos adiante, os conselhos de imprensa contêm, na sua grande maioria, os ingredientes necessários para serem pensados como os germens de formas mais complexas de estabelecimento de uma ética socialmente dialogada e de responder aos limites de uma autorregulação pura e autocentrada. Neste sentido, não podemos deixar de chamar a atenção para o caráter extremamente ambíguo com que o conceito de autorregulação surge nesta discussão. Sem excluir completamente a pertinência da sua utilização, os conselhos de imprensa são mais a resposta aos limites da autorregulação do que a expressão da própria autonomia profissional dos jornalistas, mostrando, como dizia Curran, que não podemos confiar apenas nela, mas revelando também que nem tudo está perdido. Assim, muitos

---

[378] *Ibid.*
[379] H. AZNAR, *Comunicação Responsável, op. cit.*, p. 225
[380] Joaquim Manuel Martins FIDALGO, *O Lugar da Ética e da Auto-Regulação na Identidade Profissional dos Jornalistas*, tese de doutoramento defendida no Instituto de Ciências Sociais da Universidade do Minho em novembro de 2006, p.. 506, *in* URL: https://repositorium.sdum.uminho.pt/bitstream/1822/6011/3/JFIDALGO_2006_Tese_Doutoramento.pdf (28/10/2007).

conselhos de imprensa referem-se mais a modelos de uma prática comunicativa que resulta da ética da discussão, do que a uma verdadeira autonomia profissional. Em muitos dos casos, da autorregulação praticamente só resta o princípio de os jornalistas aceitarem, livremente, a autoridade que resulta da discussão dos seus valores profissionais num fórum que não se restringe às fronteiras da sua profissão. Neste contexto, mais do que uma definição de autorregulação, preocupa-nos o papel dos conselhos de imprensa e o seu contributo para uma melhor compreensão do conceito.

6.1. Definição e aspetos organizativos dos conselhos de imprensa

Hugo Aznar define o conselho de imprensa como um «organismo independente que estuda as queixas recebidas sobre a atuação dos meios de comunicação social e que, sempre que se justifique, emite uma resolução julgando a referida atuação de um ponto de vista deontológico»[381]. Mas as suas funções vão, em muitos casos, bastante para além de uma comissão de análise de queixas do público. Daniel Cornu considera-os como o principal instrumento de autorregulação, uma vez que permitem dar visibilidade pública às normas deontológicas, protegem o jornalismo de eventuais iniciativas reguladoras do poder político, evitam as derivas excessivas dos *media*, desempenham um papel de árbitro entre o público e os meios de comunicação, interpretam as normas profissionais e impõem o seu respeito[382]. Kaarle Nordenstreng e C.-J. Bertrand acrescentam a estas características a ideia geral de defesa dos direitos do público e a proteção dos próprios *media*, não só relativamente ao Estado, mas também ao próprio poder de alguns grupos de interesse organizados na sociedade[383]. Para C.-J. Bertrand, o conselho de imprensa é a forma mais forte de utilizar a opinião pública, para fazer pressão sobre os *media*, de modo a prestarem um melhor serviço público[384]. No entanto, estas definições parecem-nos ainda bastante vagas. De facto, a realidade dos conselhos de imprensa está longe de obedecer a uma definição estável e os modelos de organização têm a ver com os contextos culturais, económicos, políticos e as tradições de autorregulação de cada país. Essa indefinição está patente em alguns estudos

---

[381] H. AZNAR, *Comunicação Responsável, op. cit.*, p. 225.
[382] D. CORNU, *L'Éthique de l'Information, op. cit.*, pp. 19-20.
[383] Karl NORDENSTRENG, «European landscape of media self-regulation», *Freedom and Responsibility Yearbook 1998/99*, Viena, OSCE, 1999, p. 172; e C.-J. BERTRAND, *L'Arsenal de la Démocratie, op. cit.*, p. 88.
[384] C.-J. BERTRAND, *L'Arsenal de la Démocratie, op. cit.*, p. 89.

científicos sobre a matéria, em particular nos levantamentos efetuados sobre os conselhos de imprensa no mundo. À dificuldade de um recenseamento completo, acrescenta-se, muitas vezes, a disparidade de critérios que permitem classificar determinado organismo ou iniciativa de autorregulação no quadro de uma definição mais rigorosa dos conselhos de imprensa[385]. São vários os casos em que poderemos mesmo questionar a ideia de estarmos perante mecanismos de verdadeira autorregulação[386] e se eles não são, acima de tudo, uma resposta às debilidades do próprio modelo de autorregulação do jornalismo. Nalguns destes casos, a autorregulação define mais a iniciativa dos jornalistas do que o modelo de discussão e representação dos conselhos de imprensa. Noutros, o conceito de autorregulação torna-se dificilmente aceitável, nomeadamente quando os conselhos de imprensa são o resultado de iniciativas diretas do Estado. Mas, mesmo nestas circunstâncias, temos de distinguir entre os casos que são meras extensões da tutela dos Governos e os projetos que gozam de efetiva independência de atuação face ao Estado, assemelhando-se a agências reguladoras ou a outras formas que combinam a regulação estatal com as iniciativas autorreguladas pelos diferentes agentes que atuam no campo dos *media*.

É no quadro desta necessidade de identificação de critérios de classificação que C.-J. Bertrand distingue entre os verdadeiros, os semi e os pseudo conselhos de imprensa. No primeiro caso, incluem-se os conselhos de âmbito local, regional ou nacional, compostos por representantes da profissão (jornalistas, responsáveis editoriais, proprietários), e do público em geral (audiências, associações representativas, organizações não-governamentais, etc.), com o objetivo de defender a liberdade de imprensa, analisar as queixas contra os *media* e obrigá-los a prestar contas públicas da sua atuação, analisar a evolução dos *media* e informar o público sobre os seus des-

---

[385] Um exemplo da dificuldade de definição do conselho de imprensa é o caso português da Alta Autoridade para a Comunicação Social (AACS): enquanto Henri Pigeat considera a AACS uma instância difícil de classificar [H. PIGEAT e J. HUTEAU, *Déontologie des Médias*, op. cit. p. 35, (nota de rodapé)], Nordenstreng não parece hesitar em integrá-la na lista dos conselhos de imprensa europeus [K. NORDENSTRENG, «European landscape of media self-regulation», *Freedom and Responsibility Yearbook 1998/99, op. cit.*, p. 171.]. Ao invés, C.-J. Bertrand, nos diferentes levantamentos que realizou sobre os conselhos de imprensa na Europa, nunca teve em conta a AACS [Claude-Jean BERTRAND, «Press councils in the world – 2007», *in* URL: http://www.alianca-jornalistas.net/spip.php?article105; e C.-J. BERTRAND, *L'Arsenal de la Démocratie, op. cit.*, pp. 111 e 118.]

[386] Idêntica opinião é a de K. NORDENSTRENG, «European landscape of media self-regulation», *Freedom and Responsibility Yearbook 1998/99, op. cit.*, p. 169.

vios, nomeadamente, pronunciando-se sobre a estrutura da propriedade e a política de comunicação do país[387].

Para C.-J. Bertrand, é impensável que existam conselhos de imprensa que não incluam representantes dos *media*, uma vez que um dos seus objetivos é promover a autorregulação, como também não faz muito sentido permitir que os políticos neles participem, tendo em conta a desconfiança estrutural que o jornalismo nutre por eles. Para além disso, Bertrand defende a representação do público nos conselhos de imprensa, mas considera que, nestes casos, não faz sentido que os proprietários abram as portas à crítica do público e não incluam também os jornalistas não-executivos (como o *Press Complaints Commission* britânico). De resto, Bertrand não tem uma perspetiva idealizada do papel do público nos *media*, considerando que ele pode ter também um papel negativo[388]. Este aspeto explica a razão pela qual ele insiste num modelo representativo e plural dos interesses ligados aos *media*. Para além de reforçar a legitimidade, essa representação alargada pode servir de travão à captura dos conselhos de imprensa pelos interesses de grupos organizados.

Ainda que Bertrand não o refira, não vemos por que razão não aplicar este raciocínio aos conselhos compostos apenas por jornalistas e pelo público e fechados à representação dos interesses dos proprietários dos jornais. Fazê-lo significaria, a nosso ver, excluir uma representação importante do campo dos *media* e iludir o poder de intervenção dos jornalistas no sistema mediático, nomeadamente para com os empresários, assumindo uma responsabilidade perante a sociedade que, de facto, não depende unicamente deles e correndo, deste modo, o risco de se colocarem entre o malho crítico da sociedade e a bigorna dos interesses económicos.

Os semi-conselhos de imprensa, de acordo ainda com a definição de Bertrand, caracterizam-se pelo facto de não incluírem pessoas exteriores ao mundo dos *media*. Trata-se de conselhos constituídos apenas por jornalistas (Macedónia, Itália[389]), ou por jornalistas e proprietários e, finalmente, apenas por proprietários, (como é o caso do *Nihon Shinbun Kyokai*, no Japão, e do *Conselho da Imprensa Peruana*).

Finalmente, os pseudo-conselhos de imprensa são compostos por representantes oficiais ou oficiosos dos governos, podendo, em casos extremos,

---

[387] C.-J. BERTRAND, *L'Arsenal de la Démocratie, op. cit.*, pp. 91 a 93.
[388] C.-J. BERTRAND, *A Deontologia dos* Media, *op. cit.*, pp. 29-30.
[389] No caso italiano, estamos a falar de uma Ordem corporativa, a *Ordinei dei Giornalisti*.

serem todos eles nomeados pelo poder político e, até, serem presididos pelos ministros responsáveis pelas pastas da informação. Trata-se, em suma, de uma perversão dos objetivos de defesa da liberdade pretendidos com os conselhos de imprensa, tornando-se em organismos destinados a controlar a informação e os jornalistas (Bangladesh, Egipto, Nepal, Nigéria[390], Arábia Saudita[391]).

A caracterização de Bertrand assenta em critérios de independência e de representatividade e composição dos conselhos de imprensa[392]. No entanto, há ainda a considerar outras diferenças, a começar pelo tipo de iniciativa que esteve na sua origem (dos jornalistas, dos empresários, do Estado), as suas funções (analisar queixas, emitir pareceres sobre políticas de comunicação), o âmbito de atuação (imprensa, rádio, televisão, multimédia), financiamento (privado, Estado), ou, ainda, o tipo de sanções (morais ou outras).

Geralmente, os conselhos de imprensa têm por detrás iniciativas isoladas ou conjuntas de jornalistas e proprietários dos *media*, algumas vezes antecipando iniciativas do Estado de regular o setor. Em outros casos, como referenciámos, eles são também resultado de uma criação do próprio Estado, sem com isso estar em causa a sua independência. Exemplos disso são a Dinamarca, o Luxemburgo, a Lituânia e Portugal, neste último através da experiência do extinto Conselho de Imprensa, fundado em 1975. É difícil encontrar conselhos de imprensa surgidos com base na sociedade civil, uma vez que, quando aparecem representantes de grupos sociais na sua fundação, essa participação surge no quadro de propostas que tiveram origem no Estado, nos jornalistas e nos proprietários dos *media*, individualmente ou em conjunto.

Alguns conselhos de imprensa encontram-se ainda muito marcados pelas suas origens históricas, sendo a sua intervenção exercida sobretudo no âmbito da imprensa. Esta situação pode ser explicada pelo papel que o Estado teve no desenvolvimento do setor do audiovisual e de, em muitos casos, a privatização do setor de rádio e de televisão ter sido acompanhada pela criação de agências reguladoras independentes, à margem dos conselhos de imprensa pré-existentes, criados num contexto de domínio do jor-

---

[390] C.-J. BERTRAND, «Press councils in the world – 2007», *in* URL, *op. cit.*
[391] H. PIGEAT e J. HUTEAU, *Déontologie des Médias, op. cit.*, p. 34.
[392] Geralmente consideram-se três critérios de composição (singulares, bipartidos e tripartidos), tendo por base três categorias gerais: proprietários e jornalistas executivos dos *media*; jornalistas; e representantes da sociedade civil, sem ligações aos *media*.

nalismo impresso. As origens históricas ligadas às comissões de ética e aos tribunais de honra poderão explicar também a razão pela qual muitos conselhos limitam a sua intervenção à análise das queixas apresentadas pelo público. Alguns projetos mais recentes têm procurado alargar o seu âmbito de intervenção, assumindo a supervisão e acompanhamento contínuo das grandes questões referentes aos *media*.

Os modelos de financiamento dos conselhos de imprensa incluem formas singulares ou partilhadas de comparticipação do Estado (Alemanha, Finlândia, Dinamarca, Índia), dos jornalistas (Suíça, Itália), dos proprietários (na grande maioria dos conselhos onde participam), para além de fundações e organizações não-governamentais (Estónia).

No que se refere ao tipo de sanções aplicadas, *grosso modo*, o seu poder de intervenção é de índole moral e raramente vai para além da denúncia das violações à deontologia jornalística, da obrigatoriedade de publicação dos seus comentários críticos nos *media* em causa, e da expulsão da organização (Kosovo, Itália). No entanto, casos há em que os seus poderes sancionatórios podem conduzir até à aplicação de multas (Suécia, Índia) e a penas de prisão (Dinamarca).

Bertrand considera ainda que o bom funcionamento dos conselhos de imprensa depende dos contextos económicos e políticos em que se inserem. Se, por um lado, os níveis de desenvolvimento dos *media* são uma condição para garantir um bom desempenho dos conselhos de imprensa, razão pela qual eles têm dificuldade em se impor nos países sub-desenvolvidos, por outro, a sua existência é impensável em regimes ditatoriais, a não ser como uma perversão dos seus objetivos, como vimos atrás.

Quadro III – **Conselhos de Imprensa Europeus**[393]

País	Composição	Financiamento	Âmbito de intervenção	Tipos de Media	Sanções
Alemanha: Deutscher Presserat (Conselho de Imprensa Alemão)	Jornalistas Proprietários*	Jornalistas Proprietários Estado	Alargado	Imprensa	Publicação Divulgação
Bélgica flamenga: Raad voor de Journalistiek (Conselho de Imprensa para o Jornalismo)	Jornalistas Proprietários Representantes exteriores aos *media* **	Estado (Comunidade Flamenga)	Questões éticas	Alargado	Publicação Divulgação
Bósnia-Herzegovina: Vijeće za štampu u Bosni i Hercegovini/ Vijeće za tisak u Bosni i Hercegovini (Conselho de Imprensa da Bósnia-Herzegovina)	Jornalistas Proprietários Rep. exteriores aos *media*	Estado	Alargado	Imprensa	Divulgação
Chipre – Grécia: Epitropi Dimosiographikis Deontologias (Comissão de Queixas dos *Media* de Chipre)	Jornalistas Proprietários	Jornalistas Proprietários	Recebe e promove queixas	Alargado	Divulgação/ Publicação

---

[393] Quadro constituído a partir dos estudos de Nordenstreng, Bertrand e Pigeat e Huteau e dos dados do *Minnesotans For Sustainability* (http://www.mnforsustain.org/media_world_press_councils.htm), do Conselho de Imprensa do Kosovo (http://www.presscouncil-ks.org/?cid=2,5,104), do Conselho de Imprensa de Washington (http://www.wanewscouncil.org/World.htm) e do Donald W. Reynolds Journalism Institute do Missouri (http://www.media-accountability.org/). Dados revistos e atualizados em janeiro de 2008, através das páginas dos conselhos de imprensa disponíveis na internet e/ou inquéritos personalizados. Não foram incluídos os conselhos de imprensa da Polónia e da Ucrânia por insuficiência de dados.
* Na categoria dos "proprietários" inclui-se também jornalistas com responsabilidade na direção dos *media*.
** Os representantes exteriores aos *media* podem ser juízes, representantes do público, associações não-governamentais, etc.

QUADRO III – **Conselhos de Imprensa Europeus** *(continuação)*

País	Composição	Financiamento	Âmbito de intervenção	Tipos de *Media*	Sanções
Dinamarca: Pressenaevnet (Conselho de Imprensa)	Estado Jornalistas Proprietários Rep. exteriores aos *media*	Proprietários Estado	Queixas	Alargado	Divulgação Publicação Multas Prisão
Espanha -Catalunha: Consell de la Informacio de Catalunya (Conselho da Informação da Catalunha)	Jornalistas, Poprietários Rep. exteriores aos *media*	Pelos membros	Alargado	Alargado	Divulgação Publicação
Eslovénia: Drustva novinarjev Slovenije (Associação dos Jornalistas da Eslovénia)	Jornalistas Proprietários	Jornalistas	Alargado	Alargado	Censura Expulsão
Estónia: Avaliku Sõna Nõukogu (Conselho de Imprensa da Estónia)	Jornalistas Proprietários Rep. exteriores aos media	Pelos membros Estado financia alguns projetos	Alargado	Alargado	Divulgação Publicação
Finlândia: Julkisen Sanan Neuvosto (Conselho para os Mass Media)	Jornalistas e Proprietários Rep. exteriores aos *media*	Jornalistas Proprietários Estado	Alargado	Alargado	Divulgação Publicação
Grã-Bretanha: Press Complaints Commission (Comissão de Queixas de Imprensa)	Proprietários Público	Proprietários	Queixas	Imprensa	Publicação
Holanda: Raad voor de Journalistiek (Conselho de Imprensa)	Jornalistas Proprietários Rep. exteriores aos *media*	Jornalistas Proprietários	Queixas	Alargado	Divulgação Publicação
Islândia: Sidanefnd Bladamannafélags Islands (Comissão de Ética do Sindicato dos Jornalistas Islandeses)	Jornalistas Rep. exteriores aos *media*	Jornalistas	Queixas		Divulgação

QUADRO III – **Conselhos de Imprensa Europeus** (*continuação*)

País	Composição	Financiamento	Âmbito de intervenção	Tipos de *Media*	Sanções
Itália: Ordine Nazionale dei Giornalisti (Ordem Nacional dos Jornalistas)	Jornalistas	Jornalistas	Alargado	Alargado	Advertência Censura Suspensão Expulsão
Kosovo: Käshilli i Mediave tä Shkruara tä Kosoväs (Conselho de Imprensa do Kosovo)	Proprietários Rep. exteriores aos *media*	Proprietários	Queixas	Imprensa	Divulgação Publicação Expulsão
Lituânia: Žurnalistų ir leidėjų etikos komisija (Comissão de Ética de Jornalistas e Proprietários)	Jornalistas Proprietários Rep. exteriores aos *media*	Estado	Alargado	Alargado	Divulgação Publicação
Luxemburgo: Conseil de Presse (Conselho de Imprensa)	Jornalistas Proprietários	Estado Jornalistas (se necessário) Outras	Alargado	Alargado	Divulgação
Macedónia: зДРуЖEHHE HA HOBNHAPNTE HA МАКЕДOHNJA (Associação de Jornalistas da Macedónia)	Jornalistas	Jornalistas	Recebe e promove queixas	Alargado	Não especificado
Malta: Institut tal-Gurnalisti Maltin (Associação dos Jornalistas Malteses)	Jornalistas Rep. exteriores aos *media*	Jornalistas	Queixas	Alargado	Divulgação
Noruega: Pressens Faglige Utvalg (Comissão de Queixas de Imprensa)	Jornalistas Rep. exteriores aos *media*	Jornalistas Proprietários Rep. exteriores aos *media*	Queixas	Alargado	Publicação
Suécia: Pressens Opinionsnämnd (Conselho de Imprensa Sueco)	Jornalistas Proprietários Rep. exteriores aos *media* Ombudsman	Jornalistas Editores	Recebe e promove queixas	Alargado	Publicação Multas

QUADRO III – **Conselhos de Imprensa Europeus** *(continuação)*

País	Composição	Financiamento	Âmbito de intervenção	Tipos de *Media*	Sanções
Suíça: Schweizer Presserat/ Conseil Suisse de la Presse/ Consiglio Svizzero della Stampa (Conselho Suíço da Imprensa)	Jornalistas Rep. exteriores aos media	Jornalistas e outras contribuições	Alargado	Alargado	Divulgação
Turquia: Basin Konseyi (Conselho de Imprensa)	Jornalistas Rep. exteriores aos *media*	Jornalistas Proprietários Outros membros (Exclui o Estado)	Alargado	Alargado	Divulgação
Rússia: _____ ___ (Grande Júri)	Jornalistas Rep. exteriores aos *media*	Jornalistas	Alargado	Alargado	Divulgação

6.2. Breve história dos conselhos de imprensa

O primeiro conselho de imprensa foi criado em 1916, na Suécia. Na Finlândia, surge também um conselho de imprensa em 1927, alargado, em 1968, aos restantes *media*. Os jornalistas noruegueses seguiram o exemplo finlandês, um ano mais tarde (1928), tendo procedido à sua reformulação em 1972. Contudo, a exemplo do que se passou com a adoção dos códigos deontológicos, é sobretudo a partir da II Guerra Mundial que vemos aparecer um número significativo de conselhos de imprensa. Datam dessa altura os conselhos esloveno (1944) e holandês (1948). A Comissão Hutchins, nos EUA, e a Primeira Comissão Real sobre a Imprensa, na Grã-Bretanha, deram um contributo importante para a discussão acerca da importância dos conselhos de imprensa. A Comissão Hutchins, no seu relatório de 1947, recomendou a criação de uma «nova e independente organização», cujo papel seria avaliar e reportar anualmente as actividades da imprensa. De acordo com o espírito da comissão, deveria tratar-se de uma organização independente do governo e dos *media*, financiada por doações e devidamente auditada, com o objetivo de elevar os padrões globais de exigência dos públicos e da qualidade dos *media*[394]. As propostas deram origem, em 1973, ao *National News Council*, não sem antes levantar uma onda de protestos. Embora considerada a mais importante declaração sobre os *media*, no séc. XX, do ponto de vista filosófico[395], o documento mereceu vivas reações por parte de alguns proprietários, jornalistas e filósofos, que o encararam como uma ameaça à I Emenda da Constituição dos EUA. Esta polémica acabaria por marcar a própria história do *National News Council* que, em 1984, viria a encerrar as portas, por falta de financiamento e de «unanimidade suficiente para assegurar definitivamente o seu futuro»[396]. No entanto, nos EUA, os conselhos de imprensa acabariam por se afirmar ao nível regional[397], a exemplo do que aconteceu no Canadá[398].

No mesmo ano da publicação das conclusões do Relatório Hutchins, forma-se, na Grã-Bretanha, a Primeira Comissão Real sobre a Imprensa, com o objetivo de promover a liberdade de expressão no jornalismo escrito e melhorar os seus níveis de rigor na apresentação das notícias. A comissão mostrava-se particularmente preocupada com a estrutura financeira das empresas e as tendências monopolísticas verificadas no setor e propunha-se analisar as formas de controlo, administração e propriedade dos jornais e das agências noticiosas[399]. No seu relatório de 1949, sugeria-se a criação de um órgão de autorregulação da imprensa para prevenir as derrapagens éticas e combater as tendências de concentração industrial[400]. A comissão fazia ainda notar que a imprensa não tinha nenhuma instituição que a representasse no seu conjunto e estranhava o facto de ela não dar relevância à definição de altos padrões de qualidade, a exemplo do que acontecia com outras instituições com a mesma relevância social[401]. Apesar de o relatório não ter efeitos imediatos, a iminência de uma regulação por via legislativa levou jornalistas e proprietários de jornais a formarem, em 1953, o *General Council Press*, considerado o modelo inspirador de vários outros conselhos

---

[394] THE COMMISSSION ON FREEDOM OF THE PRESS, *A Free and Responsible Press*, op. cit., p. 100 e ss.
[395] Na opinião de E. B. LAMBETH, *Periodismo Comprometido – Un código de ética para la profesión*, México, Limusa/Noriega Editores, 1992, p. 21.
[396] H. AZNAR, *Comunicação Responsável*, op. cit., p. 236.
[397] Honolulu (1970), Minnesota (1971), Washington (1998), Nova Inglaterra e Califórnia do Sul (2006).
[398] Quebeque (1971), Ontário (1972), Alberta (1972), Marítimas (1980), Colômbia Britânica (1983) e Manitoba (1984).
[399] C. FROST, *Media Ethics and Self-Regulation*, op. cit., p. 175.
[400] H. AZNAR, *Comunicação Responsável*, op. cit., p. 228.
[401] Apud, Chris FROST, *Media Ethics and Self-Regulation*, op. cit., p. 175.

de imprensa modernos[402], a começar pelo *Deutscher Presserat*, fundado em 1956, na Alemanha Federal.

Na Turquia[403], em 1960, e, um ano depois, na Coreia do Sul, surgiram os primeiros conselhos de imprensa a incluir membros não-profissionais – ambos constituídos com a ajuda do *International Press Institut* – muito embora, afirma Bertrand, nas democracias industrializadas, não se tivesse prestado qualquer atenção a estas experiências, muito breves e pouco consideradas, provenientes do denominado «Terceiro Mundo»[404].

Alguns autores identificam a década de 80 como um período de relativa crise dos conselhos de imprensa, onde não apareceu nenhuma nova organização de âmbito nacional[405], à exceção do conselho de imprensa turco, extinto em 1968 e ressurgido em 1988[406].

O grande crescimento dos conselhos de imprensa deu-se na década de 90 e, em particular, nos primeiros cinco anos do séc. XXI. De acordo com o último estudo, efetuado, em 2007, por C.-J. Bertrand, datam deste último

---

[402] J. LEPRETTE e H. PIGEAT, *Éthique et Qualité de l'Information*, op. cit., p. 36.
[403] Este conselho de imprensa assumia a forma de um tribunal de honra (*Basin Seref Davani*). A sua composição incluía «não-profissionais», não obstante estes não representarem necessariamente o público. O Conselho de Imprensa turco extinguiu-se em 1968 [C.-J. BERTRAND, *L'Arsenal de la Démocratie*, op. cit., pp. 94 e 111.].
[404] Op. cit., 95.
[405] David PRITCHARD, «A quoi servent les conseils de presse et les ombusdsmen», in Jean-Marie CHARON (org.) e Florian SAUVAGEAU (colab.), *L'État des Médias*, Paris, La Découverte/Médiaspouvoirs/CFPJ, 1991, p. 281.
[406] Para a Turquia http://basinkonseyi.org.tr/eski/modules.php?name=Content&pa=showpage&pid=29. Para além da Turquia, Nordenstreng data deste período os conselhos de imprensa do Luxemburgo (1980), Malta (1989), Polónia (1984), Bélgica (1985), Grécia (1989). Mas segundo os dados por nós recolhidos, o Conselho de Imprensa luxemburguês foi oficialmente criado por uma lei de 20 de dezembro de 1979. Sobre o caso Polaco, data de 1984 (Lei de Imprensa de 26 de janeiro) o início das reformas legislativas que consagrarão o pluralismo da informação e que, com a alteração legislativa de 1990, determinarão o fim da censura. Não temos qualquer registo da existência de um conselho de imprensa anterior a 1996 e temos sérias dúvidas que organizações eventualmente existentes antes da abolição da censura possam ser consideradas dentro do quadro de uma definição aceitável de conselho de imprensa. Quanto ao caso belga, não existe nenhum organismo de autorregulação do jornalismo de âmbito nacional. Mesmo no caso das entidades reguladoras independentes para o audiovisual, a sua intervenção está dividida entre a comunidade francófona e flamenga. No que se refere à Grécia, a referência de Nordenstreng diz respeito ao *Conselho Nacional de Radiodifusão para a Rádio e Televisão*. Trata-se de uma autoridade administrativa independente, cujos membros são eleitos pelo parlamento, e autores como C.-J. Bertrand têm uma compreensível relutância em considerá-la dentro da definição de Conselho de Imprensa.

período 18 novos conselhos, embora dois deles estivessem inoperacionais[407].

Em 1992, os conselhos de imprensa formaram a *World Association of Press Councils* (WAPC), uma instituição que reúne um conjunto heterogéneo de organizações. Em 1998, durante a VII Conferência, em Istambul, foi proposta a redação de um código internacional de deontologia e a realização de um conselho de imprensa internacional. A proposta de uma regulação supranacional foi fortemente contestada por vários organismos representados, nomeadamente o *American Society of Newspapers Editors*, o *World Press Freedom Commitee, Reporters Sans Frontières*, numa discussão que pareceu reeditar, na expressão de Huteau e Pigeat, as polémicas em torno da Nova Ordem Mundial da Informação e da Comunicação[408]. Mas mais importante, estes acontecimentos acabaram por conduzir ao distanciamento e mesmo ao autoafastamento de várias organizações como o *Press Complaints Commission* que, em 1999, surge como um dos fundadores da *Alliance of Independent Press Councils of Europe*, um organismo descrito como um grupo de conselhos de imprensa europeus independentes, opostos a qualquer forma de código global[409].

6.3. Críticas ao modelo dos conselhos de imprensa

Apesar dos aspetos positivos que sobejamente se lhes reconhecem, os conselhos de imprensa nem por isso deixam de ser objeto de algumas críticas. Em primeiro lugar, por parte dos que defendem que a liberdade de imprensa se deve reger pelos mesmos princípios de uma conceção libertária da liberdade de expressão. Para estes, toda a tentativa de regulação que vá para além das motivações estritamente individuais assemelha-se a uma ameaça. Em segundo lugar, também para aqueles que consideram que a liberdade de expressão tem naturalmente limites que devem ser estabelecidos, preferencialmente, por via de uma autorregulação, os conselhos de imprensa não estão isentos de reparos. Particular ênfase é colocada em aspetos relacionados com a ausência de eficácia na persecução dos seus

---

[407] Segundo o levantamento efetuado por C.-J. BERTRAND, «Press councils in the world – 2007», in URL, *op. cit.*

[408] H. PIGEAT e J. HUTEAU, *Déontologie des Médias, op. cit.*, p. 36. Sobre este assunto recomendamos, nomeadamente, M. MESQUITA, *O Quarto Equívoco, op. cit.*, pp. 173 a 184 e Armand MATTELART, *Comunicação-Mundo – História das ideias e das estratégias*, Lisboa, Piaget, s.d., pp. 239 a 245.

[409] Press Complaints Commission, *2000 Annual Review*, in URL: http://www.pcc.org.uk/about/reports/2000/intenreport.html (02/08/2009).

objetivos e a falta de poderes de sanção, tais como a aplicação de multas[410]. Para além disso, o facto de muitos conselhos apenas se referirem à imprensa e não aos *media* em geral é outro aspeto objeto de crítica, colocando-se, também aqui, a questão de se saber até que ponto é legítimo separar a autorregulação do jornalismo impresso, audiovisual, ou mesmo digital, num contexto geral marcado pela convergência multimédia. Do mesmo modo, constata-se que a atividade de muitos conselhos de imprensa está centrada nas questões referentes à análise das queixas contra os jornalistas, em detrimento de outros aspetos, igualmente relevantes, como a concentração da propriedade na área dos *media*, os efeitos da excessiva concorrência comercial e as políticas nacionais de comunicação. Para além disso, a sua composição nem sempre é representativa dos interesses sociais que intervêm no campo dos *media*, pelo que a sua legitimidade e, por vezes, mesmo a sua independência é questionada. Por isso, Bertrand sugere um modelo alargado de conselhos de imprensa, onde intervenham as diferentes partes com interesse nos *media*.

Uma das razões que poderá explicar o reduzido impacte dos conselhos de imprensa prende-se com as dificuldades de financiamento, facto que leva Bertrand a considerar que eles deverão ser também financiados pelo «grande público» e pelo Estado, na condição de isso não pôr em causa a independência destes organismos[411].

Referindo-se ao *Press Complaints Commission* britânico, K. Sanders considera que uma solução para tornar mais eficaz o seu poder de influenciar o comportamento dos *media*, no plano deontológico, passa por reforçar a componente das sanções, de forma a tornar o sistema mais consequente. Esses mecanismos podem ser assumidos no interior das organizações autorreguladoras, a exemplo do que acontece no caso sueco[412], como forma de impedir a «cultura do jornalismo de agressão reinante»[413] nos tablóides britânicos. Porém, para Sanders, o problema não passa necessariamente por mudar o sistema regulatório da imprensa, salientando que, também em países onde o jornalismo enfrenta uma forte regulação legal, como o caso

---

[410] H. PIGEAT e J. HUTEAU, *Déontologie des Médias, op. cit.*, p. 36.

[411] C.-J. BERTRAND, «Pour un conseil de presse idéal», *in* URL: http://www.alianca-jornalistas.net/IMG/doc_C_de_P_ideal_en_FR.doc. (28/12/2007).

[412] Karen SANDERS, *Ethics & Journalism*, Londres, Thounsand Oaks, Nova Deli, Sage Publications, 2006, p. 146.

[413] Segundo a expressão utilizada por alguns jornais britânicos para se demarcarem do jornalismo praticado pelos tablóides. *Apud*, F. BALLE, *Médias et Societé, op. cit.*, p. 292.

francês, não parece existir uma diminuição das críticas efetuadas à imprensa. Sanders considera, apesar de tudo, que desde o seu aparecimento, em 1991, o *Press Complaints Commission* acabou por criar um *corpus* de jurisprudência que a imprensa britânica terá sempre dificuldade em ignorar. E acrescenta que a criação de condições de debate sobre a ética é um dos maiores legados da experiência de autorregulação nos últimos anos, na Grã-Bretanha, que certamente não deixou de se refletir na melhoria de algumas práticas do jornalismo[414].

Mais crítico, Frost, na análise que faz sobre autorregulação da imprensa britânica, mostra bem como a sua tão elogiada história se fez, de facto, sob a pressão e as ameaças constantes do Estado e, por vezes, foi uma consequência direta das tensões existentes entre o jornalismo, a indústria dos *media* e o Estado. O facto de a autorregulação na Grã-Bretanha ter ficado aquém das propostas das comissões reais sobre a imprensa de 1947, 1963 e de 1977, acabou por colocá-la sob a pressão permanente daqueles que consideravam que os excessos da imprensa só poderiam ser estancados por via de um organismo regulador. Este ponto de vista viria a ser reforçado pelas conclusões do relatório da *Comissão Calcutt sobre a Privacidade e Questões Afins*, apresentado em junho de 1990.

Grosso modo, as críticas incidiram sobre questões como a falta de representatividade social do conselho, ineficácia das suas decisões, falta de repercussão pública, falta de iniciativa em liderar processos contra a imprensa, recusa em reger-se por um código ético formal e, quando finalmente o adotou, a partir de 1991, resistência em aceitar as propostas dos representantes do público, sob a alegação de que o código deontológico era o cerne da autorregulação da imprensa, pelo que ele não deveria estar sujeito a interferências externas[415].

De resto, as grandes mudanças verificadas no sistema de autorregulação da imprensa britânica tiveram por detrás as iniciativas das comissões reais e a pressão do poder político. Como vimos, a fundação do *General Press Council* foi precedida pela primeira Comissão Real sobre a Imprensa. Mas a sua reformulação, em 1963, que deu origem ao *Council Press* – onde, pela primeira vez, entram cinco representantes exteriores dos *media*, num total de 20 –, bem como as alterações profundas que estiveram na base do atual *Press Complaints Commission*, com poderes mais reduzidos relativamente aos

---

[414] Karen SANDERS, *Ethics & Journalism, op. cit.*, p. 148.
[415] C. FROST, *Media Ethics and Self-Regulation, op. cit.*, pp. 175 a 188.

anteriores conselhos[416], foram sempre muito pressionadas do exterior. Esta resistência em assumir plenamente as consequências de uma autorregulação fez com que o *National Union of Journalists*, que representa grande parte dos jornalistas britânicos, decidisse abandonar, em 1980, o *Press Council* – do qual foram membros fundadores, juntamente com os empresários –, em desespero de causa, pela falta de acolhimento das propostas efetuadas pelas comissões reais, não obstante as alterações introduzidas ao longo dos anos[417].

Estes factos não deixam de levantar algumas questões sobre a capacidade de uma verdadeira autorregulação da imprensa britânica. Referindo-se às reformas introduzidas pela *Press Complaints Commission*, em 1990, a Comissão Calcutt, num segundo relatório elaborado em 1993, insistia na sua falta de independência, ineficácia e incapacidade de estabelecer um código de conduta que lhe permitisse «comandar não apenas a imprensa mas também a confiança da opinião pública»[418]. F. Balle referia, em 1997, que as resistências a uma verdadeira autorregulação permitiram à imprensa tablóide britânica continuar a satisfazer, «sem problemas, cada uma das curiosidades menos honrosas dos seus leitores»[419]. Referindo-se ao período em que os *media* estiveram sobre forte pressão, após a morte da Princesa de Gales, Diana Spencer, C. Frost e K. Sanders notam como, apesar dos compromissos assumidos pela imprensa quanto à não-aceitação de fotos dos paparazzi e à adoção de uma atitude de maior contenção relativamente aos assuntos privados da casa real, tudo voltou ao mesmo decorridos alguns anos[420]. Por tudo isto, Bertrand defendia que já era tempo de os conselhos

---

[416] A proposta de redução do âmbito do *Press Complaints Commission*, efetuada por Calcutt, partia do pressuposto que um conselho com uma ação mais focalizada permitiria ganhos em termos de eficiência [J. CURRAN e J. SEATON, *Imprensa, Rádio e Televisão, op. cit.*, p. 352.].

[417] A título de exemplo, refira-se que das 12 recomendações efetuadas pela Terceira Comissão Real Sobre a Imprensa, nove delas foram rejeitadas, incluindo as mais importantes, no parecer de Curran e Seaton, até que, perante novas ameaças de legislação por parte do Governo, o Conselho de Imprensa britânico procedeu a novas, relutantes, pequenas e tardias reformas [J. CURRAN e J. SEATON, *Imprensa, Rádio e Televisão, op. cit.*, pp. 351-352.]. Os jornalistas só regressariam à comissão em 1989, cerca de um ano antes do *Council Press* ser extinto, dando lugar ao *Press Complaints Commission*, da qual os jornalistas não tomarão parte [C. FROST, *Media Ethics and Self-Regulation, op. cit.*, pp. 188 e 189.].

[418] *Apud*, J. CURRAN e J. SEATON, *Imprensa, Rádio e Televisão, op. cit.*, p. 353.

[419] F. BALLE, *Médias et Societé, op. cit.*, p. 292.

[420] C. FROST, *Media Ethics and Self-Regulation, op. cit.*, p. 203; e K. SANDERS, *Ethics & Journalism, op. cit.*, p. 194.

de imprensa no mundo deixarem de tomar o caso britânico por referência, alegando que ele estava longe de poder servir de modelo[421]. Tom O'Malley e Clive Soley são mesmo da opinião que se o modelo de autorregulação da imprensa em vigor na Grã-Bretanha ainda subsiste é porque, nos anos 90, os políticos não tiveram coragem de afrontar os interesses das empresas do setor, com receio de provocar a sua «virulenta hostilidade», a exemplo do que acontecera com os trabalhistas, nos anos 80 e início de 90[422]. Os autores consideram que as questões relacionadas com a liberdade de imprensa sofreram uma viragem nos últimos cem anos. Enquanto, no séc. XIX, a defesa da liberdade de expressão e de imprensa passava por defender a imprensa do poder político e do Estado, no séc. XX os desafios passam por proteger essas liberdades do poder económico adquirido, entretanto, pela indústria dos *media*. Neste novo quadro, o sistema britânico de autorregulação da imprensa pode assemelhar-se à imagem da raposa que guarda a capoeira, pelo que, defendem O'Malley e Soley, o *Press Complaints Commission* deveria ser substituído por uma autoridade independente e um modelo de regulação mista, mais próximo do da maioria dos restantes países europeus.

As críticas efetuadas aos conselhos de imprensa, em geral, e ao *Press Complaints Commission*, em particular, coincidem, *grosso modo*, com os reparos feitos aos sistemas de autorregulação, no que toca aos riscos inerentes ao seu fechamento corporativo e à sua falta de eficácia. No caso da história do *Press Complaints Commission*, parece-nos que estamos perante um exemplo de captura da autorregulação pelos interesses corporativos que lhe deram origem, nomeadamente, neste caso concreto, dos empresários[423].

Cornu chama a atenção para o facto de o papel dos conselhos de imprensa comportarem uma grande dose de ambiguidade, na medida em que eles tendem a ser conotados, aos olhos da opinião pública, como um produto dos interesses que estiveram na base da sua constituição[424], ou seja, o Estado, os profissionais e os proprietários dos *media*. Com efeito, se a autorregulação pretende prevenir os efeitos nefastos da regulação direta do Estado, ela deve ser também pensada como uma forma de impedir que os

---

[421] C.-J. BERTRAND, *L'Arsenal de la Démocratie, op. cit.*, p. 108.
[422] Tom O'MALLEY e Clive SOLEY, *Regulating the Press*, Londres e Sterling, Pluto Press, 2000, pp. 179 e 180.
[423] *Op. cit.*, p. 178.
[424] D. CORNU, *Journalisme et Vérité, op. cit.*, p. 130.

media sejam orientados apenas pelos critérios do mercado[425] ou se constituam como «uma cortina de fumo» protetora dos jornalistas relativamente às críticas externas[426].

Apesar de ser um vivo defensor das potencialidades dos conselhos de imprensa, C.-J. Bertrand fez-lhes, a nosso ver, uma das críticas mais demolidoras:

> «No Norte da Europa e nos antigos domínios da Grã-Bretanha, os conselhos de imprensa existem, é verdade, mas não se pode dizer que tenham um papel importante. Em que é que os conselhos holandês, dinamarquês, alemão ou norueguês melhoraram, no que quer que seja, os *media*? O conselho australiano limitou a concentração de 60 por cento da difusão dos diários nas mãos do grupo Murdoch? Que papel desempenhou o conselho britânico na revolução dos anos 80, durante o brutal declínio dos sindicatos retrógrados e o nascimento de novos jornais como o *The Independent*? Quando há alguns anos perguntei aos próprios conselhos sobre qual fora a sua melhor realização, as respostas foram deprimentes: em caso algum um conselho de imprensa podia vangloriar-se de ter claramente participado num progresso dos *media*»[427].

Em termos gerais, parece-nos ser possível concluir que os conselhos de imprensa tiveram uma origem heterogénea e isso reflete-se nas suas diferentes formas de organização e funcionamento. No entanto, desde cedo que eles visaram dois objetivos principais: em primeiro lugar, responder à necessidade de se criar instrumentos capazes de tornarem mais efetivas as normas deontológicas e, em segundo lugar, constituir plataformas de diálogo entre os diferentes intervenientes dos *media*. Essa preocupação está patente logo nos primeiros conselhos sueco, finlandês e norueguês. É igualmente notável o número de conselhos que tiveram origem em iniciativas de jornalistas interessados em afirmarem a profissão numa tradição liberal e preocupados com as derrapagens deontológicas que punham em causa o seu reconhecimento. Ainda que por outras razões, os proprietários, receosos da regulação do setor pelo Estado, também foram protagonistas de algumas destas iniciativas. De forma geral, os conselhos têm evoluído para organizações mais complexas de funcionamento, quer através da integração

---

[425] J. LEPRETTE e H. PIGEAT, *Éthique et Qualité de l'Information*, op. cit., p. 32.
[426] C. JONES, *Déontologie de l'Information, Codes et Conseils de Presse*, op. cit., p. 18.
[427] C.-J. BERTRAND, *L'Arsenal de la Démocratie*, op. cit., p. 105.

de modelos mais alargados de representatividade dos diferentes interesses presentes no campo dos *media*, quer ainda pelo alargamento do seu âmbito de ação (imprensa, audiovisual e multimédia). Em alguns casos, estão representados, direta ou indiretamente, os interesses do próprio Estado, dando lugar a diferentes formas de corregulação, como forma de ultrapassar os limites do modelo exclusivamente centrado quer na regulação quer na autorregulação dos jornalistas e da indústria dos *media*.

6.4. Para um modelo "ideal" de conselho de imprensa

Na sua proposta de definição de um conselho de imprensa "ideal"[428], Bertrand parece ver estes organismos como estruturas representativas alargadas capazes de integrar pessoas e organizações preocupadas em melhorar os serviços prestados pelos *media*. São exemplo disso os provedores dos leitores[429], as organizações de jornalistas e as diferentes formas de representação do público. Os conselhos de imprensa deveriam, ainda, incluir sistemas inspirados na crítica interna e externa dos *media*, tal como projetos de jornalismo crítico e de investigação académica, desenvolver centros de documentação, parcerias com universidades e promover a realização de congressos e a edição de conteúdos. O seu papel não deveria ser apenas reativo, agindo em função de queixas apresentadas contra os *media*, mas incluir iniciativas próprias no plano ético e deontológico, sempre que as circunstâncias obrigassem a isso. Contudo, as suas funções não deveriam limitar-se a intervenções no campo ético e deontológico, mas alargar-se ao debate de problemas gerais, tais como a propriedade dos *media* e a política de comunicação em geral[430].

Ao contrário de Bertrand, muito reticente em ver o Estado presente nos conselhos de imprensa[431], Nordenstreng considera não existirem razões para que, num «projeto ecuménico» de um conselho de imprensa alargado, se exclua dogmaticamente representações oficiais e intergovernamentais, desde que as suas lideranças estejam nas mãos de pessoas ligadas aos *media*, incluindo professores de escolas de jornalismo[432]. De facto, manter o

---

[428] C.-J. BERTRAND, «Pour un conseil de presse idéal», *in* URL, *op. cit.*

[429] No caso da Suécia, o *Ombudsman*, instituído pelo Estado, tem assento no conselho de imprensa.

[430] C.-J. BERTRAND, *L'Arsenal de la Démocratie*, *op. cit.*, p. 91.

[431] C.-J. BERTRAND, «Pour un conseil de presse idéal», *in* URL, *op. cit.*; e C.-J. BERTRAND, *L'Arsenal de la Démocratie*, *op. cit.*, p. 93.

[432] K. NORDENSTRENG, «European landscape of media self-regulation», *Freedom and Responsibility Yearbook 1998/99*, *op. cit.*, p. 180.

Estado fora do processo, parece sustentável em organismos centrados na autorregulação que, embora defendendo interesses do público e dos consumidores, não tenham especiais responsabilidades na proteção dos direitos fundamentais. Como sustenta Victoria Camps, esta conceção confina a autorregulação a uma atitude prudencial, destinada apenas a determinar os comportamentos mais adequados, em cada situação concreta. Neste sentido, a autorregulação assume um papel subsidiário da lei, limitando-se a transpor princípios gerais para as condições específicas da prática profissional quotidiana, que a legislação se revela incapaz de abarcar na sua totalidade[433]. Ora, as propostas de Bertrand e Nordenstreng vão muito para além de um mecanismo de supervisão da ética e deontologia dos *media* ou uma comissão de queixas, para se transformar numa instituição de interesse público. Neste quadro, os conselhos de imprensa integram uma dimensão muito mais alargada, no sentido da promoção de «uma cultura moral»[434] no campo dos *media*, cuja tarefa deixou de dizer apenas respeito aos jornalistas.

Esta abordagem não se faz sem consequências: ela exige da parte de todos os implicados na produção dos conteúdos dos *media* a abertura para discutir a sua atuação em fóruns de maior concertação social; no que diz respeito aos jornalistas, ela implica a renúncia ao princípio segundo o qual, em matéria profissional, eles só devem aceitar «a jurisdição dos seus pares, excluindo toda a intrusão governamental ou outra»[435]. A propósito deste princípio que foi, desde cedo, uma reivindicação dos jornalistas a favor da sua autonomia profissional, diz Bertrand:

> «Nos nossos dias, uma tal atitude parece de tal forma deslocada da realidade que é um absurdo. Os jornalistas creem poder, sozinhos, garantir um jornalismo de qualidade (sinónimo, do meu ponto de vista, de um jornalismo deontológico ou de serviço público) – sem o acordo e o apoio dos seus empregadores? Acreditam que podem, por si só, lutar pela sua autonomia e por um serviço de qualidade contra a dupla ameaça política e comercial – sem o apoio maciço dos seus leitores e consumidores?»[436].

---

[433] V. CAMPS, «Instituciones, agencias y mecanismos de supervisión mediática», *in* J. CONILL SANCHO e V. GONZÁLEZ (coords.), *Ética de los Medios, op. cit.* p. 237.
[434] *Op. cit.*, p. 250.
[435] Conforme referem, entre outros, os códigos deontológicos do Sindicato Nacional dos Jornalistas franceses, desde a sua versão de 1918, e o da Federação Internacional de Jornalistas.
[436] C.-J. BERTRAND, *L'Arsenal de la Démocratie, op. cit.*, p. 115.

A necessidade da presença do Estado na regulação dos *media* é particularmente reivindicada por Feintuck e Varney, para quem os sistemas de autorregulação não são suficientes para "regularem" os órgãos de comunicação social e o jornalismo. Com efeito, sustentam, não está em causa apenas a constituição de mecanismos capazes de regular a concorrência, mas a prestação de um serviço público[437]. Para os autores, os modelos privados de regulação tendem a valorizar a eficiência, em detrimento dos impactes na cidadania. Exemplo disso é a autorregulação levada a cabo pelo *Press Complaints Commission*, tendo em conta o relativamente reduzido impacte da sua atuação na mudança do comportamento da imprensa britânica[438].

Embora a história da regulação dos *media* tenha sido feita de forma reativa às inovações tecnológicas e comerciais, Feintcuk e Varney criticam o facto de essa estratégia não ter conseguido, sequer, travar a concentração dos *media* em países como a Itália, a Alemanha ou os EUA[439]. Neste último caso, as garantias de liberdade de expressão dos indivíduos, que impedem o Estado de qualquer intervenção nos *media*, têm, de facto, servido para os grandes grupos de *media* aumentarem o seu poder[440].

No que aos *media* diz respeito, as políticas de "desregulamentação" e de privatização encetadas desde os anos 80, nas democracias liberais do Ocidente, nomeadamente na União Europeia, mais preocupadas em promover o acesso universal do que em intervir nos conteúdos, não nos permitem prever uma grande alteração nas políticas de regulação, no futuro. Porém, Feintuck e Varney defendem uma nova abordagem nesta matéria, insistindo que os conteúdos dos *media* não podem ser considerados uma mercadoria como as outras. A não intervenção nos conteúdos parte do pressuposto errado de que o mercado é neutro e tende a esquecer o poder que os interesses económicos têm em destruir as esferas não comerciais da vida pública, essenciais para a democracia[441], submetendo-as às lógicas do lucro. Prova disso é a crise por que passa o serviço público de rádio e televisão, em muitos países da Europa, onde os seus valores surgem, muitas vezes, confundidos com os das audiências[442].

---

[437] M. FEINTUCK e M. VARNEY, *Media Regulation*, op. cit., p. 236.
[438] *Op. cit.*, p. 202.
[439] *Op. cit.*, p. 251.
[440] *Op. cit.*, p. 271.
[441] *Op. cit.*, p. 254.
[442] *Op. cit.*, p. 255-246.

Conclusão

Não devemos esperar da autorregulação aquilo que ela não é, nem pode dar. Ela não tem a força da lei e, no caso do jornalismo, está, em grande parte, marcada pelos interesses corporativos da indústria dos *media* e dos profissionais. Exigir demasiado da autorregulação do jornalismo é o primeiro passo para acabar com ela. A autorregulação pensada como a panaceia capaz de acabar com todos os problemas do jornalismo é uma miragem que só pode conduzir a sentimentos de frustração e, por consequência, à tentação de reforçar a regulação legislativa. Os conselhos de imprensa parecem-nos conter as bases para levar mais além o modelo de autorregulação do jornalismo, tendo em conta o seu potencial de diálogo. Mas não deixa de ser sintomático que, em rigor, a grande maioria dos conselhos de imprensa dificilmente caiba num conceito estrito de autorregulação. Quando muito, e nas suas formas mais cooperativas, os conselhos de imprensa refletem formas de autorregulação dos *media* que vão para além do âmbito estrito do jornalismo. Por isso, quando muitas vezes deles dizemos que são formas mais completas de autorregulação, apenas estamos, na realidade, a sublinhar os limites de uma autorregulação profissional, ou dos *media*, centrada apenas na perspetiva dos jornalistas.

O atual cenário de fragmentação e pulverização de mecanismos de autorregulação que caracteriza o campo dos *media* pode ser um sintoma de vitalidade de opiniões que, no entanto, pode também conduzir-nos a uma situação pós-Babel, onde todos falam mas ninguém se entende. Ainda que a reflexão autónoma daqueles que se preocupam com as questões dos *media* deva ser sempre preservada – venha ela dos profissionais, dos centros de investigação ou de qualquer outra instância coletiva ou individual –, parece-nos que a credibilidade dos sistemas de autorregulação profissional passa pela necessidade de tornar mais efetivos os diferentes debates que se realizam no domínio público, no sentido de estabelecer pontos de contacto e evitar que as discussões continuem a processar-se de forma inconsequente e em círculos mais ou menos fechados. Isto exige que os *media* e os jornalistas, por um lado, e os Estados, por outro, estejam dispostos a abrir mão das prerrogativas que a autorregulação concede aos primeiros e que a regulação legislativa assegura aos segundos e construam um modelo alternativo de governação participada.

Os conselhos de imprensa contêm as bases para esse projeto, desde que eles possam ser repensados, de modo a deixarem de ser apenas um instrumento de defesa corporativa e sejam entendidos como um instrumento de diálogo e de debate sobre os *media* no seu conjunto – e não apenas setorialmente. Para além disso, os conselhos de imprensa necessitam de se transformar em fóruns representativos dos diferentes interesses implicados na informação jornalística – profissionais, proprietários, consumidores, publicitários, investigadores, e representantes da sociedade civil –, com capacidade de fazerem repercutir nos *media* as suas discussões. Esses organismos deveriam, por isso, ser mais do que comissões que analisam queixas contra os *media* e os jornalistas. Deveriam também ser capazes de promover um debate vibrante, em torno de questões sensíveis e com vista ao estabelecimento de entendimentos, tanto mais necessários quando falamos de uma profissão cuja legitimidade lhe advém, sobretudo, da sua dimensão de serviço público. O desafio é o de criar uma «cultura moral» ou uma nova *prudentia civilis*, no novo sentido que lhe atribuiu J. E. Pardo[443]. Em rigor, falamos da necessidade de alargar a discussão sobre a deontologia do jornalismo a um âmbito mais próximo de uma *infoética* ou de uma *mediaética*.

Este modelo alargado de responsabilidade no campo dos *media* tem, a nosso ver, a vantagem de colocar o problema do jornalismo em bases novas: se a autorregulação se constituiu como um modelo para travar o controlo do poder político sobre os *media*, ela não preserva a comunicação pública dos interesses corporativos dos proprietários e dos jornalistas. A abertura dos conselhos de imprensa à sociedade civil permite redistribuir o equilíbrio de forças no seu seio e reforçar a sua legitimidade. No entanto, a presença de uma forte componente socioprofissional nestes organismos e de altos padrões de exigência de profissionalismo e de serviço público é também um fator capaz de travar os riscos de uma comunicação entendida apenas numa lógica das maiorias e ao mero serviço *do* público e das audiências.

No que toca especificamente aos jornalistas, esta posição implica uma atitude pró-ativa, procurando explorar novas formas de realização dos objetivos de serviço público e renovar os fundamentos da sua legitimidade. Mas implica também repensar a expressão segundo a qual o jornalista só reco-

---

[443] *Prudentia civilis* era um conceito destinado a definir a auto-moderação das monarquias absolutas, de modo a evitar os efeitos contraproducentes do exercício ilimitado do poder do rei que lhe conferia, inclusivamente, o privilégio de estar acima da própria lei, de acordo com a máxima do jurista romano, Domício Ulpiano: *princeps legibus solutus est*. No entanto, de acordo com Bobbio, os juristas medievais consideravam que a máxima de Ulpiano se aplicava aos costumes e às leis positivas, mas não às leis divinas e naturais que abrangiam todos, sem exceção [Norberto BOBBIO, *Le Futur de la Démocratie*, Paris, Seuil, 2007, p. 222.]. Para Pardo, o conceito de uma nova *prudentia civilis* pode ser aplicado à autorregulação dos poderes adquiridos por alguns setores sociais, conscientes dos efeitos perversos e disfuncionais que podem resultar do seu uso excessivo, desordenado e irresponsável [J. E. PARDO, *Autorregulación, op. cit.*, pp. 22 a 24.].

nhece a jurisdição dos seus pares. Este princípio tem todo o sentido num contexto em que a profissão é entendida como a principal linha defensiva face aos poderes económicos, políticos, sociais e fácticos, com origem, nomeadamente, no Estado, nos proprietários, na publicidade, nas audiências e na tecnologia. Mas julgamos ter já aqui adiantado razões para duvidar que os profissionais estejam em condições de se apresentarem como os únicos guardiões do templo. A tentativa de responder aos problemas do jornalismo, recorrendo a um sistema exclusivamente centrado na autorregulação, tem origem numa conceção liberal da liberdade de expressão que, a nosso ver, já não é capaz de responder às condições comunicativas resultantes das pressões presentes no campo dos *media*. Estas questões serão objeto da análise dos próximos capítulos.

III
Economia dos *media*, inovação tecnológica e autonomia profissional

Segundo Zygmunt Bauman, o mercado transforma em produto de consumo tudo aquilo em que toca, quer as coisas, quer os próprios meios utilizados com o objetivo de escapar ao seu domínio[444]. Ao mercado coube, deste modo, a atualização, na época contemporânea, do antigo desejo do rei Midas de transformar em ouro tudo em que tocava.

Numa época em que se assiste a um processo de mercadorização generalizada das sociedades[445], a expressão de Bauman assume particular acuidade para o debate em torno da autonomia do jornalismo. Trata-se, no fundo, de saber até que ponto o jornalismo é capaz de se preservar dos efeitos do mercado, evitando a transformação da informação em mera mercadoria. Esse desafio é tanto maior quanto os conteúdos jornalísticos comungam de uma dupla realidade que resulta do facto de eles poderem ser, simultaneamente, entendidos como um bem comum e/ou um produto comercial. É essa dupla dimensão económica e pública dos conteúdos informativos que torna o exercício do jornalismo numa profissão vulnerável

---

[444] Zygmunt BAUMAN, *La Vie Liquide*, Rodcz, Le Rouergue/Chambon, 2006, p. 117.
[445] Jeremy RIFKIN, *La Era del Acceso – La revolución de la nueva economía*, Barcelona, Buenos Aires, México, Paidós, 2002, p. 137 e ss; Sennett salienta como, no mercado globalizado, os contactos sociais entre agentes económicos se desenvolvem, preponderantemente, no domínio das transações e não no das relações humanas [Richard SENNETT, *La Cultura del Nuevo Capitalismo*, Barcelona, Editorial Anagrama, 2006, p. 51.].

à cobiça de Midas. Mas será a sua presença suficiente para transformar os jornalistas em operários e a sua produção em mera mercadoria?

Partimos para este capítulo, reconhecendo o pressuposto consagrado na bibliografia sobre a autonomia dos jornalistas. Embora «altamente condicionados», embora com uma «autonomia relativa», os jornalistas são participantes ativos na definição e na construção das notícias e, por consequência, na construção da realidade[446]. É o jornalista quem, em última instância, decide quem entrevista, que fontes contactar, que expressão dar a cada um dos intervenientes, que importância dar aos acontecimentos, que enfoque dar à notícia, que palavras utilizar... Certamente que isto se faz num contexto geral onde participam outros agentes sociais, componentes organizacionais, hierarquia e cultura profissional, para além de outros fatores gerais de ordem política e económica. Sem pôr em causa este pressuposto, propusemo-nos aprofundar os desafios que se colocam à autonomia dos jornalistas em resultado das transformações operadas pelo denominado *novo capitalismo*. Deste modo, pretendemos perceber melhor que autonomia pode o jornalismo reivindicar face à transformação das áreas do saber, da informação e do conhecimento num *capital intangível*, verdadeiro ponto nevrálgico da expansão do novo capitalismo.

Para analisarmos esta questão, começaremos por abordar os pressupostos teóricos subjacentes ao debate em torno de conceitos como o de sociedade da informação e de novo capitalismo. Esse procedimento permitir-nos-á perspetivarmos melhor o papel da informação e do jornalismo nas sociedades liberais contemporâneas. O desenvolvimento do capitalismo pôs em relevo o papel das profissões ligadas ao conhecimento, à informação e ao saber. Em termos teóricos, profissões como o jornalismo desempenham um papel charneira no contexto das sociedades da informação e do conhecimento, um facto que, em princípio, deveria reforçar os princípios da sua legitimidade e da sua autonomia profissional, cujos pressupostos foram lançados durante o final do séc. XIX e início do séc. XX. No entanto, as transformações proporcionadas pelas novas tecnologias no campo do trabalho e as próprias formas de produção das indústrias culturais devem levar-nos a problematizar esta perspetiva, tendo em conta os fenómenos de desqualificação que o jornalismo tem vindo a sofrer nas últimas décadas. Como chamam a atenção autores como Graham Murdock, Nicholas

---

[446] N. TRAQUINA, *O Que é Jornalismo?*, op. cit., p. 14.

Garnham e Mike Wayne[447], este facto contribuiu para reatualizar, no campo dos próprios *media*, algumas problemáticas em torno da questão das relações de produção e de classe, que pareciam relegadas para o sótão da ortodoxia marxista, conforme prognosticaram alguns teóricos que se debruçaram sobre o tema geral da sociedade da informação.

A compreensão deste tema permitir-nos-á, posteriormente, analisar as estratégias de desenvolvimento das indústrias culturais, à luz das transformações iniciadas a partir da década de 70 do séc. XX, com particular incidência para os aspetos relacionados com a ideologia neo-liberal, a recomposição da estrutura do capital das empresas de *media* e as novas tecnologias da informação e da comunicação. Esta abordagem partirá dos pressupostos desenvolvidos inicialmente a propósito da sociedade da informação e do novo capitalismo. Pretendemos perceber como esses novos conceitos poderão aplicar-se a uma indústria sujeita às especificidades inerentes à própria natureza dos conteúdos culturais e informativos, bem como as consequências que daí poderão advir sobre a sua produção e sobre as condições de exercício dos profissionais, nomeadamente ao nível da sua autonomia. Esta questão permitirá esclarecer o tema central deste capítulo: como contextualizar o discurso da autonomia e da autorregulação profissional no quadro geral do papel regulador dos Estados, das novas tecnologias, da recomposição da estrutura do capital das empresas de *media* e das novas exigências impostas à produção de conteúdos informativos e ao exercício do jornalismo?

1. Sociedade da informação e novo capitalismo

Segundo Armand Mattelart, duas controvérsias preparam os debates acerca da sociedade pós-industrial. A primeira prende-se com o debate em torno da sociedade de massas. Na realidade, não se trata de uma questão nova e as suas origens encontram-se já muito vivas no séc. XIX. Porém, ela surge particularmente renovada após a II Guerra Mundial, pelo debate da Escola de Francoforte acerca da indústria cultural ou, ainda, pelas discussões de Hannah Arendt, sobre a crise da cultura, e de David Riesman, a propósito da multidão solitária.

---

[447] Graham MURDOCK, «Reconstructing the ruined tower: contemporary communications and questions of class», *in* J. CURRAN e M.GUREVITCH (orgs.), *Mass Media and Society*, Londres, op. cit. pp. 13 a 26; Nicholas GARNHAM, *Capitalism and Communication – Global culture and the economics of information*, Londres, Newbury Park, Nova Deli, Sage Publications, 1990; Mike WAYNE, *Marxism and Media Studies – Key concepts and contemporary trends*, Londres, Pluto Press, 2003.

A segunda controvérsia prende-se com a própria ideia do fim das ideologias. Segundo Mattellart, o fim das ideologias surge na sequência do debate iniciado em 1955, na conferência de Milão, realizada no âmbito das ações do *Congresso Para a Liberdade da Cultura*. Sob o tema «O futuro da liberdade», autores como Raymond Aron, Daniel Bell, Colin Clarck, Seymour Martin Lipset, Edward Shills e Friedrich von Hayek procuraram pensar vias de emancipação do pensamento liberal e socialista, com vista à construção de «uma sociedade livre», a partir das condições proporcionadas pelo crescimento económico, o desenvolvimento tecnológico, a modernização e a ocidentalização das sociedades contemporâneas. Neste contexto, o pensamento liberal constituiu-se como uma crítica aos intelectuais de esquerda, acusados de cedência às teses milenaristas e à crença nas possibilidades redentoras do comunismo. No entanto, este debate acabará por enfermar do mesmo problema atribuído inicialmente aos intelectuais de esquerda. Com efeito, o pensamento liberal não deixará de se projetar como uma forma de milenarismo, através das teses do fim da História ou do fim das ideologias.

Não obstante as suas diferenças, as noções de sociedade do conhecimento, da informação, pós-capitalista, tecnotrónica, pós-fordista e pós-moderna[448] anunciam o advento do poder do saber, da ciência e da informação, associados também a formas de produção mais flexíveis. Krishan Kumar salienta que, enquanto as teses sobre o tema da sociedade da informação enfatizam as questões que se prendem com o tema das forças de produção, toda a problemática relacionada com o pós-fordismo dá mais destaque às relações de produção[449]. No entanto, quer uma quer outra perspetiva acabam por nos levar a questionar o papel das tecnologias no quadro das relações humanas que lhe determinam os usos e aplicações. Como sustenta Ramón Zallo, os debates acerca da sociedade da informação põem em evidência uma certa inevitabilidade das mudanças daí decorrentes, a superação da dualidade capitalismo/socialismo, através da crença nas possibilidades proporcionadas pelas novas tecnologias e, finalmente, a emergência de uma nova economia[450] assente nos serviços. Esta define-se pela proeminência das classes profissionais e técnicas e pelo convívio entre as grandes empresas, as unidades funcionais de reduzida dimensão e os ser-

---

[448] Acerca da discussão destas teorias veja-se Krishan KUMAR, *Da Sociedade Pós-Industrial à Pós-Moderna – Novas teorias sobre o mundo contemporâneo*, Rio de Janeiro, Jorge Zahar Editor, 1997.
[449] *Op. cit.*, p. 49.
[450] Para Mattelart, o conceito de nova economia impôs-se a partir de 1994 no discurso oficial [Armand MATTELART, «L'âge de l'information», *Réseaux*, nº 101, 2000, p. 48].

viços públicos, num contexto de sociedades convivenciais e descentralizadas[451]. Nicholas Garnham nota, por seu lado, como, na arena política, a expressão «sociedade da informação» se transformou num «princípio sagrado», destinado a justificar todo o tipo de medidas, sem uma verdadeira referência a realidades económicas e políticas sustentadas numa análise devidamente fundamentada[452]. Com efeito, a leitura acerca das transformações operadas pela sociedade da informação está longe de se aproximar de um consenso, nomeadamente quanto à questão de se saber se os novos conceitos reflectem novas realidades ou se essas realidades não são mais do que a expressão de mudanças de superfície, que resultam da própria capacidade de a estrutura profunda do capitalismo se adaptar às novas situações, mantendo a sua natureza intrínseca. Este é um tema recorrente no livro de Kumar, *Da Sociedade Pós-Industrial à Sociedade Pós-Moderna*, em que o autor admite que as novas tecnologias e, em particular, os *media* são instrumentos de criação de novas formas de sociabilidade, embora considere que isso não nos pode levar, com inteira segurança, a falar de uma sociedade da informação com a mesma propriedade com que falamos da Revolução Industrial[453]. Por isso, alguns autores preferem expressões como novo capitalismo, capitalismo cognitivo, capitalismo intangível que vincam a permanência de uma mesma estrutura económica e social, do que termos como sociedade da informação ou sociedade pós-moderna que tendem a encobrir a sua natureza e os seus fundamentos capitalistas. Por exemplo, Peter Dahlgren procura demonstrar, a partir de uma abordagem crítica, como o próprio conceito de sociedade da informação se autolegitima no aparato tecnológico e em conceitos a ele associados – competência, especialização, objetividade –, para justificar uma nova ordem social assente numa autoridade moral tecnocrática. A aura da sociedade da informação reflecte-se em boa medida nas expectativas colocadas sobre a computação da sociedade e nos contributos que a informática pode ter na reativação de uma esfera pública. Este discurso, segundo Dahlgren, tende a ofuscar os efeitos dissimuladores

---

[451] Ramón ZALLO, *Economia de la Comunicación y la Cultura*, Madrid, Akal, 1988, pp. 16-17.
[452] Nicholas GARNHAM, «La théorie de la société de l'information en tant qu'idéologie», *Réseaux*, nº 101, 2000 p. 55.
[453] K. KUMAR, *Da Sociedade Pós-Industrial à Pós-Moderna*, op. cit. p. 172. Na mesma linha de pensamento, e numa crítica às teses de Manuel Castells, Nicholas Garnham questiona se as transformações da denominada sociedade da informação são suficientemente novas para justificarem a afirmação de que entrámos numa nova era: a era do capitalismo informacional, da sociedade em rede ou da informação [N. GARNHAM, «La théorie de la société de l'information en tant qu'idéologie», *Réseaux, op. cit.*, p. 57].

gerados pela abundância da informação, as consequências dos processos de reificação associados às formas de produção, o empobrecimento do universo das possibilidades de expressão, ao mesmo tempo que ilude as reais possibilidades de participação dos cidadãos na vida democrática[454]. Efetivamente, salienta, por seu lado, Jan Ekecrantz, as questões de poder não podem ser vistas apenas numa perspetiva das possibilidades tecnológicas, do conhecimento ou da informação disponível, mas no quadro da sua integração nos contextos sociais, no seu todo. Como recorda João Pissarra Esteves, a vertente prioritária da anunciada «revolução da informação», definida como uma «espécie de alvorada radiosa para uma nova Era da humanidade», é de natureza económica e sustenta-se nas grandes transformações proporcionadas pelas novas tecnologias da informação. Estas têm sido cruciais para a implantação da administração burocrática, o desenvolvimento de novas tarefas de policiamento por parte do Estado e a condução do próprio processo político democrático[455].

2. Imaterialidade e novo capitalismo

Para Jeremy Rifkin, o capitalismo contemporâneo caracteriza-se pela redução do caráter físico da sua economia. Se a «Era industrial» se caracterizava pela acumulação de capital e da propriedade física, na «nova Era» valorizam-se os modos intangíveis de poder que se apresentam sob a forma de «pacotes de informação» e de «ativos intelectuais»[456]. Como afirma Rifkin:

> «As ideias e as imagens são o que realmente se compra e se vende na nova economia-rede. A forma física adotada por essas ideias e imagens converte-se em algo cada vez mais secundário para o processo económico. Se o mercado industrial se caracterizava pela troca de coisas, agora, a nova economia-rede define-se pelo acesso aos conceitos que levam consigo as diversas formas físicas»[457].

André Gorz descreve a nova economia da denominada sociedade da informação como um processo de transformação do capital material em

---

[454] Peter DAHLGREN, «Ideology and information in the public sphere», *in* Jennifer Darly SLACK e Fred FEJES (orgs.), *The Ideology of the Information Age*, Norwood, Ablex Publishing Corporation, 1987, pp. 43-44.
[455] J. P. ESTEVES, *Espaço Público e Democracia*, op. cit., pp. 172 e 178.
[456] J. RIFKIN, *La Era del Acceso*, op. cit., p. 137.
[457] *Op. cit.*, p. 73.

capital imaterial, em que as questões da informação, da cultura e do conhecimento assumem um papel decisivo. Para Gorz, o capital imaterial constitui-se numa das questões chave para compreender a economia do novo capitalismo. O capital imaterial introduziu um aspeto inovador no capitalismo contemporâneo que explica as estratégias das grandes marcas ao centrarem a sua atividade nas áreas da conceção e do *design*, conservando consigo os aspetos mais relevantes de criação de valor e externalizando e subcontratando as áreas de produção e de investimento com base no capital material. Deste modo, ao novo capitalismo corresponde uma nova divisão do trabalho que deixou de dizer apenas respeito aos trabalhadores e se estende agora às próprias empresas e ao capital. As indústrias produtoras de bens físicos estão cada vez mais sujeitas às pressões das grandes marcas, que lhes impõem a revisão permanente de contratos, a exploração constante de mão de obra, retirando o essencial das mais-valias produzidas[458].

A preponderância da economia imaterial sobre a dos bens físicos está patente na valorização financeira dos denominados «intangíveis». Os intangíveis adquiriram tanto ou mais valor quanto o das empresas em si, gerando enormes diferenças entre o valor do capital intelectual, o capital físico e o capital financeiro[459]. Numa sociedade em que as redes adquirem cada vez mais importância, o valor das empresas passou a incluir as potencialidades de negócio resultantes da capacidade de manter e dirigir redes de clientes, de modo a conseguir incluí-los numa relação de serviços contínuos, e já não apenas de troca pontual de produtos. Nas palavras de Rifkin, controlar o cliente significa precisamente manter e dirigir a sua atenção e gerir as suas experiências vitais, transformando os agentes comerciais em assistentes e os clientes em sujeitos dependentes de teias de relações comerciais que abarcam praticamente todos os domínios da vida[460].

O que importa, na era do capitalismo imaterial, é o controlo da dimensão simbólica do consumo e do contacto com os clientes. A aposta em áreas como a conceção, a criação de símbolos, o marketing, a publicidade e o

---

[458] André GORZ, *L'Immatériel – Connaissance, valeur et capital*, Paris, Galilée, 2003, p. 50. Para além de outras formas de subcontratação de produção de bens físicos, o *franchising* representa uma dessas novas formas de divisão do trabalho entre empresas e o capital, consistindo na privatização de um conhecimento ou de um saber-fazer patenteado e alugado a empresas terceiras, ficando ao cargo destas últimas os investimentos e as despesas com os custos de mão de obra, bem como o pagamento das taxas correspondentes ao uso de determinada marca [*Op. cit.*, p. 58].
[459] J. RIFKIN, *La Era del Acceso*, op. cit., p. 79.
[460] *Op. cit.*, p. 145.

styling é a expressão da importância que a produção de imagens de marca adquiriu nas sociedades contemporâneas, cuja função já não se limita aos aspetos económicos e comerciais, mas estende-se também à sua dimensão política e cultural[461]. Na perspetiva de César Bolaño, ao penetrar as áreas da cultura, o capital transforma-se, ele próprio, em cultura, no sentido mais amplo do termo, e a forma de mercadoria passa a monopolizar o conjunto das relações sociais, inclusive as mais interiores do mundo da vida e também as mais resistentes à extensão e à apropriação pela lógica capitalista[462]. A ideia da importância dada à questão da cultura e do saber como motor da economia contemporânea está bem patente no relatório da *Commission de l'Économie de l'Immatériel*, mandado elaborar, em 2006, pelo ministério francês da Economia, das Finanças e da Indústria. Logo no início do documento, chama-se a atenção para «o imaterial» como fator chave do sucesso das economias desenvolvidas, acrescentando-se que, hoje em dia, a «riqueza não é concreta, é abstrata». Assim, a «capacidade de inovação, de criar conceitos e de produzir ideias» tornou-se num fator decisivo da competitividade, razão pela qual se apela ao «capital dos talentos, do conhecimento e do saber». Na perspetiva dos redatores do documento, a economia imaterial não se resume apenas à investigação, à detenção de direitos ou à inovação tecnológica, mas abrange todo o campo do imaginário humano. Deste modo, diz respeito também a atividades, conceitos e setores que envolvam a criação cultural e artística, em sentido lato, o design, a publicidade, as marcas, etc. Acrescenta ainda o relatório:

> «Todos estes elementos têm uma característica comum: fundam-se na ideia de criação e de criatividade, que é, de alguma forma, o simétrico do conceito de inovação no domínio tecnológico. A lógica é a mesma da esfera tecnológica: o desenvolvimento de ativos imateriais (marcas...) permite a uma empresa distinguir-se dos seus concorrentes, colocar no mercado novos produtos, novos conceitos e, de uma forma mais geral, ganhar uma extrema competitividade, o que *in fine* gera clientes e lucros suplementares»[463].

---

[461] A. GORZ, *L'Immatériel, op. cit.*, p. 62
[462] César Ricardo Siqueira BOLAÑO, «Trabajo intelectual, comunicación y capitalismo – La reconfiguración del factor subjetivo en la actual reestructuración productiva», *in* Fenando Queirós FERNÁNDEZ e Francisco Sierra CABALLERO (dirs.), *Comunicación, Глogalización y Democracia – Crítica de la economía política de la comunicación y la cultura*, Sevilha, Comunicación Social, 2001, p. 81.
[463] COMMISSION DE L' ECONOMIE DE L'IMMATÉRIEL, *L'Économie de l'Immatériel – La croissance de demain*, s.l. Ministère de L'Economie, des Finances e de l'Industrie, 2006, p. I.

Em termos gerais, o documento considera que, para ganhar a «batalha do imaterial», é necessário agir em todas as frentes, nomeadamente «sociais, tecnológicas, comerciais, comportamentais e educativas»[464].

A ideia de perceber a dimensão humana da cultura como um capital, sujeita às mesmas lógicas do «capital produtivo», não se faz sem riscos para a sociedade, em geral, e, no que nos diz respeito, para o jornalismo, em particular. Se, no que se refere à sociedade, estamos perante a possibilidade de mercadorização de uma questão central da humanidade, a sua dimensão cultural e espiritual[465], no caso dos *media* e do jornalismo, eles correm o risco de se transformar em meros instrumentos de produção de mercadorias, numa lógica em que tudo é mercado e, pior ainda, tudo é comercializável.

3. Mercadorização dos produtos imateriais

As especificidades relacionadas com a natureza da informação tornam problemático o seu tratamento enquanto valor económico. Em primeiro lugar, porque existe uma forte imbricação entre informação e comunicação. Por exemplo, Alain Milon interroga-se mesmo se é possível existir informação sem comunicação[466]. Esta ligação intrínseca faz com que a informação partilhe de uma dupla realidade, podendo ser simultaneamente entendida como uma mercadoria e como um dom, no sentido da crítica efetuada por Oscar Wilde, quando escrevia que, «hoje em dia, as pessoas sabem o preço

---

[464] *Op. cit.*, p. 167. No que se refere ao caso francês, o documento chega a propor que o Estado se pense como uma marca no contexto global de um mercado das nações, apostando no seu capital imaterial. Por isso, defende a concentração da investigação científica nacional em meia dúzia de centros de excelência e o afastamento do Estado de áreas como a cultural, permitindo aos museus gerirem livremente as suas obras, nomeadamente as que não fizessem parte do tesouro nacional [*Op. cit.*, p. 123]. Para uma abordagem crítica do relatório, veja-se Pierre MUSSO, «Culture et déréglementation libérale: diagnostique et alternative – Intervention au FSE de 2003», *Acrimed – Action, critique, médias*, 16 novembro, 2003, p. 4. Disponível *in* URL: www.acrimed.org/article1357.html (11/12/2008).

[465] Todd Gitlin e Rifkin chamam a atenção para o facto de esta mercadorização da cultura, promovida pelo imperialismo cultural de Hollywood, conduzir a um certo domínio das referências culturais e, inclusivamente, ao desaparecimento daquilo a que poderíamos denominar por uma certa ecologia linguística [Todd GITLIN, *Enfermos de Información – De cómo el torrente mediático está saturando nuestras vidas*, Barcelona, Ediciones Paidós, 2005, p. 249; J. RIFKIN, *La Era del Acceso, op. cit.*, pp. 244-245; sobre o conceito de ecologia da língua veja-se Peter MÜHLHÄUSLER, «Sauver Babel», *Courrier de l'Unesco* («Le verbe multicolore»), fevereiro, 1994, pp. 16 a 21].

[466] Alain MILON, *La Valeur de l'Information: Entre Dette et Don – Critique de l'économie de l'information*, Paris, Presses Universitaires de France, 1995, p. 13.

de tudo e o valor de nada»[467]. A noção de dom sublinha a dimensão útil, de satisfação de necessidades sociais e coletivas, num determinado contexto histórico[468]. Do ponto de vista da informação, o seu valor de uso resulta da complexidade dos processos de socialização globais (cultura, educação, aprendizagens, experiências, etc.) que o indivíduo recebe e processa no seu quotidiano, influenciando também, à sua maneira, o seu próprio meio envolvente. Enquanto esta perspetiva tende a integrar a informação nos processos de comunicação social, no significado mais lato do termo, assumindo o caráter de bem coletivo disponível, a informação como mercadoria salienta, por outro lado, o valor de informação enquanto valor de troca. Ela procura enfatizar a sua dimensão de um bem escasso, suscetível de ser trocado por outras mercadorias, comercializável e, eventualmente, gerador de mais-valias[469]. Como sublinha Alain Milon, estas duas perspetivas marcam conceções e filosofias radicalmente diferentes de perceber a informação:

> «A informação como bem público contra a informação como recurso mercantil, a filosofia das Luzes contra Adam Smith, a economia de substituição contra a economia de mercado, o Estado Nação contra as multinacionais, o tratado de cooperação contra o Acordo Multilateral Sobre os Investimentos, Linus Torvald contra Bill Gates, *Linux* contra *Windows*...»[470].

Se as Luzes consideravam a livre circulação das ideias e da informação como um elemento essencial para o progresso humano e da esfera pública, Adam Smith definia-a como um recurso essencial para o funcionamento dos mercados e para permitir as decisões racionais dos agentes económicos. Porém, o grande desafio colocado à questão da informação reside na dificuldade da determinação do seu valor relativamente às restantes mercadorias materiais. De facto, a informação possui em si uma natureza profundamente relacional: se podemos dizer que a informação pode ter um valor imediato nas decisões de cada um, ela contém também uma dimensão fortemente indeterminada que resulta das capacidades de leitura dos sujeitos,

---

[467] Oscar WILDE, *O Retrato de Dorian Gray*, Porto, Público Comunicação Social, 2003, p. 51.
[468] Na linha da definição de valor de uso em Karl MARX, *O Capital*, Livro Primeiro, Tomo I, Lisboa-Moscovo, Editorial «Avante»/Edições Progresso, 1990, pp. 45 e 46.
[469] Sobre estas duas dimensões da informação veja-se Alain RALLET, «Les deux économies de l'information», *Réseaux* («Communiquer à l'ère des réseaux), n.º 100, 2000, pp. 301 a 329.
[470] A. MILON, *La Valeur de l'Information: Entre Dette et Don, op. cit.*, p. VIII.

da sua *mise en perspective*[471]. Deste modo, disponibilidade e apropriação da informação são aspetos distintos, dependendo em grande medida das circunstâncias sociais e individuais de atribuição de sentido e de reconhecimento da sua pertinência, transformando igualmente o seu recetor em coprodutor[472].

Por outro lado, a informação contém em si um outro aspeto profundamente contraditório na determinação do seu valor e que se prende com a sua natureza indivisível[473]. Na prática, só podemos determinar o valor de uma informação quando estamos na sua plena posse. Ora, a partir desse momento, o valor comercial da informação passou a ser zero. Na realidade, a avaliação do seu valor implica também a sua completa apropriação, ao contrário do que acontece com as mercadorias físicas em que a determinação do valor de um bem e a sua aquisição fazem parte de momentos distintos.

Para além disso, na ausência de mecanismos de regulação, o detentor de uma informação não pode controlar a sua difusão a partir do momento em que a torna disponível a alguém. E mesmo quando existem barreiras à sua ampla utilização, como no caso dos direitos de propriedade, esses mecanismos revelam-se, muitas vezes, insuficientes para assegurar a circulação dos conteúdos informativos e culturais dentro do estrito campo económico.

Finalmente, podemos dizer também que quanto maior é o valor de uso da informação, resultante da sua ampla apreensão por parte de um conjunto alargado de indivíduos, menor é a sua raridade e o seu valor estratégico, tornando, portanto, menor também o seu valor de troca. Isto significa que as tentativas de controlo monopolístico da informação com o objetivo de aumentar o seu valor estratégico, numa lógica comercial, podem ter repercussões diretas sobre uma coletividade, razão pela qual os Estados são muitas vezes chamados a intervir.

Estas especificidades explicam os problemas da economia clássica na determinação do valor da informação. O valor começou por ser analisado como a quantidade de trabalho incorporado na produção de uma mercadoria. O valor de troca aparece, em primeiro lugar, sob a forma de uma relação quantitativa, assente na grandeza de trabalho, medido em unidades de tempo (hora, dia, semana, etc.). Basicamente, é esse valor que transforma o valor de uso de um bem, num objeto com um valor comercializável no mer-

---

[471] *Op. cit.*, p. 7.
[472] Anne MAYÈRE, *Pour une Economie de l'Information*, Paris, CNRS, 1990, pp. 56-57.
[473] Patrick LE FLOCH, *Économie de La Presse Quotidienne Régionale – Déterminants et conséquences de la concentration*, Paris, Montréal, L'Harmattan, 1997, pp. 33 a 35.

cado. *Grosso modo*, é desta forma que a economia clássica trata a informação. A crítica a que Marx submeteu a teoria do valor de Adam Smith e de David Ricardo[474] passou ao lado da questão da informação e do saber que continuaram a ser tratados como bens incorporados nas mercadorias e só nesse contexto tinham cabimento como objeto da economia política[475]. Com efeito, Marx entendeu a informação no quadro das comunicações onde se englobavam, simultaneamente, o transporte de mercadorias, de pessoas e de informação (cartas, telegramas, etc.). E, se chegou a tecer algumas considerações sobre o transporte de mercadorias, uma vez que da velocidade de circulação depende a realização do valor agregado da produção, ele ignorou a questão da informação[476].

No entanto, no caso do jornalismo, a História demonstra como as suas origens se confundiram com o sistema de correspondência de envio de informações, com objetivos essencialmente económicos e políticos de carácter estratégico[477]. Já no séc. XIX, a ação do capital viria a dar um forte impulso às comunicações. Os mercados financeiros, as companhias de transporte e o comércio em geral eram responsáveis pelo grosso da coluna das comunicações emitidas pelo telégrafo e a sua expansão verificou-se à medida que se expandia também o capital financeiro, considerado entre os principais impulsionadores das tecnologias da informação[478]. Para além disso, o aumento dos salários e a baixa relativa dos bens alimentares, registados no final do séc. XIX, contribuíram para que o modo de produção capitalista, centrado no setor de bens de produção, passasse a preocupar-se cada vez mais com os bens de consumo não alimentares, nomeadamente os do lazer. Estes, entregues até então, na sua quase totalidade, aos setores da

---

[474] Marx denuncia, em particular, a abstratização a que é submetida a ideia de quantidade de trabalho necessário para produção de um determinado bem, nas abordagens de Smith e Ricardo [K. MARX, *O Capital*, Livro Primeiro, Tomo I, *op. cit.*, pp. 96-97, nomeadamente as notas 31 e 32.].

[475] Para Marx, o trabalho criador de valor de troca está inextrincavelmente ligado à substância particular do próprio trabalho [A. MILON, *La Valeur de l'Information*, *op. cit.*, p. 64].

[476] Marcos DANTAS, *A Lógica do Capital-Informação – Fragmentação dos monopólios e a monopolização dos fragmentos num mundo de comunicações globais*, Rio de Janeiro, Contraponto, 2002, p. 107.

[477] M. V. MONTALBÁN, *Historia y Comunicación*, *op. cit.*, pp. 51-52.

[478] Este aspeto é particularmente evidente no caso das grandes corporações nascidas da aliança entre o laboratório industrial e o capital financeiro. Para além disso, nos Estados Unidos, a partir dos anos 50 do século XX, formaram-se fundos de capital de risco, cujo objetivo era detetar a possibilidade de comercialização de novos inventos. Ao papel do capital financeiro e das corporações há ainda que acrescentar o desempenhado pelos interesses políticos, militares e económicos dos Estados [M. DANTAS, *A Lógica do Capital-Informação*, *op. cit.*, pp. 139-140].

produção artesanal, passam a submeter-se, progressivamente, a uma lógica de mercadorização. Para Patrice Flichy, este facto explica as transformações que a imprensa sofreu nessa altura, passando de um sistema de produção artesanal para um modo de produção capitalista, bem como a razão pela qual o cinema e o disco – a exemplo do que viria a acontecer com outras indústrias culturais – tenham sido pensados, praticamente desde seu início, numa lógica essencialmente industrial[479].

Todavia, para que isso pudesse acontecer, o sistema capitalista teve também de estender os modos de valorização das mercadorias aos bens simbólicos, imateriais, de natureza fundamentalmente coletiva, de forma a transformá-los em produtos comercializáveis, apropriáveis individualmente e geradores de mais-valia. Isto implica a necessidade de ultrapassar as barreiras de apropriação da esfera mental e da produção não material, com fins comerciais, devendo as diferentes formas e dinâmicas dos *mass media* serem entendidas também como uma tentativa contínua de ultrapassar essas barreiras[480]. Para isso, as empresas precisam de assegurar a renovação da procura e garantir «capitalização do conhecimento», impedindo que ele possa ser objeto de uma apropriação coletiva, de forma a poder continuar a funcionar «como capital imaterial»[481]. Este processo ter-se-á iniciado na empresa química alemã da Bayer, no final do séc. XIX, quando Carl Duisberg tentou submeter a produção do conhecimento à mesma divisão hierárquica do trabalho e à mesma parcelarização operadas nas indústrias manufatureiras[482].

Para Marcos Dantas, o maior invento de Edison não foi a lâmpada ou o gramofone, mas a forma como conseguiu tirar partido do sistema de patentes organizado a partir do laboratório de pesquisa. Datam desta altura empresas como a General Electric, AT&T, Westinghouse, Ericsson, IBM, I. G. Farben, Rhône-Poulenc, Ciba-Geigy, Nestlé, entre outras. Como salienta ainda Dantas, o sistema de patentes foi subvertido do seu ideal inicial. Até então, a patente era vista como uma forma de a sociedade premiar o esforço individual dos inventores, obrigando-os a tornar públicas as características dos seus inventos e, assim, permitir-se que sobre eles se efetuassem novos progressos sem se ter de, continuamente, «reinventar a roda»[483].

---

[479] P. FLICHY, *Les Industries de l'Imaginaire – Pour une analyse économique des médias*, Grenoble, Presses Universitaires de Grenoble, 1991, p. 18.
[480] N. GARNHAM, *Capitalism and Communication*, op. cit., p. 38.
[481] A. GORZ, *L'Immatériel*, op. cit., p. 43?
[482] *Ibid.*
[483] M. DANTAS, *A Lógica do Capital-Informação*, op. cit., pp. 114-115.

No entanto, nesta altura, ainda que a natureza e as condições de trabalho fossem propriedade exclusiva do capital, os produtos do conhecimento não eram transformados diretamente em mercadorias. Eles não tinham um valor de troca em si, mas apenas enquanto fonte de produção de mercadorias[484].

Garnham destaca cinco formas utilizadas pelo sistema económico-social que permitem ultrapassar as contradições entre o capitalismo e a produção não material. Em primeiro lugar, o sistema de *copyright* que, para Garnham, é uma forma de transformar o autor numa mercadoria[485]. Mas para que isso aconteça, é necessário que as empresas estejam em condições de garantir a escassez do produto bem como a sua singularidade, ou, ainda, consigam manter um controlo sobre os seus *stocks* e sobre os modos de acesso e reprodução dos conteúdos[486]. Um dos casos em que esse meca-

---

[484] Gorz distingue o saber entendido como uma atividade coletiva, não remunerada, envolvendo a produção do eu e a produção da subjetividade, de *knowledge* (no sentido de *conhecimento*), enquanto resultado de uma vontade deliberada de produção [A. GORZ, *L'Immatériel, op. cit.*, pp. 45 ss.]. Deste modo, enquanto o saber é inerente a um sujeito, o conhecimento remete para um objeto. Por isso, pode dizer-se deste último que ele é «transitivo, "objetivo"». Relativamente às línguas anglo-saxónicas, Gorz refere-se à distinção entre «*tacit*» ou «*informal knowledge*» e «*formal knowledge*», no inglês, e entre «*ehrfahrungswissen*» ou «*lebensweltliches wissen*» e «*wissenschafltiches wissen*», em alemão [André GORZ, «Économie de la connaissance, exploitation des savoirs – Entretien avec Carlo Vercellone e Yann Moulier Boutang», *Multitudes* («Créativité au travail»), n.º 15, inverno, 2004, pp. 209 a 211.].

[485] Segundo a definição corrente, o *copyright* incide sobre os direitos de cópia de um trabalho. Tradicionalmente, distingue-se o *copyright* dos direitos de autor pelo facto de, enquanto no primeiro caso o objeto do direito incide sobre a obra, no segundo caso, ele visa a proteção do criador, conforme consignado pela Convenção de Berna para a Proteção das Obras Literárias e Artísticas (Diário da República n.º 170/78, Série I, de 26 de julho de 1978). Em causa estão também duas tradições jurídicas: o *copyright*, inspirado no modelo anglo-saxónico, e os direitos de autor, com origem no direito romano-germânico. De forma geral, considera-se que o *copyright* pode conduzir a uma mais fácil comercialização dos produtos culturais, ao contrário do que acontece com o regime de direitos de autor, uma vez que estes concedem aos autores de obras literárias e artísticas protegidas o direito exclusivo de autorizar a reprodução das suas obras, de qualquer maneira e sob qualquer forma. Em novembro de 2002, a Federação Internacional de Jornalistas protestou contra a proposta do governo francês de retirar os direitos de autor aos jornalistas e denunciava-a como uma tentativa de introduzir em França o sistema anglo-saxónico do *copyright* [http://www.ifj.org/fr/articles/les-journalistes-du-monde-entier-dnoncent-lassaut-port-en-france-aux-droits-dauteur- (10/12/2008).].

[486] A necessidade desse controlo é tanto mais premente quanto, com as novas tecnologias, os custos de reprodução das obras se reduziram drasticamente [James BOYLE, «O segundo movimento de emparcelamento e a construção do domínio público», in AAVV, *A Economia da Propriedade Intelectual e os Novos Media: Entre a Inovação e a Protecção*, Lisboa, Guerra e Paz, s.d., p. 28.].

nismo se faz sentir está patente no controlo que as grandes produtoras de cinema fazem sobre as suas produções, chegando ao ponto de as retirar do mercado, de modo a criar uma necessidade que permita novos relançamentos[487].

Uma segunda forma de garantir a mercadorização dos conteúdos não materiais passa pelo controlo económico dos canais de distribuição e de venda ao público. Bernard Miège refere que, para além do controlo dos catálogos mais importantes e dos respetivos direitos de difusão, as grandes indústrias exercem o seu poder sobre o mercado pelo domínio que detêm sobre a distribuição. De resto, este facto faz com que, apesar das tendências monopolísticas do mercado, as grandes empresas tolerem relativamente bem os pequenos concorrentes de gama idêntica, uma vez que uma das chaves fundamentais do negócio reside na capacidade e controlo da difusão de conteúdos. Aliás, esta estratégia acaba, na prática, por deixar aos pequenos produtores o papel de experimentação de novos produtos, um aspeto essencial num mercado que se define pela necessidade de uma busca constante de novos talentos e de renovação dos formatos e das temáticas[488].

Este aspeto relaciona-se com a construção da obsolescência dos conteúdos, outro dos fatores que permite a mercadorização dos produtos culturais. Os ciclos informativos nos *media* criam esse efeito de desatualização, convidando as audiências a uma atenção permanente e os públicos a renovarem o seu consumo. A obsolescência é um fator determinante da própria estrutura organizacional do trabalho da informação e do jornalismo. Como afirma Philip Schlesinger, a estrutura que define a notícia como uma mercadoria perecível exige uma organização da produção baseada no valor do imediatismo e nos horizontes temporais de um ciclo diário[489]. Esta temporalidade, que deriva das condições de mercado em que as notícias são produzidas, estrutura as rotinas de produção ao ponto de se transformar em «parte de uma cultura jornalística relativamente autónoma»[490]. Nas palavras de um executivo citado por Schlesinger, o que o jornalista põe de parte

---

[487] A este propósito veja-se o exemplo da Disney [Maria João LIMA, «O cofre da Disney», *Meios& Publicidade*, 1 de fevereiro, 2008, *in* URL: http://www.meiosepublicidade.pt/2008/02/01/o-cofre-da-disney/ (22/11/2008)].
[488] Bernard MIÈGE, *Les Industries du Contenu Face à l'Ordre Informationnel*, Grenoble, PUG, 2000, pp. 23 a 26.
[489] Philip SCHLESINGER, «Os jornalistas e a sua máquina do tempo», *in* N. TRAQUINA, *Jornalismo: Questões, teorias e "estórias"*, *op. cit.*, p. 177.
[490] *Op. cit.*, p. 180.

é aquilo que não é considerado notícia num contexto de espaço e tempo limitados. É, aliás, nesse quadro que os jornalistas defendem a sua própria prerrogativa de decidirem o valor das *estórias*[491].

A construção, "empacotamento" e venda das audiências é outro fator que permite a valorização dos conteúdos culturais numa lógica comercial, uma vez que muitos dos *media* se financiam no mercado dos leitores e dos anunciantes – numa lógica um produto/dois mercados – ou exclusivamente nestes. Durante *The Blindspot Debate*, Dallas Smythe defendera já que a principal função dos *media* era juntar audiências, de modo a poderem ser vendidas às agências publicitárias[492]. Por seu lado, Philip Meyer considera que, do ponto de vista de Wall Street, os *media* são entendidos assim mesmo: como uma atividade destinada a expor leitores a anunciantes[493]. Esta dimensão deve ser sublinhada na medida em que muitas vezes os próprios conteúdos dos *media* são concebidos com o objetivo de cobrir um ou mais espectros do leque de audiências considerado disponível. Esse aspeto constitui, aliás, uma das críticas efetuadas à diversidade do mercado dos *media* comerciais, centrados na procura de públicos alvo interessantes para os objetivos específicos da publicidade[494].

Garnham inclui ainda a subsidiação pelo Estado como um fator importante de financiamento dos produtos culturais, nomeadamente através das suas políticas de apoio à cultura, à educação e à informação.

No que se refere ao caso específico do jornalismo, não deixa de ser, a nosso ver, sintomático que o crescente interesse pela valorização económica do saber e da informação coincida também com a própria profissionalização e comercialização da imprensa, bem como com o início do declí-

---

[491] *Op. cit.*, p. 183.
[492] Eilleen R. MEEHAN, «Moving Forward on the left: some observations on critical communications research in the United States», *The Public*, vol. 11, nº 3, Liubliana, 2004, p. 25.
[493] Philip MEYER, *Os Jornais Podem Desaparecer? – Como salvar o jornalismo na era da informação*, São Paulo, Editora Contexto, 2007, p. 13.
[494] COLETIVO DE AUTORES "IMPRENSA", «O ponto de partida», *in* Ciro MARCONDES FILHO (org.), *A Imprensa Capitalista*, São Paulo, Kairós, 1984, p. 69. Coletivo de autores "imprensa" é o nome atribuído a um conjunto de intelectuais alemães que, no final dos anos 60, fizeram uma série de estudos sobre o papel manipulador e ideológico da imprensa. Os trabalhos foram realizados na sequência da cobertura que os jornais e as revistas do grupo *Springer*, da altura, fizeram sobre o Movimento Estudantil dos estudantes berlinenses contra a receção, na sede do Governo da então República Federal Alemã, do ditador iraniano Reza Pahlevi. Do coletivo de autores faziam parte Jörg Aufermann, Werner Breed, Klaus-Detlef Funk, Rainer Klatt, Manfred Knoche, Thomas Krüger, Rolf Süllzer, Axel Zerdick e Heinrich Böll.

nio dos jornais de opinião, no final do séc. XIX. De facto, é legítimo reconhecer que, se a imprensa de opinião enfatizava o valor de uso da liberdade de expressão, o aparecimento dos jornais comerciais acentuou de forma progressiva os aspetos relacionados com o valor de troca da informação, essencial para quem vê o jornalismo como um negócio e uma forma de obtenção dos lucros. A valorização da notícia como valor de troca teve como consequência a introdução de rotinas jornalísticas no tratamento e recolha de informações e a adoção de regras destinadas a despir os acontecimentos do seu significado político, de modo a melhor poderem transformar-se em mercadorias para venda[495]. Este facto torna ainda mais pertinente a observação de Daniel Cornu quando se refere à objetividade jornalística ajustada às condições do mercado[496].

4. Indústria cultural e autonomia dos sujeitos

Conforme constata Graham Murdock, os críticos culturais, confrontados com as novas tendências do capitalismo, surpreenderam-se ao verem os produtos da comunicação serem rapidamente sujeitos aos mesmos processos industriais de produção em série e reorganização do consumo em torno do «comercialismo»[497]. Estes procedimentos vieram pôr diretamente em causa o estatuto do "verdadeiro" artista e do autor. Graças a esse estatuto, o autor/artista era visto como uma reserva de subjetividade que lhe permitia «penetrar nas verdades ocultas mais profundas»[498] e manter uma ligação às vanguardas, à margem do processo de massificação dos gostos dominantes. Esta questão assumia um papel tanto mais premente quanto a arte parecia posicionar-se como uma forma alternativa de resistência às lógicas uniformizadoras da industrialização, num contexto em que a religião organizada começava a perder influência.

No entanto, a criação artística e de autor foi sendo cada vez mais subjugada aos imperativos da produção industrial em série e por estratégias de marketing, acabando por se impor como modelo de produção nas indústrias emergentes da música popular, do cinema e, mais tarde, nas rádios

---

[495] COLETIVO DE AUTORES "IMPRENSA", «Do panfleto à imprensa de massa», in C. MARCONDES FILHO (org.), *A Imprensa Capitalista, op. cit.*, p. 27.
[496] D. CORNU, *Journalisme et Vérité, op. cit.*, p. 203.
[497] Graham MURDOCK, «Transformações continentais: capitalismo, comunicação e mudança na Europa», in Helena SOUSA (org.), *Comunicação, Economia e Poder*, Porto, Porto Editora, 2006, pp. 14-15.
[498] *Op. cit.*, p. 15.

comerciais e na televisão[499], a exemplo, de resto, da experiência iniciada com a imprensa, desde a segunda metade do séc. XIX[500].

Mas este processo não se fez sem resistências. A industrialização do campo da cultura foi objeto de uma forte crítica, mobilizando quer conservadores quer radicais. No séc. XX, a Escola de Francoforte deu plena expressão a essa crítica através da noção de indústria cultural. Como explica Adorno, o conceito de indústria cultural assume um caráter eminentemente crítico e substituiu a noção de «cultura de massas», conforme a expressão utilizada nas primeiras versões da *Dialética do Iluminismo*. O objetivo dessa substituição visou «excluir, logo à partida, a interpretação (...) que se trataria de qualquer coisa como uma cultura que surge espontaneamente das próprias massas, a forma contemporânea da arte popular»[501]. Horkheimer e Adorno consideravam não poder existir qualquer compromisso entre o papel de vanguarda atribuído à arte e os processos de produção técnica e de controlo hierárquico[502], numa lógica capitalista, uma vez que eles conduziriam a uma estandardização dos conteúdos, dos estilos e das linguagens, bem como à sua perda de autonomia. Para os autores, as indústrias culturais promovem uma homogeneização[503], em que a diferença entre produtos é a estritamente necessária para manter a aparência da concorrência[504], numa lógica deliberada de mercado.

> «A novidade não reside no facto de a arte ser uma mercadoria, mas no de, hoje, ela se reconhecer deliberadamente como tal e, ao renegar a sua autonomia, alinhar orgulhosamente pelos bens de consumo, conferindo a esta novidade o seu próprio charme»[505].

A contra corrente ao movimento crítico da sociedade de massas considerava o mercado livre como o melhor garante da liberdade de informação, da diversidade de ideias, permitindo o aumento das escolhas individuais, condições indispensáveis para a realização dos objetivos da deliberação

---

[499] *Ibid.*
[500] P. FLICHY, *Les Industries de l'Imaginaire, op. cit.*, p. 18.
[501] Theodor W. ADORNO, *Sobre a Indústria Cultural*, Coimbra, Angelus Novus, 2003, p. 99.
[502] Max HORKHEIMER e Theodor W. ADORNO, *La Dialéctique de la Raison*, s.l, Gallimard, 1974, pp. 130-131.
[503] Dizem a este propósito Horkheimer e Adorno: «A indústria cultural, que é o mais rígido de todos os estilos, aparece como o próprio objetivo do liberalismo, ao qual se acusa de ausência de estilo» [*Op. cit.*, p. 140].
[504] *Op. cit.*, p. 132.
[505] *Op. cit.*, pp. 165-166.

política nas democracias de massas[506]. Umberto Eco referiu-se a esse debate qualificando-o como um problema de conceções entre o que denominou de integrados e apocalípticos. Para Eco, o problema deste debate residia no facto de os primeiros considerarem que a multiplicação dos produtos da indústria era em si mesma boa, «segundo uma homeostasia ideal do mercado livre», e não devia «ser submetida a uma crítica e a novas orientações», enquanto os segundos – os «apocalípticos-aristocratas» – pensavam que a cultura de massas era «radicalmente má porque é um produto industrial», iludindo-se quanto à possibilidade de que «hoje possa acontecer uma cultura que se subtraia ao condicionalismo industrial»[507]. No seu entender, a questão já não é a de eliminar a relação comunicativa realizada pelos meios de comunicação de massas, mas, antes, «pensar que ação cultural será possível para que estes meios de massas possam veicular valores culturais?[508]». Para Eco, a cultura de massas não representa nem a redenção nem o fim da cultura. Dizia ele a esse respeito:

> «(...) reflita-se sobre o facto de que foi sempre típico da cultura de massas o fazer brilhar nos olhos dos seus leitores, a quem é exigida uma cultura "mediana", a possibilidade de que, no entanto – considerando as condições existentes, e precisamente graças a essas – possa um dia vir a desabrochar da crisálida de cada um de nós um *Uebermensch*[509]. O preço a pagar é o de que este 'Uebermensch' se ocupe de uma infinidade de pequenos problemas, mas conserve a ordem fundamental das coisas (...)»[510].

---

[506] G. MURDOCK, «Transformações continentais: capitalismo, comunicação e mudança na Europa», *in* H. SOUSA (org.), *Comunicação, Economia e Poder, op. cit.*, p. 16.
[507] Umberto ECO, *Apocalípticos e Integrados*, Lisboa, Difel, s.d., pp. 68-69.
[508] *Op. cit.*, p. 69.
[509] Numa referência ao conceito de Super-Homem de Nietzsche.
[510] U. ECO, *Apocalípticos e Integrados, op. cit.*, p. 27. Para Eco, «o universo das comunicações de massas é – reconheçamo-lo ou não – o nosso universo; e se queremos falar de valores, diga-se que as condições objetivas das comunicações são as que são proporcionadas pela existência dos jornais, da rádio, da televisão, da música reproduzida e reprodutível, das novas formas de comunicação visual e audiovisual. Ninguém escapa a estas condições nem mesmo o virtuoso que, indignado pela natureza inumana deste universo da informação, transmite o seu protesto através dos canais da comunicação de massas, nas colunas do grande jornal diário, ou nas páginas do volume em edição de bolso impresso no linótipo e difundido nos quiosques das estações» [*Op. cit.*, p. 29]. Em contraposição a esta inevitabilidade, Pierre Bourdieu apelava a um certo retraimento dos intelectuais relativamente ao rolo compressor da televisão, de impor as suas regras aos pensadores, através da necessidade de falar claro, falar conciso e de passar bem em antena, modelo, segundo ele, criador de uma classe de *fast thinkers*, autores de um *fast-food* cultural [Pierre BOURDIEU, *Sobre a Televisão, op. cit.*, p. 75].

O debate entre apocalípticos, integrados e – se quisermos, agora também pela voz do próprio Eco – "moderados" está longe de ter encerrado o tema da autonomia dos produtores culturais. Talvez, por isso mesmo, Ramón Zallo, cerca de 20 anos depois do livro de Eco, continuasse a considerar pertinente a distinção entre apocalípticos e integrados[511]. A crítica à Escola de Francoforte demonstrou a fragilidade de uma conceção elitista da cultura, bem como da ideia da subjugação completa dos indivíduos face ao consumo cultural. No entanto, independentemente da sua formulação, algumas questões levantadas por autores como Adorno e Horkheimer continuam a manter a sua pertinência, nomeadamente no que se refere aos problemas levantados pela mercadorização da cultura e a autonomia dos valores culturais face ao poder da indústria, que desemboca na questão central da autonomia do sujeito nas sociedades capitalistas contemporâneas.

A autonomia é um tema forte da teoria marxista que tem por contraponto a ideia da alienação dos sujeitos. Para Marx, o capitalismo industrial resulta de um processo de evolução e acumulação primitiva de capital que se caracteriza pela apropriação dos meios de produção individuais e dispersos em meios de produção socialmente concentrados na propriedade de alguns. Marx descreve historicamente este processo como uma «expropriação da massa por alguns usurpadores»[512]. Este procedimento histórico está também presente nas próprias relações de produção associadas à ideia de alienação da força de trabalho físico e intelectual. O trabalhador, ao vender a sua força de trabalho em troca de um salário, aliena-se a si próprio, na medida em que esse facto veda o caminho à sua autorrealização. Ao vender a sua força de trabalho, o operário envolve-se num tríplice processo de alienação. Em primeiro lugar, ao trabalhar para outrem a troco de um salário, o operário perde direito sobre os bens resultantes do produto do seu trabalho. Deste modo, ele aliena-se exteriormente, na medida em que esses bens foram feitos por ele, mas não são dele. Em segundo lugar, o trabalhador assalariado sujeita-se também a um processo de alienação interior, na medida em que o trabalho realizado é alheio à sua própria vontade (é uma autoatividade orientada por um outro e de um outro[513]), é independente dele, é *forçado*[514]. Finalmente, estes dois tipos de alienação – alienação rela-

---

[511] R. ZALLO, *Economia de la Comunicación y la Cultura*, op. cit., p. 16.
[512] Karl MARX, *A Acumulação Primitiva do Capital*, Porto, Publicações Escorpião, 1974, p. 80.
[513] Friedrich ENGELS e Karl MARX, *La Première Critique de l'Économie Politique – Écrits 1843-1844*, Paris, Union Générale d'Éditions, 1972, p. 156.
[514] *Op. cit.*, p. 155.

tivamente às coisas e à sua própria vontade – conduzem a uma alienação mais radical que põe em causa a essência do homem enquanto ser universal. A alienação do trabalhador relativamente ao produto do trabalho (os objetos) e à sua própria vontade reduz a atividade humana à sua expressão animal, isto é, reduz a sua força de trabalho e a produção de bens a um simples meio de existência física, comprometendo os projetos de autorrealização dos sujeitos. Para Marx, isso é a expressão da alienação do próprio Homem ou a sua negação enquanto «ser genérico», universal e livre[515]. O trabalhador, desapossado dos seus próprios meios de produção, não tem outro remédio senão vender a sua força de trabalho para garantir a sua subsistência, num ato entendido como a «venda de si próprio e da sua humanidade»[516]. Para Engels e Marx, a monetarização da vida económica e social e a sua redução ao valor de troca transformou as anteriores formas de exploração velada, por ilusões religiosas e políticas, «numa exploração aberta, cínica, direta e brutal». Para além disso, a monetarização «despojou de sua auréola todas as atividades até então reputadas veneráveis e encaradas com piedoso respeito», transformando em servidores e assalariados o médico, o jurista, o sacerdote, o poeta, e o sábio[517]. A monetarização[518] de

---

[515] Na definição de Marx e Engels, o homem define-se enquanto ser genérico não apenas quando – tanto no plano prático como no teórico – ele transforma as espécies, incluindo a sua própria, no seu próprio objeto, mas também quando ele é capaz de se referir a si próprio como uma espécie real, universal e livre.

[516] *Op. cit.*, p. 93

[517] Karl MARX e Friedrich ENGELS, *Manifesto do Partido Comunista*, Lisboa, Padrões Culturais Editora, 2008, p. 14.

[518] O conceito de monetarização surge aqui com a plena carga do sentido fetichista da mercadoria em Marx. Para Marx, a moeda representa uma abstratização que encobre a natureza diferente do trabalho envolvido na produção de mercadorias. Afirma a este propósito Marx: «A igualdade dos trabalhos *toto coelo* diversos só pode consistir numa abstração da sua real desigualdade, na redução ao caráter comum que eles possuem como dispêndio de força de trabalho humana, do trabalho humano em abstrato. O cérebro humano só reflete este duplo caráter social dos seus trabalhos privados nas formas que aparecem no intercâmbio prático, na troca de produtos: portanto, só reflete o caráter socialmente útil dos seus trabalhos privados na forma em que o produto de trabalho tem de ser útil, e útil para outros; só reflete o caráter social da igualdade dos trabalhos de espécies diversas na forma de caráter de valor comum destas coisas materialmente diversas, os produtos de trabalho.

Assim, os homens não relacionam os seus produtos de trabalho entre si como valores porque essas coisas vigoram para eles como meros invólucros coisais de trabalho humano da mesma espécie. Ao invés: na medida em que, na troca, igualam entre si os seus produtos de diversa espécie como valores, eles igualam entre si os seus diversos trabalhos como trabalho humano. Eles não o sabem, mas fazem-no. Por isso, o valor não traz escrito na testa aquilo que é. O valor, isso sim, transforma cada

toda a vida económica e social teve por efeito a separação do trabalhador dos meios de produção e do fruto do seu trabalho. A progressiva divisão social do trabalho, que se deu com a industrialização e as diferentes formas de organização que se lhe seguiram, pode ser encarada como o processo de aprofundamento do fosso que separa duas figuras emblemáticas da autonomia dos sujeitos no mundo do trabalho: o assalariado por conta de outrem e o artesão detentor dos seus próprios meios de produção[519].

A divisão social do trabalho efetuada na grande manufatura e na indústria permite a apropriação quer do saber quer da força do trabalho dos antigos artesãos, representando, para estes últimos, uma forma de estropiamento quer espiritual quer corporal, ao ponto de os reduzir a uma mera ferramenta[520].

Porém, Marx reduziu todo o sistema social a um conflito entre capitalistas, senhores da terra e operários[521], considerando todas as outras classes como secundárias, tendentes a diluir-se nas fileiras do proletariado[522] ou da

---

produto de trabalho num hieróglifo social. Mais tarde, os homens procuram decifrar o sentido do hieróglifo, desvendar o segredo do seu próprio produto social, pois a determinação dos objetos de uso como valores é, tal como a linguagem, um seu produto social» [K. MARX, *O Capital*, Livro Primeiro, Tomo I, *op. cit.*, pp- 89-90.].

[519] Sobre a figura do artesão e do assalariado, baseámo-nos na leitura do texto «A propos de concepts fondamentaux et de leur définition insuffisante chez Karl Marx: Production marchande, production simple, petite production marchande», *in* Christine JAEGER, *Artisanat et Capitalisme – L'envers de la rue de l'histoire*, Paris, Payot, 1982, pp. 297 e ss. Para Jaeger, os rendimentos do artesão, associado à pequena produção comercial, resultam da venda de produtos do seu próprio trabalho, não havendo lugar à apropriação de mais-valias geradas pelo emprego de trabalho assalariado. Neste caso, a acumulação de capital do artesão resulta do facto de ele produzir mais do que necessita para sobreviver. No entanto, como sublinha a autora, não chegou a definir com rigor o conteúdo do conceito de pequena produção mercantil ao qual se encontra associado o do artesão. Em termos genéricos refere-se a um processo de trabalho centrado no exercício de uma profissão, no quadro de uma determinada formação social, pelo que dizer que a pequena produção é, por definição, pré-capitalista resulta de uma interpretação «abusiva» e «errada» [*Op. cit.*, p. 314.].

[520] K. MARX, *O Capital*, Livro Primeiro, Tomo I, *op. cit.*, pp. 414 e ss.

[521] Marcel van der LINDEN, «Rumo a uma nova conceituação histórica da classe trabalhadora mundial», *História*, vol. 24, nº 2, 2005, p. 15.

[522] No *Manifesto do Partido Comunista*, Marx e Engels afrmam: «A indústria moderna substituiu a pequena oficina do mestre patriarca pela grande fábrica do capitalista industrial. Massas de operários, espartilhados na fábrica, são organizadas como soldados. São colocados, como soldados rasos da indústria, sob as ordens de uma hierarquia completa de oficiais. Não são apenas escravos da classe burguesa, do Estado burguês: dia a dia, hora a hora, são convertidos em escravos da máquina, da sentinela e, sobretudo, dos próprios fabricantes burgueses. Esta tirania é tanto mais mesquinha, mais execrável, mais exasperante, quanto mais despudoradamente proclama ser o lucro o seu objetivo.

classe dominante como é o caso de alguns intelectuais[523]. Este facto constitui para Murdock um dos pontos cegos da teoria marxista. Marx não viu a questão da classe média, reduzindo-a ao problema da dicotomia burguesia/proletariado. A razão disso acontecer reside no facto de Marx não ter dado importância ao fenómeno da burocratização, ao contrário do que aconteceu com Weber[524]. Por isso, autores como Murdock e Mike Wayne procuraram repensar o conceito de classe no contexto das sociedades contemporâneas e no quadro dos estudos sobre os *media* e o trabalho intelectual e artístico. Para Murdock, aclamar por extensos direitos de consumo e de escolha pessoal não põe em causa a natureza fundamentalmente dividida em classes da sociedade do novo capitalismo. Fazê-lo apenas permite que as empresas se apresentem, de maneira bastante confortável, como preocupadas e amigas dos clientes[525], omitindo as relações de classe que subjazem aos processos de produção e consumo, que se refletem no próprio campo intelectual e dos *media*.

Murdock como Mike Wayne demonstram como o modelo de autonomia das profissões tem de ser repensado à luz das realidades das sociedades contemporâneas. Autores como Bourdieu consideram que os trabalhadores intelectuais estão inseridos nas classes dominantes, uma vez que eles são detentores de um capital próprio: o capital intelectual. No entanto, esta abordagem esbarra no facto de estes setores intelectuais incluírem profis-

---

Quanto menos talento e emprego de força física o trabalho manual reclama, ou seja, quanto mais a indústria moderna se desenvolve, tanto mais o trabalho dos homens é destituído pelo das mulheres. Diferenças de sexo e de idade já não têm qualquer validade socialmente distintiva para a classe operária. O que há são apenas instrumentos de trabalho que, segundo a idade e o sexo, têm custos diferentes.
Assim que a exploração do operário pelo fabricante termina ao receber o seu salário em dinheiro, caem-lhe logo em cima as outras fações da burguesia: o senhorio, o merceeiro, o penhorista, etc.
A Classe média baixa, os pequenos industriais, os comerciantes, aqueles que vivem por conta dos seus rendimentos, os artesãos e camponeses, todas estas classes sucumbem ao proletariado, em parte porque o seu exíguo capital não é suficiente para fazer face à máquina da grande indústria e perece diante da concorrência com os grandes capitalistas, em parte porque a sua arte é desprezada perante os novos modos de produção. Assim, o proletariado irrompe de todas as classes da população [K. MARX e F. ENGELS, *Manifesto do Partido Comunista, op. cit.*, p. 20.].
[523] Karl MARX e Friedrich ENGELS, *L'Idéologie Allemande – Première partie: Feuerbach*, in URL: http://classiques.uqac.ca/classiques/Engels_Marx/ideologie_allemande/ideologie_allemande.html (12/12/2008).
[524] G. MURDOCK, «Reconstructing the ruined tower: contemporary communications and questions of class», *in* J. CURRAN, e M. GUREVITCH (orgs), *Mass Media and Society, op. cit.*, p. 10.
[525] *Op. cit.*, p. 18.

sionais como os da publicidade, das relações públicas e dos estudos de mercado, tradicionalmente submetidos ao serviço e aos objetivos do capital. Mike Wayne, por exemplo, sustenta que muitas pessoas da classe média vendem o seu trabalho em troca de dinheiro e, desse modo, procuram garantir uma elevada remuneração. Mas isso nem sempre acontece assim e um trabalhador de uma linha de montagem pode muito bem ganhar mais do que um conferencista universitário[526]. Como refere, por seu lado, Murdock, nem tão pouco a tradicional distinção entre serviço público e serviço privado é aqui exequível na medida em que as instituições públicas estão cada vez mais subjugadas aos objetivos das empresas privadas, a exemplo do que se assiste com a mercadorização das universidades e das estações públicas de televisão[527].

Dois outros aspetos devem, na nossa opinião, ser levados em conta quando falamos da autonomia do trabalhador intelectual. O trabalho cultural assalariado não implica necessariamente a alienação completa do trabalho realizado ao serviço do capitalismo cultural. No caso do jornalismo, existem formas de proteção dos direitos autorais, a cláusula de consciência e o segredo profissional que, de alguma forma, constituem algumas barreiras a uma completa racionalização do jornalismo, ao serviço dos objetivos comerciais das empresas. Em segundo lugar, a ideia do criador intelectual encarregado da produção das suas obras pode ser tanto a expressão de uma autonomia como o resultado de um processo generalizado de precarização das condições de trabalho. Neste último caso, a autonomia pode assumir a máxima expressão da dependência de outrem, como demonstraremos mais adiante, a propósito dos jornalistas.

Deste modo, a ideia de uma influência direta da propriedade dos meios de comunicação sobre os conteúdos tal como a formulava a Escola de Francoforte deve ser matizada pelo facto de a fase estritamente criativa do processo produtivo – considerada uma fase substancial da produção cultural – permanecer total ou parcialmente anterior e exterior à organização produtiva do trabalho industrial, embora constitua a base a partir da qual se pode organizar todo um processo de criação de valor subsequente. Consoante o prestígio do autor, assim a sua capacidade de salvaguardar a integridade da obra. Mas, regra geral, é a partir daqui que o papel da edição

---

[526] M. WAYNE, *Marxism and Media Studies*, op. cit., p. 17.
[527] G. MURDOCK, «Reconstructing the ruined tower: contemporary communications and questions of class», *in* J. CURRAN, e M. GUREVITCH (orgs), *Mass Media and Society*, op. cit., p. 16.

intervém sobre a obra inicial, adaptando-a às condições e às expectativas do mercado e do capital, podendo originar a sua alteração, como frequentemente acontece. Isto não quer dizer que a própria indústria cultural tenha deixado de desenvolver, de acordo com as condições de cada tipo de indústria, mecanismos de divisão do trabalho intelectual, de modo a impor as suas próprias lógicas produtivas e objetivos de mercado[528].

Tanto Wayne quanto Murdock reconhecem que o trabalho intelectual está submetido a um processo de divisão do trabalho, nomeadamente entre as funções manuais e técnicas e as de índole mais intelectual. Essa divisão não é uma má notícia para o capital. Antes pelo contrário, no caso da indústria do filme e da televisão, permitiu, em alguns casos, criar divisões no campo cultural e afastar os criadores – tradicionalmente com maior capacidade de resistência às formas de racionalização do seu trabalho – de partes consideradas decisivas da produção e da gestão[529]. Para Murdock, a concentração dos *media* tornou ainda mais intensas as tentativas de controlo da produção criativa, devido aos objetivos económicos que estão por detrás[530].

Os trabalhos de Wayne e Murdock inserem-se no contexto de um repensar das teses da Escola de Francoforte, representando uma necessidade de regressar a velhas questões que as novas realidades não resolveram, antes, deram uma nova atualidade.

Com efeito, se a década de 70 ficou marcada por uma certa distanciação face ao tom nostálgico e pejorativo que as indústrias culturais adquiriram na obra de Adorno e Horkheimer[531], também não é menos verdade que esse facto está longe de representar um apagamento dos estudos críticos sobre os *media*, a cultura e a informação. Na Europa, assistiu-se mesmo, nessa

---

[528] Ramón ZALLO, *El Mercado de la Cultura – Estructura económica y política de la comunicación*, Donostia, Gakoa Liburuak, 2002, p. 88.

[529] M. WAYNE, *Marxism and Media Studies, op. cit.*, pp. 26 a 32. Mike Wayne demonstra como a existência de formas mais informais e menos controláveis de acesso e consumo de conteúdos, e cujos conhecimentos podem realizar-se fora dos sistemas tradicionais de educação formal, permitem também formas de expressão e produção mais independentes e menos controláveis pelas lógicas de produção capitalista, como é o caso da música relativamente ao cinema. Como refere Wayne, isto não significa que toda a música funcione à margem das lógicas produtivas e comerciais e que a indústria não lance mão de produtos pensados a partir de estrita lógica económica, de gestão e de marketing como pode ser comprovado pelo caso das *boys* e *girls band*, por exemplo.

[530] G. MURDOCK, «Reconstructing the ruined tower: contemporary communications and questions of class», *in* J. CURRAN, e M. GUREVITCH (orgs), *Mass Media and Society, op. cit.*, p. 17.

[531] Enrique BUSTAMANTE, *La Televisión Económica – Financiación, estrategias y mercados*, Barcelona, Gedisa, 1999, p. 23.

altura, a uma renovação dos estudos críticos através das propostas da Economia Política da Comunicação, vincando, desse modo, o seu distanciamento face aos pressupostos celebratórios da denominada Economia *mainstream*[532]. De uma forma geral, a Economia Política da Comunicação procurou recuperar os contributos das teses marxistas a partir de uma releitura crítica[533], adaptando-as a uma nova compreensão da influência do poder económico na produção dos conteúdos dos *media*. Parece-nos oportuno parar um pouco para perceber as linhas gerais do desenvolvimento da Economia Política da Comunicação, uma vez que ela traz importantes contributos para a compreensão do problema da autonomia do jornalismo.

5. A perspetiva da Economia Política da Comunicação

Grosso modo, a Economia Política da Comunicação foi desenvolvida por Dallas Smythe, nos anos 50 e início de 60 do séc. XX[534]. Segundo ele, a comunicação deveria ser considerada uma componente importante da Economia, nomeadamente ao pôr em relevo os efeitos das políticas relacionadas com a produção e distribuição, capital, organização e controlo das instituições de comunicação sobre a sociedade[535]. Esta perspetiva vem abrir uma nova linha de estudos no campo da comunicação nos Estados Unidos, até então muito centrada na questão dos efeitos do consumo individual dos *media*, desligados do contexto económico de produção, distribuição e consumo de conteúdos. Smythe, Thomas Guback e Herbert Schiller inauguraram um conjunto de estudos nesta área, influenciados pela economia institucional, no quadro da denominada «frente cultural» das décadas 30 e 40, e,

---

[532] Janet WASKO, «Estudando a economia política dos *media* e da informação», *in* Helena SOUSA, *Comunicação, Economia e Poder*, Porto, Porto Editora, 2006, p. 31.

[533] Essa crítica incidiu, nomeadamente, na revisão das teses sobre a história do capitalismo moderno [Armand MATTELART e Michèle MATTELART, *História das Teorias da Comunicação*, Porto, Campo das Letras, 1997, p. 96]. Na mesma linha, P. Golding e G. Murdock criticam a visão demasiado determinística com que alguns autores marxistas veem a relação entre a propriedade dos meios de produção e os conteúdos culturais, propondo uma análise mais profunda e complexa dessa relação [Peter GOLDING e Graham MURDOCK, «Capitalism, communication and class relations», *in* James CURRAN, Michael GUREVITCH e Janet WOOLACOTT, *Mass Communication and Society*, Londres, Edward Arnold/The Open University Press, 1977, pp. 14 a 22].

[534] Foi Smythe quem deu a primeira cadeira de Economia Política da Comunicação, na Universidade de Illinois [Vincent MOSCO, «Les nouvelles technologies de communication – Une Approche politico-économique», *Réseaux*, nº 101, 2000, p. 95.].

[535] J. WASKO, «Estudando a economia política dos *media* e da informação», *in* H. SOUSA, *Comunicação, Economia e Poder, op. cit.*, pp. 32-33.

particularmente, na síntese intelectual antifascista[536]. Segundo Vincent Mosco, as abordagens de Smythe e Schiller inspiram-se simultaneamente no estudo das práticas institucionais e nos contributos das teorias marxistas, sem no entanto, à semelhança do que acontece com os estudos europeus, pretenderem construir uma teoria da comunicação. As suas teses, bem como outras por eles suscitadas, foram alimentadas por um certo «sentimento de injustiça e pela ideia de que a indústria de comunicação faz parte integrante de um sistema económico mais vasto, antidemocrático e fundado na exploração dos indivíduos»[537].

É nesse contexto que, nos anos 70 do séc. XX, na Europa, embora sem o caráter precursor que tiveram Smythe e Schiller nos EUA, surgem os estudos realizados por autores como Nicholas Garnham, Peter Golding e Graham Murdock[538]. Os seus trabalhos retomam as questões levantadas pela Escola de Francoforte, bem como o trabalho realizado por Raymond Williams, dando conta da assimilação efetuada por parte do sistema capitalista em geral, das instituições comunicativas, em particular as empresas e organismos do Estado[539].

No entanto, esses contributos seriam eles próprios objeto de críticas por parte dos Estudos Culturais, por considerarem que a Economia Política da Comunicação se centrava excessivamente nos processos de produção e numa noção simplista de ideologia, ignorando os aspetos textuais e discursivos, bem como a resistência e a subversão implicadas no consumo por parte das audiências[540]. A estes contributos vieram também juntar-se os estudos de Armand Mattelart, incidindo sobre a questão da luta de classes. Por seu lado, Bernard Miège pôs em evidência as relações existentes entre diferentes produtos de comunicação (edição de livros, imprensa, rádio e televisão, espetáculos ao vivo, multimédia em linha), as formas de controlo exercidas pelas empresas e a natureza diversificada dos tipos de trabalho no interior de cada indústria cultural[541]. Como afirma Mosco, não é possível

---

[536] *Op. cit.*, p. 33.
[537] V. MOSCO, «Les nouvelles technologies de communication», *Réseaux, op. cit.*, p. 95.
[538] J. WASKO, «Estudando a economia política dos *media* e da informação», H. SOUSA, *Comunicação, Economia e Poder, op. cit.*, p. 33.
[539] V. MOSCO, «Les nouvelles technologies de communication», *Réseaux, op. cit.*, p. 96.
[540] J. WASKO, «Estudando a economia política dos *media* e da informação», H. SOUSA, *Comunicação, Economia e Poder, op. cit.*, p. 51.
[541] Bernard Miège distingue dois modelos principais de produção e consumo da cultura e da informação: modelo editorial e o modelo de fluxo. Estes dois modelos principais resultam da convergência proporcionada pelas novas tecnologias de cinco lógicas diferentes de produção de

fechar a Economia Política da Comunicação numa única corrente de pensamento. No seu seio encontramos diversas opiniões, ênfases e interesses, bem como perspetivas teóricas, cujo único elo de ligação é o da «abordagem da atividade intelectual e um conceito da relação entre a imaginação académica e a intervenção social»[542].

De uma forma geral, a Economia Política da Comunicação procura perceber os *media* no contexto quer da estrutura social em vigor, quer dos sistemas de comunicação existentes. No caso dos modos de produção capitalista, os estudos na área da Economia Política da Comunicação têm posto em evidência como as formas de propriedade, bem como as relações de classe a ela associadas, podem influenciar o comportamento e o conteúdo dos *media*. Como afirmam Golding e Murdock, se os conteúdos dos *media* não podem ser vistos como uma consequência direta das relações de propriedade, de acordo com um certo reducionismo económico, isso não nos deve levar também a reduzir a importância da compreensão do contexto económico sobre a produção cultural[543].

mercadorias culturais: edição de produtos culturais; produção em fluxo; informação escrita; produção de programas informatizados; e espetáculos ao vivo. A construção destes modelos não pode ser reduzida aos seus aspetos económicos. Eles procuram refletir a posição dos detentores de poder de decisão, mas também dos artistas e intelectuais, as estratégias de pequenas e médias empresas e os comportamentos dos consumidores [B. MIÈGE, *Les Industries du Contenu face à l'Ordre Informationnel*, op. cit., pp. 43 a 62 e 120; Bernard MIÈGE, *La Société Conquise par la Communication*, Grenoble, Presses Universitaires de Grenoble, 1989, p. 181.].

[542] Vincent MOSCO, *The Political Economy of Communication –Rethinking and renewal*, Londres, Thousand Oaks, Nova Deli, Sage, 1996, p. 20. Para Mosco, a Economia Política da Comunicação deve entrar em linha de conta com os pressupostos da mudança social e da transformação da história; da compreensão da sociedade como um todo; dos fundamentos da filosofia moral, de modo a clarificar e tornar explícitas as posições morais frequentemente encobertas pelas perspetivas económicas e político-económicas; e, finalmente, da praxis, como orientadora da teoria do conhecimento, perspetivando o saber como o resultado contínuo da teoria e da prática. Mosco preconiza ainda uma Economia Política da Comunicação assente numa «epistemologia realista, inclusiva, constitutiva e crítica» que passa, nomeadamente, por uma perspetiva analítica que tenha por base os seguintes pressupostos centrais: o reconhecimento da realidade das práticas sociais e dos conceitos; a não redução das práticas sociais a uma explicação político-económica única e o entendimento dos conceitos e das teorias como vias úteis de acesso para uma melhor compreensão do campo social; o entendimento da sociedade como um conjunto de processos mutuamente constitutivos, agindo uns sobre os outros nos diversos estádios da sua constituição; pelo cruzamento e confronto do saber gerado no domínio da Economia Política da Comunicação com o produzido por outras áreas [V. MOSCO, «Les nouvelles technologies de communication», *Réseaux*, op. cit., p. 99.].

[543] Peter GOLDING e Graham MURDOCK, «Capitalism, communication and class relations», *in* J. CURRAN, M. GUREVITCH e J. WOOLACOTT, *Mass Communication and Society*, op. cit., pp. 22-23.

A perspetiva da Economia Política permite-nos problematizar a autonomia do jornalismo no contexto económico das produções culturais. Em primeiro lugar, pelos importantes contributos críticos efetuados às próprias teses marxistas, adaptando-as às condições de produção cultural do novo capitalismo. Em segundo lugar, pela importância concedida ao estudo das relações de produção geradas no interior da economia cultural. De seguida, procuraremos compreender os impactes do novo capitalismo sobre o modo de produção, para depois analisarmos algumas das suas incidências diretas no exercício do jornalismo. Esta abordagem far-se-á à luz do processo de desqualificação que as novas tecnologias e as novas formas de controlo da produção cultural trouxeram sobre os agentes culturais, nomeadamente, os jornalistas.

6. Impactes do novo capitalismo nas empresas de media

6.1. Liberalismo económico, desregulação, concentração e diversificação

Como vimos, para Garnham, as diferentes formas de subsidiação dos produtos culturais por parte do Estado encontram-se entre os processos de mercadorização deste tipo de bens «intangíveis». Com efeito, o papel do Estado não está desligado da mercadorização dos produtos culturais, cujo processo, do nosso ponto de vista, não deve ser visto apenas na sua dimensão estritamente económica, mas também política. O relativo apagamento do Estado do campo da cultura e da comunicação é, por si, um fator importante na determinação do poder atribuído às livres forças do mercado e da economia.

Como já tivemos oportunidade de verificar no capítulo anterior, a intervenção do Estado tem a ver com os contextos históricos, as tradições e culturas jurídicas e sociopolíticas, bem como os diferentes tipos de *media* (imprensa, meios eletrónicos). Mas, de forma geral, aceita-se que o setor da comunicação social enfrentou, nas últimas décadas do séc. XX, um processo de relativa atenuação das regras reguladoras, por via das inovações tecnológicas[544] e, desde 1980, das políticas dos Estados para o setor. *Grosso modo*, os Estados adotaram posições mais abertas aos princípios liberais e à economia de mercado, aceitando-os como modelos de regulação alter-

---

[544] Juan C. MIGUEL, *Los Grupos Multimedia – Estructuras y estrategias en los medios europeos*, Barcelona, Bosch, 1993, p. 127.

nativos da comunicação e da informação. Este recuo do Estado face ao mercado não deixou de ser uma resposta a uma crítica do público e das próprias forças do mercado à manipulação política e ideológica dos órgãos de poder sobre a informação, em particular os *media* radiofónicos e televisivos, à forma burocrática da sua gestão e uma tentativa de aliviar o pesado passivo entretanto acumulado.

Analisando especificamente o caso do audiovisual, Juan C. Miguel considera que, não obstante as diferenças, existem traços comuns nos processos de «desregulação» levados a cabo quer na Europa quer nos EUA. Entre eles, encontramos o aparecimento de novos atores provenientes de setores exteriores ao audiovisual, a diminuição do papel do Estado na regulação do setor e a perda de relevância da doutrina baseada no interesse geral, em detrimento da ideia de regulação pelo mercado.

Na Europa, as alterações ficaram substancialmente marcadas pela abertura do setor audiovisual à exploração por parte das empresas privadas em coexistência com as empresas públicas[545]; pela diminuição das restrições à concentração vertical, horizontal e multimédia; pela suavização dos limites de participação de capitais estrangeiros nos *media* nacionais; e pelas iniciativas de criação, desde 1993, de um espaço único europeu de comunicação[546]. Para além disso, generaliza-se a importância da publicidade no financiamento do audiovisual, bem como as considerações de tipo económico e financeiro na gestão das indústrias culturais.

Nos EUA, que, ao contrário da Europa, detinham uma forte tradição de gestão privada do setor do audiovisual, a desregulação teve consequências mais vastas. A partir dos anos 80, a administração Reagan é considerada responsável pelo desmantelamento da regulação que obrigava os radiodifusores a atuar como depositários de bem público e pelo fim da *fairness doctrine*, em 1987[547]. Data dessa altura o levantamento da interdição que impedia as *networks* de serem simultaneamente transmissoras e produtoras de conteúdos culturais. Para além disso, assistiu-se à ampliação sucessiva dos limites

---

[545] Na década de 70, países como a Itália e a Grã-Bretanha possibilitavam a presença de empresas e grupos privados no audiovisual. No entanto, a sua atuação estava ainda bastante condicionada pela própria exiguidade do mercado interno e pelas restrições de expansão para outros países [*Op. cit.*, p. 52.].
[546] René BONNELL, *La Vingt-Cinquième Image – Une économie de l'audiovisuel*, s.l., Gallimard, 2006, pp. 786 a 789.
[547] A. I. SEGOVIA, «Aviso para navegantes», *in* F. Q. FERNÁNDEZ e F. S. CABALLERO (dirs.), *Comunicación, Globalización y Democracia, op. cit.*, p. 97.

da propriedade dos *media*, nomeadamente em 1984, 1988, 1992, que culminou, em 1996, com a publicação da *Telecommunications Act*. No entanto, algumas dessas regras foram revistas, novamente, em 1999[548]. Para Ana Isabel Segóvia, a *Telecommunications Act* constituiu um marco importante da desregulação do setor das telecomunicações, ao instituir o princípio de «*todos contra todos* num sistema livre de mercado»[549], equiparando radiodifusão, cabo e telefone, com a argumentação de que as alterações se impunham devido às mudanças registadas no plano tecnológico e no próprio panorama mediático. Nesse quadro, o enfraquecimento das barreiras reguladoras artificiais deveria aumentar a competitividade entre empresas e servir melhor os consumidores. Para além disso, considerava-se que as novas tecnologias puseram fim ao problema da escassez de frequências, pondo também termo a um dos argumentos importantes a favor da existência de uma regulação forte. Finalmente, argumentou-se ainda que as indústrias dos *media* passaram a operar a uma escala global, justificando, assim, o alargamento dos limites à propriedade[550] e à concentração das empresas. Em resultado das transformações do quadro regulatório, as empresas concessionárias de licenças de rádio e de televisão nos EUA deixaram de ser entendidas como depositárias de um bem público, para serem consideradas como meros operadores no mercado livre da comunicação, devendo reger-se pelos seus princípios, leis e exigências[551].

Um dos objetivos preconizados com a *Telecommunications Act* era aumentar a concorrência. Mas, na realidade, o que se verificou foi que as empresas em vez de investirem na sua própria diversificação, aumentando a concorrência, por via do aparecimento de novos operadores, preferiram adquirir, fundir-se ou estabelecer alianças com as empresas que já estavam no mercado, tornando, assim, menos arriscados os investimentos efetuados com o alargamento a novos setores de atividade. O resultado final foi a diminuição da concorrência e, em muitos casos, verificou-se mesmo o aumento dos pre-

---

[548] *Op. cit.*, pp. 96 a 102.
[549] *Op. cit.*, p. 100 (sublinhado do autor).
[550] *Op. cit.*, p. 101. Ana Isabel Segóvia considera que a *Telecommunications Act* é o produto do interesse conjugado dos ideólogos do mercado livre, os grandes utilizadores, que pretendiam ver reduzidos os custos das telecomunicações, e de novos competidores que pretendiam entrar no mercado e que estavam impedidos de o fazer devido à interdição existente de operadores de cabo, telefone ou radiodifusão poderem estar em mais do que um destes setores em simultâneo [*Op. cit.*, p. 100].
[551] *Op. cit.*, p. 103.

ços, a degradação dos serviços prestados e o aumento da concentração das empresas[552].

Para J. C. Miguel, este processo de «desregulação» iniciada na década de 80 do séc. XX foi a descoberta, por parte de Wall Street e do setor financeiro, de que o valor das empresas de *media*, estava, de forma geral, subavaliado pelo mercado. Essa perceção marca decisivamente o interesse do setor financeiro pelas empresas de comunicação social como uma nova área de negócios, procurando compradores para empresas subavaliadas e mal geridas, promovendo, por um lado, fusões e aquisições e buscando, por outro lado, os capitais necessários a essas novas operações[553]. Depois de uma fase inicial de fusões e aquisições, seguiram-se as parcerias e alianças entre grupos de forma a controlar segmentos de negócio considerados chave e, ao mesmo tempo, reduzir a incerteza e controlar e prever a evolução do mercado.

Com a aprovação, em 1996, da *Telecommunications Act*, assistimos a uma renovada «febre de fusões»[554], que viria dar novas dimensões às operações de capital realizadas anteriormente. Com efeito, o início da década de 90 foi marcado por um conjunto de fusões que estiveram na origem da criação dos grandes conglomerados internacionais, de que são exemplos a Time-Warner (1990), Disney-ABC (1995), Westinghouse-CBS (1995), Time Warner-CNN (1995), Viacom-CBS (1999) AOL-Time Warner (2000) e Vivendi-Canal+-Seagram (2000), que deu origem à Vivendi Universal. A este lote de grandes fusões juntam-se outros grandes grupos multimédia como Bertelsmann e News Corporation, cujo crescimento se ficou a dever também a aquisições estratégicas e à criação de novos *media*, numa lógica de concentração e de diversificação internacional.

A importância e o alcance desta reestruturação do capital das indústrias dos *media* não podem ser subvalorizados. Para P. Golding e G. Murdock, a estrutura da organização capitalista dos *media* tem sido marcada pelos movimentos de concentração e, mais recentemente, de diversificação. A conjugação destes dois movimentos conduziu ao surgimento de conglomerados internacionais, com participação nos setores da comunicação e do entretenimento, que, hoje, se encontram em condições de controlar o amplo

---

[552] Leitura idêntica é feita por Marco Dantas sobre a liberalização do mercado do telefone no Brasil [M. DANTAS, *A Lógica do Capital-Informação, op. cit.*, pp. 42 e ss].
[553] J. C. MIGUEL, *Los Grupos Multimédia, op. cit.*, p. 51.
[554] Na expressão de Wilson DIZARD Jr., *A Nova Mídia – A comunicação de massa na era da informação*, Rio de Janeiro, Jorge Zahar, 2000, pp. 135-136.

espectro de produção e distribuição das ideias, no mundo contemporâneo[555].

A mesma constatação foi efetuada pelo estudo sobre a propriedade dos *media* europeus, realizado pela Federação Europeia de Jornalistas, com o apoio da Comissão Europeia. No documento, refere-se que «um punhado de grupos mediáticos controlam o mercado dos *media* e do entretenimento, abrangendo filmes, televisão, edição de livros, música, novos *media* em linha, parques temáticos, desporto, imprensa escrita e mesmo o teatro»[556].

6.2. Reestruturação do capital e mercadorização reforçada da cultura e da informação

Como vimos, a criação de grandes grupos económicos alterou a estrutura do capital das empresas de *media*, com implicações na definição dos objetivos estratégicos das empresas e reflexos nos conteúdos. O caso da imprensa é disso um bom exemplo. Em termos da estrutura do capital, as transformações passaram pela abertura ao capital externo, diluindo o poder das famílias detentoras da propriedade das empresas de comunicação social e reforçando as lógicas económicas e financeiras, levadas a cabo por novos conselhos de administração. Nos EUA, as empresas proprietárias de jornais começaram a entrar na bolsa em 1960 como forma de financiar o seu crescimento. Por seu lado, para o setor financeiro, os jornais passaram a constituir uma área apetecível de investimentos. Em 1982, o setor recebia 28 a 30 por cento dos investimentos de um mercado publicitário em crescimento. Considerava-se que as empresas estavam relativamente imunes aos efeitos nocivos da inflação sobre os lucros e que os fluxos de caixa davam para financiar o seu próprio crescimento, sem terem de recorrer ao financiamento externo, reduzindo, desse modo, as incertezas das taxas de juro flutuantes[557].

Para Meyer, a alteração da estrutura da propriedade das empresas resultante da sua abertura ao capital externo representou, a par da inovação tecnológica, a mudança mais significativa na vida dos jornais. Se, no contexto de organizações familiares, a questão do lucro era tomada numa perspetiva

---

[555] *Op. cit.* p. 29.
[556] FÉDÉRATION EUROPÉENNE DES JOURNALISTES, *Étude Sur la Propriété des Médias: Menaces sur le Paysage médiatique*, Bruxelas, FEJ avec le soutien de la Commission Européenne, setembro, 2002, p. 15, *in* URL: www.european-mediaculture.org/fileadmin/bibliothek/francais/federacion_journalistes_etudes/federacion_journalistes_etudes.pdf (09/01/2008).
[557] *Apud*, P. MEYER, *Os Jornais Podem Desaparecer?*, *op. cit.*, pp. 44-45.

mais ou menos acidental ao negócio, centrado na melhoria da vida da família, dos seus clientes e dos seus empregados, com a entrada das empresas na Bolsa as coisas mudaram significativamente, uma vez que o lucro passou a constituir-se num dos objetivos centrais de investimento nos *media*. Com efeito, ser uma empresa de capital aberto implica submeter-se ao escrutínio do mercado e às exigências de retorno de investimentos, numa lógica que não é necessariamente coincidente com a de produtores de notícias. Meyer dá conta como Davis Merrit, ex-diretor de *The Wichita Eagle*, se viu, em meados de 1990, perante a imposição efetuada pela empresa proprietária do jornal, a Knight Ridder, de que o jornal assegurasse margens operacionais de 23,5 por cento. Esta exigência implicou a redução de custos e o corte de despesas de circulação em áreas consideradas de interesse económico marginal, diminuindo o poder de influência do jornal junto dos seus leitores: «Tivemos de dizer a 10 mil leitores: "não vamos mais permitir que vocês comprem o nosso jornal"» – explicou Davis Merrit[558]. Outro exemplo ilustrativo refere-se ao facto de, um dia depois de a Knight Ridder ter obtido sete prémios Pulitzer, em 1986, o valor das ações em bolsa ter caído. Segundo a justificação encontrada para o sucedido, os investidores terão considerado que a Knight Ridder estava a gastar demasiado dinheiro com projetos jornalísticos de qualidade que deveriam, antes, destinar-se a reforçar os resultados financeiros das suas empresas[559].

A abertura das empresas jornalísticas ao capital externo e a presença de grupos financeiros e industriais provenientes de outros setores impôs aos *media* um processo de normalização, com vista a adequar os princípios da sua gestão às práticas correntes das restantes indústrias e empresas comerciais. O objetivo era, entre outros, o de ajustar as empresas de *media* às exigências de remuneração do capital financeiro que, segundo Pradié, se situavam, em 2005, na ordem dos 15 por cento do montante de fundos próprios[560]. Não obstante as suas especificidades, a denominada normalização teve como consequência pensar os *media* como empresas capitalistas sujeitas às mesmas lógicas de rentabilização, de concentração e de transnacionalização, em vigor na economia em geral[561]. Isso implica também uma reorganização da estrutura hierárquica de tomadas de decisão, tendencial-

---

[558] *Op. cit.*, p. 24.
[559] *Op. cit.*, p. 17.
[560] Christian PRADIÉ, «Capitalisme et financiarisation des industries culturelles», *Réseaux*, nº 131, 2005, p. 87.
[561] J. C. MIGUEL, *Los Grupos Multimédia*, *op. cit.*, p. 204.

mente mais centralizada, com vista a assegurar uma melhor coordenação entre diferentes empresas e centros de decisão. Em alguns casos, o aumento da presença da banca e de grupos financeiros fez com que as indústrias culturais e os *media* passassem a ser pensados também de acordo com as lógicas e as práticas financeiras. O poder das direções dos grupos aumentou, operando uma separação entre os setores da criação e da gestão, em favor das lógicas da gestão financeira e do marketing, com base numa análise rigorosa dos custos de produção e dos estudos de mercado[562].

Certamente que nem todas as empresas de *media* se posicionam da mesma forma, relativamente aos objetivos de remuneração do capital impostos pelas lógicas estritamente comerciais e financeiras. No seu estudo sobre mais de meia centena de empresas do setor da comunicação da Europa (França, Holanda, Itália e Reino Unido), dos Estados Unidos e do Japão, Christian Pradié distingue três tipos de gestão fundamentais de grupos multimédia: os caracterizados por uma grande dispersão do seu capital em bolsa e sujeitos a estritas lógicas de gestão; os que são objeto de um controlo total ou relativo por parte do poder de famílias; e os detidos por fundações e sociedades de tipo mutualista. Estas formas de detenção do capital das empresas têm diferentes repercussões na cultura empresarial e na definição dos seus objetivos. Quanto maior for a participação do capital financeiro sobre as empresas, mais a sua gestão depende de lógicas de mercado e do marketing. Quanto maior é a preponderância da publicidade na produção de receitas, maior é a sujeição do setor ligado à programação e edição de conteúdos aos resultados ditados pelos estudos de mercado e de comportamentos de públicos[563]. De uma forma geral, o tipo de controlo do capital determina igualmente aspetos como as formas de crescimento, os níveis de integração vertical e horizontal das empresas, a sua internacionalização e o seu poder sobre o mercado.

A preponderância exercida por estes grupos não deixa de ter os seus efeitos sobre as próprias lógicas de produção das empresas menores, menos dependentes dos mercados financeiros, menos concentradas, menos internacionalizadas e com modelos de produção menos industrializados. Como constata Pradié, as dinâmicas de industrialização, concentração e internacionalização dos grandes grupos promovem as características descritas pelos críticos das indústrias culturais. Em causa está o seu domínio sobre

---

[562] *Op. cit.*, pp. 205-206.
[563] C. PRADIÉ, «Capitalisme et financiarisation des industries culturelles», *Réseaux, op. cit.*, p. 91.

uma franja de estruturas de menor dimensão de produção inovadora e criativa, o controlo do essencial da circulação e fluxo de informação e de produtos culturais e a capacidade de imprimir uma orientação comercial, reforçando o caráter lucrativo dos seus objetivos económicos[564]. Esse domínio está bem patente em alguns índices que refletem o poder dos grandes grupos sobre o mercado. No que se refere ao setor da comunicação na Europa, os dados disponíveis em 2001 apontavam para o facto de apenas 31 por cento das empresas estarem cotadas em Bolsa. No entanto, elas representavam 53 por cento do volume total de negócios, 71 por cento do valor acrescentado, 74 por cento do capital próprio e empregavam 55 por cento dos trabalhadores do setor. Os efeitos de arrastamento que o poder dos grandes grupos económicos impõe às empresas de menor dimensão é também visível na defesa que em Portugal tem sido feita de uma maior concentração das empresas de *media*, com vista à criação de grupos robustos, capazes de se internacionalizarem e impedirem a aquisição das empresas nacionais por grupos estrangeiros mais poderosos[565].

A filosofia que preside aos grandes grupos de comunicação está bem patente na expressão de alguns dos seus administradores. Michael Eisner, ex-presidente do conselho de administração da Disney, num memorando aos seus funcionários, escrevia em 1981:

> «O sucesso faz-nos esquecer a razão pela qual triunfámos (...). Não temos a obrigação de fazer arte. Não temos obrigação de fazer declarações. Fazer dinheiro é o nosso único objetivo».

E no site oficial da Disney, no espaço dedicado aos investidores, afirmava-se que o objetivo primordial da Disney era criar valor acionista continuando a ser a empresa de entretenimento número um, do ponto de vista criativo, estratégico e financeiro[566]. Por seu lado, Michael Green, *Chairman* da companhia britânica Carlton Communications, manifestava-se satis-

---

[564] *Op. cit.*, p. 103.
[565] Fernando CORREIA, *Jornalismo, Grupos Económicos e Democracia*, Lisboa, Caminho, 2006, pp. 36- -37; Dina MARGATO, «Grupo Controlinveste quer ter um canal generalista em sinal aberto», *Jornal de Notícias*, 26 de outubro, 2007, *in* URL: http://jn.sapo.pt/2007/10/26/televisao/grupo_ controlinveste_quer_um_canal_g.html (26-10-2007).
[566] *Apud*, J. WASKO, «Estudando a economia política dos *media* e da informação», H. SOUSA, *Comunicação, Economia e Poder, op. cit.*, p. 44.

feito por ter reduzido a irracionalidade da produção de conteúdos mediáticos e ter conseguido torná-los, na prática, comensuráveis:

> «Penso a televisão como um processo de fabrico. Qual a diferença entre um programa de televisão e um isqueiro?»[567].

Por seu lado, o ex-presidente e diretor-geral do canal privado francês TF1 afirmou que a vocação dos programas do seu canal era divertir e descontrair o telespectador de modo a tornar o seu cérebro disponível à receção de mensagens:

> «O que nós vendemos à Coca-Cola é um determinado tempo de cérebro humano disponível. Obter essa disponibilidade é o que há de mais difícil»[568].

Marc-François Bernier recorda um editorial do *Wall Street Journal*, em que se afirmava explicitamente que «um jornal é uma empresa privada que nada deve ao público que, por sua vez, também não lhe concede qualquer privilégio». Por isso, o jornal nada tem a ver com o interesse público, sendo apenas «um bem do seu proprietário que, com o seu próprio risco, vende um produto manufaturado»[569].

Em Portugal, podemos encontrar expressões que vão no mesmo sentido. Manuel Fonseca, ex-diretor adjunto de programação da SIC, recordava que a propriedade daquela estação de televisão pertence a interesses privados, pelo que o seu «objetivo é produzir entretenimento e ganhar dinheiro com essa produção». Sublinhando que a televisão é um negócio, Manuel Fonseca acrescentava que a «SIC não persegue objetivos pedagógicos, educativos ou culturais»: a televisão funcionaria, assim, como uma fábrica cuja função seria a de produzir audiências para vender às agências publicitárias[570]. Do mesmo modo, Paes do Amaral, que recentemente regressou à *Media Capital*, na qualidade de presidente não executivo da televisão TVI, alinhava pelo mesmo diapasão quando, em 2005, salientou que os *media* são um negócio que tem também influência e poder, «duas coisas que outros negócios não

---

[567] *Apud*, M. WAYNE, *Marxism and Media Studies, op. cit.*, p. 35
[568] *Apud*, Dany-Robert DUFOUR, «Viver em rebanho crendo ser livre», *Le Monde Diplomatique – Edição portuguesa*, nº 15, II Série, janeiro, 2008, p. 18.
[569] M-F BERNIER, *Éthique et Déontologie du Journalisme, op. cit.*, p. 55.
[570] *Apud*, Nelson TRAQUINA, *Big Show* Media – *Viagem pelo mundo audiovisual português*, Lisboa, Editorial Notícias, 1997, p. 83.

têm». Deste modo, considerava perfeitamente natural a existência de *lobbies* político-económicos interessados em comprar uma televisão. Primeiro, porque querem ganhar dinheiro, depois, porque querem ter influência[571].

Estas são apenas expressões que indiciam o impacte que o denominado «capital impaciente»[572] tem no seio das empresas de comunicação. O efeito combinado da disponibilidade de massa de investimentos disponíveis no mercado e a pressão dos lucros a curto prazo transformaram a natureza profunda das próprias instituições. Com o objetivo de manterem o seu poder de atração de investimentos e, portanto, de valorização de capitais, as gestões orientadas pelas exigências de remuneração do capital financeiro desenvolveram estratégias de flexibilização em domínios como a produção de conteúdos e a contratação de mão de obra, em nome de um pretenso dinamismo e inovação, mesmo quando os valores antigos da estabilidade estavam longe de esgotar a sua eficácia. Como refere Sennett, a estabilidade passou a ser uma palavra maldita nos mercados financeiros e surge como sinónimo de incapacidade de as empresas inovarem, criarem novas oportunidades e gerirem as mudanças[573].

Obrigados, por um lado, a aderir às exigências de remuneração do «capital impaciente», também as empresas jornalísticas são frequentemente compelidas a adotarem estratégias de produção mais flexíveis e que, de uma forma geral, contribuem para depreciar o capital de confiança depositado pelo seu público. Para Meyer, os interesses económicos de curto prazo impostos pelos acionistas são uma ameaça à afirmação da credibilidade dos jornais perante os seus leitores, cuja relação – comercial e comunitária – funciona numa perspetiva de longo prazo. Os objetivos comerciais de curto prazo são suscetíveis de dilapidar a relação de confiança existente entre os leitores e o jornal, naquilo que Meyer define como a «estratégia de colheita e da liquidação»[574], centrada nos objetivos económicos imediatos e considerada uma das maiores ameaças à imprensa escrita[575].

Este facto só não tem consequências mais graves para a imprensa porque a rendibilidade de um *medium* não pode ser entendida apenas de uma forma

---

[571] *Apud*, Fernando CORREIA, «Concentração dos *media*: negócio contra jornalismo», *Jornalismo e Jornalistas*, nº 23, julho/setembro, 2005, p. 10.
[572] Expressão de Bennett Harrison citado por R. SENNETT, *La Cultura del Nuevo Capitalisme, op. cit.*, p. 39.
[573] *Op. cit.*, p. 40.
[574] P. MEYER, *Os Jornais Podem Desaparecer?, op. cit.*, p. 137.
[575] *Op. cit.*, p. 20 e ss.

isolada. A criação de grandes grupos integrando, no seu seio, diferentes *media*, torna a rendibilidade num problema mais complexo, onde entram fatores como a cobertura do espectro global do mercado publicitário e a manutenção de setores considerados chave de influência junto de determinados públicos e da própria vida pública. Deste modo, grupos de *media* podem estar dispostos a suportar perdas económicas em determinadas áreas, com o objetivo de preservar as cotas de mercado publicitário e de influência na opinião pública. Neste sentido, o que poderia ser considerado um investimento luxuoso, por parte dos extravagantes empresários de *media*, está longe de representar um *hobby* por parte do capital financeiro[576]. Com efeito, o que é perda num caso particular, pode ser visto, noutro caso, numa perspetiva geral, como um posicionamento estratégico. Sublinha, a este propósito, M. Mathien:

> «O contexto económico conduz a um reforço de "grupos-*media*" que, na observação das estratégias dos detentores de capitais, não são justaposições de sociedades ou firmas, mas conjuntos específicos de dimensão sistémica. Isto quer dizer uma interação constante do ponto de vista das estratégias financeiras destinadas a rentabilizar os seus investimentos, a controlar as empresas onde estiverem financeiramente presentes, a reforçar o controlo dos mercados, nomeadamente, no domínio que nos diz respeito, o mercado clássico da edição, da imprensa, da rádio, da televisão, do cinema, da publicidade e do multimédia»[577].

6.3. Novas tecnologias e massificação dos conteúdos

A concentração das empresas e a preponderância de fatores como a concorrência, a gestão, a rendibilidade e o marketing na definição das estratégias das empresas dos *media* foram também potenciados pela própria inovação tecnológica. Como refere Bernard Miège, as tecnologias da informação e da comunicação, à medida que se inseriram nas atividades sociais, foram simultaneamente a origem e o vetor de uma «industrialização reforçada dos campos sociais tão complexos como a informação e a cultura»[578]. Dois fatores contribuíram de forma decisiva para este processo. Por um lado, a exten-

---

[576] P. GOLDING e G. MURDOCK, «Capitalism, communication and class relations», *in* J. CURRAN, M. GUREVITCH e J. WOOLACOTT, *Mass Communication and Society*, *op. cit.*, p. 22.
[577] *Op. cit.*, pp. 9-10.
[578] B. MIÈGE, *Les Industries du Conteúdo Face à l'Ordre Informationnel*, *op. cit.*, p. 73.

são das redes de comunicação que permitiram a transmissão de conteúdos de forma diversificada e à escala global. Por outro lado, a digitalização tornou mais apetecíveis os processos de convergência entre os diferentes *media*, promovendo a desmaterialização dos suportes e secundarizando a sua natureza no processo de transmissão de conteúdos. Para Francis Balle, o resultado desse processo de digitalização está na origem de um novo *medium*, o *multimédia em linha*, que é o resultado da convergência da eletrónica de grande público (televisores, leitores de áudio e vídeo, câmaras etc.), com as telecomunicações (satélite, cabo, feixes hertzianos), com a informática (computadores, servidores, redes locais) e com os *media* e outros conteúdos (imprensa, livro, rádio, televisão, cinema).

No entanto, se é verdade que a convergência alargou substancialmente as redes de comunicação pessoais e identitárias e criou mercados mais segmentados, ela permitiu também dar uma nova profundidade aos movimentos de recomposição do capitalismo mediático, a que já aqui fizemos referência, ao mesmo tempo que reforçou a integração da produção de conteúdos numa lógica industrial.

Como já salientámos noutro estudo, esta segmentação não é necessariamente uma alternativa à massificação dos conteúdos dos *media*. Em alguns casos, pode mesmo corresponder a um processo de intensificação e prolongamento da mesma lógica de comercialização, resultante das novas possibilidades de disponibilização e transmissão de conteúdos que os *media* tradicionais não permitiam[579]. No mesmo sentido, César Bolaño salienta que «segmentação e massificação, homogeneização e diferenciação, antes de se oporem radicalmente, complementam-se»[580]. Referindo-se ao caso específico da televisão, Manuel Castells salienta que, «apesar da segmentação e diversificação das audiências, a televisão comercializou-se mais do que nunca, tornando-se também mais oligopolista», ao mesmo tempo que as empresas se concentraram mais, quer vertical quer horizontalmente, numa lógica de maior controlo dos mercados. Como consequência, a diversificação dos meios de comunicação, realizada sob o controlo empresarial e institucional, não alterou substancialmente a lógica unidirecional das mensagens, «exceto na forma mais primitiva da reação ao mercado» e na procura das audiências. Se se considerarem as fórmulas semânticas subjacentes à

---

[579] C. CAMPONEZ, *Jornalismo de Proximidade*, op. cit., pp. 83 a 86.
[580] C. BOLAÑO, «Trabajo intelectual, comunicación y capitalismo», *in* F. Q. FERNÁNDEZ, e F. S. CABALLERO (dirs.), *Comunicación, Glogalización y Democracia*, op. cit., p. 73.

maior parte dos programas mais populares, escreve ainda Castells, o conteúdo real da maioria da programação não se diferencia muito de um canal para outro[581], correspondendo a formas de distribuição do tipo «mais do mesmo, mas não exatamente»[582]. De facto, como refere também Michel Mathien, contrariamente aos prognósticos da «Terceira Vaga», as empresas dos *media* não têm seguido os caminhos da produção pós-industrial flexível, apostada na diversidade das mensagens, tendo-se assistido, pelo contrário, a um processo de crescente concentração dos *media* e massificação dos seus conteúdos[583].

7. Especificidades produtivas das indústrias de conteúdos informativos

As novas tecnologias têm importantes repercussões no próprio processo de produção de conteúdos, permitindo um maior controlo por parte da gestão sobre a natureza particular dos produtos dos *media* e das especificidades do trabalho criativo. As novas tecnologias promoveram e, de alguma forma, tornaram até necessária a diversificação das indústrias culturais, de modo a tirar partido da presença em várias plataformas de distribuição de conteúdos, numa lógica multimédia. A digitalização permitiu um melhor aproveitamento de sinergias, promovendo a intensificação de estratégias, com vista à exploração das economias de escala e de gama. Para compreendermos melhor este processo, precisamos de entender os próprios mecanismos de produção industrial de conteúdos culturais e da informação. Por razões que se prendem com o objetivo de determinar os efeitos destas lógicas sistémicas sobre a autonomia do jornalismo e dos jornalistas, incidiremos, tanto quanto possível, na questão específica da produção de conteúdos informativos.

7.1. Produtos perecíveis

Um dos aspetos condicionadores do mercado dos *media* informativos tem a ver com o facto de estarmos perante um produto fortemente perecível, exigindo uma renovação cíclica e constante dos investimentos na criação de novos conteúdos. Ainda que o mesmo tipo de informação possa ser reutilizada, normalmente exige-se dos *media* generalistas uma renovação e atuali-

---

[581] Manuel CASTELLS, *La Era de la Información: Economía, Sociedad y Cultura – La sociedad rede*, vol. I, Madrid, Alianza Editorial, 1999, pp. 373-374.
[582] Graham MURDOCK, «Transformações continentais: capitalismo, comunicação e mudança na Europa», *in* H. SOUSA (org.), *Comunicação, Economia e Poder, op. cit.*, p. 15.
[583] Michel MATHIEN, *Économie Générale des Médias*, Paris, Ellipses, 2003, p. 52.

zação à medida que se sucedem os blocos noticiosos. Nadine Desmoulins refere que a informação é o produto mais degradável de todos, facto que condiciona decisivamente toda a economia dos *media*. Enquanto as indústrias alimentares e químicas conseguiram encontrar formas de conservar os seus produtos, «ninguém conseguiu ainda conservar a frescura de uma notícia de há dois dias!»[584].

7.2. Produção de protótipos

Outro aspeto fortemente condicionador da produção de conteúdos informativos tem a ver com o facto de, em termos produtivos, as empresas de *media* responderem ao padrão da indústria de protótipos[585]. A indústria de protótipos caracteriza-se fundamentalmente pelos elevados custos de produção do primeiro exemplar, cuja reprodução pode ser mais ou menos fácil, consoante os casos. No que ao jornalismo diz respeito, existe uma grande concentração de custos na fase de produção, distribuição e difusão[586].

Uma vez realizados os investimentos com a recolha e tratamento da informação necessários para a criação do protótipo que, por exemplo, constituirá a edição de um jornal diário, os custos marginais de reprodução de um novo exemplar serão necessariamente inferiores. Deste modo, quanto maior for a produção efetuada, após a criação do protótipo inicial, menores serão os valores de cada unidade vendida. Este facto implica a existência de mercados suficientemente alargados, de modo a permitir a redução dos custos médios de cada exemplar, até níveis acessíveis ao público e, desse modo, criar um mercado capaz de viabilizar o próprio negócio dos *media*. Isto é verdade para a edição de jornais vendidos ao grande público, mas, *grosso modo*, aplica-se também aos conteúdos distribuídos gratuitamente, uma vez que o número de leitores e de audiências influi decisivamente na capacidade de atração da publicidade necessária para justificar a produção de conteúdos numa lógica industrial.

---

[584] Nadine Toussaint DESMOULINS, *L'Économie des Médias*, Paris, Presses Universitaires de France, 1996, pp. 16-17.
[585] *Op. cit.*, pp. 17-18.
[586] No caso dos conteúdos radiodifundidos, os custos de difusão são relativamente fixos, uma vez que eles se realizam no momento da instalação da rede de emissores. Uma vez instalada a rede de emissores, o custo resultante da obtenção de mais cem ou de mais um ouvinte é praticamente nulo, ao contrário do que acontece com o jornal, que tem, por exemplo, de imprimir mais papel e reforçar a distribuição.

7.3. O papel estratégico das audiências

Na realidade, os conteúdos informativos que procuram financiar-se, parcial ou totalmente, no mercado publicitário funcionam como criadores ou «fabricantes de audiências», através de mecanismos de fidelização capazes de propiciar os fluxos publicitários, de modo a preservar o equilíbrio da gestão e gerar lucros[587]. A importância de determinar o número de leitores e os públicos está na base dos mecanismos de controlo de tiragem e audiências. De facto, a apetência das agências de publicidade na escolha de divulgação das suas mensagens assenta, entre outros fatores, numa análise do tipo e do número de audiências de cada *medium*. Assim, mesmo no caso dos conteúdos gratuitos, a quantidade e o tipo de audiência continua a ter uma importância estratégica semelhante à dos *media* que se financiam, parcial ou totalmente, no mercado dos clientes. Quer por via da aquisição direta dos produtos dos *media*, quer por intermédio da publicidade, o número de leitores e as audiências são determinantes para a criação de economias de escala, de custos decrescentes, suscetíveis de viabilizar o mercado de produção de "protótipos informativos".

7.4. Um produto, dois mercados

Este aspeto é tanto mais importante quanto a venda da generalidade dos conteúdos assenta numa lógica de preços baixos. De uma forma geral, os conteúdos dos *media* são relativamente desvalorizados pelo grande público. Há muito que o acesso à informação se tem desenvolvido numa lógica de subsidiação e de gratuidade, graças ao recurso a formas de financiamento não limitadas aos leitores (Estado, mecenato, patrocínio, publicidade, etc.). Tradicionalmente, o público está habituado a pagar um valor inferior ao seu custo de produção ou, simplesmente, a não pagar de todo, como acontece com muitas estações generalistas de rádio e televisão e com os jornais gratuitos.

Ben Bagdikien refere que, no mercado da informação, os empresários têm o costume de recordar aos seus trabalhadores de que «não há almoços grátis». No entanto, eles esquecem-se da prédica quando se trata de aplicar o princípio à economia dos *media*[588], tentando convencer os públicos de que isso não se passa do mesmo modo com a subsidiação ou a gratuidade da informação que lhes é dirigida. Deste modo, procura-se passar ao largo de

---

[587] M. MATHIEN, *Économie Général des Médias, op. cit.*, p. 57.
[588] Ben H. BAGDIKIAN, *El Monopolio de los Medios de Difusión*, México, Fundo de Cultura Económica, 1986, p. 149.

um debate sério sobre as consequências do peso da publicidade na produção dos conteúdos mediáticos.

As consequências do mercado da publicidade sobre a indústria da informação incidem essencialmente sobre três aspetos que passamos a sublinhar: 1) o reforço do caráter oligopolístico das estratégias das empresas de *media*; 2) a determinação e homogeneização dos conteúdos; e 3) a fragmentação e exclusão dos leitores/audiências.

7.4.1. Reforço do caráter oligopolístico das empresas de *media*

Para além das economias de escala e de gama associadas a este tipo de indústrias, as especificidades do mercado publicitário reforçam os efeitos da concentração dos *media*. Referindo-se ao caso específico da imprensa, Meyer escreve que a história dos jornais mostra que, a médio e longo prazo, o mercado tende a concentrar-se em poucos títulos de referência, numa lógica oligopolística[589], resultante da tendência de compradores e vendedores convergirem para o lugar onde têm mais possibilidades de se encontrar, reduzindo ou eliminando os aspetos competitivos do mercado. De acordo com Meyer, os jornais sobreviventes são, em geral, aqueles que se estabeleceram como os *media* dominantes no mercado dos anúncios e dos classificados[590].

Este fenómeno é frequentemente apontado como responsável pela constituição de um mercado monopolístico da imprensa, a exemplo do que acontece em muitas cidades norte-americanas[591] e com a imprensa regional francesa[592].

Com efeito, ainda que a concentração dos *media* não seja um fator desejado pelas centrais de venda de publicidade, o certo é que a sua atuação reforça essa tendência. Em termos gerais, a publicidade busca os *media* de maior tiragem, uma vez que, apesar dos custos pelo espaço serem mais elevados, a sua expansão compensa os custos adicionais daí resultantes. Deste modo, as empresas mais beneficiadas são normalmente as maiores[593]. Para

---

[589] A mesma constatação é efetuada por Golding e Murdock que, sobre o caso britânico, identificam vários grandes momentos de concentração dos *media*: em 1889, 1902, 1919, 1921 e o mais significativo de todos operado nos anos 60 do séc. XX [P. GOLDING e G. MURDOCK, «Capitalism, communication and class relations», in J. CURRAN, M. GUREVITCH e J. WOOLACOTT, *Mass Communication and Society*, op. cit., p. 23.].

[590] P. MEYER, *Os Jornais Podem Desaparecer?*, op. cit., p. 71.

[591] B. H. BAGDIKIAN, *El Monopolio de los Medios de Difusión*, op. cit., pp. 133 e ss.

[592] Daniel JUNQUA, *La Presse, le Citoyen et l'Argent*, s.l. Gallimard, 1999, pp. 174 a 179.

[593] Manuel Vázquez MONTALBÁN, *Informe Sobre la Información*, Barcelona, Valentín Roma, 2008, pp. 101-102.

além disso, são estas empresas que, integradas em corporações de *media* diversificadas, podem também negociar contratos de difusão multimédia da publicidade, tirando partido das sinergias próprias dos grandes grupos de comunicação. De resto, a tendência de privilegiar organizações de *media* de grande difusão de mensagens é tanto maior quanto a concentração empresarial se verifica também do lado da publicidade, onde grandes agências reúnem o grosso dos contratos de anúncios de marcas internacionais[594]. No estudo de Jörg Aufermann (*et. al.*) sobre a imprensa alemã entre 1954 e 1972, o processo de concentração é descrito de acordo com o seguinte esquema:

> «Tiragens mais altas atraem rendimentos publicitários mais altos. Através disso é criada a possibilidade de investimentos mais altos. A capacidade de concorrência aumentada, assim, renova as repercussões sobre os rendimentos publicitários e as tiragens. Por outro lado, a perda de tiragens e a queda de rendimentos publicitários traz consequências em ordem inversa»[595].

7.4.2. Homogeneização dos conteúdos

A concentração dos *media* arrasta consigo o problema da diversidade de conteúdos. Esse problema está claramente identificado em vários estudos sobre as consequências da concentração e convergência dos *media* comerciais. Referindo-se à imprensa nos EUA, Gene Roberts considera que a aquisição dos jornais norte-americanos por parte dos grandes grupos fez com que um número significativo de cidades disponha de menos informação do que no tempo em que a sua propriedade pertencia a empresários locais. Segundo o autor, estes projetos editoriais, apostados em fórmulas convenientes e pouco abertas à polémica, transformaram-se em meros «pontos de venda no seio de uma cadeia», cujos centros de decisão se encontram geograficamente distantes das regiões de publicação[596]. Diz-nos ainda Roberts:

---

[594] E. S. HERMAN e R. MCCHESNEY, *Los Medios Globales, op. cit.*, pp. 102 e ss.
[595] COLETIVO DE AUTORES "IMPRENSA", «O ponto de partida», *in* C. MARCONDES FILHO (org.), *A Imprensa Capitalista, op. cit.*, p. 77.
[596] Gene ROBERTS, «La presse écrite et les conglomérats», *in* Erik BARNOUW (*et al.*), *Médias et Conglomérats – Un regard sans concession sur les coulisses de l'industrie des médias aux Etats-Unis*, Paris, Liris, 2005, p. 79.

«Ainda que a maioria negue a evidência, a obediência aos caprichos da moda, a estandardização e a aplicação de receitas preconcebidas são particularmente vulgarizadas nos jornais que pertencem a grupos. Estas publicações apresentam similitudes tão evidentes de uma cidade para outra que vemos mal como poderão fornecer às respetivas cidades todas as informações de que elas precisam»[597].

Um quadro idêntico é traçado por Luis Alfonso Albornoz que, sobre o caso espanhol, escreve:

«Atualmente, no panorama da imprensa escrita espanhola, o minifúndio regional e local, ligado à tradição da pequena empresa familiar que caracterizou certas décadas do século passado, desapareceu, dando lugar a cadeias de diários de propriedade de *holdings* de informação e comunicação. Este processo de concentração empresarial guiada por uma lógica económica – que visa, no plano económico, a obtenção de maiores benefícios e, no plano político-ideológico, a influência na tomada de decisões que afetam a sociedade –, deve alertar-nos acerca das consequências negativas para o pluralismo informativo (...)»[598].

Referindo-se ao caso dos conteúdos regionais das edições na internet, Nicolas Pélissier chega a conclusões idênticas. A partir da análise de duas realidades diferentes, em França e na Roménia, Pélissier é bastante crítico acerca das capacidades de a internet comercial permitir a «revalorização de uma dimensão participativa e de cidadania da territorialidade». Considera ainda o investigador da Universidade de Nice que, também neste domínio, o marketing territorial tende a ganhar espaço em detrimento «dos territórios da memória e dos territórios de projeto, de vocação identitária e política». Embora este fenómeno seja mais evidente no caso francês do que no romeno, as razões ligadas à rentabilidade e à dependência económica das instituições fornecedoras de informação contribuem fortemente para uma informação «lisa, assética e, no pior dos casos, abertamente promocional»[599].

---

[597] *Op. cit.*, p. 79.
[598] Alfonso ALBORNOZ, «La prensa diaria y periódica: pionero pero problemático salto *on line*», in Enrique BUSTAMANTE (coord.), *Comunicación y Cultura en la Era Digital – Industrias, mercados y diversidad en España*, Barcelona, Gedisa, 2004, pp. 145-146.
[599] Nicolas PÉLISSIER, «L'information territoriale sous influences – Dilution des genres et stratégies en-ligne des organisations», in URL: http://archivesic.ccsd.cnrs.fr/documents/archives0/00/00/01/43/sic_00000143_00/sic_00000143.rtf (27/10/05).

James Curran e Jean Seaton demonstraram como as mudanças nas estruturas económicas da imprensa regional britânica conduziram, já no séc. XIX, ao nível dos conteúdos dos jornais locais, a uma «tendência para obstruir os conflitos, minimizar as diferenças e encorajar a identificação positiva com a comunidade local e com a sua chefia de classe média»[600].

O poder da publicidade está longe de ser inócuo relativamente aos conteúdos e à informação. Herman e MacChesney dão exemplos como na TV os anunciantes estão pouco abertos a patrocinar programas controversos, submetendo-os a uma espécie de «doutrina da equanimidade» que se transformou numa ameaça aos conteúdos sérios que tomavam posições sobre assuntos polémicos[601]. Isto, quando não acontece mesmo tentarem controlar a própria informação, condicionando os conteúdos próximos da publicidade[602] ou boicotando os *media* quando tratam de assuntos incómodos para as marcas[603]. Ainda a este propósito, Claude-Jean Bertrand refere-se, de uma forma muito crítica, a esta vassalização dos *media* pelas lógicas económicas e financeiras, comentando o caso das televisões nos EUA deste modo:

> «Não se quer desagradar à maioria. Oculta-se o que ela não quer saber. Toca-se pouco nos assuntos controversos: o famoso "livre mercado das ideias" nunca existiu nos *media* comerciais. Evita-se, rapidamente, todas as novas ideias susce-

---

[600] J. CURRAN e J. SEATON, *Imprensa Rádio e Televisão, op. cit.*, p. 56.
[601] E. S. HERMAN e R. MCCHESNEY, *Los Medios Globales, op. cit.*, p. 235.
[602] Esta situação pode ser ilustrada com o caso entre a empresa Carl Zeiss e o *Spiegel*, em que a empresa alemã defendeu perante o Tribunal que um contrato publicitário não dizia apenas respeito à obrigação de a publicação disponibilizar um espaço gráfico de acordo com certas regras, mas que, para além disso, o editor teria de assumir a responsabilidade de pôr de lado tudo o que pudesse comprometer os objetivos publicitários, nomeadamente em matéria de conteúdos [COLETIVO DE AUTORES "IMPRENSA", «O ponto de partida», *in* C. MERCONDES FILHO (org.), *A Imprensa Capitalista, op. cit.* pp. 73-74.]. A este propósito vejam-se ainda os casos citados em E. S. HERMAN e R. MCCHESNEY, *Los Medios Globales, op. cit.*, p. 235; e Ignacio RAMONET, *A Tirania da Comunicação*, Porto, Campo das Letras, 1999, pp. 130-131.
[603] Exemplo disso foi o boicote de Jacques Calvet ex-presidente-diretor-geral da PSA (Peugeot-Citroën) aos jornais franceses, aquando das polémicas revelações da sua folha de impostos [Sébastien DARSY, *L'Anti Pub – L'Emprise de la publicité et ceux qui la combattent*, s.l., Actes du Sud, 2005, p. 172.]. Em 2005, o corte de publicidade do Grupo Espírito Santo à Impresa de Francisco Pinto Balsemão saldou-se num prejuízo de três milhões de euros, em consequência da publicação de notícias do semanário *Expresso* consideradas difamatórias [André PEREIRA e Rita MONTENEGRO, «Balsemão perde três milhões de euros», *Correio da Manhã*, 13 de julho, 2005. Disponível *in* URL: http://www.correiodamanha.pt/noticia.aspx?channelid=00000092-0000-0000-0000-000000000092&contentid=00166501-3333-3333-3333-000000166501 (12/12/2008).

tíveis de chocar. Os editoriais são geralmente insípidos. Quando as agências de informação ou as *networks* fazem o seu trabalho de informação, são censuradas»[604].

7.4.3. Determinação dos leitores

A concentração é, em grande medida, justificada como uma consequência de o mercado dos *media* se financiar, parcial ou totalmente, no mercado publicitário. Esse facto tem efeitos sobre os conteúdos e, consequentemente, sobre as empresas a operar no mercado. Vários estudos efetuados em diferentes países são coincidentes em constatarem a existência de distorções introduzidas no mercado dos *media* pelo efeito da publicidade. Na realidade, esta não se limita a valorizar os *media* com maiores tiragens, mas procura privilegiar também aqueles que têm os públicos que melhor se ajustam aos seus objetivos, ou seja, os que têm poder de compra para adquirirem os produtos publicitados. Este facto fez com que, no início do séc. XX, jornais britânicos com audiências superiores a um milhão de exemplares, mas ideologicamente conotados com setores políticos mais radicais, tivessem de optar entre, nuns casos, fechar as portas, noutros, aceitar as propostas de compra de grupos concorrentes, noutros ainda, amenizar as suas posições políticas e dar um maior destaque a notícias de crimes, divórcios, desporto e de "interesse humano". Este ajustamento foi imposto pelo rolo compressor das lógicas do mercado dos *media* e da publicidade, perante o qual a imprensa foi sendo reduzida à função de assegurar não apenas um número significativo de audiências, mas, também, uma audiência com uma «"qualidade" social de leitores necessária para atrair a publicidade suficiente numa economia desregulada»[605].

Segundo Bagdikien, estas razões explicam as dificuldades que a revista *The New Yorker* enfrentou quando, nos anos 60, por causa dos seus artigos críticos sobre a Guerra do Vietname, começou a encontrar, entre os seus leitores, um número elevado de estudantes universitários. Quando esta situação foi detetada pelos estudos de mercado, os anunciantes deixaram de publicitar na revista, porque os universitários não correspondiam ao perfil exigido à *The New Yorker*: executivos em fase apoteótica do seu poder de compra[606]. O poder da publicidade de determinar o mercado de leitores

---

[604] Claude-Jean BERTRAND, *Les Médias aux Etats-Unis*, Paris, PUF, 1997, pp. 94-95.
[605] J. CURRAN e J. SEATON, *Imprensa, Rádio e Televisão*, op. cit., p. 115.
[606] B. H. BAGDIKIAN, *El Monopolio de los Medios de Difusión*, op. cit., p. 124.

dos *media* é frequentemente exemplificado pelo aparecimento de conteúdos vocacionados para determinados tipos de públicos quer através de publicações especializadas, quer através de novos temas objeto do interesse dos *media* generalistas, como são os casos dos suplementos ou rubricas temáticos (viagens, entretenimento, gastronomia, design, casa e decoração, etc.), relacionados com o consumo. Bagdikian chega mesmo a defender que o aumento dos custos dos jornais americanos, registado entre 1940 e 1980, se ficou a dever mais ao excesso de páginas com conteúdos destinados a justificar a publicidade, do que aos espaços dedicados às denominadas notícias sérias, sobre acontecimentos e comentários da atualidade. O acréscimo verificado no número de páginas dos jornais durante as quatro décadas que mediaram entre os anos 40 e 80, contribuiu com apenas mais uma página de notícias sérias. Deste modo, segundo Bagdikian, os proprietários de jornais estavam a transformar as suas páginas em agências comerciais, a exemplo do que aconteceu com a história da radiodifusão norte-americana, em que os espaços comerciais acabaram por abafar as emissões de caráter educativo e cultural[607]. Neste sentido, para Bagdikian, é questionável a ideia de que a publicidade permita às empresas de *media* «dar algo aos leitores a troco de nada»[608]. De resto, esta ideia pode ser ainda agora retomada, mesmo num quadro da vulgarização e plena disponibilização de conteúdos proporcionados pelas novas tecnologias da comunicação e da informação. Apesar da sua quantidade e disponibilidade, a diferenciação tende agora a fazer-se, cada vez mais, entre os conteúdos destinados ao público generalista e os dirigidos aos clientes dispostos a pagar por mais qualidade dos produtos culturais recebidos através dos *media*. Deste modo, continua a existir um preço a pagar pela gratuidade dos conteúdos, pondo em causa a ideia do universalismo da informação e da cultura e incentivando a infoexclusão dos mais pobres, condenados à comunicação *mainstream*[609].

Os estudos a que acabámos de fazer alusão parecem mostrar-nos como o livre mercado dos *media* e a sua dependência da lógica de um produto/dois mercados (audiências e publicidade) nem sempre se coaduna com o princí-

---

[607] *Op. cit.*, pp. 149 e ss.
[608] *Op. cit.*, p. 156.
[609] De uma forma geral, o acesso a conteúdos culturais pagos pelo público é considerado um fator inibidor da distribuição de publicidade: quanto mais onerosos são esses conteúdos, menor a tolerância do público à publicidade [B. MIÈGE, *Les Industries du Contenu Face à l'Ordre Informationnel*, *op. cit.*, p. 58.].

pio da realização do livre mercado das ideias. Assim, numa lógica de um produto (por exemplo, o jornal) financiado por dois mercados (leitores e anunciantes), ficamos perante um problema económico sempre que o mercado publicitário não aceita anunciar num determinado *medium*, por não achar o seu público pertinente para os seus anúncios, devido às suas convicções ideológicas – anticonsumistas, por exemplo – ou por causa dos seus parcos recursos económicos. Essa dependência do mercado publicitário pode conduzir a um rápido colapso económico e financeiro, caso o público não corresponda ao perfil pretendido pelos anunciantes. Se a publicidade não acompanhar com a sua parte no negócio, quanto maior for o número dos leitores de um jornal, maiores serão também os seus prejuízos. Isto significa que reunir audiências – na expressão de Dallas Smyth – pode não ser o suficiente para viabilizar um projeto comunicativo, ainda que ele tenha a adesão do público. Este aspeto desmente o princípio do livre mercado das ideias e, segundo os seus críticos, é um dos aspetos que promove, por um lado, a exclusão e, por outro, a homogeneização dos conteúdos. Neste sentido, o livre mercado das ideias parece corresponder mais a um mercado ausente de ideias e dá consistência à crítica de Sébastien Darsy quando pergunta se a publicidade nos *media* não representa um «"quinto poder" que não ousa dizer o seu nome?»[610].

8. Tendências de evolução do mercado dos *media*

Bernard Miège considera que, no futuro, o setor dos *media* acentuará alguns destes aspetos que acabámos de ver, no sentido de uma «mercadorização reforçada». Ainda que os valores sociais continuem a distinguir a informação e a cultura, as condições de produção e de exploração dos produtos culturais e informacionais tenderão a aproximar-se, tornando plausível uma interferência crescente entre a cultura e a informação. Isto implica o desenvolvimento de estratégias em busca de uma maior seletividade, diversidade, fragmentação dos públicos, privilegiando aqueles mais dispostos a pagar os seus conteúdos. Deste modo, as práticas de consumo tenderão também a obedecer a lógicas menos socializadas e mais individualizadas e a espaços públicos mais fragmentados. Estas práticas têm implícito também que a quantidade de informação disponível se diferencie cada vez mais pela qualidade. Como vimos, a qualidade será cada vez mais apanágio de públicos

---

[610] S. DARSY, *Le Temps de L'Anti Pub, op. cit.*, p. 139.

selecionados e seletivos, enquanto as maiorias sofrerão um processo de exclusão, pelo efeito de nivelamento por baixo dos conteúdos de massa, gerando um novo modelo de infoexcluídos, assente não apenas na diferença entre os que têm ou não acesso à informação, mas também em formas de cultura e de informação socialmente estratificadas. Este processo tenderá a acentuar-se tanto mais quanto maior for a incapacidade de se adotarem políticas públicas ajustadas ao novo quadro industrial. As políticas de Estado, em matéria cultural e dos *media*, têm sido favorecer as empresas nacionais, sob a alegação da denominada «exceção cultural». Mas a ausência de políticas coerentes nesta matéria – nomeadamente no espaço europeu – deixará a informação e a comunicação, cada vez mais, nas mãos das lógicas das empresas transnacionais. Por isso, Miège salienta que, apesar de as novas tecnologias de informação poderem assumir um papel importante como instrumentos facilitadores de acesso e produção de mensagens, não existem regras, à partida – nem mesmo as jurídicas –, capazes de por si só garantirem o pluralismo. Deste modo, o pluralismo, bem como as políticas orientadas pela manutenção dos espaços públicos devem ser objeto de uma construção permanente, para a qual contribuem não apenas os decisores políticos e económicos, mas também os movimentos sociais[611].

Até aqui, falámos de «concentração» de empresas, «asseptização», «homogeneização», «determinação dos conteúdos» e segmentação/exclusão de público. Estes são termos que têm fortes implicações na natureza do espaço público contemporâneo e questionam diretamente a função social do jornalismo, um dos fundamentos da sua legitimidade profissional, transformando-o, nalguns casos, num instrumento ao serviço do poder económico e político[612]. Como refere McChesney, a acusação mais radical que pode-

---

[611] B. MIÈGE, *Les Industries du Contenu Face à l'Ordre Informationnel*, op. cit., pp. 99-106.

[612] Para Noam Chomsky e Edward Herman, os *media* integram-se num contexto de «propaganda sistemática» que repercute os interesses do dinheiro e do poder, que abrangem também os proprietários dos *media*. Partindo da realidade norte-americana, os autores definem cinco filtros através dos quais este modelo de propaganda marginaliza a dissidência, promove o consenso na sociedade, fazendo crer aos próprios profissionais – «que com frequência atuam com absoluta integridade e boa vontade» – que selecionam e interpretam as notícias de uma maneira objetiva e com base em valores profissionais. Esses filtros são: a estrutura da propriedade dos *media*; a publicidade como fonte principal de financiamento dos *media*; a dependência dos *media* relativamente às fontes oficiais de informação; as punições destinadas a penalizar os meios de comunicação dissidentes; e o anticomunismo como religião nacional e mecanismo de controlo da sociedade norte-americana [Noam CHOMSKY e Edward HERMAN, *Los Guardianes de la Libertad*, Barcelona, Crítica, 1990, p. 22.].

mos fazer aos *media* comerciais é a que emana de vários estudos segundo os quais quanto mais consumimos a sua informação menor a capacidade de compreender os factos públicos e políticos[613]. Afirma a este propósito Todd Gitlin:

> «(...) na realidade, o principal objetivo da torrente de imagens, sons e histórias é o da diversão. Na sua maioria, estes elementos não estão pensados para nos ajudarem a discernir a realidade, mas apenas para nos oferecer sensações e sentimentos, por muito fragmentários e evanescentes que eles sejam (...)[614]».

9. Impactes do novo capitalismo sobre o trabalho

As alterações verificadas no contexto dos *media* devem ser entendidas no quadro geral das condições de produção que afetam o mundo do trabalho nas sociedades capitalistas. Este aspeto é importante para compreendermos os próprios condicionalismos a que está sujeito o processo de produção no campo dos *media* e, em particular, as suas implicações na autonomia profissional dos jornalistas. Assim, de seguida, propomo-nos abordar os impactes gerais do denominado novo capitalismo, para, depois, analisarmos os seus efeitos no jornalismo.

Para Richard Sennett, o novo capitalismo alterou substancialmente as estruturas em que assentava o capitalismo social dos finais do séc. XIX. O conceito de capitalismo social relaciona-se com a noção de racionalização da vida institucional e da sociedade civil, inspiradas originalmente no modelo militar, e que foi levado a cabo na Alemanha por Otto von Bismarck. Weber viu neste processo de racionalização da sociedade a criação de uma «jaula de ferro», em que o sujeito estaria completamente despojado de si, face ao poder da burocratização das sociedades modernas. No entanto, segundo Sennett, os objetivos de Bismarck eram os de fundar um capitalismo social capaz de garantir a paz social. Este capitalismo social permitiu conter a parte selvagem do «capitalismo "primitivo"» e, por isso mesmo, também estancar os ingredientes revolucionários que estavam na sua própria natureza[615].

---

[613] Noam CHOMSKY e Robert MCCHESNEY, *Propagande, Médias et Démocratie*, Montréal, Écosociété, 2000, p. 100.
[614] Todd GITLIN, *Enfermos de Información – De cómo el torrente mediático está saturando nuestras vidas*, Barcelona, Ediciones Paidós, 2005, pp. 156-157.
[615] R. SENNETT, *La Cultura del Nuevo Capitalismo*, op. cit., pp. 23-24

A burocracia impôs a funcionalização dos sujeitos, em detrimento do reconhecimento da especificidade de cada uma das suas histórias de vida, de modo a assegurar a autoconservação do sistema e a estabilidade institucional[616]. Apesar da rigidez deste modelo militar hierarquizado, ele permitiu também a racionalização do tempo, não apenas ao nível institucional através da adoção do pensamento estratégico, como também ao nível das carreiras individuais e dos mecanismos de autocompreensão dos sujeitos no interior da sociedade[617]. Em função disso, muitos trabalhadores puderam planificar, pela primeira vez, não obstante as contingências de percurso, a compra da sua casa e puderam ter algum controlo sobre o seu plano de realização individual[618]. Por isso, Sennett considera que Weber exagerou na sua visão acerca da sociedade burocratizada, encerrada na jaula de ferro, não percebendo que mesmo as estruturas rígidas e burocráticas como as militares dão um espaço amplo de poder de interpretação das decisões superiores: «todos obedecem, mas todos interpretam», pelo que a ideia da «militarização da sociedade» não pode ser vista como um processo rígido de transformação dos indivíduos numa massa cega, subordinada e obediente de trabalhadores[619].

Esta perspetiva serve de base de partida para Sennett confrontar as liberdades subjacentes às propostas de flexibilidade e de mudança preconizadas pelo novo capitalismo, no sentido de se saber se elas podem constituir-se numa verdadeira alternativa às ameaças da «jaula de ferro» sob o mundo do trabalho.

As mudanças operadas pelo novo capitalismo iniciaram-se no início dos anos 70, com o fim dos acordos de Bretton Woods, que teve como efeito a libertação de enormes quantias de capital, permitindo que a riqueza que até aqui estava confinada às empresas e aos bancos locais ou nacionais pudesse estar disponível para investimentos no mundo inteiro[620]. Este facto marca o início de um novo e crescente poder dos acionistas sobre as empresas. Na expressão de Michel Albert, as «pátria-empresas» desvinculam-se da gestão dos consensos mínimos entre proprietários, clientes, empregados, acionistas (as *stakeholders values*), e adotam formas organizativas mais consentâneas

---

[616] *Op. cit.*, p. 34.
[617] *Op. cit.*, pp. 24 e 26.
[618] *Op. cit.*, p. 26.
[619] *Op. cit.*, p. 34.
[620] *Op. cit.*, p. 37.

com uma visão estritamente financeira (*shareholders values*)[621]. Os investidores tornam-se juízes ativos, constituindo-se num verdadeiro poder lateral face às administrações, cada vez mais pressionadas pelas exigências do «capital impaciente» de remuneração alta do capital num curto espaço de tempo. Se, na realidade, não há nada de realmente novo na ideia de que o dinheiro procure investimentos que garantam a sua rápida reprodução, o efeito combinado dos investimentos disponíveis e a exigência de lucros rápidos conduziram a uma mudança acelerada das instituições, obrigadas a ajustarem-se às formas organizativas mais flexíveis e menos estáveis, consideradas mais atrativas à reprodução dos investimentos e de novos acionistas[622].

As mudanças que acabámos de descrever foram ainda potenciadas pelo desenvolvimento das tecnologias da comunicação que permitiram um maior acesso à informação, uma maior rapidez nas tomadas de decisão, bem como uma nova centralização do poder interior das organizações[623]. Os processos de reengenharia[624] associados à flexibilidade, ao aumento da concorrência no interior das empresas, à precarização do trabalho, à diminuição dos níveis hierárquicos e à desvinculação das responsabilidades sociais das organizações relativamente aos trabalhadores afetaram o prestígio moral da atividade laboral. Para além disso, alteraram profundamente alguns elementos chave de uma certa ética do trabalho, assente numa possibilidade de reconhecimento das capacidades dos trabalhadores, na sua experiência e na hipótese de planificação e investimento nas carreiras profissionais por parte dos indivíduos.

Para Sennett, a ética do trabalho é um elemento que permite distinguir dois modelos de trabalhador: o artesão e o trabalhador flexível do novo capitalismo. O primeiro rege-se pelo princípio de «fazer algo bem pelo simples facto de o fazer bem», pelo aperfeiçoamento, e é incompatível com instituições que pretendem que se façam muitas coisas diferentes e rapidamente. Já o segundo obedece a um perfil de trabalho a curto prazo, com

---

[621] Michel ALBERT, «Le Nouveau Système Monde», *Le Débat*, n° 97, dezembro, 1997, p. 8.
[622] R. SENNETT, *La Cultura del Nuevo Capitalismo, op. cit.*, pp. 39-40.
[623] *Op. cit.*, p. 42.
[624] A reengenharia, tal como a definem Michael Hammer e James Champy, é o «repensar fundamental e a redefinição radical dos processos empresariais que visa alcançar medidas drásticas nos indicadores de desempenho críticos e contemporâneos, tais como custos, qualidade, nível de serviço e rapidez» [Michel HAMMER e James CHAMPY, *A Reengenharia da Empresa – Em função dos clientes, da concorrência e das grandes mudanças da gerência*, Lisboa, Dinalivro, s.d., p. 44.].

tarefas em mudança constante onde não há lugar nem tempo para o exercício apurado das suas funções e do seu saber. Sennett dá como exemplo o estudo realizado junto de um grupo de programadores que lamentavam o facto de estarem numa grande empresa de *software* que tinha como política distribuir material imperfeito ao público, que ia sendo corrigido em função das queixas e reclamações dos consumidores[625]. A flexibilidade e a superficialidade do trabalho impossibilitam a construção por parte dos sujeitos da sua própria narrativa enquanto autorrealização, criando um conflito entre caráter e experiência: «a experiência de um tempo desarticulado que ameaça a capacidade de alguém consolidar o seu caráter em narrações duradouras»[626].

Neste sentido, pode-se dizer que as promessas efetuadas pelo novo capitalismo em relação às esperanças libertadoras contidas no virar de página da era da «jaula de ferro» limitaram-se a diminuir a componente social, mantendo incólume o essencial do capitalismo, desvalorizando a dimensão moral do trabalho e criando o espectro dos trabalhadores qualificados de reserva.

Com efeito, como demonstra Jeremy Rifkin, enquanto a primeira onda da automatização afetou os trabalhadores de colarinho azul, a revolução das novas tecnologias e os efeitos que teve sobre a reengenharia das empresas afetou também os colarinhos brancos, a classe média, os executivos de idade mais avançada e muitos trabalhadores assalariados com formação universitária[627]. A simples existência de um grande número de trabalhadores com emprego temporário, subcontratados, ou mesmo no desemprego permite a redução dos níveis salariais dos restantes empregados.

Para além disso, o alargamento deste fenómeno tornou a ideia do investimento no trabalho e na construção de uma carreira, com base na crença de aceder a uma vida melhor, numa mera ilusão[628].

Sennett considera que este processo de flexibilização, proveniente essencialmente da globalização da oferta de trabalho, da automatização e

---

[625] R. SENNETT, *La Cultura del Nuevo Capitalismo*, op. cit., pp. 92 a 94. A este propósito, veja-se ainda Richard SENNETT, *La Corrosión del Carácter – Las consecuencias personales del trabajo en el nuevo capitalismo*, Barcelona, Editorial Anagrama, 2000, Cap. VI («La ética del trabajo»).

[626] R. SENNETT, *La Corrosión del Carácter*, op. cit., p. 30. Sennett salienta ainda o facto de o novo capitalismo estabelecer uma rutura com o princípio que associava a força do caráter dos indivíduos com a sua capacidade de impor uma forma à sua experiência [*Op. cit.*, p. 107].

[627] Jeremy RIFKIN, *El Fin del Trabajo – Nuevas tecnologías contra puestos de trabajo: el nacimiento de una nueva era*, Barcelona, Buenos Aires, México, Paidós, 1996, pp. 236 e 238.

[628] *Op. cit.*, p. 263.

da gestão do envelhecimento, colocou os trabalhadores perante a ameaça da inutilidade[629]. Como sustenta Sennett, a deslocalização das empresas não se verificou apenas ao nível do trabalho não qualificado. Como vimos, muitos daqueles que estão no desemprego têm qualificações, só que o trabalho deslocalizou-se para outros lugares do mundo. De resto, quem fala na procura de mão de obra barata pode também falar em talento barato. Por isso, os países do sul, com salários mais baixos, transformaram-se em espaços para onde foram deslocalizados não apenas a mão de obra, mas também o trabalho especializado[630].

Quando autores como Daniel Bell ou Alain Touraine se debruçaram sobre as mudanças da sociedade industrial para sociedade pós-industrial, previram que estaríamos perante sociedades abertas aos talentos, em que o conhecimento teria um papel preponderante, relativamente ao trabalho manual, este último cada vez mais substituído pelas máquinas. Mas o que, segundo Sennett, estes autores não previram foi o quanto seria ainda mais lucrativo exportar o trabalho manual e rotineiro para os países do terceiro mundo, em vez de substituir os operários por indústrias altamente sofisticadas e onerosas[631].

Além disso, nos casos em que as tecnologias entraram no mundo do trabalho, elas não se limitaram a contribuir para a substituição da mão de obra desqualificada, mas afetaram também os colarinhos brancos, ligados aos serviços e à administração, que, em princípio, seria o setor que mais iria engrossar com a revolução tecnológica. As novas tecnologias apresentam-se como um dos fatores principais de ganhos de produtividade e poupanças de mão de obra, alargando cada vez mais o campo da inutilidade do trabalho humano[632].

Finalmente, as exigências de flexibilidade e de mudança constantes no mundo do trabalho relativizaram o valor do conhecimento e da experiência acumulada, tornando, de uma maneira generalizada, mais dramático o pro-

---

[629] R. SENNETT, *La Cultura del Nuevo Capitalismo*, op. cit., 78.
[630] *Op. cit.*, p. 81.
[631] Richard SENNETT, *Respect – De la dignité de l'homme dans un monde d'inégalité*, s.l., Hachette Littératures, 2003, p. 94.
[632] Com efeito, a incorporação por parte das tecnologias de "saberes" exercidos por funcionários qualificados teve como efeito a desqualificação destes últimos. Este fenómeno é, a nosso ver, bem patente em áreas intermédias de gestão e administração, contabilidade, bem como no caso da tradução. No caso das indústrias jornalísticas, esse fenómeno afetou áreas técnicas como, por exemplo, a edição, paginação/montagem e revisão de texto.

blema do envelhecimento dos trabalhadores. Ainda que os trabalhadores estejam hoje confrontados com a necessidade da reciclagem cíclica dos seus conhecimentos para se manterem atualizados, para a maioria dos empresários torna-se mais barato empregar um jovem recém-formado, com salários inferiores e evitando as despesas de formação. Para além disso, contrariando a ideia de uma certa rebeldia da juventude, os trabalhadores mais jovens têm normalmente uma atitude mais submissa no local de trabalho, enquanto os empregados mais velhos tendem a julgar as novas experiências profissionais à luz do seu saber acumulado e do seu passado profissional, tornando-se mais críticos[633]. Para Sennett, os pressupostos do novo capitalismo, tais como a flexibilidade, a mudança e a superficialidade do conhecimento, fazem com que a experiência perca valor, à medida que se vai acumulando:

> «A automatização é indiferente à experiência. As forças do mercado continuam a embaratecer a aquisição de novas habilidades em comparação com o custo da reciclagem. E o trabalhador do norte globalizado não pode, invocando a sua experiência, resistir ao poder de atração que exercem as capacidades do trabalhador do sul globalizado»[634].

As sociedades pós-industriais não alteraram apenas a composição do trabalho social necessário, exigindo o reforço do setor terciário, bem como novas elites técnicas. As suas implicações incidiram também sobre a qualidade do próprio trabalho, exigindo novas aptidões, menos fixas, mais móveis e mais adaptáveis[635], com repercussões no estatuto ético e moral do trabalho. O trabalho deixou de representar um projeto emancipador dos indivíduos, retirando-lhes um dos instrumentos narrativos e de compreensão de si mesmo, em sociedades que tradicionalmente fizeram da história profissional dos sujeitos um dos aspetos fundamentais da sua realização social[636].

As empresas optam por modelos de contratação de trabalhadores que, face a uma economia volátil, lhes permita desfazerem-se deles, consoante as oscilações de mercado[637]. Para além disso, as flutuações do mercado e as

---

[633] R. SENNETT, *La Cultura del Nuevo Capitalismo, op. cit.*, p. 87.
[634] *Op. cit.*, p. 88.
[635] R. SENNETT, *Respect, op. cit.*, p. 95.
[636] J. RIFKIN, *El Fin del Trabajo, op. cit.*, p. 263.

alterações das estratégias empresariais a curto prazo, exigem trabalhadores flexíveis, com capacidades de adaptação e de reciclagem[638], em que o «conhecimento superficial»[639] se sobrepõe a um conhecimento aprofundado e acumulado que faz apelo a uma longa experiência profissional. Assim, envolver-se profundamente em qualquer problema particular é entendido como contrário às expectativas, «uma vez que os projetos terminam tão repentinamente quanto começaram»[640]. Este tipo de atitudes provoca défices sociais de lealdade e de confiança informal, a erosão do valor da experiência acumulada[641] e, por vezes mesmo, força a uma certa mediocridade, de modo a salvaguardar o princípio da eficácia[642].

9.1. Os efeitos sobre o Jornalismo

De uma forma geral, quer Sennett quer Rifkin tendem a considerar que as profissões do intangível são aquelas que melhor se vão adaptando e resistindo à depredação do valor de trabalho do novo capitalismo. Entre essas profissões encontramos as ligadas aos setores intangíveis da informação, do conhecimento[643], no domínio do denominado capital cognitivo[644]. Entre esses setores encontramos profissões ligadas à burocracia económica (os serviços fiscais, financeiros e legais, os seguros, os transportes, etc.) e ao setor criativo (engenheiros civis, de desenho e de *software*, investigadores, arquitetos, especialistas de relações públicas e marketing, escritores, editores e jornalistas)[645]. Esta leitura, se não assumida num contexto crítico, pode conduzir-nos a uma conclusão, a nosso ver errada, sobre a condição e o papel dos jornalistas no seio da sociedade do conhecimento e da informação. Embora sem pôr em causa a sua autonomia profissional, não podemos deixar de refletir sobre os efeitos que as mutações do mundo do trabalho têm também sobre uma certa conceção normativa do jornalismo como profissão, limitando o alcance da sua autonomia.

---

[637] *Op. cit.*, p. 260.
[638] *Op. cit.*, p. 95.
[639] R. SENNETT, *La Cultura del Nuevo Capitalismo, op. cit.*, p. 107.
[640] *Op. cit.* 110.
[641] *Op. cit.*, p. 111.
[642] *Op. cit.*, p. 112.
[643] J. RIFKIN, *La Era del Acceso, op. cit.*, p. 242, ou R. SENNETT, *La Cultura del Nuevo Capitalismo, op. cit.*, p. 43.
[644] A. GORZ, *L'Immatériel, op. cit.*, p. 56.
[645] J. RIFKIN, *La Era del Acceso, op. cit.*, p. 241.

O mais recente estudo de David Weaver (*et al.*) sobre os jornalistas norte-americanos identifica a emergência de cinco perigos que ameaçam a autonomia do jornalismo. Curiosamente desses cinco, quatro têm a ver diretamente com as questões postas em marcha pelo capitalismo cognitivo e pelas novas tecnologias:

1. A crescente comercialização das notícias;
2. As elevadas expectativas de lucro por parte das companhias de *media*;
3. A erosão da parede entre as redações e o negócio das organizações dos *media*;
4. Os escândalos;
5. As novas tecnologias dos *media*[646].

Mesmo no caso dos escândalos, poderemos questionar se alguns deles não são o resultado de uma diminuição ética e deontológica do jornalismo, devido ao clima de forte concorrência existente entre os *media* e entre os profissionais.

De seguida, trataremos de aprofundar estes e outros aspetos que nos deverão fazer repensar o modelo de autonomia e de autorregulação dos jornalistas.

9.1.1. Racionalização das redações

Como já tivemos oportunidade de analisar no primeiro capítulo, o processo de racionalização da atividade jornalística é inerente à emergência do jornalismo moderno e esteve intimamente associado à industrialização da imprensa verificada no séc. XIX. A racionalização da produção da imprensa conduziu a uma separação cada vez maior entre a propriedade e administração dos jornais e a redação; criou rotinas próprias de produção de jornais e de notícias; e foi um fator decisivo na afirmação do jornalismo como profissão. As investigações sobre as indústrias culturais são unânimes em reconhecer o papel que, nomeadamente, o mercado, a gestão e as tecnologias tiveram ao nível da organização do trabalho e da produção cultural. Em rigor, parece-nos difícil sustentar que esse processo de racionalização, que teve lugar no jornalismo do séc. XIX, alguma vez tenha sido estancado. No entanto, Ramón Zallo considera que as transformações na produção cultu-

---

[646] D. H. WEAVER, R. A. BEAM, B. J. BROWNLEE, P. S. VOAKES e C. WILHOIT, *The American Journalist in the 21st Century, op. cit.*, p. 71-73.

ral verificadas no séc. XX não tiveram particular incidência no campo jornalístico, até finais dos anos 80. Quando na década anterior, as novas tecnologias tiveram a sua entrada nos *media*, o seu impacte foi limitado às áreas da gestão e produção e distribuição de conteúdos. Porém, à medida que se foram desenvolvendo as redações eletrónicas, o impacte tecnológico reforçou a tendência de racionalização das próprias redações. Como sublinha Zallo, a informatização das redações não deve ser vista apenas como um processo de modernização, de modo a tornar os diferentes tipos de *media* mais competitivos entre si. Tal como acontece com os processos de concentração e diversificação dos *media*, a informatização faz parte dos mesmos processos de racionalização do setor, com vista a aumentar os níveis de eficácia, simplificar e poupar trabalho social, eliminando rotinas e repetições, e maximizar o volume de informação e a capacidade de seleção[647].

Neste quadro, os jornalistas são cada vez mais chamados a preencher funções em áreas como o tratamento de texto, paginação e edição da imagem, reduzindo as distâncias entre a redação e as funções de edição dos conteúdos, ao mesmo tempo que o trabalho editorial das chefias de redação passa a incorporar cada vez mais os objetivos económicos e financeiros das empresas. Segundo Zallo, a racionalização das redações tornou o jornalista mais especializado, mas isso não representou uma efetiva melhoria da sua qualificação[648]. Muito pelo contrário. A absorção de funções significa uma ampliação não qualificada de tarefas e a concentração da capacidade de decisão nas funções de direção, chefias de redação e de secção[649]. A informatização das redações permitiu uma nova abundância de informação, o aumento do poder das fontes organizadas resultante do acesso direto aos computadores do jornal, bem como o maior controlo do poder das hierarquias, reduzindo o poder e a autonomia dos jornalistas na seleção e tratamento da matéria noticiosa. Para além disso, os jornalistas foram confrontados com exigências de maior produtividade de conteúdos, uma estrita organização temporal do trabalho, uma maior especialização e uma abundância de informação institucionalizada, relegando para um segundo plano o papel atribuído aos repórteres[650]. Ainda assim, este processo de racionalização não afetou por igual toda a classe de jornalistas. Com efeito,

---

[647] Ramón ZALLO, *Economía de la Comunicación y la Cultura*, op. cit., p. 116.
[648] R. ZALLO, *El Mercado de la Cultura*, op. cit., p. 90.
[649] R. ZALLO, *Economía de la Comunicación y la Cultura*, op. cit., p. 117.
[650] R. ZALLO, *El Mercado de la Cultura*, op. cit., p. 90.

impõe-se que se distinga, por um lado, a situação profissional dos jornalistas em áreas que exigem mais qualificação – como é o caso da reportagem de investigação e especialidades das diferentes áreas da informação[651] – da situação vivida, por outro lado, pelos profissionais que tratam aspetos menos especializados da informação, normalmente passíveis de serem sujeitos a um regime de trabalho eventual ou pago à peça, como trataremos adiante, com mais detalhe.

De uma forma geral, a racionalização das empresas de comunicação, ao mesmo tempo que criou novas pressões sobre a liberdade de criação do trabalho intelectual e sobre aspetos relacionados com os direitos de autor ou a cláusula de consciência dos jornalistas, favoreceu também a comercialização dos conteúdos[652].

Em termos de organização do trabalho, a racionalização das redações representa a tendência da passagem do centro da produção dos *media* informativos da redação para o setor da mercadorização dos conteúdos, numa lógica essencialmente orientada pela comercialização e pelo marketing[653]. De resto, o processo de racionalização não pode deixar de ser visto também à luz das próprias estratégias e objetivos de convergência e concentração dos *media*. Referindo-se ao caso português, Joaquim Fidalgo considera que o exercício da profissão, no primeiro quinquénio do séc. XXI, ficou marcado por uma «aparente (mesmo que ainda embrionária) diluição do trabalho específico de jornalismo – trabalho de *informação* – no contexto mais vasto da atividade de *comunicação* exercida por conglomerados mediáticos com múltiplas ofertas de "conteúdos" para além de produtos genuinamente editoriais»[654]. Este facto não deixará de contribuir para que o jornalismo se torne num conteúdo ainda mais minoritário no contexto das indústrias da informação e da cultura[655]. Como afirma a este respeito Mário Mesquita:

---

[651] Basicamente, as áreas da reportagem, investigação e de opinião são as que, dentro do trabalho de redação, mantêm ainda o caráter de trabalho qualificado [R. ZALLO, *Economía de la Comunicación y la Cultura, op. cit.*, p. 121.]

[652] R. ZALLO, *El Mercado de la Cultura, op. cit.*, p. 89.

[653] *Op. cit.*, pp. 91 e 93.

[654] Joaquim FIDALGO, «Os novos desafios a um velho ofício ou... um novo ofício? – A redefinição da profissão de jornalista», *in* Manuel PINTO e Sandra MARINHO, *Os Media em Portugal nos Primeiros Cinco Anos do Século XXI*, Porto, Campo das Letras, 2008, p. 126 (sublinhados do autor).

[655] C. CAMPONEZ, «A crise do jornalismo face aos novos desafios da comunicação», *in* URL, *op. cit.*, p. 15.

«Inscritos numa lógica essencialmente comercial, os *media* e o jornalismo ganharam alguma autonomia perante as instâncias políticas, ao aderirem a uma lógica comercial, mas, em simultâneo, a informação e o jornalismo foram-se transformando num *género minoritário*, cercado e contagiado pela restante produção mediática»[656].

9.1.2. *Hiperconcorrência* e «jornalismo de comunicação»

A preponderância dos fatores económicos e tecnológicos determina o modelo de produção dos conteúdos de um «jornalismo de comunicação» que, segundo Jean Charron e Jean Bonville, caracteriza, enquanto «ideal-tipo», o exercício da profissão na época contemporânea, distinguindo-se de um jornalismo de informação[657], predominante durante os primeiros três terços do séc. XX[658].

---

[656] M. MESQUITA, *O Quarto Equívoco, op. cit.*, p. 85.

[657] Os autores distinguem ainda dois outros ideal-tipos de jornalismo: o jornalismo de opinião, nos sécs. XVIII e XIX, e, anteriormente, o jornalismo de transmissão.

[658] A terminologia proposta pelos autores pode prestar-se a alguns equívocos. Com efeito, a dimensão normativa e pública do jornalismo coloca-o num plano essencialmente comunicativo. É essa dimensão comunicativa, orientada pelo ideal de um debate público aberto a todos que justificou a longa e permanente luta pela tolerância, pela liberdade de expressão e a liberdade de imprensa, que constituem hoje uma das pedras angulares das democracias contemporâneas. Neste sentido, poder-se-á questionar se o problema do jornalismo reside na sua dimensão comunicativa, ou se, pelo contrário, não estará antes nos obstáculos que impedem a realização efetiva dessa dimensão comunicacional. Deste modo, informar não é sinónimo de comunicar. No mundo contemporâneo, assiste-se ao aprofundar de uma *disjunção* entre estes dois conceitos. Com a globalização, aumentou a informação disponível e o número de recetores, mas os riscos de incomunicação são cada vez maiores, uma vez que, sustenta Wolton, comunicar implica uma certa forma de negociação e de co-habitação, de partilha simbólica e de confiança nos outros [Dominique WOLTON, *Il Faut Sauver la Communication*, Paris, Flammarion, 2005, p. 214.].
Como entender, então, os termos da tipologia que nos é aqui proposta por Jean Charron e Jean Bonville? Na realidade, esta tipificação parece obedecer mais aos pressupostos do Direito do que aos da Ética e da Comunicação. Como refere Jónatas Machado, o direito à liberdade de expressão constitui o *direito mãe* relativamente ao qual as restantes liberdades comunicativas se foram autonomizando [J. MACHADO, *Liberdade de Expressão, op. cit.*, p. 416.]. Apesar de se tratar de direitos intimamente relacionados, «do ponto de vista jurídico-substantivo e lógico sistemático», a nossa Lei Fundamental, a exemplo de outras constituições, trata-os de uma forma distinta.
Embora sem se dissociar da liberdade de expressão e de comunicação, a liberdade de informação assume uma dimensão mais instrumental [J. MACHADO, *Liberdade de Expressão, op. cit.*, p. 416.] e rege-se pelos pressupostos do valor social de garantir uma divulgação adequada, «na medida em que é através do exercício desta liberdade que cada pessoa adquire a consciência do quadro social, político, cultural, económico e histórico em que se insere, recolhe a noção de pertença», indispensável à sua ação na sociedade [Horácio Serra PEREIRA, «Estatuto profissional do jornalista e

Para Jean Charron e Jean Bonville, o jornalismo de comunicação coincide com um contexto de *hiperconcorrência*[659], em resultado do elevado número de meios de comunicação em disputa pela atenção dos públicos. Como referem os autores, condições económicas e técnicas alteraram significativamente o centro de gravidade do jogo concorrencial entre empresas e jornalistas. O aumento da concorrência no setor dos *media*, associado às novas condições tecnológicas existentes na produção e receção de mensagens, criou uma situação em que a competição, no campo jornalístico, deixou de se fazer apenas no plano das empresas – como acontecia desde o fim do séc. XIX – para se alargar ao próprio campo profissional de produção de mensagens. Este processo começou a fazer-se sentir com o declínio do papel quase exclusivo que os jornais detinham no sistema de circulação de informação[660]. O aparecimento de novos meios de comunicação, como a rádio, a televisão e a internet, bem como de novas tecnologias de distribuição de conteúdos aumentou a pluralidade e democratizou o acesso aos *media*. Neste contexto, a informação disponibilizada pelos meios de comunicação deixou de ser uma questão decisiva. Para P. Meyer, face à quantidade de mensagens disponíveis, o problema agora é o de manter a atenção do público. Deste modo, com uma oferta tão abundante de informação, a capacidade de descobrir e transmitir a verdade perde peso relativamente aos aspetos enfáticos da informação, de modo a torná-la um produto atraente e desejável para o consumidor. Se os aspetos relacionados com a edição e «empacotamento» das mensagens adquirem importância relativamente à reportagem[661], também os próprios jornalistas são colocados no centro

---

liberdade de informação», Universidade Lusófona do Porto, 9 de maio, 2008, p. 1, *in* URL: www.jornalistas.online.pt/getfile.asp?tb=FICHEIROS&id=384 (12/09(2009)]. Neste sentido, o «jornalismo informativo» responde, do ponto de vista normativo, a objetivos mais restritos do que os do denominado «jornalismo comunicativo» – mais voltado para o entretenimento – e de cujo respeito depende a sua credibilidade ética e profissional, embora, não necessariamente, o seu sucesso comercial.

[659] Segundo a definição dos autores, «hiperconcorrência designa o jogo concorrencial muito particular que caracteriza os setores assentes nas tecnologias da informação, particularmente os da informática e o das telecomunicações, e que têm em comum fundar a sua estratégia no crescimento e na inovação» [Jean CHARRON e Jean BONVILLE, «Le Journalisme et le Marché: de la concurrence à l'hiperconcorrence», *in* Colette BRIN, Jean CHARRON e Jean BONVILLE, *Nature et Transformation du Journalisme – Théorie et recherches empiriques*, s.l., Les Presses Universitaires de Laval, 2004, pp. 292-293.].

[660] *Op. cit.*, p. 276.

[661] P. MEYER, *Os Jornais Podem Desaparecer?*, *op. cit.*, pp. 19 e 242-243. Para Meyer, passou-se com a informação o que, desde 1983, se verifica com o mercado alimentar nos Estados Unidos. Desde

desta corrida, sendo chamados a contribuir com discursos e temas atrativos ao mercado dos *media*[662]. Estes aspetos contribuíram para que o fator determinante das notícias se deslocasse «do acontecimento para a narrativa do acontecimento», fazendo apelo a regras de composição e paginação mais agressivas, e a formas de enunciação mais enfáticas (vocabulário, tom, etc.)[663], com objetivo de criar efeitos de espectacularização, de dramatização e de novidade[664] da informação. Em termos gerais, este clima de hiperconcorrência ajuda a explicar as transformações discursivas que caracterizam a era do jornalismo de comunicação: a segmentação e especialização dos temas, a confusão de géneros e a acentuação das funções expressivas e fáticas no discurso dos *media*[665]. Este aspeto havia já sido notado por Thomas Patterson para quem a luta pelas audiências nos EUA fizeram com que as notícias tivessem mudado muito nas últimas décadas.

> «Em resposta a uma situação intensamente competitiva, as empresas jornalísticas aligeiraram a cobertura jornalística dos acontecimentos, ao mesmo tempo que as notícias assumiram um *tom crítico*»[666].

essa altura que o processamento de produtos agrícolas passou a ter uma participação no PIB norte-americano superior ao da agricultura. O que se passa com os *media* tradicionais passa-se também com a internet e é patente na importância que as redações têm dado aos *webslingeres* capazes de criar o design e o "empacotamento" dos interfaces destinados a exibir a informação no contexto das edições em linha.

[662] Jean Charron e Jean Bonville incluem no conceito de mercado dos *media* não apenas os leitores/audiências e anunciantes, mas também o mercado dos profissionais, em que os jornalistas obtêm reconhecimento, o mercado financeiro, que concede aos *media* os capitais necessários ao seu crescimento, e o mercado das fontes noticiosas [J. CHARRON e J. BONVILLE, «Le Journalisme et le Marché: de la concurrence à l'hiperconcorrence», *in* C. BRIN, J. CHARRON e J. BONVILLE, *Nature et Transformation du Journalisme, op. cit.*, p. 277.]. O cálculo estratégico do "mercado" das fontes de informação não é muito diferente dos anunciantes, visando, nomeadamente, o posicionamento da empresa no mercado dos consumidores, e a capacidade de mobilizar o público segundo as suas preferências [*Op. cit.*, p. 282.].

[663] *Op. cit.*, p. 296.

[664] D. WOLTON, *Il Faut Sauver la Communication, op. cit.*, p. 44.

[665] J. CHARRON e J. BONVILLE, «Le Journalisme et le Marché: de la concurrence à l'hiperconcorrence», *in* C. BRIN, J. CHARRON e J. BONVILLE, *Nature et Transformation du Journalisme, op. cit.*, p. 306.

[666] Thomas PATTERSON, «Tendências do jornalismo contemporâneo», *Media e Jornalismo*, nº 2, 2003, p. 19. Sublinhámos a expressão «tom crítico». Para Patterson, é disso mesmo que se trata: de *tom*. Com efeito, o autor considera que um jornalismo verdadeiramente crítico deveria dar lugar a um jornalismo mais sério e mais credível: «Tratar-se-ia de um tipo de jornalismo que não ignoraria os erros dos detentores de cargos públicos e que não cederia a agenda dos *media* aos promotores dos acontecimentos. Contudo, dar-lhes-ia voz adequada, prestaria atenção suficiente ao que o

Este tipo de procedimento, explicam Charron e Bonville, contém no seu interior um processo duplamente perverso. Quanto mais se insiste nos aspetos enunciativos das mensagens, cada vez mais se torna difícil exprimir o caráter extraordinário dos acontecimentos, exigindo formas sempre renovadas e um deslizar constante das normas profissionais[667], em parte devido ao mimetismo provocado pelo efeito da concorrência entre os *media*, por um lado, e entre os jornalistas, por outro. Referindo-se ao caso português, Mário Mesquita considera que o jornalismo passou, no final do séc. XX, de armas e bagagens «para o lado da hipérbole», onde impera a imediaticidade, a interatividade e o recurso à linguagem emotiva, como expressão da necessidade de «criar uma corrente mais forte entre os *media* e os seus consumidores»[668]. No entanto, esta «febre comunicativa» que se apoderou dos *media* não se traduziu necessariamente na melhoria da qualidade da informação nem num jornalismo mais credível[669].

Este contexto promove uma amálgama cada vez maior entre informação, entretenimento e publicidade e contribui para a diluição do muro existente entre o setor da redação e o da publicidade[670], de que são expressão o aparecimento de géneros híbridos como a "publirreportagem", o denominado infoentretenimento e o aparecimento de conteúdos redacionais subjugados a objetivos comerciais destinados a nichos de públicos e anúncios.

Como salienta Sara Meireles, perante este «jornalismo de reclame», os jornalistas enfrentam o esbatimento das fronteiras profissionais entre, por um lado, «um mediador de estatuto menorizado, que as empresas exigem sobretudo polivalente e maleável aos seus objetivos comerciais» e, por outro lado, um operário técnico, mais próximo da execução do que da criação[671].

---

governo faz bem e avaliaria os erros dos políticos segundo padrões razoáveis. Notícias com estas características ajudariam a restaurar a confiança, quer na política quer no próprio jornalismo» [*Op. cit.*, p. 42.].

[667] J. CHARRON e J. BONVILLE, «Le Journalisme et le Marché: de la concurrence à l'hiperconcurrence», *in* C. BRIN, J. CHARRON e J. BONVILLE, *Nature et Transformation du Journalisme, op. cit.*, pp. 296 e 298.
[668] M. MESQUITA, *O Quarto Equívoco, op. cit.*, p. 56.
[669] *Op. cit.*, p. 160.
[670] Um dos casos conhecidos é a experiência levada a cabo pelo *Los Angeles Times*, cuja administração se propôs utilizar uma «bazuca para destruir o tradicional muro entre a secção de publicidade e a redação» [*Apud*, Mário MESQUITA, *O Jornalismo em Análise, op. cit.*, pp. 66-67.].
[671] Sara MEIRELES, «As mutações do jornalismo profissional no novo ambiente dos *mass media*», *in* AAVV, *Livro de Actas – IVº SOPCOM*, pp. 1225 e 1228, *in* URL: http://www.bocc.ubi.pt/pag/graca-sara-mutacoes-jornalismo-profissional-novo-ambiente-mass-media.pdf (20/12/2008).

9.1.3. Desprofissionalização

As novas tecnologias reduziram o papel do jornalista no processo de intermediação entre as fontes e o público. As fontes institucionais não só passaram a poder ter acesso direto às redações, como também passaram a dispor de meios que, nos casos em que isso lhes pode ser mais conveniente, lhes permite contornar a intermediação dos jornalistas. O jornalista passou igualmente a confrontar-se não apenas com a concorrência proveniente das áreas comunicativas que lhe são mais próximas, como também do próprio público que é suposto servir, a exemplo do que acontece com o caso do denominado «jornalismo do cidadão». O jornalismo praticado "por todos", tal como no-lo apresenta Dan Gillmor[672], não deixa de representar uma diluição do jornalismo profissional, relegando-o para um papel de provedor ou sinalizador de conteúdos disponíveis. Para o bem ou para o mal, o jornalismo do cidadão representa uma desvalorização da especificidade das técnicas discursivas do jornalismo, das suas normas éticas e deontológicas e da cultura profissional. Perante a deslegitimação da sua função social devido aos problemas resultantes do seu enquadramento económico e empresarial, o jornalista vê-se confrontado com um público mais crítico em relação ao seu papel de intermediário na esfera pública. Esta intermediação será tanto mais reduzida quanto a função de interpretação e de contextualização estiver limitada aos imperativos da instantaneidade, do escrever mais depressa e do transmitir em primeiro lugar.

9.1.4. «Juvenelização» e perda de memória

Este fenómeno explica também o denominado rejuvenescimento ou «juvenilização»[673] da classe dos jornalistas, verificado um pouco por todo o mundo[674]. Na realidade, os jornalistas seniores, normalmente com remu-

---

[672] Dan GILLMOR, *Nós os Media*, Lisboa, Presença, 2005.
[673] Segundo a expressão de José Luís GARCIA «Principais Tendências de Evolução do Universo dos Jornalistas Portugueses», *Vértice*, maio-junho, nº 60, 2ª Série, 1994, p. 69. Para Garcia o movimento de rejuvenescimento é também acompanhado por uma diminuição geral da antiguidade dos jornalistas na profissão, podendo-se falar, nessa aceção, em «juvenilização».
[674] Sobre o caso português veja-se José Luís GARCIA (org.), *Os Jornalistas Portugueses – Metamorfoses e Encruzilhadas no Limiar do séc. XXI*, Lisboa, ICS, 2009; José Luís GARCIA «Principais Tendências de Evolução do Universo dos Jornalistas Portugueses», *Vértice, op. cit.*; José Luís GARCIA e José CASTRO, «Recomposição social e estratégias profissionais», *in Jornalista Português o Que é? – Inquérito e perfil socioprofissional*, s.l., Sindicato dos Jornalistas, 1994; Sara MEIRELES, *Os Jornalistas Portugueses – Dos problemas aos novos dilemas profissionais*, Coimbra, MinervaCoimbra, 2007, (nomeadamente os Anexos); Pedro Alcântara da SILVA, «Jornalistas portugueses: elementos sociográficos», *in* URL: http://bocc.ubi.pt/pag/silva-pedro-alcantara-jornalistas-portugueses.html#_ftn1 (20/12/2008).

nerações mais elevadas, são tradicionalmente aqueles que oferecem mais resistência às mudanças. Estes dois factos tornam-nos num dos alvos principais da gestão empresarial sempre que objetivos de ordem financeira ou comercial impõem medidas de reestruturação das redações[675]. A evolução da profissão dos jornalistas, verificada nos primeiros anos do séc. XXI, ficou marcada, em Portugal, por tentativas de reduzir as redações e torná-las mais baratas, através de despedimentos e rescisões de jornalistas mais antigos e experientes e o recurso ao trabalho de jornalistas mais jovens ou até de estagiários[676].

9.1.5. Deslocalização

Tradicionalmente, a comunicação é considerada uma das áreas onde a globalização exige, como contraponto, uma forte componente de contextualização da informação, através de jornalistas capazes de traduzirem a diversidade de mensagens que circulam no mundo inteiro para os ambientes culturais onde se inserem[677]. No entanto, esta perspetiva esquece que a globalização é, ela própria, geradora de uma cultura global. Neste quadro de referência, a indústria dos *media* pode recorrer a mecanismos de produção idênticos aos utilizados em outros setores produtivos. Atualmente, redações da *Reuters*, *Chicago Tribune*, *Columbus Dispatch* optaram por deslocalizar serviços informativos para países asiáticos como Índia, Singapura e Filipinas, onde jornalistas com menores salários realizam trabalhos para as redações centrais[678]. Em 2004, a agência Reuters abriu um escritório em Bangalore, na Índia, onde vinte jornalistas tratavam a informação financeira destinada a duas mil empresas dos Estados Unidos, e 30 mil internacionais. A Reuters revelou que os gastos são 60 por cento inferiores aos de centros idênticos em Nova Iorque, Reino Unido ou Singapura, sendo que o facto de estarem num país onde o inglês é a língua oficial e onde existe mão de obra

---

[675] J. CHARRON e J. BONVILLE, «Le Journalisme et le Marché: de la concurrence à l'hiperconcurrence», *in* C. BRIN, J. CHARRON e J. BONVILLE, *Nature et Transformation du Journalisme, op. cit.*, p. 304.
[676] J. FIDALGO, «Os novos desafios a um velho ofício ou... um novo ofício?», *in* M. PINTO e S. MARINHO, *Os Media em Portugal nos Primeiros Cinco Anos do Século XXI, op. cit.*, p. 111.
[677] D. WOLTON, *Pensar a Comunicação, op. cit.*, p. 245.
[678] «Les rédactions menacées de délocalisation», *Courrier International*, n.º 850, 15 de fevereiro, 2007; SINDICATO DOS JORNALISTAS, «BBC World quer deslocalizar serviços para a Índia», 24 de outubro, 2008, *in* URL: http://www.jornalistas.eu/noticia.asp?id=2540&idCanal=491 (08/01/2009); e FÉDÉRATION INTERNATIONALE DES JOURNALISTES, «IFJ backs fight over jobs and cash cuts at BBC World Service», 26 de junho, 2008, *in* URL: http://europe.ifj.org/en/articles/ifj-protests-bbc-world-service-off-shoring (08/01/2009).

especializada em informação financeira também ajudou à decisão. A partir do centro de Bangalore, a Reuters acompanha o mercado financeiro e armazena grandes quantidades de dados, com os quais elabora gráficos e estatísticas que vende a clientes dos Estados Unidos. Aos escritórios de Nova Iorque compete terminar o trabalho enviado de Bangalore sempre que é necessário complementar a informação com uma entrevista a executivos. Também a BBC World anunciou, em 2007, pretender deslocalizar as suas secções hindi, tamil, urdu, bengali, nepali e sinhala para o subcontinente indiano, uma decisão que mereceu o protesto de cerca de 60 jornalistas da Ásia do Sul residentes no Reino Unido, bem como da Federação Internacional de Jornalistas (FIJ). Para o Sindicato Nacional de Jornalistas britânico, a BBC está a comprometer a integridade profissional dos jornalistas ao entrar em acordos com governos e empresas subsidiárias no subcontinente indiano, pondo em causa 70 anos de jornalismo de referência[679].

9.1.6. Precariedade

A concentração das empresas é considerada, indirectamente, como uma ameaça à liberdade de emprego[680]. Com efeito, a concentração dos *media* em poucos proprietários diminui as possibilidades de mobilidade e as possibilidades de emprego. Segundo o Sindicato dos Jornalistas portugueses, os grupos de *media* são «verdadeiros cartéis de mão de obra jornalística, empregando a maior parte dos profissionais e ditando as regras do seu futuro profissional» e detêm «condições objetivas para limitar e condicionar a liberdade de expressão e a liberdade de emprego»[681]. Estas posições são reiteradas por Joaquim Vieira, presidente do Observatório da Imprensa, para quem, «num cenário de grande concentração, um jornalista ou um colunista que se incompatibilize com um órgão de informação pode ver fecharem-se-lhe as portas de parte significativa das empresas do setor»[682]. Do mesmo modo, Estrela Serrano, então provedora do *Diário de Notícias*,

---

[679] FÉDÉRATION INTERNATIONALE DES JOURNALISTES, «Les journalistes du monde entier dénoncent l'assaut porté en France aux droits d'auteur», 18 novembro, 2002, *in* URL: http://www.ifj.org/fr/articles/les-journalistes-du-monde-entier-dnoncent-lassaut-port-en-france-aux-droits-dauteur- (12/09/2009).
[680] F. CORREIA, *Jornalismo, Grupos Económicos e Democracia, op. cit.*, p. 39.
[681] SINDICATO DOS JORNALISTAS, «Por uma Agenda dos Poderes Públicos para os Media – Contributo do Sindicato dos Jornalistas», 5 de setembro, 2003, *in* URL: http://www.jornalistas.online.pt/noticia.asp?id=1352&idselect=377&idCanal=377&p=0 (20/12/2008).
[682] *Apud*, J. FIDALGO, «Os novos desafios a um velho ofício ou... um novo ofício?», *in* M. PINTO E S. MARINHO, *Os Media em Portugal nos Primeiros Cinco Anos do Século XXI, op. cit.*, p. 116.

considerava que a concentração pode fomentar a «acomodação e a subserviência dos jornalistas»[683].

Já nos referimos ao facto de o desenvolvimento das novas tecnologias promover a concentração vertical e horizontal dos *media*. Este facto tem consequências ineludíveis sobre o processo de racionalização da produção e gestão de recursos humanos, resultando na redução das redações e na precarização das formas de emprego.

No caso português, 350 jornalistas foram levados a rescindir os contratos de trabalho durante processos de reestruturação, realizados entre 2000 e 2005 nas suas empresas. As redações mais atingidas foram aquelas onde se deram alterações tecnológicas mais profundas, segundo as conclusões do projeto de investigação «A Digitalização no Setor da Comunicação: Um Desafio Europeu», apresentadas, no dia 20 de setembro de 2007, em Barcelona[684]. No caso da vizinha Espanha, calcula-se que a última década do séc. XX praticamente não tenha criado mais emprego para jornalistas, tendo-se, no entanto, verificado o aumento da precariedade laboral. No caso específico da imprensa, o número de postos de trabalho registaram mesmo uma diminuição constante[685]. Como referem Blumler e Gurevitch, a diminuição e precarização do emprego, bem como o aumento dos aspetos concorrenciais dentro dos próprios *media*, foram fatores considerados determinantes do enfraquecimento do estatuto e da autonomia dos jornalistas nos últimos anos, em particular nos domínios da informação política[686].

Um sintoma evidente da perda de autonomia dos jornalistas face aos métodos de comercialização e de racionalização produtiva das indústrias da informação está patente no fenómeno de precarização das formas de trabalho e nos novos desenvolvimentos do estatuto do *freelance*. No passado, o *freelance* era a imagem mais aproximada da autonomia e do exercício inde-

---

[683] *Op. cit.*, p. 117.
[684] José Luíz FERNANDES, «Reestruturação tecnológica aumenta despedimentos», *in Sindicato dos Jornalistas*, 21 de setembro, 2007, *in* URL: http://www.jornalistas.online.pt/noticia.asp?id=6069&idCanal=548 (07/07/2009). Para aprofundamento desta questão veja-se também José Luíz FERNANDES e Fernando CASCAIS, *A digitalização no sector da comunicação: um desafio europeu – Relatório Preliminar*, s.l. Comissão Europeia, Sindicato dos Jornalistas, Cenjor, março, 2006, *in* URL: www.jornalistas.online.pt/getfile.asp?tb=FICHEIROS&id=217 (05/10/2009).
[685] A. ALBORNOZ, «La prensa diaria y periódica: pionero pero problemático salto *on line*», *in* E. BUSTAMANTE (coord.), *Comunicación y Cultura en la Era Digital, op. cit.*, p. 153.
[686] Jay G. BLUMLER e Michael GUREVITVH, «Rethinking the study of political communication», *in* James CURRAN e Michael GUREVITCH (orgs.), *Mass Media and Society, op. cit.*, pp. 159-160.

pendente da profissão, tal como os médicos, os advogados e os engenheiros. Geralmente, tratava-se de profissionais com uma importante experiência e reconhecimento profissional, facto que lhes permitia o exercício da profissão em outras condições, quer do ponto e vista remuneratório quer ainda do reconhecimento do seu estatuto profissional. Por isso mesmo, o estatuto de *freelance* estava reservado a um número relativamente reduzido de jornalistas.

Porém, esta situação tem vindo a alterar-se substancialmente desde os anos 80, altura em que se deu a transnacionalização dos *media*, acompanhada pelos processos de reestruturação industrial. De uma forma geral, estes processos conseguem conjugar a concentração empresarial com a desverticalização e desconcentração organizacional, destinadas a responder aos objetivos de rentabilidade e a formas de gestão mais flexíveis, privilegiando a adaptabilidade e a competitividade.

Estas transformações impõem a redução de efetivos e a extensão de novas relações de trabalho baseadas em contratos a prazo e em trabalho independente, mais barato e suscetível de responder melhor às exigências de adaptabilidade e às flutuações do mercado. Estamos a falar de mudanças impulsionadas, em grande medida, também pelo desenvolvimento das tecnologias da informação e da comunicação (TIC) que tiveram uma aplicação rápida e alargada no setor dos *media*, com implicações diretas na alteração dos processos de recolha, tratamento, produção e difusão da informação. Isso mesmo é revelado pelo relatório de Gerd Nies e Roberto Pedersini, realizado em 2003, no âmbito de um estudo da Federação Europeia de Jornalistas, com o apoio da Comissão Europeia, sobre o conjunto dos então 18 países da União[687]. Segundo o documento, as TIC alargaram a possibilidade do trabalho dito «independente», como a criação de novos produtos que fazem apelo às competências tradicionais dos jornalistas, como é o caso dos jornais em linha[688].

O efeito combinado das TIC e da reestruturação das empresas jornalísticas provocou a degradação do estatuto tradicional do jornalista *freelance*, relativamente ao jornalista assalariado, pondo em causa a sua autonomia. A caracterização efetuada pelo estudo de Nies e Pedersini refere que, de forma geral, para os jornalistas *freelance* os salários são mais baixos, os contratos existentes – nos casos particulares em que existem – deixaram de se

---

[687] Gerd NIES e Roberto PEDERSINI, *Les Journalistes Free-Lances dans l'Industrie Médiatique Européenne*, FEJ/Commission Européenne, outubro 2003, pp. 4, 7-8.
[688] *Op. cit.*, p. 8.

aplicar, o poder de negociação com as empresas diminuiu, a segurança no trabalho é inexistente e a proteção social bastante deficiente. Para além disso, o número de jornalistas *freelance* tem vindo a engrossar, tendo por base jovens que escolheram o estatuto como forma de contornar as dificuldades acrescidas de obtenção do primeiro emprego, bem como de profissionais mais velhos despedidos, no âmbito de processos de reestruturação das empresas. Deste modo, sob a noção deste estatuto profissional passaram a agrupar-se também os «falsos» *freelance* e os *freelance* «forçados»[689].

Esta situação tornou o estatuto de independência do jornalista *freelance* particularmente opaco, tanto mais que o exercício da profissão depende, em muitos casos, do ponto de vista remuneratório, de um único empregador. A esta situação soma-se, por vezes, o facto de o jornalista *freelance* exercer a sua profissão nas redações das empresas para as quais prestam os seus serviços, utilizando o equipamento aí disponível, das suas tarefas serem em tudo idênticas às dos outros jornalistas assalariados e dos serviços prestados nem sequer se inscreverem no quadro tradicional de «serviços profissionais», que fazem apelo a competências e conhecimentos particulares. Portanto, estamos perante uma situação de ausência, quer de uma clara separação organizacional, quer de uma distinção de tarefas, quer, ainda, de competências particulares[690], o que transforma o estatuto do jornalista *freelance* num mero recurso de gestão flexível das empresas. Este facto é, aliás, corroborado por entrevistas de outros estudos realizados junto de diretores de jornais e de televisões alemãs, segundo os quais, o recurso ao trabalho não assalariado no jornalismo se deve ao facto de facilitar uma gestão mais flexível, não sendo necessário ter em conta as variações do volume de trabalho. Para além disso, reduz os custos fixos diretos em mão de obra nas redações e é menos onerosa do que o trabalho assalariado. A estes elementos acresce o facto de existir uma relativa abundância de mão de obra *freelance* disponível no mercado, a que se pode recorrer a todo o momento[691].

De facto, segundo o relatório, o número de jornalistas *freelance* representa cerca de 20 por cento dos jornalistas da União Europeia[692] e a taxa de crescimento entre 1995 e 2003 é, na generalidade, bastante mais elevada do que a dos jornalistas assalariados. No caso específico da Alemanha, objeto de um estudo mais aprofundado, o crescimento do número de jor-

---

[689] *Op. cit.*, p. 6.
[690] *Op. cit.*, p. 4.
[691] Segundo o estudo do caso alemão incluído em anexo ao relatório (*op. cit.*, p. 35).
[692] *Op. cit.*, pp. 8 e 16.

nalistas *freelance* é superior ao dos trabalhadores independentes dos restantes setores de atividade, revelando estarmos mesmo a assistir a uma substituição do trabalho assalariado pelo *freelance*, a exemplo do que parece suceder também na Suécia[693]. Em países como a Grécia e a Hungria, o número de jornalistas *freelance* era já superior ao dos assalariados e, na Itália, atingia os 48 por cento da totalidade dos jornalistas, correspondendo a um crescimento de 90 por cento entre 1998 e 2002. Em Itália, Noruega e Suécia, o salário dos *freelance* é inferior ao salário médio nacional[694]. No caso alemão, o estudo revela ainda que, comparativamente ao que se passa com o trabalho independente de outras profissões, os jornalistas *freelance* ganhavam, em 1995, cinco vezes menos do que os médicos, 3,5 vezes menos do que os advogados e duas vezes menos que os engenheiros.

Este cenário é tanto mais preocupante quanto o trabalho independente deveria, teoricamente, ter uma remuneração superior ao do trabalho assalariado, tendo em vista a necessidade de contrabalançar os riscos associados à fragilidade e à insegurança do emprego e das regalias sociais. Em termos gerais, estamos perante um cenário de profissionais independentes do ponto de vista estatutário, mas economicamente dependentes. A evolução desta situação poderá ter implicações importantes para a profissão dos jornalistas, segundo Nies e Pedersini:

> «Se os *media* dependerem cada vez mais da contribuição dos jornalistas *freelance*, a organização do trabalho jornalístico sofrerá importantes alterações, com efeitos eventuais ao nível das relações profissionais, da representação sindical e das negociações coletivas. Os desafios implícitos a este nível afetarão não apenas os sindicatos, mas igualmente o setor mediático no seu conjunto, os modelos estandardizados de gestão das empresas de *media*, bem como a qualidade e independência dos *media*»[695].

O estatuto especial reservado ao *freelance*, no passado, degradou-se e ele está hoje muito mais próximo de formas de trabalho precário. As restrições orçamentais das empresas de *media* transformaram a precariedade dos jornalistas numa forma de gestão planificada de trabalhadores que, em muitos casos, estão sujeitos a processos de formação profissional e até a sistemas de

---

[693] *Op. cit.*, p. 11.
[694] Os dados disponíveis referem-se apenas a sete dos 18 países estudados (Dinamarca, Finlândia, Alemanha, Itália, Noruega, Suécia e Reino Unido).
[695] *Op. cit.*, p. 3.

avaliação interna, como é o caso revelado pelo estudo de Lionel Okas, acerca das empresas públicas do audiovisual em França, *France 3* e *Radio France*[696]. Neste caso, falamos de formas «planificadas» de emprego e de trabalho, em alguns casos sem fim previsível, ilegal, com o objetivo de preencher lugares permanentes e sujeitos a formas mais exigentes de submissão de comportamentos sociais e de atitudes perante o trabalho. Durante a sua atividade, o jornalista precário é avaliado não apenas pela quantidade e qualidade de trabalho produzido, mas também por todo um conjunto de comportamentos reveladores de uma certa representação de si. Para ter acesso ao "estatuto" de trabalhador precário, é necessário dispor de meios financeiros e qualidades sociais e comportamentais como: «sorriso, prazer no trabalho mais ou menos fingido, humildade, sociabilidade, respeito pela hierarquia, reconhecimento (mais ou menos formalizados) em todas as circunstâncias, etc.»[697].

Estes mecanismos promovem, na prática, um processo de desmoralização e de desresponsabiliação do jornalista perante as exigências da sua função social, deixando-o cada vez mais à mercê das exigências de produção de conteúdos informativos à medida das exigências editoriais dos *media*, inventando se necessário «belas histórias com final feliz»[698]. De resto, a um pai ou uma mãe não se pode pedir que sejam heróis todos os dias[699].

Segundo Fernando Correia, entre 2002 e 2005, o número de jornalistas *freelance* subiu de 203 para 426[700]. A situação dos jornalistas precários em Portugal está a ser objeto de um levantamento por parte do Sindicato dos Jornalistas, em resultado de uma perceção clara do agravamento do problema. O mesmo sindicato referia-se à situação socioprofissional dos jornalistas portugueses caracterizando-a da seguinte forma: desrespeito generalizado pela lei e pelos contratos coletivos de trabalho; tentativa de diminuição dos direitos e do poder reivindicativo dos jornalistas; recurso sistemático ao trabalho ilegal, com recrutamento generalizado de estudantes de jornalismo; proliferação de formas de trabalho precário (recibos verdes e contratos a termo); precariedade dos próprios salários e fuga aos

---

[696] Lionel OKAS, «Faire de nécessité vertu – Pratiques de la précarité des journalistes dans deux entreprises d'audiovisuel public», *Sociétés Contemporaines*, nº 65, 2007, pp. 83 a 111.
[697] *Op. cit.*, p. 93.
[698] A. ACCARDO (*et al.*), *Journalistes Précaires, op. cit.*, pp. 27 a 30.
[699] A partir da expressão de Sanchez Juliá [*Apud*, M. MONTALBÁN, *Informe Sobre la Información, op. cit.*, p. 237.].
[700] F. CORREIA, *Jornalismo, Grupos Económicos e Democracia, op. cit.*, p. 67.

impostos; preponderância de contratos individuais de trabalho, à margem das convenções coletivas; emagrecimento das redações, com recurso às rescisões ditas amigáveis, empobrecendo gravemente a memória histórica nos órgãos de informação; estagnação ou inexistência de carreiras profissionais; redução dos salários reais; atribuição discricionária de aumentos salariais; enfim, criação de condições objetivas para a autocensura e para a subordinação a normas e procedimentos estranhos à liberdade de imprensa e à independência dos jornalistas[701]. Num trabalho realizado por Carla Baptista sobre a situação dos jornalistas em Portugal, é traçado um cenário coincidente com a radiografia do Sindicato dos Jornalistas. A proliferação no mercado de *freelancers*; ausência de tempo para preparação de peças jornalísticas; perda de autonomia dos profissionais; excessiva hierarquização das redações; forte concorrência no mercado de trabalho, em resultado de uma abundante mão de obra qualificada de reserva; perda de memória histórica das redações e de convivência entre jornalistas. Nalguns casos, os jornalistas sentem que o seu trabalho é objeto de uma forte desqualificação, equiparando-se a operários em linha de montagem[702]. Partindo do mesmo pressuposto, António Rego questiona-se se ainda existem jornalistas livres, adiantando que não estamos perante uma mera pergunta retórica, mas uma inquietação que atinge muitos profissionais de comunicação que escrevem, dizem e filmam o que mandam os chefes e não aquilo que gostariam de revelar. E naquilo que nos parece ser uma sintomática formulação do sentimento que afeta muitos jornalistas, adianta:

> «A fábrica em que trabalham, pública ou privada, tem regras, objetivos, métodos, que utiliza o jornalismo para um fim que não é o de informar, formar ou divertir. É um instrumento de poder, fatia de um grande queijo que funciona como artefacto de lucro ou aparelho de propaganda, que precisa de bons profissionais que tornem o produto apetecível, vendável ou politicamente persuasivo. Está em laboração contínua na corrida ao primeiro lugar, à liderança, ao domínio do mercado ou ao peso da influência, com capacidade de comunicação, resposta pronta, antecipação arrojada. É um campo de batalha a informar, a cultivar, a divertir»[703].

---

[701] SINDICATO DOS JORNALISTAS, *Por uma Agenda dos Poderes Públicos para os Media*, op. cit.
[702] Carla BAPTISTA, «O jornalismo faz mal à saúde», *Jornalismo e Jornalistas*, nº 34, abril/junho 2008, pp. 36 a 39.
[703] António REGO, «Haverá jornalistas livres», *Agência Ecclesia* («Igreja e *Media* – Em busca de novas sintonias»), nº 1145, 29 de abril, 2008, p. 5.

De forma mais radical, Manuel Vázquez Montalbán considera que o poder dos jornalistas é a triste história da virgem que acabou no prostíbulo[704]. Neste cenário, é legítimo questionarmo-nos, como o faz Fernando Correia, sobre a ideia ingénua do jornalista pensado como produtor autónomo e soberano, como detentor de um poder de decisão que, independentemente das aparências e considerando o conjunto de profissionais, realmente não possui[705].

Mas parece-nos que é importante retirar daí algumas ilações. Caso contrário, limitar-nos-emos à constatação de uma insuficiência, esquecendo que é nesse pressuposto que assenta, em grande medida, o modelo de (auto)regulação de uma profissão, cujos destinos parecem depender cada vez menos da vontade dos próprios jornalistas. Como afirma o sociólogo Pedro Alcântara da Silva, pode dizer-se que quem manda realmente na informação não são os jornalistas. Estes são submetidos a demasiados condicionalismos que afetam a sua autonomia, decorrentes, nomeadamente de estratégias e objetivos resultantes de uma comercialização crescente e da concorrência cada vez mais feroz, num contexto económico marcado por grandes grupos económicos, «que reproduzem e tornam dominante nos *media* uma lógica empresarial, que tende cada vez mais a subalternizar a lógica informativa, constrangendo e condicionando a autonomia dos jornalistas e a prática do jornalismo enquanto mediação social». E acrescenta:

> «Desta forma, deve-se encarar as questões ligadas à ética numa perspetiva mais ampla, e não focalizar apenas a análise na relação entre jornalista e deontologia, sem ter em conta esse ambiente concorrencial, entendendo essas atuações desviantes como simples resultado de uma decisão individual, não olhando para os contextos profissionais e extraprofissionais que ajudam a entender essas atuações. Uma abordagem deste género seria vantajosa do ponto de vista do patronato, uma vez que ficariam disfarçadamente à margem de um problema que é em grande parte por eles provocado, omitindo-se ou secundarizando-se assim fatores estruturais que podem condicionar a atividade e o comportamento ético dos jornalistas»[706].

Procurando resolver este conflito resultante dos condicionalismos da economia dos *media* sobre os seus próprios conteúdos produzidos pelos jor-

---

[704] M. MONTALBÁN, *Informe Sobre la Información*, op. cit., p. 229.
[705] Correia FERNANDO, *Os Jornalistas e as Notícias*, Lisboa, Caminho, 1998, pp. 259-260.
[706] P. A. DA SILVA «Jornalistas portugueses: Elementos sociográficos», *in* URL, *op. cit.*

nalistas, Benoît Grevisse considera ser necessário separar o jornalismo orientado pela rentabilidade económica dos projetos editoriais apostados em reforçar o papel do espaço público nas democracias contemporâneas. Estes últimos deveriam beneficiar de apoios financeiros estatais de modo a protegê-los das leis do mercado, devendo, em contrapartida, ficar sujeitos ao controlo de órgãos de heterorregulação, com uma representação social plural[707]. Esta medida visa, em grande medida, criar o que Jean Schwoebel denominaria de «sociedades de imprensa de lucratividade limitada»[708].

Parece-nos muito sintomático o reparo efetuado por Joaquim Fidalgo no seu inquérito realizado junto dos jornalistas portugueses a propósito do provedor do leitor. Fidalgo nota que muitas respostas obtidas vão no sentido de os profissionais verem no *ombudsman*, mais um provedor dos jornalistas do que um provedor do leitor. Muitos jornalistas gostariam de encontrar na figura do provedor um aliado nas suas disputas com as chefias e a direção, que muitas vezes os obrigam a fazer o trabalho em moldes que eles próprios não desejariam[709].

Com efeito, para equacionar a autonomia dos jornalistas deveremos entrar em linha de conta com as condições de exercício da profissão e os condicionalismos do mercado dos *media*. Pensar que a profissão depende apenas dos jornalistas ou, até, do regime jurídico é um erro, como sustenta Edwin Baker, para quem é preciso defender os jornalistas dos perigos privados[710]. De facto, a questão do jornalismo não pode ser vista apenas como uma questão de vitórias ou derrotas individuais, por parte de quem pratica a profissão. Esse aspeto é tanto mais decisivo quanto, acrescenta Baker, tragicamente o *ethos* e a prática dos jornalistas leva-os a tornarem-se politicamente acomodados às mudanças estruturais a nível económico e legal, das quais depende em grande medida a sua profissão. «E, quando isso acontece, tanto perdem os jornalistas como o público que neles confia»[711].

---

[707] Benoît GREVISSE, «Democracia e informação. Uma proposta de leitura dos *media* para um novo equilíbrio jornalístico», in AAVV, *Media, Jornalismo e Democracia – Comunicações apresentadas ao seminário internacional*, Lisboa, Livros Horizonte, 2002, p. 52.
[708] Jean SCHOWEBEL, *La Presse, le Pouvoir et l'Argent*, Paris, Seuil, 1968, pp. 161 e ss.
[709] Joaquim FIDALGO, «Notas sobre "o lugar da ética e da auto-regulação na identidade profissional dos jornalistas», *Comunicação e Sociedade* («A regulação dos Media em Portugal»), *op. cit.*, p. 53.
[710] C. Edwin BAKER, *Media, Markets and Democracy*, Cambridge, Cambridge University Press, 2002, p. 281.
[711] *Op. cit.*, 283.

Conclusão

Depois da análise que acabámos de fazer, será que se pode falar de autonomia profissional e de autorregulação do jornalismo? Face às questões suscitadas, a pergunta parece-nos compreensível. Se tivéssemos de responder à pergunta agora colocada, diríamos que, por todas as questões que abordámos anteriormente, a nossa resposta é, naturalmente, afirmativa. No entanto, tendo em conta o percurso teórico seguido até aqui, essa questão não se coloca nestes termos. Fazê-lo representaria abrir a possibilidade de deitar fora o jornalismo "com a água do banho" e recusar o desafio deixado por Dewey quando refere que «o preço da liberdade é a eterna vigilância»[712]. As palavras do autor norte-americano exprimem bem o sentido da crítica efetuada à economia dos *media*, durante este capítulo. Por isso, contrariamente ao que possa parecer da exposição que realizámos ao longo destas páginas, não pretendemos fazer a defesa do fim da autonomia do jornalismo, mas antes tentar aprofundar a delimitação dos seus problemas e do seu alcance.

A análise que acabámos de fazer procurou mostrar uma outra vertente do discurso da autonomia do jornalismo e ajuda-nos a questionar o mito sobre o jornalismo, «como uma atividade de profetas e celebrantes de uma nova ordem comunicacional»[713]. Para lá dos mitos e dos discursos relativos à autonomia dos jornalistas, existe uma outra realidade que explica a razão pela qual o denominado *quarto poder*, só em «certos momentos, sob determinadas condições», consegue exercer o papel de *contrapoder*[714], como escreve Nelson Traquina. Esta afimação levanta um problema de fundo sobre o jornalismo, mas a questão essencial não diz apenas respeito à profissão. A hipótese da apropriação dos conteúdos pelas lógicas racionalizadoras do mercado deve, desde logo, levantar o problema sobre o próprio sentido de uma autorregulação corporativa dos *media*, envolvendo jornalistas e empresários. Se até aqui procurámos salientar os problemas resultantes de uma autorregulação centrada particularmente no jornalismo, pensamos que, a partir de agora, fica também claro por que razão achamos que essa autorregulação não pode sequer assentar numa lógica corporativa, estendida ao setor dos *media*.

---

[712] J. DEWEY, *Liberalismo y Acción Social y Otros Ensayos, op. cit.*, p. 177. A frase é frequentemente atribuída a Thomas Jefferson.
[713] Érik NEVEU, «La société de communication et ses interprètes», *Réseaux*, nº 64, 1994. p. 13.
[714] N. TRAQUINA, *O Que é Jornalismo?, op. cit.*, p. 125.

A crítica da economia dos *media* constitui um elemento essencial, que até aqui carecia ser aprofundado, para a compreensão da autorregulação do jornalismo. Para além disso, ela permitiu desarticular um terceiro aspeto que a conceção clássica mantinha como um corolário lógico das liberdades individuais: referimo-nos, naturalmente, à propriedade e à liberdade de empresa.

Neste contexto, parece-nos claro que se a liberdade de expressão e a liberdade de imprensa se construíram em grande medida contra os poderes sensórios do poder político e religioso, as condições do exercício destas liberdades num espaço público mediatizado aconselham a que elas não sejam abandonadas ao arbítrio da autorregulação corporativa dos jornalistas, dos *media* ou do mercado.

No que se refere, em particular, à autorregulação dos jornalistas, o presente capítulo pretende ser uma chamada de atenção para os riscos de a profissão continuar presa aos princípios de uma autorregulação profissional numa lógica estritamente «deontologizante», face às ameaças de recuperação sistémica que o novo capitalismo impôs à produção cultural e, dentro desta, também ao jornalismo. Porém, de forma alguma pode servir de argumento para justificar o que vai mal na autorregulação dos jornalistas, nem tão-pouco mitigar a sua responsabilidade social. Como afirma Mário Mesquita:

> «Não sendo um profissional liberal, o jornalista possui uma área de autonomia e não é legítimo que se demita de exercê-la ou que faça de conta que não a exerce»[715].

---

[715] M. MESQUITA, *O Quarto Equívoco, op. cit.*, p. 87.

IV
Aspetos institucionais
de uma autorregulação regulada

É frequente dizer-se que o jornalismo em Portugal não tem tradição de autorregulação. Mário Mesquita referiu-se já à ausência de uma «cultura de autonomia» do jornalismo português[716] e o próprio presidente da principal organização representativa da classe profissional, o Sindicato dos Jornalistas, Alfredo Maia, afirmou que «apesar dos jornalistas portugueses, tal como os jornalistas de todo o mundo, se sentirem muito orgulhosos por assumir a sua autorregulação voluntária como essencial para a responsabilidade social da sua profissão, esta autorregulação é muito escassa e, em alguns casos, totalmente irrelevante»[717].

No presente capítulo, propomo-nos analisar a perceção, de resto bastante generalizada, de que os jornalistas portugueses não têm tradição de autorregulação e aprofundar sobre que fundamentos assenta tal convicção. Para o fazermos, lançaremos mão de duas estratégias. Por um lado, procuraremos recuperar os estudos recentes realizados sobre a construção do jornalismo enquanto profissão, até ao 25 de Abril de 1974. Por outro lado, complementaremos esses estudos com novas pesquisas no centro de documentação do Sindicato dos Jornalistas, procurando esclarecer alguns

---

[716] Mário MESQUITA, «Jornalismo – a crise da deontologia», *Diário de Notícias*, 15/04/94, p. 11.
[717] Alfredo MAIA, «O imperativo da auto-regulação», *Comunicação e Sociedade* («A regulação dos media» em Portugal), *op. cit.*, p. 149.

aspetos suscitados pela nossa investigação, nomeadamente sobre o caso da carteira profissional.

A nossa abordagem privilegiará os aspetos relacionados com a autorregulação socioprofissional. Apesar das críticas efetuadas anteriormente à abordagem funcionalista sobre os critérios de definição do conceito de profissão, considerámos que a análise de aspetos relacionados com os processos de associação, criação dos valores éticos e deontológicos, da formação, do controlo e acesso à profissão poderia ajudar-nos a compreender as vicissitudes do modelo de autorregulação dos jornalistas portugueses. Deste modo, não procuramos nos pressupostos funcionalistas compreender o jornalismo como profissão, mas antes entendê-los como instrumentos que nos poderão orientar num estudo acerca do exercício da autonomia profissional dos jornalistas. Assim, perspectivamos a autorregulação dos jornalistas a partir das questões relacionadas com os aspetos organizativos da classe; a imposição de um conceito estável sobre o estatuto profissional; a atribuição da carteira profissional, necessária ao exercício da profissão; a formação; e a criação dos princípios éticos e deontológicos do jornalismo.

Nesta análise, teremos também em conta os aspetos relacionados com o enquadramento legal dos jornalistas, como expressão institucionalizada de uma forma de reconhecimento. Porém, esse reconhecimento nem sequer é sinónimo de uma efetiva autonomia socioprofissional, demonstrando, mais uma vez, que a realidade não se cria por simples decreto. Mesmo por isso, a análise deste aspeto não deixa de ser essencial para compreender a autorregulação dos jornalistas em Portugal, antes e depois do 25 de Abril.

A nossa pesquisa procurará complementar esta análise com um estudo mais detalhado sobre o Conselho Deontológico do Sindicato dos Jornalistas, o órgão que, a nosso ver, melhor corporizou, até aos nossos dias, o conceito de autonomia e de autorregulação profissional, num sentido mais restrito.

Até 1993, o Sindicato dos Jornalistas deteve também o papel de instituição credenciadora dos títulos profissionais dos jornalistas, uma componente muitas vezes apresentada – mas não necessariamente[718] – como uma atribuição própria das associações públicas do tipo ordens. Mesmo depois da extinção do modelo corporativo de organização do Estado, o Sindicato dos Jornalistas manteve funções e estruturas que vinham dessa tradição.

---

[718] A este respeito veja-se Vital MOREIRA, *Administração Autónoma e Associações Públicas*, Coimbra, Coimbra Editora, 2003, p. 411.

O Conselho Deontológico, encarregado de tratar das questões dos deveres da profissão, é um exemplo disso mesmo, a tal ponto que a sua existência faz, ainda hoje, daquele Sindicato um caso *sui generis*, sem paralelo no contexto nacional. Com efeito, falamos de uma estrutura sindical que deteve, até há bem pouco tempo, não só as funções próprias de defesa dos direitos relacionados com o mundo do trabalho, como também as de representação e, em particular, de regulação da profissão, como sucede ainda hoje no domínio da ética e da deontologia. Isto aconteceu apesar de, com o fim do modelo corporativo do Estado Novo, ter deixado de vigorar a inscrição obrigatória de todos os profissionais no Sindicato, em resultado do novo quadro legal e constitucional democrático, nomeadamente, no tocante à liberdade sindical e à liberdade de associação. Porém, o facto de esse poder de representação oficial ter permanecido praticamente intacto depois do 25 de Abril – quer ele tenha resultado da própria vontade dos jornalistas, quer da incapacidade de criarem estruturas representativas alternativas – não deixou de ter consequências, sobretudo à medida que se foi verificando a erosão da representatividade efetiva do Sindicato, relativamente à classe profissional, colocando a autorregulação numa espécie de limbo, sem se perceber, claramente, se dizia respeito a todos os profissionais ou apenas aos sindicalizados. Este foi um dos motivos que serviu de pretexto para que o legislador fosse, progressivamente, tomando um conjunto de iniciativas – com ou sem acordo do Sindicato – que resultaram, na prática, na quase completa captura da autorregulação dos jornalistas.

Desenvolveremos a nossa análise neste e no próximo capítulo. Assim, começaremos por nos centrar nas questões essencialmente institucionais, relacionadas com o modelo de associação e organização seguido pelos jornalistas, com a definição estatutária do conceito de profissão, com as competências sobre a atribuição da carteira profissional e com a formação profissional, antes e depois de 1974. Todos estes aspetos relacionam-se com o quadro jurídico-legal, escapando muitas vezes à vontade dos jornalistas, umas vezes pelo contexto político e ideológico em que se inseriam, outras pela sua própria inoperância, outras ainda pelos circunstancialismos do momento. A este propósito, convém não esquecer que, por exemplo, durante mais de 40 anos – ou seja, mais de metade do tempo de existência do Sindicato dos Jornalistas –, o modelo de organização profissional foi imposto pela conceção corporativa do Estado Novo. Questões como a criação e a extinção do Conselho de Imprensa ou a atribuição de competências na atribuição de títulos profissionais foram sempre determinadas pela vontade dos poderes públicos. E quando, na década de 90 do séc. XX, se desencadeou a discussão sobre a eventual criação de uma Ordem dos Jornalistas, esta questão passaria necessariamente por um prévio reconhecimento do Estado. Todavia, como veremos também, momentos houve em que o processo legislativo tirou partido da reflexão realizada no interior das estruturas representativas da classe dos jornalistas e dos debates entre os diferentes atores mais diretamente ligados ao setor da comunicação social.

Para o capítulo V, reservaremos as questões que se relacionam mais diretamente com a deontologia que, recordamos, representa o tema central desta investigação. Porém, os aspetos que desenvolveremos de seguida são fundamentais para uma compreensão do enquadramento das questões deontológicas e da autorregulação dos jornalistas, explicando-as, umas vezes, determinando-as, outras.

1. Os movimentos associativos organizadores dos jornalistas como classe profissional

1.1. As origens de uma representatividade sindical

A história do associativismo dos jornalistas em Portugal está profundamente enraizada numa tradição sindical. É a partir dessa tradição que, de uma forma geral, os jornalistas organizaram a defesa das suas relações laborais, regulação e representação profissional. A história das organizações dos jornalistas do final do séc. XIX e início do séc. XX, em Portugal, tal como no-la descrevem Rosa Sobreira, José Carlos Valente e Helena Veríssimo, mostra que foram as estruturas de caráter simultaneamente de defesa de representação profissional e das relações laborais, as que melhor resistiram à conturbada vida associativa dos jornalistas portugueses, até 1933. Nessa altura, o Estado Novo, com a publicação do Estatuto do Trabalho Nacional, dos Grémios e dos Sindicatos Nacionais, impôs o prazo de 31 de dezembro desse mesmo ano para que as associações de classe e os sindicatos livres ainda existentes conformassem os seus estatutos com os objetivos da organização corporativa do Estado, sob pena da sua dissolução[719]. Com efeito, em Lisboa, os jornalistas procuraram congregar-se na Associação dos Jornalistas e Escritores Portugueses (1880), na refundada Associação de Jornalistas (1898), na reformulada Associação de Jornalistas e Escritores

---

[719] José Carlos VALENTE, *Elementos para a História do Sindicalismo dos Jornalistas Portugueses – I Parte (1834-1934)*, Lisboa, *Sindicato dos Jornalistas*, 1998, p. 76.

Portugueses (1907) ou, numa versão considerada menos elitista, na Associação da Imprensa Portuguesa (1897), sem, no entanto, terem conseguido evitar a sua decadência[720]. Seria a Associação da Classe dos Trabalhadores da Imprensa de Lisboa, fundada em 1904, que apresentava entre os seus objetivos «o estudo e a defesa dos interesses económicos comuns dos associados»[721], que acabaria por se impor como uma das principais representações de classe dos jornalistas da capital, no primeiro quarto do séc. XX[722], tendo-se transformado, por alteração dos seus estatutos, em Sindicato dos Profissionais da Imprensa de Lisboa, em 1924.

No Norte, a Associação de Jornalistas e Homens de Letras do Porto, fundada em 1882, debateu-se durante muito tempo com o problema da tensão existente entre a tradição liberal e literária do jornalismo e a sua dimensão essencialmente profissional e assalariada. No entanto, apesar de não se tratar verdadeiramente de uma organização de classe, a associação acabou por aglutinar à sua volta as questões relacionadas com os interesses dos jornalistas do Porto[723], facto que levou a que alguns deles preconizassem a sua transformação numa entidade de cariz sindical. Essa pretensão, que teve particular expressão a partir de 1920, abriu um período aceso de debates, que passaram pela apresentação de propostas de alteração de estatutos sobre a natureza daquela associação e que só ficaria definitivamente ultrapassado, em 1933, com a criação dos sindicatos nacionais por decisão do Estado Novo[724].

---

[720] Uma das razões apontadas para esta situação teve a ver com a tensão surgida do facto de estarmos perante uma classe que ainda não tinha definido bem o seu campo profissional, dividida que estava entre a elite literária dos escritores e a realidade do trabalhador modesto da rude faina da imprensa periódica, ainda em busca da sua afirmação social [Alfredo CUNHA, «Jornalismo Nacional: das malogradas associações de imprensa, à alvitrada Ordem dos Jornalistas», *apud*, J. C. VALENTE, *Elementos para a História do Sindicalismo dos Jornalistas Portugueses, op. cit.*, p. 35.].
[721] R. SOBREIRA, *Os Jornalistas Portugueses (1933-1974), op. cit.*, p. 37.
[722] R. Sobreira refere ainda a Casa dos Jornalistas. Entre as 11 associações que terão sido criadas, em Lisboa, desde 1880, só estas duas subsistiam, em 1925, com existência legal [*Op. cit.*, p. 38.].
[723] Esse facto é indiretamente reconhecido pelo Sindicato dos Profissionais da Imprensa de Lisboa que, no inquérito levado a cabo pelo *Bureau Internacional do Trabalho*, não obstante se considerar a única instituição de defesa dos interesses dos jornalistas, refere que essa dimensão está também presente na Associação de Jornalistas e Homens de Letras do Porto, embora «muito pouco» [J. C. VALENTE, *Elementos para a História do Sindicalismo dos Jornalistas Portugueses, op. cit.*, p. 139.].
[724] A Associação de Jornalistas e Homens de Letras do Porto acabou por não ser diretamente abrangida pelo denominado pacote corporativo decidido pelo Governo, uma vez que os seus estatutos foram aprovados por alvará do Governo Civil do Porto e não ao abrigo do Decreto-Lei 20050

Apesar dos debates e das indefinições, no seu estudo sobre a história do sindicalismo dos jornalistas portugueses, José Carlos Valente considera que «no final da 1ª República, o sindicato português dos jornalistas, tanto quanto lhe seria possível na conjuntura, está em dia com os instrumentos de atuação dos seus colegas estrangeiros e com os princípios ideológicos da esquerda, dos sindicatos livres e da democracia política». No entanto, acrescenta: «o problema é que o regime democrático, nessa altura, deixa de existir em Portugal»[725].

Do ponto de vista associativo, o modelo corporativo do Estado resolve definitivamente as dificuldades de a classe se congregar em torno de organizações fortes, conforme evidenciam os estudos sobre o associativismo dos jornalistas deste tempo[726]. De acordo com a conceção corporativa do Estado, as organizações sindicais portuguesas são organismos ou entidades de direito público. De acordo com o art. 3º do Decreto-Lei nº 23 050 de 23 de setembro de 1933, «o Estado só reconhece como entidade de direito público um único sindicato nacional por categoria profissional», sob dependência da Administração Pública, nomeadamente do Instituto Nacional do Trabalho e Previdência. Segundo Mário Pinto, a atribuição aos sindicatos do estatuto de entidade de direito público, constitui «um caso único no conjunto dos países europeus e americanos que oferecem uma certa analogia de características socioeconómicas fundamentais»[727]. Apesar das questões que se levantam hoje sobre a distinção das entidades coletivas públicas e privadas[728], as representações sindicais, durante o Estado Novo,

---

de 1891 que regulava as associações de classe. Deste modo, as suas pretensões sindicalistas foram completamente esvaziadas de sentido, pelo que o seu papel, a partir de então, se confinou a missões culturais e de beneficência [Apud, R. SOBREIRA, Os Jornalistas Portugueses (1933-1974), op. cit., pp. 45 e 46.].

[725] Op. cit., p. 80.

[726] Veja-se, a este propósito, a análise de Joaquim Salgado [Apud, R. SOBREIRA, Os Jornalistas Portugueses (1933-1974), op. cit., p. 42], ou de Alberto Bessa [Apud, J. C. VALENTE, Elementos para a História do Sindicalismo dos Jornalistas Portugueses, op. cit., p. 40.].

[727] Mário PINTO, «Reestruturação sindical: tópicos para uma questão prévia», Análise Social, vol. VIII, 1970, pp. 717-718.

[728] Para Vital Moreira, inicialmente as entidades públicas eram o Estado e as coletividades públicas territoriais associadas, que eram reguladas por um conjunto de aspetos jurídicos bem tipificados. No entanto, os critérios de distinção entre personalidade pública e privada foram-se dissolvendo quando as entidades públicas territoriais começaram a criar «entes que só parcialmente detinham os referidos predicados, ou quando a lei começou a submeter a um regime mais ou menos juspublicístico entes criados ou formados por entidades privadas, sem que em qualquer dos casos a qualificação resultasse da lei». Entre as primeiras entidades públicas não territoriais

assumiam, deste modo, o caráter de «"sindicatos" públicos», integrando, funções de regulação, representação e de defesa dos interesses laborais[729].

No entanto, a imposição de uma única estrutura organizativa de classe não tornará os jornalistas mais fortes. Pelo contrário, o modelo corporativo imporá ao Sindicato Nacional dos Jornalistas uma sujeição aos «interesses da Nação Portuguesa»[730], enquanto os jornalistas serão submetidos aos ditames de uma censura que lhes retirava o poder da palavra e, com isso, pretendia reduzir a razão de ser da profissão à mera propaganda do regime. Até ao 25 de Abril, os elevados níveis de integração institucional dos jornalistas, obrigados a congregarem-se numa única organização, constituíram também a expressão máxima da submissão aos poderes político e económico por parte de uma classe social muito pouco reconhecida. Esse facto é a prova de que nem sempre a um alto nível de organização corresponde o efetivo poder e reconhecimento de uma profissão.

1.2. O fim do corporativismo, a continuidade do Sindicato

A tradição corporativa do Sindicato Nacional dos Jornalistas não deixou de marcar profundamente a forma de organização da classe, depois do 25 de Abril de 1974. Com efeito, o fim da ditadura pôs também termo à organização corporativa do Estado e consagrou a liberdade sindical e a liberdade de associação. Mas, basicamente, os pressupostos da organização dos jornalistas não foram substancialmente postos em causa. Com a alteração dos seus estatutos, o agora Sindicato dos Jornalistas que, em 1975, deixa cair o título de Sindicato Nacional, não larga mão do essencial das funções corporativas que detinha anteriormente, nomeadamente ao nível da regulação e da representação profissional, para além das competências próprias em matéria de relações laborais. Este aspeto explica-se tendo em conta vários fatores que vieram a revelar-se decisivos nos primeiros anos do Sindicato dos Jornalistas, após o 25 de Abril. A primeira razão que explica o poder daquele sindicato tem a ver com o facto de os jornalistas terem resistido à divisão ou à diluição da sua organização de classe por outras estruturas representativas. Com efeito, a classe não sentiu a necessidade de criar novas organizações representativas – sindicais ou outras – preferindo congregar-se em torno do Sindicato dos Jornalistas que, desde então, consagrou nos

---

encontramos, precisamente, as ordens profissionais [V. MOREIRA, *Administração Autónoma e Associações Públicas*, op. cit., p. 258.].
[729] Op. cit., pp. 409 e 410.
[730] Nos termos do art. 5º dos Estatutos de 1934.

seus estatutos o princípio de «total independência relativamente ao Estado, ao patronato, ao Governo, partidos políticos, igrejas, ou quaisquer agrupamentos de caráter político, económico, religioso e outros»[731]. Ao seguir este caminho, a estrutura sindical manteve um forte poder representativo da classe, que lhe advinha, em grande medida, das imposições do modelo corporativo do Estado Novo.

A segunda razão do poder do Sindicato dos Jornalistas assenta no próprio reconhecimento por parte dos poderes da jovem democracia, que atribuiu à estrutura sindical faculdades de representação e de organização socioprofissional, nomeadamente no âmbito da elaboração de um código deontológico e respetivo sancionamento disciplinar, bem como de controlo do acesso à profissão, através da atribuição e renovação das carteiras profissionais. Compreensivelmente, o Governo não quis assumir responsabilidades em áreas tão sensíveis como as da definição da deontologia profissional ou controlo e acesso à profissão dos jornalistas. Mas, ao exigir que os jornalistas adotassem um código deontológico, bem como os respectivos mecanismos reguladores da profissão, o legislador viu-se obrigado a encontrar uma instituição a quem atribuir as responsabilidades consignadas na lei. A solução, neste caso, foi o Sindicato dos Jornalistas que, deste modo, continuou a deter as responsabilidades reguladoras no interior da profissão[732], cumulativamente com as de representação e defesa das relações laborais.

Um terceiro aspeto, que poderá explicar o facto de o Sindicato dos Jornalistas continuar a deter o grosso das funções que lhe estavam atribuídas antes do 25 de Abril, resulta de, segundo Vital Moreira, não estar absolutamente excluída a possibilidade de se atribuírem aos sindicatos privados o exercício de funções públicas, à exceção do caso das profissões organizadas em ordens[733], o que, como se sabe, nunca foi o caso do jornalismo.

---

[731] Segundo os Estatutos de 1990. A redação segue os princípios gerais inscritos nos estatutos anteriores, de 1975 e 1979, acrescentando a palavra «outros» onde antes estava «tendo em conta os interesses do povo trabalhador». Este aspeto representa o reafirmar de uma posição de 1980, altura em que a direção fez aprovar, em referendo, a independência do Sindicato dos Jornalistas face à CGTP/IN e UGT, tendo por base duas razões: a consciência da existência de «várias sensibilidades existentes no seio da classe»; e a convicção de «que a salvaguarda da unidade da classe passa pela defesa dos princípios de independência em relação a fatores que têm dividido o movimento sindical». Esta posição só foi alterada com a revisão dos Estatutos de 2009, que consagrou, por imposição legal, a expressão do direito de tendência.
[732] Trataremos no próximo capítulo os aspetos relacionados com a constituição do corpo de regras deontológicas e do tema das sanções.
[733] V. MOREIRA, *Administração Autónoma e Associações Públicas*, op. cit., p. 411.

No entanto, a institucionalização da liberdade sindical prevista na Constituição Portuguesa e regulamentada pelo Decreto-Lei 215-B/75, de 30 de abril, acabou por criar uma contradição insanável, a longo prazo, no interior da estrutura sindical dos jornalistas, cujas consequências se repercutiram no atual quadro da autorregulação da profissão.

Com efeito, e não obstante os jornalistas se manterem unidos em torno do seu sindicato e de os níveis de sindicalização e de representatividade do Sindicato dos Jornalistas permanecerem, durante muito tempo, particularmente elevados, ao ponto de abranger a quase totalidade do universo dos profissionais, uma questão não deixará de se colocar, com efeitos corrosivos no futuro: poderá uma associação privada constituir-se como o órgão definidor das normas de deontologia e, eventualmente, dos procedimentos disciplinares com vista ao seu sancionamento, num contexto de liberdade de associação?

É verdade que, historicamente, os jornalistas portugueses têm assumido o Código Deontológico do Sindicato dos Jornalistas como seu, independentemente da sua qualidade de associados[734]. Mas também não é menos verdade que, de facto, este aspeto não deixou de ser uma fonte importante de indefinição, tanto no que se refere ao verdadeiro alcance de um Código Deontológico – que, durante muito tempo, foi uma norma de conduta de uma associação voluntária – como do efetivo poder do Sindicato dos Jornalistas, nomeadamente do Conselho Deontológico, a quem competia atribuir e renovar a carteira profissional e fazer respeitar a deontologia profissional.

Apesar de os estatutos de 1975 ainda imporem como condição de atribuição da carteira profissional a filiação no Sindicato, esta exigência foi revogada, na prática e na lei, pelo reconhecimento da liberdade associativa e da liberdade sindical. De resto, na linha de reconhecimento desse direito, o próprio Regulamento da Carteira Profissional, aprovado em 1979, definia claramente que «a carteira profissional e o título de estagiário são emitidos pela organização sindical dos jornalistas, independentemente da qualidade de sindicalizado do requerente»[735].

A partir dos anos 80, nas atas do então Conselho Técnico e de Deontologia, passa a estar bem patente a distinção entre os processos de atribuição e revalidação da carteira profissional e os de admissão de sócio do Sin-

---

[734] A. MAIA, «O imperativo da regulação participada», *Comunicação e Sociedade* («Regulação dos Media em Portugal»), *op. cit.*, p. 150.
[735] Decreto-Lei nº 513/79, de 24 de dezembro.

dicato. Mas o que estas soluções parecem esconder é a aparente contradição existente, em particular no Conselho Deontológico, de uma organização voluntária e privada reunir, em si, funções públicas, alargadas a toda a classe. Este aspeto, ainda que, inicialmente, não se tivesse sentido de uma forma problemática, impor-se-ia de modo mais contundente, anos mais tarde, a propósito das discussões sobre três aspetos: sobre a autonomia estatutária do Conselho Deontológico face ao Sindicato dos Jornalistas, sobre o eventual alargamento daquele órgão a toda a classe profissional ou, ainda, sobre o debate em torno da criação de uma Ordem dos Jornalistas.

1.3. Sobre a autonomia inacabada do Conselho Deontológico

O debate sobre a autonomia do Conselho Deontológico face ao Sindicato dos Jornalistas surge, pela primeira vez, de uma forma bem vincada, em 1986, ano em que se realizou o 2º Congresso dos Jornalistas Portugueses. Nessa altura, as discussões acerca da questão começam a revelar a perceção sobre a necessidade de se separar as funções de regulação da profissão, de representação e de defesa dos direitos laborais. Então, os jornalistas defenderam a revisão das normas orientadoras da profissão, por considerarem que «a experiência de 12 anos de liberdade e 10 de Código Deontológico demonstrou que a seriedade e credibilidade do jornalismo português têm sido afetadas por incorretas, ambíguas e ineficientes disposições deontológicas»[736]. Adiantava-se ainda que a definição dos novos princípios orientadores deveria basear-se num código de honra e conduta profissional que exprimisse em normas consensuais os valores éticos com incidência na profissão, constituindo-se como um compromisso dos jornalistas perante a opinião pública.

As intervenções apontam claramente para a reestruturação do Conselho Deontológico em dois sentidos alternativos: por um lado, a sua eleição em separado dos restantes corpos gerentes do Sindicato dos Jornalistas[737]; por outro lado, a sua autonomização de modo a instituí-lo como órgão alargado a toda a classe dos jornalistas[738], dando-lhe, se necessário, os mesmos direi-

---

[736] AAVV, «Resolução», *2º Congresso dos Jornalistas Portugueses, op. cit.*, p. 7.

[737] Vão nesse sentido as propostas de Henrique MONTEIRO, «Poirot e a criada da vizinha», in AAVV, *2º Congresso dos Jornalistas Portugueses, op. cit.*, p. 237.

[738] Vão nesse sentido as intervenções de Jorge WEMANS, «Algumas respostas às questões gerais sobre o exercício da profissão», in AAVV, *2º Congresso dos Jornalistas Portugueses, op. cit.*, p. 230; Joaquim FIDALGO, Jorge ALVES, José QUEIRÓS e Manuel TAVARES, «Propostas para um novo quadro deontológico», in AAVV, *2º Congresso dos Jornalistas Portugueses, op. cit.*, p. 223.

tos jurisdicionais que assistem aos órgãos similares, como as ordens, com poderes para suspender e expulsar os respetivos profissionais, e de cujas decisões caberia unicamente recurso aos tribunais comuns[739].

A resolução adotada no final do Congresso dava expressão a estes pontos de vista, afirmando-se que os jornalistas defendiam que o Código Deontológico deveria ser aprovado por todos os detentores de carteira profissional e a sua aplicação deveria estar a cargo de «um Conselho Deontológico eleito por todos os jornalistas», com poderes de sanção reduzidos aos aspetos morais[740].

Para além disso, a resolução final considera também que as questões relativas ao exercício da profissão – nomeadamente a atribuição, revalidação, suspensão e cassação da carteira profissional –, bem como às incompatibilidades deveriam ser entregues a uma instância a funcionar no âmbito do Conselho de Imprensa, o qual, segundo ainda esta proposta, teria também de adequar a sua composição a estas novas competências, aceitando que metade dos seus assentos fosse ocupada por jornalistas[741].

Em suma, a resolução do Congresso sobre o Conselho Deontológico apontava, na prática, para a retirada do seu âmbito de competências em matéria de carteira profissional. Para além disso, preconizava-se a adoção de um código de conduta profissional sufragado por todos os profissionais – e não apenas os sindicalizados –, bem como a sua transformação num órgão independente do Sindicato e alargado a todos os jornalistas[742].

A necessidade de autonomização do Conselho Deontológico e a transformação do código de conduta profissional num documento de compromisso extensivo à classe foi sendo, na prática, pressentida dentro do próprio Sindicato dos Jornalistas, que nas sucessivas revisões estatutárias lhe concedeu uma maior autonomia. Em 1975, o Conselho Técnico surge, fundamentalmente, como um órgão consultivo da direção, encarregado de emitir pareceres em caso de diferendo sobre as aptidões exigíveis para o exercício da profissão, bem como elaborar informações, pareceres e estudos solicitados pela direção[743]. Esta situação de dependência vai sendo relativamente

---

[739] Segundo a proposta de Miguel Sousa TAVARES, «Basta de impunidade», in AAVV, 2º Congresso dos Jornalistas Portugueses, op. cit., p. 243.
[740] AAVV, «Resolução», 2º Congresso dos Jornalistas Portugueses, op. cit., p. 7.
[741] Op. cit., p. 8.
[742] Op. cit., p. 7.
[743] Não deixa, no entanto, de ser estranho que seja nesta altura que se dê uma redução do âmbito deste órgão. Em 1934, o Conselho Disciplinar era dotado de alguma autonomia, devendo ser

ultrapassada através de um aumento progressivo da autonomia do Conselho Deontológico. Nos estatutos de 1979, prevê-se que o Conselho Técnico deixe de estar subordinado à direção, em matéria de disciplina e de deontologia, «competindo-lhe apreciar todos os casos de infração aos estatutos do Sindicato, ao Código Deontológico e, quando existirem, ao Estatuto do Jornalista e ao Regulamento da Carteira Profissional» (art. 40). No exercício destas atribuições, cabe ainda ao Conselho Deontológico «instruir os respetivos processos e propor as penas a aplicar». Para além destas funções, há ainda a acrescentar as já desempenhadas até aqui, no que se refere à análise dos processos relacionados com a admissão de novos sócios e a atribuição da carteira profissional

Em 1989, o enquadramento do Conselho Deontológico é retomado por João Mesquita, que fez da concretização das propostas do 2º Congresso dos Jornalistas Portugueses um dos pontos programáticos dos seus dois mandatos à frente dos destinos do Sindicato dos Jornalistas (1988-1993). Com efeito, a revisão dos Estatutos do Sindicato dos Jornalistas de 1990 concede uma maior autonomia ao Conselho Deontológico que, a partir de então, passou a ser eleito em lista separada dos restantes corpos gerentes do Sindicato dos Jornalistas (nº 2 do art. 42º). Esta solução passou a permitir que se pudessem perfilar candidaturas ao Conselho Deontológico, sem a obrigação de se terem de apresentar listas para os restantes órgãos sociais do Sindicato, ao contrário do que acontecia até então. Com esta medida, passou a ser obrigatório a elaboração de programas específicos de ação no domínio da deontologia, uma medida destinada a reforçar a transparência da eleição dos membros do Conselho Deontológico[744]. Contrariamente ao que se pode pensar, este aspeto não é de somenos importância, na medida em que, até aí, os jornalistas que quisessem candidatar-se apenas ao Conselho Deontológico teriam, obrigatoriamente, de apresentar também uma lista que integrasse candidatos a todos os restantes órgãos sociais do Sindicato. Assim, se tomássemos por referência os Estatutos de 1990, isso impli-

---

regido por um regulamento próprio, aprovado pela Assembleia-Geral, estando previsto a atribuição de um consultor jurídico, sem direito a voto, para apoio nas suas tomadas de decisão. Os estatutos de 1940 extinguiram este órgão social, que reaparece em 1962, com a denominação de Conselho Técnico e de Disciplina.

[744] A apresentação de programas para o Conselho Deontológico não deve ser entendida como uma novidade, na medida em que essa era já uma prática das candidaturas àquele órgão, embora realizadas no quadro de uma mesma lista de candidatos a todos os órgãos sociais do Sindicato dos Jornalistas.

caria ter que apresentar cerca de nove dezenas de pessoas, quando na realidade, o número de membros que fazem parte do Conselho Deontológico se reduz a oito (cinco efetivos e três suplentes).

Outro aspeto importante prende-se com o facto de a eleição dos membros do Conselho Deontológico ter passado a fazer-se pelo método de Hondt, permitindo que, no caso de existirem várias listas concorrentes, se pudessem manifestar no seu interior diferentes sensibilidades, «aumentando consideravelmente o debate interno e a própria democraticidade e prestígio do órgão»[745]. No entanto, os jornalistas acabariam por não tirar partido desta possibilidade. Na realidade, desde então, só uma vez é que se apresentou uma candidatura alternativa ao Conselho Deontológico, não integrada na lista conjunta aos restantes órgãos sociais do Sindicato dos Jornalistas.

Para além das funções atribuídas no que se refere à emissão e revalidação anual da carteira profissional, o Conselho Deontológico assume explicitamente, com os novos estatutos, a competência para analisar «todos os casos» de infração ao Código Deontológico, ao Estatuto do Jornalista e ao Regulamento da Carteira Profissional. Finalmente, está ainda na área das suas atribuições elaborar estudos, informações ou pareceres que sejam solicitados por qualquer órgão do Sindicato e, facto novo, «por qualquer jornalista»[746].

Esta solução não satisfez a direção do Sindicato que, dois anos mais tarde, apadrinhou uma nova proposta, subscrita pelo Conselho Deontológico e, posteriormente, aprovada pelo Conselho Geral, onde se referia que teriam «capacidade eleitoral ativa para o Conselho Deontológico todos os jornalistas com título profissional atualizado». Porém, a iniciativa esvaziou-se na discussão da Assembleia-Geral. A Ata 191, de 22 de março de 1993, refere que a proposta foi defendida, perante aquela assembleia, pelo então presidente da direção, João Mesquita. Mas sobre o teor da discussão que se lhe seguiu não se dá nota, afirmando-se apenas que vários sócios se pronunciaram sobre o assunto. Pelos esclarecimentos obtidos junto de várias pessoas que acompanharam os trabalhos, a proposta acabou por esbarrar com uma incongruência legal, resultante do facto de se permitir que o Conselho

---

[745] Segundo a expressão de João Mesquita, que presidiu ao Sindicato dos Jornalistas durante o período em que se procedeu à revisão dos Estatutos [João MESQUITA, «Aprofundar a autonomia», in AAVV, *3º Congresso dos Jornalistas Portugueses, op. cit.*, pp. 207-208.].
[746] Conforme as alíneas a), b) e c) do art. 43º.

Deontológico, sendo um órgão social de uma instituição de caráter associativo privado – o Sindicato de Jornalistas –, pudesse ser eleito por toda a classe, isto é, pelos não sócios. Apesar do voluntarismo da ideia, tal possibilidade poderia criar situações em que os sócios do Sindicato se tivessem de submeter à vontade dos não sócios, o que, do ponto de vista estatutário criaria um problema de legitimidade e de legalidade duvidosa. Por isso, a solução nunca foi por diante e, mesmo com a autonomização do Conselho Deontológico consagrada nos Estatutos de 1990, não deixa de representar, no essencial, a manutenção do *status quo*. O Conselho Deontológico mantém-se com uma representatividade limitada aos membros do Sindicato dos Jornalistas, reduzindo o seu poder de intervenção efetivo aos seus membros e, desse modo, mitigando o que poderia ser o seu alcance, nomeadamente quanto à sua força impositiva alargada a toda a classe, conforme a intenção expressa pelos jornalistas, durante o 2º Congresso.

Esta solução ficou claramente aquém do que pretendiam, então, os próprios líderes do Sindicato de Jornalistas, que oito anos mais tarde, aquando da realização do 3º Congresso dos Jornalistas Portugueses, retomam a questão, fazendo-a constar, novamente, como um dos pontos da «Resolução» final. No seu ponto 2, admite-se a eventual evolução do Conselho Deontológico para uma estrutura que «envolva e comprometa todos os jornalistas, eventualmente com capacidade para sancionar aqueles que violem o Código»[747].

A solução preconizada encontra-se algures entre o Conselho Deontológico e a criação da Ordem dos Jornalistas, que ultrapasse os limites do primeiro e evite as exigências do segundo. «O que nós queremos é uma entidade que seja ouvida e respeitada por todos e para o ser é preciso que nos junte a todos», dizia de forma esclarecedora José Manuel Mestre durante o 3º Congresso dos Jornalistas Portugueses, que chegaria a propor a existência de um Conselho de Conduta Profissional dos Jornalistas, recusando liminarmente a ideia da Ordem[748]. Por seu lado, João Mesquita, ex-presidente do Sindicato dos Jornalistas que, juntamente com o Conselho Deontológico, propusera, em 1993, a eleição deste órgão por parte de todos os jornalistas, defendeu que uma tal iniciativa se fizesse pela simples revisão dos estatutos. Do seu ponto de vista, a iniciativa deveria passar pela auscul-

---

[747] AAVV, «Resolução», in AAVV, *3º Congresso dos Jornalistas Portugueses, op. cit.*, p. 11.
[748] José Manuel MESTRE, «Por uma substituição do conselho deontológico», in AAVV, *3º Congresso dos Jornalistas Portugueses, op. cit.*, pp. 203-204

tação de todos os jornalistas e também pela rediscussão das atribuições, da composição e da própria personalidade jurídica do Conselho Deontológico.

Na mesma linha de pensamento, apareceu a proposta de Óscar Mascarenhas. Para o então presidente do Conselho Deontológico, se a Ordem não resolve o problema da autorregulação dos jornalistas, o Sindicato é insuficiente, pelo que a saída deveria passar por uma solução contratualizada que envolvesse, de forma expressa ou implícita, a adesão dos profissionais a um «Conselho de Ética», «abarcando jornalistas de todas as origens associativas ou até individualmente inscritos»[749].

Não obstante as propostas efetuadas, onze anos mais tarde, aquando da nova revisão dos Estatutos do Sindicato, realizada em 2009, a discussão permanecia praticamente no ponto em que a havia deixado o 3º Congresso dos Jornalistas Portugueses. Só que o quadro legal e institucional era completamente diferente, tendo os jornalistas perdido já a iniciativa da autorregulação, agora atribuída pela lei a outras instituições. Na realidade, a abertura do Conselho Deontológico a toda a classe implicava que o Sindicato aceitasse abrir mão das suas competências exclusivas em matéria de deontologia do jornalismo a favor de outro organismo extra sindical que assumisse essas competências. No entanto, o Sindicato considerou que as suas funções na defesa dos direitos dos jornalistas eram o corolário lógico dos deveres deontológicos, dando-lhe uma legitimidade reforçada em eventuais negociações com o Governo e com as associações patronais, pelo que não quis deixar de manter sob a sua esfera as competências nessa matéria. Esta visão não significa necessariamente que a questão deontológica seja secundarizada. Todavia, não deixa de revelar a utilização da deontologia numa perspetiva estratégica e instrumental, no sentido de que quem se impõe deveres, no plano moral, está em melhores condições de reivindicar direitos, no plano sindical.

1.4. A Ordem dos Jornalistas

O debate em torno da autonomia do Conselho Deontológico do Sindicato está também marcado por uma outra polémica que atravessou a classe, em finais dos anos 80 do século passado, e que tem a ver com a discussão à volta da criação da denominada Ordem dos Jornalistas. No centro deste debate

---

[749] Óscar MASCARENHAS, «Por uma carta 98 da autorregulação», in AAVV, *3º Congresso dos Jornalistas Portugueses, op. cit.*, pp. 210.

estava a legitimidade e a conveniência em manter questões sensíveis da autorregulação da profissão na esfera de competência do Sindicato. Em particular, estava em causa a atribuição da carteira profissional de jornalista e a discussão da natureza, legitimidade e âmbito do pronunciamento do Conselho Deontológico, em matérias como a violação do código de conduta profissional e a aplicação das respectivas sanções.

Como vimos, esta questão encontra-se já patente no seio da classe, em 1986, durante o 2º Congresso dos Jornalistas Portugueses e surge, no final dos anos 80 e início dos 90, como uma proposta do próprio Sindicato dos Jornalistas e do Conselho Deontológico, que tinha entre os objetivos do seu programa a concretização das resoluções dos congressistas, nomeadamente em matéria de deontologia e atribuição de carteiras profissionais.

Este debate adquire uma particular premência com o surgimento da Associação dos Jornalistas Portugueses. Pouco tempo depois da sua fundação, em 1991, esta associação vem defender uma Ordem de Jornalistas. Nas palavras do seu presidente, a Associação de Jornalistas Portugueses extinguir-se-ia por completo logo que fossem criadas as condições legais de criação de uma «associação pública de jornalistas portugueses», quer através de uma lei da Assembleia da República, quer por iniciativa legislativa do próprio Governo[750].

A proposta mereceu forte oposição da direção do Sindicato dos Jornalistas, que, na altura, representava mais de 90 por cento dos profissionais[751]. Em maio de 1991, durante a tomada de posse dos novos membros dos corpos sociais do Sindicato, as intervenções dos presidentes da Direção, do Conselho Deontológico e da Assembleia-Geral atacaram os pressupostos da Associação Portuguesa de Jornalistas e o projeto de criação de uma Ordem. Entendia-se, então, que a iniciativa conduziria ao enfraquecimento da classe e à sua debilitação perante o patronato e o poder, bem como ao esvaziamento da atual organização sindical, considerada a que em melhores condições estaria de representar os jornalistas, na linha do que se afirmara nas conclusões do Encontro Nacional de Jornalistas, realizado em 1991, no Fundão[752]. Para além disso, o Sindicato considerava que a criação de uma

---

[750] Segundo entrevista concedida por Carlos Albino à RDP [*Apud*, «A estatização dos jornalistas», *Jornalismo*, Lisboa, Sindicato dos Jornalistas, maio de 1992, p. 4.].
[751] Segundo dados do próprio Sindicato dos Jornalistas [*Jornalismo*, maio de 1992, p. 8.].
[752] De acordo com as conclusões do referido encontro, o Sindicato dos Jornalistas é «a organização representativa e a principal trincheira Profissional de Jornalista» [*Apud*, «Declaração do Sindicato dos Jornalistas sobre a propalada criação de uma Ordem de Jornalistas», Comunicado,

Ordem dos Jornalistas teria as seguintes consequências: 1) poria em causa a liberdade individual, uma vez que a inscrição seria obrigatória, ofendendo a liberdade de associação; 2) representaria uma perda de autonomia coletiva da classe, relativamente ao poder político, encarregado de criar a Ordem e aprovar os referidos estatutos; 3) colocaria o exercício da profissão sob a dependência do poder político; 4) seria contrária ao princípio de que devem ser os jornalistas a escolher as suas formas de organização e de autodisciplina, sem intervenção do Estado[753].

O Sindicato dos Jornalistas não deixa de invocar também a questão da legitimidade das lutas passadas, antes e depois do 25 de Abril, comparativamente ao «espólio ou tradição» com que se «apresentam os autopropostos organizadores de uma Ordem dos Jornalistas»[754]. Contra a iniciativa é também recordada a decisão do Tribunal Interamericano dos Direitos Humanos que, a partir de um caso suscitado por jornalistas costa-riquenhos, considerou a obrigatoriedade de inscrição nas Ordens de Jornalistas, como condição para o exercício da profissão, violadora dos preceitos do Convénio Interamericano dos Direitos Humanos sobre a liberdade de expressão e de pensamento[755]. Finalmente, o projeto é considerado globalmente de corporativista, por vezes, conotado negativamente com os regimes autoritários.

Em reação às iniciativas da Associação Portuguesa de Jornalistas, o Sindicato propôs-se realizar uma consulta da classe sobre a questão, ao mesmo tempo que reiterava o seu empenho na autonomia e reforço do Conselho Deontológico e na reativação do Conselho de Imprensa, no âmbito do qual deveria funcionar uma comissão mista de jornalistas e empresários do setor, com competências no domínio da atribuição e cassação da carteira profissional[756]. A proposta de criação da Ordem dos Jornalistas foi referendada em 26 e 27 de maio de 1992, tendo sido recusada por 80,22 por cento dos votos expressos, naquela que foi considerada, na altura, a consulta mais par-

---

Sindicato dos Jornalistas, 12 de setembro de 1991.]. Idêntica posição foi reiterada pelos jornalistas do Norte que, reunidos, entre 29 e 31 de janeiro de 1993, no seu 3º Congresso, na Maia, reafirmam a confiança no Sindicato dos Jornalistas «como a única organização representativa dos seus interesses e estrutura adequada das suas reivindicações» [«Conclusões», *Jornalismo*, abril, 1993, p. 5.].
[753] SINDICATO DOS JORNALISTAS, «Quatro razões para dizer não à Ordem», *Comunicado*, Sindicato dos Jornalistas, 22 de maio, 1992.
[754] Adelino CARDOSO, «Onde estavam eles?», *Jornalismo*, janeiro, 1992, p. 4.
[755] «Liberdade quem a tem chama-lhe sua», *Jornalismo*, janeiro, 1992, pp. 6-7.
[756] «Declaração do Sindicato dos Jornalistas sobre a propalada criação de uma Ordem de Jornalistas», *Comunicado*, 12 de setembro, 1991.

ticipada do universo dos jornalistas[757]. Embora a realização do referendo conjunto chegasse a ser objeto de discussão entre o Sindicato dos Jornalistas e a Associação Portuguesa de Jornalistas, as organizações não chegaram a acordo sobre a sua concretização. Em resultado disso, a Associação Portuguesa de Jornalistas nunca reconheceu os resultados do referendo, classificando-o como um ato unilateral com uma participação mínima de profissionais[758].

A atuação da Associação Portuguesa de Jornalistas privilegiou uma abordagem legalista do problema, através de intervenções junto da Provedoria de Justiça e da Procuradoria-Geral da República. A Associação suscitou a inconstitucionalidade da Lei de Imprensa, do Estatuto dos Jornalistas e do Regulamento da Carteira Profissional, nomeadamente nos artigos em que se atribui à organização sindical poderes sobre o universo dos profissionais. Do mesmo modo, contestam-se também os artigos dos Estatutos do Sindicato que atribuem ao Conselho Deontológico a responsabilidade pela emissão e revalidação anual da carteira profissional, pela análise de todos os casos de infração ao Código Deontológico, ao Estatuto dos Jornalistas e ao Regulamento da Carteira, bem como a aplicação das respectivas sanções. Em carta enviada ao Provedor de Justiça, Carlos Albino, presidente da Associação, pedia ainda que se considerasse a emissão de «uma recomendação legislativa ou sugestão» no sentido de que a Assembleia da República ou o Governo legislassem sobre a criação de uma associação pública dos jornalistas com competências para se ocupar especificamente da regulamentação do exercício da profissão, designadamente nos seus aspetos deontológicos e disciplinares». Considerava ainda o presidente da Associação Portuguesa de Jornalistas que, uma vez regulamentados estes aspetos, os poderes do Estado nesta matéria deveriam ser devolvidos a uma pessoa autónoma, a quem seria atribuída a administração das respectivas competências[759].

---

[757] Segundo dados do Sindicato dos Jornalistas, dos 2207 jornalistas detentores de carteira profissional, votaram 1325 (60,03%), tendo-se pronunciado contra a criação da ordem dos jornalistas 1063 (80,22%) e a favor 208 (15,69%). Na votação, registaram-se ainda 42 votos brancos (3,16%) e 12 nulos (0,90%). Deste modo, os jornalistas recusaram uma certa ideia de corporação profissional. Os cartazes e autocolantes da campanha contra a Ordem dizem bem de alguns pressupostos ideológicos associados à forma como os próprios profissionais encararam o exercício da profissão. Neles, podia ler-se: «Sou jornalista, não me metam na ordem».
[758] «Associação de Jornalistas retoma a questão da Ordem», *Jornal de Notícias*, 26/03/01.
[759] Segundo exposição de 18/02/92, enviada por Carlos Albino, na qualidade de presidente da Associação Portuguesa de Jornalistas, a Meneres Pimentel, Provedor de Justiça.

Em termos gerais, os defensores da Ordem consideram que o Sindicato não era a instância adequada para a discussão dos temas do foro deontológico[760]. O Código Deontológico era também considerado ineficiente, correspondendo apenas a uma carta de ética que se limita a enunciar uns poucos princípios vagos, norteadores da deontologia. Para além disso, entre os defensores da Ordem estão os que consideram que as atuais condições de exercício da profissão colocaram o jornalista numa situação particularmente permeável à degradação dos padrões éticos e profissionais, exigindo o reforço da autorregulação, por via institucional, sem a «promiscuidade entre funções sindicais com as funções deontológicas»[761].

Idêntico pedido de parecer foi endereçado ao Procurador-Geral da República, José Narciso da Cunha Rodrigues que, por sua vez, remeteu a questão para o Tribunal Constitucional. O Provedor-Geral da República centrou-se unicamente na questão das competências do Sindicato dos Jornalistas em matéria de atribuição da Carteira Profissional, considerando que os sindicatos eram associações de direito privado, criadas por vontade dos interessados, tendo por finalidade a defesa dos respetivos interesses socioprofissionais, não lhes cabendo o desempenho de funções públicas ou o exercício de poderes de autoridade. Para Cunha Rodrigues, esta questão era tanto mais importante quanto a lei portuguesa consagra a liberdade sindical, atribuindo ao trabalhador a autonomia de decisão de se inscrever em qualquer dos sindicatos existentes, de recusar a sua filiação em todos eles ou ainda de se organizar no sentido de novas estruturas representativas de classe.

Ora, para o Procurador-Geral da República, este facto é incompatível com os poderes atribuídos pela lei ao Sindicato dos Jornalistas em matéria de carteira profissional e representa um condicionamento da liberdade sindical. Na opinião do magistrado, esse condicionamento coloca-se não apenas na hipótese mais ostensiva em que se exigisse a sindicalização dos trabalhadores como requisito da atribuição da carteira profissional[762], mas

---

[760] Idem. A este propósito, vejam-se ainda as opiniões de Carlos ALBINO, «Sim, a Ordem dos Jornalistas», *Diário de Notícias*, 2 de novembro, 2003, p. 17.

[761] Vicente Jorge SILVA, «Ordem e desordem jornalística», *Diário de Notícias*, 29 de março, 2006.

[762] Esta situação estava prevista nos estatutos de 1975 que no § 3º do art. 1º referia que «o Sindicato dos Jornalistas só pode passar carteiras profissionais ou cartões sindicais aos indivíduos que se inscrevam como sócios do organismo». No entanto, esta condição deixou de existir em 1979 com a alteração dos Estatutos, onde a condição de profissional passa a constituir condição essencial para se ter direito à filiação no Sindicato dos Jornalistas.

também nos casos em que a lei concede competências de atribuição e revalidação das carteiras profissionais à organização sindical, independentemente da qualidade de sindicalizado do requerente[763].

A este «potencial de coerção» existente no mecanismo de atribuição da carteira profissional de jornalista, acresce ainda o facto de a lei impor à organização sindical o exercício de uma atividade administrativa em favor de quem dele não é associado, pondo também em causa a liberdade administrativa das próprias associações sindicais.

Finalmente, o Provedor de Justiça conclui que o poder efetivo de determinar a suspensão e apreensão do título profissional, bem como o poder disciplinar que lhe é reconhecido na vigilância das infrações aos deveres deontológicos dos jornalistas, implicam a atribuição e o exercício de verdadeiros poderes ou prerrogativas de autoridade que extravasam as competências atribuídas às organizações sindicais[764].

De forma geral, o Tribunal Constitucional vem dar acolhimento às questões levantadas pelo Procurador-Geral da República. Com efeito, o Acórdão nº 445/93, de 14 de julho, vem considerar que o modelo de atribuição da carteira profissional de jornalista resulta, em grande medida, de um con-

---

[763] Quer no pedido de Parecer do Procurador-Geral da República, quer no Acórdão do Tribunal Constitucional que se lhe seguiu, fazem-se referências a casos de condicionamento, por parte de sindicatos, na atribuição de carteiras profissionais à filiação sindical. O Acórdão do Tribunal Constitucional cita o Diário da Assembleia da República [2ª Série, nº 82, de 16 de julho de 1980, a p. 82] onde se refere que os serviços da Secretaria de Estado do Trabalho «têm conhecimento de casos, embora poucos, de recusa da passagem de carteiras profissionais a trabalhadores não sindicalizados por parte dos sindicatos», cuja solução se verificou «na sequência de posição firme e enérgica» do respetivo Ministério. E acrescenta: «não obstante, é nossa convicção de que alguns sindicatos utilizam a passagem de carteiras profissionais como instrumento de pressão junto dos trabalhadores, com vista à sua sindicalização» [Acórdão do Tribunal Constitucional, nº 445/93, de 14 de julho.]. O Tribunal Constitucional não se refere a casos concretos. Este excerto do Acórdão merece a crítica do jornalista Adelino Cardoso que, num relatório do Sindicato dos Jornalistas sobre o acesso à profissão e a atribuição da carteira profissional, se questiona como é que o Tribunal decide com base numa convicção formada a partir de uma informação da Secretaria de Estado do Trabalho, na altura, com treze anos de idade, sem pretender verificar se tais situações ocorreram com o Sindicato dos Jornalistas. Se o fizesse, acrescenta Adelino Cardoso, o Tribunal Constitucional chegaria à conclusão de que, não obstante os candidatos disporem de duas instâncias de recurso, o Conselho de Imprensa e os tribunais, a única vez em que se recorreu a essa via não havia qualquer «relação com pressões» [Adelino CARDOSO, *Relatório Sobre Acesso à Profissão e Carteira Profissional* (documento policopiado), Centro de Documentação do Sindicato dos Jornalistas, 1993, pp. 11-12.].

[764] Cotejado a partir do pedido de Parecer do Procurador-Geral da República existente nos arquivos do Sindicato dos Jornalistas, referente ao tema da Ordem.

texto jurídico e político decorrente da Constituição de 1933. Esta concedia ao sindicalismo corporativo, de tipo nacionalista e autoritário, prerrogativas de autoridade que permitiam aos sindicatos apresentarem-se como entidades de direito público[765]. Esse enquadramento deixou de fazer sentido num contexto do novo ordenamento jurídico das associações sindicais, resultante da aplicação do Decreto-Lei nº 215-B/75, de 30 de abril. Nesse sentido, o Tribunal Constitucional considera que a lei não pode atribuir aos sindicatos poderes de autoridade. Em causa estão, designadamente, os poderes de passar carteiras profissionais, de fiscalizar e disciplinar o exercício da profissão, traduzidos, respetivamente, na legitimidade de determinar a suspensão, perda ou apreensão do título – com a consequente impossibilidade de exercer legitimamente a profissão – e no sancionamento de eventuais infrações aos deveres deontológicos dos jornalistas. De acordo ainda com o Acórdão, estamos perante «verdadeiros poderes ou prerrogativas de autoridade, manifestamente contrários e estranhos àqueles que são próprios dos sindicatos e se inscrevem no âmbito das suas específicas finalidades».

Conforme faz notar Vital Moreira, a decisão do Tribunal Constitucional está longe de ser considerada incontroversa, na medida em que não é evidente «que o exercício de funções públicas por parte dos Sindicatos, mesmo em relação a todos os membros da respectiva profissão ou atividade, seja incompatível com os princípios constitucionais da liberdade e da independência sindical». Segundo aquele jurista, essa situação só se verificaria se essas funções fossem unilateralmente impostas pelo Estado contra a vontade do sindicato, implicassem um qualquer controlo estadual sob as funções do âmbito restrito do sindicato ou, finalmente, restringissem a liberdade de inscrição individual ou possibilidade de criação de outras estruturas sindicais. Para Vital Moreira, nenhuma dessas circunstâncias estava em causa, no

---

[765] Como refere o Acórdão do Tribunal Constitucional, «nos termos do Decreto-Lei nº 23 050, os sindicatos nacionais, como entidades de direito público, deviam "subordinar os respetivos interesses aos interesses da economia nacional, em colaboração com o Estado e com os órgãos superiores da produção e do trabalho" (artigo 9º)». Nesse quadro, «cabia a tais sindicatos a "representação dos interesses profissionais da respectiva categoria" (artigo 13º, nº 1) e os contratos de trabalho e os regulamentos por ele elaborados, depois de sancionados e aprovados, obrigavam "igualmente os inscritos e não inscritos" (artigo 22º)». Deste modo, compreendia-se que tais sindicatos «dispusessem de competência para proceder à elaboração dos regulamentos das carteiras profissionais e, bem assim, a de as emitir, como forma de controlar o exercício regular de determinada profissão» [Acórdão do Tribunal Constitucional, nº 445/93, de 14 de julho.].

caso do Sindicato dos Jornalistas[766]. De resto, o próprio Regulamento da Carteira Profissional, aprovado pelo Decreto-Lei nº 513/79 de 24 de dezembro, consagrava a possibilidade de, no caso de haver mais do que uma organização sindical representativa dos jornalistas, as competências de atribuição e de fiscalização da carteira profissional, bem como o sancionamento das infrações do código deontológico passariam a pertencer a uma «comissão integrada por representantes dos sindicatos existentes» (art. 26º).

Apesar disso, a iniciativa da Associação Portuguesa de Jornalistas foi plena de consequências para as alterações verificadas numa das áreas essenciais referentes ao acesso e credenciação da profissão, tal como hoje o conhecemos. A solução que, na prática, acabou por se impor foi a da construção progressiva de um modelo mal assumido situado algures entre regulação, corregulação e autorregulação que, mais tarde, alargou os seus poderes às áreas deontológica e disciplinar.

Este rumo dos acontecimentos acabará por seguir uma via diferente da pretendida pelos defensores da Ordem. Apesar de o Acórdão do Tribunal Constitucional ter dado razão às queixas sobre a constitucionalidade da atribuição da carteira profissional por parte do Sindicato dos Jornalistas, a questão da constituição da Ordem, objetivo central da Associação Portuguesa dos Jornalistas, não foi sequer aflorada. Em grande medida, essa situação ficou esvaziada com o referendo efetuado ao universo de todos os jornalistas com carteira profissional, promovido pelo Sindicato. Efetivamente, conforme um parecer de Diogo Freitas do Amaral e Rui Medeiros, de 30 de junho de 1992, a pedido do próprio Sindicato dos Jornalistas, «a natureza associativa das associações públicas não se harmoniza com a criação de uma Ordem dos Jornalistas contra a vontade da maioria dos profissionais interessados»[767].

---

[766] V. MOREIRA, *Autorregulação Profissional e Administração Pública*, op. cit., p. 295 (nota de rodapé 155).

[767] Segundo o Parecer disponível no arquivo do Sindicato dos Jornalistas referente à Ordem. Contudo, o documento rebate a posição do Sindicato dos Jornalistas, segundo a qual o facto de estarmos perante uma profissão exercida maioritariamente de forma assalariada ser impeditivo da criação de uma Ordem de jornalistas. Refere o parecer de Diogo Freitas do Amaral: «Não só avultam profissões liberais não organizadas em colégio (v.g., até 1988, a dos arquitetos) como se encontram profissões não exatamente liberais (v.g. a dos farmacêuticos) organizadas dessa maneira; e, sobretudo, há profissionais (os médicos, os engenheiros, os farmacêuticos) que, mesmo quando não liberais, estão sujeitos à regra de inscrição obrigatória».

Entretanto, após a publicação do Acórdão do Tribunal Constitucional, o sistema de atribuição de títulos profissionais é suspenso durante cerca de três anos, até à entrada em funções da denominada Comissão da Carteira Profissional de Jornalista, dando cumprimento ao Decreto-Lei nº 291/94, de 16 de novembro.

A solução encontrada acabou por consagrar o modelo francês da *Commission de la Carte d'Identité des Journalistes Professionnels*, considerado o mais próximo das propostas que os jornalistas portugueses vinham a defender, em particular, a partir do momento em que o Conselho de Imprensa foi extinto[768]. Daí, os defensores da Ordem virem a acusar este modelo de ser o resultado de um «conúbio» entre o Sindicato e a Secretaria de Estado da Comunicação Social[769]. A Associação Portuguesa dos Jornalistas considerava que as competências de regulação da profissão deveriam estar entregues unicamente aos profissionais, pelo que contesta o modelo interprofissional, jornalistas//empresários da Comissão da Carteira Profissional de Jornalista.

De facto, o modelo da Comissão da Carteira Profissional acabou por consagrar a solução partilhada de atribuição de carteiras profissionais que o Sindicato dos Jornalistas vinha defendendo. Numa primeira fase, esta solução, como já aqui se salientou, chegou a ser pensada no quadro do Conselho de Imprensa. O jornalista Adelino Cardoso, no estudo interno que o Sindicato realizou sobre esta questão, em 1993, refere que, por inépcia, as sucessivas direções do Sindicato que se seguiram ao 2º Congresso dos Jornalistas Portugueses nunca chegaram a consultar a possibilidade desta transferência de competências. Ao contrário, terá sido o Conselho de Imprensa que, por sua iniciativa, chegou a comunicar ao Sindicato que «não se considerava apto» a assumir essas funções, no interior daquela organização[770].

---

[768] Como já fizemos referência anteriormente, o 2º Congresso dos Jornalistas Portugueses defendia que a atribuição da carteira passasse a ser incluída entre as atribuições do Conselho de Imprensa, cuja composição deveria ser alterada também para esse efeito.

[769] Emídio RANGEL, «A ordem dos jornalistas», *Diário de Notícias*, 19 de junho, 1999.

[770] A. CARDOSO, *Relatório Sobre Acesso à Profissão e Carteira Profissional*, op. cit., p. 9. Porém, em 1990, altura da extinção do Conselho de Imprensa, o então presidente José Maria Gonçalves Pereira dá uma versão diferente sobre esta questão. Afirma ele numa entrevista concedida a *O Liberal*: «Várias vezes trocámos impressões sobre o assunto [a atribuição ao Conselho de Imprensa da competência de concessão das carteiras profissionais] com dirigentes do Sindicato e a nossa posição foi sempre de disponibilidade para o estudar. Mas a iniciativa tem de ser deles. Nós não vamos lá pedir para passar as carteiras. Isso nunca chegou a efetivar-se porque pretendiam primeiro rever o código deontológico e só depois dar cumprimento a essa decisão do congresso» [José Maria Gonçalves PEREIRA, «Deontologia jornalística à deriva», *O Liberal*, 8 de março, 1990, p. 8.].

Com o fim do Conselho de Imprensa, em 1990, a questão das competências na atribuição da carteira profissional deixou de se colocar nos mesmos termos em que se fazia até aí. A partir de então, começou a falar-se de uma comissão a criar no quadro de um novo Conselho de Imprensa privado ou através de uma comissão paritária. Albino Soares, então secretário de Estado da Comunicação Social, sugeriu, em carta enviada nesse ano ao Sindicato dos Jornalistas, a alteração do modelo de atribuição da carteira profissional, considerando que «a faculdade de os sindicatos emitirem carteiras profissionais revela uma conceção de certo modo corporativista destas associações e afasta-se rotundamente do regime vigente nos países ocidentais, incluindo os da Comunidade Europeia». Por isso, propôs que tal função fosse assegurada por uma comissão em que tivessem assento o Sindicato dos Jornalistas e as entidades patronais. A direção do Sindicato dos Jornalistas dá acolhimento à proposta, sugerindo a sua eventual integração num Conselho de Imprensa privado, cuja criação estaria numa fase adiantada, contando com o apoio dos proprietários da comunicação social impressa. No entanto, como condição, o Sindicato propõe que as carteiras profissionais deveriam ter o parecer prévio do Conselho Deontológico, considerado a única entidade que superintende o cumprimento do código e cuja autonomia e independência haviam sido reforçadas na revisão dos estatutos de 1990. Para além disso, defendia-se que a atribuição e a revalidação das carteiras deveriam processar-se «à luz dos preceitos estipulados no Estatuto dos Jornalista e no Código Deontológico dos jornalistas». O Sindicato dos Jornalistas salientava ainda que a criação de uma comissão da carteira não deveria ser apenas um organismo burocrático. Na carta de resposta enviada a Albino Soares, a direção do Sindicato refere que a referida comissão, «traduzindo embora um desejável consenso entre empresários e jornalistas, deve pautar-se pelo respeito das normas legais que regulam – e, a nosso ver, genericamente bem – o exercício da profissão de jornalista em Portugal», devendo ser presidida por um jornalista, a escolher entre os representantes daquela estrutura sindical[771].

Segundo Adelino Cardoso, «esta positiva intenção» de o Governo legislar parece ter esbarrado no desinteresse ou na oposição das entidades patronais,

---

[771] Segundo carta enviada a Albino Soares pela direção dos Sindicato dos Jornalistas, *in Processo de Criação da Comissão da Carteira Profissional*, 1º Parte, Centro de Documentação do Sindicato dos Jornalistas.

pouco interessadas em «alterar o regime vigente»[772]. Entretanto, também as iniciativas de criação do Conselho de Imprensa privado se gorariam.

Quando, em 1993, é declarada a inconstitucionalidade da atribuição das carteiras profissionais pelo Sindicato dos Jornalistas, a solução da comissão paritária, ou da comissão mista, reunindo as estruturas representantes dos jornalistas e de empresários, voltou a colocar-se com maior premência.

O projeto foi negociado entre Governo, empresários e jornalistas. O Sindicato insistiu particularmente que fossem incluídos na lei artigos referentes às disposições gerais (definição e âmbito da Carteira Profissional) e à identificação das condições de acesso ao título profissional, a exemplo do que acontecia com a lei anterior (Decreto-Lei 513/79, de 24 de dezembro). Esta inclusão evitaria, segundo a proposta sindical, que o novo diploma legal se transformasse «num mero regulamento de criação e condições de funcionamento da Comissão da Carteira»[773], com um alcance meramente burocrático. Do mesmo modo, bateu-se para a inclusão de uma comissão de apelo[774] presidida por um juiz. No entanto, considerou excessiva a inclusão daquele magistrado também na presidência da Comissão da Carteira, por entender que representava a introdução de um elemento estranho para regular questões respeitantes aos parceiros sociais, sendo que a presença de um árbitro só deveria surgir quando esse entendimento não fosse possível. Esta proposta não teve acolhimento por parte do Governo que incluiu a presença de dois magistrados, um na presidência da Comissão da Carteira e outro na comissão de apelo. O Sindicato exigiu também que fosse retirada a parte que previa que o apoio administrativo e logístico do funcionamento da Comissão da Carteira fosse prestado por um serviço administrativo do Governo – na altura, o Gabinete de Apoio à Imprensa –, insistindo-se que a emissão dos títulos profissionais dos jornalistas se mantivesse exterior a qualquer interferência política, administrativa[775] ou financeira do Estado.

---

[772] A. CARDOSO, *Relatório Sobre Acesso à Profissão e Carteira Profissional*, op. cit., p. 10. No mesmo sentido vão as palavras de Daniel Reis, ex-presidente do Conselho Deontológico, responsabilizando os empresários de não acompanharem o Sindicato dos Jornalistas na criação do Conselho de Imprensa privado, como veremos mais à frente.

[773] *Processo de Criação da Comissão da Carteira Profissional*, 2ª Parte, Centro de Documentação do Sindicato dos Jornalistas.

[774] A proposta inicial do Governo previa apenas o recurso aos tribunais.

[775] Segundo o documento de reflexão do Sindicato sobre o regulamento da Carteira Profissional, «o jornalismo constitui não um poder, como alguns sustentam, mas um contra-poder e não pode ter um dos instrumentos da sua independência, o *acesso à profissão*, nas mãos do poder político» [*Processo de Criação da Comissão da Carteira Profissional – 2º Parte*, op. cit., (sublinhado no original).

Finalmente, os jornalistas insistiram em retirar da Comissão da Carteira os aspetos referentes às sanções disciplinares. Para tal, são invocadas duas razões: em primeiro lugar, o facto de o Código Deontológico dos jornalistas não prever sanções; seguidamente, entende-se que a introdução dessa dimensão sancionatória assimilaria «a Comissão da Carteira a uma espécie de Ordem». O argumento é o de que a criação de uma tal entidade não está no espírito desta alteração legislativa e «não se compadeceria com a presença das entidades patronais a decretar sanções a um código da classe, assim como não compete aos jornalistas o julgamento de infrações por parte das empresas e suas direções»[776].

O ponto de vista do Sindicato dos Jornalistas é coerente com as suas posições em relação à criação da Ordem dos Jornalistas. De facto, os jornalistas sentem que poderão estar a entrar numa solução híbrida, que junta elementos da autorregulação, da corregulação e da regulação estatal e, ao mesmo tempo, aproxima os modelos de representação sindical e da Ordem. Efetivamente, esse modelo corporativo de representação acentuar--se-á nos anos seguintes. Na revisão do Regulamento da Carteira de 1997, apenas um ano depois da Comissão da Carteira ter entrado em funções, e, posteriormente, na revisão de 2008, o Governo atribui-lhe a natureza de «entidade pública independente» ou «organismo independente de direito público»[777].

Como refere Vital Moreira, a Comissão da Carteira Profissional de Jornalista segue o modelo de um organismo profissional público. Fala-se de uma entidade sem natureza corporativa e sem atribuições de defesa e representação profissional, tanto mais que, no caso do jornalismo, se trata de uma organização compartilhada por jornalistas e empresários da comunicação. Para Vital Moreira, este mecanismo, quer seja por via interprofissional, ou monoprofissional, para além de permitir tornar «as objecções à corporação profissional pública[778], evita também os escolhos que apresenta a

---

[776] *Idem.*

[777] Respetivamente, segundo o art. 17º do Decreto-Lei nº 305/97, de 11 de novembro, e art. 3º do Decreto-Lei nº 70/2008 de 15 de abril.

[778] Sobre o caso específico do jornalismo, Vital Moreira afirma: «Por um lado, as corporações profissionais públicas têm em geral o defeito congénito de misturarem as funções oficiais de regulação e disciplina com as funções de representação e defesa de interesses profissionais, havendo o risco – que está à vista entre nós – de elas darem prioridade às segundas sobre as primeiras, terminando por não serem mais do que um "sindicato oficial" e um instrumento de defesa de privilégios profissionais. Acresce que, no caso de profissões quase exclusivamente baseadas no trabalho por conta de outrem, como é o caso do jornalismo, a criação da ordem teria inevitavelmente por

delegação dos poderes públicos a associações profissionais privadas, sobretudo sob o ponto de vista das restrições à liberdade de associação»[779].

Para além disso, embora a Comissão da Carteira Profissional de Jornalista começasse por ser apenas uma entidade que tinha por objetivo a regulação do acesso à profissão, ela evoluirá para um modelo mais institucionalizado e corporativo, marcado, por um lado, pela restrição do seu caráter interprofissional e, por outro lado, pelo alargamento do seu âmbito a questões do foro disciplinar. De facto, o primeiro diploma legal que regulou a Comissão da Carteira Profissional de Jornalista previa uma composição de representantes das empresas de comunicação social (imprensa, rádio e televisão) e de jornalistas, com um mínimo de cinco anos de exercício da profissão. Mas, em rigor, nada se dizia sobre a qualidade dos representantes das empresas de comunicação social. Situação diferente passou a vigorar com o Decreto-Lei 305/97, de 11 de novembro, ao alargar aos próprios representantes dos empresários a exigência de deterem, pelo menos, cinco anos de exercício da profissão e a carteira profissional ou o título equiparado de jornalista[780]. De facto, esta medida não deixa de ser uma tentativa de restrição daquele órgão ao âmbito socioprofissional e, por consequência, representa uma redução do seu caráter interprofissional.

Por sua vez, a mais recente revisão do Regulamento da Comissão da Carteira Profissional de Jornalista, introduzida pelo Decreto-Lei 70/2008 de 15 de abril, reforçou ainda mais os poderes reguladores. De facto, a alteração legislativa cria uma secção disciplinar a funcionar no âmbito da Comissão da Carteira Profissional de Jornalista, com competências sancionatórias extensivas a toda a classe, constituída apenas por profissionais.

Este aspeto não deixa de representar o fecho de um ciclo importante de hesitações da autorregulação dos jornalistas. Mas o alcance do poder regulador do legislador sobre os jornalistas é bem maior do que deixam transparecer a criação e as alterações da Comissão Profissional de Jornalista. A eles não podemos deixar de acrescentar os poderes assumidos pela Enti-

---

resultado o estiolamento do sindicato e das suas funções de representação e defesa de interesses profissionais», [Vital MOREIRA, «"Jornalismo de sarjeta" e autorregulação profissional», *Público*, 3 de abril, 1997]. Sobre esta questão veja-se ainda o que dissemos no capítulo II.
[779] V. MOREIRA, *Autorregulação Profissional e Administração Pública, op. cit.*, p. 296.
[780] Segundo o nº 1 do art. 15º do Estatuto do Jornalista, o título de equiparado destina-se a pessoas que, não sendo jornalistas, «exercem, contudo, de forma efetiva e permanente, as funções de direção do setor informativo de órgão de comunicação social».

dade Reguladora da Comunicação Social e a própria transposição do Código Deontológico para a letra da lei, através do Estatuto do Jornalista[781].

Em síntese, o processo que acabámos de descrever não deixa de representar uma diluição dos poderes do Conselho Deontológico dos Jornalistas, o principal órgão de autorregulação da classe. Essa diluição seria natural à luz da liberdade sindical e da liberdade de associação permitida com a Revolução de Abril de 1974. No entanto, quer o Sindicato dos Jornalistas quer o Conselho Deontológico resistiram durante muito tempo à erosão do seu poder de representação, em grande medida graças ao facto de, no essencial, a maioria dos jornalistas se terem mantido fiéis à sua estrutura sindical, reconhecendo-lhe os direitos herdados com a institucionalização do modelo corporativo do Estado Novo, imposto desde 1934, que lhes atribuiu o estatuto de entidade de direito público.

No entanto, os efeitos desagregadores da liberdade de associação e da liberdade sindical não poderiam deixar de se fazer sentir no Sindicato dos Jornalistas e, em particular, no Conselho Deontológico. No primeiro caso, esses efeitos ficaram marcados por uma diminuição, de forma lenta mas continuada, dos níveis de sindicalização e de representatividade do universo da classe dos jornalistas. Segundo os dados que conseguimos coligir, a partir da informação disponível no Sindicato de Jornalistas e da Comissão da Carteira Profissional de Jornalista, verifica-se que, nos últimos 20 anos, a taxa de representatividade tem vindo a decrescer de forma significativa. Com efeito, em 1980, a taxa de sindicalização situava-se «acima dos 95 por cento» do total dos jornalistas com carteira profissional[782]. Sete anos mais tarde, em 1987, um estudo de Paquete de Oliveira estimou a taxa de sindicalização em 91,18 por cento[783]. De acordo com o Sindicato dos Jornalistas, em 1990, este número sofreu uma ligeira erosão, passando para 90 por

---

[781] Este processo será objeto de análise no próximo capítulo.
[782] Segundo Ana Paula CORREIA, «Quem somos e para onde queremos ir?», in Jornalista Português. O que é?, op. cit., p. 6. A estimativa foi realizada a partir de um inquérito nacional, realizado pelo Sindicato dos Jornalistas, em 1980. O tipo de representatividade do Sindicato dos Jornalistas era facilmente estimável uma vez que era este organismo que passava também as carteiras profissionais. No entanto, Ana Paula Correia refere que, devido à fraca recetividade das respostas ao inquérito, continuava a ser «impossível saber com exatidão o número de profissionais e os seus respetivos locais de trabalho».
[783] Paquete de OLIVEIRA, «Um perfil dos produtores directos das "notícias"», in Jornalista Português. O que é?, op. cit., p. 74 (existe uma troca na legenda entre os jornalistas sócios e não sócios).

cento[784]. Já em 2000, a taxa de sindicalização estimava-se em 77,4 por cento[785] e, em 2002, 61,7 por cento[786]. Em maio de 2009, a taxa de sindicalização voltou a revelar uma descida, situando-se agora em 50,4 por cento[787]. No entanto, se contabilizarmos apenas os 2529 associados que o Sindicato dos Jornalistas considerou estarem em situação de participar na votação dos seus novos Estatutos, em 29 de abril de 2009, a percentagem de sindicalização dos jornalistas é ainda mais baixa, situando-se nos 39,6 por cento. Se tivermos por referência os dados de 1990, que estimavam em 91,18 por cento a taxa de jornalistas sindicalizados em Portugal, constatamos que a taxa de representatividade do Sindicato diminuiu, nos últimos 19 anos, entre 40,78 por cento – na melhor hipótese – e 51,58 por cento.

No caso do Conselho Deontológico, a liberdade de associação e a liberdade sindical acabaram por pôr em causa a legitimidade do seu papel enquanto órgão regulador alargado a todos os jornalistas, colocando de forma cada vez mais premente o problema da sua representatividade e da necessidade da sua autonomia. Esta situação está na origem do facto de, com alguma frequência, sempre que o Conselho Deontológico se pronunciava contra o comportamento profissional de um sócio, se confrontar com a «retaliação» deste último – «e dos seus amigos»[788] – manifestada com a desvinculação do Sindicato dos Jornalistas[789].

Apesar da crescente autonomia que o Conselho Deontológico foi assumindo no interior do Sindicato dos Jornalistas, esse processo, que ficou patente nas últimas três revisões dos Estatutos, nunca foi realizado de forma suficiente e atempada, de modo a congregar os jornalistas num órgão alargado a toda a classe, de acordo com as características de uma verdadeira autorregulação profissional. Em consequência, e face às hesitações da res-

---

[784] «O processo kafkiano das relações com a AJP», *Jornalismo*, março, 1992, p. 8.
[785] Números coligidos a partir dos dados do Sindicato dos Jornalistas, disponíveis na pasta referente às estatísticas.
[786] Estimativa calculada a partir dos dados da Comissão da Carteira Profissional de 2001 e o número total de jornalistas inscritos no Sindicato dos Jornalistas, em 2002, disponibilizados pelo estudo de Sara Meireles [S. MEIRELES, *Os Jornalistas Portugueses, op. cit.*, p. 201.].
[787] Segundo dados coligidos a partir das atualizações do número de sócios efetuadas em maio pelo Sindicato dos Jornalistas (3257) e da Comissão da Carteira Profissional (6459).
[788] Na expressão de Óscar Mascarenhas, ex-presidente do Conselho Deontológico, na entrevista concedida no âmbito da presente tese.
[789] A este propósito, veja-se ainda João MESQUITA «Aprofundar a autonomia», in AAVV, *3º Congresso dos Jornalistas Portugueses, op. cit.*, p. 207; e Ó. MASCARENHAS, «Por uma carta 98 da autorregulação», in AAVV, *3º Congresso dos Jornalistas Portugueses, op. cit.*, p. 210.

tante classe em assumir as responsabilidades sociais inerentes às especificidades da sua profissão, o legislador foi adquirindo um protagonismo crescente nas áreas outrora atribuídas à autorregulação profissional, contribuindo também para o esvaziamento do Conselho Deontológico.

De salientar ainda o facto de toda esta discussão ter sido marcada, em grande medida, pela recusa dos jornalistas em aceitarem uma Ordem profissional, associada a uma instituição corporativa, com reminiscências no Estado Novo. Esta formulação superficial do problema fez com que os jornalistas se dessem por satisfeitos com a alteração do nome, em 1975, do Sindicato Nacional dos Jornalistas para Sindicato dos Jornalistas, crendo que, desta forma, se limpava toda a dimensão corporativa criada pelo Estado Novo[790]. Assim, nunca foi verdadeiramente questionado sobre o que representava para o Sindicato dos Jornalistas deter, simultaneamente, no seu seio, funções de regulação e representação da profissão, bem como de defesa das relações laborais. Deste modo, ficou por fazer uma análise profunda sobre o corporativismo e sobre a verdadeira natureza da estrutura do Sindicato, antes e depois do 25 de Abril.

Ironicamente, ao iludir esta questão, o debate entre o Sindicato dos Jornalistas e os defensores da Ordem profissional assentou num equívoco: por um lado, tínhamos os defensores do Sindicato que rejeitavam o projeto corporativo da Ordem sem terem uma consciência exata de que ele estruturava, em grande medida, a própria organização sindical; por outro lado, tínhamos os defensores da Ordem que criticavam o Sindicato por não serem capazes de reconhecer nele os traços essenciais daquilo que eles pretendiam ser. Nesta perspetiva, dir-se-ia que, mais do que a discussão de um modelo organizativo, a discussão em torno da Ordem dos Jornalistas resumiu-se a uma luta de poder e de controlo sobre a profissão.

Este facto teve como consequência a sobrevalorização dos aspetos organizativos e de representação, em detrimento das questões éticas e morais da

---

[790] Na reunião da Assembleia-Geral, de 1 de julho, de 1974, a primeira realizada após o 25 de Abril, na Casa de Imprensa, os presentes debatiam-se com a dificuldade de aceitar que muitos «trabalhadores da informação» aí presentes e não sindicalizados se pronunciassem e votassem sobre as propostas em debate. Então, um jornalista defendeu que «os organismos dos trabalhadores deveriam ser dirigidos pelos trabalhadores», pelo que toda e qualquer medida que visasse evitar a sua expressão deveria ser considerada de «corporativa» [Ata 71ª, referente à primeira sessão da Assembleia-Geral, de 1 de julho de 1974.]. Outro jornalista argumentou contra a tese da mesa da Assembleia-Geral de que só os sócios do Sindicato deveriam votar: «Argumentos com base no corporativismo não servem».

profissão que, embora presentes, são utilizadas como argumento estratégico, enquanto instrumentos, para atingir certos fins.

2. Um lento processo para a estabilização do conceito de jornalista

2.1. Uma profissão menorizada pela censura

A ditadura e a visão a ela associada do jornalismo como um instrumento de propaganda do regime marcam o início de um longo período de dificuldades de afirmação dos jornalistas, que perdurará até Abril de 1974. Com a publicação do Estatuto do Trabalho, em 23 de setembro de 1933, o Estado Novo instituiu o sindicalismo corporativo, através da organização dos trabalhadores em sindicatos nacionais, subjugando a sua atuação ao respeito dos «interesses superiores da coletividade nacional»[791]. Percebendo o que estava em causa, os dirigentes do então Sindicato dos Trabalhadores da Imprensa de Lisboa resistiram à alteração dos seus estatutos, por considerarem que as novas diretivas do Estado iriam submeter os jornalistas à ação política dos governos e à colaboração com o patronato, acabando por anular o poder de reivindicação no plano laboral e ameaçar o seu estatuto socioprofissional e a própria vida associativa[792].

Mediante a recusa do Sindicato dos Trabalhadores da Imprensa de Lisboa em se conformar às novas exigências do Estado Novo, não restou outra alternativa que a sua extinção, sucedendo-lhe o Sindicato Nacional dos Jornalistas, presidido por António Ferro, chefe do Secretariado da Propaganda Nacional e, considerado, na altura, «o homem-chave da propaganda do regime»[793]. A leitura dos acontecimentos efetuada pelo Sindicato dos Trabalhadores da Imprensa de Lisboa revelou-se premonitória. Com efeito, o Estado Novo debilitou o processo de afirmação socioprofissional dos jornalistas que enfrentaram, nos anos seguintes, a degradação dos salários e a resistência das organizações patronais face à contratação coletiva. A situação tornar-se-ia de tal forma preocupante que o governo interveio no sen-

---

[791] Nos termos do art. 5º dos *Estatutos do Sindicato Nacional dos Jornalistas* de 1934: «O Sindicato subordina a sua atividade ao interesse superior da coletividade nacional e reconhece-se fator de cooperação ativa e leal com todos os outros fatores da organização corporativa da Nação, em consequência do que repudia o princípio da luta de classes e de toda a manifestação interna ou externa contrária aos interesses nacionais».
[792] *Apud*, H. VERÍSSIMO, *Os Jornalistas nos Anos 30/40, op. cit.*, p. 43
[793] *Op. cit.*, p. 18.

tido de corrigir algumas anomalias registadas nas empresas proprietárias de jornais, de modo a garantir a dignificação de uma profissão «à qual cabe um papel de importância primacial na política do espírito»[794]. Mas, contrariamente ao que estas palavras poderiam deixar transparecer, não estamos perante a afirmação da autonomia do jornalismo, mas da sua mais completa subjugação. Os esforços no sentido de organizar a classe dos jornalistas, encetados no final do séc. XIX e inícios do séc. XX, ficaram, em grande medida, comprometidos com a visão tutelar da informação e do papel instrumental atribuído aos jornalistas por parte do Estado Novo[795], vigiados por um forte aparelho censório cerceador de qualquer ideia de autonomia e de responsabilidade social do jornalismo.

Apesar da «viragem em termos de conquistas materiais», registadas na década de 40, da «mudança de linguagem, que se torna mais agressiva e mais reivindicativa» relativamente às exigências deontológicas e à formação profissional, verificada nos anos 60, a situação socioprofissional dos jornalistas «foi sempre considerada muito precária»[796]. Este aspeto, associado a um certo estatuto de menorização imposto pela longa vigência da censura prévia, reflete bem o estado de uma classe que depende, em grande medida, da liberdade de expressão para a sua afirmação socioprofissional e sem a qual também não faz muito sentido falar-se de autorregulação e responsabilidade social. Esta situação foi bem percebida por muitos jornalistas. Exemplo disso, são as palavras do jornalista Nuno Teixeira Neves quando, em agosto de 1964, em resposta a um pedido de parecer da Direção do Sindicato Nacional dos Jornalistas sobre um projeto de regulamento da carteira profissional que deveria servir de base à criação do «almejado Código Deontológico», escreve de forma contundente:

> «Desejo, primeiramente, dizer que, segundo penso, nunca se deve perder de vista que o problema fundamental da Classe, pelas suas numerosas e fundas consequências materiais e morais, é o problema da Censura. Esta indignifica a Classe, mantém-na em situação de imaturidade social, moral e cultural, que tão bem se exprime pelo tratamento de "rapazes" que certas altas personagens nos dão, pela mistura de lisonja fácil e de desconsiderações reais com que continuamente somos mimoseados e, sobretudo, pela pouca importância que nos atribuem, dum modo genérico, os nossos próprios patrões.

---

[794] *Diário do Governo*, II Série, nº 229, de 30 de setembro de 1942.
[795] H. VERÍSSIMO, *Os Jornalistas nos Anos 30/40*, op. cit., p. 45.
[796] M. R. SOBREIRA, *Os Jornalistas Portugueses 1933-1974*, op. cit., pp. 167-168.

Da Censura resultou todo um condicionalismo material e moral da Imprensa, de que os principais prejudicados, depois do público, são os jornalistas desse modo automaticamente desvalorizados no que é a sua força genuína: o prestígio da palavra escrita – de onde a quase inutilidade do nosso trabalho para o público e a sua quase inocuidade para as esferas sociais que têm a ganhar com o nosso silêncio (do que resulta de não podermos alcançar grande prestígio entre uns e outros) e também a incapacidade de nos fazermos pagar melhor, já que a minimização do valor e a estandardização do noticiário político nos dispensam boa parte dos méritos, já que dispomos de poucos jornais, e pouco variados de orientação e critério, a que recorrer para nos empregarmos, já que não somos, em absoluto, imprescindíveis, dado que, nas condições presentes, qualquer semi-analfabeto faz o nosso serviço, e ainda porque as empresas vendem pouco e não se podem alargar tanto como lá fora, ou têm, pelo menos, sempre essa desculpa perante o governo»[797].

Esta apreciação leva mesmo Nuno Teixeira a aconselhar que a questão da adoção de um código deontológico por parte dos jornalistas fosse considerada com muitas reservas, antecipando aquela que viria a ser também a posição da Assembleia-Geral do Sindicato Nacional dos Jornalistas, em fevereiro de 1973.

2.2. As indefinições de uma profissão

A dificuldade de definir juridicamente o conceito de jornalista bem como os critérios de atribuição da carteira profissional são, a nosso ver, exemplos de um certo desprezo a que a ditadura votou o jornalismo.

Até 1933, os profissionais da informação ainda não haviam logrado uma definição rigorosa sobre o que significava ser jornalista. Na altura, a designação parecia estar ainda associada aos homens de letras, críticos e redatores que também se dedicavam ao jornalismo, enquanto os repórteres, os informadores, se encontravam associados aos «profissionais da imprensa»[798].

A dificuldade de definição do que deve ser entendido por jornalista tem implicações num outro aspeto que lhe está diretamente associado: a institucionalização de uma carteira profissional e a consensualização dos cri-

---

[797] Carta de Nuno Teixeira das Neves a José Manuel Pereira da Costa, presidente da direção do Sindicato Nacional dos Jornalistas, Porto, 6 de agosto de 1964, *Centro de Documentação do Sindicato dos Jornalistas*. Pasta referente ao Regulamento da Carteira Profissional de Jornalista.
[798] R. SOBREIRA, *Os Jornalistas Portugueses 1933-1974, op. cit.*, p. 98. A designação incluía também os desenhadores e revisores.

térios da sua atribuição. Até 1924, o único título profissional conhecido consistia basicamente num «Passe de Imprensa» atribuído pelo Comissário Geral da Polícia do Porto, a pedido dos diretores dos jornais, mas sobre o qual os profissionais não tinham qualquer tipo de controlo. A situação altera-se quando as associações de jornalistas encararam esta questão dentro dos seus objetivos programáticos, como no caso do Sindicato dos Profissionais da Imprensa de Lisboa, em 1924[799], da Associação de Escritores e Homens de Letras do Porto, em 1925[800], ou ainda do Sindicato da Pequena Imprensa e Imprensa Regional, em 1931[801].

A necessidade de criação de uma carteira profissional volta a colocar-se com a fundação do Sindicato Nacional dos Jornalistas. O título profissional passa a ser regulamentado pelo Decreto-Lei nº 24 006, de 13 de junho de 1934, que dois anos mais tarde é reformulado (Decreto-Lei nº 26 474), sob a alegação de que alguns dos seus artigos se prestavam a «diversas interpretações»[802]. No entanto, a mesma queixa continua a persistir em 1939. Por ocasião da revisão dos Estatutos do Sindicato Nacional dos Jornalistas, alguns sócios consideram que a definição da qualidade profissional continua a ser uma questão prioritária, uma vez que a designação em vigor «tem tido, na prática, interpretação tão lata, que se impõe a necessidade de a limitar aos verdadeiros profissionais»[803].

Em 1941, o Decreto-Lei nº 31 119, de 30 de janeiro, vem estabelecer novos princípios de atribuição da carteira profissional. No seu nº 1 do art. 2º refere-se que têm direito àquele título – considerado necessário (art. 1º) e suficiente (art. 4º) para o exercício da profissão – os indivíduos que, há mais de um ano, exerçam por forma efetiva, permanente e remunerada, em jornais diários as funções de a) Chefe e sub-chefe de redação; b) Redator; c) Repórter; d) Fotógrafo (...)». No nº 2º do mesmo artigo, alarga-se o direito aos trabalhadores que, nos mesmos moldes, tenham funções de correspondente e redator em «agências telegráficas noticiosas nacionais ou estrangeiras». Esta situação, como se entende, deixa de fora os jornalistas da

---

[799] *Ibid.*
[800] J. C. VALENTE, *Elementos para a História do Sindicalismo dos Jornalistas Portugueses*, op. cit., p. 30.
[801] R. SOBREIRA, *Os Jornalistas Portugueses 1933-1974*, op. cit., p. 98.
[802] *Op. cit.*, p. 99.
[803] Segundo a expressão do despacho de Trigo Medeiros, publicado no Diário do Governo, II Série, nº 229, de 30 de setembro de 1942, que nomeou, por isso, uma comissão para resolver anomalias detetadas no funcionamento de jornais diários, relacionadas com vencimentos e horários de trabalho [*Apud*, H. A. VERÍSSIMO, *Os Jornalistas nos Anos 30/40*, op. cit., p. 49.].

imprensa não diária, regional e desportiva, da rádio, tal como não abrangerá, a partir da década seguinte, os da televisão.

A necessidade de alargamento do âmbito do Sindicato Nacional dos Jornalistas às «províncias ultramarinas» obriga à publicação de um novo diploma, o Decreto-Lei nº 46 833, de janeiro de 1966. A ocasião era aproveitada para, segundo o preâmbulo, rever também as «normas básicas do regulamento da atividade (...)» e o seu alargamento aos jornalistas desportivos. De acordo com o novo diploma, passa a considerar-se como jornalistas os indivíduos que trabalham «em jornais diários, jornais desportivos de publicação bissemanal ou superior e agências noticiosas nacionais e estrangeiras». Para além disso, o diploma diferencia as funções que dão acesso à carteira profissional, distinguindo, numa primeira alínea, os cargos de diretor, diretor adjunto, subdiretor e secretário-geral e, seguidamente, os de chefe de redação, subchefe de redação, secretários de redação, redator, repórter e repórter fotográfico, exigindo destes que exerçam a atividade de forma efetiva, permanente e remunerada e façam parte dos quadros dos serviços redatoriais das empresas respectivas.

Esta formulação continua a deixar de fora um grande leque de profissionais da informação e deixa por resolver a situação dos jornalistas da televisão. Para além disso, no tocante aos procedimentos a respeitar para atribuição e revalidação da carteira profissional, as condições de acesso e exercício da profissão e as normas deontológicas são remetidas para regulamentação posterior (art. 9º), o que, na realidade, nunca viria a acontecer. Três anos mais tarde, um novo diploma (Decreto-Lei 49 064, de 19 de junho de 1969) alarga o jornalismo aos profissionais da rádio, da televisão e do cinema, que se dedicam à produção de documentários de atualidades cinematográficas, mantendo no essencial a mesma disposição e tipologia de cargos e funções[804] do diploma anterior.

Esta regulamentação da carteira profissional não é do agrado dos jornalistas e está na base de um longo período de negociações entre Sindicato e Governo, cujas divergências nunca permitiram que se chegasse a um acordo nesta matéria. Este facto levou mesmo a que o Sindicato decidisse suspender a atribuição da carteira profissional de jornalista em outubro de 1965[805], situação que perdurou até 1979. Desde então, os jornalistas iden-

---

[804] O novo diploma faz desaparecer o cargo de secretário-geral.
[805] *Informação nº 14*, outubro, 1965, in *Centro de Documentação do Sindicato dos Jornalistas*, pasta referente à Carteira Profissional.

tificavam-se com o cartão de sócio do Sindicato, que assinalava expressamente que o documento substituía a carteira profissional de jornalista. Durante este período, pode dizer-se que o Sindicato exerceu um controlo efetivo sobre o exercício da profissão, impondo, unilateralmente, o critério de admissão de sócios como princípio de identificação dos jornalistas. Este processo pode ser entendido como uma resposta ao impasse das negociações com o governo, à inoperância do Estado em legislar sobre a matéria e, ainda – depois do 25 de Abril – a uma tentativa de o Sindicato colmatar o "vazio" legislativo que mediou entre a Revolução e o reerguer do edifício legal de regulação do exercício da profissão dos jornalistas, que terminou em 1979.

Na «Apreciação genérica aos diplomas 46 833 e 49 064», efetuada em documento de 18 de abril de 1971, uma comissão constituída por António Augusto Pacheco, António Santos, Afonso Praça, José Gomes Bandeira e Júlio Sereno Cabral fazia uma análise bastante crítica sobre o reconhecimento e a atribuição da carteira profissional de jornalista[806]. Em primeiro lugar, questionava-se o facto de o diploma 46 833 criar duas espécies de profissionais, a dos diretores e a dos jornalistas, habilitando os primeiros com um cartão de identidade e os segundos através da carteira profissional. Embora o cartão de identidade continuasse a ser passado pelo Sindicato Nacional dos Jornalistas, este vê-se obrigado a documentar, *a fortiori*, pessoas totalmente estranhas à profissão pelo simples facto de serem nomeadas pela administração de uma empresa jornalística para o cargo de direção. Este aspeto é agravado ainda pelo facto de a lei só prever sanções para os jornalistas, desresponsabilizando assim os cargos de direção.

Para além disso, o Decreto-Lei 49 064, de 19 de junho de 1969, que estende a atividade do jornalismo aos trabalhadores da informação, da radiodifusão, da televisão e das atualidades cinematográficas, é completamente omisso relativamente às funções diretivas. Deste modo, não só se definem estatutos diferentes entre jornalistas diretores e jornalistas redatores, como se consagram regimes profissionais distintos entre a imprensa e a rádio, a televisão e as atualidades cinematográficas.

Como solução, a comissão defende a revogação dos dois diplomas anteriores e a sua substituição por um único onde, «numa linguagem clara e ine-

---

[806] António Augusto PACHECO, António SANTOS, Afonso PRAÇA, José Gomes BANDEIRA e Júlio Sereno CABRAL, «Preâmbulo ao projecto de regulamento da profissão de jornalista», *in Centro de Documentação do Sindicato dos Jornalistas*. Pasta referente ao Regulamento da Carteira Profissional.

quívoca, se estabeleçam as normas básicas do regulamento da atividade». Para além disso, defende que só o Sindicato Nacional de Jornalistas tenha poderes para definir e qualificar quem está em condições de ser considerado jornalista, sem a interferência de entidades consideradas estranhas, como eram, por exemplo, os casos dos governadores-gerais e de província, no tocante aos jornalistas das províncias ultramarinas[807]. Os relatores do documento salientam o facto de a situação existente no processo de atribuição de carteiras profissionais permitir que, a cada passo, os jornalistas fossem substituídos por indivíduos não qualificados, tanto nas redações como em serviços no estrangeiro. A comissão refere-se, concretamente, aos protestos efetuados por alguns indivíduos que, invocando a «qualidade de jornalistas», foram impedidos de entrar num recinto desportivo em Bruxelas. Contudo, a este respeito, dá-se razão às entidades desportivas belgas que atuaram em função de normas «que só entre nós não existem ou não são respeitadas: só é jornalista e tem direitos de tal, aquele que dispõe de título que o credencie»[808]. Para além disso, defende-se a adoção de uma norma mais restritiva para os critérios de atribuição da carteira profissional, exigindo não apenas que os jornalistas façam da profissão a sua ocupação principal, como retirem dela a sua principal fonte de rendimentos.

As críticas referentes à distinção dos cargos de direção relativamente a outros jornalistas serão ultrapassadas com a publicação, nesse mesmo ano, do diploma 5/71 de 5 de novembro, sobre as novas bases da Lei de Imprensa. A nova Lei passa a definir como profissional da imprensa periódica todos aqueles que, «por virtude do contrato de trabalho com uma

---

[807] Esta exigência é própria de um Sindicato perfeitamente integrado nos pressupostos da organização corporativa do Estado Novo e segue de perto o princípio consagrado pelo Sindicato Nacional dos Jornalistas franceses, segundo o qual, o «jornalista digno desse nome», só reconhece a jurisdição dos seus pares em matéria de honra profissional. No entanto, deve referir-se que esta formulação foi efetuada por uma organização que tinha claramente no seu espírito a criação de uma Ordem de jornalistas. Em 1936, a criação da *Commission de la Carte d'Identité des Journalistes Profissionnels*, constituída por editores de jornais e sindicalistas eleitos pelos jornalistas, foi anunciada, pelo Sindicato Nacional dos Jornalistas franceses aos seus associados, como o culminar da criação da Ordem, um dos objetivos inscritos na sua fundação, em 1918. Porém, apesar desta declaração, a Ordem nunca viria, de facto, a conhecer a luz do dia [Alexandrine CIVARD-RACINAIS, *La Déontologie des Journalistes – Principes et pratiques*, Paris, Ellipses, 2003, p. 15; C. DELPORTE, *Les Journalistes en France (1880- 1950)*, *op. cit.*, p. 300.].
[808] A. A. PACHECO, A. SANTOS, A. PRAÇA, J. G. BANDEIRA e J. S. CABRAL, «Preâmbulo ao projecto de regulamento da profissão de jornalista», *op. cit.*, p. 9. A comissão mostra-se ainda preocupada com o facto de muitos destes jornalistas usarem da palavra em atos públicos «produzindo afirmações pouco recomendáveis para a dignificação profissional».

empresa jornalística, fazem das atividades próprias da direção ou da redação da imprensa periódica ou das agências noticiosas a sua ocupação principal». Porém, remete-se, uma vez mais, para «estatuto próprio» a regulamentação «dos requisitos indispensáveis ao exercício da atividade, bem como das respectivas categorias».

Numa tentativa de solucionar o problema, a Assembleia-Geral do Sindicato Nacional dos Jornalistas, de 19 de março de 1973, aprovou um novo «Regime de Exercício da Profissão da Atividade de Jornalista», que submeteu à aprovação do Ministério das Corporações. A 6 de março de 1974, a direção do Sindicato, numa carta ao presidente da Corporação da Imprensa e Artes Gráficas, referia-se ao facto de esse documento, bem como o do novo «Projeto de Estatutos do Sindicato Nacional dos Jornalistas» não terem sido ainda aprovados. Conforme se descrevia ainda na carta, a pendência dos referidos documentos deixava em aberto o processo de atribuição da carteira profissional, definido desde o Decreto-Lei nº 49 064 de 19 de junho de 1969, mas nunca aplicado por falta de regulamentação. Este facto era ainda impeditivo do alargamento das possibilidades de sindicalização aos jornalistas da imprensa desportiva e das «províncias ultramarinas», previsto no Decreto-Lei nº 46 833, de 11 de janeiro, de 1966, bem como dos profissionais que prestavam serviço em órgãos de informação periódica não-diária, na rádio, na TV e no Cinema, de acordo com o Decreto-Lei nº 49 064 de 19 de junho de 1969. Apesar das negociações entretanto encetadas, os jornalistas teriam de esperar até 1979 pelo almejado regulamento, pondo fim a 14 anos de exercício da profissão sem um efetivo título profissional.

2.2. Controlo do conceito de jornalista e da carteira profissional

Em 1974, a profissão encontra-se perante a necessidade de uma profunda reorganização. Este facto não significa que o Sindicato Nacional dos Jornalistas se encontrasse em estado de letargia, apesar da sua dependência do Governo. De resto, os trabalhos desenvolvidos no âmbito da criação de um código deontológico, bem como a elaboração da proposta de «Regime de Exercício da Profissão da Actividade de Jornalista», ou ainda a criação das comissões de redação, previstos no âmbito do Contrato Coletivo de Trabalho, assinado em 1971, entre o Sindicato e o Grémio Nacional da Imprensa Diária, que se constituiriam no embrião dos futuros Conselhos de Redação, mostram que o Sindicato Nacional dos Jornalistas estava particularmente ativo e era um importante pólo de reflexão sobre a profissão e o setor da comunicação social[809]. Porém, na realidade, este facto não só não foi suficiente para resolver como ainda aprofundou a sensação de "casa por arrumar", com que a profissão se confronta aquando da Revolução de Abril. Isso mesmo ficou bem patente nas atas da primeira reunião da Assembleia-Geral dos Jornalistas, realizada após Abril de 1974, que se viu confrontada com a presença de inúmeros «trabalhadores da informação», que pretendiam participar nos trabalhos, não obstante não serem membros do Sindicato, por causa do impasse em torno do Regulamento da Carteira Profissional de Jornalista e da decisão do Sindicato de, em 1965, suspender a sua atribuição. Estes dois aspetos fizeram com que, por exemplo, inúmeros jornalistas da imprensa não diária, bem como da rádio e da televisão permanecessem fora da profissão ou tivessem de recorrer a expedientes como os que nos conta Maria Antónia Palla. No seu caso pessoal, o reconhecimento das suas qualidades profissionais teve a ver com uma reportagem publicada na *Vida Mundial* e citada pelos meios radiofónicos. Como refere Maria Antónia Palla, o presidente do conselho de administração de *O Século*, Guilherme Pereira da Rosa, que fazia parte da última geração de uma família de proprietários daquela empresa, resolveu distingui-la, promovendo a sua sindicalização «por mérito», uma vez que pertencia a uma publicação não diária. Este facto terá causado um certo burburinho na redação. Então, a solução encontrada foi aproveitar a situação, para criar um precedente e fazer com que os jornalistas que estavam na Caixa dos Tipógrafos, Litógrafos e Ofícios Correlativos pudessem ter acesso ao Sindicato Nacional dos Jornalistas. Assim, a opção foi a de inscrever no Sindicato os jornalistas das publicações informativas da empresa, mas que não pertenciam à imprensa diária, apresentando-os como jornalistas de *O Século*, em comissão de serviço nas respectivas publicações da casa[810].

Em 1974, o Sindicato inicia o seu próprio processo de admissão de profissionais, tendo por base os seus próprios estatutos, e obrigando a um aturado levantamento, empresa a empresa, dos trabalhadores da informação que poderiam ser considerados jornalistas. Este facto justifica, em grande

---

[809] Durante este período, o Sindicato Nacional dos Jornalistas, liderado por Manuel da Silva Costa, Rudolfe Iriarte, Torquato da Luz, Luís Rosa Duarte e António Augusto Lopes Pacheco, teve um dos mandatos considerados mais fecundos da sua história, na expressão de F. CORREIA e C. BAPTISTA, *Jornalistas – Do ofício à profissão, op. cit.*, pp. 372-373.].
[810] A um expediente idêntico terão recorrido os jornalistas do semanário *Expresso*, que estavam sindicalizados pelo *Diário de Lisboa*.

medida, o elevado número de jornalistas que, não obstante exercerem a profissão, acedem ao estatuto profissional pela primeira vez[811].

Só em 1979, os jornalistas portugueses disporiam dos instrumentos legais necessários para regularizar o exercício da sua atividade. Como vimos, a visão que a ditadura tinha sobre os meios de comunicação social, não obstante as ligeiras mudanças verificadas no período marcelista[812], visou submeter o jornalismo, que só a partir de 1974, se pôde repensar do ponto de vista profissional. A proposta do Sindicato Nacional dos Jornalistas, de 1973, visando regular o exercício da profissão, acabará por ser retomada nas suas grandes linhas pela Lei de Imprensa, aprovada em 26 de fevereiro de 1975. De fora, ficou uma extensa tipificação de 24 categorias profissionais, que iam do cargo de diretor até ao de estagiário. Mas a publicação da Lei de Imprensa e, em 1979, a publicação do Estatuto do Jornalista e o Regulamento da Carteira permitiram pôr termo a um período de grande indefinição legal que caracterizou a profissão, até finais desta década.

A publicação da Lei de Imprensa, em 1975, do Estatuto do Jornalista e do Regulamento da Carteira Profissional, em 1979, são um contributo para pôr cobro a esta sensação de "casa por arrumar" em que se encontrava a profissão e a carreira dos jornalistas portugueses. No entanto, esta situação não seria remediável apenas por via legislativa. Mesmo após a publicação dos diplomas que enquadravam o exercício da profissão, a definição dos critérios de atribuição da carteira profissional continuam a ser um tema recorrente de discussão no Sindicato de Jornalistas[813]. Se seguirmos as atas do Conselho Técnico e de Disciplina, a partir de 1979, verificamos que os órgãos do Sindicato, paralelamente ao facto de terem de se empenhar na

---

[811] Entre 25 de abril de 1974 e 25 de novembro de 1975 entraram no Sindicato dos Jornalistas cerca de 150 novos jornalistas [Mário MESQUITA, «Estratégias liberais e dirigistas na Comunicação Social de 1974-1975», *Revista de Comunicação & Linguagens* («Jornalismo»), nº 8, 1988, p. 96.].

[812] Esse aspeto é documentado na tese de Rui Cádima, onde, sobretudo no caso da televisão, se mostra que Marcelo Caetano tinha uma visão diferente sobre a comunicação social, vendo nela um instrumento importante do poder. Nesse sentido, Caetano acabou por instrumentalizar mais a televisão do que Salazar, com uma visão mais provinciana face ao desenvolvimento desse novo meio de comunicação, provavelmente receoso das consequências inerentes a uma maior publicidade da vida pública e do mundo [Rui CÁDIMA, «A televisão e a ditadura (1957-1974)», p. 1, *in* URL: http://www2.fcsh.unl.pt/cadeiras/httv/artigos/TVDITAD.pdf (07/05/2009).].

[813] No entanto, à medida que os anos vão passando, estes debates vão-se alterando no sentido de apelar à participação dos jornalistas na moralização do sistema, nomeadamente acabando com as incompatibilidades na profissão, até assumirem um caráter essencialmente processual, relacionado com o cumprimento de prazos e apresentação dos documentos necessários, como se pode constatar da leitura da Ata 3ª do Conselho Deontológico, de 07/06/91.

atribuição e renovação de carteiras profissionais, têm também de redefinir os próprios critérios e funções do exercício da profissão, em resultado do vazio deixado neste campo pela legislação anterior e pela evolução que se verifica no seio do próprio jornalismo.

As dúvidas neste domínio foram sendo objeto de análise em reuniões efetuadas no seio do Conselho Deontológico e entre este e a Direção do Sindicato de Jornalistas. Em 1976, o presidente do então Conselho Técnico manifestava a sua dificuldade em lidar com a definição de «empresa jornalística»[814], para além de constatar a existência de divergências entre a Lei de Imprensa e os Estatutos do Sindicato no que se refere às categorias profissionais. No entanto, os critérios de atribuição da carteira profissional continuam, ainda, a ser tema da agenda de reuniões realizadas entre o Conselho Técnico e de Deontologia e a Direção do Sindicato, em 31/03/82 e em 09/05/83[815]. Em 1983, Antónia de Sousa, num comunicado distribuído aos jornalistas, sobre processo de revalidação da carteira profissional, continua a insistir na ausência de mecanismos claros de regulação da profissão, acrescentando que a legislação existente contém «discrepâncias e contradições»[816], numa alusão à Lei de Imprensa, ao Regulamento da Carteira Profissional, ao Estatuto dos Jornalistas e aos Estatutos do Sindicato.

Na realidade, os diplomas legais não esclareciam inúmeros aspetos do exercício da profissão que o Conselho Técnico e de Deontologia teve de resolver, elaborando e reformulando, com a direção do Sindicato, as normas orientadoras. A análise das atas revela que persistiam inúmeras questões por regulamentar no que se refere ao acesso à profissão[817] e ao funcionamento dos estágios; à definição de categorias profissionais, como as de «assistente de redação» previsto no Acordo Coletivo de Trabalho da RTP[818]; ao exercício da profissão em regime livre, nomeadamente no caso do jornalista *freelance*; à definição do conceito de «empresa jornalística»; ao estatuto dos redatores de boletins sindicais; às habilitações mínimas obrigatórias ao

---

[814] Ata 6ª, de 30/06/76.
[815] Os mandatos do Conselho Técnico e de Disciplina foram presididos por Ribeiro Cardoso e Antónia de Sousa, respetivamente.
[816] Comunicado sobre «Revalidação das carteiras profissionais: pela primeira vez a concretização de um processo há muito desejado», de 4 de maio, 1984.
[817] Ata 1ª, de 28/02/77.
[818] Ata 19ª, de 30/08/77. Em 1979, esta questão continua a ser ainda objeto de debate (Ata de 20/04/79).

exercício da profissão[819]; ao enquadramento profissional dos correspondentes locais[820]; à definição do estatuto de *cartoonista* e dos operadores de imagem[821]; e ao trabalho dos jornalistas com funções de deputado ou a exercer a profissão em jornais partidários[822]. Porém, apesar destes problemas, algo de muito distinto separa a atual situação dos jornalistas relativamente ao que se passava durante a ditadura. Apesar dos condicionalismos impostos pela lei, os jornalistas estavam, ainda assim, em condições de exercerem essa atividade reguladora da profissão num quadro de maior autonomia – que não existia no Estado Novo. Essa autonomia permitiu-lhes, num esforço compreensivo do exercício da profissão e da legislação, ir integrando novas categorias profissionais, como foram o caso dos secretários de redação, dos cartoonistas, dos repórteres de imagem da televisão, sem terem de esperar que a letra da lei os integrasse no conceito de jornalistas.

[819] Questões enunciadas na Ata (não numerada) de 18 de março de 1979. Em 27/04/79 define-se que, para o exercício do jornalismo, se deve exigir o «5º Ano dos liceus como condição mínima» (Ata de 27/04/79) e, dois anos mais tarde (Ata 3ª, de 23/07/81) aumenta-se a escolaridade para o «7º ano», equivalentes atualmente ao 9º e 11º anos. Os estágios são também uma questão recorrente das discussões no sindicato que procura definir o que é um estágio e que condições são exigíveis para a sua realização (Ata 41ª, de 13/07/82). Em 1998, o Sindicato continuava a defender que os Estatutos do Jornalista procedessem a alterações no regime de acesso à profissão, nomeadamente prevendo mecanismos de correta certificação e efetivo controle do estágio [Serra PEREIRA, «Enquadramento legal da profissão», in AAVV, *3º Congresso dos Jornalistas Portugueses, op. cit.*, p. 222], distinguindo os estágios profissionais dos estágios curriculares. Esta questão foi objeto de legislação própria, através da Portaria nº 318/99, de 12 de maio, que regulamenta o estágio de acesso à profissão de jornalista, de acordo com o que está consagrado no Estatuto do Jornalista (Lei nº 1/99 de 13 de janeiro). Posteriormente, esta questão foi também objeto de um protocolo assinado entre o Sindicato dos Jornalistas e a Confederação Portuguesa dos Meios de Comunicação Social, em junho de 2005, que regulamenta os estágios curriculares a proporcionar aos estudantes nas empresas de *media*, uma medida destinada a combater a sua exploração. Relativamente à questão dos boletins sindicais, o Sindicato dos Jornalistas teve duas posições. Em 1979, considerava-se que não se poderia negar a possibilidade de um jornalista exercer a profissão num boletim sindical, embora eles não fossem considerados como meios para aceder à profissão, nomeadamente através do estágio [Parecer de António Duarte, de 1979.]. No entanto, em 1986, a posição do Conselho Deontológico mudou no sentido de considerar, simplesmente, que os trabalhadores dos boletins sindicais não poderiam ser considerados jornalistas, uma vez que a sua função não é de assegurar o direito à informação, mas apenas propagandear as suas iniciativas [Ata 15ª, de 17/10/85.].
[820] Ata 27ª, de 19/01/81.
[821] Ata 8ª, de 24/09/82. A questão dos operadores de imagem volta a ser objeto de uma análise em 04/02/88, data em que existe uma Ata (10ª) onde se afirma que se aceita a integração dos operadores de imagem como jornalistas.
[822] Ata 3ª, de 09/05/83, e Comunicado sobre «Revalidação das carteiras profissionais: pela primeira vez a concretização de um processo há muito desejado», de 4 de maio de 1984.

Da análise que fizemos da documentação disponível das reuniões do Conselho Deontológico, parece-nos ser possível sustentar que, só a partir dos primeiros anos da década de 80, se consegue uma relativa estabilização do conceito de jornalista, bem como os critérios que devem presidir à atribuição e revalidação da carteira profissional. Só uma vez minimamente consolidados estes aspetos, o Conselho Deontológico está em condições de se lançar na tarefa de tentar sanar as várias situações de regularidade duvidosa no exercício da profissão. Esta tarefa surge, de uma forma perfeitamente assumida como um projeto eleitoral do Conselho durante o mandato presidido por Antónia de Sousa (1983-1985). Data dessa altura a primeira iniciativa do Sindicato dos Jornalistas de ponderar «caso a caso» a revalidação dos títulos profissionais. Apesar das dúvidas que subsistiam sobre esta matéria, parece incontornável que a classe está em condições de assumir o autocontrolo do exercício da profissão a partir de um conceito relativamente consensualizado sobre a definição de jornalista. Este aspeto permitirá que o Conselho Deontológico lance, a partir de agora, um processo geral e sistemático de revalidação das carteiras, atuando «com os instrumentos e sanções legais (...), de molde a que sejam sanados os desvios do correto exercício da profissão», tendo por base, em particular, o Código Deontológico e o Estatuto do Jornalista, «enquanto não forem institucionalizados outros mecanismos mais eficazes»[823].

Neste capítulo, o Conselho Técnico e de Deontologia insiste particularmente nas questões «manifestamente incompatíveis com a independência dos jornalistas», apelando a todos os profissionais que combatam essas situações, consideradas «desprestigiantes para a classe». É durante este período que o Conselho Técnico e Deontológico leva a cabo, pela primeira vez, um sistema regular de revalidação de carteiras profissionais, que abrangeu 1167 títulos dos 1423 então registados. Esta iniciativa visou pôr cobro a casos de muitos profissionais a trabalharem sem o respetivo título profissional ou que o faziam em situação de incompatibilidade[824], em resultado de longos anos de relativo marasmo nesta matéria.

---

[823] «Comunicado do Conselho Técnico e de Deontologia: a independência dos jornalistas e a corrupção», *Comunicado*, 24 de maio, 1983.

[824] Do primeiro processo de revalidação das carteiras profissionais, seis pedidos de revalidação de carteiras profissionais não foram atendidos e encontravam-se 18 processos pendentes de informação adicional. A estes números há ainda a acrescentar a existência 232 títulos «ilegais» que não foram entregues para revalidação [«Revalidação das carteiras profissionais: pela primeira vez a concretização de um processo há muito desejado», *Comunicado*, Sindicato dos Jornalistas, 4 de maio, 1984.].

O combate a estas situações transformar-se-á numa das prioridades de moralização e dignificação profissional, uma vez que as incompatibilidades são também entendidas como uma das questões centrais da «independência dos jornalistas». A análise dos documentos do Conselho Deontológico revela que os casos relacionados com as incompatibilidades dos jornalistas têm uma grande incidência na sua ação, em particular entre a década de 80 e o ano de 1993. No entanto, ainda que a análise das incompatibilidades continue prevista no Estatuto do Sindicato dos Jornalistas, nomeadamente no capítulo das atribuições do Conselho Deontológico, verifica-se que este tema deixou, progressivamente, de estar no centro das atenções, desde que as funções de atribuição e revalidação das carteiras profissionais e da análise das incompatibilidades passaram a ser uma competência legalmente atribuída à Comissão da Carteira Profissional de Jornalista.

O gráfico que se segue refere-se ao número de queixas ou pedidos de parecer formalmente dirigidos ao Conselho Deontológico sobre questões relacionadas com as incompatibilidades.

GRÁFICO I
Pedidos formais de parecer efetuados ao Conselho Deontológico sobre incompatibilidades

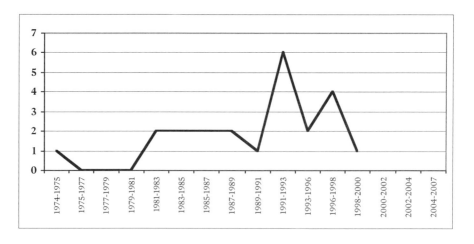

No entanto, em rigor, este gráfico reflete uma ínfima parte do trabalho efetivamente realizado neste âmbito. Apensas às atas do Conselho Deontológico, encontra-se uma vasta correspondência trocada entre aquele órgão, os jornalistas e as empresas onde era suposto estes exercerem a sua atividade, com o objetivo de esclarecer situações de incompatibilidade de vários profissionais e com particular incidência na área da assessoria de imprensa. A análise dessa documentação demonstra que esse trabalho nem sempre era fácil, originando mesmo um clima de conflitualidade entre os jornalistas e o Conselho Deontológico. Muitas dessas informações chegavam ao Sindicato de um modo informal e raramente eram expressas e registadas como queixas. Um dos jornalistas, incomodado com o inquérito levado a cabo pelo Conselho Deontológico, chega mesmo a referir-se à existência de uma rede de informadores destinada a denunciar este tipo de casos[825].

A atribuição e a revalidação da carteira profissional representam, na prática, a principal função do Conselho Deontológico até 1993, altura em que o Acórdão do Tribunal Constitucional retirou aquela responsabilidade da esfera do Sindicato dos Jornalistas. No comunicado referente ao balanço da primeira campanha de revalidação de carteiras, em 1983, o Conselho Deontológico faz referência a uma tarefa que se realizou durante três meses, tendo-se analisado 1423 processos. Em 1992, a revalidação dos 3 306 títulos profissionais e de estagiário demorou cinco meses[826]. Contudo, o dado mais significativo da importância que a gestão do processo da atribuição da Carteira Profissional representava para o Conselho Deontológico é revelado pela nossa análise das atas daquele órgão. Com efeito, das 390 atas que analisámos entre o período de abril de 1974 e maio de 1994 – altura em que deixou de haver registo formal das reuniões do Conselho Deontológico – 235 têm a ver com o processo de atribuição e revalidação de carteiras profissionais e admissão de sócios, bem como com problemas diretamente relacionados com ele.

No balanço de 1992 sobre a revalidação dos títulos profissionais, a que acabámos de fazer referência, reafirma-se ainda que, o «Conselho Deontológico e os Corpos Gerentes do Sindicato, no seu conjunto, continuam a defender a atribuição de carteiras profissionais por uma comissão mista sindical e patronal, de preferência, no âmbito do Conselho de Imprensa Privado»[827]. Daniel Reis, então presidente do Conselho Deontológico, responsabiliza os empresários pelos insucessos na criação do novo Conselho

---

[825] Ata 41ª, de 10/02/87.
[826] «Revalidação das Carteiras Profissionais – Relatório», comunicado do Conselho Deontológico de 4 de novembro de 1992.
[827] *Ibid.*

de Imprensa, uma iniciativa lançada para substituir o Conselho de Imprensa extinto em 1990, e substituído pela Alta Autoridade para a Comunicação Social. Diz-nos ele a esse respeito:

> «A partir de certa altura, quando apareceu o problema do dinheiro e era necessário entrar com algum, era sempre o Sindicato dos Jornalistas que aparecia, apesar de ser uma instituição pobre. Os patrões sempre aceitaram participar em conselhos, desde que fosse o Estado a pagar. (...) Chegou-se a fazer as contas sobre as despesas do papel, da luz, da água, de um funcionário permanente e das presenças. Os patrões disseram que participariam no conselho, mas, quanto a pagar, nada. A razão que nos fez reconhecer que não valia a pena continuar foi essa. Aliás, não é só para a autorregulação. É para tudo. Para os patrões, em Portugal, está tudo muito bem se o Estado pagar. Já não me recordo dos montantes, mas chegámos a oferecer as instalações do Sindicato, porque não era preciso pagar mais nada. Mas os patrões desconfiavam, embora sem razões para isso, porque, se necessário fosse, arranjava-se uma sala blindada. O problema deles era que queriam que fosse o Estado a pagar e, pronto, o projeto morreu assim»[828].

Como já aqui se referiu, a entrega da responsabilidade da gestão do processo da carteira profissional de jornalista a uma entidade exterior ao Sindicato é uma iniciativa que consta da resolução final do 2º Congresso dos Jornalistas Portugueses. Em particular, entre 1989 e 1993, as direções do Sindicato retomam esta questão uma vez que no seu programa eleitoral constava o propósito do cumprimento das decisões do Congresso de 1986.

Com o Acórdão 445/93, de 14 de julho, declarando inconstitucional a atribuição de carteiras profissionais por parte de organizações sindicais e a publicação do Decreto-Lei 291/94, de 16 de novembro, sobre o novo Regulamento da Carteira Profissional de Jornalista, cria-se a obrigação de, agora com a participação do próprio Estado, se encontrar uma solução para o problema. O Conselho Deontológico trata a decisão do Tribunal Constitucional em agosto de 1993, tendo decidido que iria continuar a emitir as carteiras profissionais até ao surgimento de um novo enquadramento legal, ao mesmo tempo que anunciava a sua decisão de elaborar propostas legislativas nesse sentido. Porém, efetivamente, o Sindicato acabaria por suspender o processo de atribuição e revalidação das carteiras profissionais, até à criação de um novo órgão especialmente vocacionado para o efeito.

---

[828] Entrevista concedida no âmbito da presente investigação.

3. As questões da formação

A formação é um outro pilar fundamental para a compreensão do quadro da autorregulação do jornalismo em Portugal e representa, a par da definição do conceito de jornalista e da entidade responsável por conferir o título profissional, um dos elementos chave de controlo do acesso à profissão.

Desde o séc. XIX que as associações de jornalistas inscrevem nos seus objetivos estatutários as questões relacionadas com a formação intelectual. Deste modo, por exemplo, em 1880, a Associação de Jornalistas e Escritores Portugueses compromete-se a influir no campo da literatura, das ciências, das artes, da educação e da instrução pública, criar uma biblioteca e promover prelecções, conferências, ou «cursos de ensino de qualquer ramo de conhecimentos». Nesse âmbito, a Associação chega mesmo a estender os seus objetivos para além da profissão, organizando aulas públicas gratuitas[829]. No mesmo sentido, a Associação de Jornalistas e Homens de Letras do Porto pretende «empenhar-se em elevar o nível intelectual e moral da imprensa»[830]. De resto, a componente de formação intelectual, mesmo por causa da proximidade que a profissão manteve nas suas origens com o campo literário, foi uma preocupação dos jornalistas portugueses, resultante também do despertar de uma consciência sobre as suas responsabilidades sociais no mundo moderno[831]. O IV Congresso Internacional da Imprensa, realizado em Lisboa, em 1898, contou entre os seus temas com a questão do ensino profissional do jornalismo. No entanto, enquanto os primeiros cursos de jornalismo começavam a surgir nos Estados Unidos e na Europa, Portugal continuou a considerar desnecessária a formação profissional, dando muito mais preponderância à questão global da formação do indivíduo e da sua personalidade.

Quando o Sindicato dos Trabalhadores da Imprensa de Lisboa pretendeu criar a primeira escola de jornalismo, em 1926, encontrou uma forte oposição de pessoas como Bento Carqueja, diretor do *Comércio do Porto*. Com idêntico argumento com que se comentou a tentativa de criação de uma escola de jornalismo em Paris (1899)[832], o diretor do jornal portuense afirmava que, «assim como não há escolas de poesia, também não pode

---

[829] J. C. VALENTE, *Elementos para a História do Sindicalismo dos Jornalistas Portugueses, op. cit.*, pp. 22, 23 e 26.
[830] *Op. cit.*, p. 27.
[831] Na expressão do relatório da secção portuguesa que esteve no I Congresso Internacional da Imprensa, realizado em Antuérpia, em julho de 1894, [*Apud, op. cit.*, p. 32.].
[832] C. DELPORTE, *Les Journalistes en France (1880- 1950), op. cit.*, p. 176.

haver de formação de jornalistas»[833]. Esta perspetiva do jornalismo como resultado da formação geral do indivíduo e da sua personalidade – e não da aprendizagem específica dos saberes inerentes a uma profissão – persistirá nas décadas seguintes. É nessa linha de pensamento que devem ser lidos os Estatutos do Sindicato Nacional dos Jornalistas que definem como sendo uma das suas finalidades criar cursos, bibliotecas, museus, realizar conferências, editar publicações, atribuir bolsas de estudo, organizar congressos[834] e círculos de cultura apropriados, em prol do «aperfeiçoamento moral, intelectual e profissional»[835].

Apesar desta visão, é o próprio Sindicato Nacional de Jornalistas que, por iniciativa do seu então presidente, Luís Teixeira, elabora, em 1941, um projeto de Curso de Formação Jornalística de dois anos, apresentado ao Subsecretário de Estado da Comunicação Social, numa tentativa de pôr fim a um sistema de recrutamento, tendo por base «tentativas de experiência incertas e pouco seguras nos seus resultados»[836]. Mas este posicionamento dificilmente se conseguiria afirmar num contexto em que predominava uma conceção do jornalismo enquanto vocação, onde as necessidades materiais se sobrepunham às académicas e o jornalismo era tutelado do exterior e vigiado por um apertado sistema de censura[837]. A somar a este aspeto, Salazar, ao contrário do franquismo que fomentou o ensino do jornalismo, viu sempre a comunicação social de forma negativa, não lhe concedendo os meios para o seu desenvolvimento. Deste modo, durante a década de 50, «a questão do ensino do jornalismo continuou a ser tratada com alguma displicência e com pouca convicção pela "classe"»[838], só conseguindo afirmar-se a partir da década seguinte[839]. Com efeito, em 1962, o

---

[833] Apud, R. SOBREIRA, *Os Jornalistas Portugueses (1933-1974), op. cit.*, p. 146.
[834] Alínea c) do art. 4º dos *Estatutos do Sindicato Nacional de Jornalistas*, de 1934.
[835] Ponto 4º do art. 3º dos *Estatutos do Sindicato Nacional dos Jornalistas*, de 1940.
[836] Apud, R. SOBREIRA, *Os Jornalistas Portugueses (1933-1974), op. cit.*, p. 148.
[837] M. MESQUITA, «Estratégias liberais e dirigistas na Comunicação Social de 1974-1975», *Revista de Comunicação & Linguagens, op. cit.*, p. 94.
[838] Apud, R. SOBREIRA, *Os Jornalistas Portugueses (1933-1974), op. cit.*, p. 151.
[839] F. Correia e C. Baptista evidenciam como o acesso à profissão se fez graças ao peso das relações pessoais e familiares, do *porreirismo* ou do mero arbítrio, e onde as iniciativas promovidas pelos jornais para instituir outras formas de recrutamento eram pontuais e isoladas [F. CORREIA e C. BAPTISTA, *Jornalistas – Do ofício à profissão, op. cit.*, pp. 309 a 311.]. Rosa Sobreira recorda como, em 1937, José Sarmento descreve o recrutamento do então jovem Hermano Neves, no jornal *O Dia*: «Olhei para ele. Era um rapazinho (...) de olhos grandes e bugalhudos, cheios de viveza e inteligência. Disse para com os meus botões: tem pinta. E conversei com ele. Confessou-me que era a primeira

Sindicato inscreve, no capítulo dedicado à «Organização geral, atribuições e fins» dos novos Estatutos, a responsabilidade de «pugnar pela criação de uma escola de jornalistas» (art. 15º), numa clara expressão da vontade de os jornalistas começarem a deter maior controlo sobre o acesso à profissão[840]. Assim, em 1968, «Portugal era, porventura, o último país no ocidente sem ensino do jornalismo institucionalizado»[841]. Nessa altura, assistiu-se a uma radicalização do discurso dos jornalistas na defesa da profissão, certamente pressentindo o fim do regime de Salazar e aproveitando a «lufada de ar fresco» que soprou durante o período da «tímida liberalização», iniciada com a chegada de Marcello Caetano ao poder[842]. Com as discussões em torno da nova Lei de Imprensa, o Sindicato retoma a questão do ensino do jornalismo e defende a ideia de uma «competência específica» habilitadora ao exercício da profissão, para além dos necessários requisitos morais e conhecimentos científicos, psicossociais e tecnológicos. Manuel da Silva Costa, presidente do Sindicato, afirma, numa visão distinta da que predominava vinte anos antes entre os jornalistas, «ter passado à história a ideia que os jornalistas nascem feitos», defendendo um claro cruzamento da tarimba e do ensino escolar, da Universidade e dos meios de informação[843]. A posição de Manuel da Silva Costa vinha na sequência de um estudo reali-

vez que tentava a aventura do jornalismo diário, mas que sentia "uma irresistível vocação" para a carreira. Quantas vezes (...) tinha ouvido pronunciar aquela mesma frase (...). Este, porém, cheirava-me» [R. SOBREIRA, *Os Jornalistas Portugueses (1933-1974), op. cit.*, p. 147.].

[840] Esse aspeto está particularmente marcado pelo assumir de uma atitude mais reivindicativa por parte de jornalistas durante a década de 60 e culminou, em 1969, com abaixo-assinados contra a Censura e a eleição, no ano seguinte, de uma direção do Sindicato dos Jornalistas de oposição ao regime [F. CORREIA e C. BAPTISTA, *Jornalistas – Do ofício à profissão, op. cit.*, pp. 306 e ss.]. A vontade de assumir o controlo da própria profissão está igualmente patente na proposta do Sindicato Nacional dos Jornalistas de revisão do Contrato Coletivo de Trabalho, elaborada em 1969, na qual se fazia referência explícita à criação da Escola do Jornalismo. A proposta previa que o acesso à profissão continuaria a ser feito a pedido da empresa, enquanto não fosse criada a Escola de Jornalismo, reservando-se ao Sindicato a faculdade de proceder a um exame prévio dos candidatos. A proposta não foi aceite pelos empresários e foi rejeitada em sede de tribunal arbitral, em março de 1971 [Fernando CASCAIS «Ensino do jornalismo em Portugal. História de um fracasso dos jornalistas», *Media & Jornalismo*, nº 13, outono/inverno, 2008, pp. 60-61.].

[841] *Op. cit.* p. 56.

[842] Mário MESQUITA e Cristina PONTE, *Situação do Ensino e da Formação Profissional na Área do Jornalismo*, Lisboa, Estudo elaborado para a Representação da Comissão Europeia em Portugal, 1996, in http://www.bocc.uff.br/pag/_texto.php?html2=mesquita-mario-ponte-cristina-Cursos-Com1.html (07/04/2009).

[843] *Apud*, F. CASCAIS «Ensino do jornalismo em Portugal. História de um fracasso dos jornalistas», *Media & Jornalismo, op. cit.*, p. 66.

zado por uma comissão destinada a analisar a criação do ensino do jornalismo, constituída por jornalistas formados em escolas superiores estrangeiras – Lille, Paris, Navarra, Roma, Madrid[844] –, com uma estrutura curricular de três e cinco anos, equivalentes ao bacharelato e à licenciatura, respetivamente, e com possibilidade de dar acesso a doutoramento. Com o projeto, pretendia-se igualmente criar um Instituto Superior de Ciências da Informação, integrado no Ensino Universitário[845]. A reforma do sistema educativo, então encetada pelo ministro Veiga Simão, prometia um novo alento ao projeto liderado pelo Sindicato, mas ele acabou enredado entre silêncios do Ministério da Educação Nacional e hesitações acerca do cariz universitário ou politécnico do curso. Os diferentes estudos efetuados sobre este assunto parecem apontar para, fundamentalmente, três ordens de razão explicativas do longo impasse sobre esta questão: 1) o receio do Governo sobre eventuais consequências que poderiam advir da criação de um curso a partir de uma iniciativa que não controlava; 2) a presença no plano de estudos de componentes consideradas problemáticas como a História Contemporânea ou as Metodologias em Ciências Sociais; e 3) a presença de interesses privados na criação de um curso nesta área, nomeadamente por parte de grupos económicos ligados ao ensino e às empresas com interesses no setor da imprensa (Instituto Superior de Línguas e Administração e Grupo Quina[846]).

Sem verdadeiramente questionar a pretensão de controlo do ensino do jornalismo, em 1983, Manuel da Silva Costa classificará a iniciativa de ingénua e considerará que o Sindicato falhara perante os interesses de demasiada gente na tutela do ensino do jornalismo, dispersos pelos ministérios da Educação e das Corporações e a Presidência do Conselho[847].

---

[844] Manuel PINTO, «O ensino e a formação na área do jornalismo em Portugal: "crise de crescimento" e notas programáticas», *Comunicação e Sociedade*, vol. 5, Braga, 2004, p. 51, *in* URL: http://revcom2.portcom.intercom.org.br/index.php/cs_um/article/viewPDFInterstitial/4668/4389 (07/05/2009).

[845] F. CASCAIS «Ensino do jornalismo em Portugal. História de um fracasso dos jornalistas», *Media & Jornalismo, op. cit.*, p. 67.

[846] O então denominado Curso Superior de Jornalismo deveria dar origem à Escola Superior de Meios de Comunicação Social, com três anos de duração. Começou a funcionar em 1973, mas não conferia qualquer grau académico oficialmente reconhecido, nem foi aceite pela profissão, apesar de Manuel Silva Costa ter aceitado integrar o conselho orientador da Escola. O curso extinguiu-se em 1980, não tendo sobrevivido aos acontecimentos que se sucederam ao 25 de Abril, nomeadamente ao desmoronamento dos grandes grupos económicos e à política de nacionalizações.

[847] *Apud*, F. CASCAIS «Ensino do jornalismo em Portugal. História de um fracasso dos jornalistas», *Media & Jornalismo, op. cit.*, p. 72.

O primeiro curso superior na área viria a surgir com a criação da licenciatura de Comunicação Social, da Universidade Nova de Lisboa que, do nosso ponto de vista, não pode deixar de ser inserido no pacote de diplomas legais que, em 1979, o V Governo Constitucional fez sair sobre a comunicação social. Apesar das críticas efetuadas pelos jornalistas a este curso e aos que se lhe seguiram, considerados «demasiado teóricos», as licenciaturas em comunicação social foram responsáveis pela formação de uma geração de jovens profissionais que participaram nas grandes transformações verificadas nos *media*, em Portugal, após a adesão europeia[848].

No 1º Congresso dos Jornalistas Portugueses, de 1983, o Sindicato dos Jornalistas inclui a questão da formação nas conclusões dos trabalhos. O documento afirma «ser altura de dar por finda a fase da tarimba como meio de formação profissional», e reclama uma «preparação de base, teórica e prática, em escolas que, podendo não ser obrigatoriamente universitárias, aproximem os alunos e os jornalistas profissionais». Nas conclusões, defende-se ainda a criação de estruturas tecnicamente apetrechadas que garantam a formação permanente e a reciclagem dos profissionais da informação[849]; sugere-se que as empresas «se obriguem a admitir anualmente um determinado número de diplomados em comunicação social ou jornalismo»; e apela-se para «que se abram mais amplamente as portas de futuros congressos de jornalistas a estudantes e professores desta matéria»[850]. Mas, apesar do tom aparentemente conciliatório desta perspetiva, os jornalistas acentuarão as suas críticas face ao pendor teórico dos cursos de comunicação social. Os jornalistas contestam a abordagem alargada que a academia tem sobre o conceito de Comunicação Social, muito para além das necessidades por eles sentidas no que se refere à formação sobre as «técnicas de expressão e comunicação jornalística». Para além disso, consideram que estamos perante cursos tecnicamente mal apetrechados e sem corpo

---

[848] M. MESQUITA e C. PONTE, *Situação do Ensino e da Formação Profissional na Área do Jornalismo, op. cit.*
[849] O discurso oficial que parece enterrar a «fase da tarimba» e consagrar a formação contínua dos jornalistas deve ser matizado. Quatro anos depois destas declarações solenes, Manuel Pinto, numa intervenção no 2º Congresso dos Jornalistas Portugueses, referia-se à «"apologia da tarimba" que muitos continuam a fazer», ao mesmo tempo que criticava o facto de os jornalistas continuarem «*maioritariamente renitentes ou insensíveis ao papel da formação ou, o que é mais grave, aparentando que já sabem tudo, inclusive sobre a sua profissão*» [Manuel PINTO, «A deontologia e a formação profissional», in AAVV, *1º Congresso dos Jornalistas Portugueses, op. cit.*, p. 141 (sublinhado do autor).].
[850] AAVV, *1º Congresso dos Jornalistas Portugueses – Conclusões, teses, documentos* («Liberdade de expressão, expressão de liberdade»), Lisboa, Secretariado da Comissão Executiva do I CJP, s.d., p. 19.

docente adequado[851]. Esta visão explicará em grande medida o aparecimento, em 1983 e 1986, dos cursos do Centro de Formação de Jornalistas do Porto e do Centro Protocolar de Formação Profissional de Jornalistas, com envolvimento direto dos profissionais e de representantes das empresas de comunicação social[852].

Dos estudos que temos referenciado sobre a evolução dos cursos da comunicação e do jornalismo poderíamos distinguir, fundamentalmente, dois grandes momentos. Inicialmente, o da institucionalização e afirmação de um modelo centrado numa formação nas áreas das Ciências Sociais e Humanas e da Comunicação, liderado pela iniciativa do ensino público, com o arranque das licenciaturas de Comunicação Social, da Universidade Nova de Lisboa, em 1979, e do Instituto Superior de Ciências Sociais e Políticas, em 1980[853].

A publicação da Lei de Bases do Sistema Educativo, em 1986, pode servir de marco para o início de um segundo período marcado pelo desenvolvimento do ensino politécnico e do ensino superior privado, dando origem ao «milagre da multiplicação dos cursos de Comunicação Social», na já consagrada expressão de Mário Mesquita.

De modo geral, este processo verifica-se à margem do reconhecimento do que a profissão considera que deveria ser o modelo de ensino do jornalismo. Em comunicado de setembro de 1991, o Sindicato sublinha o facto de Portugal ser «o único país europeu onde não existe um curso superior específico de jornalismo»[854]. Aquando da realização das II Jornadas de Acesso à Profissão, em dezembro de 1992, o Sindicato mantém sobre esta questão um tom crítico e lamenta a proliferação de cursos de Comunicação Social, sem qualidade e sem professores com qualificações na área do jorna-

---

[851] A este respeito vejam-se as intervenções de José Carlos Rodrigues, João Mendes e Graça Franco, in AAVV, *1º Congresso dos Jornalistas Portugueses, op. cit.*, pp. 227 e ss.

[852] O curso do Centro de Jornalistas do Porto surgiu a partir de uma cooperativa dinamizada pelos próprios profissionais, no seguimento de dois Encontros dos Jornalistas do Norte. O Centro Protocolar de Formação de Jornalistas é o resultado do entendimento entre o Instituto do Emprego e Formação Profissional, a Direção-Geral da Comunicação Social, o Sindicato dos Jornalistas, a Associação de Imprensa Diária e a Associação de Imprensa Não-Diária [*Op. cit.*].

[853] Em 1980, a Universidade Católica Portuguesa abriu um curso de pós-graduação de Ciências da Informação, destinado a pessoas detentoras de formação universitária ou a profissionais de jornalismo com mais de cinco anos de experiência. Em 1983, foi criada a especialização em Comunicação Social no Instituto de Ciências Sociais da Universidade do Minho, a funcionar no âmbito da licenciatura em Ciências Sociais [*Op. cit.*].

[854] «Comunicado do Sindicato dos Jornalistas sobre a propalada criação de uma Ordem de Jornalistas», *Comunicado* de 12 de setembro, 1991.

lismo[855]. Face a este cenário, defende-se a necessidade de se criar uma estratégia articulada entre todos os agentes envolvidos na formação de jornalistas, que tenha em conta as necessidades do mercado e o enorme défice de formação existente. Na opinião ainda do Sindicato de Jornalistas, essa estratégia era considerada como a via necessária para retirar a formação e o ensino do jornalismo, em Portugal, da «fase infantil» que o caracterizava. Os jornalistas percebem que estão perante uma questão crucial da dignificação da profissão e, a par das culpas que atribuem ao patronato no bloqueio de um novo sistema de atribuição das carteiras profissionais, responsabilizam-no, também, por não compreender a importância da formação profissional, recorrendo, ao invés, ao «recrutamento selvagem», ao trabalho precário e aos «falsos *"freelance"*»[856]. Mas, contrariamente ao que acontecia no início da década de 70, os jornalistas defendem agora um sistema aberto de acesso à profissão, que não confine o seu exercício à exigência de um curso superior, embora se considere «desejável que se acentue a tendência para a melhoria progressiva da preparação académica e profissional dos jornalistas»[857].

As críticas efetuadas pelo Sindicato à formação dos jornalistas têm alguns pontos em comum com a análise que Mário Mesquita e Cristina Ponte fazem da situação, no relatório sobre o ensino e a formação profissional na área do jornalismo, realizado em 1997, para a Representação da Comunidade Europeia em Portugal. Se, por um lado, o documento sublinha que a localização dos cursos nas Faculdades de Ciências Sociais e Humanas ou de Letras permitiu assegurar uma «autonomia perante tropismos corporativos que poderiam conduzir a um ensino puramente profissionalizante e empiricista»; por outro lado, refere também que, «em contrapartida, verificou-se um excessivo alheamento das problemáticas teórico-práticas do jornalismo e instaurou-se um clima de desconfiança mútua entre as instituições académicas e o meio profissional dos jornalistas»[858].

---

[855] «Jornadas de descontentamento para uma crise», *Jornalismo*, janeiro, 1993, p. 4.
[856] *Ibid.*
[857] *Ibid.*
[858] M. MESQUITA E C. PONTE, *Situação do Ensino e da Formação Profissional na Área do Jornalismo*, op. cit. Paquete de Oliveira refere-se também a este divórcio entre a universidade e o meio socioprofissional acerca da formação do jornalismo: (…) «se por um lado, representantes da universidade entendem que a "formação dos jornalistas não pode estar dependente nem do poder político e económico nacional ou internacional, nem dos organismos profissionais do setor" – na expressão do fundador do Curso de Comunicação da Universidade Nova de Lisboa, Adriano Duarte Rodri-

Da exposição que acabámos de fazer verifica-se que, apesar de terem liderado, durante bastante tempo, as reivindicações e as iniciativas com vista à criação e institucionalização do ensino do jornalismo em Portugal, os jornalistas não só perderam a iniciativa sobre o ensino da profissão, como nem sequer se reveem na maioria dos modelos curriculares de formação seguidos. O poder do Sindicato de Jornalistas neste domínio circunscreve-se praticamente à participação que detém no Centro Protocolar de Formação Profissional de Jornalistas e à leitura crítica que tem vindo a fazer sobre os planos de formação existentes. Muito provavelmente, não se poderia esperar que fosse de outro modo, tendo em conta o processo de democratização encetado depois do 25 de Abril. De resto, se tivesse conseguido impor o seu modelo de acesso à profissão, nos moldes em que o defendeu, em 1970, quer em sede de negociação de Contrato Coletivo de Trabalho, quer nas negociações com o Governo, o Sindicato estaria em condições de reunir, nos primeiros anos após o 25 de Abril, o poder corporativo que, ironicamente, o Estado Novo sempre lhe negou, na prática: uma organização largamente representativa da classe; o controlo do acesso à profissão; a institucionalização de uma escola de formação; um conceito estável sobre a profissão; enfim, um código deontológico. Mas, apesar dos poderes efetivos que o Sindicato de Jornalistas reuniu no seu seio durante os anos que se seguiram à Revolução, não é claro que os jornalistas pretendessem assegurar esse poder corporativo, cuja palavra, de resto, rejeitavam. Talvez a prova mais importante disso mesmo se revele no facto de, apesar da defesa da formação e da crítica ao modelo de ensino globalmente levado a cabo pelas instituições de ensino público, os jornalistas terem defendido o jornalismo como uma profissão aberta. A última dessas defesas foi efetuada a propósito da última proposta de revisão do Estatuto do Jornalista, em 2007, que pretendia consagrar a obrigatoriedade do ensino superior. Apesar de sublinhar a sua posição de princípio na defesa da melhoria progressiva das qualificações dos jornalistas, o Sindicato pugnou para que o acesso à profissão não ficasse condicionado pelas habilitações, «sob pena de a rigidez da norma impedir o acesso à profissão de pessoas com conhecimentos e competências obtidos através de percursos formativos distintos». Este aspeto, embora não fosse inicialmente aceite pelo Governo, acabou por ser aco-

gues, em 1986, no I Congresso da Imprensa Não Diária – as restantes entidades envolvidas no assunto pressupõem que este não pode estar dependente da universidade» [P. DE OLIVEIRA, «Um perfil dos produtores directos das "notícias"», in *Jornalista Português. O que é?*, op. cit., p. 80.].

lhido após o veto do Presidente da República[859] à versão inicial do Estatuto do Jornalista, aprovada pela Assembleia da República[860].

Conclusão

Pode dizer-se que, em termos institucionais, a autonomia dos jornalistas é algo paradoxal. Sem nunca se conseguir impor durante a ditadura, devido ao modelo de dependência face ao Estado, o Sindicato acaba por potenciar, após o 25 de Abril, muitas das características corporativas que advinham do regime anterior. A tentativa de determinar a formação do jornalismo – que esteve à beira de conseguir nos primeiros anos da década de 70 – foi completamente gorada, após Abril de 1974. Mas, ao invés, os poderes de regulação da profissão, que nunca lhe foram concedidos, de facto, durante o Estado Novo, acabaram por lhe ser atribuídos com o fim do regime corporativista. Assim, o Sindicato corporativo do Estado Novo dá lugar, na prática, a um «sindicato público»[861] da jovem democracia. Porém, os jornalistas

---

[859] Sobre este assunto, o argumento do Presidente da República foi o seguinte: «Permanece ainda por esclarecer, nos seus exatos contornos, se corresponde à solução mais adequada e proporcionada restringir o acesso à profissão a quem seja titular de habilitação académica de nível superior – sem que a razão de ser de tal exigência seja explicitada, uma vez que a mesma não incide sobre uma habilitação específica na área da Comunicação Social ou numa área conexa. Não existindo tal exigência em concreto, torna-se, pois, pouco compreensível o estabelecimento de um requisito que, por si só, não parece garantir a priori uma maior qualidade ou aptidão para o exercício específico da profissão de jornalista. Além disso, esse requisito, tal como enunciado no artigo 2º, nº 1, do Estatuto, ao exigir a contratação de profissionais detentores de uma habilitação académica de nível superior, pode comportar um acréscimo das despesas de pessoal que, no limite, irá porventura ameaçar a viabilidade das pequenas ou médias empresas da área da comunicação social (ex. rádios locais ou imprensa regional), o que implica uma inquestionável compressão do pluralismo informativo e da liberdade de iniciativa económica», [SILVA, Aníbal Cavaco, «Mensagem do Presidente da República à Assembleia da República, a propósito do diploma que altera o Estatuto do Jornalista», 3 de agosto de 2007, in URL: http://www.presidencia.pt/?idc=9&idi=8577 (07/05//2009).].

[860] «Principais apreciações do Sindicato dos Jornalistas à discussão conjunta, na especialidade, das propostas de revisão do Estatuto do Jornalista – Audição em 29 de maio de 2007 (subcomissão de Direitos Fundamentais e Comunicação Social da Assembleia da República)», texto policopiado, p. 4.

[861] Recuperámos a noção de sindicato público de Vital Moreira, um conceito que resulta do facto de as associações profissionais públicas desempenharem funções tipicamente sindicais. Para o caso que estamos a analisar, a noção de sindicato público resulta mais do facto de estarmos perante um sindicato privado, mas ao qual foram atribuídas algumas competências das associações profissionais públicas. Embora essas atribuições não fossem concedidas de forma exclusiva ao Sindicato dos Jornalistas, elas exerceram-se, de facto, em regime de monopólio, dada a inexistência de outra qualquer estrutura representativa concorrente.

não conseguiram resolver a contradição daí resultante, tendo em conta o contexto de liberdade sindical e de associação, consagrado pela nova Constituição. Com efeito, o apego ao modelo de sindicato herdado do Estado Novo não lhes permitiu projetarem-se em novas e renovadas instituições representativas dos jornalistas. Todavia, quer no caso do Sindicato, quer nas propostas alternativas da Ordem, o que estava em causa era o controlo dos poderes de regulação e de representação da classe profissional. Tanto num caso como noutro, ambos se inspiraram numa conceção funcionalista de profissão, assente no monopólio da representação institucional e do acesso à profissão, na tentativa de controlo do modelo de formação, no poder de institucionalização das normas de conduta profissional e na definição do respetivo modelo disciplinar.

O facto de não existir uma verdadeira consciência destes aspetos e nunca se ter assumido os traços corporativos presentes no conceito de «sindicato público» foi fatal para o modelo institucional da autorregulação dos jornalistas. Com efeito, quando se começaram a fazer sentir os efeitos da lenta, mas progressiva, erosão da representação sindical, os jornalistas foram sendo colocados perante o consequente enfraquecimento da sua capacidade efetiva de se autorregularem. Concomitantemente, assistimos ao avanço progressivo de medidas de iniciativa legislativa, que acabaram por ocupar o espaço vazio deixado pelos jornalistas, transformando, cada vez mais, a autonomia profissional numa "autorregulação regulada".

Na realidade, este aspeto representa o culminar de uma autonomia e autorregulação profissional fortemente tutelada pelo Estado. Foi o Estado que definiu a própria forma de organização dos jornalistas, impondo-lhes um sindicato único e, de alguma forma, determinando a sua autorregulação, mesmo quando o regime democrático passou a prever a liberdade de associação. Foi o Estado que determinou os critérios de acesso à profissão, bem como os critérios de atribuição da carteira profissional. Foi o Estado que determinou o modelo de ensino superior do jornalismo. Foi o Estado que impôs um modelo sancionador, gerido embora por jornalistas e representantes dos empresários de comunicação, por considerar insuficientes as fórmulas vigentes em sede de autorregulação, não obstante as competências já atribuídas nesta matéria ao organismo regulador da comunicação social. Foi, finalmente, o Estado que, de forma indireta, determinou os valores e as formas de responsabilização dos jornalistas como trataremos de demonstrar no próximo capítulo.

V
Jurisdificação da deontologia e captura da autorregulação

No capítulo anterior, procurámos analisar as questões da autorregulação do jornalismo nas suas vertentes institucional e jurídico-legal. Pudemos identificar alguns aspetos relacionados com a autorregulação, cujo exercício não depende unicamente da vontade dos jornalistas, mas do enquadramento jurídico e político das suas iniciativas. No presente capítulo, debruçar-nos-emos sobre a deontologia, entendida como um campo de realização da autonomia socioprofissional e um espaço de cristalização e institucionalização dos valores morais de uma profissão. No entanto, como temos vindo a sublinhar, não é possível considerar a deontologia como a expressão da pura vontade dos seus profissionais. Se a adoção de códigos deontológicos e de medidas de autorregulação dependem do modo como uma profissão decide assumir a sua autonomia, eles são, igualmente, o produto dos contextos políticos, económicos, sociais e culturais da sociedade de que faz parte um determinado grupo socioprofissional.

A exemplo do que fizemos no capítulo anterior, a nossa abordagem recorrerá a algumas investigações já realizadas neste domínio, às quais acrescentaremos os elementos próprios da nossa pesquisa, tendo por base a documentação do Sindicato dos Jornalistas, referente à atuação do Conselho Deontológico, durante o período que vai desde o 25 de Abril de 1974 até maio de 2007.

Esta pesquisa pretende ser uma primeira aproximação à história recente da autorregulação dos jornalistas portugueses, a juntar-se às investigações já encetadas sobre a profissão referentes ao período anterior ao 25 de Abril, bem como sobre outras formas de autorregulação dos *media*, em Portugal, levadas a cabo nos últimos anos[862]. Os limites inerentes à presente investigação não nos permitirão explorar exaustivamente o acervo de dados recolhidos. Por isso, tivemos de optar por incidir esta primeira análise sobre aspetos mais quantitativos e descritivos, limitando-nos a mergulhar numa leitura mais profunda dos documentos quando necessitámos de clarificações complementares. Um dos aspetos que ficará por tratar prende-se com a análise mais detalhada e sistemática das deliberações do Conselho Deontológico. Porém, da sua leitura rapidamente percebemos que esse desiderato não cabia dentro dos limites temporais deste estudo, pelo que ele terá de encontrar um outro espaço e um outro lugar e ser complementado com mais entrevistas. Ainda assim, pensamos que esta investigação contém elementos válidos para uma compreensão geral do que tem sido a vontade dos jornalistas, em Portugal, de assumirem a sua autorregulação. Não obstante consideremos o Conselho Deontológico do Sindicato dos Jornalistas como o organismo que mais se aproxima do conceito estrito de autorregulação dos jornalistas, esta investigação não dispensará também aprofundamentos posteriores sobre a própria história do Sindicato, para já não falar dos conselhos de redação[863], do Conselho de Imprensa e do Conselho de Comunicação Social que, embora nem sempre correspondam inteiramente à definição estrita de órgãos de autorregulação profissional, constituem elementos importantes para a sua mais completa compreensão.

O que hoje conhecemos, de acordo com os Estatutos do Sindicato dos Jornalistas de 1990, por Conselho Deontológico – e que no passado assumiu as denominações de Conselho Disciplinar (1934-1940), Conselho Téc-

---

[862] Entre essas investigações encontram-se, por exemplo, as realizadas sobre o provedor dos leitores.

[863] Os conselhos de redação podem ser considerados um órgão de autorregulação na medida em que, embora estando previstos na lei, a sua existência não tem um caráter obrigatório. A sua adoção está, assim, em grande medida, determinada pela vontade dos jornalistas de se organizarem e assumirem as suas responsabilidades no interior das redações. Tendo sido já um órgão bastante vulgarizado entre os órgãos de comunicação social, a sua existência, bem como o seu papel têm vindo a diminuir nos últimos anos, quer por via da redução das suas competências quer devido à sua inatividade, quer ainda pelo facto de os jornalistas não terem sentido necessidade de criar ou de manter este mecanismo de autorregulação dentro das redações. Um estudo sobre a sua importância confronta-se com as dificuldades resultantes da extinção de muitos dos jornais e, em alguns casos, pela inexistência de arquivos devidamente tratados e organizados nos órgãos de comunicação onde os conselhos de redação ainda funcionam.

nico e de Disciplina (1962-1975), Conselho Técnico (1975-1979), Conselho Técnico e de Deontologia (1979-1990)[864] – teve sob sua responsabilidade a regulação das questões relacionadas com os valores e a disciplina no interior da profissão, adquirindo, progressivamente, um grau de autonomia crescente nas últimas décadas, ainda que nunca levada às suas últimas consequências, conforme preconizado por muitos jornalistas. O papel funcional de um órgão como o Conselho Deontológico não deixa de refletir a vontade de os jornalistas assumirem a sua autonomia. Independentemente da qualidade da discussão encetada, ao nível ético e moral, o Conselho Deontológico dos Sindicato dos Jornalistas foi, durante muito tempo, um dos raros e mais expressivos órgãos de autorregulação dos jornalistas, em sentido estrito, pelo que o seu estudo impõe-se como uma questão incontornável da compreensão da autonomia desta profissão, no nosso país.

1. Da moral à deontologia no jornalismo em Portugal

Se nos ativermos ao conteúdo dos Estatutos do Sindicato Nacional dos Jornalistas, verificamos que a tentativa de delimitar o campo da deontologia profissional surge inicialmente confundida com a imposição de normas de conduta de moral social. Estamos perante um processo que encontramos tradicionalmente na fase de reconhecimento público das profissões na sua tentativa de autonomização face aos outros campos socioprofissionais. Como vimos no Cap. I, esta estratégia está já patente, no campo jornalístico, nas propostas da União Internacional das Associações de Imprensa, em 1896. Pretendia-se, com isso, demarcar um campo próprio de usos e costumes dos jornalistas, assente num elevado estatuto moral e intelectual dos seus profissionais[865] e que teve seguimento nas diferentes iniciativas dos jornalistas de afirmarem a sua profissão nos respetivos contextos nacionais. Apesar de muitas organizações europeias de jornalistas terem já conseguido traduzir essa componente moral em normas específicas do jornalismo, Portugal só nos anos 70 lograria esse objetivo. Até então, os valores profissionais assumem o caráter de quem, mais do que afirmar o profissional, luta ainda por impor o reconhecimento do *gentleman*, à semelhança do que vimos com os primeiros códigos de deontologia médica. Este aspeto

---

[864] Os estatutos que vigoraram entre 1940 e 1962 não previam a existência de qualquer órgão social equivalente aos conselhos técnicos de disciplina ou de deontologia, como veremos de seguida.

[865] T. FERENCZI, *L'Invention du Journalisme en France*, op. cit., p. 249.

está bem patente nos conteúdos normativos presentes nos Estatutos do Sindicato Nacional dos Jornalistas. No art. 3º dos primeiros Estatutos, de fevereiro de 1934, o Sindicato faz referência à «função eminentemente social da Imprensa e, por consequência, reclama para ela as garantias eficazes de uma austera probidade intelectual e moralidade da parte dos que a exercem, quer como empresários, quer como jornalistas». No artigo seguinte, pode ler-se que são fins do Sindicato «defender a independência moral dos jornalistas», «pugnar pela independência da Imprensa»[866], aperfeiçoar e desenvolver a cultura intelectual e física dos associados, intervir em conflitos entre sócios[867], entre estes e as empresas, bem como observar as regras deontológicas da profissão. A definição destas regras era remetida para um Código a aprovar pela Assembleia-Geral e a vigorar após ser sancionado pelo governo[868]. Estes objetivos seriam prosseguidos com recurso a um Conselho Disciplinar, composto por cinco membros, com funções consultivas em questões de interesse sindical.

Os Estatutos aprovados em 1940 são omissos quanto ao papel da deontologia profissional e à importância social do jornalismo. As alusões nesta matéria limitam-se a referências bastante vagas, como «cuidar do aperfeiçoamento moral, intelectual e profissional dos associados, organizando dentro do Sindicato círculos de cultura apropriados»[869]. As omissões a que fizemos referência talvez possam explicar o facto de o Conselho Disciplinar desaparecer dos Estatutos aprovados em 1940 e as suas funções serem extintas, ou redistribuídas pela Direção e pela Assembleia-Geral do Sindicato.

Os terceiros Estatutos, de novembro de 1962, vêm retomar a existência desse órgão consultivo e disciplinar, agora denominado «Conselho Técnico

---

[866] A noção de independência surge aqui bastante ligada à ideia da corrupção das ideias e das pessoas. Assim, refere-se claramente o objetivo de eliminar processos sub-reptícios «usados para criar ambiente a desígnios ocultos, desvirtuando factos ou sendo um instrumento de interesses privados».

[867] De acordo com o ponto 4º do art. 14 dos estatutos, «a falta de decoro, de respeito e acatamento para com os que exercem a autoridade sindical e nas relações entre sócios» era motivo de procedimento disciplinar.

[868] O art. 57º dos Estatutos previa também a constituição de um Conselho Disciplinar, composto por cinco membros, com atribuições de órgão consultivo e de outras que, supostamente, deveriam estar definidas nos Estatutos. Mas, na realidade, eles não previam qualquer atribuição nesta matéria. O seu funcionamento deveria obedecer a um «regulamento privativo» aprovado pela Assembleia-Geral, prevendo-se a existência de um advogado, na qualidade de consultor-jurídico, sem direito a voto.

[869] Conforme o nº 3º do art. 4º.

e de Disciplina», composto por cinco membros eleitos pela Assembleia-Geral. Só nessa altura o Sindicato parece tomar consciência, do ponto de vista estatutário, da dimensão moral da profissão, distinta da moral social. Pela primeira vez surge a referência a normas sobre a disciplina e respeito das atividades profissionais (art. 6º) e a necessidade de elaborar um Código Deontológico (art. 90º), cujas infrações deveriam ser decididas pela Direção, mediante parecer do Conselho Técnico e de Disciplina.

Apesar das intenções manifestadas pelos estatutos de 1962, poder-se-á questionar o papel efetivo das atribuições do Sindicato e do seu Conselho Técnico e de Disciplina em matéria de deontologia, uma vez que, entretanto, este se foi revelando incapaz de se dotar de um documento orientador da conduta profissional. Entretanto, os princípios éticos e deontológicos da profissão em vigor continuavam a ser os previstos pelos Estatutos do Sindicato Nacional de Jornalistas que, de uma forma bastante vaga, definiam como deveres do associado «concorrer, por todos os meios ao seu alcance, para a dignificação da profissão e da Imprensa em geral». De facto, só na década seguinte os jornalistas conseguem levar a cabo essa tarefa de moralização da profissão, através da adoção de um código deontológico. Até lá, a confusão entre os valores morais e os valores profissionais continuará a marcar o caráter titubeante de uma profissão com problemas em impor o seu reconhecimento e afirmar a sua credibilidade. Disso mesmo nos dão conta Fernando Correia e Carla Baptista para quem, nesta altura, a deontologia dos jornalistas portugueses continua muito marcada pela ideia de um aperfeiçoamento moral. O comentário de José Carlos Vasconcelos, membro do Conselho Técnico e de Disciplina no mandato de 1970-1972, é a este propósito revelador:

> «A profissão estava muito em baixo, foi uma das coisas que no Sindicato [em 1970] tentámos mudar radicalmente. O que nós queríamos era criar normas deontológicas. (...) Uma das coisas pela qual lutámos bastante foi impor algumas normas de conduta, hoje quase impensáveis, do género um jornalista ir a um almoço e não pedir para levar o resto da comida para casa»[870].

Só a partir deste esforço do Sindicato o conceito moral dos jornalistas evoluirá no sentido de um compromisso para com todos os agentes envolvidos no processo de fabricação da informação: as fontes, os jornalistas, os

---

[870] *Op. cit*, p. 364.

públicos. Enquanto isso não sucedeu, uma das estratégias *inventadas* era o recurso a códigos de conduta informais, para suprir as carências provocadas pela ausência de textos orientadores e de preocupações sistematizadas do ponto de vista ético e deontológico[871].

2. A incompatibilidade entre ditadura e responsabilidade social do jornalismo

A situação que acabámos de descrever reflete bem o estado em que a profissão se encontrava nos finais dos anos sessenta. Porém, a análise da documentação mostra-nos que não era apenas isso que estava em causa. Como pudemos destacar nas abordagens que fizemos sobre a autorregulação, o exercício da responsabilidade social do jornalismo é o corolário lógico da sua própria liberdade.

Apesar das diferenças existentes entre as ditaduras espanhola e portuguesa, Beatriz Rancaño sustenta que a dureza para com a imprensa e para com os jornalistas que não estão com o regime é uma das causas principais do atraso da autorregulação nos dois países ibéricos[872]. Com efeito, se entendermos o estabelecimento voluntário de padrões de qualidade e de responsabilidade numa profissão como o resultado do desenvolvimento de uma auto-compreensão da sua função social, então veremos com alguma dificuldade que os regimes ditatoriais, que perseguem e reprimem a atividade e cerceiam a sua liberdade, possam propiciar o surgimento de mecanismos verdadeiros de autorregulação.

Também para alguns jornalistas portugueses, a questão que se colocava à autorregulação da profissão não tinha a ver apenas com uma questão de autonomia: era uma questão política. Com censura, não fazia sentido falar de deontologia, de autorregulação ou de autonomia profissional. No capítulo anterior fizemos referência às palavras do jornalista Nuno Teixeira Neves que, em 1964, explicava as suas reservas sobre a ideia de adoção do «almejado» código deontológico. Quase nove anos depois, idênticas razões levaram a que os jornalistas votassem contra a aplicação daquele que deveria ser o primeiro código deontológico da profissão em Portugal.

Em fevereiro de 1973, a Direção apresentou à Assembleia-Geral uma proposta elaborada por uma comissão *ad-hoc*, constituída por Afonso Praça,

---

[871] F. CORREIA e C. BAPTISTA, *Jornalistas, op. cit.*, p. 361.
[872] Beatriz RANCAÑO, «La autorregulación periodística en Portugal y en España», *in* Luís Humberto MARCOS (coord.), *As Profissões da Comunicação. Las Profissiones de la Comunicación – Presente e/y Futuro*, (VII IBERCOM), Maia, ISMAI, 2006, p. 505.

Alfredo Barroso, Fernando Assis Pacheco, Luís Salgado Matos e Manuel da Silva Costa. Decorriam cerca de 11 anos sobre os Estatutos de 1962, que atribuíram ao Sindicato a responsabilidade de elaborar um código deontológico. No preâmbulo da proposta, justifica-se a necessidade de um Código Deontológico, tendo em conta que «a complexidade do exercício do jornalismo dificulta a informação verdadeira e livre: a falibilidade do perito da informação objetiva impõe-lhe cada vez mais uma noção clara dos seus direitos e deveres que implicam a rejeição da mentira e do erro e a esforçada procura da verdade». O documento salienta ainda que o «direito à informação [se] materializa através de jornalistas que assumam as consequências dos seus atos e omissões, segundo normas de idoneidade profissional que apliquem a cada caso de acordo com o que a sua consciência lhes ditar. Decorre daqui que a deontologia profissional pressupõe a responsabilidade do jornalista, a qual só existe quando e onde existir liberdade».

O projeto de código contemplava direitos e deveres. Nele se enunciavam 24 princípios que começavam no dever de respeitar escrupulosamente o direito do público a uma informação verdadeira e objetiva e terminavam no dever de prestar concurso ativo à defesa institucional dos interesses profissionais, da deontologia, da valorização profissional e da liberdade de expressão[873].

O documento previa formas de obrigar os jornalistas a respeitarem a sua deontologia, através do recurso a sanções. No Capítulo II, previa-se que as infrações ao Código podiam originar a aplicação das penalidades, «de acordo com o mecanismo processual» estipulado nos Estatutos do Sindicato e que incluíam a advertência, a advertência registada, a censura, a suspensão até três meses, a suspensão até um ano e a demissão. Porém, a proposta acabou por ficar suspensa por uma decisão da Assembleia-Geral, de 12 de fevereiro de 1973, que decidiu suspender *sine die* a aprovação de um Código Deontológico, até à extinção do exame prévio. Recorda Maria Antónia Palla, uma das autoras da proposta de suspensão da aprovação do documento:

> «Achei que era um despropósito completo que se fosse elaborar um Código Deontológico nas circunstâncias em que estávamos. Era tudo uma imoralidade. Havia um regime amoral e imoral. (...) Sobretudo havia este princípio: por que razão devíamos estar a limitar-nos, a julgar-nos e a não sei o que mais, quando

---

[873] Sara PINA, *A Deontologia dos Jornalistas Portugueses*, Minerva, Coimbra, 1997, p. 42.

havia um regime e instituições que funcionavam como se sabia. Então – parece que foi a primeira vez que uma mulher foi ao Sindicato protestar – juntei um grupo mais ou menos anárquico [de jornalistas] e conseguimos chumbar a iniciativa. Mas entrámos num mandante com o Silva Costa que, penso, pertencia à Direção. Assim, prometemos rever a nossa posição se alguma vez as condicionantes políticas do regime fossem alteradas, nunca imaginando que isso ocorreria tão rapidamente»[874].

De resto, como já se pôde perceber anteriormente, o próprio Preâmbulo do projeto de Código Deontológico é contraditório com os pressupostos que presidiam à sua aprovação. Na realidade, ele começava por afirmar o direito de informar e ser informado, salientando que «a liberdade de pensamento e a liberdade de expressão só podem ser asseguradas onde exista uma informação verdadeira e livre» e que a deontologia profissional «pressupõe a responsabilidade do jornalista, a qual só existe quando e onde existir liberdade».

O exame prévio perduraria apenas mais um ano e alguns meses. Mas o compromisso de adotar o Código Deontológico prolongou-se por mais tempo do que fazia prever a promessa de que a sua aprovação ficaria «suspensa», *sine die* até à queda do regime, como se os jornalistas tivessem guardado algum tempo para, também eles, viverem a sua própria Revolução.

A iniciativa de redigir um código deontológico representa já uma assinalável consciência dos problemas da classe dos jornalistas e do papel insubstituível da deontologia[875]. Mas, como vimos no capítulo anterior, a profissão dos jornalistas, em Portugal, chega ao 25 de Abril de 1974 num estado

---

[874] Entrevista concedida no âmbito da presente investigação. Maria Antónia Palla viria a participar na elaboração do primeiro Código Deontológico, após o 25 de Abril de 1974.

[875] No preâmbulo, pode ler-se a este respeito: «As leis gerais, embora regulem também a atividade do jornalista, não absorvem toda a realidade social da informação. É certo que os princípios essenciais da ética jornalística estão já consagrados na legislação comum, mas a formalização dos preceitos jurídicos gerais não permite prever e sancionar todos os casos em que os valores da verdade e liberdade no exercício do jornalismo podem ser postos em causa – ou porque seja impossível conceptualizar estas situações, ou porque aparentemente não violem nenhum interesse legítimo de terceiros, ou porque ofendam simplesmente os direitos da profissão. Por isso, as normas éticas especiais dimanadas da nossa consciência moral, e indispensáveis ao exercício do jornalismo, devem articular-se num corpo homogéneo de preceitos eficazes e objetivos, constituindo assim um Código de Deontologia, com aplicação reservada aos profissionais, mas reconhecido pelos poderes públicos».

de necessidade urgente de reorganização, uma vez que não conseguiu acompanhar as alterações verificadas no próprio campo da comunicação social, nomeadamente com a importância crescente da rádio e da televisão, que arrastaram consigo novas formas de fazer jornalismo, novas competências e novos profissionais. A censura, a compreensão conservadora do regime sobre o papel dos meios de comunicação social, o modelo tutelar e o estatuto de menoridade a que estava votada a profissão são fatores essenciais para a compreensão do estado de coisas em que se encontrava o jornalismo. Com efeito, a censura reduziu o jornalismo à sua quase completa inutilidade. Esse aspeto não pôde deixar de se repercutir também nas dimensões éticas e morais de uma profissão pouco habituada, de facto, a assumir a sua responsabilidade social. Porém, quando o antigo regime caiu, a jovem democracia reconheceu a liberdade de expressão e de imprensa e fez com que a consagração dos direitos dos jornalistas tivesse como corolário um mais exigente exercício dos seus deveres profissionais.

Até então, a vigilância sobre a informação impunha um jornalismo oficioso, onde o noticiário estrangeiro era filtrado pelos serviços da Secretaria de Estado e os temas da vida política e social corrente, sobre os quais se podia falar abertamente, eram raros. Face a este clima de escassez de notícias e condicionamento geral da informação, os jornais transformavam-se num repositório «de futilidades que se encavalitavam toscamente umas nas outras, quase sempre passando ao lado da vida, prenhes de detalhes que afastavam do essencial e da compreensão dos assuntos», dando a sensação de uma «estranha falta de coincidência entre as palavras e as coisas»[876]. Como nos diz, a este respeito, Cândido Azevedo, os jornais davam-nos um «país imaginário, virtual, o Portugal salazarista, que resultava da ocultação sistemática daquela realidade que não interessava ao regime»[877].

Em vésperas do 25 de Abril, depois de mais de 40 anos de ditadura, só as gerações de jornalistas mais velhos conheceram, durante o período da 1ª República, a liberdade de expressão. Nos finais dos anos 60 e início de 70, assistiu-se a uma ligeira abertura do regime, com a chegada de Marcello Caetano. Os jornalistas aproveitaram esse espaço para endurecerem o seu discurso em defesa dos seus direitos e exigirem o fim da censura. As empresas investiram em novas tecnologias de impressão, potenciando o papel da fotografia e da cor, e contrataram gente nova, proveniente das crises acadé-

---

[876] F. CORREIA e C. BAPTISTA, *Jornalistas – Do ofício à profissão*, op. cit., pp. 79-80.
[877] *Apud*, op. cit., p. 80.

micas de 62 e 69, expulsa dos liceus ou com cursos superiores por acabar. No entanto, estes ventos de mudança não foram suficientes para alterar o estado de falta de preparação com que a Revolução veio encontrar o jornalismo em Portugal, conforme nos descreve Mário Mesquita. A censura marcara profundamente a profissão e desvalorizava-a num duplo sentido. Por um lado, permitia que as empresas descurassem a formação dos jornalistas, talvez porque – para além de não haver ensino superior de Jornalismo ou de Comunicação Social – a orientação dos jornais era consideravelmente veiculada pelo exterior. Por outro lado, porque «os hábitos adquiridos a escrever sob a vigilância não constituíam treino adequado para o exercício responsável e qualificado da liberdade de imprensa»[878]. Para além disso, o estado moral em que a revolução de Abril encontrou os jornalistas não era o mais desejável. Ainda que a História recorde os que resistiram à censura, utilizando os limitados espaços de liberdade que possuíam, também houve quem se corrompesse e até os que, de um dia para o outro, se convertessem ideologicamente de reaccionários em progressistas, procurando nessa mudança ideológica «salvar – não tanto a alma – mas a pele»[879]. A maioria ter-se-á ficado pelo meio-termo, ou seja «acomodou-se, procurando não se aviltar»[880]. Segundo ainda Mário Mesquita, perante este contexto de fragilidades que pendiam sobre os *media* e os jornalistas, não seria de esperar que, da madrugada do 25 de Abril, «emergisse por qualquer fenómeno de magia revolucionária, uma consciência profissional capaz de conquistar para a Comunicação Social zonas de autonomia»[881]. Esse facto acabou por se refletir nos meses de tensão política que se seguiram à revolução, com os jornalistas a deixarem-se arrastar pelas querelas que afetavam o poder e transformando as redações em autênticos campos de batalha política.

> «As empresas rapidamente se transformaram em campos de batalha entre fações rivais ou inimigas. À medida que os jornalistas faziam ou tornavam públicas as suas opções políticas e ideológicas, verificava-se que as redações careciam, regra geral, de um mínimo de homogeneidade, não só no que se refere às tendências políticas, mas também quanto à própria ideia de jornalismo ou informação»[882].

---

[878] M. MESQUITA, «Estratégias liberais e dirigistas na Comunicação Social de 1974-1975», *Revista de Comunicação & Linguagens, op. cit.*, 1988, p. 94.
[879] *Op. cit.*, pp. 94 e 96.
[880] *Op. cit.*, p. 94.
[881] *Op. cit.*, p. 95.
[882] *Ibid.*

3. A construção de uma autorregulação sui generis

A 25 de Abril de 1974, o exame prévio caiu, de facto, às primeiras horas da Revolução[883] e a reforma do quadro legal que regulava a imprensa constituiu uma das prioridades do Movimento da Forças Armadas, que remeteu ao Governo Provisório a incumbência de preparar uma Lei de Imprensa que viria a ser publicada antes mesmo das eleições para a Assembleia Constituinte. Mas a prioridade dada pela Democracia às questões da comunicação social não teve uma correspondência por parte dos jornalistas na adoção do seu próprio código deontológico, cuja necessidade acabou por só se impor por uma exigência legal.

3.1. Uma autorregulação "induzida"

Com efeito, os dez meses que decorreram entre o golpe militar e a aprovação da Lei de Imprensa (Decreto-Lei nº 85- C/75, de 26 de fevereiro), antes mesmo da nova Constituição, evidenciam a prioridade que este aspeto assume no programa do Movimento das Forças Armadas[884]. No entanto, a comissão encarregada de elaborar o respetivo projeto contou com muito do trabalho feito anteriormente pelo Sindicato, quer através das propostas legislativas discutidas com a «ala liberal», representada na Assembleia Nacional, quer com o próprio Governo, ainda que na sua maioria sem resultados concretos.

Com a aprovação da Lei de Imprensa, é lançado um dos componentes fundamentais do edifício jurídico-legal que regula a profissão, que culminará com a aprovação da Lei da Radiotelevisão, do Estatuto do Jornalista e do Regulamento da Carteira Profissional, em 1979, durante o V Governo Constitucional.

---

[883] Apesar do fim da censura prévia, o Movimento das Forças Armadas criou uma «Comissão *ad hoc*» com poderes de multar e suspender publicações que, entre outras coisas, divulgassem artigos que pusessem em perigo a ordem pública e militar; ofendessem o Presidente da República, os membros do Conselho de Estado e do Governo, bem como chefes de Estado estrangeiros ou representantes diplomáticos acreditados em Portugal; e pudessem constituir «agressões ideológicas», destinadas a contrariar o programa político do movimento dos capitães. O resultado dessas intervenções está documentado em CONSELHO DE IMPRENSA, *A Imprensa Escrita em Portugal*, Lisboa, Conselho de Imprensa, 1979, pp. 157 e ss. A extinção da Comissão *ad-hoc* foi declarada por uma resolução do Conselho da Revolução de 10/10/75 (*Diário do Governo* 251, Iª Série, de 29 de novembro de 1975), onde se pode ler: «assim desaparecem a possibilidade e o risco de qualquer regulamentação e controlo da Imprensa, rádio, televisão, teatro e cinema, que não sejam os constantes da atual Lei de Imprensa e o que eventualmente venha a constar das leis de televisão, radiodifusão, teatro e cinema, a publicar, e por via judicial, não administrativa» [*Apud, op. cit.*, p. 66.].

[884] *Op. cit.*, p. 104.

Nas suas disposições finais, a Lei de Imprensa (art. 61º) estabelece um prazo de 90 dias, a contar da entrada em vigor daquele diploma, para que o Sindicato de Jornalistas proceda à elaboração e aprovação do respetivo Código Deontológico[885], facto que, no entanto, só viria a ocorrer em setembro de 1976. Mas o que em fevereiro de 1973 havia sido uma manifestação da vontade dos jornalistas de se dotarem de valores orientadores da sua conduta – não obstante os motivos para o adiamento da sua aprovação –, passa agora a ser uma imposição exigida pela própria lei. Como refere Horácio Serra Pereira, esta situação colocou a autorregulação dos jornalistas portugueses numa situação *sui generis*, uma vez que eles são, por força da lei, obrigados a adotar um código deontológico, apesar de conservarem a liberdade de definir o seu âmbito[886]. Deste modo, a obrigação que pende agora sobre os jornalistas coloca-os numa situação real de uma *autorregulação compulsiva* ou, se quisermos, *induzida*[887], de iniciativa estatal, pese embora a contradição que possa existir nos termos. Este facto não deixa de ser sintomático uma vez que, por inércia, os jornalistas acabam por perder a iniciativa num momento chave da afirmação da sua autonomia: o da institucionalização da sua própria autorregulação. Este facto sucede apesar do trabalho realizado neste domínio pelas anteriores direções do Sindicato Nacional dos Jornalistas, cuja validade se mantém após a Revolução de Abril.

3.2. Código deontológico vs. carta ética

Com efeito, o primeiro Código Deontológico inspira-se claramente no *Projecto de Código de Deontologia Profissional do Jornalista*, de onde vai retirar muitos dos seus princípios. O primeiro capítulo, composto por 22 alíneas, é

---

[885] Essa incumbência será reiterada com a publicação do Estatuto do Jornalista, em 1979.

[886] Horácio Serra PEREIRA, «Deontologia dos jornalistas – Breve incursão histórica», monografia disponível no *Sindicato de Jornalistas*, texto policopiado, p. 10.

[887] «Autorregulação induzida» será o termo utilizado por Arons de Carvalho relativamente à Comissão da Carteira Profissional de Jornalista, em particular, a partir do momento em que recebeu também atribuições disciplinares e sancionatórias, em 2008. Parece-nos que a expressão «autorregulação induzida» pode também ser utilizada neste contexto, embora o termo «compulsivo», mais forte, evidencie bem mais a contradição no processo de autorregulação dos jornalistas, iniciado antes do 25 de Abril, mas que continuava suspenso, mesmo quando as razões que o justificavam deixaram de existir.

dedicado aos deveres do jornalista[888], e o segundo, com apenas dois pontos, é constituído pelo núcleo de garantias do respetivo cumprimento.

O contexto político em que ele foi redigido terá deixado as suas marcas, obrigando a que, alguns anos mais tarde, se discutisse já a sua necessária revisão[889]. Como exemplos disso são referenciados os deveres de os jornalistas respeitarem e lutarem pelo direito do povo de ser informado; combaterem toda e qualquer forma de censura, externa ou interna; defenderem a organização democrática dos jornalistas nas redações, em particular os conselhos de redação; esforçarem-se por contribuir para a formação da consciência cívica e para o desenvolvimento da cultura e da capacidade crítica do povo português, no respeito pela consciência moral da coletividade; e, finalmente, respeitarem os direitos humanos, promovendo a intercompreensão entre os povos[890].

Por outro lado, não deixa de ser verdade que, por vezes, existe uma tendência para se sobrevalorizar o impacte desse contexto político. Por exemplo, as exigências impostas ao jornalista de garantir o direito do povo a ser informado estavam já consignadas no projeto de 1972, embora sem a expressão «luta» e «povo» que, neste último caso, é substituído por «público». A alínea que define a exigência do jornalista contribuir para a «formação da consciência cívica e para o desenvolvimento da cultura e da capacidade crítica do povo português» é, *ipsis verbis*, uma expressão do projeto de código de 72 e, embora não se façam alusões diretas à censura, as referências à liberdade de opinião e de expressão surgem três vezes no seu articulado e estruturam toda a parte preambular do documento.

Por isso, parece-nos mais relevante o comentário de Luís Humberto Marcos, numa das mais fortes críticas efetuadas ao Código Deontológico de 1976, durante o 2º Congresso dos Jornalistas Portugueses, quando põe o acento tónico numa certa conceção do jornalismo implícita no documento. No seu entender, estamos perante regras de conduta que denunciam uma «visão romântica da profissão, a do jornalista-herói-e-justiceiro que tem de vencer ciladas e dragões de sete cabeças para chegar "à ver-

---

[888] *O Projecto de Código de Deontologia Profissional* incluía, neste capítulo, os direitos e deveres e estruturava-os de acordo com os procedimentos relacionados com a recolha e tratamento da informação e os aspetos que se prendem com a função informativa e a solidariedade profissional dos jornalistas.
[889] S. PINA, *A Deontologia dos Jornalistas Portugueses*, op. cit., p. 50. Os primeiros apelos à revisão do Código Deontológico foram ouvidos no 1º Encontro de Jornalistas do Norte [*Op. cit.*, p. 53.].
[890] Respetivamente, nas alíneas a) f), g), s) e t).

dade"»[891]. Trata-se, ainda nas palavras de Luís Marcos, de um jornalista «não assalariado, liberal e romântico dos séculos XVIII e XIX», missionário reformador[892] e motor do mundo[893].

Outro dos aspetos geralmente focados e a exigir alteração é a existência de um encavalgamento entre normas deontológicas e jurídicas, nomeadamente no que se refere aos problemas relacionados com a censura, o acesso às fontes, o sigilo profissional, bem como o regime de incompatibilidades[894]. Este aspeto é também sublinhado por alguns jornalistas reunidos no seu 2º Congresso, defendendo a elaboração de um novo Código Deontológico que «não deveria acolher preceitos já incluídos, ou suscetíveis de virem a ser incluídos, nos instrumentos legais que enquadrem o exercício da profissão»[895]. Esta proposta, apresentada por Joaquim Fidalgo (*et al.*), defende um modelo de código/compromisso de honra limitado à enunciação clara dos *preceitos éticos fundamentais* e reduzido apenas a sanções morais.

A elaboração do novo Código Deontológico, dando cumprimento às decisões do 2º Congresso dos Jornalistas Portugueses, foi uma das prioridades assumidas pelo Sindicato, nos mandatos de João Mesquita (1989--1993). Entre os seus propósitos, estava, precisamente, retirar do Código de 1976, alguns aspetos mais "dogmáticos" da sua redação. Como refere Daniel Reis, presidente do Conselho Deontológico que conduziu o processo de revisão dos estatutos, entre 1991 e 1993, a questão era essencialmente política e visava expurgar a deontologia profissional de princípios que, no seu entender, «só os jornalistas do Partido Comunista defendem». Em causa estavam aspetos que dessem a ideia de que o jornalista é ator social com particulares responsabilidades, que o obrigassem a um estatuto de exemplo perante a sociedade, ou que lhe atribuíssem o papel de um agente transformador. A questão era, pois, de "neutralizar" o Código Deontológico, retirando-lhe qualquer carga ideológica. Explica Daniel Reis:

> «Exemplo todos nós devemos ser, na nossa vida pessoal. Mas, considerávamos que o jornalista não era um agente transformador da sociedade: era um

---

[891] Luís Humberto MARCOS, «Deontologia: mito e realidade», in AAVV, *2º Congresso dos Jornalistas Portugueses, op. cit.*, p. 221.
[892] *Op, cit.*, p. 219.
[893] *Op, cit.*, p. 222.
[894] H. S. PEREIRA, «Deontologia dos jornalistas: Breve incursão histórica», documento policopiado, *op. cit.*
[895] Joaquim FIDALGO, Jorge ALVES, José QUEIRÓS e Manuel TAVARES, «Propostas para um novo quadro deontológico», in AAVV, *2º Congresso dos Jornalistas Portugueses, op. cit.*, p. 223.

intermediário entre as fontes e os destinatários das notícias. Esse era o nosso princípio. Receio que seja um princípio curto, pobre, neutro, mas era o nosso princípio. O Código, ao contrário, era interventivo porque entendia, eu sei lá, que o jornalista tem o dever de denunciar as violações dos Direitos do Homem. Isto não era dito nestes termos, mas estava lá. Eu acho que sim, mas não é apenas uma tarefa dos jornalistas: é uma tarefa do cidadão»[896].

Uma das medidas preconizadas foi também a de retirar do código os aspetos que já estavam consagrados na lei, como as incompatibilidades, permanecendo embora os aspetos referentes à difamação e à censura.

Com a aprovação do Código Deontológico de 1993, fechava-se um longo ciclo onde as normas de conduta dos jornalistas começaram por assumir, com os primeiros estatutos do Sindicato Nacional dos Jornalistas, um caráter moral muito próximo às exigências sociais de probidade e respeito pelos bons costumes. Posteriormente, essas exigências surgem misturadas com questões mais ligadas à profissão para culminarem numa versão moralmente mais "neutra" e, finalmente, mais condicente com os valores de uma deontologia profissional. No entanto, conforme decorre da discussão que culminou no novo Código de 1993 e da sua fórmula sintética de grandes princípios do exercício do jornalismo, a distinção dos planos ético e deontológico nunca ficou bem clarificada. Este aspeto chegou a merecer a crítica dos defensores da Ordem de Jornalistas que, como referenciámos no capítulo anterior, consideraram que o documento correspondia mais a uma carta ética norteadora do exercício da profissão, do que verdadeiramente a um código deontológico, com a prescrição de normas de conduta do jornalismo em situações concretas, como encontramos, por exemplo, nos casos da Alemanha, da Inglaterra e dos Estados Unidos.

3.3. Uma discussão pouco participada

A atual versão do Código teve como fontes naturais o texto de 1975, o Anteprojeto de Código Deontológico, apresentado por uma comissão nomeada pelo Sindicato dos Jornalistas[897], e duas outras propostas alternativas apresentadas no 2º Congresso dos Jornalistas Portugueses. Estes três últimos

---

[896] Entrevista concedida por Daniel Reis no âmbito da presente investigação.
[897] A comissão era constituída, em maio de 1985, por Cesário Borga e Eduardo Corregedor da Fonseca, respetivamente presidente efetivo e presidente substituto da mesa da Assembleia-Geral do Sindicato dos Jornalistas, bem como Albertino Antunes, Alberto Arons de Carvalho e Manuel Gonçalves da Silva.

documentos, embora distribuídos durante o Congresso, não chegaram a ser, efetivamente, objeto de discussão.

De forma geral, o novo Código Deontológico recolheu também as teses principais consagradas em vários códigos de países como França, Grã-Bretanha e Estados Unidos, assim como em outros textos de instituições internacionais, como era o caso da Declaração de Bordéus da Federação Internacional de Jornalistas e da Declaração dos Direitos e Deveres dos Jornalistas, aprovada em 1971, em Munique, pelos representantes dos jornalistas dos países da Comunidade Económica Europeia[898].

Como já se disse, outra das preocupações manifestada nesta revisão teve a ver com a tentativa de transformar o código num documento conciso, tornando-o um instrumento mais acessível aos jornalistas, em grande medida destinado a combater um relativo desconhecimento sobre as suas regras de conduta profissional[899].

Esta intenção pedagógica está bem patente no formato de decálogo assumido pelo Código Deontológico que, no entanto, não deixou de acolher os aspetos essenciais do Código de 1976, redigido em 22 pontos. Esse esforço de síntese foi aproveitado posteriormente para a criação do denominado «cartão da credibilidade», do tamanho de um cartão de crédito, impresso dos dois lados, com os dez pontos da deontologia dos jornalistas e distribuído entre os profissionais, os estudantes de jornalismo e de comunicação social e o próprio público.

Pretendendo seguir as propostas do 2º Congresso, o Conselho Deontológico procurou envolver o maior número de jornalistas na discussão do novo código, mas nem sempre com sucesso. Num texto em que faz o balanço do processo de revisão do novo código, Daniel Reis refere que, em março de 1991, foi pedido aos jornalistas que contribuíssem para o processo de revisão ou apresentassem as suas próprias propostas alternativas. Mas o resultado desse primeiro apelo foi «praticamente nulo», levando o Conselho Deontológico a alterar a sua estratégia, optando por apostar na realização de reuniões, em Lisboa e Porto, tendo por base a convocação dos Conselhos de Redação dos jornais *Record, Capital, Público, Expresso, Jornal de Notícias* e *Primeiro de Janeiro*[900]. Para além disso, foram endereçados pedidos específicos a jornalistas, a quem foi dada a possibilidade de fazerem pro-

---

[898] Para uma crítica comparada do Código Deontológico dos jornalistas europeus e as fontes acima referenciadas, veja-se S. PINA, *A Deontologia dos Jornalistas Portugueses, op. cit.*, pp. 63-109.
[899] De acordo com as entrevistas concedidas por Óscar Mascarenhas e Ribeiro Cardoso.
[900] Daniel REIS, «Compromisso de Honra dos Jornalistas», *Jornalismo*, abril, 1993, p. 12.

postas de redação para matérias específicas. De uma maneira geral, Daniel Reis admite que a discussão do Código Deontológico não foi aquela que se pretendia. E critica:

> «Julga que existem muitos jornalistas que se preocupam sobre questões teóricas como esta da autorregulação e da deontologia? Preocupam-se quando isso lhes cai em cima. Os jornalistas acham tudo muito bonito quando se trata de escrever sobre uma pessoa qualquer, até ao dia em que outro jornalista resolve fazer uma notícia sobre eles»[901].

O Código Deontológico foi aprovado em Assembleia-Geral do Sindicato de Jornalistas a 22 de março de 1993 e, posteriormente, em 4 de maio, foi posto a sufrágio de todos os profissionais como compromisso de honra destinado a vincular «todos os jornalistas dignos deste nome e das tradições da sua profissão», uma expressão que retoma a carta do Sindicato Nacional dos Jornalistas Franceses, aprovada em 1918. Dos 1231 votos expressos, 1172 aprovaram o novo Código[902] num universo estimado em 2582 títulos profissionais existentes[903].

As críticas formuladas ao Código Deontológico de 1993 resultam, em grande medida, do que muitos consideram ser a sua principal virtude: a síntese. Na realidade, o documento não chega a ser um verdadeiro decálogo, na medida em que alguns pontos incluem, de facto, mais do que um dever. Para além disso, pode-se ainda questionar o seu ordenamento e coerência interna. Mas não deixa de ser significativo o esforço de síntese efetuado, bem como os objetivos pedagógicos que a ele estiveram subjacentes. E mesmo que estejamos longe de poder falar de uma abordagem sistemática, acolhendo a experiência resultante do exercício do Conselho Deontológico

---

[901] Entrevista concedida por Daniel Reis no âmbito da presente investigação.
[902] Segundo os resultados apurados, registaram-se ainda 29 votos contra, 27 votos em branco e 3 nulos [S. PINA, *Deontologia dos Jornalistas Portugueses, op. cit.*, p. 72.].
[903] A estimativa teve por base os números do relatório sobre o último processo de revalidação da carteira profissional, de 4 de novembro de 1992, efetuado pelo Conselho Deontológico. Recorde-se que no ano seguinte seria declarada a inconstitucionalidade das competências daquele conselho na gestão do processo das carteiras profissionais atribuídas pelo Estado ao Sindicato dos Jornalistas. Segundo ainda aquele relatório, dos 2582 títulos revalidados, 393 eram de estagiários. Nesse ano, 724 profissionais não submeteram a revalidação as suas carteiras profissionais, pelo que os seus titulares ou abandonaram a profissão ou estariam a exercê-la em violação dos preceitos legais vigentes [«Revalidação das Carteiras Profissionais – Relatório», *Comunicado do Conselho Deontológico* de 4 de novembro, 1992.].

ao longo dos anos, o documento não deixou de integrar aspetos inovadores, tendo em conta casos passados e situações que emergiam de novas realidades da comunicação social. Foram exemplo disso a exceção introduzida a respeito do dever de sigilo profissional – como veremos mais adiante –, da preservação do estatuto de independência e não envolvimento dos jornalistas no tratamento de notícias em que tenham interesse e do atendimento às condições de serenidade, liberdade e responsabilidade das fontes de informação[904].

Este esforço de síntese faz com que o Código Deontológico do Sindicato dos Jornalistas portugueses seja considerado internacionalmente como um dos mais concisos, tendo, também por isso, sido objeto de crítica de alguns jornalistas que o consideram demasiado vago. Essa síntese logrou reunir, pela primeira vez na história dos jornalistas portugueses, um conjunto de princípios consensuais e estáveis, contrariamente ao que acontecera com o código de 1975. Todavia, de uma forma retrospectiva, dir-se-ia que a estratégia de definir as normas de conduta da profissão com base na formulação de grandes princípios gerais transformou-se numa armadilha para a própria autorregulação dos jornalistas, na medida em que permitiu que o código deontológico fosse facilmente recuperável pelo legislador, que lhe deu a forma de lei. Como veremos de seguida, essa transformação da deontologia num diploma legal poder-se-á considerar tanto mais problemática quanto ela nem sequer parece ter sido o resultado de um processo deliberativo mais vasto, entre jornalistas e a sociedade civil.

4. A jurisdificação da deontologia

A estabilização dos princípios éticos do jornalismo em torno de um Código Deontológico de referência será, sem dúvida, uma das razões que facilitou o processo de jurisdificação de que ele foi objeto, posteriormente, pelo legislador. Com efeito, a inclusão e posterior alargamento dos deveres no art. 14º

---

[904] O primeiro destes aspetos resulta de denúncias, com especial expressão a partir da década de 80, pondo em causa a independência dos jornalistas devido à sua proximidade com interesses do mundo político, económico e cultural, assim como, noutros casos, de colaboração em serviços promocionais, do tipo gabinetes de imprensa. No que se refere ao segundo aspeto, pretendeu-se retirar as consequências da experiência de casos resultantes das palavras proferidas por desportistas aos jornalistas em momentos de pouca serenidade, como, por exemplo, quando os atletas acabavam de sair de campo, por vezes na sequência de uma expulsão. Nesta altura, o Conselho Deontológico mostrou-se também sensível ao problema do denominado «comércio das lágrimas», incentivado pela guerra de audiências resultantes do aparecimento das televisões privadas.

do Estatuto do Jornalista de 1999 e de 2007 é um exemplo acabado do processo de vazamento de normas éticas e deontológicas do jornalismo no Direito. Deste modo, pode dizer-se que o que começou por ser uma vontade de os jornalistas se dotarem de um código deontológico, em 1973, deu lugar a um modelo de autorregulação *sui generis*, induzido pela Lei de Imprensa, de 1975. Mais tarde, a partir de 1999, o Código Deontológico transformou-se num conjunto de normas profissionais – progressivamente apropriadas e impostas pelo próprio legislador –, às quais, numa linha de coerência jurídica, se associou um modelo sancionatório contrário à vontade dos jornalistas. Este facto, embora correspondendo a um modelo atabalhoado de deliberação dos assuntos de interesse público, não deixa de ser, de alguma forma, uma resposta a alguns impasses da profissão sobre a sua autorregulação. Já fizemos referência a esses impasses quando tratámos do enquadramento institucional do Conselho Deontológico do Sindicato no contexto da autorregulação dos jornalistas. Mas esses impasses voltarão a evidenciar-se a propósito da questão das sanções disciplinares dos jornalistas, como trataremos adiante, depois de nos debruçarmos sobre o processo de jurisdificação da deontologia.

4.1. A apropriação do Código Deontológico pela lei

A apropriação do Código Deontológico pela lei deu-se com a publicação do Estatuto do Jornalista, através da Lei nº 1/99 de 13 de janeiro, nomeadamente no seu art. 14º referente aos deveres fundamentais do jornalista.

À exceção do princípio definido na alínea c) do art. 14º, onde se considera que o jornalista deve «respeitar a orientação e os objetivos definidos no estatuto editorial do órgão de comunicação social para que trabalhe», todos os deveres dos jornalistas têm uma correspondência no espírito ou na letra do Código Deontológico. Ficam de fora do art. 14º do Estatuto os pontos do Código Deontológico referentes ao dever do jornalista de combater a censura e o sensacionalismo (ponto 2); ao dever de lutar e denunciar publicamente as restrições ao acesso às fontes de informação e as tentativas de limitar a liberdade de expressão e o direito de informar (ponto 3); ao dever de assumir a responsabilidade por todos os seus trabalhos e atos profissionais, promovendo a retificação das informações que se revelem inexatas ou falsas; ao dever de recusar atos que violentem a sua consciência (ambos aspetos previstos no ponto 5); e, finalmente, ao dever de recusar funções, tarefas e benefícios que comprometam o seu estatuto de independência, bem como noticiar assuntos em que tenha interesses (ponto 10). No entanto, deve sublinhar-se que estes aspetos são, pelo menos indiretamente, objeto de um tratamento em artigos próprios, como é o caso do art. 3º, que regula o regime de incompatibilidades, dos art. 8º, 9º e 10º, referentes às fontes de informação, do art. 11º, respeitante ao sigilo profissional, do art. 12º, sobre a independência dos jornalistas e cláusula de consciência.

Mas este vazamento da deontologia na lei vai ainda mais além, quer no espírito quer na forma, com o novo Estatuto do Jornalista aprovado com a Lei nº 64/2007. No novo diploma, os pontos 2, 3, 5 e 10 que, como acabámos de ver, estavam fora do art. 14º, embora tratados autonomamente, passaram a constar no capítulo dos deveres, por vezes com redações similares.

Agora, já não se trata tanto de saber o que os Estatutos não incluem, mas o que o Código Deontológico não abrange. Por um lado, as questões referentes ao respeito do estatuto editorial do jornal, previstas na alínea d), do nº 1, mas que já estavam presentes na alínea b) do Estatuto do Jornalista de 1999. Por outro lado, o princípio segundo o qual o jornalista deve abster-se de participar no tratamento ou apresentação de materiais lúdicos, designadamente concursos, passatempos e televoto, conforme o referido na alínea l) do nº 2. Este aspeto, embora constituindo-se como um assunto novo em termos de formulação normativa dos deveres do jornalista, havia já sido objeto de uma recomendação do Conselho Deontológico. Em causa estava a participação dos jornalistas em programas de rádio e de televisão em que o auditório é convidado a exprimir as suas opiniões, através de sondagens efetuadas por chamadas telefónicas de valor acrescentado, representando uma fonte de lucro direta para o programa e a empresa de comunicação social e sem que isso seja devidamente explicado ao auditório[905]. O que há de novo com a introdução desta norma não resulta tanto do facto de haver divergência ou consonância entre o Estatuto do Jornalista e o Código Deontológico, mas do facto de a jurisprudência do Conselho Deontológico ser diretamente plasmada na lei, antes mesmo de fazer parte das regras de conduta profissional[906]. Neste caso, a legislação foi mais expedita do que a própria moral profissional, ultrapassando-a claramente, ao ponto de come-

---

[905] *Parecer 2/96 do Conselho Deontológico*, de 3 de julho.
[906] Óscar Mascarenhas considera que a introdução deste ponto resulta de posições suas assumidas enquanto presidente do Conselho Deontológico. Mas acusa o legislador de, a este propósito, se ter limitado a uma parte da sua proposta e não ter integrado o princípio de co-responsabilização do jornalista e da empresa [De acordo com a entrevista concedida por Óscar Mascarenhas no âmbito da presente investigação.].

çar a introduzir especificidades que estariam fora do âmbito da tal "carta ética", que o Código Deontológico foi acusado de ser por alguns jornalistas.

Certamente que este procedimento pode ter duas leituras distintas: por um lado, é um sintoma claro de substituição da deontologia profissional pela lei, aprofundando ainda mais os indícios de estarmos perante uma captura da autorregulação do jornalismo por parte do legislador; por outro lado, podemos estar também perante um sinal de um eventual desajuste do Código Deontológico.

Os problemas decorrentes da incorporação da deontologia na letra da lei não tiveram, por parte dos jornalistas, a atenção que, do nosso ponto de vista, mereciam. Curiosamente, as mais fundadas reservas levantadas a este propósito vieram de quem, talvez menos se esperava: a Entidade Reguladora da Comunicação Social. Com efeito, o seu parecer sobre o novo Estatuto do Jornalista contém uma forte crítica sobre a opção «de transformar em normas jurídicas comandos de dimensão deontológica» e, em particular, sobre o modo como o fez. Em causa está o facto de o Estatuto do Jornalista «amalgamar os universos do Direito e da Ética profissional, em moldes que não estão isentos de crítica» e que apresentam «sequelas relevantes, tanto no mundo do Direito como na esfera de atividade dos jornalistas»[907].

Entre os aspetos postos em relevo conta-se a introdução no sistema legislativo da indeterminação própria de alguns conceitos de natureza deontológica, tais como rejeitar o «sensacionalismo» ou «não encenar ou falsificar situações com intuito de abusar da boa fé do público». A introdução destes aspetos acaba por confiar aos tribunais «a interpretação e a aplicação de normativos que lhe são extrínsecos, porque característicos do universo socioprofissional». O parecer é ainda bastante crítico relativamente ao facto de a iniciativa legislativa ter não apenas reproduzido o texto deontológico como, igualmente, ter efetuado um trabalho de recombinação, nalguns casos, e de segmentação, noutros[908]. Ao fazê-lo, o legislador proce-

---

[907] CONSELHO REGULADOR, *Parecer Relativo ao Anteprojeto da Proposta de Lei que Altera o Estatuto dos Jornalista - Parecer 2/2006*, Entidade Reguladora da Comunicação Social, 23 de março, 2006, pp. 15-16, in URL: http://www.erc.pt/index.php?op=downloads&lang=pt&Cid =23&onde=23% 7C0%7C0&disabled=disabled&ano=2006 (09/09/2009).

[908] Por exemplo, a alínea a), do nº 1 do art. 14º assume no mesmo normativo os pontos 1 e 2 do Código Deontológico referentes ao rigor informativo e à rejeição do sensacionalismo. Por seu lado, o ponto 7 do Código Deontológico, que inclui o respeito da presunção da inocência e a reserva sobre a identidade das vítimas de crimes sexuais, é segmentado pelas alíneas c) e g) do nº 2 do art. 14º. Com estas alterações, o legislador terá tido em conta algumas críticas efetuadas ao Código Deontológico dos jornalistas, nomeadamente quanto ao facto de se ter orientado mais

deu também a uma tarefa de «reescrita», acentuando uma atitude considerada, no limite, invasiva da moral e da ética profissional, contrariando uma fórmula legislativa que, segundo o Regulador da comunicação social, se aconselharia que fosse «menos circunstanciada».

Outro aspeto sublinhado refere-se à alínea l), do nº 2, do art. 14º, que acrescenta a obrigação de o jornalista se abster de participar no tratamento ou apresentação de materiais lúdicos, designadamente concursos, passatempos e televoto. A crítica à introdução deste ponto resulta do facto de o legislador se ter atribuído a tarefa de criação de novos constrangimentos sem que eles tivessem passado «pelo crivo da autorregulação jornalística», a exemplo do que aconteceu com a generalidade das outras normas.

O documento refere-se a algumas consequências para a deontologia e para o direito, resultantes desta amálgama entre duas áreas normativas diferentes, tendo como consequência o agravamento das disposições já previstas pelo Código do Processo Penal, a reelaboração doutrinária de questões-chave da dogmática jurídica, – nomeadamente, em matéria de reserva da intimidade e da vida pessoal – e o reforço da responsabilidade civil dos jornalistas[909].

A Entidade Reguladora da Comunicação Social refere-se ainda ao facto de o Estatuto do Jornalista acrescentar à responsabilidade penal e civil dos jornalistas um novo regime definido de forma imprecisa de «disciplinar». Com efeito, ao utilizar a expressão disciplinar, pretende-se antes falar de *responsabilidade deontológica*, por violação da moral profissional, sob tutela da própria classe, situação bem distinta das obrigações inerentes ao exercício do cargo e do posto de trabalho, da responsabilidade disciplinar, da alçada da entidade empregadora, conforme a definição do código de trabalho. Para além disso, o parecer considera que se acrescentam novas situações de «potencial incumprimento das obrigações inerentes aos cargos ou postos de trabalho confiados aos jornalistas, o que poderá fragilizar, relativamente a estes, as garantias constitucionais de liberdade de expressão e de independência»[910]. Esta questão parece tanto mais sensível, segundo ainda o documento, quanto o Estatuto não prevê iguais exigências do ponto de

---

por preocupação de síntese, em detrimento da sua expressão técnico-jurídica e, por vezes até, da sua coerência. Sobre este assunto veja-se as críticas de S. PINA, *A Deontologia dos Jornalistas Portugueses, op. cit.*, p. 62 e ss.

[909] CONSELHO REGULADOR, *Parecer Relativo ao Anteprojecto da Proposta de Lei que Altera o Estatuto dos Jornalista – Parecer 2/2006, op. cit.*, p. 17 (notas 20 a 23).

[910] *Ibid.*

vista das empresas, salientando que o «rigor da informação não deve assentar apenas na responsabilização dos jornalistas, alheando-se do contributo exigível à ética empresarial»[911]. Deste modo, a densificação das exigências deontológicas que decorrem da sua jurisdificação deveria ser acompanhada também do reequilíbrio das exigências feitas aos empresários de comunicação social, nomeadamente em matérias como o sensacionalismo, dependência perante os poderes político e económico (incluindo o publicitário), a proteção da imagem e da privacidade das pessoas e o respeito pela propriedade intelectual.

Uma das áreas onde é particularmente visível o efeito da incorporação dos princípios deontológicos no direito positivo tem a ver com o regime de sanções consagrado pelo Estatuto do Jornalista. Ao proceder-se deste modo, a legislação acaba por amalgamar normas com origem na «intersubjetividade e coercibilidade psicológica» com as provenientes da «intersubjetividade e coercibilidade material»[912], ou seja, confundindo a ética e a deontologia do jornalismo com o direito. Para a Entidade Reguladora da Comunicação Social, esta miscigenação levanta inclusivamente problemas de legitimidade na perspetiva do que deveria ser uma autorregulação dos jornalistas, mesmo quando atribuída à Comissão da Carteira Profissional, tanto mais que a sua legitimidade não resulta de um poder diretamente delegado pelos jornalistas. Quer a Entidade Reguladora da Comunicação Social quer o Sindicato dos Jornalistas consideraram que o modelo de representatividade introduzido pelo Governo em sede de Comissão da Carteira Profissional de Jornalista não corresponde ao princípio da autorregulação profissional, uma vez que metade dos profissionais ali presentes está, de facto, em representação dos empresários do setor da comunicação social. O Sindicato criticou a proposta do Governo, considerando que ela corria o risco de transformar a autorregulação num género espúrio, uma vez que o modelo permite a presença de equiparados a jornalistas, ou seja não profissionais. Nesse sentido, defendia-se que, pelo menos, no interior da Comissão da carteira profissional de Jornalista houvesse um colégio para fins disciplinares constituído apenas por jornalistas eleitos pelos seus pares[913], proposta que acabou por ser acolhida na versão final da lei.

---

[911] *Op. cit.*, p. 18.
[912] *Op. cit.*, p. 16.
[913] SINDICATO DOS JORNALISTAS, «Posição do Sindicato dos Jornalistas sobre a Proposta de Lei nº 76/X/1, que altera o Estatuto do Jornalista», Lisboa, 3 de julho de 2006, *in* URL: http://www.jornalistas.eu/getfile.asp?tb=FICHEIROS&id=211 (07/03/2009).

Finalmente, foi ainda questionada a possibilidade de o atual modelo criar conflitos positivos entre a área de atuação da Entidade Reguladora da Comunicação Social e as competências da Comissão da Carteira Profissional de Jornalista. Ainda que se pretenda que as competências da Entidade Reguladora incidam sobre os órgãos de comunicação social e as da Comissão da Carteira sobre os jornalistas, o parecer sublinha que existe o risco de sobreposição de áreas e, em consequência, riscos de contradição de apreciações. A este propósito, refere-se ainda que «a avaliação do rigor informativo está na base de qualquer juízo de valor que se possa fazer sobre condutas jornalísticas, não sendo aceitável que entidades diferentes possam dar origem a pronunciamentos contraditórios a respeito do mesmo assunto». Neste sentido, o documento sugere que se deveria devolver aos meios profissional e empresarial, pela via da autorregulação, aquilo que é o cerne da deontologia, enquanto expressão de uma consciência metajurídica, proveniente de dentro para fora do sistema mediático e em sentido contrário da proposta subjacente à iniciativa do governo[914].

Na realidade, a sobreposição de competências é ainda mais complexa se à Entidade Reguladora da Comunicação Social e à Comissão da Carteira Profissional de Jornalista acrescentarmos, igualmente, as competências do Conselho Deontológico, não existindo nada que delimite em matéria de deontologia as áreas de intervenção de uns e de outros, ou o que deve ser objeto da regulação, da corregulação ou da autorregulação. No caso em apreço, existe mesmo o risco de haver uma disparidade de decisões, descredibilizando o sistema[915].

---

[914] CONSELHO REGULADOR, *Parecer Relativo ao Anteprojecto da Proposta de Lei que Altera o Estatuto dos Jornalista – Parecer 2/2006, op. cit.*, p. 21.

[915] Arons de Carvalho, que participou na elaboração e discussão do atual edifício regulador, defende que a Entidade Reguladora da Comunicação Social não deve intervir nestas matérias. Embora admitindo que, quando se trata da apreciação por parte da entidade reguladora de matérias que têm a ver com o rigor jornalístico, nem sempre seja fácil estabelecer a fronteira entre o que é uma violação da lei e a sua componente ética, Arons de Carvalho sustenta que «em rigor, de facto, não compete à Entidade Reguladora entrar nesse domínio e, portanto, dir-se-ia que esse domínio está preenchido por duas entidades, uma das quais – o Conselho Deontológico – apenas abrange os sindicalizados» [Entrevista concedida no âmbito da presente investigação.]. Porém, a alínea d) do artigo 7º da Lei nº 53/2005, de 8 de novembro, que cria a Entidade Reguladora para a Comunicação Social, refere que está entre as suas atribuições «assegurar que a informação fornecida pelos prestadores de serviços de natureza editorial se pauta por critérios de exigência e rigor jornalísticos, efetivando a responsabilidade editorial perante o público em geral dos que se encontram sujeitos à sua jurisdição, caso se mostrem violados os princípios e regras legais aplicá-

4.2. "Disciplinar" a deontologia

A imposição de um regime de sanções em matéria de responsabilidade deontológica, previsto pelo Estatuto do Jornalista e pelos diplomas que regulam o funcionamento da Comissão da Carteira Profissional de Jornalista, nomeadamente o seu estatuto disciplinar[916], constitui, simultaneamente, mais um caso de jurisdificação da deontologia dos jornalistas e uma das suas consequências. Todavia, as sanções constituem um caso revelador do impasse e das contradições que a autorregulação dos jornalistas tem enfrentado no nosso país.

Para Vital Moreira, a autodisciplina é a capacidade de a organização profissional sancionar os seus membros pelas infrações cometidas, implicando a existência de sanções e de órgãos encarregados da sua aplicação[917]. Nas profissões onde a relação de confiança com os seus clientes é fundamental, é do interesse coletivo dos profissionais o estabelecimento de fortes exigências deontológicas, bem como de mecanismos de punição das infrações.

> «A lógica da autodisciplina está em supor que é do interesse da profissão punir os que prevariquem porque aumenta o crédito público da profissão e a confiança dos clientes nos serviços profissionais. A autodisciplina é o principal ativo do capital social da profissão. Uma profissão liberal sem disciplina profissional degrada o seu crédito social e prejudica gravemente o valor dos seus serviços. A autodisciplina profissional assenta, portanto, no interesse próprio»[918].

A grande questão que permanece em aberto em todo este debate tem a ver com a natureza disciplinar das sanções a aplicar: se sanções de natureza verbal e moral, ou se outras medidas mais punitivas. Para a distinção destas duas ordens de sanções seguimos o critério de Kelsen para quem «a sanção moral apenas consiste na aprovação da conduta conforme às normas e na desaprovação da conduta contrária às normas»[919] não tendo, por isso, o caráter coercitivo das penalidades do direito.

---

veis». Ora, no entender daquele organismo, isso afeta o próprio Estatuto do Jornalista, onde se encontram plasmados os deveres deontológicos.

[916] Aviso nº 23504/2008, publicado no *Diário da República* – 2ª série, nº 180, de 17 de setembro de 2008, pp. 39507 a 39510.
[917] V. MOREIRA, *Autorregulação Profissional e Administração Pública*, op. cit., p. 72.
[918] Vital MOREIRA, «A disciplina das profissões», *Público*, 16 de novembro, 2004.
[919] Hans KELSEN, *Teoria Pura do Direito*, Coimbra, Almedina, 2008, p. 72.

Estas duas dimensões estão presentes nas sanções previstas pelo Sindicato Nacional dos Jornalistas, em 1934. Recordamos que estamos a falar de uma estrutura que, no quadro corporativo da organização do Estado, tinha no seu seio funções de regulação, representação e defesa das relações laborais, dando-lhe o estatuto de organismos ou entidades de direito público[920]. Com efeito, antes do 25 de Abril, o Sindicato Nacional dos Jornalistas possuía um modelo misto de sanções morais e disciplinares, correspondendo as primeiras à censura e à advertência e as segundas às penas de suspensão da atividade e à expulsão da organização sindical. A suspensão da atividade e a expulsão do Sindicato representavam, no regime de representação corporativa, uma sanção com caráter penal, que se traduziam no impedimento efetivo do exercício da profissão. De facto, estamos a falar de uma instituição profissional de inscrição obrigatória que, para além disso, detém também o controlo do acesso à profissão, através da atribuição e renovação das carteiras profissionais.

O caráter sancionatório altera-se radicalmente com o fim do regime corporativo e o reconhecimento da liberdade de associação e da liberdade sindical. Já fizemos referência, no capítulo anterior, às consequências que a liberdade sindical e a liberdade de associação tiveram na lenta, mas progressiva, perda de representatividade do Sindicato dos Jornalistas, não obstante ele manter no seu interior as funções de regulação, de representatividade e de defesa das relações laborais que lhe advinham do Estado Novo. Ora, a liberdade sindical e de associação vem juntar às questões da natureza das sanções deontológicas, um dado novo, que tem a ver com a legitimidade do órgão sancionador e do efetivo alcance das suas decisões. Como já referimos, a Lei de Imprensa atribuiu ao Sindicato as funções de gestão da carteira profissional, a obrigatoriedade de instituir um Código Deontológico, bem como de estabelecer as garantias do respetivo cumprimento. Na verdade, o Código Deontológico de 1976 até dedicava o Capítulo II ao núcleo dessas garantias, onde se definia, no seu nº 2 «a aplicação das penalidades previstas nos Estatutos do Sindicato». Ou seja: a advertência, a censura, a suspensão até um ano e a demissão. Mas ao remeter para as sanções do Sindicato estava a fazer-se com que, em rigor, as sanções previstas fossem de natureza associativa e não propriamente profissional. Com efeito, embora o Sindicato tivesse poderes públicos para gerir o sistema de atribuição da car-

---

[920] M. PINTO, «Reestruturação sindical: tópicos para uma questão prévia», *Análise Social, op, cit.*, p. 718.

teira profissional dos jornalistas, as sanções mantinham-se no âmbito associativo, e não podiam ser aplicáveis aos não-sócios. Porém, mesmo no caso extremo de suspensão ou demissão dos sócios do Sindicato, estes não viam comprometido o exercício da profissão, uma vez que o processo de atribuição da carteira profissional é um processo autónomo, embora a sua responsabilidade estivesse cometida à estrutura sindical. Deste modo, a pena máxima prevista pelo Sindicato dos Jornalistas não era impeditiva que um jornalista sem escrúpulos continuasse a exercer a profissão. Se o jornalista em causa não fosse sócio do Sindicato a questão nem sequer se colocava, mas se o fosse bastaria que dele se desvinculasse. Ironizando, no caso de um sindicalizado expulso, a única sanção efetiva seria, para além da sua condenação moral, a isenção de pagar as cotas à estrutura sindical. Além disso, no caso em que apenas há lugar a uma advertência ou censura, o jornalista poderá sempre manifestar a sua discordância, retaliando com a decisão de pôr cobro ao seu vínculo de sócio. Isto significa, na prática, que as medidas suspensivas ou de irradiação dos jornalistas do Sindicato, no quadro da liberdade sindical e de associação, deixaram de ter um efeito penalizador, para passarem a ter uma dimensão de mera censura moral entre pares. Poder-se-á dizer que esta situação contrariava a Lei de Imprensa que impunha que os jornalistas se dotassem de mecanismos sancionatórios que garantissem o cumprimento dos seus deveres deontológicos, embora nada se dissesse, de facto, sobre a natureza dessas sanções. Mas, na realidade, o próprio enquadramento legal que decorria da liberdade de associação não era favorável a que o Sindicato dos Jornalistas criasse os mecanismos coercivos capazes de obrigar toda a classe. A este respeito, resta ainda saber se os jornalistas estavam interessados que isso assim sucedesse.

Mesmo numa análise superficial às intervenções dos jornalistas, nos três congressos até hoje realizados, não é difícil encontrar quem defenda a responsabilização deontológica dos jornalistas e, até, quem denuncie situações deontologicamente reprováveis. Porém, no que se refere às sanções, o 2º Congresso limita-as ao domínio moral, e o 3º Congresso fala apenas na necessidade de um órgão capaz de congregar todos os jornalistas em torno de questões fundamentais da deontologia profissional, «eventualmente com capacidade de sancionar aqueles que violem o Código»[921].

Pode dizer-se que a ideia de que a responsabilidade implica responsabilização é um lugar-comum entre os jornalistas, mas a forma de concretizar

---

[921] «Resolução», in AAVV, *3º Congresso dos Jornalistas Portugueses*, op. cit., p. 11.

essa responsabilização é uma questão bem menos consensual. Se é verdade que, como vimos, o 2º Congresso dos Jornalistas Portugueses consagrou o modelo das sanções morais, também não é menos verdade que as três propostas de revisão do Código Deontológico, apresentadas na altura, continham um capítulo dedicado às sanções[922].

Porém, a posição que tem imperado entre os jornalistas é a de que, de facto, a profissão não deve ter outras sanções que as morais. Curiosamente, o argumento utilizado por Vital Moreira para as imposições de penalidades é o mesmo utilizado pelos jornalistas rebatendo a sua necessidade: a questão da credibilidade. Com efeito, o pressuposto de que as sanções por infração das normas deontológicas devem restringir-se aos aspetos morais assenta na ideia de que um bom sistema de denúncia pública é suficiente para impor o respeito pelas regras de conduta dos jornalistas. A hipótese é a de que, num sistema onde a credibilidade tem um papel tão central no exercício da profissão, a sanção moral é suficientemente dissuasora das práticas jornalísticas irresponsáveis[923]. Foi com base nesse pressuposto que o Sindicato comentou o novo regime de sanções incluído na Proposta de Lei nº 76/X. O documento sublinha o facto de a proposta do novo diploma sobre o Estatuto do Jornalista introduzir o princípio da publicidade da sanção que não tem paralelo noutras profissões[924]. Ao mesmo tempo, expande o escrutínio público dos atos dos jornalistas já existente, através do direito de resposta, da livre expressão das suas opiniões nos *media*, do recurso às cartas dos leitores e à opinião dos provedores. Acrescenta, ainda, o Sindicato dos Jornalistas:

---

[922] Em todos os casos previam-se sanções que iam da repreensão do jornalista à cassação da carteira profissional. Mas, como se sublinhou anteriormente, as propostas levadas a Congresso não chegaram a ser objeto de discussão.

[923] Diz a este propósito Óscar Mascarenhas, ex-presidente do Conselho Deontológico: «(...) não é com normas que conseguimos transformar um malandro num ético. Pode-se amedrontá-lo um pouco mais, mas também se lhe aguça o espírito para ser mais malandro. Para cada norma há uma fuga. Por isso é importante que, para além das penalidades em que as pessoas podem ser castigadas ou não, haja um sistema que assente na credibilidade e na confiança que as pessoas têm ou não na mensagem que lhes transmitimos» [Entrevista concedida no âmbito da presente investigação.].

[924] Com efeito, o Estatuto dos Jornalista passou a prever, no nº 8 do art. 21º, que «esgotado o prazo de impugnação contenciosa, ou transitado em julgado o processo respetivo, a parte decisória da condenação é tornada pública, no prazo de sete dias e em condições que assegurem a sua adequada perceção, pelo órgão de comunicação social em que foi cometida a infração». Este procedimento vem, de alguma forma, retomar uma prática prevista anteriormente com as deliberações do extinto Conselho de Imprensa.

«Não se conhecem idênticas ou sequer próximas possibilidades de exposição pública em relação à sanção de atos de outros profissionais com responsabilidade pública. Em conclusão, a publicitação da sanção representa um castigo muito severo que convém não minimizar. Pelo contrário, deve ser tida em conta em particular por aqueles que reclamam sanções exemplares para os prevaricadores e que encontram aqui afinal um pelourinho único!»[925].

A defesa das sanções morais tem ainda como argumento o facto de ela se enquadrar num sistema legal mais vasto que não isenta os jornalistas de responsabilidade civil e criminal, nomeadamente nas questões mais graves resultantes da violação dos limites da liberdade de imprensa.

Para além disso, existe também o argumento de que não estamos perante uma profissão liberal, pelo que a responsabilização dos jornalistas não se pode colocar nos mesmo moldes do que em outras profissões com maior autonomia.

Finalmente, há ainda uma outra razão para a defesa das sanções morais ao nível da profissão: o da sua ineficácia quando aplicadas dentro do próprio sistema corporativo. Por exemplo, Daniel Reis, ex-presidente do Conselho Deontológico, não acredita na capacidade de os profissionais se sancionarem entre si, para além das advertências de caráter moral, pelo que um sistema independente de sanções, que preveja normas de caráter mais penalizador, deve estar a cargo de uma entidade externa à profissão para que seja imune aos vícios protetores das corporações.

Os que defendem um sistema mais exigente de responsabilização dos jornalistas ao nível da auto e da corregulação partem geralmente da ideia de que a coercibilidade é um elemento essencial para que haja uma sanção efetiva. Sem essa componente, os pressupostos éticos, deontológicos e de responsabilização profissional correm o risco de perder o seu poder orientador efetivo da ação perante a falta de escrúpulos de alguns profissionais.

O recurso a um sistema sancionatório coercivo tende a ser tanto maior quanto maior for também a sensação de ineficácia do sistema responsável por impor as sanções morais. Assim, aspetos como a inoperância dos órgãos de autorregulação, a excessiva complacência perante a violação das normas de conduta profissional, a inexistência de um papel crítico de caráter pró-ativo,

---

[925] SINDICATO DOS JORNALISTAS, «Posição do Sindicato dos Jornalistas sobre a Proposta de Lei nº 76/X/1, que altera o Estatuto do Jornalista», in URL, op. cit., pp. 29-30.

ou a falta de visibilidade pública dos casos objeto de reprovação são aspetos sensíveis que podem descredibilizar a autorregulação, com base em sanções morais, incentivando mecanismos de coercibilidade mais vigorosos.

Este argumento pode ser encontrado entre muitos defensores da Ordem dos Jornalistas, para quem a suposta multiplicação de casos polémicos na conduta profissional é motivo suficiente para justificar não só instituições de autorregulação fortes, como modelos sancionatórios com penalizações efetivas, para além das verbais, para antecipar uma terminologia utilizada por Vital Moreira, que será retomada mais adiante. Não será também por acaso que o tema da Ordem dos Jornalistas tem surgido de forma mais ou menos recorrente, quer quando, por más razões, o jornalismo se torna no centro do debate mediático[926] quer, ainda, quando o Governo tem atitudes consideradas invasivas da autorregulação dos profissionais[927].

Exemplo ilustrativo disto mesmo é o debate que Vital Moreira promoveu na imprensa, desde 1997, a este respeito. Vale a pena seguir essa discussão porque, na realidade, ela antecipou o modelo de regulação que acabou por se impor no domínio da deontologia do jornalismo. A sua posição de partida é a de que as sanções disciplinares em matéria de responsabilidade deontológica das profissões devem ter uma natureza penal e não apenas verbal, tendo em conta a defesa das próprias profissões, como é patente na seguinte citação:

> «Nem se diga que basta a responsabilidade criminal, civil ou laboral para sancionar tais condutas. Primeiro, com a mesma lógica, nenhuma profissão (advogados, médicos, etc.) precisava de uma deontologia disciplinarmente imposta, o que não sucede, como se sabe; segundo, essas formas de responsabilidade não excluem a responsabilidade deontológica, até porque esta pode existir sem aquelas; terceiro, enquanto aquelas formas de responsabilidade visam proteger interesses de terceiros, ou interesses gerais (caso da responsabilidade criminal), a responsabilidade deontológica visa proteger a própria dignidade e seriedade da profissão»[928].

---

[926] Foi o que aconteceu, por exemplo, a propósito da polémica suscitada pela revelação da fonte anónima que deu origem à informação do *Diário de Notícias* sobre a existência de um mandado de busca à Universidade Moderna (1999) ou o conflito entre o Conselho de Redação e a Direção de Informação da Lusa sobre alegadas cedências a pressões do Governo (2006).

[927] Como foi o caso do aparecimento do MIL – Movimento Informação e Liberdade, em 2007, considerado defensor de uma Ordem de jornalistas, para protestar contra o novo Estatuto do Jornalista, elaborado pelo Governo.

[928] Vital MOREIRA, «Indignação de opereta», *Público*, 10 de abril 2007, p. 37.

Da leitura dos textos sobre a autorregulação, a validade das normas deontológicas e o regime de sanções no jornalismo depreende-se que Vital Moreira tem uma visão jurisdificada da deontologia. Com efeito, já em 1997 – portanto, dois anos antes do Estatuto do Jornalista incorporar, pela primeira vez, os deveres previstos no Código Deontológico – defendia que as normas de conduta dos jornalistas deveriam ser densificadas, retirando-lhes o seu aspeto genérico e reforçando a sua força jurídica. Nesse sentido, preconizava que, a exemplo dos Estatutos de outras profissões, o Código Deontológico dos jornalistas fosse escrito em letra de lei. Também a exemplo do que acontece com as outras profissões, considerava não existir nenhuma razão válida para que não fossem previstas sanções adequadas para punir as violações. De acordo com a sua proposta, na altura, a solução do problema deveria passar pela criação oficial de uma Comissão de Deontologia Profissional que, conjuntamente com a Comissão da Carteira Profissional, a funcionar desde 1994, daria lugar a um organismo polivalente, o Conselho Nacional do Jornalismo[929].

Em 2005, quando o Estatuto do Jornalista havia já integrado uma parte substancial dos deveres previstos no Código Deontológico, Vital Moreira voltou a tratar a questão alertando para o facto de, apesar de a lei definir um conjunto de «deveres fundamentais» do jornalista, não existir ainda «nenhum mecanismo previsto para apreciar e punir as infrações dos mesmos». Deste modo, estaríamos perante uma «norma branca», sem sanção[930].

Para Vital Moreira, a situação dos jornalistas era um caso de verdadeira irresponsabilidade deontológica. Na sua opinião, se um jornalista inventa uma história que apresenta como verídica; se se apropria de um texto alheio; se defende um ponto de vista a soldo de interesses; se identifica crianças vítimas de abuso sexual; se explora o estado de crise psicológica de alguém para extrair depoimentos indignificantes; e se denuncia fontes a

---

[929] Segundo Vital Moreira, a composição do Conselho Nacional de Jornalistas não teria de ter uma representatividade idêntica à da Comissão da Carteira Profissional de Jornalista. Na sua opinião, ela poderia ser formada maioritariamente por jornalistas, eventualmente acompanhados por personalidades externas à profissão e presidida por um magistrado. A Comissão teria por atribuições legais a definição de um novo Código Deontológico e o julgamento e eventual punição das infrações de acordo com um quadro de sanções que poderiam ir desde a simples advertência até à suspensão ou cassação da carteira profissional, a exemplo do que acontece em outras profissões [V. MOREIRA, "Jornalismo de sarjeta" e autorregulação deontológica», *Público, op. cit.*].

[930] Vital MOREIRA, «Liberdade e responsabilidade», *Público*, 5 de julho, 2005, p. 9. Fala-se de «norma branca», ou «norma imperfeita» [Pedro EIRÓ, *Noções Elementares de Direito*, Lisboa, São Paulo, Verbo, 2008, p. 48.].

quem garantiu sigilo, é inaceitável que não seja sujeito a sanções deontológicas, para além das de caráter meramente moral[931]. Deste modo, as normas deontológicas deixam de ter força vinculativa, caso não estejam associadas a medidas sancionatórias[932]. Por medidas sancionatórias entende decisões punitivas de caráter socioprofissional, que não sejam de natureza de mera «censura verbal» e que não são consideradas como sanções efetivas. Vital Moreira vem, assim, propor novamente uma secção disciplinar dos jornalistas, mas, desta vez, com um âmbito mais restrito e a funcionar dentro da própria Comissão da Carteira Profissional de Jornalista[933]. De uma forma geral, as alterações introduzidas pelo Decreto-Lei nº 70/2008 de 15 de abril, que atribui novas competências à Comissão da Carteira Profissional de Jornalista, acabam por acolher as propostas de Vital Moreira sugeridas anos antes[934].

A imposição de um regime de sanções decorrente dos deveres dos jornalistas vem reforçar e aprofundar o que temos vindo a denominar por jurisdificação da deontologia. Na realidade, esse regime sancionatório é uma peça fundamental de um quadro de pensamento jurídico sobre a natureza das regras de conduta profissional dos jornalistas. Como admite Arons de Carvalho, a inclusão de sanções no Estatuto do Jornalista de 2007 é o corolário lógico da inclusão de deveres na lei[935].

Em 1999, o Sindicato dos Jornalistas terá considerado que a incorporação da deontologia na letra da lei era uma medida positiva que daria força aos deveres dos profissionais. Contudo, a situação evoluiu em 2007,

---

[931] V. MOREIRA, «Indignação de opereta», *Público, op. cit.*, p. 37.
[932] V. MOREIRA, «"Jornalismo de sarjeta" e autorregulação deontológica», *Público, op. cit.*
[933] V. MOREIRA, «Liberdade e responsabilidade», *Público, op. cit.*, p. 9. Esta posição será retomada dois anos mais tarde, em 2007, [V. MOREIRA, «Indignação de opereta», *Público, op. cit.* p. 37.].
[934] Não deixa de ser interessante recordar o que, nessa altura, defendia Vital Moreira: «Por minha parte, apesar de desde há muitos anos defender a responsabilização dos jornalistas pelas infrações profissionais, sempre me manifestei contra a criação de uma ordem profissional – aliás rejeitada num referendo à classe realizado há mais de uma década –, desde logo porque a considero desnecessária para desempenhar as únicas funções que a poderiam justificar, ou seja, as funções de regulação do acesso e do exercício da profissão. De facto, existindo já um mecanismo específico de regulação da profissão, esse quadro bem poderia ser aproveitado para lidar também com o ilícito disciplinar dos jornalistas. Aliás, se se quiser optar por uma solução de mais genuína autodisciplina, a competência poderia caber não à CCPJ em formação plena, mas sim a uma secção disciplinar específica composta exclusivamente pelos representantes dos jornalistas e pelo juiz presidente» [V. MOREIRA, «Liberdade e responsabilidade», *Público, op. cit.*, p. 9.]. Este foi precisamente o modelo consagrado com as alterações introduzidas em 2008.
[935] Entrevista concedida no âmbito da presente investigação.

quando se pretendeu efetuar a nova revisão do Estatuto que regula o exercício da profissão. Como vimos, o processo passou por uma densificação dos deveres dos jornalistas, marcado pela jurisdificação do Código Deontológico, ao qual se acrescentaram novos aspetos resultantes de uma certa apropriação da jurisprudência profissional, ainda não completamente consagrada em sede de autorregulação. Finalmente, incluíram-se as sanções, fechando-se, assim, de um ponto de vista do direito, um processo lógico: quem diz direitos, diz deveres e quem diz deveres diz sanções.

Com efeito, a decisão de introduzir um espaço para as sanções disciplinares profissionais vem justificada na Proposta de Lei como uma tentativa de suprir uma lacuna existente no ordenamento jurídico português, em matéria de responsabilização dos jornalistas pelo incumprimento dos «*deveres legais*». Sublinhe-se que já não estamos a falar de deveres deontológicos, mas simplesmente de lei. Acrescenta a este propósito a Proposta de Lei:

> «Na verdade, a apreciação da violação dos deveres legais e deontológicos dos jornalistas processa-se atualmente através do Conselho Deontológico do Sindicato dos Jornalistas. Ora, este, não obstante representar uma necessária instância de reflexão crítica sobre a conduta ética dos jornalistas, vê a sua esfera de atuação limitada por integrar uma associação profissional sem poderes sobre os jornalistas não associados.
>
> Pretendendo ultrapassar este vazio, optou-se por conferir à Comissão da Carteira Profissional de Jornalista, entidade pública independente composta por jornalistas experientes, designados em igual número pelas estruturas profissionais e patronais, e presidida por um jurista, competências para apreciar os casos de violação dos deveres legais dos jornalistas e para aplicar sanções ao seu incumprimento, com possibilidade de recurso, nos termos gerais, para os tribunais»[936].

Deve dizer-se, no entanto, que a versão final da lei acabou por reconhecer o papel das sanções morais, ao reduzir o peso das penalidades inicialmente previstas. Este processo representa um recuo do legislador face à Proposta de Lei 76/X que previa, no capítulo das sanções disciplinares resultantes da violação dos deveres do jornalista a repressão escrita, a multa pecuniária de 100 a 10 mil euros e a suspensão do exercício da atividade profissional até 12 meses. Na versão última da lei, foi retirada a multa pecuniária passando a constar a advertência registada, a repreensão escrita

---

[936] Proposta de Lei 76/X, pp. 4-5.

e a suspensão do exercício da atividade profissional até ao período máximo de um ano. Arons de Carvalho, que participou neste processo legislativo, refere a este propósito:

> «Penso que é mais eficaz uma decisão que seja obrigatoriamente divulgada pelo órgão de comunicação social onde determinada violação tenha sido praticada, pondo em causa um comportamento de um jornalista, do que uma multa de mil euros, ou outra coisa qualquer do género, em que a empresa pode facilmente pagar, mas mantendo a sanção escondida da opinião pública. Penso que a divulgação da sanção incomoda mais a comunicação social. Aliás, é o caso típico do Direito de Resposta. A meu ver, no Direito de Resposta, o que incomoda não é o espaço que o jornal tem que dar. O que incomoda é o jornal admitir que está a ser desmentido, que não disse a verdade toda ou que não disse nada de correto»[937].

4.3. A crítica ao modelo de uma deontologia jurisdificada

Não podemos deixar de concordar com o ponto de vista de Vital Moreira quando considera que não se devem deixar os casos de violação dos deveres de conduta profissional para o âmbito da responsabilidade criminal, civil ou laboral e que um regime de sanções profissionais desempenha um papel importante para a preservação do crédito social de uma profissão e do valor dos seus serviços. Com efeito, enquanto norma de moral profissional, consideramos que a deontologia está aquém e além do direito. Mas, por isso, talvez tenhamos também de rediscutir mais a fundo o papel das sanções. Dois aspetos da argumentação de Vital Moreira devem ser aprofundados. O primeiro tem a ver com a necessidade de debater o caráter penalizador das sanções morais no jornalismo; o segundo, que decorre do primeiro, prende-se com o facto de, neste debate, não podermos passar à margem dos problemas da regulamentação das questões relacionadas com a liberdade de imprensa e a liberdade de expressão.

Uma das críticas que se poderá fazer a Vital Moreira é o facto de desvalorizar a importância da crítica do jornalismo, nomeadamente dos pareceres do Sindicato dos Jornalistas, reduzindo-os a uma mera «censura verbal, por falta de sanções efetivas» com caráter facultativo. Na realidade, o Sindicato dos Jornalistas tem seguido o princípio geral de responder a todas as quei-

---

[937] Entrevista concedida no âmbito da presente investigação.

xas apresentadas àquele órgão[938], mesmo as referentes a jornalistas não sindicalizados. Esses pareceres têm um caráter público e são objeto de publicação no *site* do Sindicato dos Jornalistas. Por vezes, nomeadamente nos casos mais graves e polémicos, as decisões do Conselho Deontológico são objeto de tratamento por parte dos meios de comunicação, ampliando ainda mais o seu âmbito de discussão pública.

Já foi referido ao longo deste trabalho, mas talvez não seja demasiado sublinhar, que as sanções jurídicas não são necessariamente mais desfavoráveis para os infratores do que as sanções morais. Como sublinha Pedro Eiró, poderá ser bastante pior para um indivíduo a reprovação moral ou de exclusão social do que a aplicação de uma sanção compensatória ou mesmo a prisão efetiva. Tudo depende do teor da norma violada, da conduta violadora e do tipo de sanção aplicada, como ainda «as características próprias do agregado em que se verificou o comportamento do infrator e em que a sanção se vai aplicar»[939]. Esta visão reforça o ponto de vista dos que, no caso específico do jornalismo, defendem que a reprovação moral deveria funcionar como sanção suficiente, não devendo o Estado imiscuir-se na definição dos deveres ou no regime sancionatório da deontologia dos jornalistas.

Porém, analisada do ponto de vista do direito, a deontologia assemelha-se a uma "lei fraca", que só adquire eficácia quando encontra ancoragem em qualquer mecanismo que lhe dê força jurídica. No entanto, esta perspetiva corre o risco de não entrar em linha de conta com os problemas decorrentes da jurisdificação do Código Deontológico dos jornalistas, nomeadamente quanto às consequências da miscigenação entre as normas deontológicas e as normas jurídicas, questão que a própria Entidade Reguladora da Comunicação Social criticou, a nosso ver, de modo bastante oportuno.

Ao obliterarmos este facto, iludimos a discussão sobre o verdadeiro poder que o legislador passou a ter acerca da definição dos deveres dos jornalistas. A primeira iniciativa de verter na lei alguns princípios não sindicáveis da deontologia profissional contou com o apoio do Sindicato dos Jornalistas que viu nesse facto uma oportunidade de dar força jurídica às normas deontológicas. No entanto, com isso criou-se um precedente, dando ao legislador a possibilidade de incluir no seu conteúdo novos deveres e novas responsa-

---

[938] Caso excecional foi a interpretação feita durante as direções do Conselho Deontológico de Daniel Reis, segundo o qual as queixas dos cidadãos deveriam ser tratadas pelo Conselho de Imprensa, devendo o órgão de deontologia do Sindicato restringir-se aos conflitos entre jornalistas. Trataremos detalhadamente esta questão mais adiante.

[939] P. EIRÓ, *Noções Elementares de Direito, op. cit.*, p. 48.

bilidades ao arrepio da vontade dos profissionais. Na realidade, como verificámos anteriormente, o legislador considerou que deveria acrescentar aos deveres profissionais o respeito pela orientação e os objetivos definidos no estatuto editorial do órgão de comunicação social, a recusa de encenar ou falsificar situações com o intuito de abusar da boa fé do público e, mais recentemente, abster-se de participar no tratamento ou apresentação de materiais lúdicos, designadamente concursos ou passatempos, e em programas que incluam televotos. Não está aqui em questão a pertinência destas questões para a deontologia jornalística. O que está em causa é que estes pontos deixaram de ser objeto de um processo deliberativo e sufragado entre os profissionais, para ser, na melhor das hipóteses, o resultado de um processo negocial entre as estruturas representativas de classe e o Governo. Independentemente das boas razões que estiveram na base deste procedimento e das normas jurisdificadas, este caso demonstra bem como esta abordagem pode pôr em causa o princípio da autorregulação dos jornalistas, nomeadamente no que se refere à definição do seu código de conduta, e vai contra as recomendações geralmente aceites nas democracias ocidentais sobre o papel do Estado na regulação da ética destes profissionais. Se, até 1999, o Estatuto do Jornalista remetia a definição dos valores profissionais dos jornalistas para o Código Deontológico, aprovado pela classe, a partir de então, o legislador passou a prescrevê-los. É verdade que a jurisdificação da deontologia do jornalismo não é caso único em Portugal. No Cap. II, fizemos referência aos casos dos arquitetos, dos advogados, dos engenheiros, entre outros, cuja deontologia está incluída no Estatuto da respectiva profissão. No entanto, como refere Mário Mesquita, num comentário a um dos textos de Vital Moreira, a natureza profissional dos jornalistas é substancialmente diferente das profissões liberais organizadas em ordens. A natureza pluridisciplinar do jornalismo, as particularidades que resultam do facto de ser uma «profissão aberta» e, finalmente, a natureza imprecisa das regras deontológicas, na sua dimensão ética, pragmática e técnica, estão longe de permitir um fechamento do jornalismo semelhante ao conseguido por outras ordens e colégios profissionais. Estes aspetos tornam também particularmente problemática a adoção de um regulamento disciplinar com sanções juridicamente tuteladas, capazes de transformar a deontologia do jornalismo num «direito disciplinar», a exemplo do que acontece noutras profissões[940].

---

[940] M. MESQUITA, «Sobre a (in)disciplina jornalística», in *Jornalismo em Análise, op. cit.*, pp. 31 e 32.

Para além disso, a deontologia profissional não se faz nos estritos domínios do cumprimento das regras de conduta por parte dos jornalistas, sendo o seu comportamento ético induzido pelas próprias estratégias comerciais da empresa. Como nos refere, a este propósito, Arons de Carvalho:

> «Eu não creio – dando agora um exemplo infeliz – que os jornalistas do *Público* e do *Diário de Notícias* sejam melhores que os jornalistas do *24 Horas*. Podem ser mais qualificados uns que outros, mas do ponto de vista do cumprimento das regras éticas são idênticos. Por que razão no *24 Horas* há primeiras páginas, títulos e coisas que, muitas vezes, representam violações do Código Deontológico? Penso que isso é induzido pela prática comercial mais agressiva da empresa e o efeito do *tabloidismo* na comunicação social. Pensar que os erros de deontologia cometidos pelos jornais tablóides ou pelas revistas sociais são apenas fruto dos jornalistas é errado e é injusto. Porventura os maiores responsáveis são os diretores e os empresários que fomentam e instigam a prática desses delitos. Portanto, na autorregulação deve estar envolvido também o corpo administrativo das empresas»[941].

Finalmente – mas não por último –, ainda que a liberdade de imprensa não se possa confundir com a liberdade de expressão, pelas responsabilidades públicas inerentes ao tratamento dos acontecimentos e da informação, não deixamos de estar perante um domínio extremamente escorregadio, onde a legitimidade do legislador e o seu poder de definir as responsabilidades do jornalismo e dos jornalistas não pode deixar de se questionar, podendo transformar-se num instrumento condicionador da liberdade de imprensa.

É certo que a liberdade de imprensa encontra os seus fundamentos numa conceção positiva da liberdade dos jornalistas, justificando uma maior intervenção do Estado na regulação dos *media*. Contudo, a legitimidade dessa intervenção advém-lhe não apenas do poder legislativo e da co-relação de forças políticas do momento, mas também de um esforço de consensualização normativa capaz de mobilizar igualmente os intervenientes dos diferentes setores da atuação, nomeadamente, no caso pendente, os jornalistas, os empresários e o público. Neste, como em outros casos, também consideramos que o jornalismo é demasiado importante para ficar entregue apenas a jornalistas. Isto não significa, no entanto, que se possa

---

[941] Entrevista concedida no âmbito da presente investigação.

limitar o espaço de intervenção dos profissionais de informação, num domínio sujeito a tantos condicionalismos e especificidades.

Porém, esta crítica não põe completamente em causa os posicionamentos de Vital Moreira, sobretudo se tivermos em conta a deterioração dos mecanismos de auto e corregulação existentes no jornalismo em Portugal, conforme temos vindo a constatar, ao longo destes dois últimos capítulos. Como referimos no Cap. II, a deontologia sem autorregulação de pouco mais serve do que de argumento simbólico e retórico. É perante a necessidade de pôr cobro a essa retórica, sem consequências práticas, que a intervenção estatal se poderá justificar. Com efeito, se o Estado se confronta com um problema de legitimidade, também tem de ter em conta as questões de eficácia. Este tem sido um dos argumentos fortes da intervenção dos governos nas questões da comunicação social e da regulação da profissão dos jornalistas. Augusto Santos Silva, ministro dos Assuntos Parlamentares que tutelou a pasta da Comunicação Social, até outubro de 2009, defendeu a necessidade de um reforço dos poderes de regulação do Estado como forma de obrigar os órgãos de informação a interpelarem-se a si mesmos e a serem interpelados a partir do conjunto dos cidadãos. Para aquele então membro do governo, tratava-se de combater o «libertarismo ideológico e o orgulho profissional» dos jornalistas, bem como o liberalismo económico dos empresários, através dos deveres do Estado e dos instrumentos de regulação ao seu dispor, com vista a articular os direitos de liberdade de expressão e de imprensa com os restantes direitos, liberdade e garantias pessoais. Deste modo, o endurecimento dos poderes reguladores surge como uma resposta à evolução patente, sobretudo, na informação da televisão generalista e da imprensa tablóide que, segundo ainda Augusto Santos Silva, vêm sistematicamente «sacrificando e sacrificando tantos direitos de personalidade», nomeadamente os referentes à imagem, à palavra, à privacidade, entre outros[942].

Neste contexto, importa analisar o papel que, a partir de 1974, os jornalistas desempenharam na organização da sua autorregulação.

---

[942] Sobre este assunto veja-se Augusto Santos SILVA, «A hetero-regulação dos meios de comunicação social», *Comunicação e Sociedade* («A regulação dos *media* em Portugal»), *op. cit.*, pp. 15-27.

5. O exercício da autorregulação do Conselho Deontológico do Sindicato dos Jornalistas

A abordagem que temos vindo a fazer ao longo destes últimos dois capítulos não ficará completa enquanto não procurarmos compreender como é que os jornalistas exerceram a sua autorregulação profissional. Para respondermos a este desiderato, procurámos fazer um levantamento da atividade do Conselho Deontológico do Sindicato dos Jornalistas, o órgão que, até pelo menos aos anos mais recentes, melhor se enquadra no conceito de autorregulação socioprofissional. Apesar de estarmos a falar de uma associação privada, o Sindicato dos Jornalistas continua a ser a principal instituição representativa dos profissionais da informação, não obstante a perda de poderes com que se tem confrontado nos últimos anos, agravada também pela sua perda de representatividade.

5.1. Deontologia e história do jornalismo em Portugal

A atividade do Conselho Deontológico não deixa de exprimir o sentido dos acontecimentos políticos, económicos e sociais do país que afetam o jornalismo. Deste modo, no período entre 1974 e 1975, as questões aparecem dominadas pela preocupação relacionada com a averiguação de jornalistas suspeitos de colaboração com o antigo regime, sem que, pelos registos do Conselho Deontológico, se chegasse a qualquer conclusão a esse respeito. O mandato de 1975 a 1977 registou uma fraca atividade, impedindo-nos de retirar conclusões. No entanto, os que se lhe seguiram denotam a presença de um período de grande conflitualidade entre jornalistas, resultante da intensa atividade política da altura e que perdurou, de uma forma notória, até meados da década de 80. Este período coincide também com o encerramento de inúmeros jornais opinativos e de tendência, na linha, de resto, de uma tradição ideológica e literária do jornalismo português[943].

O final da década de 70 é também marcado pelo lançamento das bases da regulação da profissão que, como vimos no capítulo anterior, concede ao Sindicato dos Jornalistas particulares responsabilidades na gestão da carreira e do título profissional dos jornalistas.

A segunda metade da década de 80 acentua as tendências que punham em causa o domínio do jornalismo ideológico e literário. Encerram o sema-

---

[943] Mário MESQUITA, «O universo dos *media* entre 1974 e 1986», in António REIS (coord.), *Portugal 20 Anos de Democracia*, Lisboa, Círculo de Leitores, 1994, p. 388.

nário *O Tempo* e *O Diário* (1990)[944]. Inicia-se então uma década de importantes transformações no campo mediático nacional: a privatização dos jornais detidos pelo Estado; o aparecimento de novos jornais de referência e populares; a emergência da imprensa económica e o aparecimento de títulos dedicados a públicos específicos, segundo o sexo, a idade, o estatuto socioprofissional, etc.; a entrada de operadores privados de rádio e da televisão; e a criação da rede de cabo. Nesta altura, fazem-se sentir já os efeitos da chegada dos primeiros licenciados em cursos das áreas do jornalismo e da comunicação social, muitos deles desprovidos do espírito reivindicativo que caracteriza os jornalistas mais velhos[945]. No domínio da propriedade, assiste-se à retirada do Estado do controlo das empresas de comunicação social, reduzindo a sua presença ao serviço público de rádio e televisão. Esta fase é claramente marcada pela imposição das lógicas do mercado e da informação espetáculo às empresas de comunicação[946]. Para isso terá contribuído o efeito de arrastamento provocado pela agressividade comercial das televisões privadas[947], apostadas em práticas mais próximas dos valores da comunicação do que dos da informação jornalística[948], fazendo com que, «ressalvadas honrosas excepções, a deontologia, como tantas outras coisas, [fosse] arrumada na gaveta»[949].

Num primeiro momento, os jornalistas reagem negativamente às consequências deste jornalismo concorrencial e sensacionalista. Nisso, são acompanhados também por um crescendo de queixas provenientes dos cidadãos, regra geral, as principais vítimas destas abordagens informativas, aparentemente mais apostadas em privilegiarem a proximidade do que a informação considerada importante. Em reação a este contexto, na ata nº 1, de 12 julho de 1993, o Conselho Deontológico define, no início de um novo mandato, que procurará «atuar, preferentemente, por antecipação às grandes questões, ou em reflexão posterior e mais generalizada, em vez de censura pública a casos pontuais de violação do Código Deontológico». Nesse

---

[944] António REIS e José Manuel NUNES, «Breve síntese sobre a evolução dos *media* no período 87-94», in António REIS (coord.), *Portugal 20 Anos de Democracia, op. cit.*, p. 396.

[945] José REBELO, «Le processus de concentration des médias au Portugal», *Arquivos do Centro Cultural Calouste Gulbenkian* («Communication»), vol. XLI, Lisboa, Fundação Calouste Gulbenkian, 2001, p. 106.

[946] *Op. cit.*, p. 110.

[947] M. MESQUITA, *O Quarto Equívoco, op. cit.*, p. 231.

[948] *Op. cit.*, p. 267.

[949] *Op. cit.*, p. 237.

sentido, fala-se na necessidade de se organizar um colóquio sobre os problemas decorrentes da crescente concorrência entre os órgãos de comunicação, nomeadamente o progressivo «comércio das lágrimas». A este propósito, uma das queixas efetuadas por quatro jornalistas contra a SIC afirmava: «O aparecimento de cadeias privadas de televisão e o espírito de competição que daí decorreu tem levado os vários canais a cada vez mais atropelos da deontologia da profissão», adiantando que as regras técnicas e formais do discurso jornalístico começam a assemelhar-se ao «discurso propagandístico, publicitário»[950], uma expressão que será retomada pelo próprio Conselho Deontológico no seu parecer final sobre o assunto[951].

Finalmente, a extinção, em 1990, do Conselho de Imprensa, marca o início de um conjunto de alterações no modelo regulatório em Portugal. Uma das consequências dessa medida faz com que se extinga também um espaço habitual utilizado pelos cidadãos para apresentação de queixas ou a solicitação de pareceres sobre a conduta profissional dos jornalistas, tanto mais que a Alta Autoridade para a Comunicação Social, que substituiu o Conselho de Imprensa, não tinha competências nesta matéria. Esse aspeto reflete-se no facto de começarem a chegar ao Conselho Deontológico inúmeras queixas e pedidos de parecer sobre a conduta dos jornalistas efetuados por cidadãos e instituições exteriores ao jornalismo. Este facto poderia ter funcionado como a oportunidade decisiva para a afirmação da autorregulação dos jornalistas procurando-se impor o Conselho Deontológico como o organismo natural para desempenhar essas funções. Daniel Reis reconhece que se tratou de uma «oportunidade perdida». Recorda que se o Conselho Deontológico se tivesse pronunciado sobre as queixas do então vice-presidente do Grupo Parlamentar do PSD, Rui Carp, e do então ministro Braga de Macedo contra *O Independente*, de forma pública e fundamentada, «criando um corpo teórico para agir», e se essa decisão tivesse sido aceite pela generalidade dos jornalistas, ter-se-iam criado as condições para afirmar e consagrar a autonomia do Conselho Deontológico na lei. Com efeito, para além de tirar partido do pesar causado pelo fim do Conselho de Imprensa, os jornalistas estavam relativamente mobilizados, em con-

---

[950] Documento de 16 de novembro de 1993, apenso à 4ª Ata do Conselho Deontológico, de 13 de dezembro de 1993.
[951] Parecer identificado como «Caso Veiga Pereira & Outros *vs*. SIC/Debate autárquico», de 29 de dezembro de 1993.

sequência dos debates em torno dos Estatutos, do Código Deontológico e da Ordem dos Jornalistas.

Porém, havia razões ponderosas de ordem logística importantes. Para Daniel Reis, o Sindicato de Jornalistas não tinha condições para, por si só, sustentar uma estrutura capaz de se substituir ao Conselho de Imprensa.

«O Sindicato tem condições para sustentar uma estrutura destas? Não tem. Teríamos que ter sob contrato um especialista em direito da informação, que ficaria caro. Se o Sindicato se pusesse a alavancar um Conselho destes teria que ser bem pensado e bem feito. Tinha de criar as condições que garantissem que, quando se pronunciasse, era ouvido. Talvez se pudesse chegar ao ponto de o Estado lhe dar poderes públicos. Nem sei se isto que eu estou a dizer, e que nós sentimos na altura, se poderia concretizar. Mas, confesso sinceramente, sentimos que poderíamos ir longe»[952].

Em vez disso, e talvez também por tudo isso, o Sindicato dos Jornalistas continuou a apostar na criação do Conselho de Imprensa privado. A razão pela qual o fez diz muito da conceção dos jornalistas portugueses sobre a autorregulação. Como se verá, mais adiante, apesar de o Conselho de Imprensa não poder ser entendido como um órgão de autorregulação, em sentido restrito, foi sempre considerado pelos jornalistas como um dos seus pilares fundamentais.

5.2. A lenta, mas progressiva, abertura ao público

Os estudos que realizámos incidiram sobre 390 Atas do Conselho Deontológico, com respetivos documentos apensos, referentes ao período que decorreu entre junho de 1974 e maio de 1994. A partir dessa altura, o Conselho Deontológico deixou de registar em ata as suas reuniões, estando disponíveis os documentos referentes a pareceres, recomendações, comunicados e algumas cartas num total de 118 outros documentos. Como já tivemos ocasião de referir, para além das questões relacionadas com a conduta profissional dos jornalistas, uma das grandes responsabilidades do Conselho Deontológico foi, até 1993, o da credenciação dos jornalistas com o respetivo título profissional.

Quanto às questões de natureza deontológica, que serão objeto particular da nossa análise, identificámos 200 casos que organizámos por 15

---

[952] De acordo com entrevista concedida no âmbito desta investigação.

categorias[953]. Destes 200 casos 13 não foram, por diferentes razões, objeto de tratamento por parte do Conselho Deontológico. A este número há ainda a acrescentar muitas outras situações que têm um valor mais estatístico do que analítico. Em causa estão casos em que pouco mais sabemos do que a sua existência, uma vez que não há registos da sua conclusão, se é que ela alguma vez existiu (33), ou sequer sobre o que tratavam (12).

Da análise global dos casos, vários aspetos podem, desde já, ser postos em evidência. Em primeiro lugar, o facto de o total de 200 casos registados durante os 33 anos da nossa análise representar um número relativamente baixo de queixas[954]: cerca de seis por ano. Em segundo lugar, destaca-se o facto de existir uma grande disparidade no número de queixas efetuadas ao longo do tempo, assumindo particular relevo os mandatos de 1975-1977, 1979-1981, 1987-1989, com uma quantidade de registos particularmente baixa, como se pode verificar pela leitura do gráfico seguinte.

---

[953] Na nossa análise, constituímos dois grandes grupos de categorias: um referente a casos que têm a ver com direitos dos cidadãos; o outro relacionado com problemáticas socioprofissionais. Fora destes dois grupos ficou uma terceira categoria, que se relaciona com casos que, tendo sido objeto de registo, não o foram de modo a poderem ser identificados e classificados. Para além disso, tendo em conta a grande dispersão e sobreposição de temas ao longo dos últimos 33 anos, tivemos a preocupação de criar grupos de categorias que abrangessem famílias de casos, tendo em conta a sua proximidade. A nossa classificação teve ainda a preocupação de atender à forma como as queixas são colocadas ao Conselho Deontológico e o tratamento que lhes é dado por este órgão. Assim, por exemplo, existem questões que, do nosso ponto de vista, têm a ver com a independência dos jornalistas, mas que são formuladas em termos de incompatibilidades. Outras há, ainda, que dificilmente estariam dentro das questões de natureza deontológica, mas o certo é que elas são tratadas como tal, como é o caso das suspeitas de colaboração com o antigo regime. Nestas situações, seguimos sempre a abordagem dada pelo Conselho Deontológico.

[954] Os casos por nós identificados podem não representar a totalidade das intervenções do Conselho Deontológico. Esse facto pode ter a ver com aspetos pontuais relacionados com a organização ou extravio da documentação.

GRÁFICO II
Números de casos analisados por mandatos do Conselho Deontológico

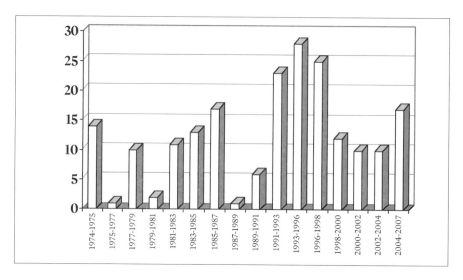

De forma geral, esta situação ter-se-á ficado a dever ou à inércia[955], ou ao facto de o Conselho Deontológico se ter ocupado de outros assuntos referentes à organização[956] e gestão dos processos de atribuição e renovação profissional. Obviamente que a estas explicações não serão também alheias as próprias idiossincrasias resultantes da liderança e composição de cada um dos Conselhos Deontológicos[957].

Estes aspetos não parecem perturbar os dados que, regra geral, reforçam a análise que temos vindo a fazer até aqui sobre os problemas e os desafios

---

[955] No mandato de 1975 a 1977 existe apenas registo de nove reuniões do Conselho Deontológico.

[956] Como é o caso das habilitações requeridas para o exercício da profissão, a definição do regime de *freelance*, o estatuto dos "jornalistas" a trabalharem em boletins sindicais, a definição do que deve ser entendido por «empresa jornalística», a apreciação do projeto de Regulamento da Carteira Profissional, a apreciação de diversos diplomas legais, etc.

[957] Por exemplo, o mandato de 1981-1983 foi o que teve mais reuniões, um total de 63. Ribeiro Cardoso explica que o Conselho Deontológico era composto por jornalistas afetos ao Partido Comunista Português, no seio do qual existia um forte espírito obreirista e voluntarista, justificando, assim, o intenso trabalho realizado nessa altura. A lista vencedora nestas eleições foi constituída em cima do prazo limite para a apresentação das candidaturas aos órgãos sociais do Sindicato dos Jornalistas [Segundo relato de Ribeiro Cardoso em entrevista concedida no âmbito da presente investigação.].

da autorregulação dos jornalistas em Portugal. Os dados gerais mostram-nos quanto – até pelo menos ao início da década de 90 – a autorregulação dos jornalistas é fundamentalmente autocentrada: de jornalistas, por jornalistas e para jornalistas. Com efeito, a intervenção de cidadãos e de instituições da sociedade organizada é inexistente até 1983. As três participações registadas no período de 1974/1975 resultam de iniciativas do Grémio Nacional da Imprensa Diária[958], uma organização, que não sendo de jornalistas, representa as empresas da comunicação social. As outras duas participações resultam de esclarecimentos pedidos pela Comissão de Extinção da Ex-PIDE/DGS, no âmbito da investigação sobre a colaboração de jornalistas com a polícia política. Trata-se, pois, de questões que poderemos considerar circunstanciais, sem nenhuma expressão sobre a existência de uma verdadeira agenda resultante da intervenção de instituições e de cidadãos preocupados com o papel dos *media* e dos jornalistas na vida pública.

Ainda que com pouca expressão, esta componente começa a manifestar-se, efetivamente, a partir de 1983, altura em que cidadãos e organizações exteriores aos jornalistas começam a fazer chegar ao Conselho Deontológico, de forma lenta, mas progressiva, as suas queixas e pedidos de parecer. A primeira iniciativa deste género, registada neste período, diz respeito a uma queixa do Instituto Português de Cinema sobre uma questão de falta de rigor da informação e de não audição de uma das partes com interesses atendíveis, a propósito de uma notícia do jornal *Sete*. No mandato seguinte (1985-1987), um cidadão queixou-se sobre o direito de resposta, negado por um órgão de comunicação social. Também duas estruturas sindicais se queixaram sobre casos distintos, relacionados com o tratamento informativo, desacatos e perturbações provocados por jornalistas, durante a realização de conferências de imprensa. O último caso refere-se a um pedido de esclarecimento da administração do *Diário de Notícias*, questionando o envolvimento político de um jornalista que participa numa campanha eleitoral.

Estes raros casos prepararam a viragem que se registará no período de 1991 a 1998. Como se poderá ver no Gráfico III, os casos registados pelo Conselho Deontológico, resultantes de iniciativas de pessoas e instituições não diretamente ligadas à profissão, mais do que duplicam relativamente aos períodos anteriores, revelando uma tendência de estabilização entre as cinco e as dez queixas nos mandatos seguintes. Esta mudança dá início a

---

[958] Em causa está a verificação de uma situação de incompatibilidade no exercício da profissão.

uma tendência, a nosso ver, qualitativamente mais significativa a partir de 1998-2000: pela primeira vez, as queixas provenientes do público passam a determinar as intervenções do Conselho Deontológico[959]. Essa tendência aconteceu em três dos últimos quatro mandatos e só foi interrompida entre 2002-2004. Neste biénio, registaram-se vários escândalos públicos, alguns dos quais originaram diversos pareceres e comunicados do próprio Conselho Deontológico, como são exemplo os casos de pedofilia na Casa Pia e a defesa do sigilo profissional do jornalista Manso Preto.

Obviamente que a presença do público reflete também alterações do quadro regulador da comunicação no nosso país. O mais significativo deles tem a ver com a extinção do Conselho de Imprensa, em 1990, e a criação da Alta Autoridade para a Comunicação Social. Este acontecimento é verdadeiramente marcante da autorregulação dos jornalistas, em particular, e do setor da comunicação social, em geral, como procuraremos demonstrar mais à frente. Para já, limitar-nos-emos a recordar que a criação da Alta Autoridade para a Comunicação Social não representou uma efetiva substituição das funções do Conselho de Imprensa.

GRÁFICO III
Evolução dos casos registados no Conselho Deontológico, segundo a sua proveniência (público/jornalistas)

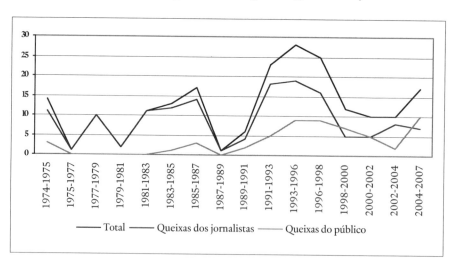

[959] Embora não entre no período da nossa pesquisa, essa tendência voltou a confirmar-se durante o período posterior, entre 2007 e 2009.

Na realidade, estamos perante um novo organismo com poderes de regulação do setor, deixando de lado o grosso das questões referentes à deontologia e às queixas dos cidadãos contra jornalistas. Esse facto fez com que, durante algum tempo, o Conselho Deontológico passasse a ser o único lugar, para além dos tribunais, onde as instituições e os cidadãos poderiam apresentar as suas queixas ou pedir pareceres acerca do comportamento deontológico dos profissionais da informação.

Segundo se pode perceber da reação do Conselho Deontológico, as queixas dos cidadãos impuseram-se como um dado relativamente novo, que só mais tarde acabou por ser assumido por aquele órgão de autorregulação dos jornalistas como um facto consumado, embora sem uma verdadeira reflexão sobre as suas implicações. Com efeito, apesar de, em 1990, se terem mudado os Estatutos do Sindicato dos Jornalistas, eles não são suficientemente claros nesta matéria. Assim se a alínea b) do art. 43º refere que compete ao Conselho Deontológico «analisar todos os casos de infração ao Código Deontológico, aos Estatutos do Sindicato, ao Estatuto do Jornalista e ao Regulamento da Carteira Profissional», a alínea seguinte afirma que se encontra dentro do domínio das suas funções «elaborar estudos, informações ou pareceres que lhe sejam solicitados pela Direção, ou outro órgão do Sindicato, bem como por qualquer jornalista», excluindo, deste modo, o cidadão comum.

Este facto justificou que, entre 1991 a 1996, período referente a dois mandatos consecutivos presididos pelo jornalista Daniel Reis, o Conselho Deontológico fosse entendido como um órgão de autorregulação de jornalistas e para jornalistas, uma interpretação que explica vários arquivamentos de queixas apresentadas por cidadãos. Em dois desses arquivamentos, Daniel Reis chega a afirmar, em resposta a pareceres pedidos pelo advogado Carlos Olavo e o deputado Rui Carp, que o «Sindicato dos Jornalistas (...), sem abdicar da sua independência estatutária e do seu direito de iniciativa para apreciar as questões gerais da Comunicação Social, deve fundamentalmente pronunciar-se sobre (e arbitrar) questões colocadas pelos jornalistas»[960]. A leitura que se faz da situação é a de que a componente

---

[960] Segundo Parecer/carta do Conselho Deontológico, em resposta a uma solicitação do advogado Carlos Olavo, de 17 de maio de 1993. Esta posição é reafirmada num outro Parecer do Conselho Deontológico, anunciando o arquivamento de uma queixa apresentada por Rui Carp, então vice-presidente do Grupo Parlamentar do PSD. De tal forma é a exceção no tratamento da queixa que o Conselho Deontológico parece resguardar-se numa atitude de cortesia para justificar o seu parecer, tendo em conta a «permanente disponibilidade» manifestada pelo deputado em cumprir

pública da autorregulação virada para a resposta aos cidadãos, e não estritamente voltada para uma abordagem corporativa das questões profissionais, é inexistente, ou que, pelo menos, ficou órfã com a extinção do Conselho de Imprensa, instituição que, segundo o Conselho Deontológico, deveria acolher as queixas dos cidadãos. Por isso, os documentos em causa dão conta de várias iniciativas levadas a cabo pelo Sindicato junto de empresários e políticos para constituir um «Conselho de Imprensa privado», de modo a colmatar aquela que é considerada uma «lacuna no ordenamento da Comunicação Social», apelando-se quer a Carlos Olavo quer a Rui Carp que apoiassem também essa iniciativa.

Não podemos dizer com certeza que esta abordagem fechada de uma autorregulação dos jornalistas resulta de uma prática institucionalizada do Conselho Deontológico. No período anterior, o Conselho Deontológico respondeu a queixas apresentadas por pessoas e instituições exteriores à profissão. No caso concreto de uma queixa apresentada pelo então presidente da Câmara Municipal de Lisboa, Jorge Sampaio, contra o *Independente*, agradece-se mesmo o gesto de reconhecimento da autoridade do Conselho Deontológico, implícito no recurso àquele órgão do Sindicato dos Jornalistas[961]. Por seu lado, Ribeiro Cardoso, presidente do Conselho Deontológico durante o período de 1981-1983, refere que não se lembra de alguma vez ter entrado alguma queixa proveniente de pessoas ou instituições exteriores à profissão[962], mas acrescenta que, em seu entender, se tal acontecesse, «nada impedia que [ela] fosse estudada, porque tinha a ver com o comportamento dos jornalistas»[963]. Estes aspetos reforçam o nosso ponto de vista segundo o qual a ideia de que o Conselho Deontológico seria um órgão de jornalistas para tratar de assuntos entre jornalistas não se alicerçava numa prática assumida de forma clara, embora ela pudesse decorrer da

---

a exigência devida aos «homens públicos (...) para prestar informações e esclarecimentos de "incontestável interesse público", pedidos pelos jornalistas». E acrescenta-se: «Só por isso e pela consideração pessoal que o deputado e vice-presidente do Grupo Parlamentar do PSD nos merece, o Conselho Deontológico tomou essa resolução» [Segundo Parecer/carta do Conselho Deontológico, em resposta a uma solicitação do deputado Rui Carp, de 15 de abril de 1993.].

[961] Diz o Parecer, no seu ponto 8º e último: «À margem deste parecer, mas a propósito da sua solicitação, entende o Conselho Técnico e de Deontologia do Sindicato dos Jornalistas registar com vivo apreço o reconhecimento, pelo Senhor Presidente da Câmara Municipal de Lisboa, de que é instância competente e credível para se pronunciar acerca de questões deontológicas envolvendo os jornalistas portugueses» [Parecer de 30 de julho de 1990].

[962] O levantamento das queixas efetuadas durante este período confirma isso mesmo.

[963] Entrevista concedida no âmbito da presente investigação.

leitura dos estatutos do Sindicato. Também convém sublinhar que a fraca expressão das queixas apresentadas por cidadãos ou instituições exteriores à profissão, verificada até ao período de 1991-1993, fez com que essas queixas nunca fossem sentidas de uma forma problemática. Só o aumento do número de queixas permitiu ao Conselho Deontológico tomar consciência deste facto novo; e quando o problema se colocou de forma incontornável, o Conselho Deontológico respondeu com uma leitura restritiva dos Estatutos do Sindicato, mantendo a autorregulação no seu casulo.

Situação bem diferente foi a que se verificou nos anos seguintes. Durante as presidências consecutivas de Óscar Mascarenhas, o Conselho Deontológico aceitou dar atendimento a queixas e solicitações provenientes de fora do campo socioprofissional. A decisão foi entendida como uma função normal de um órgão que, de acordo com Óscar Mascarenhas, deveria proporcionar ao público um critério de escrutínio que lhe permitisse diferenciar os bons dos maus jornalistas. Porém, quando insistimos em saber se esta nova posição foi discutida internamente, o então presidente do Conselho Deontológico é perentório ao afirmar que isso nem sequer «passou pela cabeça» dos membros daquele órgão:

> «Tenho até impressão que nem sequer sabíamos que não eram aceites queixas do público. Fiquei até surpreendido com o que me contou agora. Nunca me passou pela cabeça que fosse possível que um Conselho Deontológico não aceitasse queixas que viessem de fora da classe dos jornalistas»[964].

O que, desde 1996, passou a ser uma prática comum dos sucessivos conselhos deontológicos, acabou por receber uma consagração clara, apenas com os novos Estatutos de maio de 2009, em que se refere que compete ao Conselho Deontológico «elaborar e promover estudos, dar pareceres e fazer recomendações, de sua iniciativa ou que lhe sejam solicitados pelos diferentes órgãos do Sindicato, por jornalistas ou por qualquer outra entidade pública ou privada, sobre questões éticas e de deontologia da profissão»[965].

5.3. Decréscimo progressivo dos temas de caráter socioprofissional

A crescente intervenção do público junto do Conselho Deontológico, apresentando queixas e solicitando pareceres, implicou também uma alteração

---

[964] Entrevista concedida no âmbito da presente investigação.
[965] *Estatutos do Sindicato dos Jornalistas*, alínea b) do art. 40º. *Boletim do Trabalho e Emprego*, nº 20, vol. 76, de 29 de maio de 2009.

importante da agenda do Conselho Deontológico. Com efeito, desde 1974 que os temas relacionados com os interesses profissionais vão decrescendo de importância face ao aparecimento de temáticas mais próximas dos cidadãos. Esse aspeto foi-nos revelado quando procurámos distinguir as queixas, pareceres e intervenções que considerámos dizerem respeito a princípios referentes a direitos dos cidadãos daqueles que eram relacionados com os interesses profissionais dos jornalistas[966].

GRÁFICO IV
Questões socioprofissionais: comportamentos, incompatibilidades, fontes, independência, plágio, censura

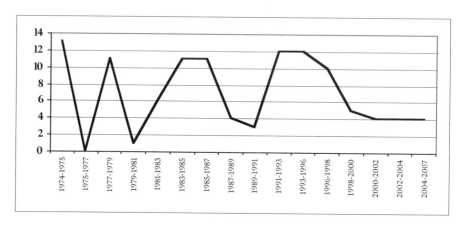

[966] Integrámos nos temas de interesse socioprofissional as categorias: censura, liberdade de expressão, liberdade de imprensa e acesso à informação; comportamento socioprofissional dos jornalistas; estatuto de independência dos jornalistas, dos comentadores e dos órgãos de comunicação; fontes de informação; incompatibilidades com o exercício da profissão; plágio e direitos de autor. Obviamente que as questões de censura e liberdade de expressão não podem ser entendidas como questões respeitantes unicamente a jornalistas. Mas o certo é que nas queixas efetuadas ao Conselho Deontológico elas são formuladas em termos de violação do direito dos jornalistas. Este aspeto é, de resto, revelador do caráter autocentrado da autorregulação dos jornalistas nesta fase. Todas as outras categorias integraram os assuntos referentes aos temas dos direitos dos cidadãos. Não se deve, no entanto, depreender que os assuntos considerados mais próximos dos cidadãos sejam todos formulados por eles. Por vezes, são os próprios profissionais que vestem a pele dos cidadãos, quer queixando-se do tratamento jornalístico efetuado pelos pares em relação a terceiros, quer formulando queixas sobre tratamento de que são eles próprios as vítimas.

Os dados registam uma tendência decrescente das solicitações do Conselho Deontológico nestas matérias, mas que só se impõe a partir de 1996. Os anos de 1987 a 1991 anteciparam de alguma forma esta tendência que, no entanto, voltou a registar uma subida nos cinco anos seguintes. A análise das queixas não permite perceber as razões desse crescimento. A hipótese que nos parece mais plausível relaciona-se com o clima de concorrência, resultante do aparecimento de novas estações de televisão, bem como de um jornalismo mais agressivo do ponto de vista comercial. Com efeito, nessa altura, o Conselho Deontológico manifestou alguma preocupação a esse respeito e alguns profissionais referiram-se ao aumento da concorrência entre jornalistas e entre os diferentes *media*, aquando da apresentação das suas queixas[967].

Esta diminuição quantitativa é também acompanhada por alterações qualitativas relacionadas com o teor dos casos objeto de análise. A categoria que isoladamente mais contribui para a relevância das questões socioprofissionais dos jornalistas tem a ver com as queixas relacionadas com aspetos de comportamento suscetíveis de comprometerem a solidariedade entre os jornalistas. Esta conceção de solidariedade entre pares é, como se entende, um conceito corporativo, ao ponto de, por vezes, se sobrepor ou, pelo menos, se colocar ao mesmo nível do respeito pelas outras normas deontológicas, referentes à garantia e proteção dos direitos dos cidadãos. Assim, o envolvimento de jornalistas em casos de censura, como os que vimos atrás, merece a reprovação do Conselho Deontológico, porque – para além das questões deontológicas e legais – mina a solidariedade *inter pares*, uma questão considerada fundamental para o exercício da profissão. Como se entenderá, estamos perante um conceito muito flexível, podendo fazer com que tudo o que é violação da deontologia seja percebido como um atentado à imagem pública da classe profissional e, em consequência, uma falta de respeito para com os pares. Porém, convém não iludir que estamos perante uma das funções centrais da autorregulação socioprofissional[968]. E, no caso que estamos a analisar, a dimensão comportamental só não tem um

---

[967] Exemplo disso foi a queixa apresentada por vários jornalistas contra José Alberto Carvalho, pelo facto de o então *pivot* da SIC participar num *spot* publicitário anunciando um frente-a-frente televisivo sobre as eleições autárquicas em Lisboa, que se sabia, de antemão, que não se iria realizar porque um dos participantes se recusara a aceitar o modelo de debates propostos por aquele canal de televisão.

[968] T. LAITILA, «Journalistic codes of ethics in Europe», *European Journal of Communication op. cit.*, p. 236.

peso ainda mais relevante porque as intervenções do Conselho Deontológico não se distinguem por uma preocupação muito grande de constituir uma jurisprudência.

Um aspeto que deve ser salientado tem a ver com a tendência para a diminuição da incidência destes casos, associada também a uma alteração do seu teor. O clima político nas redações, nos anos imediatamente posteriores à Revolução, contribuiu para o registo de várias queixas acerca de comportamentos entendidos como a expressão de falta de solidariedade entre os pares e atitudes suscetíveis de porem em causa a própria imagem pública da classe profissional no seu todo.

GRÁFICO V
Comportamento socioprofissional dos jornalistas

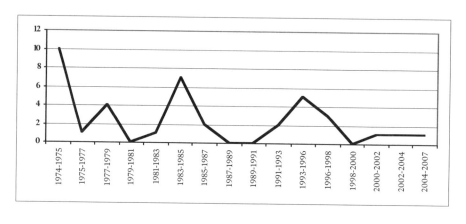

Se, numa fase imediatamente a seguir ao 25 de Abril, a dimensão comportamental é bastante influenciada por suspeitas de colaboração com o antigo regime[969], os casos posteriores refletem situações de grande conflitualidade socioprofissional, associadas também a questões de censura, suspensão de jornalistas, processos disciplinares, opiniões emitidas sobre os

---

[969] Os Estatutos do Sindicato dos Jornalistas, de 1975, consideravam que a ligação ou colaboração com a polícia política do Estado Novo era condição suficiente para impedir alguém de ter a carteira profissional de jornalista. Não obstante os inquéritos efetuados, o Conselho Deontológico não regista qualquer decisão de suspensão de jornalistas por este motivo.

jornalistas e as empresas onde eles trabalham, havendo mesmo registos de desacatos entre profissionais, verificados nas salas de redação ou durante conferências de imprensa, tendo por base questões políticas e ideológicas.

Apesar da tendência decrescente que estes casos vão tendo ao longo dos anos, verificamos que os aspetos relacionados com o comportamento socioprofissional *inter pares* dos jornalistas voltam a sofrer um crescimento no período de 1991 a 1998. Todavia, agora, tal como se verificou com as questões relacionadas com a censura, as queixas são de teor mais estritamente profissional, decorrentes do tratamento da informação ou da emissão de opiniões sobre factos ou notícias que envolvem outros jornalistas e consideradas suscetíveis de comprometer o dever de solidariedade entre profissionais e a imagem pública.

A segunda categoria que mais contribui para a preponderância de casos sobre questões socioprofissionais é a relacionada com a censura, liberdade de expressão, liberdade de imprensa e acesso à informação. Assim, por exemplo, verifica-se que, nos primeiros anos após o 25 de Abril, as queixas sobre a existência de censura são fortemente marcadas por questões de pendor político e ideológico, relacionadas com o posicionamento dos jornalistas e a orientação editorial dos meios de comunicação social. Por vezes, uns jornalistas são alvo de queixa por terem escrito artigos que desagradam a outros jornalistas, ou são simplesmente suspensos em resultado das relações de força políticas que, como vimos, dividiam o interior das redações[970].

---

[970] Este clima de tensão ideológica entre jornalistas não se extingue com a fase de maior tensão do Período Revolucionário em Curso e do Verão Quente, mas deixa marcas nos anos que se lhe seguiram, perdurando de uma forma muito notória até meados dos anos 80. Ribeiro Cardoso, então presidente do Conselho Deontológico, considera que não é possível perceber este período do jornalismo em Portugal sem se entender que os jornalistas estiveram no centro dos acontecimentos e no centro das lutas políticas da altura e eram extremamente disputados pelos políticos. Havia órgãos de comunicação social absolutamente conotados com partidos.
Um caso que refletiu bem essa tensão foi o denominado caso Júlio Pinto. Em causa estava o facto de o jornalista de *O Diário* ter apresentado uma queixa por, alegadamente, aquele jornal ter censurado um texto da sua autoria. A queixa, que ocupou várias reuniões do Conselho Deontológico, rapidamente se transformou «num caso nacional», em grande medida tendo por base «preconceitos ideológicos» adensados pelo facto de estar envolvido *O Diário*, que estava ligado ao PCP. Segundo Ribeiro Cardoso, tratava-se de uma participação contra nove jornalistas do jornal, com acusações sobre as quais não havia provas. Deste modo, a queixa rapidamente se transformou numa acusação de uma pessoa contra outras nove, que desmentiam a versão de Júlio Pinto e tinham ainda em sua defesa moções da redação do jornal e da denominada «célula» de *O Diário*. Perante isto, o Conselho Deontológico ainda tentou conciliar as duas partes, em termos que, no

Na altura, o Conselho Deontológico e o Sindicato dos Jornalistas tinham um assinalável conhecimento do que se passava no interior das redações, quer por via da atividade dos Conselhos de Redação[971], quer pelos seus representantes sindicais[972]. Estes últimos estavam obrigados a fazer um acompanhamento circunstanciado sobre a vida das redações em relatórios mensais que incidiam sobre o cumprimento da Lei de Imprensa, o respeito pelo Contrato Coletivo de Trabalho, e o respeito pela liberdade de expressão, entre outras matérias. Algumas queixas de censura e violação da liberdade de expressão registadas na *RTP*, *Jornal de Notícias*, *Diário Popular*, *Comércio do Porto* têm origem nestes relatórios. O tom é muito marcado por queixas sobre alegadas tentativas de controlo e direccionamento da informação, tanto por parte das direções dos órgãos de informação como por parte de organizações de trabalhadores, algumas das quais estiveram na origem da suspensão e despedimento de jornalistas, onde pontificam casos sobejamente conhecidos como os dos jornais *República*, *O Século* e *Diário de Notícias*. Maria Antónia Palla refere que os casos das suspensões de *O Século* e do *Diário de Notícias* obrigaram a um envolvimento muito grande do Sindicato, não apenas pelas questões deontológicas, mas sobretudo pela dimensão laboral, referente aos processos de despedimentos.

---

entender de Ribeiro Cardoso, ultrapassavam o papel daquele órgão. Fracassadas estas tentativas, decidiu-se arquivar o processo e procurou-se fazer pedagogia, alertando para a necessidade de ter alguma cautela sobre o modo como as queixas eram feitas e consubstanciadas. Porém, a decisão do Conselho Deontológico suscitou um conjunto de reações dos jornalistas, através de comunicados, abaixo-assinados, artigos de opinião que ultrapassou o mero âmbito profissional de queixas entre jornalistas, para se transformar numa questão de luta política: «uma prova de que o PCP persegue jornalistas e de que até tem jornalistas para perseguirem outros». Segundo refere Ribeiro Cardoso, «o Conselho Deontológico já estava condenado à partida», quer houvesse quer não houvesse condenação. No primeiro caso, as críticas viriam da «fação do PCP»; no segundo, reagiriam – como reagiram – os jornalistas não afetos ao Partido Comunista. Este clima de tensão ideológica volta a transparecer também num caso ocorrido em 1984, quando os jornais *Diário de Lisboa* e *Expresso* dão notícia sobre o processo de suspensão de um outro jornalista de *O Diário* [Ribeiro Cardoso em entrevista concedida no âmbito da presente investigação.].

[971] Os Conselhos de Redação foram previstos na Lei de Imprensa, publicada a 26 de fevereiro de 1975 e nos Estatutos do Sindicato dos Jornalistas, de junho desse mesmo ano. Conforme já se referiu no capítulo anterior, os Conselhos de Redação têm como precursor as Comissões de Redação, previstas no Contrato Coletivo de Trabalho, assinado em 1971, entre o Sindicato e o Grémio Nacional da Imprensa Diária.

[972] Para além disso, os Estatutos de 1975 previam (art. 40º) a existência de uma comissão de liberdade de imprensa, composta por cinco membros, a quem competia defender e denunciar «o direito dos jornalistas à informação e do povo português a ser informado».

A partir da segunda metade da década de 80 do séc. XX, é notório que as queixas não têm tanto a ver com a expressão de correntes ideológicas e passam a incidir mais sobre a cedência a interesses e a pressões, provenientes quer do governo quer de outras instituições, bem como sobre critérios de noticiabilidade, de caráter mais profissional e não tão aberta e vincadamente político-partidários.

GRÁFICO VI
Censura, liberdade de expressão, liberdade de imprensa e acesso à informação

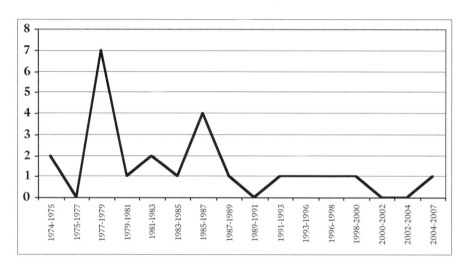

Registe-se ainda as questões relacionadas com as fontes de informação e o sigilo profissional. Os dados demonstram claramente que se trata de uma questão que se coloca de forma particular a partir do final da década de 80, com o desenvolvimento do jornalismo de investigação e de formas institucionais de comunicação, como as assessorias e as relações públicas.

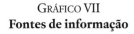

GRÁFICO VII
Fontes de informação

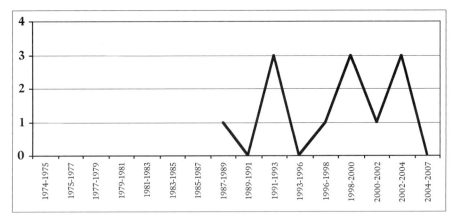

De uma forma geral, estes aspetos são dominados pelo problema dos limites do sigilo profissional. Em causa está a tentativa de os jornalistas responsabilizarem as fontes anónimas pela informação prestada, em resultado de uma consciência dos efeitos perversos que o sigilo profissional pode ter para os próprios profissionais, face a métodos menos escrupulosos de manipulação por parte das fontes de informação.

Acerca dos temas que considerámos centrarem-se em aspetos mais estritamente socioprofissionais, com particular incidência no exercício da profissão, assumem ainda destaque as queixas e pedidos de parecer sobre as incompatibilidades, uma questão sobre a qual não insistiremos porque já foi tratada no capítulo anterior.

Os outros aspetos referem-se a situações de plágio e questões relacionadas com a independência dos jornalistas, dos comentadores e dos órgãos de comunicação. Esta última categoria tem uma expressão insignificante no conjunto da análise, com três registos, todos eles resultantes de pedidos de esclarecimento e preocupações manifestadas pelos jornalistas e direções de informação, procurando uma melhor opinião do Conselho Deontológico. De qualquer forma, deve salientar-se que muitas questões relacionadas com a independência são formuladas em termos de incompatibilidade, facto que, como se percebe, preocupa mais os jornalistas, dadas as incidências que têm sobre o exercício da profissão. Sobre as questões de plágio e de direitos de autor, saliente-se o facto de estarmos perante situações que encontram registo a partir de 1983. Desde essa altura até 2006, verificaram-

-se 14 queixas, das quais apenas uma foi considerada sem fundamento e outra não foi objeto de tratamento por parte do Conselho Deontológico. De outras duas, não há registo de qual a solução encontrada. Ainda no que toca ao plágio e aos direitos de autor, destaque-se a incidência de vários casos relacionados com a utilização e tratamento de textos e imagens da agência Lusa, bem como jornalistas que consideram os seus direitos violados mediante alterações efetuadas ao seu trabalho por parte de terceiros.

5.4. Progressiva importância da agenda dos cidadãos

Os dados que analisámos mostram claramente que a problemática relacionada com a profissão vai diminuindo no seio do Conselho Deontológico em contraposição com os temas mais próximos do cidadão que adquirem, lenta e relativamente, uma preponderância notável.

GRÁFICO VIII
Evolução de queixas exteriores à profissão e assuntos próximos dos cidadãos

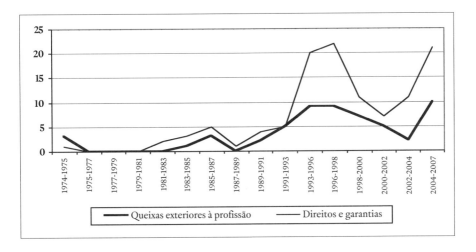

Para esse facto muito contribuiu a categoria onde reunimos as queixas relacionadas com o rigor da informação, comprovação dos factos e acusações sem provas. Apesar de estas queixas só adquirirem expressão a partir de 1983, elas constituem, no seu conjunto, a categoria que mais registos obteve ao longo dos últimos 33 anos. As intervenções provenientes de cidadãos e de instituições externas ao jornalismo dominaram esta categoria. Em rigor, 32 casos, num total de 58 registados pelo Conselho Deontológico, tiveram origem em iniciativas exteriores aos jornalistas e ocorreram apenas nos últimos 22 anos. Com efeito, como já foi aqui referido, as situações registadas em 1975 dizem respeito a queixas exteriores, provenientes de instituições públicas, que suscitam a intervenção do Sindicato sobre um caso de incompatibilidade do exercício da profissão (Grémio Nacional da Imprensa Diária) e pedem informações sobre a colaboração de jornalistas com o antigo regime (Inquérito da Comissão de Extinção da PIDE/DGS). Apesar de tudo, não deixa de ser relevante o facto de muitas destas intervenções terem origem também nos jornalistas: na maior parte dos casos, são jornalistas que se sentem vítimas de falta de rigor de notícias; que, embora, de uma forma muito menos frequente, se indignam com a cobertura de acontecimentos levados a cabo pelos seus pares – chegando mesmo a organizar abaixo-assinados e a apresentar queixas coletivas[973] –; e que, mais raramente ainda, tomam a iniciativa de pôr à discussão os trabalhos da sua responsabilidade, na sequência de dúvidas levantadas sobre a seriedade das suas reportagens.

GRÁFICO IX
Queixas resultantes da falta de rigor, exatidão, comprovação dos factos e da acusação sem provas

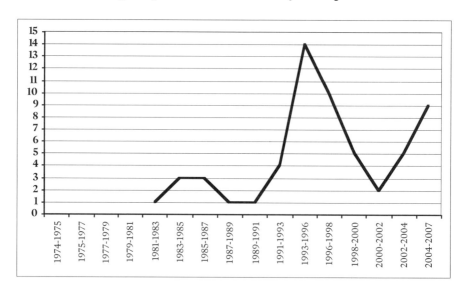

[973] Exemplos disso são a notícia de *O Tempo* sobre os detalhes de uma reunião do Conselho da Revolução que, na realidade, não existiu, o abaixo-assinado dos jornalistas contra o conteúdo de

Associada às questões relacionadas com o rigor da informação está a audição das partes com interesses atendíveis nas notícias publicadas, com 16 casos. Na sua generalidade, trata-se de uma categoria bastante associada à anterior. Com efeito, dos 16 registos referenciados apenas quatro são formulados de forma independente das questões relacionadas com os procedimentos associados ao rigor da informação.

Mais significativas parecem-nos ser as queixas relacionadas com a utilização de meios técnicos e meios pouco leais na recolha de informação e imagens[974]. Dos 17 registos efetuados, 15 verificam-se após a década de 90 e envolvem aspetos relacionados com os meios de recolha de informação, o recurso a técnicas de dissimulação e desrespeito por compromissos assumidos na recolha da informação junto das fontes de informação ou das instituições. De assinalar que mais de metade destes casos resultam de queixas apresentadas por jornalistas que se insurgem contra algumas formas de recolha da informação. Para isso contribuíram os debates surgidos em torno de questões fortes, que marcaram já este século, como os casos de sequestros, raptos, pedofilia e a cobertura jornalística de acontecimentos trágicos, como os sucedidos na ponte de Entre-os-Rios.

As queixas relacionadas com abordagens sensacionalistas e concorrenciais dos jornalistas surgem 11 vezes, mas só uma delas aparece de forma autónoma. A contaminação da informação por procedimentos visando o sensacionalismo, o entretenimento e a concorrência comercial surgem como aspetos muito próximos entre si, mas também associados a proble-

---

um «Bilhete» do diretor do *Correio da Manhã* sobre a presidente da Câmara de Cascais, ou ainda a queixa efetuada por vários jornalistas relativamente ao já anteriormente referido anúncio televisivo de José Alberto de Carvalho sobre um debate na SIC, a propósito das eleições municipais em Lisboa, que se sabia, à partida, que não se iria realizar, porque um dos intervenientes – Jorge Sampaio – discordava do modelo proposto.

[974] Também foi aqui incluída uma participação efetuada por repórteres fotográficos do *Jornal de Notícias* que se queixaram do facto de a redação estar a usar, de forma sistemática, imagens televisivas para a cobertura de acontecimentos noticiosos. Embora não se trate de uma utilização desleal de recolha de informação face às fontes contactadas, pensamos poder considerar que se trata de uma deslealdade perante o público, face às exigências de uma séria cobertura dos acontecimentos. Neste caso, o Conselho Deontológico considerou que era compreensível a utilização da televisão como último recurso para evitar falta da informação do leitor, mas adiantava que, enquanto prática quotidiana reiterada, era inaceitável.

É ainda curioso verificar que a primeira queixa sobre a utilização de meios técnicos foi suscitada por Mário Castrim que, ao dar uma conferência de imprensa, se manifestou contra o registo magnético das suas palavras.

mas de falta de rigor da informação e à violação do respeito da imagem e da vida privada das pessoas envolvidas nas notícias.

O incumprimento do direito de resposta e do dever deontológico de retificação de informações erradas surge referenciado nove vezes, quatro das quais correlacionado com outros casos de falta de rigor e de não audição das partes com interesses atendíveis. A fraca incidência deste tipo de queixas no Conselho Deontológico pode ser explicada por estarmos perante uma competência que não é verdadeiramente do Conselho Deontológico. Desde 1975, esta competência foi atribuída ao Conselho de Imprensa, transitando posteriormente para a Alta Autoridade para a Comunicação Social e, mais recentemente, para a Entidade Reguladora da Comunicação Social, correspondendo à maioria das queixas efetuadas a estes organismos.

Entre as categorias relacionadas com a preservação dos direitos dos cidadãos, destaque-se ainda o reduzido número de casos referentes ao respeito pela imagem, pela dor e pela vida privada dos cidadãos, bem como o atendimento às condições de serenidade, liberdade e responsabilidade das pessoas envolvidas nas notícias (cinco registos), discriminação e preconceito (três) e a identificação de menores e de vítimas de violência (dois), todos eles posteriores a 1988.

5.5. Uma prática pouco sistematizada da deontologia

Tendo em consideração o que tem vindo a ser a prática do Conselho Deontológico, não se pode dizer que estejamos perante um órgão que se impôs quer pelo caráter sistemático quer pela coerência de procedimentos, ou ainda pela jurisprudência produzida. A exemplo de uma das críticas efetuadas também ao Conselho de Imprensa, o Conselho Deontológico tem uma atuação essencialmente casuística. Com efeito, uma análise um pouco mais aprofundada de 33 anos de funcionamento do Conselho Deontológico revela que estamos perante um organismo que está muito dependente das personalidades e do dinamismo das pessoas que o lideram. A atuação casuística do Conselho Deontológico revela-se quer no entendimento dos seus membros sobre o que deveria ser o órgão, quer no tratamento das queixas apresentadas. Assim se explica a diferença de critérios adotados quando começaram a abundar as solicitações provenientes do exterior da profissão. Já vimos que nem todos os conselhos consideravam ser natural pronunciarem-se sobre queixas de cidadãos. Outros, ao contrário, só o faziam com base em situações consideradas de particular interesse público, acabando, na realidade, por se pronunciar sobre ocorrências que, relativamente a outros casos, em nada se distinguiam pela sua excecionalidade.

Se, por um lado, uma leitura mais conservadora dos Estatutos determinou que o Conselho Deontológico contemplasse apenas iniciativas de jornalistas, uma visão mais abrangente do que deveria ser o papel daquele órgão do Sindicato dos Jornalistas fez com que, sobretudo a partir de meados dos anos 90, a intervenção do público fosse recebida naturalmente, assumindo-se, assim, o vazio deixado com a extinção do Conselho de Imprensa, supostamente mais vocacionado para receber as queixas de não jornalistas.

A forma casuística desta autorregulação não deixa de se refletir sobre o tratamento das diferentes situações que se apresentam ao Conselho Deontológico, o que dificulta a institucionalização de uma prática capaz de criar alguma jurisprudência em matéria de deontologia, a exemplo do que verificamos, por exemplo, com os casos mais conhecidos dos conselhos de imprensa alemão e britânico. A importância de reunir alguma jurisprudência sobre esta matéria foi sentida durante o mandato de Daniel Reis (1993-1996) que se propôs criar um grupo de trabalho destinado a garantir a publicação do Código Deontológico anotado, recolhendo a documentação produzida durante a sua elaboração e discussão, «jurisprudência conhecida, legislação comparada e opinião sobre as principais questões deontológicas e da atualidade»[975]. No entanto, a proposta não passou das intenções.

Os efeitos desta prática não podem deixar de se repercutir nos pareceres emitidos pelo Conselho Deontológico. Sobre esta situação, analisámos um caso particularmente sensível de sigilo das fontes de informação e que motivou a segunda decisão, após o 25 de Abril, de expulsão de um sócio do Sindicato de Jornalistas, de acordo com uma proposta registada nas atas do Conselho Deontológico[976].

A exceção ao princípio do sigilo das fontes de informação prevista no Código Deontológico dos jornalistas portugueses teve como antecedente uma questão suscitada por Celestino Amaral, a propósito de uma investigação levada a cabo no *Expresso*, sobre o caso D. Branca. O Conselho Deontológico, confrontado com o pedido de levantamento do sigilo profissional

---

[975] Ata nº 1, de 12 de julho de 1993.
[976] A primeira destas decisões, registada nas atas do Conselho Deontológico, refere-se a um processo contra um jornalista que redigiu notícias falsas para a Agência Notícias de Portugal (ANOP), com o propósito de enganar aquela antiga agência noticiosa.

acordado com a fonte de informação, acaba por colocar o caso no ponto estritamente ético do jornalista, dando-lhe autorização para proceder conforme considerasse mais conveniente. Em 1986, no 2º Congresso dos Jornalistas Portugueses, José Pedro Castanheira volta a colocar o problema à discussão de todos os jornalistas, defendendo que as fontes confidenciais estão obrigadas a «um contrato tácito» que pressupõe uma relação de confiança e lealdade entre o informador e o jornalista, bem como o «cumprimento mútuo de regras». Por isso, no seu entender, a «flagrante violação» dessas regras deveria conduzir à denúncia pública da identidade da fonte[977]. Nove anos mais tarde, esta questão acabará por ser consagrada no Código Deontológico.

Em 1999, este princípio enfrentou o seu primeiro grande teste. Em maio, o diretor adjunto do *Jornal da Madeira*, numa espécie de retaliação às críticas efetuadas por um deputado socialista àquele jornal, decidiu denunciá-lo como a fonte anónima que, tempos antes, nas páginas daquele órgão de informação, «conspirava contra os seus correligionários»[978].

Quinze dias mais tarde, o então diretor e dois jornalistas do *Diário de Notícias* denunciaram ao Procurador-Geral da República e, posteriormente, em sede de inquérito, o Diretor da Polícia Judiciária como a fonte de informação sobre a existência de mandados de busca contra a Universidade Moderna que, supostamente, deveriam ter sido executados na manhã da publicação da notícia. Uma vez que isso, de facto, não sucedeu, o *Diário de Notícias* ter-se-á sentido no direito de denunciar a fonte de informação.

O terceiro teste verificou-se, em 2001, quando a *Rádio Renascença* não hesitou em denunciar o então ministro Armando Vara como a fonte confidencial que esteve na origem de uma notícia sobre a possibilidade da sua demissão, e que, uma vez divulgada, ele próprio desmentiu publicamente.

No primeiro caso, o Conselho Deontológico decidiu, no próprio dia da publicação da notícia, instaurar um processo disciplinar ao diretor adjunto do *Jornal da Madeira*, com a intenção de o expulsar do Sindicato dos Jornalistas. Mas tendo em conta que se tratava de um sócio que tinha as quotas em atraso, havia cinco anos, ele foi considerado «*ipso facto* expulso» e declarado «*persona non grata*», de modo a impedi-lo de ser readmitido pelo Sindicato.

---

[977] José Pedro CASTANHEIRA, «Responsabilizar as fontes», in AAVV, *2º Congresso dos Jornalistas Portugueses, op. cit.*, p. 234.
[978] Segundo refere o *Comunicado do Conselho Deontológico*, de 14 de maio, 1999.

Já no caso do *Diário de Notícias*, o Conselho Deontológico acabou por decidir tornar pública uma severa reprovação dos dois repórteres e arquivar o processo disciplinar interno, alegando que, se não o fizesse, o Sindicato de Jornalistas ficaria impedido de se pronunciar sobre o assunto que iria dar muito que falar, o que significaria adiar, «deixando em branco, um debate e uma reflexão sobre pontos cruciais do exercício da profissão»[979]. Para além disso, o Conselho Deontológico fez notar que o processo de inquérito não seria extensivo ao diretor do jornal, superior hierárquico, uma vez que ele não era sindicalizado, ficando, desse modo, ao abrigo de qualquer inquirição para apurar matéria de facto.

No terceiro caso, o Conselho Deontológico acabou por aprovar a atitude da *Rádio Renascença*, mas não deixou de considerar que seria sempre preferível que, nestes casos, as redações se limitassem a reafirmar a veracidade da sua informação, mesmo quando as suas próprias fontes viessem publicamente negar o que disseram sob o anonimato, de modo a não ter de explicar, como no caso pendente, a razão pela qual um órgão de comunicação aceita que um ministro passe por «fonte próxima» do seu próprio gabinete.

Pela abordagem dos casos acima referidos, conclui-se que o Conselho Deontológico se manifesta avesso ao princípio que estabelece a possibilidade de revelação de uma fonte anónima, previsto no ponto 6 do Código, considerando sempre preferível defender a sua informação até às últimas consequências, conforme chega a ser claramente enunciado no caso da *Rádio Renascença*. Este posicionamento não é alheio à posição do próprio presidente do Conselho Deontológico na altura, Óscar Mascarenhas, que a este propósito refere:

> «Na realidade, eu preferiria que o Código Deontológico não incluísse essa exceção, porque pode levar o jornalista a pensar que ele tem o direito de revelar a fonte. O jornalista nunca tem o direito de revelar a fonte»[980].

Para além disso, apesar da gravidade das situações, o Conselho Deontológico acaba por atuar com dois pesos e duas medidas no caso do *Jornal da Madeira* e do *Diário de Notícias*, sugerindo a expulsão do diretor adjunto, no primeiro caso, e limitando-se a uma «severa reprovação» pública dos jornalistas, no segundo.

---

[979] Segundo «Informação à Direcção do Sindicato dos Jornalistas», de 4 de junho, 1999, p. 9.
[980] Entrevista concedida no âmbito da presente investigação.

A ausência de um tratamento sistematizado reflete-se também no próprio enquadramento dado às queixas que chegam ao Conselho Deontológico. Por exemplo, como vimos atrás, apesar de muitos casos de censura serem tratados, após o 25 de Abril, como faltas de solidariedade entre profissionais, noutros aspetos, a nosso ver, ainda mais graves, esta dimensão desaparece completamente. Exemplo disso é o caso do plágio que, numa leitura coerente do que se pode definir por falta de solidariedade entre profissionais, não poderia deixar de ser entendido também como uma falta grave, na medida em que está em causa o trabalho de um dos seus pares. Porém, apesar disso, estas faltas nem sempre receberam um tratamento consentâneo com a sua gravidade, limitando-se à constatação da existência ou não de plágio, sem mais consequências.

A casuística em matéria de deontologia jornalística é visível no facto de não existir registo da solução encontrada para muitas das queixas que deram entrada no Conselho Deontológico. Outras situações há em que essas queixas apenas vêm referenciadas como «caso *x* ou *y*», sem nunca se chegar a saber exatamente do que se trata. Deve referir-se, no entanto, que estes casos são particularmente visíveis nos primeiros anos da democracia e vão diminuindo de incidência à medida que os anos vão passando para desaparecerem por completo a partir de 1996.

5.6. A publicidade das sanções morais

A falta de sistematização das práticas em matéria de deontologia revela-se particularmente sensível na questão da divulgação pública das decisões do Conselho Deontológico, uma matéria sem a qual não podemos perceber o justo alcance das denominadas sanções morais. De uma maneira geral, as queixas dos jornalistas, bem como as respectivas decisões, permaneceram durante bastante tempo entre profissionais. Normalmente, só algumas decisões com maior repercussão pública eram objeto de comunicados. São exemplo disso, a reprovação da notícia de *O Tempo* (1981), relatando pormenores de uma reunião do Conselho da Revolução que, na realidade, não chegou a acontecer; a investigação da Procuradoria-Geral da República aos jornalistas que cobriram uma conferência de Imprensa das FP/25 de Abril (1986); a obnubilação do espírito crítico dos jornalistas e a paixão clubística manifestada em certos artigos aquando da final da Taça dos Campeões Europeus, entre o Sport Lisboa e Benfica e o Atlético Clube de Milão (1990); a censura do documentário «Geração de 60» no Canal 2 da RTP (1991); ou as declarações da jornalista Helena Sanches Osório que disse ter conhecimento de um político com poder legislativo que alterou uma vírgula numa lei, a troco de cerca de 600 mil euros (1993). Mas, regra geral, os casos obedeceram, durante muito tempo, ao princípio da decisão comunicada às partes envolvidas. Este princípio pedagógico parece-nos, por si, pouco compreensível, mesmo quando estão em causa queixas de jornalistas contra os seus pares. Mas mais dificilmente será aceitá-lo quando falamos de queixas de cidadãos e de instituições que consideram que o direito ao seu bom nome foi publicamente posto em causa pelos jornalistas.

Mesmo em 1996, quando a prática passou a admitir queixas de cidadãos, refere-se num comunicado que «é norma deste Conselho Deontológico não divulgar, para além das partes envolvidas ou tribunais que o solicitem, as suas posições sobre queixas que lhe tenham sido apresentadas»[981].

Só mais tarde, ainda assim de uma forma não sistemática, os pareceres passaram a constar no *site* do Sindicato dos Jornalistas. Porém, mediante este procedimento, compreende-se mal como os jornalistas podem continuar a sustentar que as sanções profissionais devem ser apenas morais quando não existe uma prática institucionalizada de denúncia pública das queixas e dos pareceres envolvendo a violação da deontologia profissional.

Este facto parece ser tanto mais grave quanto os próprios *media* têm vindo a diminuir os espaços dedicados às notícias sobre as discussões e polémicas em torno de casos de cobertura jornalística, ocupando-os cada vez mais com os temas relacionados com a programação de novos conteúdos e negócios dos *media*.

Conta a este respeito Daniel Reis que, com o aparecimento de páginas sobre os *media*, os jornais começaram por divulgar as posições do Conselho Deontológico. Posteriormente, essas posições passaram a ser publicadas apenas nos jornais concorrentes e, mais tarde, «já ninguém publicava»[982]. Óscar Mascarenhas, que presidiu aos mandatos seguintes, também refere que, apesar do esforço em dar «visibilidade à crítica deontológica e à crítica ética no interior da profissão», o Conselho Deontológico sabia que, à partida, os pareceres emitidos «só sairiam nos jornais não criticados». E acrescenta que, hoje, a divulgação dos pareceres do Conselho Deontológico se

---

[981] *Comunicado do Conselho Deontológico* de 26 de setembro de 1998, a propósito de uma queixa efetuada pela Abraço – Associação de Apoio a Pessoas com VIH/SIDA, contra uma reportagem da SIC. Este comunicado justifica o procedimento excecional de divulgação do seu Parecer com o argumento que ele tinha sido antecedido de tomadas de posição públicas que denegriram o bom nome e a ética dos autores da reportagem.
[982] Entrevista concedida no âmbito da presente investigação.

tornou ainda mais difícil, tendo em conta a proeminência que adquiriu no seio da comunicação social aquilo que denomina por «sindicato dos diretores». Na sua opinião, os diretores e editores são responsáveis por não permitir uma maior divulgação deste tipo de notícias, mesmo as referentes a outros órgãos de informação, com os quais eles mantêm também acordos de colaboração. Do ponto de vista daquele ex-presidente do Conselho Deontológico, estamos perante um esquema de autoproteção mútua descrita pelo aforismo: «*You scratch my back and I'll scratch yours*»[983].

6. O Conselho de Imprensa

A obrigatoriedade da publicidade dos pareceres emitidos era uma das vantagens globalmente reconhecida ao Conselho de Imprensa e que, de alguma maneira, dava alguma sustentabilidade aos que defendem que as sanções no jornalismo devem ser apenas morais. Esse não é, porém, o único aspeto positivo que os jornalistas pareciam reconhecer no Conselho de Imprensa. Embora não estejamos perante um órgão de autorregulação no verdadeiro sentido da palavra, é fundamental perceber o reconhecimento que o Conselho de Imprensa conseguiu junto dos jornalistas, se tivermos alguma pretensão de entender como eles acabaram por organizar os mecanismos de prestação de contas da sua responsabilidade social, as suas hesitações e as suas deficiências.

Numa edição explicativa da Assembleia da República acerca do Conselho de Imprensa, afirmava-se estarmos perante um órgão que, apesar de não representar um remédio infalível, era um contributo importante para travar iniciativas legislativas restritivas da liberdade de imprensa e incentivava o aperfeiçoamento da atividade jornalística «através da denúncia constante perante o público dos perigos do mau jornalismo»[984].

Estamos perante uma entidade que deveria, por um lado, combater o controlo do governo ou de qualquer outra autoridade sancionadora ou punitiva que restringisse a liberdade de imprensa e que, por outro lado, teria a função de promover um jornalismo mais responsável perante o público, à maneira de um Provedor de Justiça.

O caso português inspirou-se no *Press Council* britânico e visava «instituir um órgão encarregado de velar pela liberdade de imprensa, nomeadamente

---

[983] Entrevista concedida no âmbito da presente investigação.
[984] CONSELHO DE IMPRENSA, *Conselho de Imprensa – O que é. Para que serve*, Lisboa, Conselho de Imprensa, 1983, p.

perante o poder político e os poderes económicos» e assegurar o controlo do cumprimento, pelos jornais e seus responsáveis, das respectivas responsabilidades sociais e dos seus deveres deontológicos[985].

O Conselho de Imprensa iniciou os seus trabalhos a 7 de maio de 1975, na sequência do despacho do Conselho de Ministros de 22 de abril desse mesmo ano e da aplicação da Lei de Imprensa – nomeadamente, do art. 17º do Decreto-Lei nº 85-C/75, de 26 de fevereiro de 1975[986]. O Relatório do projeto da Lei de Imprensa (de setembro de 1974) já se referia à alta função social do Conselho de Imprensa, quer do ponto de vista moral quer político, devendo, por isso, instalar a sua sede junto da Assembleia da República[987].

Ao contrário do que aconteceu com a maioria das instituições homólogas estrangeiras, que tiveram na sua origem iniciativas e organismos ligados ao setor, nomeadamente as empresas detentoras dos órgãos de comunicação social e os jornalistas, o Conselho de Imprensa português foi criado sob iniciativa do Estado. Mais: como refere Arons de Carvalho, ao institui-lo, o poder político limitou-se tão-somente a fazer uma «cópia de experiências alheias», nomeadamente do caso inglês, sem que isso representasse a «resposta a qualquer imperativo interno ou mesmo sugestão do setor»[988].

Porém, se as experiências no estrangeiro serviram de inspiração, elas não serviram propriamente de modelo. Na realidade, o Conselho de Imprensa acabou por integrar um conjunto de poderes e competências bem mais

---

[985] *Op. cit.*, p. 10.
[986] O Conselho de Imprensa viu-se relegitimado com a aprovação da Constituição da República Portuguesa, em 1976, que, no nº 3 do art. 39º, previa a criação de conselhos de informação para cada setor da comunicação social sob controlo do Estado. Esse desiderato foi alcançado com a publicação da Lei nº 78/77 de 25 de outubro que criou os conselhos de informação para a RDP, RTP, ANOP e para a imprensa.
[987] Efetivamente, não seria bem assim. O Relatório do projeto da Lei de Imprensa estipulava que, enquanto a nova Constituição não fosse aprovada, o Conselho de Imprensa funcionaria transitoriamente junto do Ministério da Comunicação Social, no Palácio Foz, situação reafirmada no art. 22º da Lei nº 31/78, de 28 de junho. No entanto, o Conselho de Imprensa viveu aí em situações algo precárias, rodando de sala em sala, até que o Gabinete do Ministro da Qualidade de Vida acabou por ocupar os espaços destinados àquele órgão, impedindo o seu funcionamento. De modo a evitar a sua paralisação, o Conselho de Imprensa foi deslocado para instalações ainda mais precárias, no edifício de *O Século*. O Decreto-Lei nº 816-A/76, de 10 de novembro, reafirmou que o Conselho de Imprensa deveria exercer as suas funções junto da Assembleia da República, mas o assunto foi sendo protelado até que foi encontrada a solução de arrendar um andar na Av. 5 de Outubro, até se encontrarem instalações definitivas para aquele órgão [*Op. cit.*, pp. 40-41.].
[988] Alberto Arons de CARVALHO, *Liberdade de Informação e o Conselho de Imprensa – 1975-1985*, Lisboa, Direcção-Geral da Comunicação Social, 1986, p. 11.

latos do que, por exemplo, o seu homólogo britânico ou as restantes instituições europeias do género, entendidas, na generalidade, como «tribunais morais». Mesmo relativamente ao caso alemão, o que detinha funções mais alargadas[989], o Conselho de Imprensa possuía poderes mais amplos, explanados por 14 alíneas. Entre eles, incluíam-se competências como a de se pronunciar sobre assuntos por solicitação da Assembleia da República, do departamento governamental competente, dos proprietários, órgãos de gestão ou de fiscalização das empresas titulares dos meios de comunicação social, dos respetivos diretores e conselhos de redação e das associações sindicais e empresariais do setor. Para além disso, previam-se ainda faculdades para participar, de forma consultiva, na elaboração de legislação anti-monopolista, para se pronunciar sobre recursos relativos à designação de diretores, bem como responsabilidades na organização e divulgação do controlo de tiragens, difusão e classificação das publicações periódicas. Finalmente, a prática do Conselho de Imprensa acabou por se alargar à área dos audiovisuais, ao arrepio da intenção do legislador[990].

Este sistema alargado de competências contribuiu fortemente para o diminuto grau de iniciativa deste órgão de corregulação, limitando-se, muitas vezes de forma casuística, a analisar as queixas que lhes eram submetidas, sem a exaustividade que os seus congéneres europeus dão às questões deontológicas[991].

O amplo leque de poderes não constitui a única peculiaridade do caso português. Arons de Carvalho salienta ainda o facto de o Conselho de Imprensa em Portugal nunca se ter libertado, na prática, de uma «inédita participação na sua composição de elementos de partidos políticos»[992], o

---

[989] O *Presserat* já detinha funções como a de acompanhar os desenvolvimentos que pudessem pôr em causa a liberdade de informação e obstaculizar a formação da opinião pública, facilitar o acesso às fontes de informação, representar a imprensa junto dos diferentes governos federais, combater os processos de concentração dos *media*.

[990] A. de CARVALHO, *Liberdade de Informação e o Conselho de Imprensa, op. cit.*, p. 52. Conforme refere o autor, apesar de ser «absolutamente indiscutível» a deliberação de cingir a atuação do Conselho de Imprensa «à imprensa periódica escrita», este organismo acabou por aprovar uma nota de orientação interna em que decide apreciar problemas «expostos pelas entidades ligadas à comunicação social (quer da imprensa escrita, como da televisão e da radiodifusão)», em matérias da sua competência, previstas na lei. No entanto, como refere ainda Arons de Carvalho, posteriormente, o Conselho de Imprensa acabou por tratar problemas ocorridos na radiodifusão e na radiotelevisão sem que eles tenham sido «expostos pelas entidades ligadas à comunicação social» [*Op. cit.*, pp. 50 a 52.].

[991] *Op. cit.*, p. 15.

[992] *Op. cit.*, p. 13.

que por si limitou imenso o próprio conceito de autorregulação. Porém, esse aspeto não diminuiu o seu potencial crítico. Enquanto entidade representativa dos interesses profissionais e da opinião pública e das sensibilidades político-partidárias[993], o Conselho de Imprensa «optou sempre pela defesa e alargamento dos direitos dos jornalistas», mesmo quando eles colidiam com os de «outras estruturas da própria imprensa ou com outros direitos dos cidadãos, com exceção do "direito à honra"»[994]. Para Arons de Carvalho, a defesa da imprensa face ao poder político e económico, bem como o custo social inerente à sua função e responsabilidade fez com que o Conselho de Imprensa assumisse uma atitude «oposicionista e de contrapoder» face aos vários governos de então[995].

Esse facto, no entanto, não foi razão suficiente para descredibilizar aquela entidade que, dez anos depois da sua entrada em funcionamento, era «uma das raras instituições em que o tempo não provocou (...) qualquer desgaste ou desprestígio»[996]. Este ponto de vista é partilhado por Claude-Jean Bertrand. Não obstante o facto de, em termos formais, a iniciativa que deu origem à sua fundação, bem como a sua composição poderem levar-nos a sustentar que, no caso português, estamos perante um pseudo conselho de imprensa, Bertrand considera que os seus quinze anos de funcionamento foram marcados por um desempenho honroso que, de forma alguma, justificava a sua extinção, em 1990[997]. Se não fosse a cobertura relativamente discreta que os *media*, em geral, deram às suas deliberações, mesmo em matérias de caráter mais doutrinário, bem como a resistência manifesta de alguns órgãos de comunicação social em acatarem as suas deliberações, o alcance do Conselho de Imprensa seria certamente outro[998].

Mesmo assim, tratou-se de uma instituição que deixou marcas profundas no cenário da regulação do jornalismo em Portugal. Arons de Carvalho *et al.* referem que a extinção do Conselho de Imprensa abriu uma «brecha de

---

[993] Na realidade, estamos a falar de seis representantes da opinião pública, quatro deles designados pela Assembleia da República – na prática, segundo Arons de Carvalho, um por cada um dos principais partidos políticos [*Op. cit.*, p. 16] – sendo os dois restantes cooptados.
[994] *Op. cit.*, p. 17.
[995] *Op. cit.*, pp. 17-18.
[996] *Op. cit.*, p. 19.
[997] C.-J. BERTRAND, *L'Arsenal de la Démocratie, op. cit.*, p. 116.
[998] A. de CARVALHO, *Liberdade de Informação e o Conselho de Imprensa, op. cit.*, p. 19.

legitimidade na tutela deontológica do setor (então circunscrita à imprensa escrita), que nunca mais viria a ser preenchida»[999].

Com efeito, a julgar pelas sucessivas tomadas de posição, a extinção do Conselho de Imprensa foi interpretada como um rude golpe para a liberdade de imprensa por parte dos jornalistas. Da análise da documentação que consultámos sobre esta matéria, parece-nos ser possível afirmar que, com o fim do Conselho de Imprensa e a sua substituição pela Alta Autoridade para a Comunicação Social, os jornalistas ficaram "órfãos" de uma certa "autorregulação" que, na realidade, não era sua. Mesmo sendo um organismo de corregulação, os jornalistas não deixavam de se rever nos objetivos do Conselho de Imprensa como um organismo claramente enquadrado nos mecanismos da sua autorregulação[1000], ao ponto de ter mobilizado o Sindicato contra a sua extinção.

Este aspeto parece-nos ser bastante revelador do caráter da autorregulação dos jornalistas em Portugal, até ao início dos anos 90. Apesar de se tratar de um modelo imposto pelo legislador e, como vimos, em certa medida, ao arrepio de qualquer necessidade interna ou proposta do setor da comunicação social, o Conselho de Imprensa acabou por se constituir num modelo de deliberação, entre profissionais e empresários do setor da comunicação social, representantes políticos (entre 1976 e 1978) e da vida social. A "confusão" que os jornalistas fizeram entre a corregulação e a autorregulação acaba por indiciar o facto de os profissionais da comunicação social terem, de alguma forma, consagrado um modelo deliberativo alargado como um mecanismo mais adequado ao tratamento das questões relacionadas com a sua responsabilidade social. Esta situação explica também o papel relativamente secundário que o Conselho Deontológico do Sindicato dos Jornalistas desempenha neste quadro e as hesitações por que passou a autorregulação dos jornalistas, após a extinção do Conselho de Imprensa. Com efeito, ainda que não verdadeiramente assumido, o papel do Conselho Deontológico parecia virado estritamente para questões internas, como as ligadas à carteira profissional e à autorregulação entre e para jornalistas, isto é, que basicamente não implicassem diretamente o público. Só posteriormente este *modus vivendi* da autorregulação dos jornalistas teve de ser

---

[999] Arons de CARVALHO, António Monteiro CARDOSO e João Pedro FIGUEIREDO, *Legislação Anotada da Comunicação Social*, Lisboa, Casa das Letras, 2005, p. 52.

[1000] Não deixa de ser sintomático que, na fase de preparação das entrevistas, os jornalistas contactados falassem sempre do Conselho de Imprensa a propósito da autorregulação.

alterado, com a extinção do Conselho de Imprensa e com as tentativas frustradas de criação de um organismo alternativo. É nesse quadro que o Conselho Deontológico passa a assumir um maior protagonismo, sem, no entanto, como temos vindo a registar, resolver alguns dos seus impasses.

Três dos quatro presidentes do Conselho Deontológico do Sindicato dos Jornalistas entrevistados no âmbito da presente investigação foram, também, membros do Conselho de Imprensa. Em todos eles é claro o reconhecimento da importância daquele órgão, distinguindo nomeadamente: o facto de estarmos perante um conselho onde se exprimiam pontos de vista de vários quadrantes das empresas de comunicação e da vida social; a qualidade das discussões internas; o empenho das partes envolvidas em chegar a soluções consensualizadas; e o poder de obrigar os órgãos de comunicação social a publicar as suas deliberações, dando visibilidade às discussões e, sempre que fosse caso disso, assegurando uma efetiva censura pública dos comportamentos dos *media* e dos jornalistas.

Maria Antónia Palla considera mesmo que os jornalistas davam mais importância ao Conselho de Imprensa do que ao Conselho Deontológico devido, precisamente, à repercussão pública das suas deliberações[1001]. Para além de salientar este último aspeto, Óscar Mascarenhas adianta ainda que, neste organismo, os jornalistas podiam fazer ouvir a sua voz, sem, no entanto, terem capacidade de se impor aos outros, tal como, de resto, acontecia com todas as partes representadas. Ribeiro Cardoso parece resumir bem o ponto de vista dos dois últimos interlocutores ao afirmar que, comparativamente com o Conselho de Imprensa, «o Conselho Deontológico [do Sindicato dos Jornalistas] era uma coisa caseira».

Estes pontos de vista explicam a mobilização que os jornalistas fizeram contra o fim do Conselho de Imprensa. A extinção deste organismo deu-se no quadro da criação da Alta Autoridade para a Comunicação Social, uma instituição que – ao contrário do primeiro, que nunca chegou a ser constitucionalizado – emergiu de um imperativo resultante da revisão da Constituição de 1989 (art. 39º), negociada entre os grupos parlamentares do PS e do PSD. No dia da aprovação da lei que deu origem à Alta Autoridade para a Comunicação Social, os jornalistas manifestaram-se em São Bento com mordaças e transportando caixões, em protesto contra a não representação dos jornalistas no novo órgão regulador da Comunicação Social, conside-

---

[1001] Pontos de vista de Maria Antónia Palla, Óscar Mascarenhas e Ribeiro Cardoso expressos nas entrevistas concedidas no âmbito da presente investigação.

rando, igualmente, que se estaria perante o «enterro dos delegados sindicais e dos conselhos de redação»[1002]. Com efeito, num documento de 6 de março de 1990, distribuído aos deputados, o Sindicato dos Jornalistas considerava que a proposta de lei sobre a Alta Autoridade para a Comunicação Social representava uma «clara regressão na eficácia dos dispositivos legais e constitucionais que garantem a liberdade de informação». Entre os aspetos contestados, referia-se o facto de os conselhos de redação verem retirada a competência de se pronunciarem sobre nomeações e exonerações de diretores dos órgãos de comunicação social, admissões e despedimentos de jornalistas, limitando «drasticamente a capacidade de intervenção dos jornalistas nas respectivas redações»[1003]. Estas medidas eram consideradas particularmente graves, dado que a criação da Alta Autoridade para a Comunicação Social implicava a substituição do Conselho de Comunicação Social[1004] e o fim do Conselho de Imprensa. Para além disso, contestava-se o facto de a Alta Autoridade para a Comunicação Social ter uma representatividade completamente dominada pela Assembleia da República. Na altura, dos 13 membros que compunham aquele órgão, nove eram eleitos pela Assembleia da República e pelo Governo, sendo os restantes quatro cooptados. Se se considerava que o Conselho de Imprensa estava manchado pelo «pecado original» de ter sido instituído pelo poder político, mais razões existiam para se contestar a Alta Autoridade para a Comunicação Social, cuja independência foi muito questionada.

Outro dos aspetos que mereceu a crítica dos jornalistas teve a ver também com o facto de a Alta Autoridade para a Comunicação Social não cobrir as funções do Conselho de Imprensa em matéria de deontologia e ética pro-

---

[1002] «Jornalistas protestam em São Bento», *Diário de Lisboa*, 6 de março, 1990.

[1003] Segundo documento de 6 de março de 1990, assinado pelos Conselhos de Redação, os Delegados Sindicais e a Direção do Sindicato dos Jornalistas.

[1004] O Conselho da Comunicação Social estava previsto no quadro da revisão constitucional de 1982, reunindo no seu seio os conselhos de informação para a rádio, a televisão e a imprensa estatal. Segundo Arons de Carvalho, «os Conselhos de Informação foram uma resposta às conceções de informação dominantes em 1975», nomeadamente como forma de «substituir a "influência" gonçalvista" dos plenários de trabalhadores das empresas do setor público da comunicação social pelo tipo de legitimidade obtido pelo sufrágio eleitoral dos partidos" [A. CARVALHO, *Liberdade de Informação e o Conselho de Imprensa*, op. cit., p. 57.]. O Conselho de Comunicação Social era composto por 11 elementos, eleitos por maioria de dois terços da Assembleia da República. Entre as suas competências contavam-se as de assegurar o pluralismo e independência dos órgãos de comunicação públicos e emitir parecer prévio sobre a nomeação ou exoneração dos respetivos diretores [A. CARVALHO, A. M. CARDOSO e J. P. FIGUEIREDO, *Legislação Anotada da Comunicação Social*, op. cit., p. 48.

fissionais, limitando a sua intervenção aos aspetos relacionados com o direito de resposta. Deste modo, a extinção do Conselho de Imprensa faria desaparecer uma instituição onde utentes de órgãos de comunicação social e jornalistas poderiam apresentar as suas queixas, comprometendo igualmente o património de jurisprudência acumulado durante cerca de 15 anos de funcionamento[1005].

Sobre esta questão, o então Secretário de Estado para a Comunicação Social, Albino Soares, justificava a medida do governo com o argumento de que «a defesa das questões éticas cai no âmbito das atribuições da sociedade civil e não nas atribuições do Estado»[1006]. Ao contrário, José Maria Gonçalves Pereira, então presidente do Conselho de Imprensa, considerava que continuava a haver lugar para a existência de um órgão com idênticas competências, ainda que reformulado, mas desta feita composto exclusivamente por elementos dos jornais e representantes da opinião pública, terminando assim com os representantes da Assembleia da República[1007].

Apesar da opinião contrária dos jornalistas, dos partidos da oposição e do veto presidencial de Mário Soares, a Alta Autoridade para a Comunicação Social acabou por ser imposta pela maioria absoluta do PSD e instituída pela Lei 15/90, de 30 de junho.

A partir de então, os esforços de retomar as competências daquele órgão passaram a centrar-se na criação de um novo Conselho de Imprensa «privado». Uma das razões que dificultou a concretização do projeto teve a ver com questões de financiamento. O Sindicato dos Jornalistas ter-se-á disponibilizado a custear as despesas e a ceder instalações para acolher o funcionamento do Conselho de Imprensa privado, mas, segundo Daniel Reis, os empresários «queriam que fosse o Estado a pagar»[1008].

Em 1994, a questão do Conselho de Imprensa continuava fresca na memória dos jornalistas, facto que fez com que ela voltasse a ser discutida, como arma de arremesso à alteração da Lei da Alta Autoridade para a

---

[1005] Esse aspeto foi, aliás, salientado por Miguel Reis, nas críticas efetuadas à Alta Autoridade para a Comunicação Social, quando renunciou ao cargo de membro eleito por cooptação daquele órgão, em fevereiro de 1994. Segundo Miguel Reis, a Alta Autoridade para a Comunicação Social interpretou mal a lei que a criou, esquecendo tudo o que estava para trás, designadamente as elaborações doutrinárias que se desenvolveram no Conselho de Imprensa [Fernando ANTUNES, «Alta Autoridade está queimada», *Jornal de Notícias*, 14 de março 1994.].
[1006] Cristina FIGUEIREDO e Ricardo COSTA, «Alta Autoridade da discórdia», *Expresso – A4*, 27 de janeiro de 1990; Fernando ANTUNES, «Uma criatura ciclópica», *O Jornal*, 26 de janeiro, 1990, p. 9.
[1007] J. M. G. PEREIRA, «Deontologia jornalística à deriva», *O Liberal*, 8 de março, 1990, p. 8.
[1008] Entrevista de Daniel Reis concedida no âmbito da presente investigação.

Comunicação Social. Na altura, o PSD considerou necessário alterar a lei sobre o funcionamento da Alta Autoridade para a Comunicação Social, pelo facto de o artigo que obrigava os *media* visados a publicar as deliberações sobre as queixas formuladas contra eles (art. 23º) não prever quaisquer sanções ou penalidades, caso os órgãos de comunicação social em causa se recusassem a cumprir essa obrigação[1009].

Em 1998, durante o 3º Congresso, os jornalistas voltaram a referir-se ao Conselho de Imprensa, renovando o protesto contra a sua extinção e «substituição pela Alta Autoridade para a Comunicação Social, convidando a opinião pública e os empresários do setor a juntarem os seus esforços ao Sindicato dos Jornalistas, no sentido da criação de um órgão semelhante àquele, que, entre outras coisas, aprove e fiscalize o cumprimento de um código de conduta das empresas jornalísticas»[1010].

No entanto, uma vez mais, esta situação permaneceu em suspenso até 2008, altura em que a Associação Portuguesa de Imprensa, numa reação às mais recentes medidas reguladoras do Estado, liderou uma iniciativa com vista à criação de um Conselho de Imprensa, cujas negociações ainda decorrem.

Conclusão

O estudo que acabámos de efetuar nos dois últimos capítulos consubstancia a ideia de que os jornalistas são melhores na defesa da retórica sobre a autorregulação do que na criação dos mecanismos que a tornem verdadeiramente efetiva.

Desde Abril de 1974, o campo dos valores profissionais dos jornalistas portugueses assentou basicamente em três grandes pilares: a regulação legislativa que impunha, mas, ao mesmo tempo, delegava competências nas organizações profissionais; a autorregulação exercida por um sindicato único de jornalistas; e a autorregulação partilhada ou a corregulação exercida pelo Conselho de Imprensa e, mais recentemente, pela Comissão da Carteira de Jornalista.

Uma análise mais aprofundada destes três pilares demonstra que as formas de auto e corregulação dos jornalistas viveram sob o respaldo das iniciativas legislativas do Estado. Como refere Vital Moreira, «os sistemas

---

[1009] A Alta Autoridade para a Comunicação Social teve os primeiros anos muito conturbados. Entre 1992 e 1994, verificaram-se oito pedidos de renúncia do cargo.
[1010] AAVV, *3º Congresso dos Jornalistas*, op. cit., p. 12.

regulatórios da economia são, cada vez mais, sistemas mistos, que conjugam em doses diversas elementos de regulação estadual e de autorregulação publicamente institucionalizada ou reconhecida»[1011]. Este princípio aplica-se globalmente a situações, como no caso dos jornalistas, cujos interesses de grupo têm a ver com interesses públicos ou estão associados a finalidades caracteristicamente públicas[1012]. Por isso, a convivência entre sistemas de regulação não nos parece problemática, podendo até ser um aspeto importante de construção, de troca, partilha e discussão de temas e de pontos de vista, entre, no caso pendente, as profissões socialmente organizadas, o público, o poder económico detentor dos *media* e o poder político e legislativo. Este aspeto parece-nos uma das condições essenciais para a criação de um modelo deliberativo capaz de promover um amplo debate sobre as grandes questões que se colocam a um setor nevrálgico nas democracias contemporâneas, como é o caso dos *media*.

Apesar das contingências internas e históricas que atravessaram o jornalismo português, a reflexão gerada em sede de autorregulação tem vindo a revelar-se importante para a construção do edifício jurídico que regula a comunicação social, em particular após o 25 de Abril. A reconstrução do edifício jurídico-legal que regula o exercício da profissão permitiu ao Sindicato dos Jornalistas e ao Conselho Deontológico retomar as suas responsabilidades na dignificação da classe profissional, num patamar que vai para além das legítimas questões relacionadas com a reivindicação das condições de trabalho. Como refere um comunicado do Conselho Técnico e de Deontologia, entre essas responsabilidades estão as que resultam da necessidade de «levar os jornalistas a assumir como vontade coletiva os princípios consignados nos três documentos que regulam o exercício da atividade de jornalista: a Lei de Imprensa, o Estatuto do Jornalista e o Código Deontológico»[1013].

Um primeiro reflexo dessa responsabilidade reflete-se no empenho do Conselho Deontológico em combater as situações de incompatibilidade, eleita como uma das atividades moralizadoras fundamentais dos jornalistas e cuja expressão perdurará até aos primeiros anos da década de 90, aquando da declaração de inconstitucionalidade da atribuição da carteira profissio-

---

[1011] V. MOREIRA, *Auto-Regulação Profissional e Administração Pública*, op. cit., p. 389.
[1012] V. MOREIRA, *Administração Autónoma e Associações Públicas*, op. cit., p. 389.
[1013] «Comunicado do Conselho Técnico e de Deontologia: a independência dos jornalistas e a corrupção», *Comunicado* de 24 de maio, 1983.

nal pelo Sindicato. A partir dessa altura, a atividade do Conselho Deontológico passará a dedicar-se essencialmente à análise de casos de deontologia do jornalismo.

Mas a década de 90 ficou também marcada pelo início da alteração do edifício regulatório da comunicação, pondo a nu as debilidades da autorregulação dos jornalistas. Até então, os jornalistas, respaldados no papel do Conselho de Imprensa, puderam dedicar-se tranquilamente à discussão interna dos diferentes casos relacionados com a sua conduta profissional, mitigando as suas debilidades com algumas reflexões públicas, apesar de tudo não negligenciáveis. Com efeito, atendendo aos casos que tivemos oportunidade de analisar brevemente, verifica-se que, de uma forma geral, a discussão das questões deontológicas do jornalismo realizada em sede de autorregulação se revelou excessivamente fechada; muito assente numa análise casuística das queixas, em prejuízo de uma abordagem mais sistemática; durante muito tempo, pouco aberta a considerar os interesses dos cidadãos; incapaz de responder cabalmente e, nalguns casos, de se antecipar às crescentes exigências do público face aos *media*. Estas características definem o que denominámos por uma autorregulação autocentrada, de jornalistas, por jornalistas e para jornalistas. Estes aspetos só não são mais criticáveis porque a autorregulação se escorava no papel complementar da corregulação, desempenhado pelo Conselho de Imprensa, onde os jornalistas participavam ativa e convictamente. O papel do Conselho de Imprensa era de tal forma importante na organização do modelo de autonomia profissional que, com as alterações introduzidas pelo legislador conducentes à sua extinção, os jornalistas sentiram-se, num primeiro momento, órfãos da sua autorregulação. O Sindicato dos Jornalistas, de que faz parte o Conselho Deontológico, percebeu os problemas resultantes do novo ordenamento da regulação do jornalismo e dos meios de comunicação social, mas não conseguiu criar um sistema credível que vinculasse todos os jornalistas. São várias as razões que se podem adiantar para compreender esta situação.

Em primeiro lugar, porque os jornalistas assentaram a sua autorregulação num modelo mal assumido, algures entre ordem e sindicato público, vendo no conceito de «corporação» mais uma acusação do que uma vocação, não retirando, por isso, daí todas as suas consequências. Esse modelo entra verdadeiramente em rutura a partir do momento em que é declarada a inconstitucionalidade dos poderes delegados pelo Estado ao Sindicato dos Jornalistas – e exercidos pelo Conselho Deontológico – na atribuição e revalidação da carteira profissional.

Em segundo lugar, devido à impossibilidade estatutária de transformar o Conselho Deontológico do Sindicato dos Jornalistas num órgão associativo, mas alargado a todos os profissionais.

Em terceiro lugar, devido à incapacidade de o Sindicato de Jornalistas assegurar, por si só, uma estrutura que fosse capaz de substituir algumas das funções atribuídas ao extinto Conselho de Imprensa.

Em quarto lugar, porque não existiram outros parceiros interessados em erguer um sistema de autorregulação alternativo ao modelo de corregulação partilhado entre o poder político representado na Assembleia da República, os representantes do público, empresários da comunicação social e jornalistas.

Finalmente, do ponto de vista político, vivia-se um momento marcado por uma alteração importante do quadro de regulação da comunicação, em Portugal, e pela diminuição do papel do Estado no setor da comunicação social. É nesta altura que o Estado aliena os interesses que ainda detém na imprensa. O seu papel fica confinado ao serviço público de rádio e televisão, em concorrência com novos operadores que obtiveram licenças de emissão, no quadro das políticas de abertura do espectro radioelétrico à exploração por parte de empresas privadas.

Neste contexto, entende-se que o Estado queira desresponsabilizar-se também do papel que, indiretamente, vinha assegurando, no âmbito das questões éticas e da responsabilidade social dos jornalistas e dos *media*, remetendo essas atribuições para o domínio da denominada «sociedade civil».

Porém, anos mais tarde, é o próprio Estado quem, em nome dessa mesma sociedade civil e através de várias iniciativas legislativas, acaba por reforçar o seu papel regulador, criando novas instituições e avançando no campo da autorregulação como nunca antes o tinha feito. Fê-lo em resposta a um modelo de (auto) regulação que os jornalistas nunca conseguiram ou souberam pôr de pé, mas que, enquanto existiu, o Estado também contribuiu para desmantelar; fê-lo, ainda, num contexto de regulação dos meios de comunicação, criando uma Entidade Reguladora da Comunicação Social e sobrepondo competências entre entidades de regulação, de corregulação e de autorregulação; fê-lo, finalmente, jurisdificando a deontologia e impondo um novo regime disciplinar e sancionatório, transformando a autorregulação do jornalismo numa «autorregulação capturada».

Porquê falar de uma autorregulação capturada e não apenas de uma autorregulação induzida ou uma corregulação? Simplesmente porque já não estamos a falar apenas de uma autorregulação induzida pelo Estado, tal como aconteceu em 1975. Nessa época, a Lei de Imprensa criou a obrigatoriedade de os jornalistas adotarem um Código Deontológico, deixando nas suas mãos a definição dos valores e do respetivo regime sancionatório. Com a jurisdificação do Código Deontológico e a criação de um regime sancionatório, o legislador apropriou-se, na prática, da autorregulação, através de iniciativas legislativas que, a nosso ver, estão longe de resultar de um processo de consensualização social, por um lado, e socioprofissional, por outro. É verdade que os jornalistas, os empresários dos *media* e, já agora, o próprio Estado – através das competências atribuídas nesta matéria à Entidade Reguladora da Comunicação Social – não têm conseguido criar mecanismos de diálogo social, capazes de gerar formas de auto e corregulação, de modo a proporcionar essa consensualização. Argumentar-se-á que a jurisdificação a que assistimos da ética e da deontologia jornalística só pode ser entendida como uma ocupação, por parte do Estado, de espaços deixados vazios e que ele próprio considerou, no passado, pertencerem à sociedade civil. Entre a legitimidade e a eficácia, o Estado optou pela segunda. Mas isso diz bem da situação da autorregulação em Portugal e da forma como o legislador entende o processo de consensualização dos valores profissionais no jornalismo.

Conclusão

Ao definirmos a deontologia como campo da nossa análise, estamos a refletir sobre o próprio processo de geração de valores coletivos. Este aspeto obriga-nos a pensar a deontologia do jornalismo como um conjunto de valores que resulta de uma moral, ainda que particular, de índole socioprofissional. Enquanto moral, a deontologia apresenta-se como uma estrutura de consenso, pré-existente, que se antecipa à reflexão ética do sujeito profissional, sem no entanto a rejeitar. Também na sua tentativa de *costumização* dos valores morais inerentes ao exercício de uma profissão, a deontologia visa antecipar-se à própria lei, tornando-a, se possível, dispensável.

Este processo só pode realizar-se através de uma consensualização em torno de princípios, papéis e normas que regulam as atividades e que orientam os sujeitos profissionais nas suas decisões quotidianas. Na nossa perspetiva, este é o aspeto central do papel da autorregulação. A autorregulação põe em marcha um processo normativo, mas que pressupõe uma discussão socioprofissional, a partir da qual se vão sedimentando os valores e normas de conduta e responsabilidade. Este processo, como se entende, é reflexivo, é deliberativo, é, finalmente, normativo, até ser objeto de novas reflexões e novas discussões.

Se analisarmos o caso do jornalismo, julgamos poder ver nele esse movimento de sedimentação de valores à medida que a profissão foi criando, bem ou mal, o seu próprio espaço de autonomia, em particular a partir da industrialização da imprensa. Esse processo de consensualização de valores está patente nos seus mais variados acontecimentos: nos encontros internacionais de jornalistas, no final do séc. XIX; na progressiva adoção e generalização de códigos deontológicos, no início do século seguinte; no aparecimento de princípios internacionais de conduta jornalística; e na crescente convergência de normas e de princípios inscritos nos códigos, em particular ao nível europeu, e ocidental. Aspeto igualmente não negligenciável desse processo pode registar-se na adoção de instrumentos de responsabilização social, com origem nos jornalistas, nos *media*, no Estado e, menos frequentemente, na sociedade civil.

No entanto, esta consensualização de normas profissionais não deixa de revelar uma certa contradição com a denominada crise de valores das sociedades contemporâneas. Por um lado, assistimos a uma crise de valores resultante do próprio processo de complexificação social. Por outro lado, não deixamos de registar uma certa irrupção dos valores no campo profissional. Certas atividades laborais, antes não abrangidas pela necessidade de adotarem normas de conduta profissional, parecem agora participar num processo de «deontologização», no sentido de definirem as suas responsabilidades perante a sociedade. Quando tanto se fala de crise de valores, este aspeto não pode deixar de parecer estranho.

Talvez esta irrupção dos valores morais no mundo do trabalho seja, precisamente, a tentativa de reconstruir uma certa *moral mínima*, circunscrita ao campo de uma ação profissional. No entanto, falamos, certamente, de uma moral diferente. Talvez insuficiente, para quem advoga o retorno aos grandes paradigmas morais. Talvez ainda ambígua: na sua tentativa de conjugar princípios e fins; de procurar definir-se como espaço de autonomia, iludindo a sua natureza normativa heterónoma para cada um dos sujeitos; exigindo, por um lado, responsabilidade social dos seus membros e, por outro lado, prosseguindo objetivos instrumentais de defesa dos privilégios de classe; apresentando-se quer como uma via de realização dos sujeitos, quer deixando-se instrumentalizar pelas lógicas dos que veem na deontologia formas de marketing, de melhorar a qualidade de produção e de promover negócios, como deixam entender expressões como «a ética vende», a «ética paga», a «ética compensa».

Profissão indefinida – A natureza ambígua desta moral talvez seja transversal a todas as actividades profissionais. Contudo, no caso de profissões como o jornalismo, ela levanta problemas acrescidos. Com efeito, concluímos que a profissão jornalística assenta numa outra ambiguidade estrutural que tem a ver com as próprias condições históricas de emergência do jornalismo moderno e com questões políticas, económicas, culturais e pragmáticas relacionadas com o exercício da atividade. Para além disso, a própria sociologia evidenciou essa ambiguidade ao ver no jornalismo uma profissão aberta, incapaz de fundar a sua legitimidade no domínio de um saber próprio e na exigência de uma formação específica que funcionem como elementos estruturantes de uma autonomia profissional comparável com a que encontramos nos médicos e nos advogados, por exemplo.

Como vimos, a definição funcionalista de profissão é hoje questionada pela própria sociologia. Consideramos, no entanto, que os princípios funcionalistas devem merecer-nos uma reflexão mais aprofundada, de modo a elucidar melhor a discussão em torno da legitimidade da autonomia e da autorregulação socioprofissional dos jornalistas.

Parece-nos facilmente compreensível que as sociedades reconheçam a necessidade da autonomia das profissões, tendo em conta a especialidade do seu saber e, consequentemente, a exigência da sua formação. Esse facto é, nem mais nem menos, o corolário lógico do nível de tecnicidade e saber que atingiram as nossas sociedades e que fazem com que o quotidiano dos cidadãos seja, na prática, uma renovação constante da confiança depositada nas competências dos seus peritos.

A autonomia reconhecida às profissões é, ela própria, uma condição para que os valores e as normas sociais possam ser discutidos também em contextos mais especializados e para que, por sua vez, a discussão dos assuntos de interesse público não se faça apenas no domínio do senso comum. Com efeito, se não é admissível que o campo normativo das profissões se exerça de uma forma completamente fechada, parece-nos ser igualmente discutível que, nos seus processos de decisão, uma sociedade dispense os contributos dos seus peritos. Porém, no caso do jornalismo, esta questão coloca-se de uma forma problemática. Como conceber a autonomia de uma profissão como o jornalismo, que não consegue definir nem um corpo específico de conhecimentos, nem uma correspondente formação formal, capazes de fundarem um domínio de saber especializado? Dito de outro modo: como legitimar uma autorregulação profissional perante a inexistência de conhecimentos especializados que exijam a necessidade de uma ética mediadora capaz de compatibilizar, através de regras de conduta, os valores sociais com os saberes próprios de uma profissão?

De uma forma geral, a profissão começou por tentar responder a esta questão através do reforço dos aspectos éticos, conforme salientaram autores como Feyel, Mathien, Coleman e Wilkins. Os jornalistas encarregar-se-iam, deste modo, de tratar da «dimensão ética do fenómeno comunicativo» da informação. Esta abordagem não pode deixar de evocar Weber pelas ligações ancestrais que ele estabeleceu entre as profissões e a religião. Neste quadro, os jornalistas continuariam a desempenhar um papel sacerdotal, já não como mediadores entre a humanidade e o sagrado, mas respondendo às necessidades comunicativas dos cidadãos entre si. Porém, acrescentar à ambiguidade moral da deontologia a ambiguidade de uma profissão pode assemelhar-se a uma espécie de fuga para a frente. Parece-nos, sobretudo, que ao fazê-lo estaríamos a tentar compensar um eventual "défice de legitimidade", resultante das indefinições do jornalismo como profissão, através da evocação de um suplemento ético com base numa moral, susceptível de ser recuperável nem sempre pelas melhores razões nem para as melhores causas. Com efeito, numa sociedade pós-moral, o reinvestimento moral é um argumento fraco para fundar uma profissão e, em certa medida, poder-se-á dizer que só avoluma os problemas de legitimidade.

Autonomia ameaçada – Não podemos deixar de nos questionar sobre como uma profissão "indefinida" com uma moral "ambígua" pode reivindicar uma autonomia socioprofissional, sobretudo quando existem ameaças evidentes de que algumas categorias profissionais do jornalismo podem estar a ser também objeto de um processo de desprofissionalização e, nalguns casos, de proletarização. Estes serão alguns dos efeitos do denominado *novo capitalismo* e do *capitalismo imaterial*, no processo de racionalização das redações. Com efeito, a história da liberdade de imprensa construiu-se nos últimos séculos contra o poder político e religioso. Apesar dos efeitos perversos do poder das maiorias e dos efeitos do mercado sobre o mundo das ideias, denunciados por alguns, a livre concorrência e a liberdade económica foram consideradas, durante muito tempo, como uma condição da realização do livre mercado das ideias. No entanto, as tentativas de subjugação das ideias a uma lógica assente em fins essencialmente comerciais constituem uma ameaça a um projeto democrático e socialmente emancipador. De tal modo que não é possível iludir os contributos dos autores da Economia Política da Comunicação, bem como de muitos outros investigadores que chamam a atenção para um desfasamento de uma certa ideologia jornalística que vê no Estado a principal ameaça à sua liberdade, ao mesmo tempo que demonstra uma incapacidade de se libertar das grilhetas impostas pelas lógicas de uma informação a todo o custo lucrativa.

Algumas questões que levantámos são deveras comprometedoras da autonomia do jornalismo. Uma leitura mais radical deste quadro poder-nos-ia levar a questionar até se ainda faz sentido discutir a autorregulação do jornalismo. Em nosso entender, o estudo que agora concluímos demonstra precisamente a legitimidade e urgência desta discussão.

Pretendemos, com a investigação realizada neste capítulo, transpor para o jornalismo algumas questões suscitadas pelas leituras de Sennett e Rifkin acerca das consequências do novo capitalismo sobre o mundo do trabalho e sobre a produção cultural. Os autores em causa consideram que existe, na «sociedade da informação», um conjunto de profissões relativamente protegidas dos processos de racionalização económica, devido à dificuldade de apropriação do capital imaterial em contextos produtivos. Os estudos sobre a produção cultural e sobre os processos de concentração dos *media* revelam que é do interesse das grandes corporações admitir projetos independentes, uma espécie de ilhas de criação, capazes de se constituírem como fontes de renovação constante de conteúdos e dos formatos culturais, num mercado de produtos rapidamente perecíveis. Esses projetos são tanto mais tolerados quanto as corporações conseguirem manter o controlo do setor estratégico da distribuição dos conteúdos, num mercado crescentemente globalizado.

No entanto, a nossa abordagem procurou demonstrar que, apesar de tradicionalmente integrar a "elite" das profissões da sociedade da informação, o jornalismo tem vindo a revelar aspetos inquietantes de mercadorização dos seus conteúdos informativos, em consequência de uma concorrência reforçada entre as empresas. Estes aspetos promovem processos de crescente racionalização do trabalho nas redações, uma concorrência reforçada entre profissionais e a sua desqualificação em áreas menos especializadas. A juvenilização das redações, associada também à perda de uma certa memória necessária para garantir a *mise en perspective* da informação, a precarização do trabalho, o aparecimento das redações e jornalistas multimédia, a deslocalização dos centros produtores de notícias para regiões com mão-de-obra e "cérebros" mais baratos, são apenas algumas das consequências destes processos de racionalização que afetam o jornalismo contemporâneo e não apenas os setores produtivos de bens materiais.

Como em tudo, impõe-se que "não tomemos nem a árvore pela floresta nem a floresta pela árvore". No que diz respeito ao jornalismo, os próprios meios de comunicação não estão em condições de dispensar a autonomia concedida ao seu *star system*, nem tão-pouco, numa lógica corporativa, prescindir de um jornalismo dito de «qualidade», indispensável para manter uma certa influência social. Mas este aspeto não deve desviar a nossa atenção da acentuação de fatores sistémicos que acabámos de evidenciar e que corroem a legitimidade do jornalismo, levando mesmo alguns analistas a prognosticar o final da profissão nas próximas décadas.

Como afirmava Mário Mesquita, estes aspetos não podem servir de justificação para que os jornalistas se demitam de exercer a sua autonomia.

Como também faz notar João Pissarra Esteves, estas são razões mais do que suficientes para que os jornalistas ponderem acerca da consistência de um pensamento redutor e autocentrado da autorregulação e se questionem se, só por si e sem qualquer mudança estrutural profunda, estarão em condições de condicionar decisivamente o funcionamento democrático dos *media*.

Esta questão parece-nos decisiva sobretudo porque se coloca num contexto em que não deixa de existir uma certa perceção por parte da profissão, dos poderes políticos e da própria sociedade sobre alguns impasses da autorregulação do jornalismo, cuja crítica pública, mais ou menos visível, mais ou menos atuante, é, de qualquer forma, bem mais rica do que as soluções preconizadas para responderem aos desafios contemporâneos de uma comunicação verdadeiramente pública.

Repensar a legitimidade – Face à discussão que temos vindo a levar a cabo, podemos optar por duas abordagens: ou simplesmente esperar o toque de finados do jornalismo e da autorregulação ou procurar respostas para os problemas levantados. Pensamos ser claramente preferível a última solução, não tanto por causa de preocupações especiais com a corporação em causa, mas porque consideramos que os princípios normativos do jornalismo continuam a fazer sentido no quadro do funcionamento das democracias contemporâneas. Se há algo de verdade na ideia de existência de um elo de ligação entre o jornalismo e o vigor da democracia, então temos que admitir que a crise de um se repercutirá no outro. Esse facto não poderá deixar de ser objeto das nossas preocupações.

O desafio passa, então, por pensar formas de (re)harmonizar, do ponto de vista normativo, as expectativas públicas do jornalismo com o próprio exercício da profissão. Com efeito, consideramos que a legitimidade da autonomia profissional dos jornalistas deve ser entendida hoje à luz da importância que a mediação das questões de interesse público adquiriu nas sociedades contemporâneas e pelo papel atribuído à livre circulação de ideias e de informações para a realização dos próprios princípios das democracias liberais. É certo que os novos *media* fizeram com que o acesso ao espaço público se coloque de uma forma menos problemática do que no passado. Contudo, os novos *media* não apagaram as necessidades associadas ao denominado *espaço público mediatizado*. Este continua a fazer apelo à presença de um corpo de profissionais, membros de uma «comunidade interpretativa», nos termos de Zelizer, responsáveis pela circulação e promoção dessa «terceira cultura», para usar o termo de Vargas Llosa, geradora de temas de interesse comum. O jornalismo moderno cimentou a sua legitimidade na responsabilidade social de trazer a público a expressão de ideias e de informações no contexto de um *espaço público mediatizado* relativamente escasso. O acesso dos cidadãos aos novos *media* não alterou substancialmente essa função. Hoje, o jornalismo continua a ter a responsabilidade de dar sentido e atribuir pertinência a temas de interesse público, agora silenciados pelo imenso ruído provocado pelo acesso de (pretensamente) todos aos meios de transmissão das suas ideias, num contexto tendencialmente globalizado das comunicações. Com efeito, só o mito da sociedade da informação nos poderá levar a elidir as constantes necessidades de mediação da comunicação, nas sociedades contemporâneas.

Se estes pressupostos continuam a fazer sentido, impõe-se que continuemos a insistir na procura de soluções capazes de refundar a legitimidade da autonomia do jornalismo. A proposta que, de seguida, fazemos passa por repensar o problema a partir de três níveis: profissional, político e social.

a) *Por uma autonomia aberta do jornalismo* – Do ponto de vista profissional, a defesa de uma autonomia do jornalismo deve ser encarada de uma forma aberta e de acordo com as responsabilidades sociais inerentes à realização das democracias participativas. Neste contexto, parece-nos legítimo defender que a liberdade de imprensa resulta de um direito concedido pela sociedade em geral para o exercício de um papel de mediação considerado fundamental. Em termos gerais, as linhas de orientação preconizadas pelo *Relatório da Comissão Sobre a Liberdade de Imprensa*, publicado em 1947, nos EUA, e coordenado por Robert M. Hutchins, podem continuar a servir-nos de referência. Sem pôr em causa o seu direito de tendência, aí se define que os *media* devem constituir-se como um fórum de discussão e de críticas, promover a troca de opiniões entre diferentes grupos sociais, apresentar e discutir metas e valores da sociedade em geral, permitir o acesso à informação e às diferentes sensibilidades e correntes de pensamento, bem como fornecer um inventário verdadeiro, completo e inteligível sobre os acontecimentos de interesse público.

Por seu lado, os jornalistas adotaram princípios e regras de conduta relativamente consensualizados que consagram valores como a objetividade e o rigor da informação, a distinção entre factos e opiniões, o respeito pelos direitos individuais, a honestidade no tratamento e interpretação da informação e nas formas de lidar com as fontes e os sujeitos da informação, etc. A natureza complexa e diversificada da cobertura dos acontecimentos quotidianos impõe ainda que os jornalistas se dotem de mecanismos capazes de promover uma discussão permanente e atualizada acerca dos princípios que presidem ao exercício da profissão, à aplicação das suas normas de conduta e às formas de garantir o seu respeito por todos os profissionais.

O respeito por estes princípios constitui o domínio privilegiado do exercício da autonomia profissional e corresponde aos mais altos desígnios do papel social atribuído por Durkheim às profissões, aptas a investirem um sentido moral de que, no seu entender, as atividades económicas se encontravam destituídas.

A deontologia deve continuar a ser o resultado de um esforço de tradução dos valores sociais vigentes numa dada sociedade e aplicados às exigências particulares do exercício de uma profissão. É nesse sentido que se pode dizer, como Habermas, que as normas de deontologia profissional, não aspirando ao mesmo tipo de universalização das normas morais, podem – nós diríamos, devem – ser submetidas a um teste de universalização, de modo a que a deontologia não fique reduzida à discussão profissional. De facto, pensamos que o pior que pode acontecer com a autorregulação dos jornalistas é que a ética e a deontologia fiquem encapsuladas na sua autonomia e se transformem, na expressão de Boris Libois, num mero discurso de auto-legitimação, produzido deliberadamente com o objetivo estratégico de influenciar o público, os empresários da comunicação e o poder político. Este aspeto pode redundar na perversão dos objetivos preconizados pelas políticas públicas e dos interesses gerais da sociedade, em favor dos privilégios corporativos.

A autorregulação enfrenta ainda o desafio de responder às críticas sobre a sua ineficácia, nomeadamente no que toca à adoção de mecanismos sancionatórios inconsequentes, frágeis e pouco independentes.

Finalmente, os jornalistas não podem deixar de procurar encontrar saídas para os condicionalismos que se colocam à sua autonomia, resultantes do exercício de uma profissão preponderantemente assalariada e em contextos tecnológicos e empresariais que promovem a sua desprofissionalização e desqualificação.

Por tudo o que temos vindo a salientar, a autorregulação não pode ser entendida como o alfa e o ómega das discussões sobre jornalismo. Com efeito, não nos parece sequer plausível que uma profissão aberta – quer do ponto de vista do acesso à atividade, quer ainda do ponto de vista dos seus saberes – eleja, como ponto de honra e de dignidade, a única jurisdição dos seus pares, mesmo que isso diga apenas respeito às questões profissionais, conforme se refere no código da Federação Internacional de Jornalistas e na Declaração de Munique. Sem nunca prescindir da sua jurisdição própria, consideramos que a autorregulação tem mais a ganhar com a sua abertura do que com uma atitude corporativa de fechamento e autodefesa de interesses profissionais. Isso implica tentar levar mais longe a aposta nos modelos de diálogo social. A autorregulação do jornalismo surge muitas vezes associada àquilo que poderíamos denominar por uma autorregulação dos *media*, entre jornalistas e empresários. Esta é uma forma mitigada de corregulação, uma vez que junta grupos de interesses que não são totalmente coincidentes. No entanto, do nosso ponto de vista, estamos perante um modelo essencialmente inter-corporativo, cujo principal obstáculo reside no facto de se organizar a partir de um entendimento acerca de vantagens comuns, que não afasta totalmente os perigos de captura dos objetivos públicos por parte dos interesses corporativos.

b) *A representação da sociedade civil* – Certamente que as questões do jornalismo interessam aos jornalistas; mas devem interessar, de sobremaneira, aos destinatários dos seus conteúdos. Por isso, defendemos que a uma profissão aberta deve também corresponder uma autorregulação partilhada com outros setores da sociedade, onde a representação do público é absolutamente fulcral, seguindo a experiência de vários conselhos de imprensa europeus, em particular as experiências mais recentes. A representação pública parece-nos absolutamente crucial para permitir uma reflexão que tenha em conta os pontos de vista do público e para que este tenha uma melhor compreensão das especificidades e dos condicionalismos dos *media* e do jornalismo. Para além disso, a presença de representantes da sociedade civil é, na nossa perspetiva, um elemento essencial do diálogo entre partes por vezes conflituantes, nomeadamente entre os jornalistas, os empresários e o poder político. Referindo-se aos provedores dos leitores, Joaquim Fidalgo mostrou como, por vezes, os jornalistas consideram benéfica a presença de elementos críticos exteriores aos *media*, importantes para os proteger das pressões económicas, empresariais e organizacionais que os impedem de exercer a sua atividade de acordo com os princípios da profissão e as exigências da sua função social.

A presença crítica do público pode ser entendida como uma forma de levar mais além a experiência encetada por vários órgãos de comunicação através da iniciativa dos provedores, com a vantagem de introduzir um modelo de representação social mais plural e também mais institucionalizado. Este facto permitiria ultrapassar os limites das provedorias do público circunscritas apenas a alguns *media*, bem como responder à falta de independência com que, apesar de tudo, alguns deles continuam a ser vistos por certos setores da sociedade, devido à sua demasiada proximidade com as empresas de comunicação e com os jornalistas.

Um modelo de representação social plural deveria integrar também organizações representativas dos interesses dos consumidores e representantes de áreas especializadas, nomeadamente ligadas à investigação dos *media* e do jornalismo.

É certo que a participação da sociedade em organismos de diálogo social levanta sempre o problema de quem representa o quê. No entanto, esta não pode ser uma razão suficiente para justificar a ausência do público no diálogo socioprofissional. Uma profissão cuja legitimidade assenta na função social do seu papel de mediação não pode excluir a sociedade da discussão sobre os *media* e o jornalismo. A representação da sociedade civil permite, também, resgatar um sentido mais comunicacional da atividade jornalística e, deste modo, acentuar a sua dimensão verdadeiramente pública, no sentido do que este conceito pressupõe de um mais amplo envolvimento e participação na discursividade e na linguagem jornalística, por parte de todos aqueles que, de alguma forma, são ou se sentem afetados por ela.

c) *O Estado e a corregulação* – Definimos a corregulação como a expressão de novas formas de organização social e política, também conhecidas por *nova governação* ou, simplesmente, *governança*. Regra geral, a *nova governação* integra modos de auto e corregulação, que permitem formas de cooperação entre o poder político, económico e as forças sociais, situados entre os extremos da regulação político-administrativa autónoma e a autorregulação pura do mercado.

O nosso interesse pelo conceito de corregulação vai para além de uma escala regulatória, entre mercado e mais ou menos Estado. De facto, parece-nos que a corregulação não deve ser vista como um mero processo para aliviar o Estado das suas responsabilidades na vida pública. Ela contém um potencial de dinamização de diálogo que merece e deve ser explorado, no sentido de promover uma intercompreensão social, com vista ao aprofundamento dos objetivos de interesse público.

Decorre da nossa exposição que a corregulação deve desempenhar um papel essencial, enquanto sistema complementar da autonomia dos jornalistas. Com efeito, vemos a corregulação como um espaço potenciador de um sistema de discussão sobre os *media* e sobre o jornalismo, capaz de promover uma intercompreensão social mais alargada entre os interesses corporativos – sejam eles os dos jornalistas ou das empresas de comunicação social –, os da sociedade civil e os objetivos públicos do Estado, garante último dos direitos dos cidadãos. A presença de um modelo alargado de discussão em sede de corregulação é fundamental para evitar a captura por parte dos interesses corporativos dos objetivos mais nobres da autorregulação. A este propósito, vimos como os próprios modelos de referência de autorregulação dos *media* e do jornalismo, como o caso britânico do *Press Complaints Commission*, não estão isentos de crítica e que, por várias vezes, foi necessário que os governos ameaçassem alargar os seus poderes de intervenção como modo de impedir o desvirtuamento da autorregulação num simples mecanismo de autodefesa corporativa. Contra a ideia de que os poderes políticos devem estar ausentes dos órgãos de corregulação do jornalismo, tendo em conta a tensão tradicionalmente existente entre os *media* e o poder político, não deixamos de preferir a visão de autores como Nordenstreng que privilegiam um modelo mais «ecuménico», que não exclui o Estado nem a representação política, no pressuposto de que estamos a falar de um sistema de representação onde nenhuma das partes tem o poder de decisão sobre as outras.

Várias razões fundamentais nos levam a defender a proposta de Nordenstreng. Ainda que compreendendo os motivos históricos e ideológicos invocados em defesa do afastamento do poder político da esfera dos *media*, não podemos deixar de considerar que, no atual contexto, esta é uma visão redutora e, em alguns casos, conservadora sobre a forma de ver a relação do Estado com a comunicação social

No que toca ao Estado, parece-nos importante que o jornalismo faça a justiça de considerar que a ameaça à liberdade de expressão e à liberdade de imprensa não está no mesmo plano em que se colocaria se estivéssemos a falar de ditaduras ou democracias mal consolidadas, sem com isso esquecer que estas nunca serão batalhas definitivamente ganhas, como demonstram os debates recentes, na sociedade portuguesa, sobre a alegada «asfixia democrática».

Uma visão polarizada nos receios de controlo do Estado pode levar-nos a negligenciar outras formas de condicionar a liberdade de imprensa e dos jornalistas, provenientes, nomeadamente, dos próprios interesses económicos presentes no mundo dos *media*. Pensar-se que a liberdade de imprensa e a liberdade de empresa são uma e mesma coisa e que os poderes económicos são insensíveis ao poder político parece-nos uma visão que está longe de refletir a realidade. Nesse contexto, afastar da autorregulação o poder político sem excluir o poder económico seria um contrassenso. Porém, rejeitar à partida ambos seria ainda mais errado.

Para além disso, se a liberdade de expressão foi conquistada ao poder político, não o foi menos relativamente ao poder religioso. Esse facto não foi considerado um óbice a que alguns conselhos de imprensa europeus incluíssem membros das diversas igrejas entre os representantes da sociedade, em particular quando a sua expressão social continua a ser considerada relevante.

Finalmente, ver as iniciativas de autorregulação e de corregulação como a expressão de boas vontades é completamente diferente de pensá-las como um espaço neutro e despojado de interesses, mais ou menos legítimos. De resto, é a presença desses interesses divergentes que está na base da criação de mecanismos que promovem o diálogo, a intercompreensão e o consenso sociais.

Existem, todavia, outras razões para se pensar a presença do poder político em sede de corregulação dos *media* e do jornalismo. A representação do Estado não deve ser vista apenas como uma emanação dos interesses político-partidários imediatos. Nas democracias, eles são também a expressão de vontades sociais. Por isso, a corregulação pode funcionar como uma caixa de ressonância com capacidade de repercussão dos seus debates no aparelho político e legislativo. No caso do jornalismo, as discussões em torno de temas como o tratamento das fontes de informação, o segredo profissional, a salvaguarda da independência dos jornalistas, o pluralismo de opinião e o direito à privacidade, etc., devem, tanto quanto possível, refletir a perspetiva política e do direito, da sociedade civil, dos profissionais e dos investigadores, pelo que o Estado não pode deixar de ser um elemento interessado nesse processo. Como vimos, em vários países europeus, esse interesse foi decisivo para que os *media* e o jornalismo se empenhassem em compatibilizar as suas reivindicações de autonomia com uma autorregulação efetiva. Para além disso, verificámos como, no caso de vários conselhos de imprensa europeus, a presença do Estado é importante para garantir financeiramente a sua viabilidade, em particular quando estamos perante organizações de jornalistas com pouco recursos. Recorde-se a este propósito que, no caso português, esse foi um dos motivos que terão dificultado a criação de um conselho de imprensa privado, em alternativa ao modelo extinto, em 1990, pelo governo de então.

Contudo, a experiência em Portugal mostra como a representação política não é por si sinónimo da politização da corregulação. Conforme notaram Arons de Carvalho e Claude-Jean Bertrand, a representação política no Conselho de Imprensa português não só não condicionou o seu papel crítico face aos governos e ao Estado, como nem sequer impediu que a corregulação exercesse dignamente as suas funções.

Hermenêutica e ética da discussão – A perspetiva que assumimos visa uma abordagem mais vasta que não tem tanto a ver com as formas de organização da autorregulação e da corregulação. Pretende-se, sobretudo, refletir sobre a necessidade de criação de condições de um diálogo social que torne a autorregulação em algo mais do que uma autocontenção corporativa e a corregulação num processo deliberativo que não se resuma à justaposição dos interesses em presença. Com efeito, sem negar o papel essencial da deontologia e da autonomia dos jornalistas e dos *media*, consideramos no entanto que os seus limites, por demais salientados nesta tese, impõem um modelo de uma autorregulação partilhada, capaz de ultrapassar os condicionalismos de um pensamento autocentrado e corporativo, e que se aproxime de uma *mediaética* ou de uma *infoética* que integre as discussões e as inquietações sociais.

Se dúvidas subsistissem sobre o facto de não pretendermos subvalorizar as dimensões éticas e do direito relativamente à moral e à deontologia, elas deveriam, a nosso ver, ficar aqui resolvidas. Se começámos por considerar necessário evitar uma abordagem estritamente ética da deontologia, impõe-se agora sublinhar que a deontologia e a autorregulação só se realizam plenamente no contexto de uma ética reflexiva, socialmente transversal e pública.

Ao longo da nossa investigação, fomos salientando as diferenças entre o jornalismo e as profissões como a advocacia e a medicina. Esse facto não nos impede de reconhecer que o jornalismo enfrenta hoje desafios idênticos aos que conheceram os médicos, com a evolução da medicina, após a II Guerra Mundial. As mutações verificadas no campo profissional levaram a que os médicos sentissem a necessidade de pensar a profissão e a prática num plano mais alargado do que o permitia a sua deontologia. Nos anos 70, a bioética foi uma solução encontrada para responder aos novos desafios que se colocavam à medicina, tendo em conta nomeadamente: a crescente influência da tecnologia na profissão; a especialização dos saberes, com consequências ao nível da fragmentação do próprio corpo profissional; a alteração das relações profissional/utente; a maior consciência dos direitos individuais por parte do público; a crescente intromissão nas decisões profissionais de outros agentes externos ao "ofício"; as tendências de funcionalização dos trabalhadores – cada vez mais considerados como técnicos do que como profissionais detentores de uma arte; o alargamento do conceito de responsabilidade, por via da utilização das técnicas e das tecnologias; o pluralismo e a multiplicidade de referências ético-morais dos intervenientes no campo profissional; a crescente submissão das profissões às lógicas empresariais e de gestão.

Certamente que estas questões, aplicadas ao campo dos valores da vida, adquirem uma especificidade que não é a mesma que a do jornalismo. Mesmo assim, consideramos que os fatores acima enunciados, que determinaram uma forma diferente de compreender os valores profissionais na medicina há cerca de quarenta anos, estão hoje presentes também no campo jornalístico. Por isso, impõem-se igualmente alterações importantes no que se refere aos paradigmas de pensamento sobre as práticas e os valores profissionais, bem como a discussão renovada sobre os pressupostos normativos do jornalismo e da informação nos *media*. Se é verdade que a construção da autonomia dos jornalistas e dos médicos teve percursos históricos muito diferentes, ambas as profissões continuam a assentar a sua legitimidade num entendimento social sobre a sua importância e sobre a repercussão pública da sua atividade.

Em termos ricoeurianos, uma *mediaética* ou uma *infoética* permitiria completar o processo hermenêutico capaz de articular um nível prudencial, referente ao contexto e às circunstâncias da atuação profissional, um nível deontológico ou normativo, que passa pela inclusão de normas e códigos, que exprimem a preocupação de um grupo em conformar os seus valores e as suas práticas com um princípio de universalidade, e, finalmente, um nível reflexivo socialmente mais alargado, de ordem racional, política e filosófica.

Em termos mais habermasianos, este procedimento parece ser também aquele que melhor permite responder às exigências de uma democracia vibrante e participativa, capaz de compatibilizar a moral profissional e a moral social entre si, de modo a melhor se harmonizarem às exigências de um direito legitimado nas práticas e nos valores sociais. Para que isso possa acontecer, é necessário que o processo hermenêutico que acabámos de evocar não fique circunscrito a profissionais e a especialistas mas que possa alargar-se a um modelo de autorregulação partilhada ou de uma regulação socialmente participada.

Portugal, um caso sui generis – A autorregulação dos jornalistas portugueses caracteriza-se por ter sido quase sempre tutelada pelo Estado e pelo poder político. Mesmo durante o período de particular ativismo das suas estruturas representativas – como aconteceu, por exemplo, no final da ditadura e nos primeiros anos de implantação da democracia –, os jornalistas confrontaram-se sempre com o papel tutelar do Estado que acabou por regular a sua atividade. Com efeito, foi o Estado que, desde 1934, impôs um modelo organizativo dos jornalistas, cujas consequências foram para além da ditadura; que durante muito tempo determinou as regras de acesso à profissão, à revelia de um entendimento com os jornalistas; que impôs, depois do 25 de Abril, a adoção de um código deontológico; que criou e extinguiu um organismo de corregulação do jornalismo e dos *media*; que jurisdificou a deontologia e determinou um regime sancionatório dos jornalistas, duplicando as competências já atribuídas nesta matéria ao organismo regulador da comunicação social, também instituído por si.

Não sendo uma profissão liberal, o jornalismo em Portugal não deixou de se pensar e de tentar organizar-se como tal. Se rejeitou a noção de corporação fê-lo apenas como uma recusa da aceção politicamente negativa do termo, enquanto expressão de uma herança do regime ditatorial. Todavia, quanto a alguns dos seus poderes, o Sindicato dos Jornalistas – ainda que, por vezes, sob delegação do Estado – parece ter convivido bem com o controlo do acesso à profissão, com as funções de atribuição da carteira profissional, com o papel de organização representativa dos jornalistas, com o poder de definir os valores deontológicos da profissão, com a responsabilidade de verificar o cumprimento das regras de conduta. A legitimidade de o Sindicato deter tais funções esteve no centro da discussão sobre a criação da Ordem dos Jornalistas, no início da década de 90. Por um lado, os defensores da Ordem reivindicavam poderes que o Sindicato de Jornalistas já vinha em parte exercendo. Por outro lado, o Sindicato de Jornalistas recusou a Ordem, com receio das consequências que poderiam advir de uma corporativização dos jornalistas, sem reconhecer que alguns desses aspetos estavam, desde há muito, presentes na forma de organização da própria estrutura sindical. Deste modo, a polarização da discussão sobre o modelo de organização dos jornalistas – entre Ordem ou Sindicato – acabou por inquinar um debate aprofundado sobre os desafios que se colocavam à autorregulação da profissão. Para trás ficaram, inclusivamente, as sugestões efetuadas nos dois primeiros congressos de jornalistas a propósito da atribuição da carteira profissional e da autonomização do Conselho Deontológico, de modo a abranger toda a classe profissional. O adiamento destas reformas fez com que o Sindicato de Jornalistas acabasse por se ver arrastado pelo próprio curso dos acontecimentos políticos: a extinção do Conselho de Imprensa e a sua substituição por um organismo de características reguladoras (Alta Autoridade para a Comunicação Social e, mais recentemente, a Entidade Reguladora da Comunicação Social); a declaração de inconstitucionalidade da tutela do Sindicato sobre a atribuição da carteira profissional e a constituição de uma Comissão da Carteira Profissional de Jornalista; a progressiva jurisdificação e apropriação por parte do Estado dos princípios da deontologia jornalística, retirando-os da sede de autorregulação; enfim, a imposição de regras sancionadoras, não exclusivamente morais como preconizam os jornalistas.

O modelo de sanção dos jornalistas portugueses foi um sintoma da própria ineficácia da sua autorregulação e um elemento crítico que contribuiu para precipitar a sua crise. Com efeito, após o 25 de Abril, talvez em reação a décadas de censura, os jornalistas não foram capazes de resolver a indefinição do seu próprio sistema de sanções, em desrespeito da delegação de poderes que a lei lhes conferiu nesta matéria.

O primeiro aspeto dessa ineficácia prende-se com o facto de o modelo de sanções previsto pelo incumprimento das regras de conduta profissional não ser aplicável a todos os jornalistas. Com efeito, embora o código deontológico do Sindicato dos Jornalistas abrangesse todos os profissionais, mesmo os não sindicalizados, o artigo sobre as sanções resultantes do respetivo incumprimento remetia para normas disciplinares internas do Sindicato. Na prática, isto fazia com que os jornalistas não sindicalizados estivessem ao abrigo desse regime de sanções e os abrangidos pudessem, em caso de desacordo, retaliar contra a decisão, pondo termo à sua qualidade de sócios, continuando assim a exercer a profissão sem outros prejuízos. Nos casos mais graves, o regime de sanções do Sindicato dos Jornalistas previa a possibilidade de expulsão daquele organismo. Ora, no quadro sancionatório então vigente, isso contribuía para colocar profissionais fora do sistema disciplinar, quando o seu objetivo deveria ser o contrário, o de o tornar tanto mais alargado quanto possível.

Deve dizer-se que a visão dos jornalistas de limitar as sanções a um âmbito moral de censura pública permitiu que a contradição do seu regime sancionatório não fosse sentida como uma questão problemática. Independentemente de o jornalista estar ou não integrado numa estrutura organizativa, de poder desvincular-se dela mediante a ameaça de uma sanção, ou de ser expulso do Sindicato ficando, na prática, fora do regime disciplinar da autorregulação, a questão é praticamente indiferente, na medida em que a sanção reside na denúncia moral pública. Melhor dizendo, deveria residir na denúncia moral pública. Este é outro problema do regime sancionatório dos jornalistas. Durante muito tempo, a autorregulação dos jornalistas permaneceu intramuros e os aspetos morais das sanções eram, na realidade, semipúblicos, uma vez que o seu conhecimento não ia muito além da própria profissão. Ora, a defesa de um regime de sanções morais como muitos preconizam para o jornalismo, só é exequível perante meios que garantam a sua efetiva publicidade. Na realidade, o Conselho Deontológico do Sindicato dos Jornalistas, durante muito tempo, não dispôs nem de meios, nem de poderes e, nalguns casos, nem de vontade suficiente para dar expressão pública às críticas acerca da conduta dos seus profissionais. Pelo menos até 1990, a autorregulação socioprofissional dos jornalistas assume um caráter excessivamente autocentrado: de jornalistas, por jornalistas e para jornalistas. Mesmo depois da extinção do Conselho de Imprensa, é só na viragem do século que a atividade do Conselho Deontológico começa a mostrar uma clara tendência de se abrir ao exterior e de ser determinada pela agenda do público, através de queixas e pedidos de parecer de cidadãos sobre a conduta profissional dos jornalistas e dos *media*. Tendo em conta o caráter fundamentalmente interno desta autorregulação, poder-se-á dizer, com José Juan Videla Rodrigues, que a deontologia dos jornalistas portugueses teve um efeito fundamentalmente simbólico e retórico destinado a distinguir os profissionais que a aplicavam dos que lhe eram indiferentes.

A justificação para o reduzido alcance da autorregulação dos jornalistas reside no facto de ela estar em grande medida escudada no Conselho de Imprensa, criado por iniciativa governamental, em 1975. Por esse organismo passaram a maior parte das queixas dos cidadãos contra os *media* e a conduta profissional dos jornalistas, que por sua vez detinha poderes para obrigar os meios de comunicação social em causa a publicar as suas deliberações. Enquanto vigorou o Conselho de Imprensa, os jornalistas portugueses funcionaram, na prática e de forma não assumida, por um lado, com um sistema de autorregulação para discussão de questões entre profissionais, com sede no Conselho Deontológico, e, por outro lado, com um sistema de corregulação, aparentemente mais vocacionado para receber as questões do público. Este edifício virtual ruiu em 1990, quando o Governo do PSD, considerando que não deveria imiscuir-se em questões de deontologia profissional, extinguiu o Conselho de Imprensa. Apesar das suas iniciativas para restabelecer um novo Conselho de Imprensa, os jornalistas, aparentemente os que mais sentiram a sua falta, não conseguiram mobilizar as vontades nem dos empresários, nem da sociedade civil, nem dos setores políticos que discordaram da iniciativa política do PSD.

Neste contexto, os jornalistas foram reforçando os poderes e o protagonismo do Conselho Deontológico do Sindicato dos Jornalistas. Contudo, sem o Conselho de Imprensa e sem alterações estruturais de fundo na autorregulação, as debilidades do Conselho Deontológico foram rapidamente postas a nu: não é extensivo a todos os profissionais; não tem como obrigar os jornalistas e os *media* a publicar os seus pareceres; a publicidade limitada das suas decisões reduz o caráter da sanção moral do jornalismo; o seu funcionamento assenta num sistema demasiadamente voluntarista e muito dependente do carisma das suas lideranças; as decisões têm um caráter demasiado casuístico; as queixas e os pedidos de parecer dependem de um modelo deliberativo exclusivamente profissional.

Certamente que este contexto pesou numa maior intervenção do Estado sobre a autorregulação, que começou a verificar-se no final da década de 90 do século passado e se radicalizou, nos últimos anos, com a jurisdificação da deontologia dos jornalistas e a imposição de um modelo disciplinar com recurso a sanções morais e penais.

Esta situação levou-nos a questionar a existência de uma verdadeira autorregulação dos jornalistas. Na melhor das hipóteses, estamos perante uma autorregulação regulada pelo Estado, o que não deixa de representar um esvaziamento do papel dos jornalistas e da sua autonomia. Esta constatação confirma o posicionamento contraditório dos jornalistas que, no plano discursivo e ideológico, assumem a autorregulação voluntária como essencial para o exercício da sua responsabilidade social, mas que, na realidade, não conseguem dotar-se dos meios que a tornem minimamente eficaz.

O caso do jornalismo português é um exemplo de que a desregulação pode ser apenas uma forma de o Estado exercer a regulação por outros meios. Não poderemos dizer que essa foi a intenção do poder político quando decidiu acabar com o Conselho de Imprensa. No entanto, esse foi o resultado. Enquanto em 1990, o secretário de Estado da Comunicação Social, Albino Soares, considerava que «a defesa das questões éticas cai no âmbito das atribuições da sociedade civil e não nas atribuições do Estado», em 2007, vemos o ministro dos Assuntos Parlamentares que tutela a pasta da Comunicação Social, Augusto Santos Silva, a defender um reforço dos poderes de regulação do Estado para travar o libertarismo ideológico dos jornalistas e o liberalismo económico dos empresários e obrigar os órgãos de informação a interpelarem-se a si mesmos e a serem interpelados a partir do conjunto dos cidadãos. Porém, entre a desregulação de uns e a regulação de outros, quem ficou efetivamente a perder foi sociedade civil que, quer num modelo quer noutro, acabou por perder a sua representatividade nos órgãos públicos de discussão sobre o jornalismo e os *media*. E o que, do nosso ponto de vista, parece mais discutível não é apenas que o Estado decidisse intervir na autorregulação dos jornalistas, mas que essa intervenção se fizesse à margem de um processo de deliberação extralegislativo, que envolvesse a profissão, os empresários e a sociedade civil, para além de, naturalmente, o próprio poder político. Neste sentido, não nos deixaremos de questionar como, com uma autorregulação mitigada dos jornalistas e um afastamento da sociedade civil dos processos de discussão da ética do jornalismo e dos *media*, se poderá evocar o consenso social legitimador da lei. Na perspetiva da realização do direito, o caso português assemelhou-se mais a um braço-de-ferro do que a um modelo intercompreensivo de uma democracia radicalizada, como sustentava Habermas. Neste caso, ao perigo de recuperação dos objetivos públicos por parte da autorregulação não podemos deixar de contrapor o da apropriação da autonomia profissional por parte do Estado. Esse é, certamente, o sentido mais crítico que atribuímos à jurisdificação da autorregulação profissional.

Uma saída para a autorregulação regulada – Perante a descrição deste quadro, consideramos que os jornalistas portugueses enfrentam o desafio e a responsabilidade de assumir a sua própria autorregulação. A natureza desse desafio coloca-se a dois níveis: a um nível interprofissional e a um nível público. No primeiro caso, os jornalistas têm de retomar a iniciativa com vista a restabelecer a sua autonomia e demonstrar a inutilidade da captura da sua autorregulação por parte do Estado. Impõe-se igualmente repensar o modelo de organização da sua autorregulação (sindicato público, ordem, comissões de ética, Comissão da Carteira Profissional de Jornalista, etc.), procurando torná-lo reconhecido, aceite por toda a classe profissional, legítimo e abrangente. Ao nível público, os jornalistas devem desenvolver formas partilhadas de auto ou corregulação, procurando apostar numa lógica *intercompreensiva* sobre o jornalismo, com vista a chamar a sociedade civil para a discussão dos problemas contemporâneos que se colocam ao exercício da profissão e à realização da sua responsabilidade social e dos *media*. A ideia de que a dignidade profissional reside apenas no atendimento da jurisdição dos seus pares nas questões profissionais ilude, em grande medida, o facto de a legitimidade do jornalismo residir mais na sua função e responsabilidade social do que na natureza técnica da sua arte e na especificidade científica do seu saber. Se, por um lado, os jornalistas não podem deixar de se pensar como profissão, também não podem prescindir de uma discussão ética mais alargada das suas práticas, das suas normas e da natureza normativa da sua função social, dado o alcance eminentemente público e político da sua intervenção.

Perspetivas futuras de investigação – Como salientámos em devida altura, no que se refere à autorregulação dos jornalistas em Portugal, a presente investigação é apenas um contributo para um trabalho que deve ser aprofundado e alargado. Em matéria de deontologia jornalística, as deliberações do Conselho Deontológico carecem de ser colocadas em perspetiva com o conjunto das tomadas de posição do Sindicato dos Jornalistas. Este facto justifica-se tendo em conta a relação de dependência orgânica que, durante muito tempo, o Conselho Deontológico teve relativamente à própria direção do Sindicato. Por isso, não nos parece suficiente limitar o estudo da autorregulação dos jornalistas portugueses à história do seu conselho de deontologia.

Para além disso, a nossa investigação incidiu particularmente nos aspetos quantitativos da intervenção do Conselho Deontológico. A análise particular de algumas deliberações e decisões internas daquele órgão deixa indiciar uma prática casuística das suas deliberações. Todavia, o estudo da natureza jurisprudencial das suas decisões carece de um trabalho mais alargado que, aliás, se inscreve nos propósitos das linhas de orientação futuras da nossa investigação.

Durante a presente investigação, salientámos a importância que o papel do Conselho de Imprensa, que vigorou entre 1975 e 1990, teve na própria organização da autorregulação dos jornalistas. No entanto, são poucos os estudos sistematizados que temos disponíveis sobre o Conselho de Imprensa e o trabalho mais completo que conhecemos limita-se aos primeiros 10 anos de existência. O estudo do Conselho de Imprensa português merece ser aprofundado, no sentido de compreender os seus impactes na autorregulação dos jornalistas, como também de perceber a jurisprudência produzida. A este propósito, parece-nos também fundamental a sistematização de algumas discussões éticas e deontológicas sobre o jornalismo e os *media*, capazes de se constituírem como referência das práticas socioprofissionais e do debate público. Como julgamos ter ficado suficientemente vincado durante a presente investigação, consideramos que as condições do exercício da profissão obrigam a que a discussão ética e deontológica do jornalismo seja acompanhada por estudos acerca das mutações verificadas na profissão jornalística, assim como sobre a evolução socioeconómica dos *media*.

BIBLIOGRAFIA

AAVV, *1º Congresso dos Jornalistas Portugueses – Conclusões, teses, documentos*, («Liberdade de expressão, expressão de liberdade»), Lisboa, Secretariado da Comissão Executiva do I CJP, s.d.

AAVV, *2º Congresso dos Jornalistas Portugueses – Conclusões, teses, documentos* («Deontologia»), Lisboa, Secretariado da Comissão Executiva do II CJP, s.d.

AAVV, *3º Congresso dos Jornalistas Portugueses – Conclusões, teses, documentos*, Lisboa, Comissão Executiva do III Congresso dos Jornalistas Portugueses, 1998.

AAVV, *A Economia da Propriedade Intelectual e os Novos Media: Entre a Inovação e a Protecção*, Lisboa, Guerra e Paz, s.d.

AAVV, *A New Approach to Development: The Role of the Press – A WAN/World Bank Conference held on 13 June 1999 in Zürich, Switzerland*, in URL: http://www.wan-press.org/IMG/pdf/doc-518.pdf, (18-10-2004).

AAVV, *Enciclopédia Einaudi* («Política-tolerância/intolerância»), nº 22, s.l., Imprensa Nacional-Casa da Moeda, 1996.

AAVV, *Liberdade e Ordem Social*, Mem-Martins, Publicações Europa-América, s.d.,

ABBAGNANO, Nicola, *História da Filosofia*, vol. I e vol. IX, Lisboa, Editorial Presença, s.d.

ACCARDO, Alain (*et al.*), *Journalistes Précaires*, Bordéus, Editions Le Mascaret, 1998.

ADORNO, Theodor W., *Sobre a Indústria Cultural*, Coimbra, Angelus Novus, 2003.

ALBERT, Michel, «Le Nouveau Système Monde», *Le Débat*, nº 97, dezembro, 1997.

ALBERTOS, Martínez, *El Ocaso del Periodismo*, Barcelona, CIMS, 1977.

ALBINO, Carlos, «Sim, a Ordem dos Jornalistas», *Diário de Notícias*, 2 de novembro de 2003.

ALBORNOZ, Alfonso, «La prensa diaria y periódica: pionero pero problemático salto *on line*», in BUSTAMANTE, Enrique (coord.), *Comunucacion y Cultura en la Era Digital – Industrias, mercados y diversidad en España*, Barcelona, Gedisa, 2004.

ALENGRY, Franck, *Condorcet – Guide de la Révolution Française – Théoricien du droit constitutionnel et précurseur de la science sociale*, Nova Iorque, Lenox Hill, 1973.

AMERICAN MEDICAL ASSOCIATION, *Code of Medical Ethics of the American Medical Association – Originally adopted at the adjourned meeting of the national medical convention of Philadelphia, May 1847*, Chicago, American Medical Association (data ilegível), *in* URL: http://www.ama-assn.org/ama/upload/mm/369/1847code.pdf. (07/05/2007).

ANDRÉ, Eloy Luis, *Deontología Social*, Madrid, (edição de autor), 1931.

ANDRINGA, Diana, «Intervenção em nome do Sindicato dos Jornalistas», *in* AAVV, *3º Congresso dos Jornalistas Portugueses – Conclusões, teses, documentos*, Lisboa,

Comissão Executiva do III Congresso dos Jornalistas Portugueses, 1998.

ANTUNES, Fernando, «Alta Autoridade está queimada», *Jornal de Notícias*, 14 de março de 1994.

ANTUNES, José Engrácia, «Prefácio», *in* TEUBNER, Gunther, *O Direito como Sistema Autopoiético*, Lisboa, Fundação Calouste Gulbenkian, 1993.

ARANGUREN, José Luis, *Ética*, Madrid, Alianza Editorial, 2005.

ARENDT, Hannah, *Sobre a Revolução*, Lisboa, Relógio D'Água, 2001.

ARISTÓTELES, *Ética a Nicómaco*, Lisboa, Quetzal, 2004.

ARISTÓTELES, *Política – Edição bilingue*, Lisboa, Vega Universidade, 1998.

ARON, Raymond, «Liberdade, liberal ou libertário?», *in* AAVV, *Liberdade e Ordem Social*, Mem-Martins, Publicações Europa-América, s.d.

ARON, Raymond, *Essai Sur les Libertés*, Paris, Calmann-Lévy, s.d.

ASCENSÃO, José Oliveira, *O Direito – Introdução e teoria geral. Uma perspectiva luso-brasileira*, Coimbra, Livraria Almedina, 1993.

AUBENAS, Florence, e BENASAYAG, Miguel, *A Fabricação da Informação – Os jornalistas e a ideologia da comunicação*, Porto, Campo das Letras, 2002.

AURÉLIO, Diogo Pires, «Tolerância/intolerância», *in* AAVV, *Enciclopédia Einaudi* («Política-tolerância/intolerância»), nº 22, s.l., Imprensa Nacional-Casa da Moeda, 1996.

AZNAR, Hugo, *Comunicação Responsável – A auto-regulação dos media*, Porto, Porto Editora, 2005.

BAGDIKIAN, Ben H., *El Monopolio de los Medios de Difusión*, México, Fundo de Cultura Económica, 1986.

BAKER, C. Edwin, *Media, Markets and Democracy*, Cambridge, Cambridge University Press, 2002.

BALLE, Francis, *Et si la Presse n'Existait Pas...*, s.l., Jean-Claude Lattés, 1987.

BALLE, Francis, *Médias et Sociétés – De Gutenberg à l'internet*, s.l., Montchrestien, s.d.

BAPTISTA, Carla, «O jornalismo faz mal à saúde», *Jornalismo e Jornalistas*, nº 34, abril/ /junho, 2008.

BATEMAN-NOVAES, Simone, OGIEN, Ruwen, e PHARO, Patrick (orgs.), *Raison Pratique et Sociologie de l'Éthique – Autour des travaux de Paul Ladrière*, Paris, CNRS, 2000.

BAUMAN, Zygmunt, *La Vie Liquide*, Rodez, Le Rouergue/Chambon, 2006.

BECK, Ulrich, «A reinvenção da política – Rumo a uma teoria da modernização reflexiva», *in* BECK, Ulrich, GIDDENS, Anthony, LASCH, Scott, *Modernização Reflexiva – Política, tradição e estética no mundo moderno*, Oeiras, Celta, 2000.

BEDOYA, Jesús González, *Manual de Deontología Informativa – Periodismo, medios audiovisuales, publicidade*, Madrid, Editorial Alhambra, 1987.

BÉLISLE, Claire, «L'éthique et le multimédia», *in* BRUNET, Patrick (sob a direção de), *L'Éthique dans la Société de l'Information*, Paris, L'Harmattan/Presses Universitaires de Laval, 2001.

BENTHAM, Jeremy, «Sur la liberté de la presse et de la discussion publique», *in* BENTHAM, Jeremy, *Garanties Contre L'Abus de Pouvoir et Autres Écrits Sur la Liberté Politique*, Paris, Editions Rue d'ULM, 2001.

BENTHAM, Jeremy, *Déontologie, ou Science de la Morale*, 1834, *in* URL: http://classiques.uqac.ca/classiques/bentham_jeremy/ deontologie_tome_1/bentham_deontologie_t1.pdf (17/07/2007).

BENTHAM, Jeremy, *Essai Sur la Nomenclature et la Classification des Principales Branches de l'Art-et- Science*, Paris, Bossange Frères, Libraires, 1823, *in* URL: http://openlibrary.org/b/OL20461282M/Essai_sur_l a_nomenclature_et_la_classification_ des_principales_branches_d'art-et-science_ (10/09/2009).

BENTHAM, Jeremy, *Chrestomathia: Being a collection for papers explanatory of the design of an institution*, Londres, 1816, *in* URL: http://openlibrary.org/b/OL20465623 M/Chrestomathia__Being_a_Collection_of_Papers__Explanatory_of_the_D esign_of_an_Institution_ (10/09/2009).

BERGEL, Jean-Louis, *Teoria Geral do Direito*, São Paulo, Martins Fontes, 2001.

BERGEL, Jean-Louis, «Du concept de déontologie à sa consécration juridique», *in* BERGEL, Jean-Louis, (org.), *Droit et Déontologies Professionnelles*, Aix-en-Provence, Librairie de l'Université, 1997.

BERNIER, Isaiah, *Rousseau e Outros Cinco Inimigos da Liberdade*, Lisboa, Gradiva, 2005.

BERNIER, Isaiah, «Introdução», *in* MILL, John Stuart, *A Liberdade, Utilitarismo*, São Paulo, Martins Fontes, 2000.

BERNIER, Isaiah, *Éloge de la Liberté*, s.l., Calmann-Lévy, 1990.

BERNIER, Marc-François, «L'éthique et la déontologie comme éléments de la légitimité du journalisme», *in* BRUNET, Patrick, (sob a direção de), *L'Éthique dans la Société de l'Information*, Paris, L'Harmattan/Presses Universitaires de Laval, 2001.

BERNIER, Marc-François, *Éthique et Déontologie du Journalisme*, Sainte-Foy, Presses Universitaires de Laval, 1994.

BERTEN, André, SILVEIRA, Pablo da, e POURTOIS, Hervé (orgs.), *Libéraux et Communautariens*, Paris, PUF, 1997.

BERTEN, André, «Déontologisme», *in* CANTO-SPERBER, Monique, (sob a direção de), *Dictionnaire d'Éthique et de Philosophie Morale*, Paris, Presses Universitaires de France, 1996.

BERTRAND, Claude-Jean, «Press councils in the world – 2007», *in* URL: http://www.alianca-jornalistas.net/spip. php?article 105 (25/07/2008).

BERTRAND, Claude-Jean, *A Deontologia dos Media*, Coimbra, MinervaCoimbra, 2002.

BERTRAND, Claude-Jean, *L'Arsenal de la Démocratie – Médias, deontologie et M*A*R*S*, Paris, Economica, 1999.

BERTRAND, Claude-Jean, *Les Médias aux Etats-Unis*, Paris, PUF, 1997.

BERTRAND, Claude-Jean, «Les M*A*R*S* en Europe ou les moyens d'assurer la responsabilité sociale», *Communication et Langages*, nº 97, 3º trimestre, 1993.

BERTRAND, Claude-Jean, «Pour un conseil de presse idéal», 1985, *in* URL: http://www.alianca-jornalistas.net/IMG/doc_C_de_ P_ideal_en_FR.doc. (28/12/2007).

BEYLEVELD, Deryck e BRONSWORD, Roger, «Les Implications de la théorie du droit naturel en sociologie du droit», *Droit et Société*, nº 13, 1989.

BLÁSQUEZ, Niceto, *La Nueva Ética en los Medios de Comunicación – Problemas y dilemas de los informadores*, Madrid, Biblioteca de Autores Cristianos, 2002.

BLUMLER, Jay G., e GUREVITVH, Michael, «Rethinking the study of political communication», *in* CURRAN, James, e GUREVITCH, Michael (orgs.), *Mass Media and Society*, Londres, Edward Arnold, 1991.

BOBBIO, Norberto, *Le Futur de la Démocratie*, Paris, Seuil, 2007.

BOBBIO, Norberto, *A Era dos Direitos*, Rio de Janeiro, Elisever, 2004.

BOBBIO, Norberto, *Igualdade y Libertad*, Barcelona, Buenos Aires, México, Paidos, 1993.

BOBBIO, Norberto, «Kelsen y Max Weber», 1981, *in* URL: http://www.bibliojuridica. org/libros/2/970/5.pdf (26/02/2007).

BOHÈRE, Guy, *Profession: Journaliste – Étude sur la condition du journaliste en tant que travailleur*, Genebra, Bureau International du Travail, 1984.

BOISVERT, Yves (*et al.*), *Les Jeux de Transfert de Régulation – L'éthique des affaires et la déréglementation*, s.l., Presses de l'Université Laval, 2003.

BOLAÑO, César Ricardo Siqueira, «Trabajo intelectual, comunicación y capitalismo – La reconfiguración del factor subjetivo en la atual reestructuración productiva», *in* FERNÁNDEZ, Fernando Queirós, e CABALLERO, Francisco Sierra (dirs.),

Comunicación, Glogalización y Democracia – Crítica de la economía política de la comunicación y la cultura, Sevilha, Comunicación Social, 2001.

BOLTANSKY, Luc, e CHIAPELLO, Ève, *Le Nouvel Esprit du Capitalisme*, Paris, Gallimard, 1999.

BONNELL, René, *La Vingt-Cinquième Image – Une économie de l'audiovisuel*, s.d., Gallimard, 2006.

BOURDIEU, Pierre, «L'essence du néolibéralisme», *Le Monde Diplomatique*, março de 1998.

BOURDIEU, Pierre, *Sur la Télévision – Suivi de l'emprise du journalisme*, Paris, Liber-Raisons d'Agir, 1996.

BOURGEAULT, Guy, *L'Éthique et le Droit – Face aux nouvelles technologies bio-médicales*, Bruxelas, De Boeck-Wesmael, 1990.

BOURQUIN, Jacques, *La Liberté de la Presse*, Paris, Presses Universitaires de France, s.d.

BOYLE, James, «O segundo movimento de emparcelamento e a construção do domínio público», in AAVV, *A Economia da Propriedade Intelectual e os Novos Media: Entre a Inovação e a Protecção*, Lisboa, Guerra e Paz, sd.

BRAIZE, François, «La déontologie: la morale et le droit», in MEYRAT, Jean (org.), *Une Déontologie Pourquoi? – Actes de la journée d'études du 6 novembre 1992*, s.l., ADBS, 1994.

BRAUMAN, Rony, e BACKMANN, René, *Les Médias et l'Humanitaire – Éthique de l'Information ou charité-spectacle*, Paris, CFPJ, s.d.

BREED, Warren, «Controlo social na redacção. Uma análise funcional», in TRAQUINA, Nelson (org.), *Jornalismo: Questões, Teorias e "Estórias"*, Lisboa, Vega, 1993.

BRITO, António José, *Ensaios de Filosofia do Direito – E outros estudos*, Lisboa, Fundação Calouste Gulbenkian, 2006.

BRODDASON, Thorbjörn, «The sacred side of professional journalism», in *European Journal of Communication*, vol. 9, Londres, Thousand Oaks, Nova Deli, 1994.

BUSTAMANTE, Enrique, *La Televisión Económica – Financiación, estrategias y mercados*, Barcelona, Gedisa, 1999.

CÁDIMA, Rui, «A televisão e a ditadura (1957-1974)», in URL: http://www2.fcsh.unl.pt/cadeiras/httv/artigos/TVDITAD.pdf (07/05/2009).

CAMPONEZ, Carlos, «A crise do jornalismo face aos novos desafios da comunicação», *Actas dos Ateliers do V° Congresso Português de Sociologia*, Associação Portuguesa de Sociologia, in URL: http://www.aps.pt/cms/docs_prv/docs/DPR46151be427116_1.pdf (27/03/2007).

CAMPONEZ, Carlos, *Jornalismo de Proximidade*, Coimbra, MinervaCoimbra, 2002.

CAMPS, Victoria, «Instituiciones, agencias y mecanismos de supervisión mediática», in SANCHO, Jesús, e GONZÁLEZ, Vicente (coords.), *Ética de los Medios – Una apuesta por la ciudadanía audiovisual*, Barcelona, Editorial edisa, 2004.

CAMPS, Victoria, «El lugar de la ética en los medios de comunicación», in PERALES, Enrique Bonete (coord.), *Éticas de la Información y Deontologías del Periodismo*, Madrid, Tecnos, 1995.

CARDOSO, Adelino, *Relatório Sobre Acesso à Profissão e Carteira Profissional*, documento policopiado, Centro de Documentação do Sindicato dos Jornalistas, 1993.

CARDOSO, Adelino, «Onde estavam eles?», *Jornalismo*, janeiro de 1992.

CARLOS, Maria, «Segredo profissional do advogado – Prémio Bastonário Doutor Adelino da Palma Carlos», setembro de 2004, in URL: http://portal.oa.pt:6001/upl/{30b97f3e-94fe-491c-a6df-4624251f8f79}.pdf (17/07/2007).

CARO, Antonio Petit, «Los limites éticos de la información», in VILLEGAS, Juan Carlos Suárez (org.), *Medios de Comunicación Y Autocontrol – Entre la ética y el derecho*, Editoral Mad, Alcalá de Guadaira, 1999.

CARRAUD, Vincent, e CHALINE, Olivier, «Casuistique – Casuistes e casuistique au

XVIIᵉ et au XVIIIᵉ s.», *in* CANTO-SPERBER, Monique (sob a direção de), *Dictionnaire d'Éthique et de Philosophie Morale*, Paris, Presses Universitaires de France, 1996.

CARVALHO, Arons de, CARDOSO, António Monteiro, e FIGUEIREDO, João Pedro, *Legislação Anotada da Comunicação Social*, Lisboa, Casa das Letras, 2005.

CARVALHO, Alberto Arons de, CARDOSO, António Monteiro e, FIGUEIREDO, João Pedro, *Direito da Comunicação Social*, Lisboa, Notícias Editorial, 2003.

CARVALHO, Alberto Arons de, *Liberdade de Informação e o Conselho de Imprensa – 1975-1985*, Lisboa, Direcção-Geral da Comunicação Social, 1986.

CARVALHO, Alberto Arons de, «Deontologia dos Jornalistas – Algumas notas para a sua história», *in* AAVV, *2º Congresso dos Jornalistas Portugueses – Conclusões, teses, documentos* («Deontologia»), Lisboa, Secretariado da Comissão Executiva do II Congresso dos Jornalistas Portugueses, s.d.

CASCAIS, Fernando, «Ensino do jornalismo em Portugal. História de um fracasso dos jornalistas», *Media & Jornalismo*, nº 13, outono/inverno, 2008.

CASTANHEIRA, José Pedro, «Responsabilizar as fontes», *in* AAVV, *2º Congresso dos Jornalistas Portugueses – Conclusões, teses, documentos* («Deontologia»), Lisboa, Secretariado da Comissão Executiva do II Congresso dos Jornalistas Portugueses, s.d.

CASTELLS, Manuel, *La Era de la Información: Economía, Sociedad y Cultura – La sociedad rede*, vol. I, Madrid, Alianza Editorial, 1999.

CAYGILL, Howard, *Dicionário Kant*, Rio de Janeiro, Jorge Zahar Editor, 2000.

CHALABY, Jean, «O jornalismo como invenção anglo-americana – Comparação entre o desenvolvimento do jornalismo francês e anglo-americano (1830-1920)», *Media & Jornalismo*, nº 3, 2003.

CHAMPAGNE, Patrick, «L'étude des médias et l'apport de la notion de champ», *in* AAVV, *Pour Une Analyse Critique des Médias – Le débat public en danger*, Broissieux, Éditions Croquant, 2007.

CHARRON, Jean, e BONVILLE, Jean, «Le Journalisme et le marché: de la concurrence à l'hiperconcorrence», *in* BRIN, Colette, CHARRON, Jean, e BONVILLE, Jean, *Nature et Transformation du Journalisme – Théorie et recherches empiriques*, s.l., Les Presses Universitaires de Laval, 2004.

CHARTIER, Roger, «Présentation», *in* MALESHERBES, *Mémoires Sur la Librairie. Mémoire Sur la Liberté de la Presse*, s.l., Imprimerie Nationale, 1994.

CHOMSKY, Noam, e MCCHESNEY, Robert, *Propagande, Médias et Démocratie*, Montréal, Écosociété, 2000.

CHOMSKY, Noam, e HERMAN, Edward, *Los Guardianes de la Libertad*, Barcelona, Crítica, 1990.

CHRISTIANS, Clifford, «Éthique de l'entreprise et codes de déontologie», *in* BERTRAND, Claude-Jean, *L'Arsenal de la Déontologie – Médias, déontologie et M*A*R*S*, Paris, Economica, 1999.

CIVARD-RACINAIS, Alexandrine, *La Déontologie des Journalistes – Principes et pratiques*, Paris, Ellipses, 2003.

COLETIVO DE AUTORES "IMPRENSA", «Do panfleto à imprensa de massa», *in* MARCONDES FILHO, Ciro (org.), *A imprensa Capitalista*, São Paulo, Kairós, 1984.

COLETIVO DE AUTORES "IMPRENSA", «O ponto de partida», *in* MARCONDES FILHO, Ciro (org.), *A Imprensa Capitalista*, São Paulo, Kairós, 1984.

COMISSÃO DAS COMUNIDADES EUROPEIAS, *Governança Europeia – Um livro branco* [COM (2001) 428 final], Bruxelas, Comissão Europeia, 2001, *in* URL.http://eur-lex.europa.eu/LexUriServ/site/pt/com/2001/com2001_0428pt01.pdf

COMITÉ ÉCONOMIQUE ET SOCIAL, *Les Cahiers du Comité Économique et Social Européen* («L'état actuel de la corégulation e l'autorégulation dans le marché unique»), Bruxelas, março, 2005, *in* URL: http://www.eesc.europa.eu/smo/publications/2018_Cahier_FR_OMU_def.pdf (28/01/2008).

COMMAGER, Henry Seatle, «Jefferson y la ilustración», *in* WEIMOUTH, Lally, *Thomas Jefferson – El hombre... su mundo... su influencia*, Madrid, Editorial Tecnos, 1986.

COMMISSION DE L' ECONOMIE DE L'IMMATÉRIEL, *L'Économie de l'Immatériel – La croissance de demain*, s.l. Ministère de L'Economie, des Finances e de l'Industrie, 2006.

COMTE-SPONVILLE, André, *Dicionário Filosófico*, São Paulo, Martins Fontes, 2003.

COMTE-SPONVILLE, André, *Pequeno Tratado das Grandes Virtudes*, Lisboa, Editorial Presença 1995.

Comunicação Social, Porto, Porto Editora, 2004.

CONDORCET, «Fragments sur la liberté de la presse – 1776», *in* CONDORCET, *Oeuvres de Condorcet*, Paris, Didot, sd., *in* URL: http://archiviomarini.sp. unipi.it/78/01/fr_condorcet.pdf, (18/04/2008).

CONFÉRENCE D'EXPERTS SUR LA POLITIQUE EUROPÉENNE RELATIVE AUX MÉDIAS, *Rapport Pour L'AG3 de la Conférence d'Experts sur la Politique Européenne Relative aux Médias (du 9 au 11 mai 2007, à Leipzig)*, «Plus de confiance dans les contenus – Le potentiel de la corégulation et de l'autorégulation dans les médias numériques», Institut für Technikfolgen-Abschätzung, março de 2007, URL: www.leipzig-eu 2007.de/fr/scripte/pull_download.asp?ID=32 (21/01/2008).

CONILL SANCHO, Jesús, e GONZÁLEZ, Vicente (coords.), *Ética de los Medios – Una apuesta por la ciudadanía audiovisual*, Barcelona, Editorial Gedisa, 2004.

CONSELHO DE IMPRENSA, *A Imprensa Escrita em Portugal*, Lisboa, Conselho de Imprensa, 1979.

CONSELHO DE IMPRENSA, *Conselho de Imprensa – O que é. Para que serve*, Lisboa, Conselho de Imprensa, 1983.

CONSELHO REGULADOR, *Parecer Relativo ao Anteprojecto da Proposta de Lei que Altera o Estatuto dos Jornalista – Parecer 2/2006*, Entidade Reguladora da Comunicação Social, 23 de março, 2006, *in* URL: http://www.erc.pt/index.php?op=downloads&lang=pt&Cid=23&onde=23%7C0%7C0&disabled=disabled&ano=2006 (09/09/2009).

CONSTANT, Benjamin, «De la liberté des anciens comparée à celle des modernes», 1819, *in* URL: http://www.panarchy.org/constant/liberte.1819.html, (06/05/2008).

CORDÓN, José Manuel Navarro, e MARTÍNEZ, Tomás Calvo, *Historia de la Filosofía*, Madrid, Ediciones Anaya, 1981.

CORNU, Daniel, «Les échecs des tentatives de régulation internationale», *Recherches en Communication* («L'autorégulation des journalistes»), nº 9, Louvaina, 1998.

CORNU, Daniel, *Éthique de l'Information*, Paris, Presses Universitaires de France, 1997.

CORNU, Daniel, *Journalisme et Vérité*, Genebra, Labor et Fides, 1994.

CORREIA, Fernando, *Jornalismo, Grupos Económicos e Democracia*, Lisboa, Caminho, 2006.

CORREIA, Fernando, «Concentração dos media: negócio contra jornalismo», *Jornalismo e Jornalistas*, nº 23, julho/setembro de 2005.

CORREIA, Ana Paula, «Quem somos e para onde queremos ir?», *in Jornalista Português o Que é? – Inquérito e perfil sócio-profissional*, s.l., Sindicato dos Jornalistas, 1994.

CORREIA, Fernando, *Os Jornalistas e as Notícias*, Lisboa, Caminho, 1998.

CORREIA, Fernando, e BAPTISTA, Carla, *Jornalistas – Do ofício à profissão*, Lisboa, Editorial Caminho, 2007.

CORTINA, Adela, «El quehacer público de la ética aplicada», *in* CORTINA, Adela, e GARCIA-MARZÁ, Domingo (orgs.), *Razón Pública y Éticas Aplicadas – Los caminos de la razón práctica en una sociedad pluralista*, Madrid, Tecnos, 2003.

CORTINA, Adela, e NAVARRO, Emilio Martínez, *Etica*, Madrid, Ediciones Akal, 2001.

COULDRY, Nick, «Can we construct a media ethics, and from where?», *in* URL: http://www.goldsmiths.ac.uk/media-communications/staff/couldry_media_ethics.pdf (24/07/2008).

CURRAN, James, e SEATON, Jean, *Imprensa, Rádio e Televisão – Poder sem responsabilidade*, Lisboa, Instituto Piaget, 2001.

CURRAN, James, «Mass media and Democracy: A reappraisal», *in* CURRAN, James, e GUREVITCH, Michael (orgs.), *Mass Media and Society*, Londres, Edward Arnold, 1991.

DAHLGREN, Peter, «Ideology and information in the Public Sphere», *in* SLACK, Jennifer Daryl, e FEJES, Fred (orgs.), *The Ideology of the Information Age*, Norwood, Ablex Publishing Corporation, 1987.

DANTAS, Marcos, *A Lógica do Capital-Informação – Fragmentação dos monopólios e a monopolização dos fragmentos num mundo de comunicações globais*, Rio de Janeiro, Contraponto, 2002.

DARSY, Sébastien, *L'Anti Pub – L'Emprise de la publicité et ceux qui la combattent*, s.l., Actes du Sud, 2005.

DEKENS, Olivier, *Compreender Kant*, Porto, Porto Editora, 2003.

DELPORTE, Christian, *Les Journalistes en France (1880- 1950) – Naissance et construction d'une profession*, Paris, Seuil, 1999.

DESCARTES, René, *Discurso do Método*, Mem Martins, Publicações Europa-América, 1977.

DESCOMBES, Vincent, «Philosophie des représentations collectives», documento produzido em versão digital por Jean-Marie TREMBLAY, *in* URL: http://classiques.uqac.ca/contemporains/descombes_vincent/philo_representations_collectives/philo_representations_coll.doc (07/07/2009).

DESMOULINS, Nadine Toussaint, *L'Économie des Médias*, Paris, Presses Universitaires de France, 1996.

DEWEY, John, *Liberalismo y Acción Social y Otros Ensaios*, Valência, Ediciones Alfons el Magnánim, 1996.

DIDEROT, *Sur la Liberté de la Presse*, Paris, Editions Sociales, 1964.

DIDEROT, «Aius-Locutius», *in Encyclopédie*, Tomo I, 1751, URL: ftp://ftp.bnf.fr/005/N0050533_PDF_1_-1.pdf (18/04/2008)

DIDEROT, «Intolérance», *in Encyclopédie*, Tomo VIII, URL: http://fr.wikisource.org/wiki/Page:ENC_8-0843.jpg (18/04/2008).

DIDEROT, «Journaliste», *in Encyclopédie*, Tomo VIII, *in* URL: http://fr.wikisource.org/wiki/Page:ENC_8-0897.jpg e http://fr.wikisource.org/wiki/Page:ENC_8-0898.jpg (10/07/2008).

DIZARD JR., Wilson, *A Nova Mídia – A comunicação de massa na era da informação*, Rio de Janeiro, Jorge Zahar, 2000.

DUARTE, Soledade, «A deontologia como dimensão ética do agir», *in* URL: http://portal.oa.pt:6001/upl/%7B06f70812-f322-4f04-9f5e-aae38b381c56%7D.pdf (17/07/2007).

DUFOUR, Dany-Robert, «Viver em rebanho crendo ser livre», *Le Monde Diplomatique – Edição portuguesa*, nº 15, II Série, janeiro, 2008.

DUPAR, Claude, e TRIPIER, Pierre, *Sociologie des Professions*, Paris, Armand Colin, 1998.

DUPLÁ, Leonardo Rodríguez, «Ética clásica y ética periodística», *in* PERALES, Enrique Bonete (coord.), *Ética de la Información y Deontologías del Periodismo*, Madrid, Tecnos, 1995.

DURAND, Guy, *Introduction Générale à la Bioéthique – Histoire, concepts et outils*, Montréal, Fides/Cerf, 1999.

DURAND, Guy, DUPLANTIE, Andrée, LAROCHE, Yvon, e LAUDY, Danielle, *Histoire de l'Éthique Médicale et Infirmière*, Montréal, Presses Universitaires de Montréal/Inf., 2000.

DURKHEIM, Émile, *As Formas Elementares da Vida Religiosa – O sistema totémico na Austrália*, Oeiras, Celta Editora, 2002.

DURKHEIM, Émile, *Lições de Sociologia*, São Paulo, Martins Fontes, 2002.

DURKHEIM, Émile, *Sociologie et Philosophie*, Paris, Quadrige/PUF, 1996.

DURKHEIM, Émile, *Sociologia, Educação e Moral*, Porto, Rés, 1984.

DURKHEIM, Émile, *Textes. 1 – Éléments d'une théorie sociale*, Paris, Éditions Minuit, 1975.

DURKHEIM, Émile, *Textes. 2 – Religion, Morale, Anomie*, Paris, Éditions Minuit, 1975.

DURKHEIM, Émile, «De l'irréligion de l'avenir», documento produzido em versão digital por Jean-Marie TREMBLAY, *in* URL: http://classiques.uqac.ca/classiques/Durkheim_emile/textes_2/textes_2_03/irreligion_de_lavenir.pdf, (07/07/2009).

DURKHEIM, Émile, «Définition du fait moral», versão digital produzida por TREMBLAY, Jean-Marie, *in* URL: http://classiques.uqac.ca/classiques/Durkheim_emile/textes_1/textes_1_12/sc_pos_morale_allemagne.doc, (07/07/2009).

DURKHEIM, Émile, «L'enseignement philosophique et l'agrégation philosophique», documento produzido em versão digital por TREMBLAY, Jean-Marie, *in* URL: http://classiques.uqac.ca/classiques/Durkheim_emile/textes_3/textes_3_8/enseignement_philo.doc, (07/07/2009).

DURKHEIM, Émile, «La science positive de la morale en Allemagne», documento produzido em versão digital por TREMBLAY, Jean-Marie, *in* URL: http://classiques.uqac.ca/classiques/Durkheim_emile/textes_1/textes_1_12/sc_pos_morale_ allemagne.pdf(07/07/2009).

DURKHEIM, Émile, *As Regras do Método Sociológico*, Lisboa, Editorial Presença, 1980.

DURKHEIM, Émile, « Préface de la seconde édition – Quelques remarques sur les groupements professionnels», *in* DURKHEIM, Émile, *De la Division du Travail Social*, URL: http://classiques.uqac.ca/classiques/Durkheim_emile/division_du_travail/division_travail_1.doc (08/06/2007).

DUTRA, Delamar José Volpato, «A legalidade como forma do Estado de direito», *Kriterion*, Belo Horizonte, nº 109, junho, 2004.

DWORKIN, Ronald, *Uma Questão de Princípio*, São Paulo, Martins Fontes, 2000.

ECO, Umberto, *Apocalípticos e Integrados*, Lisboa, Difel, s.d.

EIRÓ, Pedro, *Noções Elementares de Direito*, Lisboa, São Paulo, Verbo, 2008.

ELLSCHEID, Günter, «O problema do direito natural. Uma orientação sistemática», *in* KAUFMANN, Arthur, e HASSEMER, Winfried (org.), *Introdução à Filosofia do Direito e à Teoria Geral do Direito Contemporâneas*, Lisboa, Fundação Calouste Gulbenkian, 2002.

ENGELS, Friedrich, e MARX, Karl, *La Première Critique de l'Économie Politique – Écrits 1843-1844*, Paris, Union Générale d'Éditions, 1972.

ESAIASSON, Peter, e MORING, Tom, «Codes of professionalism: Journalists versus politicians in Finland and Sweden», *in European Journal of Communication*, vol. 9, Londres, Thousand Oaks, e Nova Deli, Sage, 1994.

ESTEVES, João Pissarra, *Espaço Público e Democracia – Comunicação, processos de sentido e identidades sociais*, Lisboa, Edições Colibri, 2003.

ESTEVES, João Pissarra, *A Ética da Comunicação e dos Media Modernos – Legitimidade e poder nas sociedades complexas*, Lisboa, Gulbenkian/JNICT, 1998.

ETCHEGOYEN, Alain, *La Vraie Morale se Moque de la Morale*, Paris, Editions du Seuil, 1999.

ETCHEGOYEN, Alain, *La Valse des Éthiques*, Paris, Éditions François Bourin, 1991.

EVETTS, Julia, «Sociología de los grupos profesionales: historia, conceptos y teorías», *in* MARTÍNEZ, Mariano Sánchez, CARRERAS, Juan Sáez, e SVENSSON, Lennart, *Sociología de las Profesiones – Pasado, presente y futuro*, Murcia, Diego Marín, 2003.

FALLOWS, James, *Detonando a Notícia – Como a mídia corrói a democracia americana*, Rio de Janeiro, Civilização Brasileira, 1997.

FÉDÉRATION INTERNATIONALE DES JOURNALISTES, «IFJ backs fight over jobs and cash cuts at BBC World Service», 26 de junho, 2008, *in* URL: http://europe.ifj.org/en/articles/ifj-protests-bbc-world-service-off-shoring (08/01/2009).

FÉDÉRATION EUROPÉENNE DES JOURNALISTES, *Étude Sur la Propriété des Médias: Menaces sur le Paysage médiatique*, Bruxelas, FEJ avec le soutien de la Commission Européenne, setembro, 2002, *in* URL: www.european-mediaculture.org/fileadmin/bibliothek/francais/federacion_journalistes_etudes/federacion_journalistes_etudes.pdf (09/01/2008).

FÉDÉRATION INTERNATIONALE DES JOURNALISTES, «Les journalistes du monde entier dénoncent l'assaut porté en France aux droits d'auteur», 18 de outubro de 2002, *in* URL: http://www.ifj.org/fr/articles/les-journalistes-du-monde-entier-dnoncent-lassaut-port-en-france-aux-droits-dauteur- (12/09/2009).

FEINTUCK, Mike, e VARNEY, Mike, *Media Regulation – Public interest and the law*, Edimburgo, Edinburgh University Press, 2006.

FERENCZI, Thomas, *L'Invention du Journalisme en France – Naissance de la presse moderne à la fin du XIXe siècle*, Paris, Editions Payot & Rivages, 1996.

FERNANDES, José Luíz, «Reestruturação tecnológica aumenta despedimentos», *Sindicato dos Jornalistas*, 21 de setembro de 2007, *in* URL: http://www.jornalistas.online.pt/noticia.asp?id=6069&idCanal=548 (07/07/2009).

FERNANDES, José Luíz, e CASCAIS, Fernando, *A Digitalização no Sector da Comunicação: Um Desafio Europeu – Relatório preliminar*, s.l. Comissão Europeia, Sindicato dos Jornalistas, Cenjor, março, 2006, *in* URL: www.jornalistas.online.pt/getfile.asp?tb=FICHEIROS&id=217 (05/10/2009).

FERNÁNDEZ, Fenando Queirós, e CABALLERO, Francisco Sierra (dirs.), *Comunicación, Glogalización y Democracia – Crítica de la economía política de la comunicación y la cultura*, Sevilha, Comunicación Social, 2001.

FERNÁNDEZ, Luis Fernando Ramos, *A Ética de los Periodistas – La elaboración del código deontológico influencias y desarrollo histórico*, Pontevedra, Diputation de Pontevedra, 1996.

FERRATER MORA, José, *Diccionario de Filosofía*, Tomo I, Buenos Aires, Editora Sudamericana, 1975.

FERREIRA, Leonardo, e SARMIENTO, Miguel, «Prensa en Estados Unidos, un siglo de ética perdida?», *Chasqui*, nº 85, março de 2004.

FERRER, Jorge José, e ÁLVAREZ, Juan Carlos, *Para Fundamentar a Bioética – Teoria e paradigmas teóricos na bioética contemporânea*, São Paulo, Edições Loyola, 2005.

FEYEL, Gilles, «Aux origines de l'éthique des journalistes: Théophraste Renaudot et ses premiers discours éditoriaux (1631--1633)», *Le Temps des Médias*, nº 1, Paris, outono, 2003.

FIDALGO, Joaquim, «Os novos desafios a um velho ofício ou... um novo ofício? – A redefinição da profissão de jornalista», *in* PINTO, Manuel, e MARINHO, Sandra, *Os Media em Portugal nos Primeiros Cinco Anos do Século XXI*, Porto, Campo das Letras, 2008.

FIDALGO, Joaquim, «Notas sobre "o lugar da ética e da auto-regulação na identidade profissional dos jornalistas», *Comunicação e Sociedade* («Regulação dos *Media* em Portugal»), vol. 11, Braga, 2007.

FIDALGO, Joaquim Manuel Martins, *O Lugar da Ética e da Auto-Regulação na Identidade Profissional dos Jornalistas*, tese de doutoramento defendida no Instituto de Ciências Sociais da Universidade do Minho em novembro de 2006, *in* URL: https://repositorium.sdum.uminho.pt/bitstream/1822/6011/3/JFIDALGO_2006_Tese_Doutoramento.pdf (28/10/2007).

FIDALGO, Joaquim, ALVES, Jorge, QUEIRÓS, José e TAVARES, Manuel, «Propostas para um novo quadro deontológico», *in* AAVV, *2º Congresso dos Jornalistas Portugueses – Conclusões, teses, documentos* («Deontologia»), Lisboa, Secretariado da Comissão Executiva do II Congresso dos Jornalistas Portugueses, s.d.

FIGUEIREDO, Cristina, e COSTA, Ricardo, «Alta Autoridade da discórdia», *Expresso – Suplemento A4*, 27 de janeiro de 1990.

FISS, Owen M., *La Ironia de la Libertad de Expresión*, Barcelona, Editorial Gedisa, 1999.

FLICHY, Patrice, *Les Industries de l'Imaginaire – Pour une analyse économique des médias*, Grenoble, Presses Universitaires de Grenoble, 1991.

FORTUNA, Felipe, «John Milton e a liberdade de imprensa», *in* MILTON, John, *Areopagítica – Discurso pela liberdade de imprensa ao Parlamento da Inglaterra*, Rio de Janeiro, Topbooks, 1999.

FREIDSON, Eliot, «El alma del profesionalismo», *in* MARTÍNEZ, Mariano Sánchez, CARRERAS, Juan Sáez, e SVENSSON, Lennart (coord.), *Sociología de las Profesiones – Pasado, presente y futuro*, Murcia, Diego Marín, 2003.

FREIRE, João, *Sociologia do Trabalho – Uma introdução*, Porto, Edições Afrontamento, 2006.

FREITAG, Barbara, *Dialogando Com Jürgen Habermas*, Rio de Janeiro, Tempo Brasileiro, 2005.

FREITAS, Miguel Lebre de, «Governança, crescimento e os países do alargamento» *in* URL: http://www.ieei.pt/files/Governanca_Crescimento_Alargamento_Miguel_Lebre_Freitas.pdf (03/07/2009).

FROST, Chris, *Media Ethics and Self-Regulation*, Edimburgo, Pearson Education Limited, 2000.

GARAPON, Antoine, *Justiça e Mal*, Lisboa, Piaget, s.d.

GARCIA, José Luís (org.), *Os Jornalistas Portugueses – Metamorfoses e encruzilhadas no limiar do séc. XXI*, Lisboa, ICS, 2009.

GARCIA, José Luís, «Principais Tendências de Evolução do Universo dos Jornalistas Portugueses», *Vértice*, maio-junho, nº 60, 2ª Série, 1994.

GARCIA, José Luís, e CASTRO, José, *in Jornalista Português o Que É? – Inquérito e perfil sócio-profissional*, s.l., Sindicato dos Jornalistas, 1994.

GARNHAM, Nicholas, «La théorie de la société de l'information en tant qu'idéologie», *Réseaux*, nº 101, 2000.

GARNHAM, Nicholas, *Capitalism and Communication – Global culture and the economics of information*, Londres, Newbury Park, Nova Deli, Sage Publications, 1990.

GENARD, Jean-Louis, *Sociologie de l'Éthique*, Paris, L'Harmattan, 1992.

GEUENS, Geoffrey, *Tous les Pouvoirs Confondus – État, capital et médias à l'ère de la mondialisation*, Antuérpia, Editions EPO, 2003.

GIDDENS, Anthony, *Modernidade e Identidade Pessoal*, Oeiras, Celta, 1997

GILLMOR, Dan, *Nós os Media*, Lisboa, Presença, 2005.

GIROUX, Guy, «La demande sociale de l'éthique: autorégulation ou hétérorégulation», *in* GIROUX, Guy (org.), *La Pratique de l'Éthique*, s.l., Éditions Bellarmin, 1997.

GITLIN, Todd, «O Estado deve Financiar os Media – Entrevista a Rui Marques Simões», *Diário de Notícias*, 15 de março 2008, URL: http://dn.sapo.pt/2008/03/15/media/o_estado_deve_financiar_media.html (02-07-2008).].

GITLIN, Todd, *Enfermos de Información – De cómo el torrente mediático está saturando nuestras vidas*, Barcelona, Ediciones Paidós, 2005.

GITLIN, Todd, «Une mission glorieuse et contestée – Entretien avec Todd Gitlin, universitaire, professeur à l'école de journalisme de Columbia», *Le Monde*, 5 de dezembro de 2003.

GOLDING, Peter, e MURDOCK, Graham, «Capitalism, communication and class relations», *in* CURRAN, James, GUREVITCH, Michael, e WOOLACOTT, Janet, *Mass Communication and Society*, Londres, Edward Arnold/The Open University Press, 1977.

GOMES, Francisco José Silva, «A cristandade medieval entre o mito e a utopia», *in Topoi*, nº 5, Rio de Janeiro, dezembro de 2002, *in* URL: http://www.ifcs.ufrj.br/-ppghis/pdf/topoi5a9.pdf (01-03-2008).

GOODWIN, H. Eugene, *Procura-se Ética no Jornalismo*, Rio de Janeiro, Editorial Nórdica, 1993.

GORZ, André, «Économie de la connaissance, exploitation des savoirs – Entretien avec Carlo Vercellone et Yann Moulier Boutang», *in Multitudes* («Créativité au travail»), nº 15, inverno, 2004.

GORZ, André, *L'Immatériel – Connaissance, valeur et capital*, Paris, Galilée, 2003.

GOYARD-FABRE, Simone, «Les lumières: recherche de la vérité et contrôle du pouvoir», *in* HAARSCHER, Guy, e LIBOIS (orgs.), Boris, *Les Medias Entre Droit et Pouvoir – Redefinir la liberté de la presse*, Bruxelas, Editions de l'Université de Bruxelles, 1995.

GOYARD-FABRE, Simone, «Avant-propos», *in* MIRABEAU, *De la Liberté de la Presse – 1788*, Caen, Centre de Philosophie Politique et Juridique de L'Université de Caen, 1992.

GREVISSE, Benoît, «Democracia e informação. Uma proposta de leitura dos *media* para um novo equilíbrio jornalístico», *in* AAVV, *Media, Jornalismo e Democracia – Comunicações apresentadas ao seminário internacional*, Lisboa, Livros Horizonte, 2002.

GREVISSE, Benoît (ed.), *L'Affaire Dutroux et les Médias – Une "révolution blanche" des jounalistes*, Louvaina, Bruylant-Academia, 1999.

GREVISSE, Benoît, «Chartes et codes de déontologie journalistique – une approche internationale comparée», *in* BER-

TRAND, Claude-Jean, *L'Arsenal de la Déontologie – Médias, déontologie et M*A*R*S*, Paris, Economica, 1999.

GRIFFIN, James, «Meta-éthique – Méta-éthique et philosophie normative», *in* CANTO-SPERBER, Monique (sob a direção de), *Dictionnaire d'Éthique et de Philosophie Morale*, Paris, Presses Universitaires de France, 1996.

Groupe Consultatif de Haut Niveau Sur la Qualité de la Réglementation, Présidé par Monsieur Mandelkern – Rapport final, 13 novembro de 2001, *in* URL: http://reglus.free.fr/mandelkern(f).pdf (29/12/2007).

GUILLAMET, Jaume, «De las gacetas del siglo XVII a la libertad de imprenta del XIX», *in* BARRERA, Carlos (coord.), *Historia del Periodismo Universal*, Barcelona, Editorial Ariel, 2004.

GUILLEBAUD, Jean-Claude, «Crise des médias ou de la démocratie?», *La Revue Nouvelle*, nº 6, junho de 1992.

GURVITCH, Georges, «Problèmes de sociologie du droit», *in* GURVITCH, Georges (org.), *Traité de Sociologie*, vol. II, Paris, Presses Universitaires de France, 1960.

HABERMAS, Jürgen, «Il faut sauver la presse de qualité», *Le Monde*, Ano 63, nº 19384, 22 de maio de 2007.

HABERMAS, Jürgen, «Political communication in media society: Does democracy still enjoy an epistemic dimension? – The impact of normative theory on empirical research», *Communication Theory*, nº 16, 2006.

HABERMAS, Jürgen, *Théorie et Pratique*, Paris, Editions Payot & Rivages, 2006.

HABERMAS, Jürgen, *Direito e Democracia – Entre facticidade e validade*, vol. I, Rio de Janeiro, Tempo Brasileiro, 2003.

HABERMAS, Jürgen, «Como es posible la legitimidad por vía de legalidad?», *in* HABERMAS, Jürgen, *Escritos Sobre Moralidad y Eticidad*, Barcelona, Buenos Aires, México, Paidós/ICE da Universidad Autónoma de Barcelona, 1998.

HABERMAS, Jürgen, *Direito e Democracia – Entre facticidade e validade*, vol. II, Rio de Janeiro, 1997.
HABERMAS, Jürgen, *L´Espace Publique – Archéologie de la publicité comme dimension constitutive de la société bourgeoise*, Paris, Payot, 1993.
HABERMAS, Jürgen, *De l'Éthique de la Discussion*, s.l., Flammarion, 1991.
HABERMAS, Jürgen, *Théorie de L'Agir Communicationnel – Rationalité de l'agir et rationalisation de la société*, vol. I, s.l., Fayard, 1987.
HABERMAS, Jürgen, *Direito e Moral*, Lisboa, Piaget, s.d.
HAFEZ, Kai, «Journalism ethics revisited: a comparison of ethics codes in Europe, North Africa, the Middle East, and Muslim Asia», *in Political Communication*, vol. 19, 2 de abril, 2002.
HALLIN, Daniel, e MANCINI, Paolo, *Comparing Media Systems – Three models of media and politics*, Nova Iorque, Cambridge University Press, 2004.
HAMELINK, Cees J., «Le développement humain», *in AAVV*, *Rapport Mondial sur La Communication et l'Information (1999-200)*, Paris, Editions UNESCO, 1999.
HAMMER, Michel, e CHAMPY, James, *A Reengenharia da Empresa – Em função dos clientes, da concorrência e das grandes mudanças da gerência*, Lisboa, Dinalivro, s.d.
HANOTIAU, Michel, «L'audiovisuel est-il plus dangereux que l'écrit?», *in* JONGEN, François (dir.), *Médias et Service Public*, Bruxelas, Bruylant, 1992.
HAYEK, Friedrich A. Von, «O caminho da servidão», *in* URL: http://www.causaliberal.net/documentosLAS/Hayek1944.pdf (26/02/2007).
HEGEL, Georg Wilhelm Friedrich, *Princípios da Filosofia do Direito*, São Paulo, Ícone Editora, 1997.
HEILBRUNN, Benoît (sob a direção de), *La Performance, Une Nouvelle Idéologie?*, Paris, La Découverte, 2004.
HERLANDER, Antunes Martins, *Dicionário de Conceitos e Princípios Jurídicos – Na doutrina e na jurisprudência*, Coimbra, Almedina Coimbra, 1993.
HERMAN, Edward S., e MCCHESNEY, Robert W., *Los Medios Globale – Los nuevos misioneros del capitalismo corporativo*, Madrid, Catedra, 1999.
HIMELBOIM, Itai, e LIMOR, Yehiel, «Media perception of freedom of the press – A comparative international analysis of 242 codes of ethics», *Journalism*, vol. 9 (3), Los Angeles, Nova Deli, Singapura, 2008.
HOCKING, William Ernest, *Freedom of the Press – A framework of principle (A report from Commission on Freedom of the Press)*, Illinois, The University of Chicago Press, 1947.
HORKHEIMER, Max, e ADORNO, Theodor W., *La Dialéctique de la Raison*, s.l, Gallimard, 1974.
HOYER, Svennik, e LAUK, Epp, «The paradoxes of the journalistic profession – An historical perspective», *in* URL: http://www.nordicom.gu.se/common/publ_pdf/32_003-018.pdf (07/09/2007).
http://classiques.uqac.ca/classiques/Engels_Marx/ideologie_allemande/ideologie_allemande.html (12/12/2008).
INWOOD, Michael, *Dicionário Hegel*, Rio de Janeiro, Jorge Zahar Editor, 1997.
ISAMBERT, François, «Durkheim», *in* CANTO-SPERBER, Monique (sob a direção de), *Dictionnaire d'Éthique et de Philosophie Morale*, Paris, Presses Universitaires de France, 1996.
JAEGER, Christine, *Artisanat et Capitalisme – L'envers de la rue de l'histoire*, Paris, Payot, 1982.
JALALI, Carlos, «Nova governação nova cidadania? Os cidadãos e a política em Portugal», *Revista de Estudos Politécnicos*, vol. II, nº 4, 2005, *in* URL: http://www.scielo.oces.mctes.pt/pdf/tek/n4/v2n4a03.pdf (03/07/09).
JAUCOURT, «Libelle», *in Encyclopédie*, Tomo IX, *in* URL: ftp://ftp. bnf.fr/005/

N0050541_PDF_1_-1.pdf (18/04/2008).
JAUCOURT, «Presse», *in Encyclopédie*, Tomo XIII, *in* URL: ftp://ftp.bnf.fr/005/N0050545_PDF_1_-1.pdf (18/04/2008).
JAUME, Lucien, *Tocqueville – Les sources aristocratiques de la liberté*, s.l. Fayard, 2008.
JEFFERSON, Thomas, *Écrits Politiques*, Paris, Les Belles Lettres, 2006.
JOHNSTONE, John W. C., SLAWSKI, Edward J., e BOWMAN, William W., *The News People – A sociological portrait of american journalists and their work*, Urbana, Chicago e Londres, University of Illinois Press, 1976.
JONES, Clement, *Déontologie de l'Information, Codes et Conseils de Presse*, Paris, UNESCO, 1980.
JONSEN, Albert, e TOULMIN, Stephen, *The Abuse of Casuistry – A history of moral reasoning*, Berkeley, Los Angeles, 1989.
JUNQUA, Daniel, *La Presse, le Citoyen et l'Argent*, s.l., Gallimard, 1999.
JUSTO, A. Santos, *Introdução ao Estudo do Direito*, Coimbra, Coimbra Editora, 2006.
KANT, Immanuel, *Crítica da Razão Pura*, Lisboa, Fundação Calouste Gulbenkian, 2001.
KANT, Immanuel, *Fundamentação da Metafísica dos Costumes*, Coimbra, Atlântida, 1960.
KANT, Immanuel, *A Metafísica dos Costumes*, Lisboa, Fundação Calouste Gulbenkian, s.d.
KANT, Immanuel, *Crítica da Razão Prática*, Lisboa, Edições 70, s.d.
KANT, Immanuel, «Resposta à pergunta: Que é o Iluminismo?», *in* KANT, Immanuel, *A Paz Perpétua e Outros Opúsculos*, Lisboa, Edições 70, s.d.
KANT, Immanuel, «Sobre a expressão corrente: Isto pode ser correcto na teoria, mas nada vale na prática», *in* KANT, Immanuel, *A Paz Perpétua e Outros Opúsculos*, Lisboa, Edições 70, sd.
KARSENTI, Bruno, «Présentation», *in* DURKHEIM, Émile, *Sociologie et Philosophie*, Paris, Quadrige/PUF, 1996.
KAUFMANN, Arthur, *Filosofia do Direito*, Lisboa, Fundação Calouste Gulbenkian, 2004.

KAUFMANN, Arthur, «O discurso histórico», *in* KAUFMANN, Arthur, e HASSEMER, Winfried (orgs.), *Introdução à Filosofia do Direito e à Teoria do Direito Contemporâneas*, Lisboa, Fundação Calouste Gulbenkian, 2002.
KAYSER, Jacques, *Mort d'une Liberté – Techniques et politique de l'information*, Paris, Plon, 1955.
KEANE, John, *A Democracia e os Media*, Lisboa, Temas & Debates, 2002.
KEANE, John, *A Sociedade Civil*, Lisboa, Temas & Debates, 1998.
KELSEN, Hans, *Teoria Pura do Direito*, Coimbra, Almedina, 2008.
KENNY, Anthony, *História Concisa da Filosofia Ocidental*, Lisboa, Temas e Debates, 1999.
KISSELER, Leo, e HEIDEMANN, Francisco, «Governança pública: novo modelo regulatório para as relações entre Estado, mercado e sociedade?», *Revista da Administração Pública*, 40 (3), Rio de Janeiro, maio/junho de 2006.
KLEINSTEUBER, Hans, «The Internet between regulation and governance», *Media Freedom Internet Cookbook*, Viena, OSCE, 2004, *in* URL: http://www.osce.org/publications/rfm/2004/12/12239_89_en.pdf (10/08/2009).
KOHLBERG, Lawrence, *Psicología del Desarrollo Moral*, Bilbao, Editorial Desclée de Brouwer, 1992.
KONERT, Bertram, «L'Europe Occidentale et l'Amérique du Nord», *in* AAVV, *Rapport Mondial sur La Communication et l'Information (1999-200)*, Paris, Editions UNESCO, 1999.
KUMAR, Krishan, *Da Sociedade Pós-Industrial à Pós-Moderna – Novas teorias sobre o mundo contemporâneo*, Rio de Janeiro, Jorge Zahar Editor, 1997.
LADRIÈRE, Paul, «Durkheim lecteur de Kant», *in* BATEMAN-NOVAES, Simone, OGIEN, Ruwen, e PHARO, Patrick (orgs.), *Raison Pratique et Sociologie de l'Éthique – Autour des travaux de Paul Ladrière*, Paris, CNRS, 2000.

LAITILA, Tiina, «Journalistic codes of ethics in europe», *European Journal of Communication*, vol. 10 (4), Londres, Thousand Oaks e Nova Deli, 1995.

LAMBETH, Edmund B., *Comitted Journalism – An ethic for the profession*, Bloomington, Indianapolis, Indiana University Press, 1992.

LAMBETH, Edmund B., *Periodismo Comprometido – Un código de ética para la profesión*, México, Limusa/Noriega Editores, 1992.

LANGLOIS, Luc, «Les limites de l'espace publique kantien», *in* FERRARI, Jean (org.), *L'Année 1793: Kant, sur la politique et la religion* – Actes du 1er Congrès de la Société D'Études Kantiennes de Langue Française, Paris, Librairie Philosophique J. Vrin, 1995.

LATAUD, Olivier, « Introduction – Source, thèmes, portée d'Areopagitica», *in* MILTON, John, *For the Liberty of Unlicensed Printing – Areopagitica. Pour la Liberté de la Presse Sans Autorisation ni Censure – Areopagitica*, Paris, Aubier/Flammarion, 1969.

LAUNAY, Louis-Marie, «Un déontologue ou pas?», *Entreprise Éthique* («Déontologue: un nouveau métier), nº 12, abril de 2000.

LE FLOCH, Patrick, *Économie de La Presse Quotidienne Régionale – Déterminants et conséquences de la concentration*, Paris, Montréal, L'Harmattan, 1997.

LE GOFF, Jacques, «Nouveaux modes de subordination dans le travail», *Esprit*, nº 313, março-abril de 2005.

LEPRETTE, Jacques, e PIGEAT, Henri (sob a direção de), *Éthique et Qualité de l'Information*, Paris, Presses Universitaires de France, 2004.

LEPRETTE, Jacques, e PIGEAT, Henri (sob a direção), *Liberté de la Presse. Le Paradoxe Français*, Paris, Presses Universitaires de France, 2003.

LEVY, Leonard W., *Freedom of the Press from Zenger to Jefferson*, Durham, Carolina Academic Press, 1996.

LEVY, Leonard W., *Emergence of a Free Press*, Nova Iorque, Oxford, Oxford University Press, 1987.

LIBOIS, Boris, «Pour un concept philosophique de droit de la communication», *Réseaux*, nº 110, 2001.

LIBOIS, Boris «Autorégulation ou démocratisation?», *Recherches en Communication* («L'Autorégulation des journalistes»), nº 9, Louvaina, 1998.

LIBOIS, Boris, «Vers une approche "communautaire" de la liberté de presse», *in* HAARSCHER, Guy, e LIBOIS (orgs.), Boris, *Les Medias Entre Droit et Pouvoir – Redéfinir la liberté de la presse*, Bruxelas, Editions de l'Université de Bruxelles, 1995.

LIBOIS, Boris, *Éthique de l'Information – Essai sur la déontologie journalistique*, Bruxelas, Éditions de L'Université de Bruxelles, 1994.

LIMA, Maria João, «O cofre da Disney», *in Meios&Publicidade*, 1 de fevereiro de 2008, in URL: http://www.meiosepublicidade.pt/ 2008/02/01/o-cofre-da-disney/ (22/11/2008).

LIMA, Venício A. de, *Falta de Transparência Compromete a Credibilidade de Imprensa*, *in* URL: http://www.direitoacomunicacao.org.br/novo/content.php?option=com_content&task=view&id=1013 (08/10/2007).

LINDEN, Marcel van der, «Rumo a uma nova conceituação histórica da classe trabalhadora mundial», *História*, vol. 24, nº 2, 2005.

LIPOVETSKY, Gilles, *Le Bonheur Paradoxal – Essai sur la societé d'hiperconsommation*, s.l., Gallimard, 2006.

LIPOVETSKY, Gilles, *Métamorphoses de la Culture Libérale – Éthique, médias, entreprise*, Montréal, Liber, 2002.

LIPOVETSKY, Gilles, *O Crepúsculo do Dever – A ética indolor dos novos tempos democráticos*, Lisboa, Publicações Dom Quixote, 1994.

LOCKE, John, «Carta sobre a tolerância», *in* MAGALHÃES, João Baptista, *Locke – A «Carta Sobre a Tolerância» no seu contexto filosófico*, Porto, Contraponto, 2001.

LOCKE, John, *Ensaio Sobre o Entendimento Humano*, vol. II, Lisboa, Fundação Calouste Gulbenkian, 1999.

LÓPEZ, Gabriel Galdón, *Desinformação e os Limites da Informação*, Lisboa, Folhas & Letras, 2000.

MACBRIDE, Sean (*et. al.*), *Multiples Voix Un Seul Monde – Communication et société aujourd'hui et demain*, Paris e Dacar, Unesco, Les Nouvelles Editions Africaines et Documentation Française, 1980.

MACHADO, Jónatas E., *Liberdade de Expressão – Dimensões constitucionais da esfera pública no sistema social*, Coimbra, Coimbra Editora, 2002.

MACINTYRE, Alasdair, *Historia de la Ética*, Barcelona, Editorial Paidós, s.d.

MAFFESOLI, Michel, *Aux Creux des Apparences – Pour une éthique de l'esthétique*, s.l., Plon, 1990.

MAGALHÃES, João Baptista, *Locke – A «Carta Sobre a Tolerância» no seu contexto filosófico*, Porto, Contraponto, 2001.

MAGNAN, Valérie, *Transitions Démocratiques et Télévision de Service Publique – Espagne, Grèce, Portugal 1974-1992*, Paris, Montréal, Budapest, Turin, L'Harmattan, 2000.

MAIA, Alfredo, «O imperativo da auto-regulação», *Comunicação e Sociedade* («Regulação dos *media* em Portugal»), vol. 11, Braga, 2007.

MALESHERBES, *Mémoires Sur la Librairie. Mémoire Sur la Liberté de la Presse*, s.l., Imprimerie Nationale, 1994.

MANENT, Pierre, *Histoire Intellectuelle du Libéralisme*, Paris, Hachette Littérature, 2004.

MARGATO, Dina, «Grupo Controlinveste quer ter um canal generalista em sinal aberto», *Jornal de Notícias*, 26 de outubro de 2007, *in* URL: http://jn.sapo.pt/2007/10/26/televisao/grupo_controlinveste_quer_um_canal_g.html (26-10-2007).

MARITAIN, Jacques, *Introdução Geral à Filosofia*, Rio de Janeiro, Agir, 1998.

MARQUES, Francisca Ester de Sá, «As contradições entre liberdade de expressão e a liberdade de informação», URL: http://bocc.ubi.pt/pag/marques-ester-contradicoes-liberdades.html#FNT0 (20/06/2008).

MARTICHOUX, Élizabeth, *Les Journalistes*, Paris, Le Cavalier Bleu, 2003.

MARX, Karl, *O Capital*, Livro Primeiro, Tomo I, Lisboa-Moscovo, Editoral «Avante»/ Edições Progresso, 1990.

MARX, Karl, *A Acumulação Primitiva do Capital*, Porto, Publicações Escorpião, 1974.

MARX, Karl, e ENGELS, Friedrich, *Manifesto do Partido Comunista*, Lisboa, Padrões Culturais Editora, 2008.

MARX, Karl, e ENGELS, Friedrich, *L'Idéologie Allemande – Première partie: Feuerbach*, *in* URL: http://classiques.uqac.ca/ classiques/Engels_Marx/ideologie_allemande/ideologie_allemande.html (12/12/2008).

MASCARENHAS, Óscar, «Por uma carta 98 da auto-regulação», *in* AAVV, *3º Congresso dos Jornalistas Portugueses – Conclusões, teses, documentos*, Lisboa, Comissão Executiva do III Congresso dos Jornalistas Portugueses, 1998.

MATHIEN, Michel, Les Journalistes, Presses Universitaires de France, 1995.

MATHIEN, Michel, *Économie Générale des Médias*, Paris, Ellipses, 2003.

MATTELART, Armand, «L'âge de l'information», *Réseaux*, nº 101, 2000.

MATTELART, Armand, e MATTELART, Michèle, *História das Teorias da Comunicação*, Porto, Campo das Letras, 1997.

MATTELART, Armand, *Comunicação-Mundo – História das ideias e das estratégias*, Lisboa, Piaget, s.d.

MAYÈRE, Anne, *Pour une Economie de l'Information*, Paris, CNRS, 1990.

MCGONAGLE, Tarlach, « La possible mise en pratique d'une idée immatérielle», *in IRIS Spécial* («La Corégulation des Médias en Europe»), Estrasburgo, Observatoire Européen de L'Audiovisuel, 2003.

MCQUAIL, Denis, «Accountability of media to society – Principles and means», *European Jornal of Communication*, vol. 12 (4), Londres, Thousand Oaks, Nova Deli, 1997.

MCQUAIL, Denis, *Introducción a la Teoría de la Comunicación de Masas*, Barcelona, Buenos Aires, México, Paidos, 1991.

MEEHAN, Eilleen R., «Moving Forward on the left: some observations on critical communications research in the United States», *The Public*, vol. 11, nº 3, Liubliana, 2004.

MEIRELES, Sara, *Os Jornalistas Portugueses – Dos problemas aos novos dilemas profissionais*, Coimbra, MinervaCoimbra, 2007.

MEIRELES, Sara, «As mutações do jornalismo profissional no novo ambiente dos *mass media*», in AAVV, *Livro de Actas – IVº SOPCOM*, in URL: http://www.bocc.ubi.pt/pag/graca-sara-mutacoes-jornalismo-profissional-novo-ambiente-massmedia.pdf (20/12/2008).

MELLO, Marcelo Pereira de, «A perspectiva sistêmica na sociologia do direito», *Tempo Social*, São Paulo, vol. 18, nº 1, junho de 2006, in URL: http://www.scielo.br/pdf/ts/v18n1/30021.pdf (19/09/2009).

MELLO, Marcelo Pereira de, «Sociologia do direito: historicismo, subjectividade e teoria sistêmica», *Revista de Sociologia Política*, Curitiba, novembro de 2005.

MERRILL, John C., LEE, John, e FRIEDLANDER, Edward Jay, *Medios de Comunicación Social – Teoría y práctica en Estados Unidos y en mundo*, Madrid, Fundación Germán Sánchez Ruipérez, 1992.

MERRILL, John C., e BARNEY, Ralph D., *La Prensa y la Ética – Ensayo sobre la moral de los médios masivos de comunicación*, Buenos Aires, Editorial Universitária, 1981.

MERRILL, John C., *The Imperative of Freedom – A philosophy of Journalistic Autonomy*, Nova Iorque, Hastings House, 1974.

MESQUITA, João, «Aprofundar a autonomia», in AAVV, *3º Congresso dos Jornalistas Portugueses – Conclusões, teses, documentos*, Lisboa, Comissão Executiva do III Congresso dos Jornalistas Portugueses, 1998.

MESQUITA, Mário, *O Quarto Equívoco – O poder dos media na sociedade contemporânea*, Coimbra, MinervaCoimbra, 2003.

MESQUITA, Mário, *Jornalismo em Análise – A coluna do provedor dos leitores*, Coimbra, Minerva, 1998.

MESQUITA, Mário, «A turbodeontologia», *Público*, 16 de março de 2001.

MESQUITA, Mário, «Jornalismo – a crise da deontologia», *Diário de Notícias*, 15 de abril, 1994.

MESQUITA, Mário, «O universo dos *media* entre 1974 e 1986», *in* REIS, António (coord.), *Portugal 20 Anos de Democracia*, Lisboa, «Círculo de Leitores», 1994.

MESQUITA, Mário, «Estratégias liberais e dirigistas na Comunicação Social de 1974--1975», *Revista de Comunicação e Linguagens* («Jornalismo»), nº 8, Lisboa, 1988.

MESQUITA, Mário, e PONTE, Cristina, *Situação do Ensino e da Formação Profissional na Área do Jornalismo*, Lisboa, 1996, in http://www.bocc.uff.br/pag/_texto.php?html2=mesquita-mario-ponte-cristina-Cursos-Com1.html (07/04/2009).

MESTRE, José Manuel, «Por uma substituição do conselho deontológico», *in* AAVV, *3º Congresso dos Jornalistas Portugueses – Conclusões, teses, documentos*, Lisboa, Comissão Executiva do III Congresso dos Jornalistas Portugueses, 1998.

MEYER, Philip, *Os Jornais Podem Desaparecer? – Como salvar o jornalismo na era da informação*, São Paulo, Editora Contexto, 2007.

MIÈGE, Bernard, *Les Industries du Contenu Face à l'Ordre Informationnel*, Grenoble, PUG, 2000.

MIÈGE, Bernard, *La Société Conquise par la Communication*, Grenoble, Presses Universitaires de Grenoble, 1989.

MIGUEL, Juan C., *Los Grupos Multimedia – Estructuras y estrategias en los medios europeos*, Barcelona, Bosch, 1993.

MILL, John Stuart, *A Liberdade, Utilitarismo*, São Paulo, Martins Fontes, 2000.

MILL, John Stuart, *Sobre a Liberdade*, Mem Martins, Publicações Europa-América, 1997.

MILON, Alain, *La Valeur de l'Information: Entre Dette et Don – Critique de l'économie de l'information*, Paris, Presses Universitaires de France, 1995.

MILTON, John, *For the Liberty of Unlicensed Printing – Areopagitica. Pour la Liberté de la Presse Sans Autorisation ni Censure – Areopagitica*, Paris, Aubier/Flammarion, 1969.

MIRABEAU, *De la Liberté de la Presse – 1788*, Caen, Centre de Philosophie Politique et Juridique de L'Université de Caen, 1992.

MONTALBÁN, Manuel Vázquez, *Informe Sobre la Información*, Barcelona, Valentín Roma, 2008.

MONTALBÁN, Manuel Vázquez, *Historia y Comunicación – Edición revisada y ampliada*, Barcelona, Crítica, 1997.

MONTEIRO, Henrique, «Poirot e a criada da vizinha», *2º Congresso dos Jornalistas Portugueses – Conclusões, teses, documentos* («Deontologia»), Lisboa, Secretariado da Comissão Executiva do II Congresso dos Jornalistas Portugueses, s.d.

MOORE, George Edward, *Principia Ethica*, Lisboa, Fundação Calouste Gulbenkian, 1999.

MOREIRA, Vital, *Administração Autónoma e Associações Públicas*, Coimbra, Coimbra Editora, 2003.

MOREIRA, Vital, *Auto-Regulação Profissional e Administração Pública*, Coimbra, Almedina, 1997.

MOREIRA, Vital, «Indignação de opereta», *Público*, 10 de abril de 2007.

MOREIRA, Vital, «Liberdade e responsabilidade», *Público*, 5 de julho de 2005.

MOREIRA, Vital, «A disciplina das profissões», *Público*, 16 de novembro de 2004.

MOREIRA, Vital, «"Jornalismo de sarjeta" e auto-regulação deontológica», *Público*, 3 de abril de 1997.

MORET-BAILLY, Joël, «Les sources des déontologies en droit positif» *in* BERGEL, Jean-Louis, (org.), *Droit et Déontologies Professionnelles*, Aix-en-Provence, Librairie de l'Université, 1997.

MOSCO, Vincent, «Les nouvelles technologies de communication – Une Approche politico-économique», *Réseaux*, nº 101, 2000.

MOSCO, Vincent, *The Political Economy of Communication –Rethinking and renewal*, Londres, Thousand Oaks, Nova Deli, Sage, 1996.

MÜHLHÄUSLER, Peter, «Sauver Babel», *Courrier de l'Unesco* («Le verbe multicolore), fevereiro de 1994.

MURDOCK, Graham, «Transformações continentais: capitalismo, comunicação e mudança na Europa», *in* SOUSA, Helena (org.), *Comunicação, Economia e Poder*, Porto, Porto Editora, 2006.

MURDOCK, Graham, «Reconstructing the ruined tower: contemporary communications and questions of class», *in* CURRAN, James, e GUREVITCH, Michael (orgs), *Mass Media and Society*, Londres, Arnold, 2000.

MUSSO, Pierre, «Culture et déréglementation libérale: diagnostique et alternative – Intervention au FSE de 2003», *in Acrimed – Action, critique, médias*, 16 novembro, 2003, *in* URL: www.acrimed.org/article1357.html (11/12/2008).

NEVEU, Érik, *Sociologia do Jornalismo*, Porto, Porto Editora, 2005.

NEVEU, Érik, «La société de communication et ses interprètes», *Réseaux*, nº 64, 1994.

NIATI, Justin S., *Voltaire Confronte les Journalistes – La tolérance et la liberté de la presse à l'épreuve*, Nova Iorque, Peter Lang, 2008.

NIES, Gerd, e PEDERSINI, Roberto, *Les journalistes Free-Lances dans l'Industrie Médiatique Européenne*, FEJ/Commission Européenne, outubro, 2003.

NISARD, M. (sob a direção de), «Traité du Destin», *Oeuvres Complètes de Cícéron*, tomo 4, Paris, Firmin-Didot Frères, fils et Cie Libraires, 1875.

NIYE, Robert, «Médecins, éthique médicale et État en France 1789-1947», in Le Mouvement Social, 2006/1, n° 214.

NORDENSTRENG, Karl, «European landscape of media self-regulation», in Freedom and Responsibility Yearbook 1998/99, Viena, OSCE, 1999.

O'MALLEY, Tom, e SOLEY, Clive, Regulating the Press, Londres e Sterling, Pluto Press, 2000.

OKAS, Lionel, «Faire de nécessité vertu – Pratiques de la précarité des journalistes dans deux entreprises d'audiovisuel public», Sociétés Contemporaines, n° 65, 2007.

OLIVEIRA, Paquete de, «Um perfil dos produtores directos das "notícias"», in Jornalista Português o Que É? – Inquérito e perfil sócioprofissional, s.l., Sindicato dos Jornalistas, 1994.

ORTEGA, Félix, HUMANES, Mª Luísa, Algo Más Que Periodistas – Sociología de una profesión, Barcelona, Editorial Ariel, 2000.

PALMER, Carmen, «Conditions générales de mise en oeuvre de cadres corégulateurs en Europe» IRIS Spécial («La Corégulation de Médias en Europe»), Estrasburgo, Observatoire Européen de L'Audiovisuel, 2003.

PALMER, Carmen, «L'opposition entre autosurveillance, autorégulation et corégulation», IRIS Spécial («La Corégulation de Médias en Europe»), Estrasburgo, Observatoire Européen de L'Audiovisuel, 2003.

PARDO, José Esteve, Autorregulación – Génesis y efectos, Navarra, Editorial Aranzadi, 2002.

PATTERSON, Thomas, «Tendências do jornalismo contemporâneo», Media e Jornalismo, n° 2, 2003.

PÉLISSIER, Nicolas, «L'information territoriale sous influences – Dilution des genres e stratégies en-ligne des organisations», in URL: http://archivesic.ccsd.cnrs.fr/documents/archives0/00/00/ 01/43/sic_00000143_00/sic_00000143.rtf (27/10/05).

PERALES, Enrique Bonete «De la ética filosófica a la deontologia periodística», in Enrique Bonete PERALES (coord.), Ética de la Información y Deontologías del Periodismo, Madrid, Tecnos, 1995.

PEREIRA, André e MONTENEGRO, Rita, «Balsemão perde três milhões de euros», Correio da Manhã, 13 de julho, 2005, in URL: http://www.correiodamanha.pt/noticia.aspx?channelid=00000092-0000-0000-0000-000000000092&contentid=00166501-3333-3333-3333-000000166501 (12/12/2008).

PEREIRA, José Maria Gonçalves, «Deontologia jornalística à deriva», O Liberal, 8 de março de 1990.

PEREIRA, Horácio Serra, «Estatuto profissional do jornalista e liberdade de informação», Universidade Lusófona do porto, 9 de maio, 2008, in URL: www.jornalistas.online.pt/getfile.asp?tb=FICHEIROS&id=384 (12/09/2009).

PEREIRA, Horácio Serra, «Enquadramento legal da profissão», in AAVV, 3º Congresso dos Jornalistas Portugueses – Conclusões, teses, documentos, Lisboa, Comissão Executiva do III Congresso dos Jornalistas Portugueses, 1998.

PEREIRA, Horácio Serra, «Deontologia dos jornalistas – Breve incursão histórica», monografia disponível no Sindicato de Jornalistas, texto policopiado, s.d.

PEREIRA, José Pacheco, «O "Show" da morte», Jornalismo e Jornalistas, n° 5, abril/junho de 2001.

PERELMAN, Chaïm, Ética e Direito, Lisboa, Instituto Piaget, s.d.

PERRUD, Antoine, La Barbarie Journalistique, s.l., Flammarion, 2007.

PIGEAT, Henri, e HUTEAU, Jean, Déontologie des Médias – Institutions, pratiques et nouvelles approches dans le monde, Paris, UNESCO/Economica, 2000.

PINA, Sara, A Deontologia dos Jornalistas Portugueses, Minerva, Coimbra, 1997.

PINTO, Manuel, «O ensino e a formação na área do jornalismo em Portugal: "crise de crescimento" e notas programáticas», *Comunicação e Sociedade*, vol. 5, Braga, 2004, in URL: http://revcom2.portcom.intercom.org.br/index.php/cs_um/article/viewPDFInterstitial/4668/4389 (07/05/2009).

PINTO, Manuel, «A deontologia e a formação profissional», AAVV, *1º Congresso dos Jornalistas Portugueses – Conclusões, teses, documentos* («Liberdade de expressão, expressão de liberdade»), Lisboa, Secretariado da Comissão Executiva do I CJP, s.d.

PINTO, Manuel, e MARINHO, Sandra, *Os Media em Portugal nos Primeiros Cinco Anos do Século XXI*, Porto, Campo das Letras, 2008.

PINTO, Manuel, e SOUSA, Helena (orgs.), *Casos em que o Jornalismo foi Notícia*, Porto, Campo das Letras, 2007.

PINTO, Mário, «Reestruturação sindical: tópicos para uma questão prévia», in *Análise social*, vol. VIII, 1970.

PONCE, Manuel Ocampo, «Los códigos deontológicos. História, necesidad, realizaciones y limites», in AGEJAS, José Ángel, e OCEJA, Francisco José Serrano (orgs.), *Ética de la Comunicación y de la Información*, Barcelona, Ariel, 2002.

PRADIÉ, Christian, «Capitalisme et financiarisation des industries culturelles», *Réseaux*, nº 131, 2005.

PRATS, Enric, BUXARRAIS, Maria Rosa, e TEY, Amèlia, *Ética de la Información*, Barcelona, Editorial UOC, 2004.

PRESS COMPLAINTS COMMISSION, *2000 Annual Review*, in URL: http://www.pcc.org.uk/about/reports/2000/intenreport.html (02/08/2009).

PRITCHARD, David, «A quoi servent les conseils de presse et les ombudsmen», in CHARON Jean-Marie (org.), SAUVAGEAU, Florian (colab.), *L'État des Médias*, Paris, La Découverte/Médiaspouvoirs/CFPJ, 1991.

PRODHOME, Magali, *La Place du Discours sur l'Éthique dans la Construction de l'Espace et de l'Identité Professionnels des Journalistes*, Clermont-Ferrand, Presses Universitaires de la Faculté de Droit de Clermont-Ferrand, 2005.

PROUST, Jacques, «Présentation», in DIDEROT, *Sur la Liberté de la Presse*, Paris, Editions Sociales, 1964.

PUTMAN, Emmanuel, «Éthique des affaires et déontologie des professions d'affaires: réflexions sur la morale des marchands», BERGEL, Jean-Louis (org.), *Droit et Déontologies Professionnelles*, Aix-en-Provence, Librairie de l'Université, 1997.

QUINTERO, Alejandro Pisarroso, *História da Imprensa*, Lisboa, Planeta Editora, s.d.

RABOY, Marc, e GOBEIL, Thomas, «La réglementation des médias traditionnels sur Internet: la loi canadienne sur droit d'auteur», in PROULX, Serge, MASSIT-FOLLÉA, Françoise, e CONEIN, Bernard, *Internet: Une Utopie Limitée – Nouvelles régulations, nouvelles solidarités*, Laval, Presses Universitaires de Laval, 2005.

RADBRUCH, Gustav, *Filosofia do Direito*, Coimbra, Arménio Amado, 1997.

RALLET, Alain, «Les deux économies de l'information», *Réseaux* («Communiquer à l'ère des réseaux), nº 100, 2000.

RAMONET, Ignacio, «Le cinquième pouvoir», *Media Development*, nº 2, 2004, URL: http://www.waccglobal.org/es/20042-citizenship-identity-media/505-Le-cinquième-pouvoir.html, (26/05/2008).

RAMONET, Ignacio, *A Tirania da Comunicação*, Porto, Campo das Letras, 1999.

RAMONET, Ignacio, «La Pensée unique – Éditorial», *Le Monde Diplomatique*, janeiro de 1995.

RANCAÑO, Beatriz, «La autorregulación periodística en Portugal y en España», in MARCOS, Luís Humberto (coord.), *As Profissões da Comunicação. Las Profissiones de la Comunicación – Presente e/y Futuro*, (VII IBERCOM), Maia, ISMAI, 2006.

RANGEL, Emídio «A ordem dos jornalistas», *Diário de Notícias*, 19 de junho de 1999.

REBELO, José, «Le processus de concentration des médias au Portugal», *Arquivos do Centro Cultural Calouste Gulbenkian* («Communication»), vol. XLI, Lisboa, Fundação Calouste Gulbenkian, 2001.

REGO, António, «Haverá jornalistas livres», *Agência Ecclesia* («Igreja e Media – Em busca de novas sintonias»), nº 1145, 29 de abril de 2008.

REI, Esteves, *Curso de Redacção II – O Texto*, Porto, Porto Editora, 2000.

REIS, António, e NUNES, José Manuel, «Breve síntese sobre a evolução dos *media* no período 87-94», in REIS, António (coord.), *Portugal 20 Anos de Democracia*, Lisboa, «Círculo de Leitores», 1994.

REIS, Daniel, «Compromisso de Honra dos Jornalistas», *Jornalismo*, abril de1993,

RETHIMIOTAKI, Hélène, *De la Déontologie Médicale à la Bioéthique – Étude de sociologie juridique*, Lille, Atelier National de Reproduction de Thèses, s.d. (tese de doutoramento defendida em 12 de julho de 2000).

RICOEUR, Paul, «Éthique et morale», *Lectures 1- Autour du politique*, s.l., Éditions du Seuil, 1999.

RICOEUR, Paul, «A filosofia e a política perante a questão da liberdade», in AAVV, *Liberdade e Ordem Social*, Mem-Martins, Publicações Europa-América, s.d.

RIEFFEL, Rémy, *Que Sont les Medias?*, s.l., Gallimard, 2005.

RIEFFEL, Rémy, *Sociologia dos Media*, Porto, Porto Editora, 2003.

RIFKIN, Jeremy, *La Era del Acceso – La revolución de la nueva economía*, Barcelona, Buenos Aires, México, Paidós, 2002.

RIFKIN, Jeremy, *El Fin del Trabajo – Nuevas tecnologías contra puestos de trabajo: el nascimiento de una nueva era*, Barcelona, Buenos Aires, México, Paidós, 1996.

RIVERO, Jean, e MOUTOUH, Hugues, *Libertés Publiques*, vol. II, Paris, Presses Universitaires de France, 1977.

ROBERTS, Gene, «La presse écrite et les conglomérats», in BARNOUW, Erik (*et al.*), *Médias et Conglomérats – Un regard sans concession sur les coulisses de l'industrie des médias aux Etats-Unis*, Paris, Liris, 2005.

ROCHER, Guy, *Sociologia Geral*, vol. I., Lisboa, Editorial Presença, 1982.

ROCHER, Guy, *Sociologia Geral*, vol. II, Lisboa, Presença, 1979.

RODRÍGUEZ, José Juan Videla, *La Ética como Fundamento de la Actividade Periodística*, Madrid, Fragua, 2004.

ROIG, Francisco Javier Ansuàtegui, *Orígenes doctrinales de la Libertad de Expresión*, Madrid, Universidad Carlos III de Madrid/ /Imprenta Nacional del Boletin Oficial del Estado, 1994.

ROMILLY, Jean, «Tolérance», in *Encyclopédie – Ou dictionnaire de sciences, des arts e des métiers*, Tomo XVI, in URL: ftp://ftp.bnf.fr/005/N0050548_PDF_1_-1.pdf (18/04/2008).

RORTY, Richard, *El Giro Lingüistico*, Barcelona, Buenos Aires, México, Universidad Autónoma de Barcelona, 1998.

ROSEN, Jay, «Para além da objectividade», *Revista de Comunicação e Linguagens* («Jornalismo 2000»), nº 27, Lisboa, fevereiro, 2000.

ROSENFELD, Michel, «Liberté d'expression, égalité et accès des minorités aux médias aux Etats-Unis», in HAARSCHER, Guy, e LIBOIS, Boris (orgs.), *Les Medias Entre Droit et Pouvoir – Redéfinir la liberté de la presse*, Bruxelas, Editions de l'Université de Bruxelles, 1995.

ROUSSEAU, Jean-Jacques, *O Contrato Social*, Mem Martins, Publicações Europa-América, 1974.

RUELLAN, Denis, *Les "Pro" du Journalisme – De l'état au statut, la construction d'un espace professionnel*, Rennes, Presses Universitaires de Rennes, 1997.

RUELLAN, Denis, *Le Professionalisme du Flou – Identité et savoir faire des journalistes français*, Grenoble, Presses Universitaires de Grenoble, 1993.

RUNES, Dagobert D., *Dicionário de Filosofia*, Lisboa, Editorial Presença, 1990.

SANDERS, Karen, *Ethics & Journalism*, Londres, Thounsand Oaks, Nova Deli, Sage Publications, 2006.

SCHEUER, Alexander, e STROTHMANN, Peter, «La surveillance des médias à l'aube do XXI siècle: Quelles doivent être les obligations d'une régulation en matière de radiodiffusion, de télécommunications e de concentrations?», in *IRIS PLUS*, Estrasburgo, Observatoire Européen de L'Audiovisuel, 2002, *in* URL: http://www.obs.coe.int/oea_publ/iris/iris_plus/iplus8_2001.pdf.fr (12/12/2007).

SCHLESINGER, Philip, «Os jornalistas e a sua máquina do tempo», *in* TRAQUINA, Nelson, (org.), *Jornalismo: Questões, Teorias e "Estórias"*, Lisboa, Vega, 1993.

SCHNEIDERMANN, Daniel, *Le Cauchemar Médiatique*, s.l., Denoël, 2004.

SCHOWEBEL, Jean, *La Presse, le Pouvoir et l'Argent*, Paris, Seuil, 1968.

SCHRAMM, Wilbur, *Comunicação de Massas e Desenvolvimento – O papel da Informação em países em crescimento*, Rio de Janeiro, Edições Bloch, 1970.

SCHUDSON, Michael, «A política da forma narrativa: a emergência das convenções noticiosas na imprensa e na televisão», *in* TRAQUINA, Nelson (org.), *Jornalismo: Questões, Teorias e "Estórias"*, Lisboa, Vega, 1993.

SECANELLA, Petra Mª, *El Lid, Fórmula Inicial de la Noticia*, Barcelona, Editoral ATE, 1980.

SEGOVIA, Ana Isabel, «Aviso para navegantes – Concentración y privatización de las comunicaciones en EEUU», *in* FERNANDÉZ, Fernando Queirós, e CABALLERO, Francisco Sierra (orgs.), *Comunicación, Globalización y Democracia – Crítica de la economía política de la comunicación y la cultura*, Sevilla, Comunicación Social Ediciones y Publicaciones, 2001.

SELYS, Gerard (dir.), *Médiasmensonges*, Bruxelas, EPO, 1991.

SENNETT, Richard, *La Cultura del Nuevo Capitalismo*, Barcelona, Editorial Anagrama, 2006.

SENNETT, Richard, *La Corrosión del Carácter – Las consecuencias personales del trabajo en el nuevo capitalismo*, Barcelona, Editorial Anagrama, 2000.

SENNETT, Richard, *Respect – De la dignité de l'homme dans un monde d'inégalité*, s.l., Hachette Littératures, 2003.

SERRANO, Estrela, «Pensar a regulação dos media numa sociedade em mudança», *in Comunicação e Sociedade* («Regulação dos *media* em Portugal»), vol. 11, Braga, 2007.

SILVA, Aníbal Cavaco, «Mensagem do Presidente da República à Assembleia da República, a propósito do diploma que altera o Estatuto do Jornalista», 3 de agosto de 2007, *in* URL: http://www.presidencia.pt/?idc=9&idi=8577 (07/05/2009).].

SILVA, Augusto Santos, «A hetero-regulação dos meios de comunicação social», *in Comunicação e Sociedade*, vol. 11, Braga, 2007.

SILVA, Augusto Santos, *Dinâmicas Sociais do Nosso Tempo – Uma perspectiva sociológica para estudantes de gestão*, Porto, Universidade do Porto, 2002.

SILVA, Pedro Alcântara da, «Jornalistas portugueses: elementos sociográficos», *in* URL: http://bocc.ubi.pt/pag/silva-pedro-alcantara-jornalistas-portugueses.html#_ftn1 (20/12/2008).

SILVA, Vicente Jorge, «Ordem e desordem jornalística», *Diário de Notícias*, 29 de março de 2006.

SILVEIRINHA, Maria João, *Identidades, Media e Política – O espaço comunicacional nas democracias liberais*, Lisboa, Livros Horizonte, 2004.

SILVERSTONE, Roger, *Por Que Estudar a Mídia?*, São Paulo, Edições Loyola, 2002.
SIMON, Max, *Déontologie Médicale ou les Devoirs et les Droits dans l'État Actuel de la Civilisation*, Paris, Ballière, 1845.
SIMON, René, *Éthique de la Responsabilité*, Paris, Editions du Cerf, 1993.
SINDICATO DOS JORNALISTAS, «BBC World quer deslocalizar serviços para a Índia», 24 de outubro, 2008, in URL: http://www.jornalistas.eu/noticia.asp?id=2540&idCanal=491 (08/01/2009).
SINDICATO DOS JORNALISTAS, «Posição do Sindicato dos Jornalistas sobre a Proposta de Lei nº 76/X/1, que altera o Estatuto do Jornalista», *Sindicato dos Jornalistas*, Lisboa, 3 de julho de 2006. Ver a este propósito URL: http://www.jornalistas.eu/getfile.asp?tb=FICHEIROS&id=211 (07/03/2009).
SINDICATO DOS JORNALISTAS, «Por Uma Agenda dos Poderes Públicos para os Media – Contributo do Sindicato dos Jornalistas», 5 de setembro de 2003, in URL: http://www.jornalistas.online.pt/noticia.asp?id=1352&idselect=377&idCanal=377&p=0 (20/12/2008).
SINDICATO DOS JORNALISTAS, «Quatro razões para dizer não à Ordem», *Comunicado*, Sindicato dos Jornalistas, 22 de maio de 1992.
SOBREIRA, Rosa Maria, *Os Jornalistas Portugueses (1933-1974) – Uma profissão em construção*, Lisboa, Livros Horizonte, 2003.
SOLOSKY, John, «O jornalismo e o profissionalismo»: alguns constrangimentos no trabalho jornalístico», in TRAQUINA, Nelson (org.), *Jornalismo: Questões, Teorias e "Estórias"*, Lisboa, Vega, 1993.
SOUSA, Marcelo Rebelo de, e GALVÃO, Sofia, *Introdução ao Estudo do Direito*, Mem Martins, Publicações Europa-América, 1993.
SPLICHAL, Slavko, «Why are the rights of media owners considered superior to the personal right to communicate?», *Media Development*, nº 2, 2004, URL: http://www.waccglobal.org/es/20042-citizenship-identity-media/508-Why-are-the-rights-of-media-owners-considcred-superior-to-the-personal-right-to-communicate.html, (05/10/2009).
SPLICHAL, Slavko, *Principles of Publicity and Press Freedom*, Lanham, Boulder, Nova Iorque, Oxford, Rowman & Littlefield Publishers, 2002.
STOFFEL-MUNCK, Philippe, «Déontologie et moral», in BERGEL, Jean-Louis (org.), *Droit et Déontologies Professionnelles*, Aix-en-Provence, Librairie de l'Université, 1997.
SVENSSON, Lennart, «Presentation», in MARTÍNEZ, Mariano Sánchez, CARRERAS, Juan Sáez, e SVENSSON, Lennart, *Sociología de las Profesiones – Pasado, presente y futuro*, Murcia, Diego Marín, 2003.
TARDE, Gabriel, *A Opinião e a Multidão*, Mem Martins, Publicações Europa-América, s.d.
TAVARES, Miguel Sousa, «Basta de impunidade», in AAVV, *2º Congresso dos Jornalistas Portugueses – Conclusões, teses, documentos* («Deontologia»), Lisboa, Secretariado da Comissão Executiva do II Congresso dos Jornalistas Portugueses, s.d.
TEIXEIRA, António Braz, *Sentido e Valor do Direito*, s. l., Imprensa Nacional – Casa da Moeda, s. d.
TERROU, Ferdinand, e SOLAL, Lucien, *Legislation for Press, Film and Radio – Comparative study of main types of regulations governing the information media*, Paris, Unesco, 1951.
TEUBNER, Gunther, *O Direito como Sistema Autopoiético*, Lisboa, Fundação Calouste Gulbenkian, 1993.
THE COMMISSION ON FREEDOM OF THE PRESS, *A Free and Responsible Press – A general report on mass communication: Newspapers, radio, motion pictures, magazines and books*, Chicago, The University of Chicago Press, 1947.
THOMPSON, John B., *A Mídia e a Modernidade – Uma teoria social da mídia*, Petrópolis, Vozes, 1998.

TOCQUEVILLE, Alexis de, *De la Démocratie em Amérique*, vol. I e II, Paris, Garnier-Flammarion, 1981.

TOCQUEVILLE, Alexis de, *L'Ancien Régime et la Révolution*, Paris, Éditions Gallimard, 1952, in URL: http://classiques.uqac.ca/classiques/De_tocqueville_alexis/ancien_regime/Ancien_regime.pdf (28/04/2008).

TÖNNIES, Ferdinand, *Communauté et Société*, Paris, Retz-CEPL, 1977.

TRAQUINA, Nelson, *A Tribo Jornalística – Uma comunidade transnacional*, Lisboa, Editorial Notícias, 2004.

TRAQUINA, Nelson, *O Que é Jornalismo*, s.l., Quimera, 2002.

TRAQUINA, Nelson, *Big Show Media – Viagem pelo mundo audiovisual português*, Lisboa, Editorial Notícias, 1997.

TRAQUINA, Nelson (org.), *Jornalismo: Questões, Teorias e "Estórias"*, Lisboa, Vega, 1993.

TRENCHARD, John, e GORDON, Thomas, «Of freedom of speech: That the same is inseparable from public Liberty», in TRENCHARD, John, e GORDON, Thomas, *Cato's Letters – Or Essays on liberty, civil and religious, and other important subjects*, vol. I, Indianapolis, Liberty Fund, 1995.

TUGENDHAT, Ernst, *Lições Sobre Ética*, Petrópolis, Editora Vozes, 2003.

TUNSTALL, Jeremy, *Journalists at Work – Specialists correspondents: their news organizations, news sources, and competitor-colleagues*, Londres, Constable, 1971.

URTEAGA, Eguzki, *Les Journalistes Locaux – Fragilisation d'une profession*, Paris, Budapeste, Turim, L'Harmattan, 2004.

VALADIER, Paul, *Inevitável Moral*, Lisboa, Instituto Piaget, 1991.

VALADIER, Paul, *Moral em Desordem – Em defesa da causa do homem*, Lisboa, Piaget, s.d.

VALENTE, José Carlos, *Elementos para a História do Sindicalismo dos Jornalistas Portugueses – I Parte (1834-1934)*, Lisboa, Sindicato dos Jornalistas, 1998.

VAN OMMESLACHE, Pierre, «L'autorégulation», in AAVV, *L'Autorégulation*, Bruxelas, Bruylant, 1995.

VARGUES, Isabel Nobre, «A afirmação da profissão de jornalista em Portugal: Um poder entre poderes», *Revista de História das Ideias*, vol. 24, 2003.

VERÍSSIMO, Helena Ângelo, *Os Jornalistas nos Anos 30/40 – Elite do Estado Novo*, Coimbra, MinervaCoimbra, 2003.

VETRAINO-SOULARD, Marie-Claude, «Les enjeux culturels et éthiques d'internet», BRUNET, Patrick, (sob a direção de), *L'Éthique dans la Société de l'Information*, Paris, L'Harmattan/Presses Universitaires de Laval, 2001.

VEVER, Bruno, «Préface», in COMITÉ ÉCONOMIQUE ET SOCIAL, *Les Cahiers du Comité Économique et Social Européen* («L'état actuel de la corégulation et l'autorégulation dans le marché unique»), Bruxelas, março, 2005, in URL: http://www.eesc.europa.eu/smo/publications/2018_Cahier_FR_OMU_def.pdf (28/01/2008).

VILLANUEVA, Ernesto, *Deontología Informativa – Códigos deontológicos de la prensa escrita en el mundo*, Bogotá e Santa Fé, Pontifícia Universidade Javeriana e Universidade IberoAmericana, 1999.

VINCENT, Gilbert «Le déontologique dans l'espace axiologique contemporain», in VINCENT, Gilbert (org.), *Responsabilités Professionnelles et Déontologiques*, Paris, L'Harmattan, 2002.

VINCENT, Gilbert, «Structures et fonctions d'un code déontologique», in VINCENT, Gilbert (org.), *Responsabilités Professionnelles et Déontologiques*, Paris, L'Harmattan, 2002.

VOLTAIRE, *Tratado Sobre a Tolerância*, São Paulo, Martins Fontes, 1993.

VOLTAIRE, «Idées républicaines, par un membre d'un corps (1765)», (XXV) in URL: http://www.voltaire-integral.com/Html/24/54_Republicaines.html (20/04/2008).

VOLTAIRE, «Liberté d'imprimer», *in* URL: http://www.voltaire-integral.com/Html/19/liberte_imprimer.htm (09/04/2008)

VOLTAIRE, *A, B, C, ou Dialogues Entre A, B, C*, URL: http://www.voltaire-integral.com/ Html/27/16_A-B-C.html (22/04/2008).

WALTON, Charles, «Cahiers de doléances et liberté de la presse», *Revue d'Histoire Moderne et Contemporaine*, nº 21, 2006.

WARD, Stephen J. A., *The Invention of Journalism Ethics – The path to objectivity and beyond*, Montreal, Londres, Ithaca, McGill-Queen's University Press, 2004.

WASKO, Janet, «Estudando a economia política dos *media* e da informação», *in* SOUSA, Helena, *Comunicação, Economia e Poder*, Porto, Porto Editora, 2006.

WAYNE, Mike, *Marxism and Media Studies – Key concepts and contemporary trends*, Londres, Pluto Press, 2003.

WEAVER, David H., e WILHOIT, G. Cleveland, *The American Journalist in the 1990s – U.S. news people at the end of an era*, Mahwah, Nova Jérsia, Lawrence Erlbaum Associates, 1996.

WEAVER, David H., BEAM, Randal A., BROWNLEE, Bonnie J., VOAKES, Paul S., e WILHOIT, Cleveland, *The American Journalist in the 21st Century – U.S. News people at the daw of new millennium*, Nova Jérsia e Londres, Lawrence Erlbaum Associates, 2007.

WEBER, Max, *A Política Como Profissão*, Edições Universitárias Lusófonas, Lisboa, 2000.

WEBER, Max, *Sobre a Teoria das Ciências Sociais*, Presença, Lisboa, 1977.

WEBER, Max, *Économie et Société – Les catégories de la sociologie*, vol. I, Pocket, s.l., 1995.

WEBER, Max, *Économie et Société – L'organisation et les puissances de la société dans leur rapport avec l'économie*, vol. II, Paris, Pocket, 1995.

WEBER, Max, *A Ética Protestante e o Espírito do Capitalismo*, Lisboa, Presença, s.d.

WEIMOUTH, Lally, *Thomas Jefferson – El hombre... su mundo... su influencia*, Madrid, Editorial Tecnos, 1986.

WEMANS, Jorge, «Algumas respostas às questões gerais sobre o exercício da profissão», *2º Congresso dos Jornalistas Portugueses – Conclusões, teses, documentos* («Deontologia»), Lisboa, Secretariado da Comissão Executiva do II Congresso dos Jornalistas Portugueses, s.d.

WIGGINS, James R. «Jefferson y la Prensa», *in* WEIMOUTH, Lally, *Thomas Jefferson – El hombre... su mundo... su influencia*, Madrid, Editorial Tecnos, 1986.

WILDE, Óscar, *O Retrato de Dorian Gray*, Porto, Público Comunicação Social, 2003.

WILENSKY, Harold L., «The professionalization of everyone?», *The American Journal of Sociology*, vol. LXX, nº 2, setembro, 1964

WILLIAMS, Raymond, *História de la Communicación – De la imprenta a nuestros dias*, vol. II. Barcelona, Bosh, 1992.

WOLTON, Dominique, *Il Faut Sauver la Communication*, Paris, Flammarion, 2005.

WOLTON, Dominique, *Pensar a Comunicação*, Algés, Difel, 1999.

WOLTON, Dominique, «As contradições do espaço público mediatizado», *Revista Comunicação e Linguagens* («Comunicação e Política»), nº 21-22, Lisboa, 1995.

WORLD BANK INSTITUTE, *The Right To Tell – The Role of Mass Media in Economic Development*, Washington, The World Bank, 2002.

ZALLO, Ramón, *El Mercado de la Cultura – Estructura económica y política de la comunicación*, Donostia, Gakoa Liburuak, 2002.

ZALLO, Ramón, *Economia de la Comunicación y la Cultura*, Madrid, Akal, 1988.

ZELIZER, Barbie, *Taking Journalism Seriously – News and academy*, Thousand Oaks, Londres, Nova Deli, Sage Publications, 2004.

ZELIZER, Barbie, «Os jornalistas enquanto comunidade interpretativa», *Revista de Comunicação e Linguagens* («Jornalismo 2000»), nº 27, Lisboa, fevereiro, 2000.

Documentos do Conselho Deontológico e do Sindicato dos Jornalistas

Comunicados
Comunicado do Conselho Deontológico, 14 de maio de 1999.
Comunicado do Conselho Deontológico, 26 de setembro de 1998.
«Revalidação das Carteiras Profissionais – Relatório», *Comunicado do Conselho Deontológico*, 4 de novembro de 1992.
«Declaração do Sindicato dos Jornalistas sobre a propalada criação de uma Ordem de Jornalistas», *Comunicado*, Sindicato dos Jornalistas, 12 de setembro de 1991.
«Revalidação das carteiras profissionais: Pela primeira vez a concretização de um processo há muito desejado», *Comunicado*, Sindicato dos Jornalistas, 4 de maio de 1984.
«Comunicado do Conselho Técnico e de Deontologia: a independência dos jornalistas e a corrupção», *Comunicado*, 24 de maio de 1983.

Atas
Atas e Pareceres do Conselho Deontológico do Sindicato de Jornalistas desde 7 de junho de 1974 a 19 de junho de 2007.
Assembleia-Geral, de 1 de julho de 1974.
Assembleia Magna dos Jornalistas, Casa da Imprensa, de 2 de maio de 1974 (3ª sessão).

Cartas e outros documentos
ALBINO, Carlos, «Carta a Meneres Pimentel, Provedor de Justiça» (documento policopiado), Centro de Documentação do Sindicato dos Jornalistas, (Pasta referente à Ordem dos Jornalistas) 18 de março de 1992.
AMARAL, Diogo Freitas, e MEDEIROS, Rui, «Parecer» (sobre a criação da Ordem dos Jornalistas), documento policopiado, Centro de Documentação do Sindicato dos Jornalistas (pasta referente à Ordem dos Jornalistas), 30 de junho de 1992.
PACHECO, António Augusto, SANTOS, António, PRAÇA, Afonso, BANDEIRA, José Gomes, e CABRAL, Júlio Sereno, «Preâmbulo ao Projecto de Regulamento da Profissão de Jornalista», Centro de Documentação do Sindicato dos Jornalistas (Pasta referente ao Regulamento Carteira Profissional) s.d.
NEVES, Nuno Teixeira das, Carta ao presidente da direção do Sindicato Nacional dos Jornalistas José Manuel Pereira da Costa, Porto, 6 de agosto de 1964, Centro de Documentação do Sindicato dos Jornalistas (Pasta referente ao Regulamento da Carteira Profissional de Jornalista).
Informação nº 14, Centro de Documentação do Sindicato dos Jornalistas (pasta referente à Carteira Profissional), outubro de 1965.
«Parecer/Carta do Conselho Deontológico», (em resposta a uma solicitação do deputado Rui Carp), de 15 de abril de 1993.
«Informação à Direcção do Sindicato dos Jornalistas», de 4 de junho de 1999.

Jornais e Revistas

Agência Ecclesia («Igreja e Media – Em busca de novas sintonias»), 29 de abril de 2008.
Correio da Manhã, 13 de julho de 2005.
Courrier International, 15 de fevereiro de 2007
Diário de Lisboa, 06 de março de 1990.
Diário de Notícias, 19 de junho de 1999.
Expresso, 27 de janeiro de 1990.
Jornal de Notícias, 19 de junho de 2001.
Jornal de Notícias, 14 de março de 1994.
Jornalismo, janeiro de 1993.
Jornalismo, abril de 1993.
Jornalismo, janeiro de 1992.
Jornalismo, março de 1992.
Jornalismo, maio de 1992.
Jornalismo e Jornalistas, nº 1, janeiro-março de 2000.

Jornalismo e Jornalistas, nº 5, abril-junho de 2001.
Le Monde Diplomatique – Edição portuguesa, janeiro de 2008.
Le Monde Diplomatique, março de 1998.
Le Monde Diplomatique, janeiro de 1995.
Le Monde, 22 de maio de 2007.
Le Monde, 5 de dezembro de 2003.
O Jornal, 26 de janeiro de 1990.
O Liberal, 8 de março de 1990.
Público, 10 de abril de 2007.
Público, 5 de julho de 2005.
Público, 16 de novembro de 2004.
Público, 16 de março de 2001.
Público, 3 de abril de 1997.

Propostas de Lei, Diários do Governo, Diários da República, Diplomas Legais e Acórdãos do Tribunal Constitucional.

Acórdão do Tribunal Constitucional, nº 445/93, de 14 de julho.
Aviso nº 23504/2008 (*Diário da República* – IIª Série, nº 180, de 17 de setembro de 2008).
Constituição da República Portuguesa.
Decreto-Lei nº 70/2008, de 15 de abril.
Decreto-Lei nº 305/97, de 11 de novembro.
Decreto-Lei nº 513/79, de 24 de dezembro.
Decreto-Lei nº 816-A/76, de 10 de novembro.
Decreto-Lei nº 49064/69, de 19 de junho.
Decreto-Lei nº 46833/66, de 11 de janeiro.
Decreto-Lei nº 31:119/41, de 30 de janeiro.
Diário da República nº 170/78, Iª Série, de 26 de julho de 1978.
Diário do Governo 251, Iª Série, de 29 de novembro de 1975.
Diário do Governo, IIª Série, nº 229, de 30 de setembro de 1942.
Lei nº 64/2007, de 6 de novembro.
Lei nº 27/2007, de 30 de julho.
Lei nº 53/2005, de 8 de novembro.
Lei nº 1/99, de 13 de janeiro.
Lei nº 31-A/98, de 14 de julho.
Lei nº 31/78, de 28 de junho.
Lei nº 78/77, de 25 de outubro.
Lei nº 5/72, de 5 de novembro.
Portaria nº 318/99, de 12 de maio.
Proposta de Lei 76/X.

Códigos Deontológicos do Jornalismo

Comunidade Europeia (1971)
Declaração dos Deveres e dos Direitos dos Jornalistas – Carta de Munique.
Conselho da Europa
Princípios Éticos do Jornalismo – Resolução 1003.
Federação Internacional de Jornalistas
Declaração de Princípio de Conduta dos Jornalistas – Declaração de Bordéus.
UNESCO
Código Internacional de Ética Jornalística.
Alemanha
Código de Imprensa.
Áustria
Código de Honra da Imprensa Austríaca.
Bélgica
Código de Princípios do Jornalismo Adotado pela ABEJ, FNHI e AGJPB.
Código de Conduta para Jornalistas e *Media* em Bruxelas.
Canadá
Guia de Deontologia da Federação de Profissional dos Jornalistas do Quebec.
Áustria
Código de Honra da Imprensa Austríaca.
Espanha
Código Deontológico da Profissão Jornalística da Federação de Associações de Imprensa de Espanha.
Estados Unidos
Journalist's Creed, de Walther Williams (1906?).
Código de Ética – Sociedade de Jornalistas Profissionais.
Declaração de Princípios – Sociedade Americana de Editores de Jornais.

Código de Ética – Associação de Chefes de Redação membros da Associated Press.
França
Carta dos Deveres Profissionais dos Jornalistas Franceses – Sindicato Nacional de Journalistas.
Declaração de 18 de junho de 1988 da Federação Nacional da Imprensa Francesa.
Grã-Bretanha
Código de Prática – *Comissão de Queixas Contra a Imprensa.*
Código de Conduta Jornalística – União Nacional de Jornalistas Britânicos.
Itália
Carta dos Deveres do Jornalista (Ordem dos Jornalistas).
Portugal
Bases Programáticas: Plataforma Comum dos Conteúdos Informativos nos Meios de Comunicação.
Código Deontológico do Jornalistas.
Suíça
Declaração de Direitos e Deveres do/da Jornalista.

Deontologia de outras profissões

Advogados (Lei nº 15/2005, de 26 de janeiro).
Arquitetos (Decreto-Lei nº 176/98, de 3 de julho).
Biólogos (Decreto-Lei nº 183/98, de 4 de julho).
Economistas (Decreto-Lei nº 174/98, de 27 de junho).
Engenheiros (Decreto-Lei nº 119/92, de 30 de junho).
Revisores Oficiais de Contas (Diário da República, IIIª Série, nº 297, de 26 de dezembro de 2001).
Veterinários (Decreto-Lei nº 368/91, de 4 de outubro).
Regulamento de Dispensa de Segredo Profissional (Regulamento nº 94/2006 OA (2ª Série), de 25 de maio de 2006 / Ordem dos Advogados), *in* URL: http://www.oa.pt/Conteudos/Artigos/detalhe_artigo.aspx?idc=50874&idsc=50883&ida=51103 (17/06/2007).

Sites sobre Códigos Deontológicos e Conselhos de Imprensa

Conselho de Imprensa do Kosovo, *in* URL: http://www.presscouncil-ks.org/?cid=2,5,104.
Conselho de Imprensa de Washington, *in* URL: http://www.wanewscouncil.org/World.htm.
Donald W. Reynolds Journalism Institute do Missouri, *in* URL: http://www.media-accountability.org/.
Instituto Gutenberg, *in* URL: http://www.igutenberg.org/etica.html.
Media Vise, *in* URL: http://www.presswise.org.uk/display_page.php?id=40.
Minnesotans For Sustainability, *in* URL: http://www.mnforsustain.org/media_world_press_councils.htm

ÍNDICE

INTRODUÇÃO	9
I – DEONTOLOGIA	**19**
1. Acerca do conceito de deontologia	19
2. Inspiração moral da deontologia	24
2.1. Deontologia: moral e ethica specialis	26
3. O jornalismo enquanto conceito ambíguo de profissão	29
3.1 A profissão do jornalismo à luz da sociologia	29
3.1.1 Crítica ao conceito restrito de profissão	33
3.1.2 Jornalismo na perspetiva da teoria dos campos	35
3.2. A formação do jornalismo moderno	36
3.3 Razões da ambiguidade estrutural da profissão jornalística	42
3.3.1 Razões políticas	42
3.3.2. O fator cultural	44
3.3.3. O fator económico	47
3.3.4. O fator pragmático	48
3.4. A centralidade das questões éticas e deontológicas no jornalismo	49
4. Breve história dos códigos deontológicos	54
4.1. Os códigos internacionais	60
4.2. Contextos da revalorização da deontologia do jornalismo no final do séc. XX	62
5. Funções da deontologia	66
5.1. Funções externas da deontologia	66
5.2. Funções internas da deontologia	68
6. Valores deontológicos	70
6.1. Princípios fundadores	70

6.2. Valores morais do jornalismo	72
6.3. Normas reguladoras do campo moral do jornalismo	73
7. A ambiguidade da natureza moral dos compromissos deontológicos	74
7.1. Autonomia do sujeito/heteronomia da norma	75
7.2. Responsabilização/desresponsabilização	77
7.3. Moralização corporativa/normalização corporativa	78
7.4. Moral profissional/moral instrumental	79
Conclusão	82
II – DEONTOLOGIA, REGULAÇÃO E AUTORREGULAÇÃO	87
1. Norma deontológica e norma jurídica	88
2. Deontologia: auto e heterorregulação	93
3. Autorregulação no contexto regulatório do Estado e da UE	97
3.1. Nova governação e «capitalismo auto-organizado»	99
3.2. Nova governação no contexto Europeu	104
3.3. Variações da escala regulatória	105
3.4. Objetivos e limites da autorregulação	108
4. Autorregulação no contexto dos media	110
4.1. Diversidade de culturas políticas e de tradições de autorregulação no jornalismo	112
4.2. Diversidade de modelos de regulação dos media	118
4.3. Diversidade de mecanismos de autorregulação dos media e do jornalismo	121
5. Os limites da autorregulação dos jornalistas	123
6. Os conselhos de Imprensa	130
6.1. Definição e aspetos organizativos dos conselhos de imprensa	131
6.2. Breve história dos conselhos de imprensa	139
6.3. Críticas ao modelo dos conselhos de imprensa	142
6.4. Para um modelo "ideal" de conselho de imprensa	148
Conclusão	151
III – ECONOMIA DOS MEDIA, INOVAÇÃO TECNOLÓGICA E AUTONOMIA PROFISSIONAL	155
1. Sociedade da informação e novo capitalismo	157
2. Imaterialidade e novo capitalismo	160
3. Mercadorização dos produtos imateriais	163
4. Indústria cultural e autonomia dos sujeitos	171
5. A perspetiva da Economia Política da Comunicação	180
6. Impactes do novo capitalismo nas empresas de media	183

6.1. Liberalismo económico, desregulação, concentração e diversificação	183
6.2. Reestruturação do capital e mercadorização reforçada da cultura e da informação	187
6.3. Novas tecnologias e massificação dos conteúdos	193
7. Especificidades produtivas das indústrias de conteúdos informativos	195
7.1. Produtos perecíveis	195
7.2. Produção de protótipos	196
7.3. O papel estratégico das audiências	197
7.4. Um produto, dois mercados	197
7.4.1. Reforço do caráter oligopolístico das empresas de media	198
7.4.2. Homogeneização dos conteúdos	199
7.4.3. Determinação dos leitores	202
8. Tendências de evolução do mercado dos media	204
9. Impactes do novo capitalismo sobre o trabalho	206
9.1. Os efeitos sobre o Jornalismo	212
9.1.1. Racionalização das redações	213
9.1.2. Hiperconcorrência e «jornalismo de comunicação»	216
9.1.3. Desprofissionalização	220
9.1.4. «Juvenelização» e perda de memória	220
9.1.5. Deslocalização	221
9.1.6. Precariedade	222
Conclusão	231

IV – ASPETOS INSTITUCIONAIS DE UMA AUTORREGULAÇÃO REGULADA	233
1. Os movimentos associativos organizadores dos jornalistas como classe profissional	236
1.1. As origens de uma representatividade sindical	236
1.2. O fim do corporativismo, a continuidade do Sindicato	239
1.3. Sobre a autonomia inacabada do Conselho Deontológico	242
1.4. A Ordem dos Jornalistas	247
2. Um lento processo para a estabilização do conceito de jornalista	263
2.1. Uma profissão menorizada pela censura	263
2.2. As indefinições de uma profissão	265
2.2. Controlo do conceito de jornalista e da carteira profissional	270
3. As questões da formação	279
Conclusão	287

V – JURISDIFICAÇÃO DA DEONTOLOGIA E CAPTURA DA AUTORREGULAÇÃO — 289
1. Da moral à deontologia no jornalismo em Portugal — 291
2. A incompatibilidade entre ditadura e responsabilidade social do jornalismo — 294
3. A construção de uma autorregulação sui generis — 299
    3.1. Uma autorregulação "induzida" — 299
    3.2. Código deontológico vs. carta ética — 300
    3.3. Uma discussão pouco participada — 303
4. A jurisdificação da deontologia — 306
    4.1. A apropriação do Código Deontológico pela lei — 307
    4.2. "Disciplinar" a deontologia — 313
    4.3. A crítica ao modelo de uma deontologia jurisdificada — 322
5. O exercício da autorregulação do Conselho Deontológico do Sindicato dos Jornalistas — 327
    5.1. Deontologia e história do jornalismo em Portugal — 327
    5.2. A lenta, mas progressiva, abertura ao público — 330
    5.3. Decréscimo progressivo dos temas de caráter socioprofissional — 337
    5.4. Progressiva importância da agenda dos cidadãos — 345
    5.5. Uma prática pouco sistematizada da deontologia — 348
    5.6. A publicidade das sanções morais — 352
6. O Conselho de Imprensa — 354
Conclusão — 363

CONCLUSÃO — 367
BIBLIOGRAFIA — 387